Mediações transnacionais e imprensa estrangeira publicada no Brasil

Luigi Biondi
Terciane Ângela Luchese
Valéria dos Santos Guimarães
(organizadores)

Mediações transnacionais e imprensa estrangeira publicada no Brasil

editora unesp

Direitos de publicação reservados à:
Fundação Editora da Unesp (FEU)
Praça da Sé, 108
01001-900 – São Paulo – SP
Tel.: (0xx11) 3242-7171
Fax: (0xx11) 3242-7172
www.editoraunesp.com.br
www.livrariaunesp.com.br
atendimento.editora@unesp.br

Dados Internacionais de Catalogação na Publicação (CIP) de acordo com ISBD
Elaborado por Vagner Rodolfo da Silva – CRB-8/9410

M489 Mediações transnacionais e imprensa estrangeira publicada no Brasil / organizado por Luigi Biondi, Terciane Ângela Luchese, Valéria dos Santos Guimarães. – São Paulo: Editora Unesp, 2022.

Inclui bibliografia.
ISBN: 978-65-5711-156-7

1. Jornalismo. 2. Imprensa estrangeira. 3. Mediações transnacionais. I. Biondi, Luigi. II. Luchese, Terciane Ângela. III. Guimarães, Valéria dos Santos. IV. Título.

CDD 981
2022-646 CDU 94(81)

Editora afiliada:

Asociación de Editoriales Universitarias de América Latina y el Caribe

Associação Brasileira de Editoras Universitárias

Encheram a terra de fronteiras, carregaram o céu de bandeiras.
Mas só há duas nações – a dos vivos e a dos mortos.

Mia Couto

Sumário

Parte II
Mediações políticas: redes transnacionais e conflitos

Seção II

Parte III
Mediações além das fronteiras: o Brasil sob olhares cruzados

Parte IV
Mediações, processos identitários e educação

Apresentação

Os organizadores

Resultado de pesquisas de integrantes do Grupo Transfopress Brasil – Grupo de Estudos da Imprensa em língua estrangeira no Brasil,[1] que por sua vez é parte da rede internacional Transfopress – *Transnational network for the study of foreign language press*, idealizada e coordenada por Diana Cooper-Richet (CHCSC-UVSQ), esta é a segunda obra sobre o tema e demonstra o fôlego e pertinência de uma cooperação iniciada em 2012. Para o presente volume, colegas se uniram no esforço de desdobrar as primeiras incursões de pesquisa sobre um vasto *corpus*, até então e em grande parte, mal conhecido e raramente tratado sob tal perspectiva (Luca; Guimarães, 2017).

O leitor encontrará nas páginas a seguir uma série de análises sobre uma das facetas da história da imprensa brasileira: o estudo da imprensa alófona. Mais que outros recortes, a opção pelo trabalho com objeto tão

1 Para mais informações sobre o projeto, acesse o site Transfopress Brasil: Grupo de Estudos da Imprensa em língua estrangeira no Brasil: https://transfopressbrasil.franca.unesp.br. Para acessar a página do grupo no Diretório do CNPq: dgp.cnpq.br/dgp/espelhogrupo/3549766137663642. Para o site Transfopress Internacional, acesse: https://uvsq.academia.edu/TRANSFOPRESS-Network. Acesso em: 31 maio 2022.

preciso propicia um duplo movimento metodológico: um olhar voltado ao local em que jornais e revistas em língua estrangeira foram publicados (ou seja, a nação brasileira) e uma abordagem que não se restringe a uma história nacional, uma vez que tais veículos de comunicação são, por definição, fruto de empreitada que envolve diferentes referências culturais postas em contato.

A primeira consequência de tal opção é que este não é um livro sobre a história da imprensa imigrante do Brasil. Se o tema da imigração é incontornável, dada a natureza do objeto de pesquisa, restringir o estudo proposto à questão das singularidades étnicas é impreciso e inapropriado. Uma prova disso é que já em 1827 constam jornais publicados em língua estrangeira na Corte, muito antes do período conhecido como a "grande imigração", na passagem do século XIX para o XX. Com a entrada massiva de estrangeiros, a atividade periodística alófona conheceu um aumento sem precedentes, embora nem sempre tenha se constituído uma consequência direta do número de imigrantes, como o caso espanhol comprova.

Enquanto italianos e alemães publicaram centenas de títulos dos mais variados segmentos e tendências, por exemplo, ou grupos imigrantes minoritários no Brasil como franceses e ingleses mantiveram regularidade na produção de jornais e revistas em seus idiomas, não houve uma expressiva quantidade de jornais ou revistas em castelhano, a despeito de os espanhóis serem, por um largo período de tempo, o terceiro maior grupo imigrante no país, perdendo apenas para italianos e portugueses.[2]

A segunda consequência liga-se, assim, à primeira: o foco não está na comunidade imigrante e suas idiossincrasias, para o que há enorme e competente produção, mas nas interações e conexões entre as pessoas e instituições por meio de uma prolífica produção cultural que encontrou no impresso periódico uma das principais expressões. O ponto de partida para a análise passa a ser esse espaço cultural compartilhado para o que as restrições impostas pelas fronteiras nacionais se tornam menos relevantes em detrimento das interações, apropriações e recusas.

---

2 IBGE. Estatísticas do povoamento: imigração por nacionalidade (1884/1933). Disponível em: https://brasil500anos.ibge.gov.br/estatisticas-do-povoamento/imigracao-por-nacionalidade-1884-1933.html. Acesso em: 31 maio 2022.

Faz-se, assim, necessário pensar no que Saunier chamou de uma "história numa perspectiva transnacional".[3] O conceito de transnacional[4] encontra no estudo do impresso periódico alófono objeto privilegiado de observação, uma vez que este se assenta sobre três pilares: a natureza dos periódicos em geral votada à difusão massiva, cuja capacidade foi ampliada com a contínua modernização de técnicas de impressão (ainda que nem sempre isso ocorra, um jornal normalmente é pensado para ter a maior tiragem possível); a vocação globalizante, sobretudo a partir do século XIX, com o incremento dos meios de transporte que propiciou a crescente mobilidade de pessoas, mercadorias e ideias em escala planetária; e, o que torna singular a imprensa alófona, a manutenção dos vínculos internacionais atuando como traço de união entre países e culturas, homens de letras, sua produção intelectual e leitores.

Mas se a ênfase das análises apresentadas no presente livro se dá nas conexões transnacionais propiciadas pelos impressos periódicos alófonos e na sua recepção, o encontro com os vestígios deixados pelas diversas comunidades de migrantes estrangeiros é praticamente inevitável, sobretudo no período dos grandes fluxos migratórios, como na passagem do século XIX para XX. Daí que a perspectiva transnacional também é uma chave de análise das identidades instáveis que se formam em resultado do complexo processo de fixação desses grupos. Pode-se definir, em linhas gerais, o procedimento metodológico:

> [...] reconstrução e contextualização das interconexões históricas entre unidades de compreensão histórica, avaliação da linha borrada entre o estrangeiro e o doméstico dentro destas unidades e captura e registo dos processos, atores e eventos que viveram e entre estas unidades. (Saunier, 2013, p.136)[5]

---

3 "This is why I will often use the phrase 'history in a transnational perspective' to lessen the risk of the subdisciplinary hubris suggested by 'transnational history', although the latter will be frequently used for its amenity to syntax." (Saunier, 2013, p.4).

4 Abordagem teórico-metodológica aplicável a objetos os mais variados, como prova a incontornável referência no assunto, *The Palgrave Dictionary of Transnational History – From the mid-19th century to the present day* organizado por Akira Iriye e Pierre-Yves Saunier, com 1.232 páginas, 350 autores de 25 países diferentes e mais de 400 verbetes (Saunier; Iriye, 2009).

5 "In this volume, I have argued that historians working in a transnational perspective were working on three fronts: reconstruction and contextualisation of historical interconnections between units of historical understanding, assessment of the blurred line between the foreign and the domestic within these units, and capture and recording of processes, actors and events

Isto posto, o que se tem é que as diversas contribuições, que também se movimentam dentro do vasto âmbito do tema das migrações internacionais, abordam, utilizam e estudam os periódicos alófonos por meio de tais dinâmicas, para além de uma interpretação estritamente étnica ou etnonacional.

Desse modo, não se pretende negar ou diminuir a importância das configurações e declinações da etnicidade dos migrantes no complexo processo dialógico e também conflituoso de sua multifacetada construção identitária nacional entre seus países de origem e o Brasil, mas se quer mobilizar as pesquisas para evidenciar como o contexto brasileiro hospedou, interagiu, ressignificou a experiência da escrita jornalística e do fazer-se dos impressos alófonos, que certamente tinham suas bases sociais e culturais de recepção fortemente definidas pelo circuito étnico, ainda que esse operasse numa perspectiva transnacional e global. Afinal, os e/imigrantes, sobretudo os mediadores elaboradores dos jornais, se pensavam e se relacionavam em diversos lugares ao mesmo tempo, num plano global construído pela intersecção concreta de redes conectadas de forma diferenciada, onde os impressos jogam um papel ativo na sua construção e manutenção.

O jornal era para estes um elemento de fundamental pedagogia identitária nacional, que atravessava as diversas composições sociais dos elaboradores e dos leitores. Pedagogia no sentido de uma atividade de formação cultural *tout court* veiculada por um conjunto elaborado de valores propostos pelos jornais. Assim, ao lado da grande imprensa alófona, temos a imprensa alófona "de classe", entendendo aqui a dos trabalhadores imigrantes ligados a grupos políticos e sindicatos que marcaram fortemente o mundo da expressão escrita política no Brasil, apesar das eventuais dificuldades de interação entre militantes de diversas origens nacionais e os locais.

O estudo de "áreas culturais", das intersecções, evidencia o papel exercido pelos vetores das transferências, os *passeurs culturels*, no sentido que dá Michel Espagne (2017).

Ao percorrer as páginas do presente livro, o leitor se deparará com a análise de mediações e mediadores em que num sentido restrito se pode pensar numa "difusão instituída de saberes e informações" ou em um sentido amplo como "inventário dos 'passadores', dos suportes veiculares e dos fluxos de circulação de conceitos, de ideais e de objetos culturais" (Rioux, 1998, p.21).

A perspectiva interdisciplinar está presente nas análises, e os mediadores culturais são pensados como sujeitos ativos, mobilizados e mobilizadores

---

that lived through and between these units. On this basis, historians are indeed in a position to historicise many events or phenomena."

de transferências culturais, concretizadas por meio da produção, circulação, distribuição e na recepção dos jornais, entendidos como produtos ou bens culturais. Tais agentes desempenham um papel crucial no processo de adaptação de saberes, elaboração de repertórios e trocas culturais. Medeiam informações, disseminam modos de vida, ideias e saberes contextualizados, constituem redes e trocas.

É na perspectiva transnacional, promovendo trocas e negociações que os migrantes empreendem, em diferentes condições e por motivações distintas, a fundação de um periódico. Os periódicos são marcados pela cultura (para além da língua) dos lugares de origens de seus editores e responsáveis pela sua produção, mas justamente por serem publicados no Brasil e aqui circularem e serem consumidos (Certeau, 1994), são apropriados pelo entorno e negociam sentidos e significados.

Porque permite uma construção complexa da informação que garante, por sua vez, a circulação e, portanto, sua possível atualização, o impresso dá às sociedades ocidentais que o dominam uma ferramenta decisiva para se impor ao nível mundial; sua capacidade se mede em termos de construção de conhecimento, de representações e, em última instância, de poder (Barbier, 2015). Daí sua importância e centralidade como órgãos de representação sobretudo no período em que a mídia impressa predominava.

É nessa perspectiva, entre os cruzamentos multidisciplinares de uma história social e cultural, que os autores mobilizaram um arsenal de referências provenientes dos desdobramentos da história comparada e da história global lançando mão de conceitos como transnacional, trocas culturais, conexões, olhares cruzados, transferências culturais e mediação, entre outros.

A divisão do livro corresponde a tais orientações. Amadurecida a proposta da primeira fase do projeto, os resultados das pesquisas do segundo triênio de seu desenvolvimento são articulados em torno de amplas áreas temáticas em lugar de recortes linguísticos ou cronológicos: cultura transmidiática, mediações políticas, olhares cruzados, processos identitários e educação.[6]

6 O presente livro é composto por textos revisados e ampliados que foram apresentados em versões preliminares nos dois últimos encontros do Grupo Transfopress Brasil: *III Encontro Transfopress Brasil: imprensa em língua estrangeira – entre identidade e alteridade* (13 e 14 de novembro de 2017, Fundação Casa de Rui Barbosa, Rio de Janeiro) e *IV Encontro Transfopress Brasil – Imprensa e mediações transnacionais* (30 e 31 de outubro de 2019, Universidade Federal de São Paulo, Unifesp, São Paulo), ambos com apoio da Fapesp. Alguns autores ainda contaram com apoios individuais do CNPq, Capes e FMSH – Fondation Maison Sciences de l'Homme.

A primeira seção é composta pelas duas primeiras partes. Na Parte I – Narrativas Transmidiáticas: imprensa e cultura, são analisados periódicos franceses e italianos em seu diálogo com outras mídias e linguagens, como o teatro, a literatura e as artes plásticas. A "civilização do jornal" (Kalifa; Régnier; Thérenty; Vaillant, 2011) que emerge no século XIX foi marcada pela indefinição e deslizamento de gêneros e temas. Na imprensa alófona publicada no Brasil não foi diferente. A intensa circulação de matrizes e modelos, a despeito dos descompassos técnicos, era ainda mais notável nos veículos publicados por grupos de imigrantes. Estes se mantinham muito articulados com os grupos da imprensa local, não raro saídos dos proeminentes quadros intelectuais e políticos nacionais. Ao mesmo tempo, o *savoir-faire* e referências que trouxeram de seus países de origem, bem como o diálogo constante com conterrâneos, são fatores que acentuaram a adoção de estilos forâneos, o que teve impacto direto no desenvolvimento da atividade periodística nacional como um todo.

Monica Pimenta Velloso explora em seu texto "Figaro-Chroniqueur (1859): migrações transmidiáticas de um personagem" justamente esse aspecto lúdico e literário da *petite presse* franco-brasileira do século XIX por meio da análise do satírico *Figaro-Chroniqueur*, redigido provavelmente pelo francês Altève Aumont sob o pseudônimo de Arthur du Mouton. Como a autora destaca, a dimensão satírica da narrativa do jornal é tocada pela tradição oral do riso e da ironia, da linguagem das ruas, do cabaré e do teatro, estabelecendo uma sintonia com o público leitor e fazendo do jornal um suporte privilegiado para tais deslocamentos de gêneros da escrita. Além disso, o *Figaro-Chroniqueur* é um bom exemplo de órgão que não se resume à mera representação de um grupo étnico, o que corrobora algumas das questões acima expostas.

Nesse sentido, o texto de Valéria dos Santos Guimarães "Imprensa franco-brasileira e redes intelectuais no entreguerras: o caso da *Revue Française du Brésil* (RJ, 1932-1939)" também defende que, mais que uma publicação de representação de uma comunidade estrangeira, a *Revue Fraçaise du Brésil* foi um espaço aberto para a intelectualidade brasileira proveniente dos quadros conservadores, como Alceu Amoroso Lima. A hipótese é que tal associação se deu pela necessidade de sobrevivência da publicação em meio às investidas do governo autoritário. Escreviam professores e intelectuais brasileiros e estrangeiros residentes ou não no Brasil, bem como intelectuais vinculados à Academia Brasileira de Letras e outras instituições formais que mantinham contatos na França, constituindo redes transnacionais de intelectuais tanto do jornalismo quanto das letras e belas-artes.

O tema das intersecções entre o mundo das letras e da crescente cultura midiática é retomado por Yuri Cerqueira do Anjos em "Entre vínculo e disjunção: literatura e contexto no *Courrier du Brésil* (RJ, 1854-1862)". Ele bem demonstra como o jornal em questão, editado por um grupo de proscritos, os *quarante-huitards*, e em constante polêmica tanto com brasileiros como com outros núcleos de franceses devido à defesa de ideais republicanos em pleno Segundo Império brasileiro, se utiliza de recursos da ficção em diversas narrativas, de efemérides a denúncias sociais, passando por querelas políticas. De acordo com a hipótese do autor, além de se constituir um fenômeno comum na imprensa do século XIX – e, pode-se dizer, que em muitos casos também no século XX –, o deslizamento entre os gêneros narrativos operava a dupla função de ampliar o alcance da mensagem e legitimar a discussão que ocorria nas primeiras páginas, onde o conteúdo político prevalecia.

No capítulo de Vera Maria Chalmers, "Gigi Damiani: um autor de folhetim ficcional anarquista", a estudiosa também analisa uma narrativa ficcional, o romance folhetim *L'Ultimo Sciopero*. Seu autor, Gigi Damiani, não se tratava propriamente de um literato. O conhecido italiano que animava os grupos anarquistas de Curitiba e São Paulo e que, anos depois, se tornou um dos protagonistas da greve geral paulista de 1917 era um ativista político e jornalista. Seu folhetim se inseria na tradição da literatura política e do romance social, gênero formador e amplamente difuso no meio militante operário desde o clássico de Zola, *Germinal*. A autora explora de forma original o *topos* narrativo do judeu errante, evidenciando as contaminações dialógicas advindas da circulação de leituras, mediadas pelas experiências transnacionais de formação política dos militantes libertários entre o fim dos Oitocentos e o começo dos Novecentos.

Na Parte II – Mediações políticas: redes transnacionais e conflitos, articulam-se textos que destacam as tensões políticas subjacentes a determinadas discussões que extrapolam as fronteiras dos países de origem para serem reapropriadas e redimensionadas no contexto de recepção.

Angelo Trento, em "As redações na trincheira: a imprensa italiana no Brasil na Primeira Guerra Mundial", apresenta um panorama aprofundado da imprensa de língua italiana no Brasil com um olhar apurado sobre as fissuras internas da numerosa coletividade italiana espalhada no país durante o primeiro conflito mundial. A imprensa periódica arregimenta grupos diversos, sujeitos ativos da articulação e veiculação de seus debates, propostas e mobilizações em um momento crítico do processo de integração dos italianos na sociedade brasileira, quando muitos imigrantes haviam fixado raízes, mas ainda estavam sujeitos à forte influência acerca dos posicionamentos tomados pela Itália, inclusive em relação à guerra. Nacionalismo e internacionalismo, pacifismo e belicismo, monarquismo e republicanismo são analisados dentro do embate específico do neutralismo *versus* intervencionismo, que ecoa no Brasil por meio da circulação de ideias propiciadas pela imprensa alófona, redimensionando as múltiplas noções identitárias para além dos limites do Reino da Itália.

No capítulo "*La Scure – Giornale di Lotta* (São Paulo, 1910): imprensa, imigração e circulação de ideias na construção de um sindicalismo transnacional" dedicado ao jornal sindicalista do título, a autora Edilene Toledo empenha-se na abordagem de fenômeno semelhante, mas pela chave das tensões inerentes à luta do movimento operário organizado do começo do século XX. Ela explora as dinâmicas transnacionais que esse impresso periódico em italiano coloca em curso por meio da mediação cultural e política de seus redatores, possibilitando a efetiva construção do sindicalismo revolucionário como movimento global. Aqui também o jornal é visto como elemento social demiúrgico sem o qual não é possível a circulação de ideias e experiências num plano internacional necessárias para a formação de culturas políticas globais.

Luigi Biondi apresenta na sua contribuição "*La Battaglia*: jornal, o grupo e as redes étnicas anarquistas (1904-1913)" a trajetória histórica do jornal homônimo, visto a um só tempo como órgão de um grupo político, agregador e coordenador de redes de militância libertária. As trajetórias biográficas dos redatores e sua intersecção com o principal conjunto militante dos leitores e apoiadores do jornal no Brasil, grupo este caracterizado por suas origens regionais italianas comuns, se juntam ao estudo dos temas e campanhas veiculadas pelo semanário com o objetivo de evidenciar criticamente os limites, as tensões, mas também as vantagens do circuito étnico transnacional que possibilitou a excepcional e prolongada experiência desse impresso periódico icônico da história do movimento operário no Brasil.

Os jornais alófonos do movimento operário são entendidos aqui na sua dupla e paradoxal acepção: de um lado, elementos de difusão de ideias e de fortalecimento organizativo de certos grupos políticos em uma fase inicial de inserção dos imigrantes na nova sociedade, quando ainda a língua local não é familiar e a volta ao país de origem é uma opção aparentemente possível, pelo que é fundamental manter e definir também um determinado espaço étnico; de outro lado, são eles também os veículos impressos mais contundentes na negação do nacionalismo e mais frequentemente da construção identitária nacional realizada no exterior. A esse tema é dedicada uma parte importante das contribuições do livro, sendo incontornável não somente no campo dos estudos migratórios, mas também no da imprensa alófona em um país marcado por intensas heterogeneidades culturais como o Brasil.

Ainda nessa parte, em "Imprensa ídiche no Brasil durante o século XX: preservação e guarda" de Lucia Chermont, é apresentado um panorama inédito sobre a imprensa em ídiche no Brasil com base nas poucas pesquisas anteriores e em um levantamento minucioso em acervos. Porto Alegre, Rio de Janeiro e São Paulo são os espaços privilegiados na análise, além de a autora indicar a existência de um periódico em Salvador. Foram 65 mil judeus que entraram no Brasil no período da grande imigração e em sua imprensa as referências aos conflitos europeus e às tensões dentro da comunidade emigrada são constantes, deixando claro como eram latentes as vicissitudes às quais esses grupos estavam expostos. A vocação transnacional da comunidade judaica em muito se assemelha ao movimento operário e a imprensa é, indubitavelmente, o fator de mediação central a integrar uma população de origem tão diversa espalhada pelas várias partes do mundo.

Na segunda seção, a Parte III – Mediações além das fronteiras: o Brasil sob olhares cruzados inicia com Isabel Lustosa percorrendo as páginas de um dos primeiros jornais publicados em língua estrangeira no Brasil, o francês *L'Écho de L'Amérique de Sud*, no texto "A honra dos brasileiros ofendida em um jornal francês de 1828". O olhar francês sobre "os (maus) hábitos das famílias brasileiras abastadas", o que se daria pela falta de contato com referências de civilização, obviamente identificadas com a cultura hexagonal. No sentido contrário, a representação que é feita dos franceses em reação às críticas não é mais lisonjeira e instaura-se, assim, uma enérgica polêmica que caracterizava a imprensa pasquineira de então, envolvendo parte da imprensa carioca, inclusive a franco-brasileira. A linguagem ficcional novamente permeia o texto do jornal, ironia e crítica se unem na sátira aos costumes locais e colocam no centro da reflexão da autora a questão desse olhar estrangeiro do qual a imprensa francófona é também suporte.

Tania Regina de Luca, por sua vez, segue a trajetória do editor do jornal *Le Gil-Blas* em "Émile Deleau: em busca de uma trajetória de vida". Também parte dos satíricos da *petite presse* franco-brasileira, *Le Gil-Blas* era assinado na verdade por Fantasio (pseudônimo de Émile Deleau) que substitui a polêmica folha pelo importante e noticioso *Le Messager du Brésil*. Essa trajetória garantiu-lhe conhecimento e prestígio nos meios da sociedade carioca, laços consistentes com grupos da *Gazeta de Notícias* a ponto de, de volta a Paris, Deleau se tornar correspondente desse importante jornal brasileiro lançando mão do fato de ser francês e bem conhecer o Brasil, rendendo uma representação bastante amigável da vida de sua antiga terra de acolhida.

Antonio de Ruggiero e Tamara Zambiasi em "O jornal semanal *La Patria Italo-Brasiliana* e seus almanaques: a construção de uma identidade coletiva entre os imigrantes italianos do Rio Grande do Sul (1916-1931)", ao apresentar o percurso do semanário *La Patria Italo-Brasiliana* de Porto Alegre e de seus almanaques, refletem sobre a construção de uma identidade nacional evidentemente adjetivada pela experiência migratória que representa a proposta específica do jornal ítalo-gaúcho surgido no período conturbado da Primeira Guerra Mundial. Seu editor Vicente Blancato, polígrafo que alçou posição de destaque na sociedade gaúcha, constituiu-se como um mediador lançando mão do prestígio dos italianos então associados aos signos da modernidade. Por meio de seu jornal e almanaque, Blancato concorreu para consolidar a representação de "uma 'italianidade' estereotipada", de cunho nacionalista, em meio à tensão da guerra. O olhar estrangeiro para o país se dá tanto pela afirmação identitária como pela integração.

Em "Intelectuais nipo-brasileiros nos jornais em língua japonesa do pós-guerra (1946-1970)", de Monica Setuyo Okamoto, o tema da mediação que ressignifica identidades novamente se faz presente na análise por meio da atuação de alguns dos seus mais destacados jornalistas e intelectuais, caso de Hideo Onaga, José Yamashiro e Hiroshi Saito que atuaram nos impressos *São Paulo Shimbun* (Jornal São Paulo, 1946-2018) e *Paulista Shimbun* (Jornal Paulista, 1947-1998), entre outros. Proibidos durante o Estado Novo, os periódicos em língua japonesa voltavam a ser publicados em meio ao tenso clima do pós-guerra em que a polarização entre "vitoristas" (que acreditavam na vitória japonesa na Guerra, representados de forma emblemática pela associação *Shindô-Renmei*), de um lado, e, de outro, "derrotistas" (que reafirmavam a rendição e eram comprometidos com a informação oficial) expunha os conflitos entre as representações acerca do Japão e dos japoneses fora e dentro do Brasil. A orientação ultranacionalista e fascista professada na educação japonesa das primeiras gerações foi questionada pelos "derrotistas" em defesa da maior inserção na sociedade de acolhida. Isso expôs o conflito de gerações como fator importante e relacionado à polarização da comunidade e à polêmica do "abrasileiramento" dos mais jovens, nem sempre bem visto. Daí a importância do grupo de jovens *nikkeis*, descendentes de japoneses, em sua atuação mediadora no redimensionamento da identidade nipo-brasileira não só por meio dos jornais em língua japonesa, mas também pela sua atuação na imprensa brasileira. Eram eles mais adaptados à sociedade e cultura brasileiras, bem formados, uma verdadeira elite erudita, e ajudaram a moldar um imaginário que encontra eco ainda hoje.

E, enfim, encerrando a segunda seção, a Parte IV – Mediações, processos identitários e educação, mostra como a formação de um público leitor se projeta para além dos muros da escola e toma os periódicos como suporte privilegiado da difusão de um projeto cultural. Claudia Panizzolo, em "O jornal *Fanfulla* e seus mediadores culturais: formar, informar e conformar uma identidade italiana (1893-1910)", estuda a ação do principal diário em língua italiana do Brasil e da América do Sul, o *Fanfulla*, publicado em São Paulo, na conexão entre informação e educação, com os mesmos objetivos de construção da identidade nacional fora da Itália empreendida pelo famoso jornal. Os elementos biográficos de Rotellini, fundador e proprietário do periódico, e dos principias elaboradores do jornal ao longo dos seus primeiros vinte anos de vida, na passagem do século XIX para o XX, suas experiências pregressas, suas redes de relações, são analisados pela autora como o viático inicial para a compreensão da política editorial do jornal sobre as questões identitárias e de como toda formação educativa do imigrante devia ser construída através da manutenção ou difusão da língua italiana padronizada. Estavam incumbidas dessa tarefa as escolas italianas (quase uma centena nas primeiras décadas do século XX) que aparecem nas páginas do *Fanfulla* como as responsáveis pela formação da "alma, caráter e fé", projeto que se revela para além da educação em si, voltada à instauração de um *ethos* normativo como regulador dessa inserção do imigrante e descendentes. Um mapa detalhando as redes de inserção dos colaboradores da *Fanfulla* em outros periódicos, inclusive brasileiros, complementa o esforço da autora em demonstrar os mecanismos da construção da representação do "orgulho de ser italiano" e de sua suposta atuação em prol do progresso da sociedade brasileira.

Já com o capítulo de Terciane Ângela Luchese, "Nas páginas do jornal católico *La Libertà*, Caxias-RS (1909-1910): produção e rastros de mediação cultural", volta-se a um período em que a imprensa alófona produzida dentro das coletividades imigradas sente de forma muito intensa a questão da construção identitária nacional e tenta responder de forma variada a esse desafio da elaboração de supostos "valores nacionais". No caso do *La Libertà*, um jornal de um então centro menor, mas significativo, pois publicado na cidade de Caxias do Sul, majoritariamente composta por italianos, pode-se entrar em contato com uma das declinações desse processo formativo. O estudo de caso apresentado pela autora enfatiza o empreendimento editorial do jornal de fazer coincidir italianidade e educação católica. O papel de intelectual-mediador passa a ser exercido pelos padres dentro e fora da Igreja, seja Escola, seja nas páginas dos jornais que editavam.

Fenômeno semelhante é analisado no capítulo "A imprensa alemã no Sul do Brasil e a mediação cultural: a prática jornalística e editorial de Wilhelm Rotermund", de Isabel Cristina Arendt e Marluza Marques Harres, em que apresentam o jornal *Deutsche Post*, editado em São Leopoldo, Rio Grande do Sul, de 1880 a 1928. Reconhecido como um periódico importante, considerando a periodicidade, o alcance de leitores e a relativa longevidade, o texto aborda ainda a atuação do fundador e editor, Wilhelm Rotermund. Pastor luterano, foi editor do jornal, escritor e professor. Ele foi enviado ao Sul do Brasil em 1874 pelo Comitê para os Alemães Protestantes no Sul do Brasil, o qual estava então vinculado à Sociedade Evangélica de Barmen para os Alemães Protestantes na América, com a incumbência de atender à população de alemães evangélico-luteranos no Rio Grande do Sul. As autoras entendem Rotermund como um articulador e mediador cultural atuando em meio à população imigrante ou de descendência alemã, e que permaneceu à frente da edição por vários anos, até passar essa responsabilidade a um de seus filhos, Ernst Rotermund.

No capítulo "O jornal *Stella d'Italia*: '*italianità*' e educação (1902-1908)", Alberto Barausse e Maria Helena Camara Bastos têm preocupações semelhantes na sua indagação sobre a história do *Stella d'Italia* no começo do século XX em Porto Alegre, um jornal que de certa forma representa um projeto local do mais famoso *Fanfulla*, porém mais próximo dos setores locais de classe média imigrada, de onde saíram os redatores e apoiadores do jornal. O conceito de italianidade é compreendido pelos autores como uma elaboração histórica não livre de tensões, um campo dinâmico de disputas, caraterizado pelas configurações do período, do lugar e do conjunto de mediadores envolvidos na experiência da publicação desse periódico em língua italiana do Rio Grande do Sul, em que pese também uma atenção particular para com os processos formativos pedagógicos. Assim, ao também cruzar a análise do percurso e atuação dos mediadores elaboradores do impresso com as propostas e posições educativas do jornal, os dois autores mostram os elementos de conflito intrínseco às dinâmicas de construção identitária, para além de qualquer tentativa de caracterizar de forma homogênea a etnicidade da imprensa egressa das coletividades alófonas.

Trocas culturais em vários níveis, problemáticas e abordagens as mais diversas, e um vasto *corpus* mobilizado: nada disso seria possível sem os novos recursos tecnológicos que neste século XXI se tornaram cada vez mais sofisticados. Seguramente o acesso às fontes digitalizadas e o aperfeiçoamento das ferramentas de busca impulsionaram a descoberta e o interesse por vastas coleções antes esquecidas ou negligenciadas nos acervos.

E é com a tarefa de continuar explorando essa rica fonte de pesquisa que os pesquisadores do grupo Transfopress Brasil têm se engajado no desafio de melhor entender esse capítulo peculiar da história da imprensa brasileira.

Bibliografia

BARBIER, Frédéric. "La naissance de l'impremerie et la globalisation". In: TESTOT, Laurent (dir. *Histoire Globale* – un autre regard sur le monde). Belgique: Seuil/ Sciences Humaines Éditions, 2015.

BHABHA, Homi. K. *O local da cultura*. Belo Horizonte: Editora UFMG, 2001.

CERTEAU, Michel de. *A invenção do cotidiano:* 1 Artes de fazer. Petrópolis: Vozes, 1994.

ESPAGNE, Michel. A noção de transferência cultural. *Jangada*, n.9, p.136-47, jan./jun. 2017.

KALIFA, Dominique; RÉGNIER, Philippe; THÉRENTY, Marie-Ève; VAILLANT, Alain (org.). *La Civilisation du journal*: Histoire culturelle et littéraire de la presse française au XIXe siècle. Paris: Nouveau Monde éditions, 2011.

LUCA, Tania Regina de; GUIMARÃES, Valéria. Introdução. In: LUCA, Tania Regina de; GUIMARÃES, Valéria (org.). *Imprensa estrangeira publicada no Brasil:* primeiras incursões. São Paulo: Rafael Copetti Editor, 2017. p.7-21.

RIOUX, Jean-Pierre. Introdução. Um domínio e um olhar. In: RIOUX, Jean-Pierre; SIRINELLI, Jean-François. *Para uma história cultural*. Lisboa: Editorial Estampa, 1998. p.11-22.

SAUNIER Pierre-Yves; IRIYE, Akira (org.). *The Palgrave Dictionary of Transnational History:* From the mid-19th century to the present day. Londres: Palgrave Macmillan UK, 2009.

_______. *Transnational History (Theory and History)*. Londres: Macmillan Education UK, 2013.

Seção I

Parte I

Narrativas transmidiáticas: imprensa e cultura

Figaro-Chroniqueur (1859): migrações transmidiáticas de um personagem

Monica Pimenta Velloso

Este texto dá continuidade a uma reflexão sobre os pequenos impressos de humor e de variedades a partir das relações que se estabeleceram entre imprensa, teatro e literatura em meados do século XIX. A *Ba-Ta-Clan*, publicada no Rio de Janeiro (1867-1871), se não foi exatamente pioneira nesse processo transmidiático, destacou-se como empreendimento extremamente bem-sucedido. Dirigida pelo jornalista Charles Berry, a publicação ganhou popularidade ao associar-se ao teatro de operetas, um dos recursos midiáticos mais em evidência na época (Velloso, 2017).[1]

A imprensa foi cenário de uma onda de mudanças que conformavam novos ritmos da vida social e intelectual. Materializados em formas inéditas de escrita e leitura, elas conquistariam definitivamente o grande público. A grande inovação do jornalismo dessa época foi ter trazido à cena pública um maior número de leitores, mesmo que tal presença ainda estivesse, em grande parte, limitada ao âmbito discursivo. Fato que não obscurece algo

1 Este artigo resulta do projeto de pesquisa "Um inventário do moderno brasileiro; circulações Brasil/ França (1890-1930)", parcialmente desenvolvido em Paris (Sorbonne Nouvelle/ Paris 3/ Crepal), entre junho e setembro de 2018.

verdadeiramente revolucionário: a criação de um modelo de comunicação baseado em estratégias de cumplicidade entre autores e leitores. Elemento importante, e muitas vezes deixado à margem das análises dos impressos franceses do século XIX, é a presença disruptiva do riso e da ironia. Presenciava-se a emergência de uma inteligibilidade narrativa que buscava agregar novas camadas de sentido à cultura urbana, inspirando-se na linguagem das ruas, dos teatros, dos cabarés e cafés. Nas páginas dos impressos proliferavam jogos de palavras, caricaturas e enigmas humorísticos, desafiando a imaginação dos leitores. Surgia uma nova linguagem revigorada na sua plasticidade, flexibilidade e ambiguidade desconcertantes. Esse movimento da imprensa seria acentuado na década de 1850, momento em que se amplia o sistema cultural, favorecendo o hibridismo de novas formas de comunicação. Dispositivos da tradição oral somaram-se às novas formas textuais (traduções, adaptações, plágios) e icônicas (cartazes teatrais, partituras) que forjariam a cultura jornalística do século XIX. A partir daí, surgiram novos gêneros de escrita, integrando as tradições vernáculas das conversas, caso da denominada crônica-*causerie*. Propondo uma narrativa leve, coloquial e risível, focada nos acontecimentos considerados banais e nos personagens tidos como desimportantes, tal escrita revolucionava conteúdos e formas.

Essa visão da imprensa como espaço socialmente integrado, capaz de gerar um novo modelo de comunicação marcado pela hibridação dos dispositivos textuais e atento à "voz do leitor", vem sendo discutida por vários estudos no âmbito da história cultural da imprensa. Destaco, entre eles, o trabalho desenvolvido por Marie-Ève Therenty, Olivier Bara e Alain Vaillant (Therenty, 2003; Bara; Therenty, 2012; Therenty; Vaillant, 2010). São nos vínculos relacionais entre a imprensa e o teatro que os autores localizam as raízes de uma cultura de massas no século XIX francês. Discutir as especificidades desse hibridismo no seio da cultura oitocentista brasileira e a atuação mediadora dos jornalistas é o que se propõe. Nesse sentido, interessa-nos rever suas inserções no circuito dos impressos, os recursos e estratégias usados para fazer valer o seu campo de influências.

O *Figaro-Chroniqueur*, publicado no Rio de Janeiro (1859), tendo à frente o jornalista Arthur de Mouton, faz parte desse cenário de discussões. A atuação desse personagem e do próprio impresso que dirigiu apontam para um domínio mais amplo de ideias, revelando-se a natureza complexa da cultura transnacional.

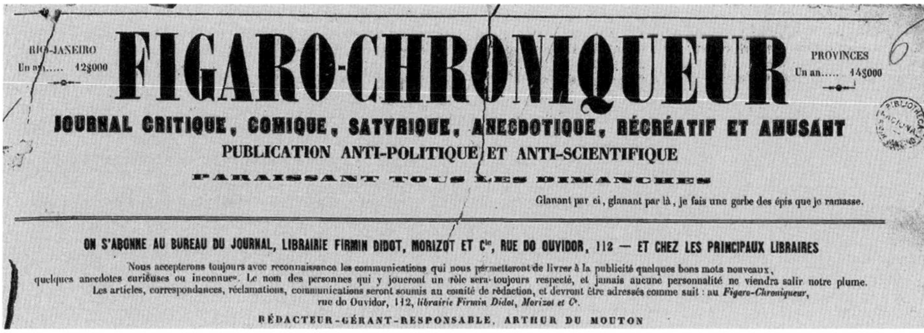

RIO-JANEIRO
Un an..... 12$000

FIGARO-CHRONIQUEUR

PROVINCES
Un an..... 14$000

JOURNAL CRITIQUE, COMIQUE, SATYRIQUE, ANECDOTIQUE, RÉCRÉATIF ET AMUSANT

PUBLICATION ANTI-POLITIQUE ET ANTI-SCIENTIFIQUE

PARAISSANT TOUS LES DIMANCHES

Glanant par ci, glanant par là, je fais une gerbe des épis que je ramasse.

ON S'ABONNE AU BUREAU DU JOURNAL, LIBRAIRIE FIRMIN DIDOT, MORIZOT ET Cie, RUE DO OUVIDOR, 112 — ET CHEZ LES PRINCIPAUX LIBRAIRES

Nous accepterons toujours avec reconnaissance les communications qui nous permetteront de livrer à la publicité quelques bons mots nouveaux, quelques anecdotes curieuses ou inconnues. Le nom des personnes qui y joueront un rôle sera toujours respecté, et jamais aucune personnalité ne viendra salir notre plume. Les articles, correspondances, réclamations, communications seront soumis au comité de rédaction, et devront être adressés comme suit : au *Figaro-Chroniqueur*, rue do Ouvidor, 112, *librairie Firmin Didot, Morizot et Ce*.

RÉDACTEUR-GÉRANT-RESPONSABLE, ARTHUR DU MOUTON

Figura 1. *Figaro-Chroniqueur: journal critique, comique, satyrique, anecdotique, récréatif et amusant,* Rio de Janeiro, n.1, abril de 1859.

Como um necrológio pode contar a história de uma publicação?

O *Figaro-Chroniqueur* surgiu no Rio de Janeiro em abril de 1859, dirigido por um jornalista que se identificava como Arthur de Mouton. Seu formato, apresentação e processo de editoração eram extremamente simples, configurando uma produção de bases artesanais. Tinha quatro páginas e não fazia uso de qualquer tipo de ilustração. Deve-se chamar a atenção para o fato de que, apesar de não exibir imagens, o impresso já estava conectado à nova *imagerie* do século XIX. A mudança radical dessa *imagerie* advinha do fato de ter promovido e feito circular novos objetos e práticas, até mesmo combinando-as entre si (Hamon, 2001). A precariedade material do *Figaro* o levava a outras estratégias para acessar a modernidade imagética. Frequentemente convidava o público a fazer parte desse universo, oferecendo-lhe prêmios e brindes, cujo atrativo eram as imagens. O leitor que fizesse uma assinatura anual do *Figaro-Chroniqueur* seria presenteado com o cobiçadíssimo *Magasin d'Illustrations*, publicado em Paris.

Anunciava-se uma coleção de trezentas gravuras a preço de promoção; livros que continham ilustrações, não importando o tema tratado, ganhavam destaque, como o de Louis Reybaud, *Jérôme Paturot, à la recherche de la meilleure des republiques* (1848). Revelam-se aí distintas formas de fazer circular as imagens, conferindo-lhes familiaridade, criando novas bases de sociabilidade e mesmo tornando-as moeda de troca. O fato ajuda a desfazer visões ainda simplistas no estudo dos impressos franco-brasileiros. O fato de um impresso não publicar imagens, necessariamente, não o alija do circuito. Referências constantes ao universo gráfico, às estampas, gravuras e

PRIME DES ABONNÉS DE SIX MOIS, SOUSCRITS A PARTIR DU 15 MAI

Au choix deux des ouvrages ci-dessous indiqués. On trouve un plus grand choix à la librairie ; ce détail n'est qu'un apperçu.

A. de Lamartine.—Les Confidences, 1 volume.
Nouvelles Confidences, 1 volume.
Toussaint Louverture, 1 volume.

George Sand.—Histoire de ma Vie, 10 volumes.
Mauprat, 1 volume.
Valentine, 1 volume.
Indiana, 1 volume.
Jeanne, 1 volume.
La Mare au Diable, 1 volume.
La petite Fadette, 1 volume.
François le Champi, 1 volume.
Teverino, 1 volume.
André, 1 volume.
Horace, 1 volume.
Jacques, 1 volume.
Lucrezia Floriani, 1 volume.
Le Péché de M. Antoine, 1 volume.
Lettres d'un Voyageur, 1 volume.
Le Meunier d'Angibault, 1 volume.
Simon, 1 volume.
La Dernière Aldini, 1 volume.
Le Secrétaire intime, 1 volume.

Gerard de Nerval.—La Bohême galante, 1 volume.
Le Marquis de Fayolle, 1 volume.
Les Filles du Feu, 1 volume.

Théophile Gautier.—Constantinople, 1 volume.
L'Art moderne, 1 volume.
Les Grotesques, 1 volume.

Mme. Emile de Girardin.—Marguerite, 1 volume.
Nouvelles, 1 volume.
M. Le Marquis de Fontanges, 1 volume.
Contes d'une vieille Fille à ses Neveux, 1 volume.
Poésies, 1 volume.

Eugène Scribe.—Historiettes et Proverbes, 1 volume.
Nouvelles, 1 volume.

Alphonse Karr.—Les Femmes, 1 volume.
Agathe et Cécile, 1 volume.
Promenades hors de mon Jardin, 1 volume.
Sous les Tilleuls, 1 volume.
Une poignée de Vérités, 1 volume.
Voyage autour de mon Jardin, 1 volume.
Les Soirées de Sainte Adresse, 1 volume.
La Pénélope normande, 1 volume.
Encore les Femmes, 1 volume.

Louis Reybaud.—Le Dernier des Commis-Voyageurs, 1 volume.
Le Coq du Clocher, 1 volume.
L'Industrie en Europe, 1 volume.
Jérôme Paturot à la recherche d'une Position sociale, 1 volume.
Ce qu'on peut voir dans une rue, 1 volume.
Jérôme Paturot à la recherche de la meilleure des Républiques, 1 volume.

Arsène Houssaye.—Les Femmes comme elles sont, 1 volume.
L'Amour comme il est, 1 volume.

Céleste de Chabrillan.—Les Voleurs d'or, 1 volume.
La Sapho, 1 volume.

Max Valrey.—Marthe de Montbrun, 1 volume.

F. Ponsard.—Etudes antiques, 1 volume.

Carles Nodier.—Le Vicaire de Wakefield, 1 volume.

A. de Bernard.—Le Portrait de la Marquise, 1 volume.

Paul Meurice.—Scènes du Foyer (la famille Aubry), 1 volume.
Les Tyrans de Village, 1 volume.

Henry Murger.—Le dernier Rendez-vous, 1 volume.
Le Pays Latin, 1 volume.
Scènes de Campagne, 1 volume.
Les Buveurs d'eau, 1 volume.
Les Vacances de Camille, 1 volume.

J. Authran.—Milianah, 1 volume.

Charles de Bernard.—Le Nœud gordien, 1 volume.
Un Homme sérieux, 1 volume.
Gerfaut, 1 volume.
Les ailes d'Icare, 1 volume.
Le Paravent, 1 volume.
La Peau du Lyon, 1 volume.

Hoffmann.—Traduction Champfleury.—Contes posthumes, 1 volume.

Alexandre Dumas Fils.—Aventures de quatre Femmes, 1 volume.
La Vie à vingt ans, 1 volume.
Antonine, 1 volume.
La Dame aux Camélias, 1 volume.
La Boîte d'Argent, 1 volume

Émile Augier.—Poésies complètes, 1 volume.

Émile Carlen.—Traduction de Mlle. Souvestre—Deux jeunes Femmes ou un an de mariage, 1 volume.

Jules Lecomte.—Le Poignard de Cristal, 1 volume.

X. Marmier.—Au bord de la Néva, 1 volume.
Les drames intimes, 1 volume.

Francis Wey.—Les Anglais chez eux, 1 volume.

Louis Bouilhet.—Melænis, conte romain, 1 volume.

Paul de Musset.—La Bavolette, 1 volume.
Puylaurens, 1 volume.

Eugène Fromentin.—Un été dans le Sahara, 1 volume.

E. Texier.—Amour et Finance, 1 volume.

Paul Féval—Le Tueur de Tigres, 1 volume.
Les Dernières Fées, 1 volume.

Achim d'Arnim.—Traduction Th. Gautier fils.—Contes Bizarres, 1 volume.

Le général Daumas.—Le grand Désert, 1 volume.
Les Chevaux du Sahara, 1 volume.

Jules de la Madelène.—Les Ames en peine, 1 volume.

Le Diable à Paris, 1 volume.
Le Tiroir du Diable, 1 volume.
Les Parisiennes à Paris, 1 volume.
Paris et les Parisiens, 1 volume.

H. Blaze de Bury.—Musiciens contemporains, 1 volume.

Max Buchon.—En Province, 1 volume.

Léon Gozlan.—Le notaire de Chantilly, 1 volume.
Emotions de Polydore Marasquin, 1 volume.
Les Nuits du Père-Lachaise, 1 volume.
La Famille Lambert, 1 volume.
Histoire de Cent trente Femmes, 1 volume.
Le Médecin du Pecq, 1 volume.
La dernière Sœur grise, 1 volume.

Émile Souvestre.—Un Philosophe sous les toits, 1 volume.
Confessions d'un Ouvrier, 1 volume.
Au coin du Feu, 1 volume.
Scènes de la Vie intime, 1 volume.
Chroniques de la Mer, 1 volume.
Les Clairières, 1 volume.
Scènes de la Chouannerie, 1 volume.
Dans la Prairie, 1 volume.
Les derniers Paysans, 1 volume.
En Quarantaine, 1 volume.
Scènes et Récits des Alpes, 1 volume.
Les Soirées de Meudon, 1 volume.
L'Échelle de Femmes, 1 volume.
Souvenirs d'un Vieillard, 1 volume.
Sous les Filets, 1 volume.
Contes et Nouvelles, 1 volume.

Émile Carrey.—L'Amazone.—Huit jours sous l'Équateur, 1 volume.
Les Métis de la Savane, 1 volume.
Les Révoltés du Parà, 1 volume.
Récits de Kabylie, 1 volume.

300$000 !!! DEUX JOURNAUX !!

ET 300 GRAVURES POUR 10$000 !!!

Jamais une occasion semblable n'a été offerte au public. En s'abonnant pour un an au *Figaro-Chroniqueur* (10$000 par an) à partir du 15 mai 1859 on a droit :

1 Au Figaro Chroniqueur.

2 A un abonnement au *Magasin d'Illustrations*, charmant journal publié à Paris. Le *Magasin d'illustrations* produit plus de 300 jolies gravures et donne la matière de cinq volumes ordinaires; il traite des sciences, des arts, de la littérature, de l'histoire, etc;, etc,; il paraît toutes les semaines sous la forme d'une élégante brochure in folio. Le prix de ce journal pour *l'étranger est de dix francs par an*.

3 Chaque abonné d'un an recevra *en souscrivant* un billet de prime pouvant lui faire gagner 300$000 de livres à choisir dans toute la librairie Waldemar, rue do Ouvidor 112.

Les abonnements de six mois (6$000) auront droit à deux ouvrages avec ou sans gravures à choisir dans l'annonce ci-dessus, chacun de ces ouvrages est coté 1$000 dans toutes les librairies.

Cette prime, comme celle d'un an, ne court *que pour les abonnements souscrits à partir du 15 mai* 1859

Nous n'avons pas besoin d'appeler l'attention du public sur ces avantages incroyables, les preuves sont là, palpables, mises à la disposition de tous ceux qui veulent se convaincre.

On s'abonne, rue do Ouvidor, 112
Librairie Waldemar.

Figura 2. *Figaro-Chroniqueur*, Rio de Janeiro, n.7, p.4, 10.5.1859.

caricaturas denotam comprometimento em relação à divulgação da cultura visual. A globalização da cultura do século XIX era um fato.

O Figaro-Chroniqueur dedicava-se a noticiar os espetáculos teatrais, publicando folhetins literários e uma seção de variedades com forte acento no humor. Ao notificar o cotidiano local em breves notas, misturando-as a referências e informações sobre o mundo europeu, o impresso conseguia atrair a atenção de leitores brasileiros e franceses. O *Figaro-Chroniqueur* circulou pouco mais de dois meses, tendo destino semelhante ao da maior parte das "pequenas publicações" da época. Dos sete números publicados, restaram apenas quatro. Esses textos que sobreviveram ao tempo nos chegam com fortes rasuras e apagamentos, dificultando o processo de leitura.

Quando integrado à rede dos impressos franceses, o impresso apresenta novos significados, dando chance ao historiador de superar a precária materialidade da fonte. Este artigo se empenha no trabalho de escavar novos sentidos, buscando integrar a escrita do *Figaro* ao quadro mais amplo das tensões Europa/América. O fato que chama a atenção na narrativa do impresso é a forte recorrência às rubricas, reticências, interrogações, exclamações, explorando o elemento lúdico e o jogo das metáforas; é uma linguagem em permanente suspensão. Misturando informações cotidianas a situações imaginárias, corrobora um estilo bem em voga na época, denominado *canard*. Uma das características desse estilo é a mistura que faz entre o real histórico e a ficção. Recorre com frequência à linguagem humorística, instigando a imaginação crítica do leitor, divertindo-o – ou fazendo ambas as coisas. Quando pesquisava a *Ba-Ta-Clan* (1867-1871), chamou-me a atenção um necrológio humorístico em que era notificada a morte do *Figaro*.

A nota datava de 1867 e o *Figaro-Chroniqueur* tivera sua publicação interrompida em 1859. Por que essa defasagem temporal? Por quais motivos o fim do impresso era notificado como acontecimento recente nas páginas da *Ba-Ta-Clan*?

Algumas referências no texto confirmam tratar-se de fato do impresso publicado no Rio de Janeiro. Mencionando a vida breve da publicação (cerca de dois meses), a nota convocava os leitores da cidade a comparecerem à capela na rua da Ajuda para prestar homenagens ao falecido. Era exatamente nessa rua que ficava a gráfica onde era impresso o *Figaro-Chroniqueur*. A escrita necrológica, sobretudo a publicação de notas fúnebres em tom humorístico, fora prática inaugurada, ao que se sabe, pelo jornal *Le Figaro* (1854), dirigido pelo jornalista Hypollyte Villemessant (1810-1879), que costumava ironizar os anúncios fúnebres pagos. Criticando o aspecto mercadológico dessa prática, recusava publicá-las no seu

BA-TA-CLAN 239

Ba-ta-clan a la douleur d'annoncer à ses lecteurs le décès du journal

FIGARO

mort à la fleur de l'âge, après deux mois et quelques jours et sept numéros d'existence.

Ce jeune barbier, qui donnait à ses parents les plus belles espérances, n'a pu se consoler du retard de l'arrivée de la compagnie d'opéra français.

Il en a avalé son rasoir.

On se réunira à la maison mortuaire, rua d'Ajuda 16, pour lui rendre les derniers honneurs.

Le deuil sera conduit par M. Thevenet et les chorisristes de la future compagnie lyrique.

Que ses attrapages lui soient légers.

N. B. — Les personnes qui n'auraient pas été convoquées sont priées de considérer le présent avis comme lettre de faire part.

Pensées quelconques.

— Entre les médecins et les avocats il y a cette différence que plus il y a d'avocats, plus les procès durent; tandisque plus il y a de medecins, moins la maladie dure.

— La cocotte est un billet en circulation qui a d'autant plus de valeur qu'on y lit plus de signatures.

— Il faut que les charcutiers soient bien surs de l'impunité, puis qu'ils ne cessent pas de faire étalage de leur *lard sain.*

— Si Dieu n'a pas donné de barbe aux femmes, c'est parce qu'elles n'auraient pas pu se taire pendant qu'on les eut rasées.

— L'esprit est une consolation du manque d'argent; l'argent est une nécessité du manque d'esprit.

— L'amour ressemble à la lune ; quand il ne croit pas, il faut qu'il diminue.

— Epouser à cinquante ans une belle fille de vingt ans, c'est imiter ces ignorants qui n'achètent des livres que pour les faire lire à leurs amis.

— Le pistolet est la paire de ciseaux avec laquelle bien des gens coupent le fil de leur existence.

— J'aime mieux être constamment poursuivi par mes remords qu'un seul jour par la police.

— Les femmes savent merveilleusement que l'illusion fait le bonheur des hommes ; aussi par reconnaissance pour les soins qu'ils leur rendent, mettent-elles toute l'adresse possible à les tromper.

Théâtres.

LYRIQUE FRANÇAIS. — Aucune nouveauté depuis samedi.

La représentation au bénéfice de Mlle Blanche est remise à mardi prochain.

OPÉRA FRANÇAIS. — La troupe arrive irrévocablement du 10 au 15 janvier par le packet de Marseille, et la première représentation aura lieu le 20 janvier.

GYMNASE. — *O Opio e o Champagne*, une charmante opérette dont la ravissante musique a été arrangée par M. Bazolle, a été représentée hier pour la première fois. Encore un succès pour la direction.

Ce soir la deuxième représentation.

Nous reviendrons sur cette pièce.

Nous lisons dans l'*Europe artiste :*

Rio-de-Janeiro, 23 octobre 1867.

THÉATRE FRANÇAIS.— Ce théâtre continue le cours de ses succès, et chaque soir la salle est comble.

M. Borel fait aujourd'hui partie de la troupe, après avoir fait ses débuts dans *le Châlet*; prochainement cet artiste pourra être mieux apprécié du public, les rôles restés vacants par suite du départ de M. Genin devant lui être confiés.

Le bénéfice de Mlle Carlotta nous a valu la première représentation du *Baron de Groschaminet*, opérette-bouffe qui n'a que le mérite de posséder quelques motifs très heureux. Dans un charmant pas de deux, Mlle Carlotta a été frénétiquement applaudie par un public d'élite et nombreux, qui avait bien voulu répondre à l'appel de la jeune bénéficiaire.

Mlle Blanche Gandon, chanteuse excentrique des concerts de Paris, a débuté samedi, 20 octobre. Son genre, inconnu jusqu'à ce jour à Rio-de-Janeiro, ne pouvait que trouver de nombreux admirateurs. Mlle Gandon possède une voix douce et charmante qui manque un peu de force, il est vrai; mais elle déploie dans le récitatif une diction irréprochable, une finesse d'esprit hors ligne. Les fleurs et les bravos qu'elle recueille chaque soir prouvent combien sa présence est déjà sympathique parmi nous.

E. AUBERTIE.

A la suite d'un brillant concours où elle a éclipsé toutes ses jeunes rivales, Mlle Marie Delmary vient de remporter une double victoire : elle a été nommée simultanément pensionnaire du Conservatoire impérial de déclamation, et élève pensionnée par le Théâtre Français.

Mlle Marie Delmary, donne, dit-on, les plus belles espérances pour la scène de la Comédie-Française. Nul doute que ces espérances se réalisent, car Mlle Delmary appartient à une famille où le talent et et le succès sont héréditaires.

Mademoiselle Marie Delmary est la cousine de Mlle Julie Delmary dont le talent se manifeste de jour en jour au théâtre lyrique français.

Typ. et lith. de BA-TA-CLAN, rue do Hospicio N. 133.

Figura 3. Nota fúnebre publicada na *Ba-Ta-Clan*, no Rio de Janeiro, 21.12.1867.

jornal, preferindo usar o espaço para divulgar necrológios do mundo artístico e literário (Blandin, 2010).

A nota publicada na *Ba-Ta-Clan* provavelmente inspirou-se nesse recurso de noticiar fatos reais misturados ao domínio do fantástico e do inverossímil. A linguagem cifrada desse curioso necrológio ganha então historicidade. Ao anunciar a morte do *Figaro*, a nota da *Ba-Ta-Clan* traz à cena elementos da narrativa operística do *Barbeiro de Sevilha*, do escritor e dramaturgo francês Pierre-Augustin Caron de Beaumarchais (1732-1799), transcontextualizando-a para o circuito dos impressos franco-brasileiros. A nota lamenta que o "jovem barbeiro", que tantas esperanças dera aos seus "parentes", viesse a morrer tão cedo. E o *Figaro* morreria desconsolado pelo fato de não ter tido oportunidade de presenciar a gloriosa chegada das óperas francesas ao Brasil. Deixam-se entrever aí duas informações interessantes.

A primeira delas mostra relações do impresso *Figaro-Chroniqueur* (1859), do Rio de Janeiro, com uma rede de impressos parisienses que o antecederam, os aludidos "parentes" dos quais nos fala a nota. Os títulos dessas publicações evocavam variações em torno do nome "Figaro", releituras da obra seminal de Beaumarchais, que geraram as óperas-bufas de Mozart (1786) e de Rossini (1792).

O primeiro impresso dessa vertente-satírico humorística de impressos é *Le Figaro, journal littéraire, théâtre, critique, sciences, arts, moeurs, nouvelles, scandale, économie domestique* (janeiro 1826). Dirigido por uma dupla de jovens literatos, Étienne Arago e Maurice Ahoy, esse impresso iria se converter em uma frente de oposição ao governo.

Usando o tom satírico-humorístico, a publicação aliou-se a outros impressos do mesmo perfil, como *Le Corsaire* (1828) e *La Caricature* (1830-1843), contribuindo para a deposição de Charles X (Erre, 2010; Spandonis, 2010). Esse viés questionador em relação aos poderes seria endossado, de distintas formas e com diferentes ênfases, por quase todos os impressos que levaram o título *Figaro*. Dois aspectos lhes eram comuns: divulgar notícias do cotidiano, incluindo o universo teatral e das operetas, e o uso de uma estratégia comunicativa fundamentada na linguagem humorística. Essa potencialidade comunicativa acabou favorecendo o desenvolvimento de uma sensibilidade social marcada por uma "contestação oblíqua" (Bara; Therenty, 2012).

Inaugurada em 1826, essa vertente satírica do *Figaro* seria interrompida por longo período, para ser retomada só em 1854 por um dos nomes mais destacados do jornalismo francês: Hypolite de Villemessant (1810-1879). Dotado de ideias arrojadas, apostava em novas formas de fazer impressos,

Iʳᵉ. ANNÉE.
N°. 6.

VENDREDI
20 janvier 1826.

ON S'ABONNE A PARIS,

Chez Jourdan fils, au Bureau du Journal, quai des Augustins, n°. 17.
Le prix est pour Paris, de 6 fr. pour un mois, 15 fr. pour trois mois, 30 fr. pour six mois et 60 fr. pour l'année. — Les départemens paieront en sus 2 c., et l'étranger 4 c. par numéro.

SOUVENIR ANECDOTIQUE.

Un jeune enfant demandait à sa mère si l'on devait dire la bouche ou la gueule d'un capucin.

LE FIGARO,

JOURNAL LITTÉRAIRE.

THÉATRE, CRITIQUE, SCIENCES, ARTS, MOEURS, NOUVELLES, SCANDALE, ÉCONOMIE DOMESTIQUE, BIOGRAPHIE, BIBLIOGRAPHIE, MODES, ETC., ETC.;

RÉDACTEURS :

LE COMTE ALMAVIVA, FIGARO, BARTHOLO, ROSINE, BAZILE, SUZANNE, CHÉRUBIN, MARCELINE, BRIDOISON, LA JEUNESSE, L'ÉVEILLÉ, GRIPPE-SOLEIL ET DOUBLE-MAIN.

La vérité, quand même!...

SPECTACLES DU 20.

ACADÉMIE ROYALE DE MUSIQUE.

LA VESTALE, paroles de M. Jouy, musique de M. Spontini.
Le grand pontife, MM. Dériris.
Le chef des aruspic. Pouilley.
Licignus, Massol.
Le consul, Prévost.
Julia, Mad. Lahadie.
La grande vestale. Queney.
Danse. Montessu, Lefèvre, Simon. Mesd. Burou, Hullin, Vigneron, Fourcisi, Bertrand.

LE PAGE INCONSTANT, ballet pantomime en 3 actes, de Dauberval.
Bazile, MM. Milon.
Figaro. Barrez.
Le comte, Montjoie.
Antonio, Mérante.
Bartholo, Godefroy.
Bridoison, Châtillon.
Grippe-Soleil, Elie.
La Comtesse, Mesd. Lacroix.
Le page, Marinette.
Marcelline, Elie.
Fanchette, Montessu.
Suzanne, Legallois.
Danse : M. Paul, mad. Lecomte.

THÉATRE FRANÇAIS.

HAMLET,

Hamlet. MM. Talma.
Norceste, Menjaud.
Palonius, Desmousseaux.
Orphélie. Mesd. Bourgein.
Gertrude, Duchesnois.
LES CONFIDENS.
LES FOURBERIES DE SCAPIN.

OPÉRA-COMIQUE.

LA DAME BLANCHE, opèra en 3 actes, de MM. Scribe et Boyeldieu.
George, MM. Ponchard.
Gaveston, Henri.
Macdeton, Firmin.
Deckson, Féréol.
Gabriel, Bernié.
Anna, Mesd. Rigaut.
Marguerite, Desbrosses.
Jenny, Boullanger.
Jeune fille, Miller.

PHILIPPE ET GEORGETTE.

Philippe, MM. Ponchard.
Bonnefoi, Ginod.
M. Martin, Daraucourt.
Wenner, Firmin.
Mme. Martin, Mesd. Belmont.
Georgette, Casimir.
Babet, Bras.

ODÉON.

LUXE ET INDIGENCE.
Clénard, MM. Colson.
Clairville, Thénard.
Cazaldi, Provost.
Auguste son fils, F. Huart.
Frémont, Duparai.
Arthur, Samson.
Frangins, Ménétrier.
Constance, Mesd. Dutertre.
Julie, Anaïs.
Alphonsine, Delattre.

LE RETOUR D'UN CROISÉ, avec son Prologue. MM. Colson.
Prologue. Samson.
Comte de Falaise. Joly.
Fleur d'amour. Provost.
Thomas, Rehoëlle.
Un écuyer, Delâtre.
La comtesse, Mesd. Duval.
L'enfant, Le petit Grand-Fond.

LA FORÊT DE SENART.

Henri IV, MM. Lecomte.
Le duc de Belgarde, Adolphe.
M. de Concini, Latappy.
Michaud, Camoin.
Richard, L. Chappelle.
Lucas, Léon.
Colas. St.-Preux.
1ᵉʳ. braconnier, Riboëlle.
2 braconnier, Masson.
Un garde de chasse, Tauquerelle.
Margot, Mesd. Camoin.
Catau, Amélie.
Hélène, Montano.

THÉATRE DE MADAME.

LA PORTE SECRÈTE.

LE CONFIDENT.

LA DEMOISELLE A MARIER.
Dumesnil, MM. Dormeuil.
Luceval, Paul.
Ducoudray, Numa.
Baptiste, Klein.
Mme. Dumesnil, Mesd. Julienne.
Camille, Carmouche.

LE MÉDECIN DES DAMES.

THÉATRE DU VAUDEVILLE.

LES AMOURS DE VILLAGE, vaudeville en 1 acte, de MM. Francis et Achille Dartois.
Gros-René, MM. Guillemin.
Dutreck, Lepeintre.
Un villageois, Doisy.
Bastien, Mesd. Minette.
Simonne, Guillemin.
Nicette, Lafont.
Madame Dutreck, Dumont.

FRONTIN MARI GARÇON, comédie-vaudeville en 1 acte, de MM. Scribe et Mélesville.
Edouard, MM. Isambert.
Frontin, Fontenay.
Labranche, Théodore.
Un cuisinier, Doisy.
Un cocher, Lejeune.
La comtesse, Mesd. Victorine.
Denise, Virginie.

LES DAMES A LA MODE, vaudeville en 1 acte de MM. Gersin, Brazier et Gabriel.
Lenoir, MM. Fontenay.
Léonidas, Philippe.
Clarinette, Mesd. Minette.
La princesse, des Ursins, Clara.
Armide, Guillemin.
Semiramis, Dussert.
La dame du Lac, Lafont.

LE MARIAGE EXTRAVAGANT, comédie-vaudeville en 1 acte, de MM. Désaugiers et Valore.
Le docteur, MM. Fontenay.
Darmance, Joly.
Edouard, Armand.
Simplet, Guénée.
Betzy, Mlle. Pauline G.

THÉATRE DES VARIÉTÉS.

LE MARIAGE A LA HUSSARDE.

THIBAUT ET JUSTINE.

LE CHIFFONNIER.
MM. Potier, Arnat, Allan, Blondin, Fleury. Mesd. Baroger, Pauline, Félicie.

L'OURS ET LE PACHA.

THÉATRE DE LA GAITÉ.

GUSTAVE, mélodrame en 3 actes.

LE CHEMIN CREUX, mélodrame en 3 actes, de MM. Saint-Alme et Henry.
MM. Marty, Camiade, Francis, Ferdinand, Dumesnil, Joseph.
Mesd. Adèle Dupuis, Adolphe.

THÉAT. DE L'AMBIGU-COMIQUE.

TÉKÉLI, mélodrame en 3 actes.

CAGLIOSTRO, mélodrame en 3 actes.

THÉAT. DE LA PORTE S.MARTIN.

LA FILLE DU MUSICIEN, mélodr. en 3 actes, par MM. Crusnier et Serrière MM. Gobert, Moessard, Pierson, Menier, Defrène, Phoret. Mad. Dorval.

JOCKO.
MM. Pierson, Gobert, Hypolite, Blanchard. Mesd. Coraly, Bordes.

CIRQUE OLIMPIQUE.

La quatième représ. de MACBETH, ou LA FORET DE BERNAM, mimodrame en 3 actes, à grand spectacle. — Le Vieillard. — M. Bastien. — Le Lancier. — Le Grotesque.

THEATRE DE M. COMTE.

Le petit Présompteux. — Le vol-au-vent. — Les trois fugitifs. — Orgueil et modestie.

Figura 4. *Le Figaro,* Paris, 1826, primeiro jornal satírico-humorístico.
Fonte: Direção: Étienne Arago /Maurice Ahoy.

Année 1854 — N° 8 Un Numéro : 20 Centimes. Dimanche 21 Mai

H. DE VILLEMESSANT & B. JOUVIN
RÉDACTEURS EN CHEF

HISTOIRE
LITTÉRATURE
BIOGRAPHIES — POÉSIE
NOUVELLES — SATIRES — SPORT
CHRONIQUES — MUSIQUE — THÉATRES
NOUVELLES A LA MAIN
BEAUX-ARTS
MODES

ADMINISTRATION & RÉDACTION
48, rue Vivienne, au coin du boulevard
PARIS

DOLLINGEN
DIRECTEUR-ADMINISTRATEUR

Figaro paraît tous les dimanches, soit 52 fois par an.

CONDITIONS D'ABONNEMENT

FIGARO

JOURNAL NON POLITIQUE

CHRONIQUE PARISIENNE

REVUE DE LA SEMAINE

FEUILLETON DE FIGARO DU 21 MAI 1854

SOUVENIRS ARTISTIQUES

FRÉDÉRIC CHOPIN.

Figura 5. *Figaro: journal non politique,* Paris, 1854.
Fonte: Direção: Hippolyte de Villemessant.

conjugando os interesses do leitor aos do mercado. Parte expressiva dos jornalistas que chegaram ao Brasil o tinham como referência, mesmo não compartilhando alguns dos seus valores.

Mas voltemos à "Nota fúnebre" da *Ba-Ta-Clan*. O texto deixava clara a expectativa de que o título *Figaro* fosse bem-sucedido no Rio de Janeiro, dando continuidade a um modelo de impresso que se articulava ao universo teatral. O fato reforça a inserção do *Figaro* publicado no Rio em um circuito internacional de impressos inspirado nas operetas francesas. A nota registrava outra informação: a de que haveria um "atraso" na chegada das operetas francesas ao Brasil. Por falta de sustentação de uma rede mais sólida, o impresso acabaria desaparecendo do circuito brasileiro.

Esse necrológio da *Ba-Ta-Clan* soa como homenagem póstuma ao *Figaro-Chroniqueur*. Mas é mais do que isso. Invertendo a ordem das temporalidades e acontecimentos, a narrativa humorística desestabiliza lugares do poder e da verdade, instigando a imaginação do leitor a ver além. Recorrendo aos jogos enviesados do humor, a *Ba-Ta-Clan* mostra o propósito de ocupar o lugar deixado pelo *Figaro-Chroniqueur*, desaparecido em 1859. Narrativa engraçada, aparentemente pautada pelo desencontro de informações, usando um tom próximo ao surreal, a nota da *Ba-Ta-Clan* remete a um capítulo importante da história da circulação das ideias. O enterro simbólico do *Figaro-Chroniqueur*, anunciado pelas páginas da *Ba-Ta-Clan*, assemelha-se a um ritual de passagem.

O que está em questão é a busca de legitimidade de um modelo de imprensa ligado ao teatro de operetas. Se o *Figaro-Chroniqueur* (1859) não conseguira vingar no Rio de Janeiro, surgia a *Ba-Ta-Clan* propondo hastear a mesma bandeira. A nota fúnebre também pode ser vista como um pequeno manifesto brincalhão, insistindo em anunciar a chegada de uma nova imprensa no Brasil, que, apostando na popularidade e no crescimento das vendas, buscava lançar as bases de uma cultura de massas no país.

Essa relação imprensa/teatro de operetas proposta pelo modelo francês não se dava ao acaso. Existiam práticas de escritura comuns entre essas mídias. Voltadas para as produções efêmeras da atualidade, ambas se inspiravam em um elenco de personagens literários já conhecidos do grande público. Visando garantir relações de proximidade e de empatia com o público leitor, os impressos não hesitavam em fazer empréstimos no campo literário. Ali encontravam férteis personagens capazes de fazer pontes mediadoras para a escrita jornalística. Mobilizando emoções e fortalecendo laços de identidade, eles iriam estabelecer verdadeiros "pactos de leitura" com o público (Bara; Therenty, 2012). Se, no início do século

XIX, a rede dos impressos franceses consagrara o protagonismo do Fígaro, extraído da narrativa seminal de Beaumarchais, o mesmo não se pode dizer do *Figaro-Chroniqueur* do Rio de Janeiro. No cenário brasileiro, as pegadas desse clássico adquirem novas conformações.

PREFÁCIO: UM CENÁRIO DE TROCAS E CIRCULAÇÕES

O prefácio é a chave do pensamento e "daguerreotipo do escritor".

Figaro-Chroniqueur, Rio de Janeiro, 10.4.1859.

O uso dos códigos teatrais foi um dos recursos essenciais do humor e da sátira. Jogos com a ficção, convocação de personagens, encenações e uso de pseudônimos foram igualmente usados na imprensa e no universo teatral. Os impressos também iriam aproveitar dispositivos presentes nos textos literários, como o prefácio.

Prefácios têm a função de anunciar o texto; sinalizando a trama e a atuação dos personagens, almejam a empatia do leitor. Na apresentação do *Figaro-Chroniqueur*, é visível essa intenção. Apesar de o impresso não dispor de imagens, consegue suprir essa ausência com outros recursos. Algumas formas gráficas e a própria disposição dos subtítulos no corpo do impresso mostram o empenho em apresentar uma dramaturgia moderna, lúdica, que busca atrair o olhar do leitor. A forma de apresentação do prefácio ilustra bem o seu sentido polissêmico.

"Prefácio é programa, prospecto, prólogo, introdução, avisos, enfim... o que se quer." Essa definição soa como uma releitura do conceito transferido para o universo do moderno jornalismo. O prefácio do *Figaro-Chroniqueur* (Rio de Janeiro, 1859) mescla autor/personagem, contexto histórico/universo ficcional, imprensa/teatro/literatura. Usando a narrativa em primeira pessoa, Arthur de Mouton conta, de forma novelesca e cheia de humor, como se dera a criação do *Figaro-Chroniqueur* no Brasil. Elege Bertrand como coprotagonista da história. Importante lembrar que Bertrand era o nome do diretor da editora Imprimerie Moderne, que tinha grande atuação na capital brasileira. Mas Bertrand também era o nome do companheiro de um personagem literário extremamente popular chamado Robert Macaire. Macaire e Bertrand compunham uma dupla inseparável, cujas histórias vinham havia muito tempo conquistando grandes parcelas do público europeu.

A presença dessas figuras no prefácio do impresso franco-brasileiro reforça o estreitamento de laços entre o mundo dos impressos e o da ficção literária. E é através desses personagens que o *Figaro-Chroniqueur* se apresenta ao público carioca. Mas vejamos como se dá a narrativa do prefácio, escrita pelo próprio diretor do impresso.

Arthur de Mouton acorda com forte ruído à sua porta. Segue-se a entrada intempestiva de Bertrand, que tropeça e quase cai no chão. Desculpando-se pela brusca aparição, Bertrand conta que saíra do Velho Mundo e da companhia de seu mestre Robert Macaire para vir ao encontro do amigo no Rio de Janeiro. Protagonista de um melodrama clássico denominado *L'auberge des Adrets* (1823), representado por Frédérick Lemaître, o personagem Robert Macaire era um misto de bandido e bufão, que tentava sempre tirar proveito das situações. A dupla Macaire/Bertrand ainda ficaria mais conhecida na França pela pena dos desenhistas Charles Philipon e Honoré Daumier, que lhes deram forma caricatural publicadas pelas revistas *La Caricature* (1830-1843) e *Le Charivari* (1836-1838).

Adaptado a distintas roupagens, Robert Macaire acabou se convertendo em um dos símbolos da identidade nacional francesa. Por que o redator do *Figaro-Chroniqueur* – suposto Arthur de Mouton – traria tal personagem à cena de abertura do impresso carioca? Se na França o protagonismo de Fígaro associava-se a uma atitude de sublevação e revolta, mesmo que apresentada de forma risível, no Brasil oitocentista essa realidade não funcionava. A presença do subordinado remetia à brutal experiência da escravidão; o Fígaro de José de Alencar mostrava o "falso Fígaro, verdadeiro escravo" (Rabetti, 2007, p.75).

A referência ao personagem Robert Macaire sugere adequações à brasilidade. Na época em que é criado no Rio de Janeiro o *Figaro-Chroniqueur*, tal personagem já tinha ampla circulação no imaginário literário, dramatúrgico e das artes plásticas. Seu nome também estava relacionado a uma dança em Paris que, na década de 1850, fazia sucesso explosivo nos bailes, atraindo multidões. Inventando coreografias e canções, dramatizava-se o cotidiano com muito humor e irreverência. Na Rive Gauche, destacava-se o Grand Chaumière, que levava frequentadores ao delírio quando se cantava: "Senhores estudantes/ Vão ao Chaumiére/ Para dançar o *cancan*/ e Robert Macaire" (Caradec; Weill, 2007, p.89). Em animadas quadrilhas à *galop*, a canção incentivava a boemia e o anticonformismo dos jovens estudantes e artistas diante da ordem social estabelecida. Essas representações da cultura boêmia, sua forma teatralizada de existência e, sobretudo, a heterogeneidade dos seus atores, povoam todo o imaginário artístico-literário do século XIX.

A tais ideias viriam se somar novas configurações do contexto brasileiro. As páginas do *Figaro-Chroniqueur* dialogam com outros impressos cariocas, mostrando visões satíricas do cotidiano e dos seus tipos. Entre 1852 e 1853, o *Correio Mercantil* publicara no seu folhetim várias narrativas assinadas com o curioso pseudônimo: "Um brasileiro". Tratava-se de *Memórias de um sargento de milícias*, de Manuel Antônio de Almeida. A identidade do autor só seria revelada em 1855, ano de publicação do romance. Ao associar a nacionalidade ao anti-heroísmo, esperteza, marginalidade e também a uma certa malandragem, Manuel Antônio de Almeida reforçava tais visões no imaginário social da brasilidade. É muito provável que os jornalistas franceses radicados no Rio já conhecessem a obra do autor ou, ao menos, tivessem ouvido comentários sobre ela. Na rua do Ouvidor, proliferavam rodas de conversa frequentadas por jornalistas, letrados e boêmios. Nas suas crônicas, Joaquim Manuel de Macedo menciona uma roda de conversas bem frequentada na época denominada "Caverna acústica". Esta funcionaria semanalmente nos fundos da loja de Bernardo Vieira da Cunha, antigo caixeiro no comércio francês. Bernardo iria se tornar uma das figuras mais populares do circuito letrado, inspirando histórias e lendas da cidade. Nessa roda, costumava-se comentar acontecimentos cotidianos e notícias que, muitas vezes, sairiam na *Gazetilha*, no *Jornal do Commercio* e em vários outros impressos (Gomes, 1980, p.114-6).

Na vida da cultura oitocentista carioca, já existia um circuito de intercâmbios que mesclava imprensa, literatura e "cena" teatral, estimulando práticas de conversação com forte senso de humor crítico. A montagem do "Prefácio" do *Figaro-Chroniqueur* remete a esse cenário transmidiático, combinando elementos das tradições locais e da modernidade dos dois continentes. Em meio a diálogos hilariantes, piadas e xingamentos entre o impressor e o redator, o texto transmitia informações ao leitor sobre o *Figaro*: preço, locais de venda, linha editorial, tipos de leitores e os prós e contras de uma publicação destinada ao humor. Certamente os recursos dramatúrgicos mediavam, com enorme sucesso, as informações.

A conversa entre o redator e o editor transforma-se em furiosa contenda quando Arthur de Mouton propõe a Bertrand criar um impresso de humor no Brasil, fato que faz o editor retrucar: "[...] que ser infernal te colocou na cabeça que aqui – no Rio de Janeiro – podes implantar um papelzinho como este que tu te propões a escrever?".[2] A proposta de um jornalismo voltado

2 "[...] quel être infernal t'ami dans la tête qui ici – à Rio de Janeiro – l'on puisse implanter um *papelinho* comme se lui que tu te proposes d'écrire?". *Figaro-Chroniqueur*, Rio de Janeiro, n.1, p.1, 3.4.1859.

para o grande público era questão polêmica e relativamente pouco discutida no circuito dos impressos franco-brasileiros. Na realidade, esse jornalismo ainda estava sendo criado na França. Só em 1863 surgiria o *Le Petit Parisien*, alcançando leitores da classe operária. Na cultura oitocentista brasileira, inexistia uma prática de leitura generalizada, e a profissão de jornalista ainda era algo distante. Por isso, tais questões ganham espaço no "Prefácio" do *Figaro-Chroniqueur*, sempre avivadas pelo diálogo entre o jornalista e o amigo editor. Beirando o paroxismo e em tom engraçado, Bertrand insiste: "[...] então do que tu vais falar a esse monstro de mil cabeças que chamamos *Público*?".[3]

Esse diálogo fictício, encenado a duas vozes, logo na abertura do *Figaro-Chroniqueur*, deixa entrever uma autoria informada e posicionada com relativa adequação à rede das circulações franco-brasileiras. Afinal de contas, quem seria esse personagem que se autodenominava Arthur de Mouton?

Sob a máscara de Momos

Alguns dados de pesquisa reforçam a hipótese de Valéria Guimarães de que Arthur de Mouton seria um dos pseudônimos usados pelo jornalista Altève Aumont no *Figaro-Chroniqueur* (Guimarães, 2015). Em maio de 1858, ele chegaria ao Rio de Janeiro como correspondente da *Revue des Races Latines*, que defendia a latinidade como modelo civilizatório da América ibérica, em contraposição às influências anglo-saxônicas. O crescente cosmopolitismo do Segundo Império vinha gerando um clima de profunda insegurança, quando se constatava que grande parte dos valores culturais franceses tivera origem nas ideias de além-fronteiras. Aurélien Scholl (1833-1902), um dos mais destacados cronistas da época, comentava: "Nossas cantoras são italianas ou belgas, as dançarinas vêm de Florença ou Nápoles; óticas da Lombardia, *taillers* dos ingleses, dentistas são americanos e os poloneses bebedores [...]" (Bellanger et al., 1969).

Objetivando neutralizar essa onda de influências, o governo decide investir recursos no aparato da imprensa, propondo uma série de títulos dirigidos a outros países. A *Revue des Races Latines*, a qual Altève Aumont se integrara como correspondente, nasce nesse contexto. Além das razões de ordem política, era inegável a curiosidade dos franceses em relação ao

3 "[...] alors de quoi vas-tu parler à ce monstre à mille têtes que on nome *Publique*". *Figaro-Chroniqueur*, Rio de Janeiro, n.1, p.1, 3.4.1859.

conhecimento de outras culturas. O jornalista Altève Aumont fora enviado ao Brasil com esse objetivo. Sempre manifestara vivo interesse pela cultura brasileira e pelo aprendizado da língua.

Em maio de 1859, assumiria a direção do *Écho du Brésil et d`Amérique du Sud*, cujo objetivo era aprofundar laços entre a França e a América Latina, deixando claro o princípio da não intervenção nas questões da política local (Guimarães, 2015).

O *Figaro-Chroniqueur* do Rio de Janeiro absorvera essas ideias. Logo na página de abertura, posiciona-se como antipolítico. Esse era um recurso estratégico de quase todos os impressos satírico-humorísticos franceses para fugir ao cerco da censura. A adoção das rubricas "literatura, humor e variedades" evitava identificações com a chamada "imprensa de opinião" (Bellanger et al., 1969). No reinado de d. Pedro II, os impressos não sofriam controle direto da censura; o termo "antipolítico" ganhou novos significados, servindo para reforçar posição no circuito franco-brasileiro diante do não envolvimento na condução da política local. Essa posição alinhava o *Figaro-Chroniqueur* ao *L'Écho du Brésil*. Outro fator de aproximação entre essas publicações era o fato de serem editadas pela Imprimerie Moderne e vendidas na livraria Firmin Didot. Havia uma extensa rede de contatos envolvendo os impressos em que atuavam os jornalistas franceses no Rio. Arthur de Mouton e Altève Aumont poderiam ser a mesma pessoa.[4] Mas vamos por partes.

Nas páginas do *Figaro-Chroniqueur*, o legado latino é referenciado pelas tradições satírico-humorísticas francesas representadas pelos nomes de Erasmo, Rabelais, Molière e Voltaire. Tais autores estariam associados a uma tradição crítica que rediscutia as bases da retórica da seriedade, enfatizando a inteligibilidade do riso. A questão aparece logo na abertura do impresso, quando o redator defende o projeto de publicar um impresso de humor: "As ideias sérias e importantes podem se apresentar sob a máscara de Momus".

No *Figaro-Chroniqueur*, a crítica de costumes aparece sob a forma de *fait divers*, misturando-se frequentemente aos primeiros reclames.

---

4 Esta discussão sobre o pseudônimo do jornalista Altève Aumont foi desenvolvida por Valéria Guimarães no artigo "Relações transnacionais: jornais franceses publicados no Brasil (1854-1920)" [Guimarães, 2015]. A investigação desdobrou-se em outro artigo em que são apresentados novos fundamentos, confirmando hipótese de pesquisa da autora. Ver a propósito: "Imprensa franco-brasileira e mediação: Rio de Janeiro e São Paulo nos séculos XIX-XX" (Guimarães, 2018).

FIGARO-CHRONIQUEUR 3

L'autre soir ce mot a été dit à l'hôtel de l'Europe à propos de quelqu'un que nous connaissons:

— Ce pauvre monsieur, qui dîne là-bas dans le coin, mourra dans l'année.

— Pourquoi?

— Ils sont treize à table!

— Comment je ne vois que lui....

— Vous oubliez la douzaine d'huîtres!

PETITE GAZETTE

Samedi définitivement représentation extraordinaire au bénéfice de Mlle Julie Roujon dans la salle du théâtre de S. Januario. Nous pouvons prédire une salle comble à la bénéficiaire.

***

A propos de bénéfices, nous en avons eu deux jolis qui ont dû amener un sourire de satisfaction sur les lèvres de leurs auteurs, nous voulons parler du bénéfice de Monsieur Didot au théâtre Lyrique, soirée brillante, double succès pour le bénéficiaire et tonnerre d'applaudissements pour notre inimitable cantatrice, Mme de La Grange. L'autre bénéfice, plus modeste, se donnait au théâtre S. Pedro au bénéfice de Mr. Prosper Fleuriet, chef d'orchestre de ce théâtre: Mille personnes s'y étaient donné rendez-vous. Heureux sont les artistes auxquels on rend une marque aussi éclatante d'estime et de sollicitude.

***

Nous avons déjà donné une petite rectification au sujet d'une artiste qui avait joué le Toréador au Paraiso; madame Guillemet croyait avoir à se plaindre du sens que l'on pouvait donner à l'article relatif à son sujet. Nous devons avouer que devant de pareilles susceptibilités notre tâche devient épineuse. Ce n'est pas au sens que l'on peut donner à une phrase, mais bien à l'esprit qui l'a rédigée, qu'il faut s'attacher; on peut changer la valeur des mots et d'une phrase la plus innocente on fait une méchanceté, tout ne dépend que de la manière dont on regarde le fait.

Nous dirons pour terminer, cette fois, qu'aucune intention malveillante n'a dicté l'article consacré au Toréador, qu'en tout cas une comparaison nous était permise, une artiste ne se renferme pas dans son *présent seulement*, son passé appartient aussi au jugement de la critique. Madame Guillemet chantait le Toreador selon les forces de sa voix, elle s'y est fait applaudir. mais en trouvant l'exécution de madame Maire supérieure nous ne pensons pas manquer, ni à l'artiste ni à la femme; le jugement que nous avons porté est le jugement de tout le monde. Nous avons rendu justice à Mme Guillemet chaque fois que l'occasion s'est présentée nous n'avons pas changé d'idée à son égard, par la même raison que nous avons reconnu les hommages auxquels son talent avait droit, nous avons confessé avec la même franchise que Madame Maire lui avait été supérieure dans l'exécution du Toreador

***

Il vient de s'ouvrir un nouvel établissement français rue d'Ajuda 66. C'est un café élégant richement organisé, dans lequel on trouve d'excellentes consommations pour se rafraîchir, un jardin pour se promener, de bons billards pour se distraire, en un mot, c'est un café que l'on peut considérer à juste titre comme un des plus beaux de Rio-de-Janeiro. Le confort est allié à l'élégance et le service s'y fait d'une manière qui ne laisse rien à désirer.

***

Nous réparons un oubli involontaire en signalant à l'attention du public le nouveau journal français l'*Echo du Brésil et de l'Amérique du Sud*, paraissant tous les Dimanches et contenant seize pages d'impression.

ALLONS-Y GAIEMENT!

AUX ANNONCES DU FIGARO-CHRONIQUEUR

UNE VEUVE, sans le moindre enfant, désire adopter un jeune homme de vingt et un ans. — Elle ne tient pas à la fortune... si elle est médiocre, mais il faut savoir lui manquer de respect.

UN JEUNE HOMME très pauvre désire trouver une dame trop riche pour lui offrir sa main; —il a un panaris à chaque doigt.

UNE VEUVE, sans enfants, désire faire cesser son veuvage; elle ne tient nullement à être mariée devant le prêtre, elle n'a d'autres recommendations qu'un certain talent sur les haricot de mouton.

UN MONSIEUR qui, depuis longtemps a perdu sa dernière illusion, demande à trouver une jenue fille de dix-huit ans qui lui prouverait que l'amour *désintéressé* n'est pas un songe.

UNE DEMOISELLE contrefaite, à laquelle la nature a généreusement fendu la bouche d'une oreille à l'autre, et qui, il y a un mois, en avalant le drame 29, s'est desarticulé la mâchoire, à tel point que cette bouche, qu'elle ne peut plus refermer, ressemble depuis ce temps à une mansarde, désire trouver un tout jeune homme, très riche et très compatissant, qui lui ferme la bouche par ses bienfaits

CAFÉ DE L'EUROPE, rue de l'Assemblée, 78 Ce café se recommande par la bonté et le bon marché de ses consommations, par le service qui y est fait d'une manière irréprochable.

M. BRISSON, 57 B, rue d'Ajuda, a l'honneur de faire part au public, en général, qu'il vient de joindre à sa maison meublée une table d'hôte pour le bien être et la commodité des personnes qui ont ou qui désirent prendre leurs appartements chez lui. Un service exacte, d'une propreté minutieuse, un assortiment choisi de liqueurs et de vins fins et de comestibles de toutes sortes le recommandent particulièrement aux personnes qui veulent réunir un confortable exquis à des dépenses modérées.

Les déjeuners seront servis à 9 heures du matin et les dîners à 4 heures 1|2 du soir.

AU LAVABO SANS PAREIL. Monsieur Caulliraux, coiffeur, rue du Cano 49 A, a l'honneur d'annoncer à sa nombreuse clientèle, qu'il recevra incessament un riche assortiment de parfumeries de toutes sortes et de première qualité tels que savons blancs, savons de toilette, vinaigres et eaux de cologne, pommades variées, poudre à dents, brosse à dents, à ongles, à tête, déméloirs et peignes fin, poudre de riz, cosmétiques, enfin tout ce qui comporte un assortiment bien varié et de bon goût.

Monsieur Caulliraux, continuera toujours de mériter la confiance de sa clientèle, tant par son exactitude que par sa célérité à accomplir son travail, rue du Cano 49 A.

BÉCHET, *rua da Assemblea n.* 93. Tient un grand assortiment de souliers en caoutchouc à 2$500 et 3$000, ainsi qu'un grand choix de bottines pour dames, de chaussures pour hommes, tels que souliers molières, souliers découverts, bottines en drap, en vernis et en veau. M. Béchet a l'honneur de rappeler au souvenir de sa nombreuse clientèle qu'il réunit l'élégance à la solidité; sa maison est déjà avantageusement connue tant pour la modicité des prix que par la bonté de son travail. Spécialité de chaussures de toutes sortes pour enfants à des prix modérés.

CAFÉ FRANÇAIS, *Rua da Assemblea*. Madame Victorine a l'honneur de rappeller au souvenir de sa nombreuse clientèle, que l'on trouve toujours chez elle, à des prix les plus modiques, des consommations de toutes sortes.

Cet établissement avantageusement connu, tant par la bonté de ses billards, que par le choix de ses consommations, met à la disposition de ses clients, sans prélever aucun frais, un billard dit *billard-Bagatelle*.

UN MONSIEUR qui a porté longtemps rue Neuve do Conde des chaînes ambarrassantes, et qui a senti les inconvénients d'avoir une place trop marquée dans le monde, désirerait contracter de nouveaux liens avec une jeune veuve qui lui apporterait une honnête aisance et la tutelle de plusieurs enfants devenus, par la mort de leur père, posseurs d'un riche héritage. Il se chargerait avec bonheur de la gestion de leurs biens, et ne se laisserait nullement effrayer par la prévision des comptes qu'il aurait à régler plus tard.

UNE DEMOISELLE, *sans enfants*, désire trouver une place de maîtresse de dessin chez un aveugle; — au besoin elle engraisserait.

— Eh bien, je vas vous attendre, quoi! fit-il, en se rangeant.

Le teneur de livres resta ébahi.

— Bon! pensa-t-il, on sait que je suis riche, sans doute! Eh! tant mieux! je peux bien aller en voiture, au fait!

Il entra dans le temple de la fortune, en demandant à tous les gens qu'il rencontrait, où était la caise, et si, véritablement, il pourrait toucher dix mille francs.

A mesure qu'il approchait, il sentait sa poitrine brûlée par les chaudes effluves de l'espoir et de la crainte. En touchant à la réalisation de son rêve, une secrète terreur de le voir s'évanouir cloua Naigeot, immobile, sur le seuil de cette porte où les six lettres majuscules qui formaient le mot CAISSE lui apparurent flamboyantes.

Sera continué.

IMPRIMERIE MODERNE, RUE D'AJUDA, 73.

Figura 6. *Figaro-Chroniqueur*, Rio de Janeiro, n.7, p.3, 10.5.1859.

A maior parte da publicidade referia-se aos acontecimentos que movimentavam o cenário teatral; envolvendo hábitos de consumo e sociabilidades, revelava-se a presença expressiva das mulheres no circuito. Destacavam-se o comércio de chapéus de Madame Adelle na rua do Ouvidor, o Café Français de Madame Victoire, que, além do restaurante, também ofereceria aos clientes o bilhar Bagatelle. Em divertidas notas, o *Figaro-Chroniqueur* fazia sua crítica de costumes à cultura oitocentista. O viúvo feio que matou a mulher de vergonha buscava outra esposa. A atriz do teatro de revista, que não sabia atuar, buscava um marido de idade avançada que tivesse imóvel próprio. O menino-anão (clara referência ao pequeno porte do *Figaro* carioca) que tinha o dom de mentir com grande desenvoltura quando indagado sobre o número de assinantes do *Figaro-Chroniqueur*.

Tais narrativas remetem à prática da imprensa centrada no *canard*, que depois se transforma no *fait divers*. Considerada sociologia das calçadas e dos salões, essa prática de escutar por detrás das portas, quebrar cadeados para descobrir segredos, contaminava o conjunto da sociedade, sempre ávida pelos rumores. Gênero jornalístico paraliterário, o *canard* colocava em questão temas sociopolíticos, literários, filosóficos e metafísicos. Surgido em fins de 1830, esse estilo é considerado um dos marcos da revolução midiática europeia. Frequentemente, recorria-se ao estilo malicioso e divertido do *canard* para se chegar ao grande público. Era também uma linguagem que conseguia expressar a comoção social diante dos novos acontecimentos. Interferindo no próprio ritmo de organização da vida social cotidiana, a imprensa, sem dúvida, foi um dos fenômenos avassaladores do século XIX (Chevalier, 2003; Kekus, 2012).

O *canard* consagrou-se como estilo narrativo na pequena imprensa francesa de variedades, sobretudo através do *Le Figaro* (1854), de Hippolytte Villemessant. O jornalista costumava dizer que notícias não se escrevem; estariam espalhadas pela cidade à espera da coleta do jornalista. Buscando espicaçar a curiosidade do leitor, o impresso frequentemente divulgava notícias misturando informações falsas e verídicas sobre acontecimentos e personagens.

Fazendo das crônicas o olho e a voz das ruas, *Le Figaro* (1854) torna-se o centro nevrálgico do mundo parisiense, conquistando definitivamente o gosto do grande público. Era tão amado quanto detestado; alguns impressos denominavam a gráfica do jornal de Villemessant como verdadeira "usina de *canard*". Essa produção em grande escala fora extremamente bem-sucedida pelo fato de agregar hábitos aristocráticos e burgueses, almejando objetivos empresariais. Defendiam-se os salões literários e a vigência seleta dos letrados como a mais pura das tradições francesas. Ao mesmo tempo, usava-se a blague como estratégia para conquistar o grande público.

O jornalista Altève Aumont, ainda bem jovem, fizera parte desse universo quando vivia em Paris. Trabalhara como cronista no jornal de Villemessant, certamente absorvendo algumas estratégias do moderno estilo jornalístico. Admirava esse novo gênero de escrita, que divertia os leitores burlando as fronteiras entre real e imaginário, verdade e mentira. Prova disso é que dedicara um opúsculo à memória de Gérard de Nerval (1808-1855), um dos maiores mestres do *canard*. Nerval escrevera *Histoire véridique du canard*, obra pioneira a discutir o assunto. Em 1855, ano de morte desse autor, Altève Aumont publicou "Quelques mots sur la mort de Gérard de Nerval" (Aumont apud Quérard, 1882).[5]

Esse estilo de escrita teve enorme impacto social, anunciando o advento da cultura de massas no mundo dos impressos. Atento ao fato, Nerval comenta que, no século XIX, o termo *canard* mudara definitivamente de significado. A partir daí, a palavra não mais se referia aos patos que tumultuavam o céu das cidades; a grande novidade seria uma chuva de pedaços de papéis cinzentos seguida de gritos roucos: "Voilá ce qui viens de paraitre!".[6] Pagavam-se cinco centimes por esses papéis; as pessoas tinham consciência de que estavam sendo roubadas, mas, mesmo assim, ficavam felizes em tê-los à mão (Kekus, 2012). Tal depoimento nos dá uma ideia da revolução de costumes introduzida pelos impressos de grande tiragem. A obra de Gérad de Nerval aparece nas páginas do *Figaro-Chroniqueur* de diversas formas, inclusive como indicação de leitura.

A publicação desse impresso no Rio de Janeiro não pode ser pensada sem esse quadro de questões. Vislumbra-se como as ideias chegaram à capital do Império brasileiro filtradas pela atuação dos mediadores. Muito frequentemente, esses jornalistas eram afetados pela experiência drástica que implicava a mudança de continente. A escrita deixava transparecer essa ambivalência; se os recursos estilísticos eram próximos, valores, crenças, tradições e formas de expressar ideias necessariamente não seriam os mesmos. Novas percepções entravam em cena.

A forma de apresentação do prefácio do *Figaro-Chroniqueur* oferece um campo fértil para essa discussão. Integrando distintos regimes textuais, o texto convida os leitores para a mutação midiática. Tem-se a impressão de

---

5 Este texto de Altève Aumont foi originalmente publicado em um pequeno impresso denominado *Le Sans de Sou* (n.13, 18.2.1855), dirigido pelo próprio jornalista.

6 "Eis o que acaba de aparecer."

se estar diante de um verdadeiro *tableau vivant*, em que os personagens transitam entre distintas espacialidades e temporalidades. Velho Mundo e Rio de Janeiro, autor e personagem, real e ficção, superpõem-se e se misturam, compondo outras camadas de realidade.

É provável que quase todos os textos do *Figaro-Chroniqueur* tenham sido escritos pelo jornalista que se apresentava como Arthur de Mouton. Não encontramos registros de vida sobre ele. Só é possível nos aproximarmos dele por meio da sua escrita no *Figaro-Chroniqueur*. O que chama a atenção nas poucas páginas desse impresso é a centralidade conferida à palavra. Ela funciona como instrumento de convocação do leitor, chamando-o a participar da trama do texto, seja através de concursos, jogos de adivinhas, decifrações, convocações e piadas. A expressão "amigo leitor" aparece a todo momento, buscando reforçar cumplicidades e aproximações. Forma de construção da narrativa, linguagem coloquial, escolha cuidadosa de palavras e expressões e, sobretudo, a estratégia do suspense e do jogo de adivinha marcam fortemente a escrita desse impresso. Mesclando personagens da história antiga e das narrativas bíblicas, conhecimentos geográficos e biológicos (sobretudo os do reino animal), a publicação propunha, por exemplo, que se adivinhasse o nome dos redatores do *Figaro-Chroniqueur*.

Se o suspense quanto à autoria era estratégia comum nos impressos franceses e brasileiros, dado o grande uso dos pseudônimos jornalísticos, é de se notar a estranha ausência de memórias sobre Arthur de Mouton. Esse gosto pelo enigma que se escondia por trás de cada palavra não poderia ter inspirado a criação do anagrama do nome Altève Aumont? Fazendo-se uma troca livre na ordem das letras, podemos chegar a outro nome: Arthur de Mouton.

Mas o que levaria Altève Aumont a tomar emprestada a identidade de Arthur de Mouton? Por quais razões esse jovem jornalista, com uma trajetória aparentemente tão promissora, preferira ocultar-se no anonimato? Recurso bastante usado no universo da imprensa e do teatro, o pseudônimo permitia ampliar espaços da atuação jornalística. Nas pequenas publicações, como é o caso da *Figaro-Chroniqueur*, um único jornalista podia se fazer passar por vários, emprestando maior credibilidade a um impresso que se autodefinia "pequeno anão". Valendo-se do pseudônimo, também poderia circular incógnito entre vários impressos, mediando práticas jornalísticas e estratégias de comunicação.

Foi o *Figaro-Chroniqueur* de 1º de maio de 1859 que notificou o surgimento da *Écho du Brésil et d'Amérique du Sud*, que teria como redator o próprio Altève Aumont. Também foram as páginas desse impresso que notificaram, em 10 de abril de 1859, que o redator-geral do *Courrier du Brésil* assumiria a direção do teatro Alcazar Lirique. O fato mostra a estreiteza de relações do *Figaro-Chroniqueur* com jornalistas da rede franco-brasileira; uma relação quase simbiótica com o universo teatral parecia sedimentar essa união. Combinações, tensões e disputas faziam parte desse convívio.

Cabe indagar se as rubricas de adivinhas, humor e *mots pour rire*, publicadas pela *Revue de Races Latines* e pela *Écho du Brésil*, não teriam frequentemente uma mesma autoria. É possível que várias dessas rubricas tenham sido assinadas por aquele que se apresentava como redator da *Figaro-Chroniqueur*: Arthur de Mouton. E afinal, quem era esse personagem, cujo nome a própria história se encarregaria de apagar? O anonimato que envolve o nome desse jornalista chama a atenção. Quanto aos registros testemunhais sobre o jornalista Altève Aumont, se não são abundantes, remetem a questões dignas de nota. Conforme nos mostra Valéria Guimarães (2015), o jornalista fez parte de um circuito significativo no mundo dos impressos, e, talvez, este seja mais amplo do que se supõe. O autor teve vida curta, mas bem intensa. Altève Aumont morreria muito jovem de febre amarela, em 1860, aos 25 anos. Em um "necrológio literário" da época, na seção dedicada ao registro dos cronistas desaparecidos, seu nome encabeçava uma lista de nomes cuja biografia era considerada de importância secundária. Pela nota, sabe-se que Altève Aumont costumava assinar seus escritos com o pseudônimo Altève Morand.

Quando ainda vivia em Paris como correspondente de publicações da América Latina, Altève Aumont também fazia parte de outro circuito jornalístico, que relacionava a pequena imprensa à literatura, ao teatro de operetas e ao humor. Geralmente nesse espaço preferia usar o pseudônimo de Altève Morand. É essa outra atuação do autor ainda pouco conhecida que interessa discutir. Talvez por aí possamos entender como um jornalista conseguia assumir distintas frentes de atuação, sendo que uma implicava no obscurecimento/esquecimento da outra. Essa questão será retomada mais adiante; por ora, interessa discutir a percepção dos jornalistas em relação a essa nova imprensa que buscava se articular com outras mídias da época, mais populares, como o teatro de operetas, bailes e cafés-concerto.

Após 1848, essa imprensa passara a ser alvo de acirrada crítica. Surgiram várias publicações que comentavam, de forma extremamente satírica, os últimos títulos parisienses. Postulava-se que tais impressos, ao estimular o uso de gírias e patoás, contribuíam para o empobrecimento e o rebaixamento da literatura. Outra crítica a essa imprensa advinha do fato de ela valorizar o humor como linguagem e estratégia de comunicação, fato que iria favorecer um verdadeiro "carnaval do pensamento". A diversificação extrema de subtítulos, produzindo estratégias de comunicação que atraíam a simpatia de enorme massa de leitores, era outro fator apontado como preocupante. Nessa avalanche crítica, o que estava de fato em questão era o temor da entrada em cena do grande público. Enfatizava-se, veementemente, a impossibilidade de unir os salões às mansardas e a literatura erudita às ruas.

Na década de 1850, *Le Figaro* de Villemessant impôs-se como representante da imprensa ligeira e mundana parisiense. Esse impresso, e toda uma rede que levava o nome *Figaro*, passava a ser alvo da crítica. Dentre os livros que se dedicavam ao tema, destacavam-se os de J. F. Vaudin e de Hippolyte Castille. Tais julgamentos vinham marcados por forte ambiguidade. O fato transparece, sobretudo, quando se comenta a atuação jornalística de H. Villemessant. Ao mesmo tempo que ele é ironicamente denominado "imperador do pequeno impresso", visto como demagógico, sanguinário, cortesão do sucesso a qualquer preço, observava-se que também seria capaz de agradar, divertir e magnetizar os leitores, ajudando, sem o saber, a acelerar o processo de emancipação do jornalismo (Vaudin, 2016; Castille, 1858).

Apesar do seu desaparecimento prematuro, Altève Aumont teve participação ativa nessas discussões. Antes de chegar ao Brasil como correspondente oficial do governo francês, o jornalista trafegou por caminhos que parecem identificá-lo com essa vertente jornalística articulada à cultura transmidiática, de raízes de cunho mais popular.

O modelo *Figaro*

Gênero híbrido, marcado pela intertextualidade, o pequeno impresso satírico na Paris do Segundo Império integrava-se a um circuito de sociabilidades ligado ao universo dos cafés-concerto e dos teatros de operetas, de gênero mais popular. Esses locais eram preferencialmente frequentados pelos cronistas, novelistas e repórteres. Os literatos preferiam os cafés mais sofisticados, de acordo com um dos pioneiros estudos sobre o tema (D'Alméras, 1932).

A aproximação entre a pequena imprensa e o teatro de operetas gerou estratégias de comunicação comuns; um grupo contaminava e afetava o outro e vice-versa. O diálogo entre os Bouffes-Parisiens e o jornal *Figaro* mostraria a vitalidade desse intercâmbio. Nas suas memórias, Hypolyte Villemessant ratifica essa proximidade:

> Os meus pasquins eram como estrofes das peças de Offenbach. Que para ele só ganhavam valia e sucesso se fossem memorizadas e repetidas. Aos poucos, sempre como *Le Figaro*, ele ampliou seu quadro e colocou três personagens onde antes só empregava dois. Eu também ampliei o formato do meu jornal. Offenbach chegou a encenar grandes obras. *Figaro* chegou a se tornar um jornal cotidiano e político. Enfim, Offenbach criou um gênero, inventou autores e atores. Quanto a mim, fazia um jornal no qual tudo, até a paginação, foi adotado pela maior parte dos jornais franceses [...] Vemos através destas linhas, que tanto eu como Offenbach somos seguidos passo a passo. (Villemessant apud Yon, 2018)[7]

Tanto a pequena imprensa como o teatro de operetas estavam cada vez mais atentos à conquista do público, aprendendo, a cada dia, técnicas para cativá-lo. Villemessant tivera a sensibilidade política de perceber o lugar estratégico que os títulos ocupavam no campo literário e midiático. Entre 1830 e 1870, lançou mais de vinte publicações que perpetuavam o título "*Figaro*", só fazendo pequenas variações. Ao mesmo tempo, no interior dos jornais mantinha as mesmas rubricas. Essa ideia de criar uma rede de impressos, através da qual uma publicação dava sequência à outra, mantinha viva a atenção do público, assegurando a continuidade do empreendimento. O nome de Hippolyte de Villemessant está associado à passagem da pequena imprensa satírico-humorística à de moldes empresariais.

Alguns estudos historiográficos vêm mostrando a estreiteza das relações entre os cafés e os bailes populares, que, por sua vez são inseparáveis da história das operetas do Segundo Império. Nesses espaços, eram produzidos e divulgados os pequenos impressos de caráter satírico-humorístico. Mas essa produção marginal, muitas vezes discriminada pelas elites dirigentes, exercia crescente fascínio entre os letrados, cantores e artistas. Esse grupo frequentemente circulava entre distintos espaços sociais, usando pseudônimos para evitar que fosse revelada sua verdadeira identidade (Tillier, 2002; Caradec; Weill, 2007). Deve-se lembrar que os cafés tinham distintos públicos, em um contexto no qual predominava o dogma da alta cultura, que defendia a separação entre os salões literários e as ruas.

A dinâmica desse circuito entre dois mundos só pode ser analisada a partir das estratégias de atuação dos mediadores culturais. E o pseudônimo foi um recurso eficaz ao permitir que um mesmo indivíduo atuasse em diferentes frentes sociais, sem ser identificado. Era uma maneira de driblar a rigidez

---

7 A obra *Memoires d'un journaliste* foi publicada originalmente em Paris (seis volumes), entre 1871 e 1884.

dos códigos que normatizavam trânsitos dos espaços sociais e midiáticos. Therenty (2003) chama a atenção para a ampla reapropriação dos clássicos da literatura.

A figura de Don Quixote, de Cervantes, é clássica nesse processo de transfiguração midiática. Em meados do século XIX, entrava para o teatro de revista europeu, e é com base nessa metamorfose que chegaria ao Rio de Janeiro, inspirando o título de uma revista satírico-humorística, dirigida pelo italiano Angelo Agostini: *D. Quixote* (1895-1902). Esses hibridismos aconteceram muito em função do trabalho de mediação de indivíduos que ressignificavam ideias, símbolos, narrativas, revestindo-os de atualidade. Historiar o percurso dos impressos implica em rever a natureza desses trânsitos.

As óperas-bufas, que dialogavam de perto com a imprensa, fazem parte dessa história das mediações. Hervé foi um dos pseudônimos usados por Florimond Roger, que em 1837 iria criar, em parceria com Joseph Kelm, a *Don Quichotte*, a primeira ópera-bufa de que se tem notícia. A peça alcançou tamanha popularidade que incitou o compositor alemão Jacques Offenbach a abrir seu próprio teatro de operetas. Este daria origem ao famoso Bataclan em Paris, que também chegaria ao Rio de Janeiro, originando, logo após, a criação do impresso com o mesmo nome.

Mas voltando ao trabalho dos mediadores. A trajetória bem-sucedida de Florimond Roger no mundo dos espetáculos deveu-se, em grande parte, ao uso do pseudônimo Hervé. Porém, a sua atuação no mundo das operetas não o afastou do circuito cultural das elites. Florimond Roger foi organista na igreja Sant'Eustachio e, mais tarde, chefe de orquestra do teatro do Palais Royal (Caradec; Weill, 2007).

Essas práticas culturais estavam internalizadas nas percepções e comportamentos dos jornalistas franceses que imigraram para a capital brasileira. Seu imaginário dos trópicos, em grande parte, era referenciado pelas obras de Montaigne, Voltaire, Chateaubriand, Buffon, Humboldt, também incluindo nome de romancistas menos conhecidos, como é o caso de Émile Carrey (1820-1880), que produziu uma mistura de relatos de viagens e romances de aventuras em terras brasileiras protagonizados por ele próprio (Lucas, 2016). Tais escritos refletiam a ambivalência de uma visão que combinava ideais civilizatórios, barbárie, romantismo e exotismo. Ao longo do século XIX, predominava o imaginário do Brasil como "terra de refúgio, terra de utopias", acolhendo os mais distintos grupos, como bonapartistas, socialistas e judeus (Vidal; De Luca, 2016). Se vários jornalistas eram adeptos do bonapartismo, isto não os impedia de vir a desenvolver simpatias pelo regime republicano.

O fato de Altève Aumont ser identificado como bonapartista não inviabilizava flertes com a literatura de matiz republicana. O *Figaro-Chroniqueur* poderia ser dirigido por um jornalista ligado ao governo francês, mas com a abertura para os novos valores da vida política. Dentre as sugestões de leitura do impresso franco-brasileiro, destacavam-se o livro *Jérôme Paturot, à la recherche de la meilleure des republiques* (1848), de Louis Reybaud; e *L'Amazone: les révoltés du Para* (1857), de Émile Carrey, também é alvo de comentários.

Rever a trajetória de Altève Aumont nos tempos em que trabalhava na capital europeia ajuda a esclarecer sua atuação no universo do jornalismo franco-brasileiro.

Em Paris, integrava um grupo de letrados que se envolvera na criação dos impressos de variedades, atuando na confluência entre literatura, teatro e artes. Alguns cafés eram polo de confluência de cronistas, contistas, novelistas, fantasistas e repórteres, que usavam o espaço das refeições ou dos aperitivos para fazer uso da escrita. Usando o pseudônimo de Altève Morand, destacou-se como um dos frequentadores mais atuantes do Café Génin, espaço de reunião no Quartier Latin. Foi nesse local que o autor lançou um dos seus primeiros impressos: *L'Appel: journal littéraire, artistique et scientifique* (1855). Em seguida (1857), criou o *Triboulet*, que foi substituído por outro impresso com o mesmo título, alcançando a cifra extraordinária de venda de 4 mil exemplares. Mas a publicação entraria em falência ao perder sua fonte de financiamento, por desavenças do autor com o conde Foederigotti. O próximo título lançado pelo jornalista seria *Rabelais* (1857), publicação que mal conseguiria sobreviver (D'Alméras, 1932; Bouis-Bouis..., 1861).

Logo após o seu encerramento, Altève Aumont é enviado ao Brasil como correspondente da *Revue des Races Latines*, em maio de 1859. Estes dados mostram que Altève, quando se identificava como A. Morand, vivera experiências jornalísticas que, na época, eram identificadas com o universo das culturas marginais. Mas, ao mesmo tempo, também se destacara como cronista no *Le Figaro* (1854), de Hippolyte de Villemessant.

Ao chegar ao Rio, é possível que tenha criado o pseudônimo Arthur de Mouton, dada as dificuldades de desenvolver outros trabalhos fora do circuito oficial. O prefácio do *Figaro-Chroniqueur* dramatiza as dificuldades de se criar uma publicação de humor no Brasil que viesse a se integrar à rede dos impressos franceses. A pequena imprensa de variedades e o gênero humor ainda não eram bem-vistos na época. Acentuava-se a discrepância entre a realidade dos salões literários e a das ruas. Talvez por isso tenha sido estratégico para Altève criar o personagem Arthur de Mouton como redator do *Figaro-Chroniqueur* (1859).

Figura 7. *Le Rasoir de Figaro*, Paris, ano 1, n.1, p.1, 22.5.1859.

Esse impresso parece ter funcionado no Rio de Janeiro como verdadeiro balão de ensaio. Em Paris, Altève Aumont já vinha desenvolvendo um projeto de impresso baseado na estratégia informação/diversão, visando maior número de leitores. Pretendia articular a imprensa a outras mídias da época, incluindo o teatro de operetas, cafés e bailes populares.

A permeabilidade desses espaços favorecia a recriação de mitologias e personagens que despertavam crescente interesse de um público ávido em ter acesso às novidades, invenções do século XIX. O projeto de uma revista de humor no Brasil, apesar de ousado, tinha chances de ser bem-sucedido. Mas o jornalista Altève Aumont não poderia assumir o risco dessa empreitada. Chegara ao Rio como correspondente dos impressos franceses, tendo outros papéis a cumprir. Talvez por isso tenha pedido emprestada a pena de Arthur de Mouton.

O título *Figaro-Chroniqueur*, evocando diálogos com a matriz francesa, acaba nos remetendo a um capítulo pouco conhecido da história dos impressos. A data da fundação do *Figaro* no Rio de Janeiro, em abril de 1859, coincide com uma disputa entre o famoso jornalista Hipolyte Villemessant e Gustave Naquet, um dos seus ex-colaboradores. Tratava-se de uma disputa em torno do uso do título "Figaro". Em maio de 1859, Villemessant ganharia a causa judicial que lhe garantia o monopólio do título "Figaro". O fato constrange Gustave Naquet a mudar o nome do seu impresso *Figaro Revue: reccueil litteraire anecdotique et satirique* para *Le Rasoir de Figaro: journal littéraire, anecdotique et satirique*. Na abertura do impresso, faz alusão irônica à figura de Hipolyte Villemessant, comentando que o *Rasoir de Figaro* chegara para fazer a barba dos imbecis, covardes e vilões.[8]

Essa contenda que acontecia em Paris não se prolongaria no Rio por meio da atuação de Altève Aumont/Arthur de Mouton à frente do *Figaro-Chroniqueur*? Em um contexto de disputa judicial pelo monopólio de um título jornalístico, o batismo do *Figaro* em terras brasileiras não deixa de ter certa ousadia. O fato revela novas tensões no circuito franco-brasileiro. Dramatização da narrativa, humor e uso de pseudônimos mostram diferentes narrativas em jogo. Os prefácios oferecem pistas férteis ao historiador da imprensa. Se no *Figaro* de Gustave Naquet (1859) quem bate à porta da redação é o fantasma do Fígaro, que se apresenta como herdeiro do teatro de Beaumarchais e das óperas musicadas de Rossini e Mozart, no Rio quem

8 *Le Rasoir de Figaro: journal litteraire, anecdotique et satirique*, fundado em 22 maio de 1859, em Paris, sob a direção de Gustave Naquet.

bate à porta é um editor que se vê envolvido com uma missão tragicômica: financiar um impresso de humor destinado ao grande público.

Em terras brasileiras, onde a ordem liberal convive com a brutal experiência da escravidão, a clássica dialética servo/patrão não consegue sustentar nenhuma construção paródica risível. Por isso, logo na abertura, o *Figaro-Chroniqueur* convoca uma outra dupla ainda mais integrada ao circuito midiático das tradições europeias: a dos *escrocs* Robert Macaire e Bertrand, apresentando-os como redator e editor. No Brasil, tais personagens pareciam se adequar melhor aos embates de uma modernidade monstro de mil cabeças.

O *Figaro-Chroniqueur* (1859) parece nos mostrar a enorme inventividade e flexibilidade que pode presidir o processo de apropriação de um título. No Brasil, o protagonismo não se restringiria ao nome de um personagem, parecendo apontar para um contexto bem mais amplo. Fígaro só é convocado pelo fato de ser um personagem com o qual estava familiarizado o público europeu, e certamente o público brasileiro que frequentava o teatro e tinha acesso à literatura. Embutida no título *"Figaro"* estava a proposta de um modelo de impresso que, calcado no teatro popular da ópera-bufa, buscava conquistar o grande público, fazendo-o rir das ambiguidades e aspectos paradoxais da cultura oitocentista brasileira.

Por outro lado, o uso do título *"Figaro"* também pode ter sido uma resposta atrevida do jornalista Althève Aumont/Althève Morand/Arthur de Mouton ao compatriota Villemessant, que conseguira judicialmente obter o monopólio desse título.

Bibliografia

BARA, Olivier; THERENTY, Marie-Éve. Presse et scéne au XIXe siècle: relais, reflets échanges. *Médias 19*, 2012. Disponível em: http://www.medias19.org/index.php?id=3011. Acesso em: 12 mar. 2020.

BELLANGER, Claude et al. (dir.). *Historie generale de la presse française, tome 2:* de 1815 a 1871. Paris: PUF, 1969.

BLANDIN, Clair. *Le Figaro*: histoire d'un journal. Paris: Nouveau Monde, 2010.

BOUIS-BOUIS, bastringues et caboulots de Paris. [Signé Ego.] Paris: P. Tralin, 1861.

CARADEC, François; WEILL, François. *Le café-concert (1848-1914)*. Paris: Fayard, 2007.

CASTILLE, Hippolyte. *Les journaux et les journalistes depuis 1848 jusqu'aujourd'hui.* Paris: Ferdinand Sartorius, 1858.

CHEVALIER, Louis. *Splendeurs et miséres du fait divers.* Paris: Librairie Académique Perrin, 2003.

D'ALMÉRAS, Henri. La littérature au café sous le Seconde Empire. *Les Oeuvres Libres*, Paris: Fayard, n.135, 1932.

ERRE, Fabrice. Le premier Figaro: un journal satirique atypique (1826-1834). In: BLANDIN, Clair. *Le Figaro*: histoire d'un journal. Paris: Nouveau Monde, 2010.

GOMES, Danilo. O famoso Bernardo. In: ______. *Uma rua chamada Ouvidor*. Rio de Janeiro: Fundação Rio, Secretaria Municipal de Educação e Cultura, 1980. p.114-6.

GUIMARÃES, Valéria. Relações transnacionais: jornais franceses publicados no Brasil (1854-1924). *Escritos*: revista da Fundação Casa de Rui Barbosa, ano 9, n.9, p.13-77, 2015.

______. Imprensa franco-brasileira e mediação: Rio de Janeiro e São Paulo nos séculos XIX-XXI. In: LUCA, Tania Regina de; GUIMARÃES, Valéria. *Imprensa estrangeira publicada no Brasil*: primeiras incursões. São Paulo: Rafael Copetti, 2018. p.87-144.

HAMON, Philippe. *Imageries, litterature et images au XIXe siècle*. Paris: José Corti, 2001.

KEKUS, Filip. Du canard romantique: enjeux de la mytification pour la generation de 1830. *Romantisme*: revue du dix-neuvième siècle, n.156, p.39-51, 2012/2. Disponível em: <https://www.cairn.info/revue-romantisme-2012-2-page-39.htm>. Acesso em: 12 mar. 2020.

LUCAS, Rémy. L'émigration française dans la tétralogie romanasque d'Émile Carrey. In: VIDAL, Laurent; LUCA, Tania Regina de (dir.). *Les français au Brésil XIXe-XXe siècles*. Paris: Rivages des Xantons, 2016.

QUÉRARD, Joseph-Marie. *Les supercheries litteraires dévoillées*. Paris: Paul Daffis, 1882.

RABETTI, Maria de Lourdes. Presença musical italiana na formação do teatro brasileiro. *ArtCultura*: revista de história, cultura e arte, v.9, n.15, jul./dez. 2007.

SPANDONIS, Sophie. Un *Figaro*, des *Figaros*. In: BLANDIN, Clair. *Le Figaro*: histoire d'un journal. Paris: Nouveau Monde, 2010.

THERENTY, Marie-Éve. Pour une histoire littéraire de la presse au XIXe siècle. *Revue d'Histoire Littéraire de la France*, Paris: Presses Universitaires de France, v.103, p.625-35, 2003/3.

______; VAILLANT, Alain (org.). *Presse, nation et mondialisation au XIXe siècle*. Paris: Nouveau Monde, 2010.

TILLIER, Bertrand. La revue satirique, objet hybride. In: PLUET-DESPATIN, Jacqueline; LEYMARIE, Michel; MOLLIER, Jean-Yves (dir.). *La belle époque des revues, 1880-1914*. Paris: Imec, 2002.

VAUDIN, J. F. *Gazetiers et gazettes, histoire critique et anecdotique de la presse parisienne, années 1858-1859*. Paris: Hachette Livre BNF, 2016.

VELLOSO, Monica Pimenta. Circulações do humor franco-brasileiro: a revista *Ba-Ta-Clan* na imprensa carioca. In: LUCA, Tania Regina de; GUIMARÃES, Valéria (org.). *Imprensa estrangeira publicada no Brasil*: primeiras incursões. São Paulo: Rafael Copetti Editor, 2017. p.145-81.

VIDAL, Laurent; LUCA, Tania Regina de. Les français au Brésil: enjeux historiographiques d'une présence oubliée. In: VIDAL, Laurent; LUCA, Tania Regina de (dir.). *Les français au Brésil XIXe-XXe siècles*. Paris: Rivages des Xantons, 2016.

YON, Jean-Claude. Pequemos teatros, pequena imprensa: Offenbach na revista *Ba-Ta-Clan*. In: PONCIONI, Claudia; LEVIN, Orna (org.). *Deslocamentos e mediações*: a circulação transatlântica dos impressos (1789-1914). São Paulo: Ed. Unicamp, 2018.

Fontes

Ba-Ta-Clan: chinoiserie franco-bresilienne. Rio de Janeiro, 1867-1871. Editeur: Charles Berry.

Écho du Brésil et d'Amérique du Sud. Rio de Janeiro, 1859-1860. Editeurs: A. Aumont e Baptiste Louis Garnier.

Figaro: journal non politique. Paris, 1854. Directeur: Hipollyte de Villemesant.

Figaro Revue: reccueil litteraire anedoctiqye et satirique. Paris, 1859. Directeur: Gustave Naquet.

L'Appel: journal critique, littéraire, artistique et scientifique. Paris, 1855. Redacteur-gérant: Altève Morand.

Le Figaro: journal littéraire, theâtre, sciences, arts, moeurs, nouvelles, scandale, économie domestique, biographie, bibliographie, modes, etc. etc. Paris, 1826. Directeurs: Étienne Arago e Maurice Ahoy.

Le Figaro Chroniquer: journal critique, comique, satyrique, anedoctique, recreative et amusant. Rio de Janeiro, 1859. Directeur: Arthur du Mouton.

Le Rasoir de Figaro: journal littéraire, anedoctique et satirique. Paris, 1859. Directeur: Gustave Naquet.

Le Triboulet. Paris, 1856. Directeurs: Altève Morand e François Barrilot.

Revue des Races Latines: francaise, espagnole, italienne, portuguaise, belge, autrichienne bresilienne et hispano-americaine, religion, histoire, litterature, sciences, arts, industrie, finances, commerce. Paris, 1858-1864. Editeur: Gabriel Hugelman.

Imprensa franco-brasileira e redes intelectuais no entreguerras: o caso da *Revue Française du Brésil* (RJ, 1932-1939)

Valéria dos Santos Guimarães

A *Revue Française du Brésil* (*RFB*) surgiu em 14 de julho de 1932 na cidade do Rio de Janeiro e continuou a ser publicada até 1939. A data escolhida para a estreia tem uma forte carga simbólica. Vários jornais e revistas francesas escolheram o mesmo dia para publicar sua primeira edição porque é uma referência à Festa Nacional francesa. Instituída em 1880, substitui antigas celebrações em homenagem à fundação da República (*Fête de la Fondation de la République*, *Saint-Napoléon*, entre outras).

A instauração da Terceira República Francesa (1870-1940) define o 14 de julho de 1790 como referência para as comemorações, tendo sido rechaçado o dia da queda da Bastilha, em 1789, por ser considerado violento e sangrento. A data passa a ser símbolo da união de republicanos de todos os matizes e, consequentemente, dos princípios da igualdade e liberdade política.

A importância do dia 14 de julho foi tão grande no Brasil que os republicanos o decretaram feriado nacional ainda durante o Governo Provisório em janeiro de 1890, dois meses após a Proclamação da República. O Decreto 155-B (14.1.1890) afirmava que "o regime republicano se baseia no profundo sentimento de fraternidade universal" e "que esse sentimento não se pode desenvolver convenientemente sem um sistema de festas públicas destinadas a comemorar a continuidade e a solidariedade de todas as gerações humanas". O dia 14 de julho passou a ser, no Brasil, o dia da comemoração da República, da Liberdade e da Independência dos povos americanos, condição que durou até 1930, quando o governo instaurado sob liderança de Getúlio Vargas cancelou o feriado do calendário oficial.

A utilização da data da *Fête Nationale* como ato inaugural foi expediente adotado por algumas das publicações periódicas franco-brasileiras que antecederam a *RFB* em clara exaltação ao nacionalismo francês. Esse fato é relevante por dois motivos: liga esse primeiro número da *RFB* à fase anterior das publicações em língua francesa no Brasil e marca uma posição de resistência ao regime recém-instaurado sob Vargas cujo nacionalismo iria se mostrar incompatível com as demonstrações mais entusiásticas dos grupos imigrantes em relação à sua pátria de origem, sobretudo no contexto do entreguerras em que a polarização ideológica se acirrava.

A *RFB* passou por três fases de publicação:

- A primeira delas, entre 1932 e 1933, sob a direção de Maurice Godot e com poucos colaboradores, uma revista precária, improvisada e artesanal.
- Na segunda fase, em fins de 1933, ainda consta o nome de Maurice Godot como fundador, mas a direção efetiva foi de V. Moitrel e a redação era do armênio Etienne Brasil. O grupo de colaboradores era maior que antes, mas ainda modesto. O *layout* da revista foi alterado e o número de páginas foi ampliado para 28.
- Na terceira fase, de fins de 1935 até 1939, a revista é completamente reformulada, torna-se um órgão oficial da Aliança Francesa do Rio e passa a ter uma organização complexa e empresarial, sob a direção geral de Luiz Annibal Falcão, com o apoio de Leopoldo de Lima e Silva e um Comitê Gestor, um Comitê Executivo e, após setembro de 1938, um Comitê Honorário com vários franceses e brasileiros.

Ainda a Era de Ouro

Na *primeira fase*, não há informações sobre o local de impressão nem sobre a fonte de financiamento da *RFB*. É possível que a publicação tenha sido o resultado da cooperação da colônia com o apoio dos anunciantes, a maioria pertencente ao grupo de franceses que viviam no Rio de Janeiro e São Paulo.

O que chama a atenção aqui é a capa, que é muito pouco atraente para o público no competitivo mercado de revistas ilustradas brasileiras e estrangeiras da época. A precariedade é a mesma dentro da *RFB*, com uma profusão de publicidade e pouco conteúdo e imagens: vários Bancos e seguradoras; companhias postais (agora não só marítimas, mas também em sua versão aérea, como a Aeropostale), companhias de navegação de carga e de viagens, lojas de roupas, joalherias, alimentos, livrarias, restaurantes, hotéis, fábricas de tecido, agências de venda e manutenção mecânica de veículos automotivos e bicicletas, frigoríficos etc. Era uma extensa cartela de anunciantes, porém, mesmo assim, a revista era simples se comparada à produção de impressos periódicos contemporânea.

Na capa vinham estampadas duas propagandas e a revista lembrava mais um almanaque. Talvez isso tenha se dado pelo fato de ser impressa na mesma tipografia que imprimia o *Almanak Laemmert*, a Ch. Lorilleux, "a maior empresa de impressão em cores do mundo",[1] de acordo com o anúncio, cuja sede era em Paris, com filiais no Rio e em Santos. Era uma empresa representada pelos franceses Roger Radie Raguenes e Bernard Lesbaupin (*Diário Oficial*, 7.4.1948). Não dá para saber se a *RFB* era uma publicação da tipografia ou se apenas mais um empreendimento entre inúmeros outros em que esse grupo francês anunciava.[2]

A capa dos primeiros números da *RFB*, pelo menos até 1933, mencionava Maurice Godot como o fundador. Ele era o antigo diretor do *L'Écho du Brésil* (*Almanaque Laemmert*, 1910, p.1277)[3] e trabalhou na *Revue Franco-Brésilienne* publicada por Émile Lambert entre 1909 e 1922. Portanto, ele fazia parte do grupo de franceses ligados à imprensa franco-brasileira do início do século XX e mais de vinte anos depois aparece associado a essa nova iniciativa, como se vê no cabeçalho. Na edição de janeiro de 1938 é publicada uma breve homenagem a ele por ocasião de sua morte, "um dos membros mais velhos da colônia francesa do Rio de Janeiro". Na nota é informado que, embora bem idoso, era muito ativo. É confirmada a informação de que havia colaborado com Lambert e era muito atraído por tudo o que dizia respeito ao jornalismo: "Ele foi o fundador da *Revue Française du Brésil*, há seis anos,

1 "la plus importante du monde pour les couleurs d'imprimerie".

2 Uma rápida pesquisa em periódicos digitalizados mostra que anunciavam veículos de Paris, Brasil e Portugal.

3 O *Almanaque Laemmert* indica que era o diretor do *L'Écho du Brésil et de l'Amérique du Sud*, mas seguramente isso é um engano, pois os registros de Gondim da Fonseca indicam apenas um *Écho du Brésil* publicado entre 1908 e 1911, infelizmente extraviado do acervo da Biblioteca Nacional, o que impede de conferir esses dados.

uma época em que a edição de uma publicação em língua francesa era um verdadeiro desafio" (*RFB*, 1.1938).[4]

Não há, porém, nada assinado com seu nome na revista, que ainda é bem artesanal e lembra muito as publicações do século XIX, com colunas comemorativas da *Fête Nationale* do dia 14 de julho, da Revolução Francesa, descrição de locais no Rio de Janeiro com um olhar estrangeiro – *Niteroy--Icarahy – une promenade* (Niterói-Icaraí – um passeio) –, com notícias financeiras sobre o câmbio ou medidas econômicas do governo que afetavam diretamente os interesses das colônias de imigrantes, como a publicação de um decreto federal assinado por Getúlio Vargas com a proibição de abertura de contas bancárias em moeda estrangeira.

As homenagens a personalidades francesas, tão comuns nos veículos franco-brasileiros que a antecederam, aparecem aqui também. A que se destaca é a homenagem feita ao presidente francês Paul Doumer (1857-1932), então recém-assassinado pelo russo radicado em Paris, Paul Gorguloff, que estava revoltado com o fato de a França não estar resistindo aos avanços do socialismo e à formação da URSS. Paul Doumer começou sua carreira como radical de esquerda, mas assumiu vários cargos no decorrer de sua carreira, distanciando-se dos seus ideais. Tinha sido deputado, governador geral da Indochina francesa (representante do colonialismo, portanto) e ministro das Finanças entre 1895 e 1926. Foi nessa condição que veio ao Brasil em meados do ano de 1907. Sua visita, a convite de personalidades brasileiras e francesas aqui residentes, foi largamente anunciada por vários jornais, em meio às discussões da transformação da legação francesa em embaixada no Rio. Foi recebido pessoalmente e com pompa por várias autoridades, como o então prefeito do Distrito Federal Francisco Marcelino de Souza Aguiar, pelo Barão do Rio Branco, pelo presidente Afonso Pena e outros. Em São Paulo, por sua vez, foi recepcionado por estudantes, juristas e pela classe política e intelectual. Em Curitiba e Belo Horizonte o espetáculo se repetiu. Doumer seguia uma agenda diplomática-comercial, com assuntos que iam do papel da França no mundo ao desenvolvimento econômico das nações (*A República*, Curitiba, 7.9.1907).

---

4 "C'est avec un réel sentiment de tristesse que nous avons appris le décès de Monsieur Maurice Godot, l'un des membres les plus anciens de la colonie française de Rio de Janeiro. Bien qu'ayant atteint un âge assez avancé, notre compatriote avait conservé une activité que beaucoup d'hommes bien plus jeunes auraient enviée. [...] M. Maurice Godot fut un actif collaborateur de la maison Lambert. Il manifestait un attrait particulier pour tout ce qui touchait au journalisme. Il fut le fondateur de la Revue Française du Brésil, il y a six ans, à une époque où l'édition d'une publication en langue française paraissait une gageure".

A repercussão de sua visita foi tamanha que os jornais nacionais reproduziram os jornais franceses que noticiavam a missão brasileira quando de sua volta. E, em uma longa entrevista concedida ao jornal *Le Temps*, reproduzida pelo jornal *A República* de Curitiba, Doumer dizia-se encantado com a recepção no Brasil e mostrava conhecimentos adquiridos no país.

> A segurança pública e a higiene estão entre as primeiras preocupações daquele povo. [...] Uma comissão de médicos nacionais auxiliada por médicos franceses convenceu-se que a causa do flagelo era a insalubridade de uma grande parte da cidade toda cheia de casas muito velhas. Tomou-se a deliberação de derrubar todas essas casas e tal deliberação foi logo executada à risca, indenizando-se os proprietários na proporção dos impostos que pagavam. E o Rio [...] tornou-se uma cidade nova, arejada, limpa e dotada do mais apurado conforto. [...] As caixas de operários não teriam razão de ser num país em que toda a gente paga facilmente os impostos e vive à farta. No Brasil quase não há pobres e a questão negra não existe, pois que o negro, que é a quarta parte da população, é tratado como branco, e as duas raças se fundem admiravelmente.
> (*A República*, Curitiba, 23.11.1907; reprise de *Le Temps*, Paris, 22.10.1907)

A idealização do Brasil certamente foi decorrente do meio em que o então ministro circulara e tivera contato, mas ela fica como uma representação muito fixada entre os franceses e permanece, como será visto, até as últimas edições da *RFB*.

> Os brasileiros das faculdades, onde quase todos os livros são franceses, os do alto comércio e os das grandes instituições em que se fala correntemente a nossa língua, declaram-se, em alto e bom som, filhos intelectuais da França, as moças dizem a cada momento que, depois do hino brasileiro é o francês, e que, depois da bandeira brasileira, a mais bela é da França. É tão ardentemente amada naquele país a França, que a gente chega a supor que há, do outro lado do Atlântico, outra Alsácia Lorena que nunca nos foi arrebatada.
> (*A República*, Curitiba, 23.11.1907; reprise de *Le Temps*, Paris, 22.10.1907)

A empolgação do político francês pelo Brasil foi tanta que dizia planejar escrever um livro, *La naissance d'une grande nation*, jamais escrito. A representação positiva do Brasil não era só uma tentativa de combater a imagem negativa dos trópicos e uma estratégia diplomática de incentivo à imigração. Tampouco se reduz a uma campanha de imprensa. É um sintoma da disseminação do ideal eugênico dominante e uma saída possível às contradições impostas pela busca da construção de identidade nacional positiva em curso em um mestiço.

É sintomático que quase vinte anos depois essa simpatia devotada ao país por Paul Doumer tenha se traduzido em repercussão pela sua morte nas páginas da *RFB*. Sua visão do país se coadunava com os valores que o grupo engajado em torno da revista pretendia reforçar, como ficará mais claro na medida em que se avança na análise de seu conteúdo. O gatilho disparado aqui é a missão diplomática que a *RFB* parecia querer exercer. E explica a mobilização da *RFB* em torno das homenagens ao falecido presidente francês.

Para além da precariedade material, tal recolha de textos de origens muito diversas e sem um programa bem definido dá a impressão de ser essa fase da *RFB* resultante do improviso. No texto que abre a publicação com a apresentação das intenções do jornal, *Notre But* [Nosso Objetivo], os agradecimentos aos anunciantes, identificados como "pessoas amigas" (*RFB*, RJ, 14.7.1932),[5] mostram o quanto a organização foi uma iniciativa amadora, sem apoio institucional e dependente das redes de contato da comunidade francesa.

O texto também não mostra qual será a linha editorial, quais serão os temas abordados ou os destaques, como é comum nos artigos de fundo. Tudo se assemelhava a um panfleto comemorativo das efemérides do dia 14 de julho, com grande respeito pelos símbolos já tradicionalmente associados à França desde o século XIX, como a República, nutrido por um nacionalismo exacerbado desde a Guerra Franco-Prussiana e a Primeira Guerra Mundial. Outra impressão que permanece em *Notre But* é que os próprios editores pareciam estar cientes dessa precariedade. Eles afirmam que a continuação da publicação implicaria uma melhoria necessária da sua qualidade "para oferecer no futuro uma Revista que seja cada vez mais interessante". É por isso que o editor pede "que a crítica seja leve" (*RFB*, RJ, 14.07.1932).[6]

O segundo número não está acessível, o próximo exemplar disponível na coleção consultada é o volume 4, de 1933. Nota-se uma mudança de dimensões, a revista passa a ser impressa em um formato menor: em julho de 1932 tinha 21,5 x 32 cm e em abril de 1933 passa a ter 18,5 x 27,5 cm, talvez por causa de restrições de orçamento. Não há menção ao novo formato nos textos publicados.

---

5 "En remerciant les personnes amies de la gracieuseté qu'elles ont bien voulu faire en nous accordant quelques annonces".

6 "et de même à donner au futur une Revue peu à peu plus intéressante" [...] "Elle sollicite en même temps que la critique lui soit légère".

Figura 1. A capa do número de estreia da *RFB* de 14 de julho de 1932 (à esquerda) denuncia uma publicação amadora, com duas propagandas na capa, lembrando mais um almanaque e bem diferente de várias revistas ilustradas que circulavam à época. No ano seguinte, em abril de 1933 (à direita) há a redução do formato, provavelmente em consequência de restrições orçamentárias. O periódico substitui a gravura de Marianne por uma paisagem impressa, mas mesmo assim a publicação permanece com ares amadores.
Fonte: *RFB*, RJ, 14.7.1932 e *RFB*, RJ, 4.1933.

O editorial dessa edição de abril de 1933 novamente traça um panorama muito otimista da conjuntura no Brasil. Com o título *L'immigration massive* [A imigração massiva], o autor, que se identifica apenas como *La Rédation* [A Redação], discorre sobre injustiças sociais no mundo, recorrentes períodos de crise com aprofundamento da desigualdade econômica e aponta o Brasil como "um remédio para a crise mundial", um país de vasto território "quase vinte vezes maior que a França", população pequena, riqueza incalculável, "nada falta ao Brasil", ao contrário, a abundância é tal que seu governo "se vê obrigado a lançar ao mar milhões de sacas de café" (*RFB*, RJ, 4.1933).[7]

7 "Un remède à la crise mondiale"; "presque vingt fois plus grand que la France"; "rien ne manque au Brésil"; "et se voit forcé de jeter des millions des sacs de café".

É a mesma representação idealizada do país que aparece no número de estreia, a ponto de relativizar as atribulações políticas e econômicas vividas no período. A prática de combater a superprodução cafeeira com a queima ou dispensa de parte da produção é vista pelo autor do editorial como resultado de fartura, quando se sabe que a valorização artificial do valor da saca de café no mercado através desse tipo de expediente fazia parte de uma política deliberada do governo de combate à crise.

A política varguista de valorização artificial do café, em certo sentido, deu continuidade aos inúmeros planos de proteção à exportação desta que era a mercadoria mais importante para a economia brasileira desde os tempos da Primeira República, cuja superprodução resistia (a despeito de tentativas de contenção da expansão das lavouras pelo governo) e cujos preços sofreram queda acentuada com a crise de 1929, fator, aliás, que corroborou com a perda do poder da oligarquia paulista (Holloway, 1984).[8]

No ano de 1933, o país vivia sob o impacto da queda de mais de 50% das reservas cambiais. Por meio do Departamento Nacional do Café (DNC), fundado em 1931, o ministro da Fazenda José Maria Whitaker optou pela saída costumeira ao continuar destinando parte da produção cafeeira para ser jogada ao mar ou incinerada em motores de locomotivas, a chamada "quota sacrifício" (Leopoldi, 2003, p.245).

A visão idealizada de um Brasil próspero ao ponto de desperdiçar recursos não levava em conta que os prejuízos causados pelo mecanismo de subsídios oficiais aos cafeicultores eram repassados à sociedade, o que resultava em mais injustiça social. O texto segue sem qualquer tipo de crítica social, ao contrário, enfatiza que a única coisa que falta ao Brasil são "homens". Defende a imigração como fator de progresso e nesse ponto repercutia o discurso eugênico predominante no debate intelectual brasileiro.

Sob seu ponto de vista, o imigrante não só seria necessário como não encontraria obstáculos em terras brasileiras, pois "Aqui há milhões de homens de todos os países, não existe preconceito racial na vasta República Sul-Americana" (*RFB*, RJ, 4.1932).[9] Esse discurso esconde ou ignora a discriminação de cor e classe vigente nesses anos. E pode ser entendido como

8 Há muitos estudos sobre o tema, mas vale a pena recorrer ao clássico de Thomas H. Holloway (1984) que explica em detalhes como se deu a expansão da lavoura cafeeira para o interior de São Paulo apesar das tentativas do governo de coibir, em certa altura, a corrida desenfreada para o Oeste.

9 "Il y a ici place des millions d'hommes de tous pays, aucun préjugé de race n'existe dans la vaste République sud-américaine".

resultado da política de incentivo oficial à imigração europeia existente desde o século XIX, marcada por um vasto debate sobre a substituição da mão de obra escrava, de matriz africana, por assalariada. Às discussões de cunho econômico acrescentaram-se as de cunho racial e eugênico que viam no possível "branqueamento" da população fator que poderia assegurar o progresso material e moral do país (Azevedo, 2004).

Nessa perspectiva, os franceses, cuja imigração para o Brasil caracteriza-se, em sua maioria, por indivíduos provenientes de estratos sociais medianos e superiores, com formação técnica e acadêmica, eram vistos, assim, como mais "civilizados". Soma-se a isso a polêmica em torno da divulgação de uma imagem positiva do Brasil na Europa, inclusive na França, com promessas ilusórias de pleno emprego, boas condições de vida e garantia de prosperidade aos imigrantes. O embaixador francês Dejean denuncia explicitamente o periódico *O Jornal* de fazer propaganda enganosa em 1930 (Mialhe, 2009, p.62-3). Não por acaso esse periódico, de propriedade de Assis Chateaubriand e parte do grupo *Diários Associados*, estará em plena sintonia com os nomes que aparecem na *RFB* durante toda sua existência, promovendo a revista e seus integrantes. Sintomaticamente, o texto da *RFB* termina com um largo elogio à elite brasileira: "Uma elite de homens cultos, perspicazes e enérgicos".[10]

O editorial em geral e essa frase em particular de algum modo se ligam ao texto seguinte que reproduz o discurso pronunciado em Belo Horizonte pelo presidente do Instituto do Café de São Paulo em defesa da valorização do café, a essa altura uma instituição combalida pela centralização das decisões no DNC. Traduzido para o francês, o discurso fazia uma ampla defesa da elite paulistana, sobretudo agrária, cujo poder, assentado na produção cafeeira, estava enfraquecido. E acusava o novo governo de "asfixiar" os paulistas ao incentivar "uma política protecionista industrial exagerada".[11]

O ponto a ser observado é como a *RFB* estava ligada à defesa dos interesses das elites das oligarquias da "Velha" República, tanto cariocas, como paulistas. O próximo texto do volume, na página 8, vinha assinado apenas por M. (de Maurice Godot?) e retomava a defesa da "vitalidade" de São Paulo,[12] movimento de resistência à perda da autonomia paulista, com a exigência de uma nova constituição e que culminou, como se sabe, na Revolução

10 "Une élite d'hommes cultivés, clairvoyantes et énergiques".

11 "politique protectionniste industrielle exagérée".

12 "Estado de São Paulo – sa vitalité commerciale et politique".

Constitucionalista de 1932, cujos levantes começaram em São Paulo em 9 de julho, praticamente ao mesmo tempo que a *RFB* está sendo lançada.

Então, nessa primeira fase da revista, correspondente aos quatro primeiros exemplares, a ligação da *RFB* com a imprensa francesa que a precedeu é bastante evidente, desde o nome do editor, proveniente daquela época, Maurice Godot, até a própria materialidade da revista, suas dimensões, forma de organização das rubricas, passando pelo seu conteúdo. Além disso, os vínculos também se mostram, a partir dos valores difundidos na pauta, mais próximos à fase anterior à Revolução de 1930 em que a oligarquia cafeeira assegurava o poder econômico e político às elites de São Paulo e do Rio de Janeiro, às quais as duas maiores colônias francesas do Brasil, fixadas nessas cidades, estavam ligadas. A missão diplomática tecia elogios às elites e aplacava a crítica social ao traçar uma representação idealizada do país. A *RFB* parece ainda ser feita, nessa época, nos moldes do que chamei "Era de Ouro" da imprensa franco-brasileira, expressão que designa o auge da publicação de periódicos no idioma francês que ocorreu de meados do século XIX às primeiras décadas do início do século XX (Guimarães, 2017).

Renovação conservadora

Em agosto de 1933, no volume 4 do segundo ano da publicação, há uma nova mudança, agora não restrita apenas aos aspectos materiais da revista. Toda redação havia sido trocada e uma nova pauta fora adotada. Logo abaixo do cabeçalho, o editor declara que tem a honra de comunicar que a partir desse número a revista vai sair regularmente no último dia de cada mês, que foi completamente reformulada e que terá várias seções "úteis, agradáveis e interessantes".[13] A estrutura administrativa da revista também se altera, exceto pela menção ao fundador Maurice Godot.[14]

Uma nota publicada no *Jornal do Commercio* confirma que a *RFB* entrava em sua *segunda fase* com uma nova proposta e com a participação de nomes reconhecidos no meio jornalístico e literário.

13 "utiles, agréables et intéressantes".

14 Não se tem mais informação sobre isso até o momento da pesquisa.

Sommaire

Il faut une presse — par ETIENNE BRASIL.

Rio . . . . — par A. D.

Le 19e en Champagne — par J. S.

La Marquise de Santos — par ADRIEN DELPECH.

Peinture, Musique et poésie — par IWAN d'HUNAC.

La mode en coiffure — par CAMILLE ROY.

Recettes de JEAN LACUILLER.

Divers : Echos, Vie élégante, Aviation, Justice, Tourisme, etc.

— AOÛT — 1933.

Figura 2. O volume 4 de agosto de 1933 traz a renovação do corpo editorial e do conteúdo, anunciando o início da segunda fase da *RFB*.
Fonte: RFB, RJ, 4.8.1933.

IMPRENSA

Recebemos:

Revue Française du Brésil – Temos, finalmente, uma revista francesa, escrita por penas hábeis nessa língua de grande beleza e queridíssima e acessível aos brasileiros.

A *Revue Française du Brésil* que acaba de aparecer tem como diretor o Sr. V. Moitrel e como redator-chefe o Dr. Etienne Brasil, dois nomes capazes de levar ao melhor dos êxitos a *Revue* nesta sua segunda fase, pois que ela acaba de passar por completa reforma, conquistando elementos de ótima colaboração, propondo-se agora a desenvolver várias seções de todo interesse e utilidade.

É por isso, pelo menos, o que se conclui do seu bem lançado artigo-leader "Il faut une presse."

(*Jornal do Commercio*, RJ, 6.9.1933)

Etienne Brasil passa a ser o responsável pela linha editorial. Figura de perfil bastante original no panorama dos mediadores envolvidos com a produção de jornais franco-brasileiros, foi um ativista da causa armênia no Brasil, representante oficial diplomático desse povo, atuava como advogado das causas dos estrangeiros e era conhecido no meio político e social do Rio de Janeiro. De acordo com seu próprio depoimento publicado no prefácio do livro *La France au Brésil*, de 1920, nasceu na região do antigo Império Otomano em 1882 tendo recebido o nome de batismo Iknadios Etian. Passou por uma estadia de estudos na França onde utilizava o nome Ignace Etienne devido a motivos políticos, a fim de proteger a família que ficara sob ameaça da Turquia. Na sequência imigrou para o Brasil e trocou o nome novamente, em 1910, para Etienne Brasil (Brasil, 1920).

Etienne era bastante atuante na comunidade francesa carioca. Para compor seu livro, ele levou avante uma extensa pesquisa, recolheu testemunhos de franceses radicados no país desde o século XIX e também, segundo ele, fez pesquisa em arquivos. Seu estilo de historiador correspondia àquele ainda recorrente entre alguns intelectuais do início do século XX, inclusive entre os membros do Instituto Histórico Geográfico Brasileiro do qual ele fazia parte, em que a intenção era apresentar um relato da formação do Brasil. Ao menos nesse livro, transparece a predominância do colecionismo, a compilação de documentos de forma cronológica, o farto uso da recolha de depoimentos e memórias e um forte acento nos grandes nomes e acontecimentos, uma história hagiográfica e pouco profissional.

Ao contrário de alguns de seus colegas mais destacados, o armênio não apresentava grande erudição, tampouco tinha domínio da discussão historiográfica do período ou obedecia ao rigor da pesquisa acadêmica que alguns já praticavam à época (Guimarães, 1988). Foram vários os erros constatados nas referências que ele traz sobre a história da imprensa franco-brasileira, por exemplo, à qual dedica um capítulo inteiro cheio de nomes errados, falhas e imprecisões. Talvez a ambição em tratar de assuntos muito variados, em abordagens as mais distintas, também não o tenha ajudado na precisão e correção da pesquisa, como se pode ver em sua extensa produção. Uma lista de títulos do autor está disponível no livro consultado: *Ouvrages du même auteur* [Obras do mesmo autor]. Foram dezessete títulos publicados entre 1908 e 1920 (quase um por ano!), além de mais cinco títulos no prelo, somando 22 livros organizados pelos temas: quatro de antropologia, quatro de história, dois de religião, dois de matemática e dez didáticos (*Livres Scolaires*).

No livro consultado, Etienne discorre sobre a participação dos franceses na história do Brasil desde os tempos coloniais. Ele não se restringe a dar um

Figura 3. Etienne Brasil em 1920, o novo redator-chefe da *RFB* em 1933 (Brasil, 1920).

histórico da presença francesa. Ao contrário, sua escrita lhes confere protagonismo, versão tão tendenciosa que poderia levar o leitor que não conhece a história da colonização brasileira à impressão de que os portugueses não passaram de coadjuvantes, que foram apenas inspirados e conduzidos pelos franceses e que o fato de se falar português em um país que ocupa a metade da América do Sul é apenas uma coincidência!

É com a autoridade de quem escreveu um texto sobre a colônia francesa radicada no Brasil, incluindo dados sobre sua imprensa, que provavelmente ele foi o nome escolhido para liderar essa nova fase da *RFB*. Etienne assina o artigo de fundo *Il faut une presse!* [É preciso ter uma imprensa!]. Nele, evoca os antepassados da atividade periodística franco-brasileira, continuando, nesse sentido, a missão iniciada nos primeiros números da revista. Defendia que os franceses estariam sub-representados na imprensa brasileira por não possuírem uma publicação própria. Argumenta que várias colônias tinham seus jornais e que os franceses não podiam ficar de fora, devido à sua importância para os brasileiros:

> Vejamos apenas os que são destaque no país, aqueles que se publicam no Rio de Janeiro: os portugueses conseguiram fazer circular dois diários – "Portugal Diário" e "Diário Português"; os alemães têm sua "Deutsche Rio Zeitung" todas as manhãs; os italianos, além do antigo "Corriere Italiano", promovem o novo jornal "L'Italiano"; os espanhóis publicam há muito tempo a revista "La Raza"; os americanos têm uma magnífica revista ilustrada "Brazilian American", etc. – Sem esquecer de dizer que os israelitas alugaram uma seção especial no "Diário de Notícias", e as pessoas de língua árabe fizeram o mesmo em "Vanguarda". E vocês, franceses? (*RFB*, RJ, 31.8.1933)[15]

Sua defesa da continuidade da publicação da revista ainda inclui os demais grupos possivelmente interessados, "*les amis et admirateurs*" (amigos e admiradores), os intelectuais, as diversas colônias francesas espalhadas pelo país e outros grupos francófonos presentes no Brasil, como sírios, turcos e libaneses.[16] E usa do conhecimento sobre a colônia, já exposto em seu livro, para listar várias empresas, associações e instituições de ensino que seriam potenciais redutos de leitores.

O expediente de justificar o público-alvo tinha sentido e foi recorrente nas publicações francófonas que antecederam a *RFB*. Belgas e suíços sempre eram levados em conta como possíveis leitores, além do corpo diplomático e demais grupos da elite fluentes em francês. A imigração francesa para o Brasil foi muito modesta no século XIX e diminuiu no século XX.[17] Para convencer anunciantes a comprar espaço em um veículo era necessário comprovar que a circulação compensaria o investimento. Não há menção a dados de tiragem. A forma encontrada por Etienne Brasil para convencer que o empreendimento era promissor seria assegurar que haveria público leitor.

---

15 "Regardons seulement à *tête* du pays, à celles qui paraissant à Rio de Janeiro: les Portugais ont réussi à faire circuler deux quotidiens – 'Portugal Diário' et 'Diário Português'; les Allemands ont chaque matin leur 'Deutsche Rio Zeitung'; les Italiens, en dehors du vieux 'Corriere Italiano', soutiennent le nouveau journal 'L'Italiano'; les Espagnols publient depuis longtemps la revue 'La Raza'; les Américains ont une magnifique revue illustrée 'Brazilian American', etc. – Nous allions oublier de dire que les Israélites ont loué une section spéciale dans le 'Diário de Notícias', et que les gens de langue arabe en ont fait de même dans 'Vanguarda'. Et vous, Français?"

16 Cerca de 100 mil pessoas sob a rubrica oficial de "sírios e turcos" entraram no Brasil entre 1904 e 1913, e cerca de 20 mil entre 1924 e 1933. Os libaneses vinham incluídos nesses grupos, às vezes em "outros", onde também vinham os franceses, sendo muito pouco expressivo o número de imigrantes (IBGE).

17 Em 1930, cerca de 40 mil franceses deram entrada oficialmente em todo o Brasil (Mialhe, 2009, p.61).

Outro argumento, também recorrente nos antigos jornais e revistas, era a exaltação do papel cultural e político da França no Brasil. No caso específico, são os valores democráticos que são destacados, uma referência velada aos tempos de crescente autoritarismo tanto na Europa como no Brasil. O mesmo espírito de defesa dos valores liberais franceses, presentes desde o início da publicação, se manifesta na nova versão da *RFB*.

> Finalmente, a maioria dos intelectuais no Brasil tem uma predileção pela cultura francesa. [...]
> A amizade dos brasileiros será cada vez mais preciosa para a França, não só porque este povo é bom e honesto, mas também porque os princípios democráticos de [17]89 serão salvos pelo apoio das jovens repúblicas da América.
> (*RFB*, RJ, 31.8.1933)[18]

A reformulação da diagramação trouxe mais colunas e elementos gráficos como imagens e ilustrações, inclusive com charges assinadas por L.M. A capa é redesenhada, saem os anúncios e a Marianne estilizada passa a compor um quadro mais harmônico. Seções como a *Échos* [Ecos] instauram um espaço mundano, ao estilo do que já ocorria em outras revistas, com destaque para as personalidades de origem francesa, sejam diplomatas, embaixadores, ou esportistas, artistas, empresários ou brasileiros ligados à comunidade. Outras rubricas aparecem, como as de moda e beleza, turismo, de receitas (assinada por tal Jean Lacuiller – que pode ser traduzido por algo como "João, a colher", talvez um pseudônimo, o que dá um tom jocoso para a edição), curiosidades tecnológicas etc. O número de anúncios fica mais proporcional e é notável a cartela de anunciantes de grandes empresas, o que provavelmente permite a sobrevivência da publicação.

A tentativa é falar a todos os que potencialmente poderiam se interessar pela revista, e não restringi-la apenas aos leitores franceses, o que inclui o público feminino que é visado em algumas rubricas em particular. É o caso da seção de moda *Vie Élegante* [Vida Elegante] que promete deixar a leitora atualizada com o que acaba de sair em Paris, enfatizando o já tradicional gosto global pela moda francesa. Por sua vez, a seção *La mode en coiffure* [A moda em cabeleireiro], com fotos com exemplos de cortes e penteados

18 "Enfin, la plupart des intellectuels du Brésil ont une prédilection pour la culture française. [...] L'amitié des Brésiliens sera de plus en plus précieuse pour la France, non seulement parce que ce peuple est bon et honnête, mais encore parce que les principes démocratiques de 89 se sauveront par l'appui des jeunes républiques de l'Amérique".

usados nos eventos chiques da cidade, abre um canal direto com a leitora ao receber cartas endereçadas à redação. É assinada por Camille Roy, francês proprietário do salão "Cabeleireiro para Senhoras" situado na elegante avenida Rio Branco, reduto da elite carioca da época.

Poesia, música, pintura, teatro, rádio e cinema estavam presentes pelo viés da vida mundana, exaltando o mundo da boemia chique e elegante. A diversão das elites cariocas vinha impressa na língua que conferia distinção a uma aristocracia ligada às famílias tradicionais enriquecidas nas primeiras décadas do século e que ainda mantinham seu prestígio nas páginas da *RFB*.

Mesmo que a revista tenha passado por um processo de incremento significativo, ainda assim não havia muitos colaboradores. O corpo redacional permanecia modesto, embora maior que antes e com alguns nomes conhecidos do meio jornalístico, como era Etienne. Inclui-se no mesmo caso Adrian Delpech (1867-1942), também ligado à fase mais tradicional da imprensa franco-brasileira que precede a *RFB*. Belga, nascido em 1867, ele se instala no Rio em 1896 e se naturaliza brasileiro. Era professor de sociologia e de francês no Colégio Pedro II e parte integrante da colônia francesa não só por causa da língua materna, mas por meio de um casamento com uma franco-suíça. Escrevia no jornal *Le Messager de São Paulo* (1901-1924) de Eugène Hollender, além de colaborar em vários jornais cariocas como *O País*, *O Jornal* e *Jornal do Commercio*. Conhecido por ser o primeiro tradutor de Machado de Assis para o francês (1910), passa a ser nome de prestígio no meio literário. Fica responsável por uma boa parte da redação da *RFB*, com crônicas que contam um pouco sobre história do Brasil, voltadas ao leitor francófono.

Além dele, consta como colaborador Iwan d'Hunac na coluna de crítica de música e poesia. Era, na verdade, o pseudônimo de João Itiberê da Cunha (1870-1953), paranaense que também assinava Jean Itiberê, nome importante do movimento simbolista no Brasil, de família de artistas e eruditos, com obra escrita em francês. Tinha morado na Bélgica onde foi parte do movimento homônimo da revista literária *Jeune Belgique* publicada entre 1881 e 1897 em Bruxelas, em que figuravam nomes como os de Émile Verhaeren e Maurice Maerterlink. Publicou ali seu livro *Préludes*, e quando volta ao Paraná, em 1893, atua como importante difusor do simbolismo e de correntes esotéricas como hermetismo, cabala, além de ser um entusiasta da música de Richard Wagner (Silva; Sant'anna, 2007, p.167; Bosi, 2018). Há referências de sua colaboração também na revista lisboeta *Brasil-Portugal* (1899-1914) (Correia, 2009).

Não menos importante, embora não colaborasse com textos (assinados, ao menos), era a figura de V. Moitrel (Barbosa), o diretor. Era um importador e comerciante de produtos de drogaria (produtos químicos e farmacêuticos), perfumaria, papelaria e ourivesaria, dentre outros, no início do século XX, o que leva a crer que era homem de negócios e que via a revista como um investimento, senão econômico, ao menos no cultivo de relações. Também tinha ligação com a colônia de longa data, tendo participado da Societé de Bienfaisance, associação mutualista muito atuante no início do século XX (*Revue Franco-Brésilienne*, Rio de Janeiro, ed.1, 1909). Consta que em 1935 ele investe uma quantia significativa de 5.000$000 (5 mil contos de réis)[19] "para comércio de exploração de uma revista à Avenida Rio Branco, 9, 3º andar, sala 348" (*BMTIC*, 1935). Provavelmente é a *RFB*, pois, das edições a que se teve acesso para a presente pesquisa, há registros dele como diretor até, pelo menos, setembro de 1933.

Depois, no próximo volume disponível no acervo, de fevereiro de 1935, ele já consta como proprietário, situação que deve ter permanecido até novembro do mesmo ano, quando a revista entra em sua terceira fase e seu nome já não consta no corpo editorial. Na nova condição de gerente-proprietário, V. Moitrel destitui Etienne Brasil e coloca Luiz Annibal Falcão na direção. Novos colaboradores começam a participar nesse período, que se pode considerar de transição, como o professor Edgard Liger-Belair, que passa a ser redator-chefe. De origem francesa, estudou na Bélgica e nos anos 1930 foi professor no ensino secundário do Rio de Janeiro, autor de gramática francesa e tradutor (Sá, 1961, p.231). Talvez ele tenha sido o responsável por uma editoria cada vez mais composta de intelectuais, franceses ou não.

No caso de autores brasileiros, um texto em particular chama a atenção pelo nome de seu autor: *Rabelais et l'esprit Français*, de Ronald de Carvalho. Uma breve introdução explica que o texto havia sido publicado em francês durante sua estadia em Paris e que sua reprodução na *RFB* se tratava de uma homenagem póstuma. Ronald havia prometido colaborar para a revista e sua recente morte abrupta (acidente de carro) havia pego a todos de surpresa. A obra foi publicada em português em setembro de 1931 (Carvalho, 1931) e, em francês, em dezembro do ano seguinte (Carvalho, 1932). A *RFB* traz um extrato, o último capítulo, com certas modificações na redação, inclusive do título cujo original é *Rabelais et le génie Français* e não *l'esprit Français* como consta na revista (*RFB*, RJ, 4.1935).

19 Hoje em dia seria uma quantia aproximadamente de R$ 615.000,00, o equivalente ao preço de um imóvel de tamanho médio em uma capital como São Paulo (de acordo com o site: http://www.diniznumismatica.com/2015/11/conversao-hipotetica-dos-reis-para-o.html).

Não é o caso de explorar o conteúdo desses textos neste espaço, mas de observar que a homenagem a Ronald de Carvalho relaciona esse grupo da *RFB* a uma linhagem de intelectuais saídos de importantes movimentos literários brasileiros, como João Itiberê da Cunha (Iwan d'Hunac), a maioria deles ligada a tendências conservadoras, o que vai se tornando uma tônica da *RFB*. A revista ganha contornos mais literários, mesmo com certos aspectos de magazine (revista de variedades, mundanismo) e, obviamente, mantendo sua vocação de servir à comunidade francófona.

Retomando a hipótese anterior, conclui-se que também nessa segunda fase, sob a batuta de Etienne Brasil (até 1933, pelo menos) e V. Moitrel (até outubro de 1935), a *RFB* ainda estava associada àquela imprensa franco-brasileira que predominava na "Era de Ouro". Seu estilo era conservador, como na primeira fase. A novidade, porém, ficava por conta da participação crescente de nomes mais ligados ao meio literário, por ação do novo redator-chefe Edgard Liger-Belair e do diretor Luiz Annibal Falcão, nome que ganha cada vez mais importância. Essa tendência irá se acentuar na fase seguinte, e supõe-se que a opção pelo conservadorismo foi determinante para a sobrevivência da *RFB* no contexto do governo de Getúlio Vargas.

Diplomacia cultural e repressão

A *terceira fase* se inaugura em novembro de 1935. O antigo diretor Luís Annibal Falcão passa a acumular também a função de redator-chefe, com Leopoldo de Lima e Silva como secretário-geral e E. Nicot como administrador-gerente, além da grande novidade: o patrocínio da Aliança Francesa. O editorial "Aos nossos leitores" explicava que um grupo preocupado com os destinos da revista se reuniu e montou um comitê de gestão profissional "com um louvável desinteresse", ou seja, abrindo mão de remuneração, e que seria possível levar a cabo a publicação sem as pressões financeiras. No entanto, era necessária a pré-aprovação do conteúdo pelo embaixador francês no cargo.

Nota-se que a revista saía de uma crise. Provavelmente os esforços de V. Moitrel não foram suficientes e foi necessária a intervenção do novo grupo para que ela continuasse a existir. A capa dessa edição é sintomática: sem imagens ou adornos, trazia apenas o nome e data. Lembrava uma revista erudita, *revue savante*, que se caracteriza pelo conteúdo de cunho acadêmico, científico e/ou de crítica de arte. Mas não era o caso. Tinha o mesmo estilo entre *magazine*, revista literária e ilustrada dos números anteriores, com

Figura 4. Com uma capa semelhante às revistas literárias e eruditas (*revues savantes*), a *RFB* de 1935, na verdade, saía de uma grave crise e tentava se recriar em um meio editorial adverso. A simplicidade da capa traduzia o improviso da edição que inaugura a terceira fase da revista. As demais edições tinham capas mais elaboradas, com papel brilhante e com fotografias ou reproduções em cores e demonstram que a *RFB* se tornou um empreendimento mais que bem-sucedido nos últimos anos de publicação.
Fonte: *RFB*, RJ, 11.1935; 10.1936; 12.1938.

variedade temática, fotos e ilustrações. Parece que a capa é resultado da falta de recursos ou, talvez, de tempo para fazer algo melhor no calor da mudança administrativa, pois nas edições seguintes as capas voltam a ser bem elaboradas, impressas em papel brilhante e com imagens em cores.

Muitos franceses estavam ligados a esta terceira fase da *RFB*, mas nota-se um aumento expressivo de brasileiros. Em vários aspectos a publicação parece romper com o longo século XIX e tudo o que se referia a este mundo da tradicional colônia francesa, o que pode confirmar a primeira hipótese: nas duas primeiras fases, a *RFB* tinha maiores ligações com a geração anterior que animava a publicação franco-brasileira até a década de 1920 e cujos laços tentava reatar. A segunda hipótese está relacionada, assim, com esta nova orientação: a *RFB* tornou-se parte de uma proposta conservadora saída das hostes literárias de contornos modernistas.

Quando falamos de modernismos, surgem muitas referências, tanto de natureza estética como sociocultural. Há polêmicas sobre a cronologia do modernismo brasileiro. Alguns autores argumentam que sequer podemos falar em um movimento, propriamente dito, e que as condições para o surgimento de expressões estéticas identificadas com as propostas modernistas só tiveram lugar no Brasil a partir de 1950, quando a prática finalmente se uniu à teoria nos movimentos concretos e pós-concretistas. A fase anterior não era mais do que um "modernismo utópico". Outro ponto focal é a emergência de um movimento moderno num país não industrial. E embora muitos elementos da modernidade já estivessem presentes, a expressão estética não parecia estar em sintonia com a realidade que tentava expressar.

Em outra abordagem, há críticos que consideram que o modernismo já estava presente no Brasil antes mesmo de 1920 e que a sensibilidade ocidental moderna se fazia sentir na realidade técnica e urbana das maiores cidades brasileiras, como Rio e São Paulo. Além disso, o intercâmbio transnacional no campo das ideias foi muito intenso, com o consumo massivo de produtos culturais estrangeiros e com o contato pessoal de intelectuais brasileiros com a vanguarda modernista. Em outras palavras, parte da produção artística brasileira estava completamente inserida na lógica da modernidade desde fins do século XIX. A cultura midiática atuava como vetor de atualização constante dos imaginários do modernismo.

Tais perspectivas implicam a crítica subjacente a rótulos como "pré-modernismo" ou à centralidade atribuída ao grupo paulista que promoveu a Semana de Arte Moderna em 1922 em São Paulo, geralmente visto como pioneiro. Na lógica das análises que deslocam o marco para período anterior e para outras cidades, como a própria capital federal, esse grupo seria apenas parte de um movimento mais complexo, de maior duração e de maior expressão geográfica (Fabris, 2010). Para além da polêmica do recorte espaçotemporal a que se restringiria o fenômeno, o modernismo brasileiro apresenta singularidades e uma delas é precisamente a busca da identidade nacional, ao contrário do que acontece na Europa (onde as identidades "se dissolvem") (Fabris, 2010; Lafetá, 1974).

As expressões do modernismo brasileiro, assim, são múltiplas e, com o fim de operacionalizar a análise no que tange especificamente ao papel das vanguardas, João Luiz Lafetá, em um estudo de referência, articula duas categorias analíticas em que distingue "o *projeto estético* do Modernismo (renovação dos meios, ruptura da linguagem tradicional) do seu *projeto ideológico* (consciência do país, desejo e busca de uma expressão artística nacional, caráter de classe de suas atitudes e produções)" (Lafetá, 1974, p.12). O autor retoma a divisão clássica na crítica literária do modernismo no Brasil que distingue uma fase "heroica", focada na ruptura estética, e a fase posterior aos anos 1930, quando grupos intelectuais começaram a adotar uma postura mais comprometida social e politicamente, de acordo com as tendências que estavam surgindo na época (Lafetá, 1974, p.15).

Suas plataformas eram difundidas em revistas, expressão mais visível desses movimentos artísticos com fortes conotações políticas, a exemplo das revistas de vanguarda: *Klaxon* (SP, 1922), *Terra Roxa e outras Terras* (SP, 1926), *Revista de Antropofagia* (SP, 1928-1929) ou revistas acadêmicas como a *Revista do Brasil* (SP, 1916-1925, primeira fase), *Estética* (RJ, 1924-1925) etc. (Velloso, 2010; Luca, 1999; 2011). Em sua terceira fase, a *RFB* parece, de algum modo, se articular a esse movimento, sendo suporte para a expressão artística e também ideológica de parte dessa geração que se dedica à literatura após a Revolução de outubro de 1930.

Com a ascensão de Getúlio Vargas em 1930, após um golpe de Estado, a tendência autoritária rapidamente prevaleceu. O Governo Provisório de Vargas centralizou o poder e resistiu duramente tanto à oligarquia liberal, rural ou urbana, quanto à ala que defendia uma sociedade mais democrática, como socialistas e comunistas (o expressivo movimento anarquista tinha sido praticamente esmagado pela repressão dos governos anteriores).

É no contexto de recrudescimento dos conflitos políticos que a tensão entre um projeto intelectual ideológico, de um lado, e estético, de outro, ficaria mais evidente. E esse é o ponto a partir do qual se desenvolve a literatura dos anos 1930, geração que busca se livrar do que supunham ser os "cacoetes" da fase heroica, o que resulta no esvaziamento da radicalidade estética e em uma proposta anódina tanto na poesia quanto no romance em que a defesa em tratar de "temas essenciais e elevados caminhou para a eloquência inflada e superficial [...] [e] provocou o desvio e a dissolução" (Lafetá, 1974, p.23; Alembert, 2012).

Em outra análise, esse grupo de intelectuais conservadores se forma ainda em princípios do século XX sob a égide de Elísio de Carvalho, o qual exerceu um "papel de disciplinador das novas gerações" (Prado, 1983, p.19) com uma proposta ousada que aos poucos se arrefece para dar lugar à tendência conservadora. O traço cosmopolita, assim como as articulações entre decadentismo e elitismo que deram tom a essa produção, vão reaparecer na obra de Ronald de Carvalho, que traça temas decisivos para o projeto literário dissidente da Semana de Arte Moderna, constituindo a "Falsa Vanguarda" formada, entre outros, por Graça Aranha, Agrippino Grieco, Renato Almeida, Cassiano Ricardo, Menotti del Picchia, Plínio Salgado, Francisco Patti e o próprio Ronald de Carvalho, claro (Prado, 1983, p.26-47).

Sob a influência da agenda traçada por Elísio de Carvalho, esses intelectuais se engajam no projeto de "construção da nação" – tendência recorrente no Brasil, em que o intelectual se via como responsável por um projeto considerado regenerador:

> Desse primeiro contato com os jovens modernistas, ficarão algumas palavras de ordem que produzirão amplos efeitos na germinação do projeto hegemônico que acalentará por muito tempo a obsessão de construir o Brasil-nação a partir de um nacionalismo integrador, antijacobinista e voltado para a reavaliação de seus fundamentos históricos. (Prado, 1983, p.34)

O marco divisor da dissidência com as propostas sistematizadas em torno do grupo da Semana de Arte Moderna, ocorrida em 1922, se daria já em 1924. Essa ala da Geração da República (Prado, 1983, p.44) incorpora as ideias da obra *Bases da nacionalidade brasileira* (1924), de Ronald de Carvalho, cuja concepção de nacionalismo é de viés fascista. Era um grupo marcado pela defesa do protagonismo dos intelectuais no que consideravam ser uma missão traçar o destino da nação. Convencidos de terem as melhores condições para conhecer a complexidade do país por sua formação acadêmica, seus métodos supostamente científicos percorriam uma linhagem que vinha desde Euclides da Cunha, pelo menos, atravessando toda a Primeira República com nomes como Alberto Torres ou Oliveira Vianna, entre outros: "Tal ideologia legitimava o papel tutelar do Estado com relação à sociedade, justificava a hipertrofia estatal e defendia a direção do Estado por uma elite política e intelectualmente esclarecida" (Beired, 1999, p.37). Seus instrumentos não se restringiam aos cargos políticos, ao contrário, tinham como plataforma o largo uso dos periódicos como suporte de discussão e de formação da opinião. A rebeldia renovadora, o tumulto e o amor ao movimento que caracteriza o modernismo sucumbem frente à idolatria à Pátria (Prado, 1983, p.60). À "desordem" liberal, proletária, anarquista e comunista se opõe a ordem, o cristianismo e a postura reacionária.

Não por acaso, uma das mais emblemáticas revistas conservadoras do período intitulava-se *A Ordem* (RJ, 1921-1937), publicação católica. Fundada em 1921, esteve sob a direção de Jackson de Figueiredo até sua morte em 1928. Conheceu uma segunda fase iniciada nesse mesmo ano dirigida por Alceu Amoroso Lima, que também assinava com o pseudônimo Tristão de Athayde. A orientação de *A Ordem*, desde o início, esteve marcada pelo pensamento católico conservador francês (Dantas, s/d) e sob Alceu se apresentava mais voltada para o conteúdo cultural. Manteve, ainda assim, o conservadorismo, o viés católico e o anticomunismo com um discurso de "acentuada tônica moralista e conservadora. Critica-se a imprensa, os *music-hall*, a profanação do descanso dominical, o carnaval, os temas licenciosos do teatro moderno etc." (Velloso, 1978, p.141). Em torno do empreendimento reunia-se uma jovem elite intelectual, a *jeunesse dorée*, que também se impôs à linha editorial da *RFB* na mesma época.

A convergência da *RFB* com essa pauta torna possível supor que em sua terceira fase ela fez parte do mesmo grupo de publicações de cunho conservador. Essa suposição está ligada à hipótese já enunciada de que permanecer no lado conservador foi uma forma de uma publicação em língua estrangeira sobreviver aos crescentes ataques de um governo supernacionalista. No entanto, esses esforços foram em vão. A repressão do governo totalitário de Getúlio Vargas foi impiedosa e fechou a revista em 1939.

Com a radicalização da campanha a partir de 1939, a interferência na vida cotidiana chegou a outras instituições comunitárias e culminou com a proibição de falar línguas estrangeiras em público, inclusive em cerimônias religiosas. Um dos decretos de 1939 (nº 1.545, de 25.8.1939) estipula que todas as cerimônias religiosas deveriam ser feitas na língua nacional e o Exército seria o responsável pelo monitoramento das "zonas de colonização estrangeira". As associações culturais e recreativas tiveram de suprimir as atividades que pudessem ser associadas às respectivas culturas nacionais.

As campanhas de nacionalização de Getúlio Vargas atingiram duramente a *RFB*. Em 1938, vários decretos proibindo escolas estrangeiras foram assinados. O currículo incluía temas de história e geografia, com ênfase no nacionalismo e na educação cívica. A educação física era ensinada por soldados do Exército e havia a proibição de ensinar uma língua estrangeira a crianças menores de 14 anos, tornando impossível a abertura de escolas nas colônias de imigrantes que eram numerosas em todo o Brasil.

Com a criação do Departamento de Imprensa e Propaganda (DIP) por outro decreto em 1939, a censura e a repressão nacionalista atingiram todos os adversários e até mesmo os partidários foram considerados uma ameaça. Por outro lado, a colônia judaica se tornou um alvo duplo por ser estrangeira e estar dentro do raio do antissemitismo que caracterizou o totalitarismo do governo Getúlio Vargas. Outros grupos, como italianos e franceses, tiveram um papel diferente e foram mais bem aceitos em cidades como São Paulo e Rio de Janeiro. Apesar disso, também foram proibidos de ter suas escolas ou qualquer tipo de material impresso em seu idioma, sejam livros, jornais, revistas, manuais ou simples folhetos. Essa ênfase crescente no patriotismo, que não mais permitia que o dia 14 de julho permanecesse como feriado oficial brasileiro desde 1930, por exemplo, culminou com a proibição de encontros entre estrangeiros com objetivos políticos e o consequente fim das publicações alófonas em 1939, mesmo ano em que terminou a *RFB*.

Em meio a essa conjuntura de tensão, o papel do editor-chefe da *RFB* nessa terceira fase, Luiz Annibal Falcão, foi central. Há indícios de que nasceu em Paris em 1897, foi contista, dramaturgo, crítico ensaísta, tradutor de Machado de Assis e escrevia em várias revistas (Giordano, 2019). Ao mesmo tempo que mantinha fortes laços com os franceses do corpo diplomático, como Alexandre Conty,[20] estava bem articulado com a ala modernista ligada a Graça Aranha. Ele frequentava as reuniões semanais do grupo carioca que ocorriam na casa de Ronald de Carvalho no Flamengo e onde se podia encontrar Villa Lobos, Agripino Griecco, Peregrino Junior, Paulo Silveira, entre outros. Participou de *Klaxon*, *Espelho*, *Revista Brasileira* e de outras publicações modernistas, além de ter sido editor de *A Idea Illustrada* (RJ, 1923), e esteve no corpo diretivo do Liceu e da Aliança Francesa do Rio de Janeiro (Balassiano, 2012, p.128-32). Compunha a Comissão Brasileira de Cooperação Intelectual, já existente desde 1925, e que passou a fazer parte, aos poucos, da tutela do Itamaraty como instrumento de política cultural oficial.

Durante a liderança do político mineiro Gustavo Capanema no Ministério da Educação e Saúde (MES), conhecido como Ministério Capanema (1934-1945), iniciado ainda no governo provisório, a Comissão Brasileira de Cooperação Intelectual serviu de agência diplomática de exportação de uma imagem positiva e nacionalista do Brasil no exterior. A função de Luiz Annibal Falcão, à frente dessa comissão e de outras iniciativas, estava diretamente ligada a seu papel diplomático, em uma era em que predominou a "diplomacia cultural" como política de Estado. Ele era a própria personificação da nova política e imprimia esse tom à última fase de existência da *RFB*. Além disso, era o elo entre o grupo intelectual modernista de tendência conservadora e a colônia francesa, continuando de forma muito mais requintada a tarefa que Etienne, Liger-Belair e outros haviam começado, já que agora contava com todo o apoio institucional e a simpatia daqueles que gravitavam em torno do Ministério Capanema.

De acordo com Roger Cadier em suas memórias *Souvernir d'un carioca honoraire: 50 ans de Brésil* (1982), Annibal era "o mais francês dos brasileiros", o que coloca em xeque a hipótese de sua origem francesa. No testemunho desse francês radicado no Brasil que recebera o título de "carioca honorário" que dá nome a seu livro, o nome de Luiz Annibal Falcão aparece como grande líder da colônia. Sobre a *RFB*, diz que foi empreendimento de reação

20 Embaixador Alexandre Robert Conty, o primeiro embaixador francês no Brasil segundo Etienne Brasil, e que chegou em 1919 (Brasil, 1920, p.45).

ao governo provisório, nacionalista, que via qualquer cooperação estrangeira como possível ameaça.

> É para responder a esta preocupação de defesa dos interesses franceses por via da imprensa que, pouco tempo após minha chegada ao Brasil, em 1934, eu tinha aceito preencher as funções de diretor tesoureiro da "Revue Française du Brésil". Seu proprietário era Luis (sic) Annibal Falcão, diretor-presidente; Jacques Singery era o outro diretor.
>
> Esta Revista, cujos diretores não eram remunerados, era por assim dizer a única tribuna livre local onde o pensamento da França e sua defesa tinham liberdade de expressão.
>
> Luís (sic) Annibal Falcão podia ser classificado como o mais francês dos brasileiros, do mesmo modo que, à época, o embaixador Souza Dantas, que estava então em Paris, o mais francês dos embaixadores.
>
> Luís (sic) A. Falcão era ligado em amizade, no início dos anos de 1920, com o embaixador Conti [provavelmente Alexandre Conty] depois do que passou à defesa constante dos interesses franceses. (Cadier, 1982, p.143)

Cadier, inclusive, é um dos novos nomes do Comitê Executivo da *RFB*. Em sua breve autobiografia que introduz o livro, diz que veio ao Brasil em missão comercial da empresa de metalurgia Pont-à-Mousson a que era ligado. Chegou em outubro de 1933, depois de incursões semelhantes na África Ocidental francesa (Senegal, Costa do Marfim e Guiné) e em Viena, na Áustria. Acabou se fixando, pois viu possibilidades de investimento em um país novo, sempre sublinhando a boa recepção por parte dos brasileiros. Nascido acidentalmente em Madagascar, onde seu pai foi administrador colonial, estudou na Suíça e, uma vez radicado no Brasil, estabeleceu-se, formou família (teve três filhos e vários netos), tornou-se industrial ligado ao grupo Pont-à-Mousson e era colaborador ativo nas instituições da colônia francesa, mas também brasileiras. Tinha ligações com a imprensa, como o jornal *Gazeta de Notícias*[21] e com a alta sociedade carioca.[22]

---

21 Que lhe faz uma homenagem em 15 de junho de 1965.

22 O título de carioca honorário lhe foi cedido após um jantar chique na casa do então presidente da Aliança Francesa, Américo Jacobina Lacombe. Conversando com o primo do anfitrião, Luís Paulo Jacobina Vasconcelos, contou que a então sede do jornal *O Globo* estava construída em cima de um terreno vendido por ele próprio a Roberto Marinho. Cadier era o procurador da proprietária, uma francesa, e partiu dele a ideia de uma jogada de especulação imobiliária para a valorização do terreno, operação da qual ele muito se orgulhava e que acabou lhe rendendo, após essa conversa, o tal título. O terreno da rua Santana estava ocupado por uma favela e ele

Não é o caso de repassar todos os componentes da direção da *RFB* aqui, porém esses perfis dão a ideia de quanto esses franceses eram ligados aos brasileiros, seja em termos intelectuais, artísticos, políticos ou diplomáticos, sendo importantes mediadores para a composição das redes de sociabilidade no mundo da imprensa periódica.

O que se vê na *RFB* daí em diante é um quadro de colaboradores saídos do modernismo, sobretudo os de inclinação conservadora (por vezes anti-modernistas, mas nem sempre), com textos que visavam, antes de tudo, à cooperação internacional. A diplomacia cultural ganha espaço em relação aos interesses financeiros e comerciais predominantes na primeira fase da revista. Como idealiza Cadier, a *RFB* era a tribuna onde o pensamento francês podia se expressar, desde que alinhado às diretrizes do Ministério Capanema, contornando possíveis conflitos com o governo de Getúlio Vargas.

Já nesse número da "virada", de novembro de 1935, quando começa o patrocínio da Aliança Francesa e a direção de Luiz Annibal Falcão, é publicado o texto em francês assinado com o pseudônimo de Alceu Amoroso Lima, Tristão de Athayde, "L'influence française au Brésil". O autor é apresentado com suas credenciais de intelectual católico, criador da Liga Eleitoral Católica (LEC) em 1932, orgulho da juventude ilustrada brasileira e proeminente intelectual. No texto, Alceu repassa a dita "influência" francesa no Brasil, sempre em tom conciliatório e adulatório, que marca o estilo da revista. Seu combate à Escola Nova de Anísio Teixeira (que enfim foi desarticulada) e sua ligação com a revista *A Ordem* (católica) aparecem nas entrelinhas de seu discurso.[23] E tudo isso se deu pouco mais de um ano antes de ter se lançado na aventura da Comissão de Defesa da Cultura Nacional (CNIC), que integrava as ações do Ministério Capanema na luta contra o "bolchevismo" (Ferreira, s/d).

---

convenceu a proprietária (casada com um presidente de uma associação belga que pertencia ao mesmo grupo Pont-à-Mousson) a conceder um terço do terreno para a Prefeitura para a abertura de uma rua que seria importante via de acesso entre as zonas norte e sul em troca de isenção de impostos. Isso faria com que a Prefeitura expulsasse os favelados, sem que ela tivesse que gastar recursos, e ainda valorizaria o terreno, o qual passaria a ser de fachada. Estiveram envolvidos na operação bem-sucedida Doyle Maia, diretor do Departamento de Edificação, o prefeito e Roberto Marinho. Cadier, que já havia recebido do governo brasileiro a Ordem Nacional do Cruzeiro do Sul, em 1962, recebeu o segundo título após este que foi o ato inaugural do que viria a ser o grupo Globo (Cadier, 1982, p.13-20).

23 Que chegaria às tendências fascistas com seu apoio ao Integralismo ou aos franquistas na Guerra Civil Espanhola.

Sua crítica literária, outrora respeitada, foi reduzida a simples ataques contra qualquer coisa que negasse sua nova concepção de vida, como o materialismo, que ele considerava ser uma "religião do homem" e, consequentemente, um negacionismo de Deus (Lafetá, 1974, p.66). Ele se assume como totalmente anticomunista e antirrevolucionário. Assim, é quase natural que estivesse próximo do movimento Integralista, que foi a expressão mais próxima do fascismo no Brasil. Mas, em vez de política partidária, ele preferiu o ativismo religioso através do Centro Dom Vital e da LEC (Lafetá, 1974, p.83) e por meio da publicação de vários textos na imprensa, até em francês, como se vê nessa nova fase da *RFB*. Seu ensaio na *RFB* vem marcado, assim, por suas convicções de uma suposta influência positiva, latina, civilizatória e liberal dos franceses, ao mesmo tempo que exaltava o Estado forte varguista.

Outros nomes presentes na *RFB* não eram menos conceituados, ainda que fossem, como Alceu, críticos dos "aspectos demolidores" das vanguardas e frequentes alvos de ataques e chacotas destas. Afrânio Peixoto (na Academia Brasileira de Letras desde 1910), Felix Pacheco, Alberto Childe, Leopoldo de Lima e Silva, o já citado Ronald de Carvalho ali estavam porque suas relações com os franceses lhes credenciavam a fazer parte da turma da *RFB*. Mas certamente suas convicções ideológicas, que se coadunavam com a linha editorial, contribuíram para que constassem no quadro de colaboradores.

Afrânio Peixoto (1876-1947), por exemplo, era político, ensaísta e romancista. Formado médico, foi professor na Universidade de Medicina no Rio e chegou ao cargo de reitor da Universidade do Distrito Federal (UDF) no ano de sua criação, 1935. Baiano de nascimento, tinha ligações estreitas com a França desde os anos 1920 e foi justamente na época em que participava da *RFB* que esteve em Paris para recrutar professores para a nova universidade.

A UDF foi uma iniciativa singular na história da educação brasileira. Seu projeto deve-se a Anísio Teixeira e tinha como objetivo levar a cabo uma extensa reforma com ênfase na educação pública, além de formar professores e pesquisadores engajados com a vida da cidade e com a qualidade acadêmica[24]

24 "Primeiramente, a UDF era parte de um projeto de reforma educacional desenvolvido por Anísio Teixeira na então capital federal, sendo um de seus principais objetivos ampliar a estrutura do já formado Instituto de Educação para melhor formar os professores que atuariam na rede pública de ensino da cidade do Rio de Janeiro. Um dos aspectos do projeto da UDF era articular a universidade ao sistema de educação local, mas também aos debates científicos e aos eventos artísticos e culturais da cidade. Por outro lado, essa articulação mais orgânica da universidade com a cidade não significava um fechamento da universidade para temas nacionais. A universidade tinha a pretensão de pensar soluções para os problemas do país, em um momento em que se discutia e investigava uma 'identidade brasileira' e sua formação histórica. Para tanto, os

e, sobretudo, defender o ensino laico, retirando o ensino religioso das escolas públicas do Rio de Janeiro. Anísio foi acusado de ser comunista (enquanto a esquerda o via como um liberal e com uma suspeita formação jesuítica) e de ter convidado professores da mesma orientação para a UDF. Com os episódios da chamada Intentona Comunista, em novembro de 1935, ele acaba sendo demitido do cargo de diretor (Galvão, 2017, p.60-1; Ferreira, 2005; 2013).

Afrânio Peixoto, embora não tenha sido acusado de comunismo e até mesmo tenha defendido o eugenismo, também acaba sendo demitido do cargo de reitor; Afonso Pena Jr. assume tentando manter o mesmo programa de Anísio, no que não obteve sucesso porque contrariava os interesses do Ministério Capanema e o projeto da futura Universidade do Brasil. A UDF encerra as atividades em 1937, com o advento do Estado Novo, e acaba sendo absorvida pela Faculdade Nacional de Filosofia da Universidade do Brasil, de 1939, a qual deveria ficar sob os auspícios de Alceu Amoroso Lima e da orientação católica. Ao fim e ao cabo, quem ficou no cargo foi Francisco Clementino San Tiago Dantas, à época parte do movimento integralista e próximo a Alceu Amoroso Lima. Essa exposição deixa claro quais eram as redes de sociabilidade intelectuais a que a *RFB* pertencia. Os nomes mais ligados ao conservadorismo nessa lista, Afrânio e Alceu, também eram constantes na *RFB* – muito embora seja preciso considerar que eles colaboravam em várias outras publicações de orientações diversas, como a *Revista do Brasil*, visto seu prestígio no meio intelectual e porque tais classificações são por demais esquemáticas e não dão conta da complexidade do fenômeno (Luca, 2011).

E se participavam brasileiros ilustres e ligados ao governo, nomes franceses com alguma projeção nacional e/ou internacional também eram recorrentes, tais como Paul Hazard, Doulce France, Yvonne Arbogast, Henri Gregoire, Georges Readers etc., alguns radicados no Brasil, outros atuando como correspondentes. O encarregado pelas resenhas de livros franceses, por exemplo, era Georges Raeders (*RFB*, RJ, 12.1935), professor do Liceu Francês de São Paulo em 1935, mas há referências de que chegou no Brasil em 1921 a convite da família imperial para ser preceptor. Era formado em Letras na Sorbonne e, depois da experiência no Brasil, voltou para a França onde se dedicou ao jornalismo e à crítica teatral, tendo se mudado para Portugal, onde também foi professor da Escola Francesa nos anos 1930. Em 1935, volta ao Brasil na condição de diretor do Liceu Pasteur de São Paulo e

fundadores da UDF argumentavam que o papel de uma instituição de ensino superior não seria apenas fornecer diplomas, mas principalmente promover um campo de cooperação intelectual e científica" (Galvão, 2017, p.53).

professor da USP de Filologia e Literatura Latina, na mesma leva da "missão francesa" que formou a universidade (Guinsburg, 1997, p.144-5, nota 22).

Já o Comitê de Gestão da revista era composto por representantes das entidades de representação dos interesses franceses em várias instâncias no Brasil (Aliança Francesa, Bienfaissance, Anciens Combatants, Chambre de Commerce, entre outros). Raul Armengaud, por exemplo, era o presidente da Associação Francesa dos Antigos Combatentes. Ele tinha vindo da França em 1920 como parte da Missão Militar Francesa (*OJ*, RJ, 4.9.1930; 11.9.1938).

Charles Barrenne era membro do conselho fiscal da Companhia de Seguros "Sul-América, Terrestres, Marítimos e Acidentes" e envolvido em várias instâncias de representação dos franceses radicados no Rio. Era da segunda geração, nascido no Brasil e filho de Pierre Barrenne que tinha sido presidente da Chambre de Commerce Française, da Societé Française de Bienfaisance, da Aliança Francesa, da Societé Française de Secours Mutuels, além de ser proprietário de vários estabelecimentos comerciais (*OJ*, RJ, 28.4.1932; 17.5.1932).

Joseph Aubry era parisiense, nascido em 1890, serviu na Primeira Guerra Mundial e chegou ao Rio de Janeiro em 1921, onde fundou os Laboratórios J. Aubry e P. Famel. Ele também foi voluntário na Segunda Guerra Mundial junto ao adido francês no Rio de Janeiro. De acordo com o obituário publicado em agosto de 1948 na *Gazeta da Farmácia*, "Além de suas atividades industriais, o sr. Joseph Aubry dirigiu diversas sociedades francesas no Brasil sempre trabalhando pelo intercâmbio franco-brasileiro", entre elas a Chambre de Commerce Française, que fazia parte das instituições que apoiam a *RFB*.

René Bouguie era diretor-gerente da Companhia Radiotelegráfica Brasileira (*JC*, 2.4.1931; 4.4.1935). Ele era bem relacionado com autoridades locais e internacionais e seu nome mereceu destaque por ocasião da transmissão via rádio dos jogos de futebol de Montevidéu em dezembro de 1932 (*JC*, 13.12.1932). Frequentava os salões e o meio intelectual. No Carnaval de 1934 participou de almoço da Imprensa com Luiz Edmundo, Renato de Almeida, Sérgio Buarque de Holanda, entre outros (*CM*, 21.1.1934). Era incensado pela imprensa à medida que as novas transmissões telefônicas iam se concretizando, em geral comemoradas em eventos rodeados de celebridades e autoridades, como foi o caso da estreia da linha radiotelefônica com a Europa (*OJ*, RJ, 23.3.1930). Em 12 de outubro de 1931, esteve presente na inauguração do Cristo Redentor, evento patrocinado por Getúlio Vargas, pelo prefeito Pedro Ernesto e pelos Diários Associados, e foi um dos responsáveis por viabilizar a iluminação do monumento, façanha atribuída ao físico italiano Gugliemo Marconi (*OJ*, RJ, 13.10.1931; Brasiliana Fotográfica). Ele aparece em foto de primeira página que homenageia o feito ao lado de Austregésilo de Athayde, mais um dos nomes da elite ilustrada carioca e que também participava da *RFB*.

Por sua vez, Philippe Daeschner estava no Comitê Franco-Brasileiro que organizou a participação do Brasil na Exposição Internacional de Paris de 1937. Brasileiro de origem francesa ou polonesa (não foi possível identificar), formou-se no Liceu Francês do Rio em 1932. Sempre participava de eventos sociais e diplomáticos, seu nome frequentava as colunas sociais de jornais e de revistas mundanas como a *Fon-Fon*, esteve envolvido com as iniciativas da Biblioteca Circulante da Aliança Francesa que incluíam Gustavo Capanema e Luiz Annibal Falcão. A presença dos nomes ligados à *RFB* em colunas sociais, inclusive, era comum, o que conferia ares de ser publicação um tanto chapa-branca, regida menos pela qualidade das contribuições que pelas relações estabelecidas com os altos círculos cariocas intelectuais, políticos e sociais.

Foi contemporâneo de Fernand Braudel, Roger Bastide, Lévi Strauss e outros na Faculdade de Filosofia, Ciências e Letras onde também dirige peças de teatro, uma delas com o estreante Décio de Almeida Prado, mesma época em que escreve na *RFB*.[25] Foi autor de vários livros sobre a literatura e história do Brasil, entre eles sobre o conde Gobineau, dom Pedro II e temas que iam do romantismo ao teatro. Nos anos 1930, também foi correspondente do *Temps* em São Paulo (*JB*, RJ, 23.7.1935).

Ao mesmo tempo, a *RFB* tinha se tornado uma iniciativa mais profissional, sem dúvida, ao menos no que se refere à organização administrativa, que contava com um Comitê Gestor e um Comitê Executivo (e Editorial), aliás, eleito pelo primeiro. Foi a fase mais prestigiosa, totalmente patrocinada por essas instituições e com um trânsito harmônico entre os homens do governo. A linha editorial segue cada vez menos o estilo financeiro do início, mas permanecem homenagens às autoridades diplomáticas, colunas sociais sobre eventos em que estavam presentes os nomes a ela vinculados, apresentações das paisagens do Rio de Janeiro e de regiões da França, sempre enfatizando os laços entre os franceses e brasileiros ou incentivando-os.

A crítica literária apresentava a mesma lógica, sempre tentando estabelecer conexões entre os dois países. O nome de Graça Aranha permanece uma tônica, assim como sua peculiar defesa de um "autêntico" nacional, como ocorre em um texto de sua autoria sobre a "floresta tropical" e suas maravilhas e mistérios (como curupiras e a Yara) intitulada "A estética da

25 Consta que também lecionou na PUC de Campinas e depois na UFRGS, vindo a falecer em 1980, aos 84 anos (Guinsburg, 1997, p.144-5).

Vida" (*RFB*, RJ, 12.1936). A paisagem urbana também comparecia nas páginas da *RFB* e permanecia representada por esta chave da idealização sem crítica social. Em uma matéria, a favela era apresentada aos franceses como o local para onde iam, voluntariamente, os que cometem "erros": "A Favela, digamos, é o refúgio daqueles que procuram isolamento e esquecimento após qualquer erro cometido contra a sociedade, por não terem conhecimento das noções de bem e do mal!" (*RFB*, RJ, 12.1935).[26] Uma espécie de reportagem cobre a missão de caridade de Madame Helena de Maia Bittencourt à favela para levar presentes de Natal.

A LA FAVELLA

Une française marraine de 2.000 petits brésiliens ou le noël des enfants de la Favella

Les èpreuves les plus dures, les efforts les plus décevants et, en général, tous les événements dits marquants ne sont guère mesurés et appréciés réellement que par ceux-là même qui les vécurent, le temps se chargeant encore d'estomper dans leur propre mémoire le souvenir des sacrifices passés.

C'est ainsi qu'une grande oeuvre est entreprise dans le silence et avec la plus parfaite modestie par une de nos compatriotes, Madame Helena de Maia Bittencourt, en faveur des quelques 2.000 enfants de la Favella dont les conditions d'existence sont pitoyables.

La Favella, dirons-nous, c'est le refuge de ceux qui recherchent l'isolement et l'oubli après quelque "erreur" commise envers la Siciété, aute d'avoir cinnu à temps la notion du bien et du mal! Ajoutons plus brutalement que bien rares sont ceux qui osent y monter et nous devons bien l'hommage de notre admiration à une jeune femme qui parcourt seule ce domaine et qui rêve d'améliorer chaque année l'école dont elle a fondé l'embryon et d'augmenter chaque année le Noël de ceux qui l'appellent leur petite Marraine.

C'est, en effet, l'époque à loquelle les petits de la Favella vont recevoir un jouet, une coupe de tissu et un sac de bonbons, toutes choses dûes à la générosité de ceux qui comprennent l'oeuvre entreprise. Nous nous sommes donc fait un véritable devoir de la signaler à nos lecteurs en leur offrant de transmettre à son animatrice les dons qui nous seraient adressés pour elle;

Le nombre élevé d'enfants habitant les pauvres maisons de la Favella appelle irrésistiblement la pitié.

Mme. Helena de Maia Bittencourt au cours d'une des ses visites aux enfants de la Favella

Figura 5. Reportagem da missão de caridade da Madame Helena de Maia Bittencourt (detalhe) na Favela, "refúgio daqueles que procuram isolamento e esquecimento após qualquer erro cometido contra a sociedade, por não terem conhecimento das noções de bem e do mal!".

Fonte da foto (e detalhe): *RFB*, RJ, 12.1936.

26 "La Favella, dirons-nous, c'est le refuge de ceux qui recherchent l'isolement et l'oubli après quelque 'erreur' commise envers la Société, faute d'avoir connu à temps la notion du bien et du mal!".

Nessa edição, vem um especial de Cecília Meirelles sobre "Macumba", com texto e desenhos seus (que se tornaram famosos). Nele, ela diz que o candomblé é resultado do banzo, da saudade que os africanos tinham da sua vida na África, os quais teriam sido acolhidos "com ternura" pelos brasileiros. A autora corroborava o mito da cordialidade que, como se viu, já estava presente nas representações que os franceses da *RFB* faziam do Brasil como terra acolhedora e sem conflitos raciais.

M B A

CECILIA MEIRELLES

Pour cette cérémonie, on prépare un endroit bien caché aux yeux de la police, on le nettoie soigneusement, on le décore de petits drapeaux de papier, de lanternes, de fleurs, et là tous se réunissent, avec leurs tambours et leurs vêtements liturgiques, destinés à ceux qui vont «servir de cheval» au saint, c'est à dire ceux qui vont permettre au saint de s'incorporer et de se manifester. L'incorporation se fait par le truchement du rythme. A force de frapper les atabaques d'une façon particulière, selon l'invocation, et de chanter avec une exactitude rigoureuse le motif qui le caractérise, le saint est forcé à descendre, parce que ce rythme est la propre forme de la vibration de sa divinité. Lorsqu'il est incorporé, le medium perd toute sa personnalité et en incarne une autre, complètement différente de la sienne. On y voit des blancs parlant les langages des noirs, avec des grimaces, des contorsions et des libations de malafo avec des feuilles de exécuter dans des conditions normales.

Dans les cas plus graves, la macumba essaie de causer du mal. Elle sait, toutefois, que son pouvoir n'est pas absolu, les personnes vertueuses étant, par le seul fait d'être vertueuses, hors d'atteinte des maléfices. Le mal que l'on essaie de provoquer varie toujours, comme la vie elle-même, entre les extrêmes de l'amour et de la mort. Et lorsqu'on rencontre, au croisement de deux chemins, une poule noire (le noir est la couleur de Exù, qui est le diable), farcie de «farofa» jaune, une bougie toute piquée d'épingles, une petite poupée de chiffon avec une aiguille plongée à l'endroit du coeur, quelques cigares et une casserole de terre cuite brisée contenant un certain nombre de monnaies de billon, si l'on est superstitieux, on passe au large car on sait que celà est une moamba. Quant au despacho, restes d'herbes des bains que l'on laisse à un croisement de chemins, il peut, à ce qu'on dit, communiquer à ceux qui le touchent le mal qu'il retire d'un autre.

Si la macumba comme magie noire n'éveille pas ce respect terrible que seuls ignorent ceux qui n'ont pas eu l'occasion de la fréquenter, d'entendre le rythme sourd et implacable des tambours, dans la nuit sombre, avec les cantiques d'un tragique inénarrable, les personnages pris d'un vertige sinistre, dansant parmi les explosions de poudre, les lueurs du feu et les lames des épées, tombant évanouies et se relevant comme des fantômes, avec une expression surnaturelle, avec une autre voix et d'autres yeux — la macumba dans son aspect de fête, (avec ses sombres caractéristiques atténuées), a une douceur sauvage, il est vrai, mais qui laisse dans l'âme des blancs, tout au moins de ceux qui furent bercés par une nourrice noire et ont dormi au son des tambours lointains, un charme profond, d'où s'exhale une torpeur mystérieuse et l'invincible attraction de la forêt africaine, peuplée de dieux et de démons, aussi authentiques que l'eau des fleuves, les troncs des arbres et les fauves errants. La macumba, en outre, traduit la nostalgie du nègre de la paillotte des ancêtres, le banzo de l'absence sans espoir de retour, la mélancolie de la vie que l'Atlantique a rompue — et que le brésilien a accueillie en son âme avec tendresse, pour consoler l'ancien esclave et l'ancienne nourrice, qui peuplèrent son enfance de légendes et de chansons et laissèrent leur sang sur la terre qu'ils semèrent, leur coeurs dans les berceaux qu'ils balancèrent et la dernière espérance en un monde plus heureux, en l'Aruanda du rêve, que la musique et la fumée de la macumba permettent parfois d'entrevoir.

Figura 6. Ensaio de Cecília Meirelles, em francês, sobre o que ela chamou de "macumba", com desenhos dela.
Fonte da foto (e detalhe): *RFB*, RJ, 12.1936.

Nessa nova configuração do periódico, as seções de crítica literária, artística (artes plásticas) e científica, ao lado de rubricas sobre rádio, cinema, moda, variedades, passavam a contar com muito mais imagens, impressas em papel brilhante. Era uma revista definitivamente luxuosa na aparência, bem diferente daquela tímida e precária publicação de 1932.

Em 1936, novo incremento editorial demonstra as boas condições financeiras do empreendimento: os editores lançam um suplemento literário e artístico com colaboração de Jules Bertrand (que pronunciou sua conferência sobre Clemenceau na Aliança Francesa de Montevidéu, revelando a existência de uma rede intelectual bem transnacional e a participação da *RFB* em um amplo espaço cultural francófono), mas também outros nomes como Edmond Labbé, Grassies de Brulies etc.

A tendência conservadora, ou seja, não alinhada com a discussão de vanguarda já bem sedimentada nas artes, predominava em várias seções, inclusive de crítica de artes plásticas, teatro ou música. Contudo, era ainda a crítica literária que merecia maior destaque, com colaboração de Renato de Almeida ou Edmond Jaloux. Este último faz uma longa resenha intitulada "Les courants de la littérature française contemporaine" (*RFB*, RJ, 9.1937) sob o ponto de vista de quem pertencia à Académie Française e era um assumido católico e monarquista.

Em dezembro de 1938, a *RFB* anuncia com orgulho o novo colaborador francês, Claude Blanchard, do *Paris-Soir* e outras novidades, que se traduziam também na diagramação mais ousada. A colaboração de Blanchard é certamente o fato mais notável. Repórter muito reputado, referência do que se passaria a entender como bom jornalismo, com checagem de informação e pouca opinião, enviado especial a vários países, com reportagens premiadas, Blanchard trabalhou em grandes jornais parisienses da época, entre eles o *Petit Parisien* e o citado *Paris-Soir*. Esses diários passaram a ser o novo modelo de jornalismo francês, enterrando o antigo jornalismo feito no século XIX e que sobrevivera até os anos 1930.

A imprensa de informação triunfa em contexto adverso, em que não há a expansão do leitorado francês e o ambiente é extremamente competitivo. A pressa para dar o "furo" nem sempre permitia a apuração. As notícias frescas (*dépêches*) eram repetidas entre outros periódicos contemporâneos e encontravam concorrência no rádio. Surgem, assim, novas estratégias para obter diferencial e vender mais, como a reformulação da aparência (imagens, diagramação), busca de conteúdo inédito e investimento em profissionais capazes de entregar bons textos, bem apurados. Os periódicos apostavam cada vez mais nas grandes reportagens, gênero surgido já no século XIX e que toma outra proporção no século XX (Delporte, 1999, p.225-34).

Em certa medida, esse é um processo geral da imprensa, seja nos Estados Unidos e mesmo no Brasil, cada país na sua proporção, em que os veículos impressos passavam por extensas reformas de modernização em plena era do rádio e do cinema, com a crescente segmentação do mercado e o aumento da concorrência por leitores, o que resultou em um cenário de publicações mais especializadas, sempre em busca de se diferenciar.

Ter um colaborador como Blanchard era certamente um sinal de distinção – e é possível que tenha sido também uma estratégia de sobrevivência no ambiente adverso do jornalismo brasileiro, ainda mais para uma publicação em língua estrangeira. A chamada dirigida já nas primeiras páginas do exemplar de dezembro de 1938, "À nos lecteurs" [Aos nossos leitores] (*RFB*, 12.1938), afirma que a participação do prestigioso jornalista francês está assegurada, enfatiza seus méritos e exagera nas credenciais ao afirmar que o *Paris-Soir* tirava 3 milhões de exemplares, o que não é verdade. Mas é compreensível esse ânimo com o jornal parisiense que passou dos 60 mil exemplares em 1924 para cerca de 1,8 milhão de exemplares em 1939, ultrapassando toda a concorrência, inclusive o *Le Petit Parisien*, líder durante todo esse período e que permanecia em segundo lugar com 1 milhão de exemplares diários. De qualquer modo, a *RFB* parecia apontar para uma outra tendência, com um jornalismo mais moderno e emancipado da tutela literária, o que acaba não se realizando devido à interrupção da publicação.

Não foi possível ter acesso à última edição, de 1939, mas tudo leva a crer que a repressão de Vargas com a proibição de publicações estrangeiras e as tensões provenientes do período pré-guerra tenham relação com o fim da revista. O que se sabe é que em março de 1939 o jornal *A Noite* ainda anuncia ter recebido exemplares da *RFB* e depois disso não se tem mais notícia da publicação.

A *RFB* foi uma revista que começou tímida, ligada à colônia francesa e à "era de ouro" da imprensa franco-brasileira, elegendo o 14 de julho como data inaugural em clara resistência ao governo nacionalista que se instaurou em outubro de 1930. Esse estilo cede cada vez mais espaço à nova orientação de adesão ao governo, até que o periódico se reconfigure e se torne um órgão que reúne nomes de expressão do pensamento conservador brasileiro da época totalmente articulados aos quadros de franceses imigrantes e seus descendentes, além de belgas, suíços e também libaneses, armênios e eventualmente outros estrangeiros falantes de francês. Na sua terceira fase, o espaço aos literatos aumenta, com predominância da adesão da elite intelectual e política conservadora, inclusive em constante conexão com quadros do conservadorismo francês e com as vertentes católicas. A despeito dos esforços e sólidas ligações com o Ministério Capanema, a *RFB* sucumbe à repressão feita aos órgãos estrangeiros às vésperas da Segunda Guerra Mundial.

O número de anunciantes permanece grande, a maioria ligada à colônia, porém o incremento e a verdadeira profissionalização da revista se deu apenas após patrocínio da Aliança Francesa e pela adoção de uma organização empresarial da qual faziam parte os Comitês de Gestão e Executivo, compostos por representantes das entidades de representação da colônia francesa, muitos deles ligados a grandes empreendimentos industriais, comerciais, financeiros e da comunicação. Ao contrário das primeiras edições, os últimos volumes tinham mais espaço para o conteúdo que para anúncios, com predominância dos temas literário, artístico e mundano em relação ao político e financeiro.

A representação positiva do Brasil, a visão da França como referência incontornável para os brasileiros e a ênfase nas boas relações entre os países deram o tom dos textos, com uma idealização acrítica dos problemas sociais do Brasil – o que provavelmente fez parte de uma política de boa convivência com os governos e de diplomacia cultural, garantindo a existência da publicação por longos nove anos. A *RFB* contou com a colaboração de professores e intelectuais estrangeiros (residentes ou não no Brasil) e, do lado brasileiro, reuniu um time ligado a uma certa intelectualidade já prestigiada no meio, bem institucionalizada na ABL, na ABI, e sólidos contatos na França.

As hipóteses de que foi uma revista ligada à "era de ouro" para depois se consolidar no panorama da intelectualidade conservadora como estratégia de sobrevivência e, enfim, para sucumbir à repressão de Estado parecem se confirmar, e outras questões devem surgir na continuação da pesquisa ainda em andamento, principalmente as relações com os movimentos modernistas e a constituição de redes intelectuais transnacionais.

Bibliografia

ALEMBERT, Francisco. A reinvenção da Semana (1932-1942). *Revista USP*, São Paulo, n.94, jun./jul./ago. 2012, p.107-18.

AZEVEDO, Célia Maria Marinho. *Onda Negra, Medo Branco*: o negro no imaginário das elites – século XIX. São Paulo: Annablume, 2004.

BALASSIANO, Ana Luiza Grillo. *O Liceu Francês do Rio de Janeiro (1915-1965)*: instituições escolares e difusão da cultura francesa no exterior. Tese de Doutorado, Faculdade de Educação, USP, 2012.

BEIRED, José Luís Benichol. *Sob o signo da nova ordem*: intelectuais autoritários no Brasil e na Argentina (1914-1945). São Paulo: Loyola, 1999.

BOSI, Alfredo. *Literatura brasileira*: história e crítica. 52.ed. São Paulo: Pensamento-Cultrix, 2018.

BRASIL, Etienne. *La France au Brésil*. Rio de Janeiro: Besnard Frères, 1920.

CADIER, Roger. *Souvenirs d'un Carioca Honoraire*: 50 ans de Brésil vécus par um economiste français. Paris: Nouvelles Éditions Latines, 1982.

CARVALHO, Ronald. *Rabelais e o riso do Renascimento*. Rio de Janeiro: Editores F. Briguiet & Cia., 1931. (edição limitada)

_______. *Rabelais et le Rire de la Renaissance*. Paris: Émile Hazan, Éditeurs, 1932.

COUTINHO, Afrânio. *A literatura no Brasil*. Rio de Janeiro: Sul-Americana, 1968-1971. v.3.

DELPORTE, Christian. *Les journalists en France*. Paris: Éd. de Seuil, 1999.

FABRIS, Annateresa (org.). *Modernidade e modernismo no Brasil*. São Paulo: Zouk Editora, 2010.

FERREIRA, Marieta de Moraes. *A história como ofício*: a constituição de um campo disciplinar. Rio de Janeiro: Editora FGV, 2013.

_______. Os professores franceses e a redescoberta do Brasil. *Revista Brasileira*, Rio de Janeiro, ano XI, n.43, abr./jun. 2005.

GALVÃO, Laila Maia. *Constituição, educação e democracia*: a Universidade do Distrito Federal (1935-1939) e as transformações da Era Vargas. Tese de Doutorado, Universidade de Brasília, Faculdade de Direito, 2017.

GIORDANO, Cláudio. Ecos de 22. *Revista Cult*, 2019. Disponível em: https://revistacult.uol.com.br/home/ecos-de-22/.

GUIMARÃES, Manoel Luis Lima Salgado. Nação e Civilização nos Trópicos: o Instituto Histórico Geográfico Brasileiro e o projeto de uma história nacional. *Estudos Históricos*, Rio de Janeiro, n.1, p.5-27, 1988.

GUIMARÃES, Valéria. Imprensa franco-brasileira e mediação: Rio de Janeiro e São Paulo, séculos XIX-XX. In: LUCA, Tania Regina de; GUIMARÃES, Valéria (org.). *Imprensa estrangeira publicada no Brasil*: primeiras incursões. São Paulo: Rafael Copetti Editor, 2017. p.87-144.

GUINSBURG, Jacob; FERNANDES, Nanci. A iniciação de um Cristo. In: FARIA, João Roberto; ARÊAS, Vilma Sant'Anna; AGUIAR, Flávio (org.). *Décio de Almeida Prado*: um homem de teatro. São Paulo: Edusp, 1997.

HOLLOWAY, Thomas H. *Imigrantes para o café*: café e sociedade em São Paulo, 1886-1934. Rio de Janeiro: Paz e Terra, 1984.

LAFETÁ, João Luiz. *1930*: a crítica e o modernismo. São Paulo: Duas Cidades, 1974.

LEOPOLDI, Maria Antonieta P. A economia política do primeiro governo Vargas (1930-1945): a política econômica em tempos de turbulência. In: DELGADO, Lucília A. N.; FERREIRA, J. (org.). *O Brasil Republicano*: o tempo do nacional estatismo – do início da década de 1930 ao apogeu do Estado Novo. Rio de Janeiro: Civilização Brasileira, 2003. v.2.

LUCA, Tania Regina de. *A Revista do Brasil*: um diagnóstico para a (N)ação. São Paulo: Ed. Unesp, 1999.

_______. *Leituras, projetos e (Re)vista(s) do Brasil (1916-1944)*. São Paulo: Ed. Unesp, 2011.

MIALHE, José Luís. A emigração francesa para o Brasil pelo porto de Bordeaux: séculos XIX e XX. In: VIDAL, Laurent; LUCA, Tania Regina de (org.). *Franceses no Brasil*: séculos XIX e XX. São Paulo: Ed. Unesp, 2009.

MOTOYAMA, Shozo. A construção da Universidade (1930-1969). In: MOTOYAMA, Shozo (org.). *USP 70 anos*: imagens de uma história vivida. São Paulo: Edusp, 2006. p.126.

PRADO, Antonio Arnoni. *1922 – Itinerário de uma falsa vanguarda*: os dissidentes, a Semana e o Integralismo. São Paulo: Brasiliense, 1983.

SÁ, Victor de. *Terra carioca*: antologia de escritores nacionais e estrangeiros. Rio de Janeiro: Ed. Alba, 1961.

SILVA, Antônio Manoel dos Santos; SANT'ANNA, Romildo (org.). *Literaturas de língua portuguesa*: Marcos e Marcas – Brasil. São Paulo: Arte & Ciência, 2007. (Col. Literaturas de Língua Portuguesa).

VELLOSO, Monica Pimenta. *A Ordem*: uma revista de doutrina, política e cultura católica. *Revista de Ciência Política*, Rio de Janeiro. 21 (3), jul./set. 1978, p.117-60, v.21, n.3, p.117-60, jul./set.1978.

_______. As distintas retóricas do moderno. In: LINS, Vera; OLIVEIRA, Cláudia de; VELLOSO, Monica Pimenta (org.). *O Moderno em Revistas*: representações do Rio de Janeiro de 1890 a 1930. Rio de Janeiro: Garamond, 2010.

_______. *Os intelectuais e a política cultural do Estado Novo*. Rio de Janeiro: FGV/CPDOC, 1987.

Relatórios estatísticos

Almanaque Laemmert – Anuário Administrativo, Agrícola, Profissional, Mercantil e Industrial do Distrito Federal e Indicador para 1910 – Obra de estatística e consulta, fundada em 1844 por Eduardo Von Laemmert, 67º ano. Rio de Janeiro: Oficinas Tipográficas do Almanaque Laemmert, 1910.

Fontes

Jornais

Curitiba
A República, 1907 (AR)

Rio de Janeiro
Jornal do Commercio, 1930-1939 (*JC*)
O Jornal, 1930-1939 (*OJ*)
Gazeta da Farmácia, 8.1948 (*GF*)
Correio da Manhã, 1930-1939 (*CM*)
Jornal do Brasil, 1930-1939 (*JB*)

Outros

Diário Oficial (*DO*)

7.4.1948 – disponível em: https://www.jusbrasil.com.br/diarios/3256558/pg-78-secao--1-diario-oficial-da-uniao-dou-de-07-04-1948

Boletim do Ministério do Trabalho, Industria e Comercio (*BMTIC*), 1935, disponível em: https://books.google.com.br/books?id=4_BPAQAAMAAJ&q=v.+moitrel&dq=v.+moitrel&hl=pt-BR&sa=X&ved=0ahUKEwi90Zy3zb_lAhUrIbkGHRSYDtUQ6AEIPTAD

Decreto nº 1.545, de 25.8.1939

IBGE. Disponível em: https://brasil500anos.ibge.gov.br/estatisticas-do-povoamento/imigracao-por-nacionalidade-1884-1933.html

Verbetes

CORREIA, Rita. Verbete Hemeroteca Digital de Lisboa, 2009. Disponível em: http://hemerotecadigital.cm-lisboa.pt/FichasHistoricas/BrasilPortugal.pdf

DANTAS, Carolina Vianna. Verbete "A Ordem". Rio de Janeiro: CPDOC, s/d. Disponível em: http://cpdoc.fgv.br/sites/default/files/verbetes/primeira-republica/ORDEM,%20A.pdf

FERREIRA, Marieta de Morais. Alceu Amoroso Lima [Verbete]. Rio de Janeiro: CPDOC, s/d. Disponível em: http://www.fgv.br/cpdoc/acervo/dicionarios/verbete-biografico/lima-alceu-amoroso

Biografia de Afrânio Peixoto, *site* da ABL – http://www.academia.org.br/academicos/afranio-peixoto/biografia

Inauguração do Cristo Redentor [Verbete], Brasiliana Fotográfica. Disponível em: http://brasilianafotografica.bn.br/?p=2602g

Entre vínculo e disjunção: literatura e contexto no *Courrier du Brésil* (RJ, 1854-1862)

Yuri Cerqueira dos Anjos

O jornalismo do século XIX foi marcado por uma intensa circulação entre o mundo literário e o mundo midiático. No contexto francês, diversos estudos têm mostrado de forma sistemática já há mais de uma década a fertilidade e o impacto desse contato entre o mundo das letras e o mundo do jornalismo através de mútuas influências (Thérenty; Vaillant, 2004). De modelos editoriais a gêneros textuais, passando pelos agentes envolvidos nesses dois mundos (impressores, escritores, jornalistas, editores e públicos), observa-se que elementos da literatura tinham um papel fundamental no fazer jornalístico desse período, bem como elementos do jornalismo ocupavam um lugar importante no fazer literário. Essa constatação levou a uma ampla reavaliação tanto do *corpus* de imprensa – agora submetido a um atento olhar literário – quanto do *corpus* literário – agora examinado sob a lente das realidades materiais e históricas do suporte e da "matriz midiática" (Thérenty, 2007).

Atualmente, esse campo de estudos se volta cada vez mais para problemas metodológicos que possam aprofundar a discussão e expandir os trabalhos em novas direções, abandonando progressivamente o tom de manifesto ou de programa adotado em textos fundamentais de seu estágio inicial (Thérenty, 2009). Na aula inaugural de seu curso intitulado "Literatura e cultura midiáticas do século XIX" e ministrado na Universidade Estadual Paulista (Unesp-Franca) em 2019, Guillaume Pinson, professor da Université Laval, apontou para a coabitação de diferentes métodos de análise desse fenômeno. Segundo ele, esse campo de pesquisas se organiza, *grosso modo*, em torno de dois eixos principais. De um lado, Pinson observou a fertilidade de métodos amplos, panorâmicos que praticam uma "leitura distante" – notadamente impulsionada pelas humanidades digitais – desse *corpus* textual virtualmente infinito de periódicos agora detentores de nova legitimidade no campo de pesquisa literária e histórica. De outro, o pesquisador ressaltou também a necessidade da continuidade de abordagens mais detalhadas, ligadas tradicionalmente ao campo dos estudos literários, método que impõe uma atenção mais detida aos detalhes textuais de um *corpus* mais específico. Na colaboração e coexistência desses dois modos de apreensão do fenômeno, ainda segundo Pinson (2019), parece residir o futuro dos estudos midiáticos sob a lente literária.

Neste capítulo, proponho um diálogo sobretudo com a segunda perspectiva mencionada por Pinson. Procuro analisar as características da presença da literatura em um jornal em particular. Porém esse recorte não deixa de ter, dentro de seus próprios limites, uma natureza dupla. No contexto do *Courrier du Brésil*, periódico francófono comandado por Adolphe Hubert e publicado entre 1854 e 1862 no Rio de Janeiro, vê-se que as práticas literárias parecem exigir um duplo horizonte que aborda o *corpus* de um ponto de vista ao mesmo tempo delimitado, sem deixar de se atentar ao contexto mais amplo. Para examinar os usos da literatura no *Courrier du Brésil* procuro articular um olhar mais amplo, que já foi objeto de estudo em outras oportunidades (Anjos, 2017; 2019), a uma leitura detida dos múltiplos textos literários publicados nesse periódico. O presente capítulo pretende, portanto, através da chave do *corpus* literário do *Courrier du Brésil*, operar um movimento de detalhamento para traçar uma visão da função da literatura no seio desse que foi um dos principais veículos jornalísticos da imprensa franco-brasileira em meados do século XIX (Guimarães, 2017).

Uma literatura politicamente orientada

Se no conjunto da imprensa francófona das Américas a circulação de *corpus* literários se configurou no século XIX como "um fenômeno marcante da cultura midiática" (Pinson, 2016, p.217), no caso do *Courrier du Brésil*, observa-se um fenômeno semelhante. A literatura era um dos traços fundamentais de seu projeto editorial. Não só há nele a presença constante de poemas, romances e curtas narrativas, mas também uma ausência de limites claros entre o que seria produção literária[1] e o que seria discurso informativo/opinativo. Seguindo essa diretriz, formas tradicionalmente literárias se inserem também na retórica argumentativa do jornal, na sua forma de narrar acontecimentos, argumentar suas posições, atacar adversários e sustentar seus valores basilares. Não por acaso, portanto, os termos "política" e "literatura" encabeçam o subtítulo da publicação. O primeiro elemento parece ser o foco editorial do jornal, ocupado em comentar principalmente, mas não exclusivamente, a situação político-social brasileira e francesa, enquanto o segundo elemento serve de lastro discursivo constante para a transmissão e legitimação desse conteúdo.

Nesse sentido, um amplo contato entre informação, opinião, posicionamento político e literatura fica claro em diversos pontos do jornal. Poemas, diálogos imaginados, contos curtos ou seriados, crônicas com alto grau de ficcionalização, crítica de obras literárias e peças de teatro, são formas recorrentes no periódico para abordar desde circunstâncias e datas comemorativas nacionais (brasileiras e francesas), até querelas com inimigos políticos ou comerciais, passando denúncias sociais.

Já no seu segundo exemplar,[2] um texto de Jacques Arago exemplifica bem essa infusão da literatura em diversos campos do jornal. Trata-se de um comentário político de Arago em formato de carta que contém não só um poema contra as calúnias de Charles Maurice (seu antigo opositor em Paris), mas também um diálogo que encena um encontro entre dois personagens discutindo os efeitos da calúnia. Sem deixar de se inserir no objetivo mais específico de criticar certos indivíduos e da defesa da própria reputação de Arago, o poema e o diálogo trazem à tona uma discussão mais ampla sobre a calúnia enquanto fenômeno, cujo efeito é não só político, mas também moralizante. A literatura dá então novas cores ao texto, amplificando e legitimando seu argumento e sua crítica ao caluniador:

> Para aquele que te enfrenta,
> Que não é seu escravo,
> Que de ti foge e te odeia,
> Tua tinta se torna lava,

1 Cabe ressaltar que, para além da já mencionada circulação das formas literárias e jornalísticas, em meados do século XIX a própria definição de "literatura" ainda era relativamente fluida (Vaillant, 2017, p.116-20).

2 O número 2 é o mais antigo exemplar do *Courrier du Brésil*, disponível para consulta no acervo da Hemeroteca Digital da Biblioteca Nacional (http://bndigital.bn.br/acervo-digital/courrier-du-bresil/709719).

Tua crítica uma babugem,
E tua pena uma lâmina.[3]
(*Courrier du Brésil*, 15.9.1854, p.2)

Esse curto poema reflete um traço constante da literatura nas páginas do *Courrier*: ela trata de temas centrais do jornal (política, sociedade, atualidade), porém seu intuito não é somente o de ressaltar a especificidade dos assuntos abordados, mas também de alçá-los ao âmbito de questões, se não universais, ao menos mais gerais. Ou seja, apesar de apontarem para dados específicos (eventos, pessoas, obras), diversas manifestações literárias publicadas no *Courrier* tendem a se desprender de um referente direto. Esse desprendimento sugere um movimento por parte do jornal de, por meio do uso da literatura, ampliar o alcance de sua mensagem.

Ainda a título de exemplo, pode-se ressaltar os versos acerca de questões sociais que permeiam o periódico. As "Chansons de l'ouvrier" [Canções do trabalhador], publicadas em 1856, trazem versos franceses que exaltam os humildes e trabalhadores:

O QUE QUEREM OS POBRES

Nos seus olhares, Senhora Marquesa
Por que minha aparência causa terror?...
Em Seu amor, Deus, que nos iguala,
Diz, a mim, para tratar-vos como irmã.
Por que o franco semblante do trabalhador
Vos fez desviar de seu caminho?
Escutai-o, e verás, eu garanto,
Que ele tem o coração menos rude que a mão.[4]
(*Courrier du Brésil*, 12.10.1856, p.5)

Uma lógica semelhante à desses poemas se produz também em diversas narrativas seriadas presentes no *Courrier du Brésil*. A novela de Lamartine

3 "Pour celui qui te brave,/ Qui n'est point ton esclave,/ Qui te fuit et te hait,/ Ton encre est une lave,/ Ta critique une bave,/ Et ta plume un stylet". Todas as traduções dos trechos do *Courrier du Brésil* são de minha autoria.

4 "Dans vos regards, Madame la Marquise,/ À mon aspect pourquoi votre terreur?.../ Dans son amour, Dieu nous égalise,/ Me dit, à moi, de vous traiter en sœur. / De l'ouvrier pourquoi le franc visage/ Bous fait-il donc détourner du chemin ?/ Écoutez-le, puis vous verrez je gage,/ Qu'il a le cœur moins rude que la main."

intitulada *Jacquart* [sic],[5] publicada nos primeiros exemplares do periódico, é um exemplo claro desse tratamento moralizante e universalizante de temas sociais. A narrativa conta a história de Joseph Marie Charles (1752-1834), inventor francês saído de uma família de trabalhadores ligados à manufatura têxtil. Ao inventar um tear automático ele se torna uma figura importante nas transformações tecnológicas do seu tempo. Pode-se perceber que o tratamento do tema por Lamartine é voltado para a ideia da exemplaridade do gênio que, através de um caso excepcional, promove uma investigação que se desdobra para além do indivíduo. A exaltação de figuras como Jacquard, operário que ascende à condição de figura de destaque, carrega, através da mensagem literária, o traço republicano do posicionamento político do jornal de maneira abrangente. As imagens, comparações e metáforas presentes no texto contribuem para reforçar esse sentido ampliado. Jacquard não é só um indivíduo específico, ele é elevado à condição de modelo, a ponto de seu artesanato ser comparado à arte da poesia:

> Em vez de sentimentos e imagens, sua poesia se compunha de alavancas, polias, molas, cilindros, engrenagens, que ele colocava em movimento no seu pensamento, e aos quais ele fazia cumprir todas as obras da mão do homem. A poesia, nos artesãos, toma quase sempre as formas da mecânica; os mecânicos, são os poetas da matéria.[6]
>
> (*Courrier du Brésil*, 15.9.1854, p.3)

Nesse contexto em que a literatura tende a produzir, nas páginas do *Courrier*, uma ampliação universalizante de uma mensagem e de um posicionamento político-social, a figura de Victor Hugo ocupa certamente um lugar de referência. Textos de Hugo são constantemente citados, republicados e comentados também com a mesma lógica subjacente. Os motivos desse interesse por Hugo são claramente ligados à sua trajetória e produção político-literária. Exilado e opositor ao regime imperial de Napoleão III,[7] Victor Hugo possui uma trajetória similar à de muitos "*quarente-huitards*"

---

5 O título original seria, na verdade, *Jacquard*.

6 "Au lieu de sentiments et d'images, sa poésie se composait de leviers, de poulies, de ressorts, de cylindres, de rouages, qu'il mettait en mouvement dans ses pensées, et auxquels il faisait accomplir toutes les œuvres de la main de l'homme. La poésie dans les artisans prend presque toujours les formes de la mécanique; les mécaniciens sont les poètes de la matière".

7 Napoleão III (Charles-Louis Napoléon Bonaparte, 1808-1873) tornou-se imperador em 1851 por meio de um golpe que desfez as esperanças democráticas e republicanas que haviam se delineado na Revolução de 1848.

(defensores da revolução derrotada por Luís Napoleão) que formavam a base da redação do *Courrier du Brésil* (Canelas, 2007).

O jornal francófono carioca, sob a liderança de seu diretor Adolphe Hubert, procurou de início veicular uma imagem mais branda quanto ao seu posicionamento político. Como mostrou a pesquisadora Letícia Canelas, o *Courrier du Brésil* "iniciou sua publicação com uma linha editorial que aparentemente pretendia atender à comunidade francesa em geral e que agradasse, como disse uma vez Hubert, 'brancos, vermelhos, amarelos e tricolores'" (Canelas, 2007, p.134). Mas as inserções no jornal de certas produções de Victor Hugo, já em 1854, revelam desde muito cedo o traço político de sua linha editorial. Nesse sentido, o jornal tomava partido não só em meio às disputas travadas no contexto francês e nas querelas que opunham Victor Hugo e Napoleão III, republicanos e o império. Através do traço alegórico da poesia engajada e política de Hugo, o *Courrier* promovia também, indiretamente, um delineamento de sua própria identidade como um todo, do conjunto de ideias que definia o jornal, e fabricava, aos poucos, seu próprio espaço no cenário midiático e no espectro político brasileiro.

O poema intitulado "O manto imperial" ("Le Manteau impérial"), publicado no *Courrier du Brésil* em 5 de novembro de 1854, traz à tona esse fenômeno. Nele, lê-se a imagem forte e coletiva de abelhas – que simbolizam a população – atacando o imperador autoritário e se opondo à parcela da população que a ele se submete passivamente. Aqui, mais uma vez, a dimensão simbólica é um dado importante. A imagem da abelha havia sido apropriada por Napoleão III para simbolizar seu poder, e Hugo procura inverter essa imagem virando-a contra o próprio imperador e reforçando a abelha como símbolo da coletividade, do trabalho e da mudança. Os versos finais do poema selecionado pelo *Courrier* mostram ainda claramente como, colocando mundo animal em cena, o poema adentra também numa realidade intemporal carregando traços de um mundo fabular, com sua carga cultural e moral:

> Ferroem-no todas juntas,
> Aviltem o povo que treme,
> Ceguem o imundo enganador,
> Sejam implacáveis, ferozes,
> E que ele seja perseguido pelas moscas,
> Já que os homens o temem![8]
> (*Courrier du Brésil*, 5.11.1854, p.4)

---

8 "Et percez-le toutes ensemble,/ Faites honte au peuple qui tremble,/ Aveuglez l'immonde trompeur,/ Acharnez-vous sur lui, farouches,/ Et qu'il soit chassé par les mouches,/ Puisque les hommes en ont toujours peur!"

Nesse sentido, imagens de revolta contra o imperador no poema de Hugo constroem, na sua forte carga alegórica que une o concreto e o abstrato (Charles-Wurtz, 2011), uma ponte possível para uma mensagem política mais ampla do que a simples sátira ou ataque direto a Napoleão III. O poema de Hugo permite uma leitura mais ampla, em seu tom de manifesto contra o despotismo que retira o poder das mãos do povo. Os versos retirados de *Les Châtiments* [*Os castigos*], livro publicado em 1852, já carregavam em si, em certa medida, uma mensagem política geral demarcada por fortes imagens poéticas abrangentes. Por conseguinte, eles parecem se inserir organicamente no seio do teor político do *Courrier du Brésil*, não só como marca de sua oposição ao imperador francês, mas também como mensagem política mais ampla.

Parte importante das produções literárias publicadas no jornal gravitam em torno desse profundo teor político. Mesmo quando a produção de Hugo se revela menos diretamente definida pelo engajamento,[9] o jornal faz questão de ancorar o autor nesse campo. É o caso da publicação de poemas e trechos do livro *Les Contemplations*. Aqui a mensagem política hugoana é mais sutil e mais complexa e parece exigir uma explicação por parte do jornal. Nesse sentido, é só depois de definir Hugo por sua condição de exilado político que o jornal exalta seu talento:

> As obras do ilustre proscrito que o mundo literário aguardava com impaciência, e que temos finalmente sob os olhos, em mãos, se compõem de dois belos volumes que contêm nada menos do que doze mil versos!
>
> Doze mil versos! onde cantam, vibram e choram, uma a uma, todas as cordas da alma humana, todas as vozes da natureza divina![10]
>
> (*Courrier du Brésil*, 8.6.1856, p.7)

A parte final desse comentário introdutório é ainda mais reveladora do esforço do jornal em associar poesia e política como forma de legitimação da obra de Hugo e, consequentemente, de sua presença constante nas páginas do *Courrier*.

---

9 Digo "menos diretamente", pois, ainda que os poemas encontrados no volume *As Contemplações* tenham um tom mais subjetivo, eles não deixam de revelar uma mensagem política, como mostra Ludmila Charles-Wurtz (2011).

10 "Les œuvres de l'illustre proscrit que le monde littéraire attentait avec tant d'impatience, et que nous avons enfin sous les yeux, sous la main, se composent de deux beaux volumes qui ne contiennent guère moins de douze mille vers ! Douze mille vers ! où chantent, frémissent et pleurent tour-à-tour toutes les cordes de l'âme humaine, toutes les vois de la nature divine".

> Pode-se compreender que não queiramos de modo algum analisar hoje essa obra múltipla e grandiosa; tudo espanta no primeiro olhar que sobre ela acabamos de lançar, apenas podemos neste momento soltar um grito de alegria e admiração, em nome da arte contemporânea, que a obra eternamente honrará e, acrescentemos, em nome da democracia proscrita, que deve se orgulhar de contar em suas fileira com o poeta, o pensador, o filósofo cujo gênio, em um espaço de três anos, produziu os *castigos* e as *contemplações*![11]
> (*Courrier du Brésil*, 8.6.1856, p.7)

Não por acaso, portanto, a obra de Victor Hugo – impregnada dessa íntima relação entre poesia e política, na qual força alegórica e engajamento se entrelaçam – pontua toda a história do *Courrier du Brésil*, desde 1854 com versos de *Les Châtiments*, passando pelo importante ano de 1856, marcado pela publicação das *Contemplations*, até o último ano do periódico, 1862, quando trechos do então recém-publicado *Les Misérables* [*Os miseráveis*] também terão destaque no jornal.

Isso mostra que a produção hugoana está em consonância com o projeto do *Courrier* que busca dar lastro cultural à expressão e comunicação de suas ideias políticas. Por ser um veículo ligado ao grupo dos "*quarante-huitards*", o *Courrier* encontra na obra de Hugo uma câmara de ressonância bastante fértil. Vale lembrar que essa conexão entre discurso político e presença literária nos jornais não era um fenômeno exclusivo do *Courrier*. Desde os primórdios do movimento romântico, liderado pelo próprio Victor Hugo desde as primeiras décadas do século XIX, a questão literária já havia assumido, sobretudo no contexto midiático francês, os contornos de um campo de batalha política (Anjos, 2016). Ao se utilizar dessa mesma tendência de conjunção político-literária, o periódico liderado por Hubert reflete e se insere, a seu modo, nas práticas correntes do sistema midiático do seu tempo.

Letícia Canelas (2007) aponta ainda para fatores específicos que explicam a força do dado político-literário nesse jornal. Dentre o grupo de principais colaboradores do jornal, muitos representavam fortemente esse duplo

11 "On comprend que nous ne voulons point analyser aujourd'hui cette œuvre multiple et grandiose; tout ébloui du premier coup d'œil que nous venons d'y jeter, nous ne savons en ce moment que pousser un cri de joie et d'admiration, au nom de l'art contemporain, dont elle fera l'éternel honneur, et ajoutons au nom de la démocratie proscrite, qui doit d'énorgueillir de compter dans ses rangs le poète, le penseur, le philosophe dont le génie, à trois ans de distance, a produit les *châtiments* et les *contemplations*".

horizonte entre arte e política. Jacques Arago (1790-1855),[12] por exemplo, figura importante no primeiro ano do jornal, era escritor, jornalista, artista e também fortemente ligado à política, sendo irmão de François Arago (líder político do regime republicano de 1848). A figura de Charles Ribeyrolles (1812-1860) é também significativa nesse ponto, sobretudo no que toca à ligação do jornal à literatura de Hugo. Ribeyrolles era escritor e jornalista e não só opositor ao regime imperial francês, como também amigo pessoal de Victor Hugo, acompanhando-o em seus anos de exílio.

Parte importante dos usos da literatura no *Courrier du Brésil* é, portanto, fortemente direcionada no sentido de refletir e amplificar um conjunto de ideias político-sociais oriundas do seu lastro no ambiente republicano francês das décadas de 1840 e 1850. As formas assumidas por essa literatura são múltiplas. Por vezes, os textos ficcionais ou poéticos aparecem esparsos e difusos em pequenos poemas satíricos, como na carta de Jacques Arago, às vezes apresentados de forma seriada, como nas narrativas centradas em personagens vindos de classes baixas (como em *Jacquart*, de Lamartine), ou ainda em seções especiais contendo obras de autores franceses de grande expressão. Contudo, essas manifestações diversas caminham na mesma direção política, dando uma certa unidade discursiva ao jornal e evocando um projeto editorial coeso. Essa multiplicidade de objetos voltados para um uso direcionado se cristaliza notadamente, como foi mostrado, no interesse pela figura de Victor Hugo, cujas mais diversas produções se organizam em torno de um símbolo central, o da voz de um republicano exilado, voz essa que parece refletir no nível individual, a realidade do conjunto projeto social, político e jornalístico do *Courrier du Brésil*.

Literatura em descompasso: reprises e deslocamentos literários

Uma análise mais detida da literatura nesse periódico revela, contudo, momentos em que os textos literários não colocam em primeiro plano uma orientação político-social demarcada. Se diversos traços literários vistos até aqui apontavam para a direção precisa dos temas centrais do jornal – o ideário político republicano, uma ampla ideia de justiça social e questões

12 Há informações conflitantes acerca do ano da morte de Arago, utilizei aqui a entrada do autor no catálogo da Bibliothèque Nationale de France (<https://catalogue.bnf.fr/ark:/12148/cb12265696r>).

ligadas à realidade imediata francesa ou brasileira –, há também pontos de disjunção em que a literatura aponta para um paralelo distante desse direcionamento principal. Certos textos evidenciam que, nesse contexto, as funções assumidas pela literatura são plurais. Essa pluralidade ecoa também o sistema complexo da imprensa em meados do século XIX que, ao lado do contato íntimo entre literatura e política, também mostra uma escrita imaginativa ligada a outros campos, como o do entretenimento, o do humor, o do mundo do consumo, o da construção de identidade, o da sociabilidade, o da tradição moral, o da instrução ou o da análise e promoção de comportamentos (Kalifa et al., 2011, p.667-832).

É no seio dessa miríade de funções da poética jornalística do século XIX que se insere o contraste entre certas manifestações literárias presentes no *Courrier du Brésil*. Há um exemplo claro desse contraste nas páginas do exemplar de Sete de Setembro de 1856. Esse número traz um poema em homenagem a dom Pedro e à Independência do Brasil, escrito pelo barão de Geslin, que vê no momento da independência uma abertura política importante. O autor vê nesse tema uma oportunidade de expor uma poesia em consonância com a imagem grandiloquente, soberana e política do fazer literário, numa visão semelhante àquela observada no caso dos poemas de Victor Hugo, porém dessa vez apontando mais diretamente para o contexto brasileiro:

> DOM PEDRO NO IPYRANGA
> ou a independência do Brasil
>
> No século em que vivemos, os povos marcham rapidamente,
> A esperança no futuro, sem cessar os agita,
> E desde os primeiros passos, fervilha em suas cabeças;
> Apenas um dia basta para que se inscrevam na história,
> E conhecemos alguns povos que, levados pela glória,
> Alcançaram a idade madura já ao deixar o berço.[13]
> (*Courrier du Brésil*, 7.9.1856, p.3)

Mais adiante, contudo, ainda no mesmo número, a seção "Variétés" traz uma sequência que abandona essa grandiloquência da retórica politizada e

13 "Au siècle où nous vivons les peuples marchent vite,/ L'espoir de l'avenir sans cesse les agite,/ Et dès les premiers pas bouillonne en leur cerveau;/ Un seul jour leur suffit pour s'inscrire en l'histoire,/ Et nous connaissons qui, portés par la gloire,/ Ont atteint l'âge mûr en sortant du berceau".

patriótica de Genlis para colocar em cena uma rica virtuosidade linguística e uma forte experimentação marcada pelo humor e metalinguagem. Essa sequência de pequenos textos foi escrita pelo hábil Alexandre Flan (1827-1870), autor de canções, poemas e vaudevilles e que seria figura importante na imprensa francesa, sobretudo a partir de 1868, na fundação e redação dos periódicos *L'Éclipse* e *La Chanson illustrée*. Sua produção, apesar de possuir um tom de sátira que por vezes se voltava também para a política, prima sobretudo pela leveza, irreverência e trabalho com a língua, refletindo o processo de modernização midiática engendrado no seio da rica fertilidade das "Variétés" na imprensa franco-brasileira, tal como apontado por Priscila Gimenez (2017). Basta ler alguns trechos dessa coluna para observarmos o contraste com o poema do barão de Geslin:

> A POESIA CIFRADA
>
> As musas agonizam, vivemos no século do dinheiro; sejamos do nosso século. Tudo se traduz em cifras, utilizemos a tradução.
>
> Os agentes de câmbio, os banqueiros, os capitalistas se tornarão os Mecenas de uma poesia que se soma; os poetas verão se erguerem para eles colunas... de cifras.
>
> Antes de seguir dos antepassados a sorte com... 1
> E sair deste mundo, seguindo o passo de to... 2[14]
> (*Courrier du Brésil*, 7.9.1856, p.7)

Essas produções mostram como o *Courrier du Brésil* assume uma miríade de posturas nos seus usos da literatura. Produções mais claramente direcionadas politicamente dividem espaço com uma literatura importada da França que ocupa um lugar de entretenimento no jornal. No caso de Alexandre Flan, como vimos, seu apelo parece residir sobretudo no humor e na virtuosidade linguística capaz de ressoar na comunidade francófona carioca. Por esse motivo, não se trata aqui de uma simples estratégia para preencher as colunas da folha. No contexto de um jornal francófono, o poder dessa

14 "La poésie chiffrée – Les muses agonisent, nous vivons dans le siècle de l'argent; soyons de notre siècle. Tout se traduit par un chiffre, usons de la traduction. Les agents de change, les banquiers, les capitalistes deviendront les Mécènes d'une poésie qui s'additionne; les poètes verront s'élever pour eux des colonnes... de chiffres, – Avant que des aïeux suivant le sort comm...1/ Je sorte de ce monde et m'en aille auprès...2".

literatura em atrair leitores e fazê-los se sentir à par da cultura francesa é também primordial.

As imbricadas práticas editoriais, de produção e de reprise são nesse sentido reveladoras da complexidade dos usos da literatura no jornal. O caso da atuação de Adèle Toussaint (1826-1911) é ainda mais um caso emblemático nesse ponto. Essa autora, que partiu para o Brasil entre 1849 e 1850 e registrou suas impressões acerca do país no livro *Une parisienne au Brésil* (publicado em 1883), inscreve em seus textos publicados no *Courrier du Brésil*, notadamente em seus retratos literários, um estilo instigante e criativo. Toussaint parece, num primeiro momento, ter produzido contribuições diretas e originais, importantes para o periódico. Letícia Canelas chega a dizer que

> Adèle Toussaint se revelou uma intensa escritora nas páginas do *Courrier du Brésil*. Assinava a série cronística *Portrait des Femmes*. No entanto, é possível que seja autora também das séries *Plumes de Colibri* e *L'Esprit de Madame Girardin*, pois estas crônicas tratavam dos costumes das mulheres da época, traço comum dos textos de Adèle Toussaint. Além disso, estas crônicas eram assinadas por T., talvez de Toussaint. Publicou também poesias, e seus textos são encontrados principalmente nos números de 1855. (Canelas, 2007, p.138)

Essa constatação da presença de Adèle Toussaint no *Courrier du Brésil* tem a importante função de ancorar a autora no contexto cultural franco-brasileiro, algo que havia sido relativamente ignorado, como aponta a própria Letícia Canelas, inclusive pelos estudos especializados sobre a autora francesa. Sua situação é, contudo, mais complexa do que a caracterização de Canelas tende a mostrar. Os retratos "De la femme auteur" (*Courrier du Brésil*, 2.12.1855) e "De la femme incomprise" (*Courrier du Brésil*, 27.4.1856), por exemplo, ambos parte da série *Portraits des Femmes*, na verdade já haviam sido publicados na revista *Sylphide* quase uma década antes, em 1846, como aponta o estudo de Ludmila de Souza Maia (2016, p.43). Maia demonstra ainda que o poema de Toussaint intitulado "À une jeune fille", publicado no *Courrier du Brésil* em 11 de novembro de 1855, também já estava presente no livro *Poésies*, publicado em 1843, quando a autora francesa ainda assinava com seu sobrenome de solteira, Samson (Maia, 2016, p.37).

Contudo, tanto Ludmila Maia (2016, p.141-2) quanto Letícia Canelas (2007, p.138) parecem concordar em atribuir a Adèle Toussaint um papel bastante ativo no *Courrier du Brésil*. Tanto pela proximidade que a autora tinha dos agentes da comunidade francesa e desse jornal em particular – notadamente Jacques Arago – quanto pela vertente criativa da autora, seria possível que ela tivesse escrito artigos anônimos ou assinados apenas como "T". Caberia aqui, contudo, propor uma nuance a essa projeção com a constatação de que, pelo que se pode efetivamente apurar de sua presença no jornal, o dado mais central e evidente é o de que a participação de Toussaint era amplamente indireta e fortemente pautada pela republicação e reutilização de peças antigas, desconectadas, a princípio, do contexto e da temporalidade locais e reativadas apenas graças ao próprio processo de reimpressão, sem que haja nenhum notável esforço editorial de adaptação ou modificação.

Nessa mesma lógica, compreende-se por que não se sustenta a suspeita de Canelas de que a série de crônicas intitulada "L'Esprit de Mme de Girardin" seria de autoria de Toussaint. Trata-se, na verdade, de mais uma republicação de textos impressos anteriormente na França, mas dessa vez escritos por outra autora. Publicada no *Courrier du Brésil* a partir de outubro de 1855,[15] essa série de curtos comentários/retratos literários contém certamente temas caros a Toussaint, notadamente a reflexão sobre a situação da mulher. Porém, uma série com os mesmos textos já havia sido publicada, sob o mesmo título, no *Figaro*, a partir de 12 de agosto de 1855. Essa série, por sua vez, era ela mesma uma seleção de textos escritos entre 1836 e 1848 por Delphine de Girardin em sua célebre coluna intitulada "Courriers de Paris", inicialmente publicada no jornal parisiense *La Presse*. Esses textos, selecionados e republicados em 1855 no *Figaro* por Gustave Bourdin (1820-1870), já haviam inclusive sido reunidos em dois volumes, *Lettres parisiennes* e *Le Vicomte de Launay – Correspondance parisienne*, publicados respectivamente em 1843 e 1853. Com a morte de Delphine de Girardin em 29 de junho de 1855, o *Figaro* faz uma homenagem à autora evocando, através dessa seleção de trechos, múltiplas faces de sua obra para que seus leitores pudessem conhecer, de acordo com o próprio jornal, a força e a abrangência do "*esprit*" da exímia cronista. O *Courrier du Brésil* adiciona, portanto, ainda mais uma camada nessa série de reproduções e deslocamentos temporais e espaciais dos quais os textos de Delphine de Girardin são objeto.

Certamente, a circulação do *corpus* literário no mundo da imprensa periódica era algo comum, inerente à poética do jornal no século XIX. Porém, não deixa de ser marcante o fato de tantas manifestações literárias

15 Pelo menos a partir do exemplar de 14 de outubro. Lacunas no *corpus* não nos permitiram acessar os meses anteriores do mesmo ano.

no *Courrier du Brésil* serem amplamente originadas nesse processo de cópia e reprise. Esse processo, como vimos, traz para o contexto brasileiro dos anos 1854-1862 não só textos de fora, mas também textos muitas vezes relativamente antigos. Talvez essa característica seja o reflexo de um projeto editorial tateante, que tem funções politizadas, mas que também se quer aberto a um público maior e que provavelmente encontra dificuldades em manter a produção de uma literatura que lhe seja própria ou atual.

Isso aponta para uma dinâmica fundamental no caso do *Courrier du Brésil*, que pode também ser associada ao processo de circulação do *corpus* literário em periódicos da imprensa alófona de maneira geral. A literatura nesse tipo de periódico tende a refletir, por um lado, uma complexa tensão entre local/estrangeiro – negociando constantemente seu lugar entre proximidade e distância do contexto de produção e articulando a presença de material local ou externo, escritos em língua local ou estrangeira (Anjos, 2019). Por outro lado, trata-se também de uma *tensão de temporalidades*, uma vez que o processo de cópia e reprodução envolve, em maior ou menor grau, também um descompasso temporal. Nesse processo, o texto literário é constantemente retirado não só de seu contexto cultural e geográfico inicial, mas também do momento em que foi engendrado.

No conjunto do *Courrier du Brésil*, os efeitos dessa reativação de contextos e temporalidades diferentes são díspares. Há uma oscilação entre produções que se articulam mais intimamente com o contexto e condição de jornal francófono brasileiro, e outras em que a literatura parece desconectar-se do dado brasileiro. Nesses casos, a literatura se perfaz numa espécie de poética do deslocamento, onde o *corpus* literário parece ressaltar um distanciamento cultural ou temporal, instaura um contraste claro com a situação local do jornal.

Mesmo em ocasiões em que o hibridismo jornalístico-literário da crônica permite uma melhor integração entre o texto e o contexto de publicação, há ainda efeitos de distanciamento bastante marcantes. O relato de viagem intitulado "Impressions de voyage" [Impressões de viagem] assinado por Hortense Arago, publicado em série já a partir do primeiro número disponível do *Courrier du Brésil* (15 de setembro de 1854), mostra bem como o olhar para o contexto brasileiro se produz a partir de uma perspectiva deslocada. Nesse texto, a viajante conta sua visita por Londres transitando em alguns dos principais pontos da capital inglesa. Pontuando seu relato com um suposto orgulho ferido francês ao ver que, comparada a Londres, Paris poderia ser considerada um vilarejo, a cronista adentra um dos monumentos centrais do cosmopolitismo inglês, o Colosséum, com seus panoramas e exibições que apresentam e inserem o visitante em diversas partes do mundo:

> Oh, e agora nos encontramos na Suíça, e eu me resguardo do espetáculo das barulhentas cascadas nascidas das geleiras dos Alpes e que criam, em seus cursos, lagos e rios chamados Constança, Léman, Ródano e Reno... Podeis olhar para suas águas azuis, e nelas navegar através de reinos, sem sair do recinto do pequeno Colosséum onde podeis encontrar ainda um chalé, uma casa chinesa com seus mil penduricalhos, e quando acreditais ter tudo observado, podes descer ao subsolo e sentir o frescor de uma dessas fantásticas grotas escocesas [...][16]
>
> (*Courrier du Brésil*, 15.9.1854, p.5)

Se as comparações que Hortense Arago traça entre Inglaterra e França colocam constantemente em tensão os dois países e culturas, no trecho publicado em 29 de outubro de 1854 a autora afirma que, por fim, seria preciso dar um veredito definitivo: "ingleses e franceses são irmãos".[17] As duas nações, que eram o centro dessas "impressões de viagem", estariam, portanto, sob olhar da cronista, de mãos dadas, unidas na liderança da civilização e do progresso. O lugar do Brasil nesse relato tem, nesse sentido, um caráter peculiar, exótico e distanciado. Como a visitante, que no Colosséum contempla as reproduções dos Alpes suíços ou as casas chinesas, o Brasil na crônica de Arago é também apresentado enquanto simulacro, enxertado no centro de uma capital europeia e analisado por um olhar estrangeiro. É então nos jardins do palácio de Hyde Park que a cronista encontra e menciona o Brasil:

> Atrás do restaurante [do Hyde Park] começam as maravilhas. Aqui o maravilhoso se liga corpo a corpo com a realidade. O fabuloso, o incrível, o impossível, todos os climas, todas as eras, todos os povos parecem dançar ao meu redor [...] Por muito tempo vaguei sob as charmosas sombras das folhagens; eram os

16 "Oh, maintenant, nous voici en Suisse, et je me repais du spectacle d'une des bruyantes cascades dont les glaciers des Alpes sont la source et créent dans leur course des lacs et des fleuves qui ont pour nom, Constance, Genève, le Rhône et le Rhin... Vous vous mirez dans leurs eaux bleues ou vous courez avec elles à travers les royaumes, sans sortir de l'enceinte de ce petit Colosséum où vous trouverez encore un châlet, une maison chinoise avec ses mille colifichets, et lorsque vous croyez avoir tout étudié, vous descendez en dessous du sol où vous sentez la fraîcheur d'une de ces féériques grottes écossaises [...]".

17 "L'Anglais et le Français sont frères".

jardins do universo. Ao lado das flores e das árvores que eu amava em minha pátria, cresciam flores e árvores do Brasil, essa outra pátria para onde vou.[18]
(*Courrier du Brésil*, 5.11.1854, p.5)

Assim como no jardim descrito pelo olhar marcadamente europeu de Hortense Arago, a origem diversa dos textos literários no *Courrier du Brésil* salta aos olhos. Neles, muitas vezes, o dado brasileiro se vê como paralelo ou como vago vestígio. Tanto no caso de textos de autores franceses mais célebres como Lamartine ou Hugo, quanto no de autoras mais próximas da publicação como Adèle Toussaint e Hortense Arago, as seções do jornal consagradas a uma escrita mais literária têm no transplante seu principal *modus operandi*. De forma mais ou menos aberta, ou regulada por um discurso mediador, esse jardim compósito de produções de origens diversas cria uma situação ambígua: a coabitação nesse caso traz ao mesmo tempo um senso de conexão e um forte traço de contraste e dissonância.

Enraizamentos possíveis?

É preciso constatar, por fim, os momentos em que a literatura no *Courrier du Brésil* se concilia mais diretamente e profundamente com sua condição de jornal franco-brasileiro. Esses momentos trazem à tona um projeto editorial mais ativamente preocupado em refletir sobre sua função enquanto periódico no contexto brasileiro e de sua comunidade francófona de leitores, jornalistas e autores. Um exemplo bastante claro desses momentos capazes de produzir uma maior articulação entre a literatura e a especificidade do projeto do jornal se encontra no número de 5 de outubro de 1856 e na interessante sequência que ele traz de textos ligados à poesia.

Curiosamente, em consonância com a imagem do Brasil nos jardins descritos por Hortense Arago, o jornal utiliza justamente uma metáfora botânica para falar do poema intitulado "À sa Majesté l'Impératrice" [À sua Majestade, a Imperatriz], que diz ter "colhido" em outro jornal. Porém, tanto no que diz respeito à fonte quanto ao tema, trata-se de uma reprodução que

18 "Derrière le restaurant commencent les prodiges. Ici le merveilleux s'enchaine corps à corps avec la réalité. Le fabuleux, l'incroyable, l'impossible tous les climats, tous les âges, tous les peuples semblent danser autour de moi [...]. Longtemps j'errai sous de charmants ombrages; c'étaient les jardins de l'univers. À côté des fleurs et des arbres que j'aimais dans la patrie, croissaient les fleurs et les arbres du Brésil, cette autre patri où je vais".

estabelece um diálogo com uma realidade mais próxima, enraizando o jornal no contexto local: "Há flores de poesia, simples como as centáureas dos campos, que pensamos já ter lido antes, mesmo quando as lemos pela primeira vez. Eis aqui uma que nossos leitores nos perdoarão de termos colhido no *Correio Mercantil*"[19] (*Courrier du Brésil*, 5.10.1856, p.3). O poema, na linha do direcionamento político-social analisado no início do capítulo, assinado por Thérèse Marie, desenvolve um elogio em francês da "Sainte Thérèse" [Santa Teresa], referindo-se à imperatriz Teresa Cristina, mulher de dom Pedro II, exaltada por sua capacidade de abrandar "o grito da fome" e ser a figura materna para o "pobre órfão".

Mais adiante no mesmo número, encontra-se outro exemplo de uma inserção mais orgânica da literatura no contexto local: a publicação de poemas de dois professores de língua francesa habitantes do Rio de Janeiro, que assinam C. Lieutaud e Caroline Hoffmann. Parece haver aqui um lampejo de uma função local e ativa da literatura como ponte entre o jornal e seu ambiente. Esses poemas são apresentados da seguinte maneira:

> A poesia se tornou uma arte difícil, nos dias de hoje em que todos os talentos a exploraram e que todas as imaginações quase a esgotaram. Ser natural sem ser prosaico, ser poético o suficiente para ser inteligível sem se perder nas nuvens, são qualidades adquiridas não sem esforço. Não se deve crer, portanto, que vemos com desdém tudo o que tende a se aproximar da linguagem dos deuses. E a prova é que publicamos as seguintes passagens surgidas das penas de dois professores de língua, atualmente no Rio.[20]
> (*Courrier du Brésil*, 5.10.1856, p.6)

Os poemas em si apresentam, contudo, uma imagem bastante formatada e abstrata da poesia, versos regulares e rimados sobre sofrimentos amorosos vagos que se repetem em exclamações também típicas. Isso ocorre tanto em Lieutaud, que inicia seu poema com "Vais partir?... Oh! Que amarga

---

19 "Il y a des fleurs de poésie, simples comme les bleuets des champs, qu'on semble avoir déjà lues, lors même qu'on les lit pour la première fois. En voici une qu'on nous pardonnera d'avoir cueillie dans le *Correio Mercantil*".

20 "La poésie est devenue un art difficile aujourd'hui que tous les talents l'ont exploitée, que toutes les imaginations l'ont presque épuisée. Être naturel sans devenir prosaïque, être poétique suffisamment pour être intelligible sans s'égarer dans les nuages, sont des qualités qu'on n'acquiert pas sans peine. Il ne faut donc pas croire que nous regardions avec dédain tout ce qui tend à se rapprocher du langage des dieux. Et la preuve, c'est que nous publions les morceaux suivants dûs à la plume de deux professeurs de langue actuellement à Rio".

tristeza/ Vem me avassalar, ó rainha do meu coração?";[21] quanto em Hoffmann que, talvez com mais sutileza, ressalta: "Procuro em vão uma alma para a minha alma/ Um coração que entenda meu coração".[22] Os efeitos de enraizamento, ainda que presentes, são, portanto, constantemente problematizados na própria publicação, reativando a série de questionamentos e tensões, que se perfazem no *Courrier du Brésil* na oscilação entre produção e reprodução, distância e proximidade, sem que se resolvam plenamente.

Em 15 de setembro de 1861, o jornal apresenta um dos momentos em que mais claramente se mostra atento e *ativo* no que diz respeito à literatura e ao contexto locais, ao publicar em sua primeira página um excerto em francês do texto dramático *Desencantos*, de Machado de Assis. Inserida num processo de aproximação entre a redação do *Courrier du Brésil* e diversos jornalistas e escritores brasileiros – aproximação pautada em larga medida por afinidades políticas (Canelas, 2007, p.145-50) –, essa publicação equilibra em diversos aspectos as tensões entre reprise e ineditismo, cópia e apropriação.

Deixando de lado o caráter convencional de alguns dos temas do texto de Machado, como o casamento e o triângulo amoroso (temas que se repetem à exaustão em outras produções francesas republicadas no *Courrier du Brésil*), o comentário introdutório de Adolphe Hubert reforça o foco no *milieu* retratado no drama machadiano. Os personagens, segundo Hubert, "não são burgueses, mas também não são príncipes"[23] (*Courrier du Brésil*, 15.9.1861, p.1), o que sugeriria uma universalidade perspicaz na literatura do então jovem e promissor autor brasileiro. A exemplo do que acontecia em torno da figura de Victor Hugo e de tantos outros homens e mulheres de letras elogiados nas páginas do *Courrier*, a obra de Machado se galvaniza de uma valorização baseada na articulação entre abstração poética e realidade imediata:

> Há algum tempo a literatura nacional brasileira parece ter alçado seu voo. Os trabalhos que registramos todos os dias o provam. Mas os gêneros não se multiplicam nem se coordenam entre si.
>
> No seio da escola onde o drama toca ao frenesi, onde a moral se dispensa com afetação entre duas baforadas de charuto, é muito agradável escutar essa apaziguadora moral que cura as feridas do coração e ainda promete encantamentos à mente.

21 "Tu vas partir!... hélas! quelle amère tristesse/ Vient déjà m'accabler, ô reine de mon cœur?"

22 "Je cherche vainement une âme pour mon âme,/ Un cœur qui comprenne mon cœur".

23 "Les personnages ne sont pas des bourgeois, mais ce ne sont pas des princes".

Aí está a verdadeira poesia, a poesia em ação compatível com a mente humana.[24]

(*Courrier du Brésil*, 15.9.1861, p.2)

A obra de Machado de Assis, apropriada pelo *Courrier du Brésil* como símbolo de uma literatura edificante, guiada por um equilíbrio entre imaginação poética e propósito moral, permite que o jornal se insira de maneira mais eloquente e pertinente em um debate em torno da função e dos novos caminhos da literatura no contexto brasileiro. Certamente, a avaliação da relevância da publicação desse trecho de *Desencantos* fica mais clara retrospectivamente, à luz da consagração do próprio Machado de Assis. No momento de sua publicação, o tom era mais o de aposta, tentativa e exploração da função das páginas literárias no jornal. Ainda assim, dentre as diversas manifestações dos usos da literatura no *Courrier du Brésil*, esse momento não deixa de apontar para um encontro mais profundo entre a publicação e o contexto literário local. A publicação em francês, na primeira página, de uma obra da nova geração de escritores relevantes brasileiros mostra que, em seus momentos mais perspicazes, o *Courrier du Brésil* conseguia ser também um jornal que utilizava de maneira mais aguda sua posição enquanto publicação francófona brasileira de teor fortemente político e literário.

Uma identidade literária paradoxal

Talvez o caso mais emblemático da complexa encruzilhada configurada pela literatura no *Courrier du Brésil*, caso que simboliza de maneira clara as tensões entre local e estrangeiro, original e cópia, passado e atualidade, seja o romance folhetim *L'amour d'une esclave*, de autoria de Oscar Comettant, publicado no jornal francófono brasileiro a partir de maio de 1858. Em 13 de março do mesmo ano, o romance já havia tido sua primeira publicação nas páginas do jornal *L'Illustration – journal universel*, em Paris. A proximidade temporal com sua reprodução no *Courrier du Brésil* revela uma política

---

24 "Depuis quelques temps la littérature nationale brésilienne semble avoir pris son essor. Les travaux que nous enregistrons chaque jour le prouvent. Mais les genres ne se multiplient ni se coordonnent. Du sein de l'école où le drame se débite avec affectation entre deux bouffées de cigare, il est fort agréable d'entendre parler cette adoucissante morale qui guérit les plaies du cœur et promet à l'esprit encore des enchantements. C'est là la vraie poésie, la poésie en action compatible avec l'esprit humain".

editorial atenta e dinâmica em sua resposta ao contexto midiático e literário francês. Mas não se trata, neste caso em particular, para o periódico franco-brasileiro de um mero enxerto mais eficaz ou célere. Trata-se, mais claramente, pelo menos inicialmente, de uma verdadeira tentativa de *reapropriação* do *corpus* literário-midiático estrangeiro.

O romance se passa no Brasil e sua intriga gira em torno das atribulações de uma pobre branca, Dolorosa, cuja família de agricultores tragicamente cai na pobreza nas Ilhas Canárias. Seu destino a traz para o Brasil, onde ela acaba se tornando governanta do comerciante Manoel Ribeira. Manoel se apaixona por Dolorosa e os dois se casam. Mas a aparição de um terceiro, o malicioso Francisco, que havia enganado e abusado de Dolorosa, perturba a heroína e seu casamento. A reputação de Dolorosa é finalmente salva pelo escravo José, que mata o malfeitor Francisco, mas acaba condenado à morte pelo crime. A razão desse sacrifício é revelada apenas no final: o escravo José, figura até então mais secundária na narrativa e que se mostrava paradoxalmente cuidadoso e hostil com relação a Dolorosa, comete o assassinato e se sacrifica pela jovem, pois era apaixonado por ela.

Os movimentos da intriga dessa novela folhetinesca são bastante convencionais, mas também são pontuados com breves explicações e menções sobre as atividades, os lugares, os tipos sociais presentes no Brasil, que fazem dela um caso *sui generis*. Esse folhetim parece unir, portanto, a inclinação do *Courrier du Brésil* por uma literatura capaz de entreter o leitor com conhecidas imagens e clichês e, por outro lado, seu interesse por questões brasileiras. Com um olhar mais atento à sua própria situação no seio de um órgão francófono no Brasil, o editor do *Courrier du Brésil* se dá por missão apontar e corrigir a série de imprecisões quanto à cultura brasileira presentes nessa narrativa:

> Publicamos o romance a seguir para aproveitar a ocasião de ressaltar alguns erros de cor local que escaparam à pena do Sr. Oscar Comettant. O objetivo que nos propomos a cumprir é ainda mais agradável considerando que a obra, à parte a inexatidão quanto aos costumes brasileiros, trará verdadeiro interesse ao leitor.[25]
>
> (*Courrier du Brésil*, 23.5.1858, p.6)

25 "Nous publions le roman qu'on va lire pour saisir l'occasion de relever quelques erreurs de couleur locale échappées à la plume de M. Oscar Comettant. Le but que nous nous proposons est d'autant plus agréable à poursuivre que l'œuvre elle-même, à part l'inexactitude des mœurs brésiliennes, offrira un véritable intérêt au lecteur".

No *Courrier*, a primeira parte desse romance traz uma série de notas de rodapé em que o editor corrige num tom às vezes irônico as inexatidões do romance com relação ao Brasil, seja acerca da localização do "Aljube" (prisão citada no texto, mas que seria impossível de ser observada do ponto de vista presente no romance), ou nos detalhes do que significava o "chicote" enquanto objeto e método de punição. Com isso o jornal opera uma interessante inversão da perspectiva exótica da imagem do Brasil, o que aponta para uma possibilidade de articulação entre a poética da circulação literária e da reprodução com a prática de uma produção mais direta e ativa por parte do jornal.

Porém, ao seguirmos a leitura da novela, o anunciado comentário dos dados culturais brasileiros se revela bastante limitado. São apenas quatro curtas notas no primeiro trecho publicado e mais nenhum comentário nos números seguintes. Esse projeto semicompleto reflete como, no *Courrier du Brésil*, a questão literária oscila constantemente ao longo da vida do jornal entre maior e menor proximidade com seu contexto. Mesmo no caso de *L'amour d'une esclave*, caso ímpar em que o *Courrier du Brésil* se propõe a articular a dupla natureza de sua própria identidade, o projeto ainda se revela como lacunar e vacilante. O caso do tratamento editorial desse romance, obra reproduzida de páginas de um periódico francês, mas que tem também um interessante eco no contexto brasileiro, concatena, portanto, os paradoxos da identidade literária do *Courrier du Brésil*, entre nacional e estrangeiro, original e cópia, política e entretenimento. Paradoxos esses que mostram que a literatura é aqui produzida e reproduzida enquanto objeto polimorfo, local e estrangeiro, atual e antigo. Essa pluralidade literária pode ter contribuído em certa medida para prolongar a vida do jornal e ampliar o seu alcance, mas parece finalmente também conter a expressão dos seus limites enquanto projeto midiático.

Bibliografia

ANJOS, Yuri Cerqueira dos. Uma leitura distante da literatura no *Courrier du Brésil*. In: III ENCONTRO TRANSFOPRESS BRASIL, Rio de Janeiro, Fundação Casa de Rui Barbosa, 2017. Disponível em: https://www.youtube.com/watch?v=hczdi-puYTo.

________. Literatura ambivalente: desafios conceituais no estudo da literatura em três jornais francófonos brasileiros (1857-1906). *História* (São Paulo), v.38, p.1-16, 2019.

________. Presse, littérature et politique pendant le premier romantisme: Critique littéraire et pensée libérale en France (1815-1830). *Caligrama* (UFMG), v.21, n.1, p.153-67, 2016.

CANELAS, Letícia Gregório. *Franceses "quarante-huitards" no Império dos Trópicos (1848-1862)*. 2007. Dissertação (Mestrado em História) – Instituto de Filosofia e Ciências Humanas, Universidade Estadual de Campinas, Campinas, 2007.

CHARLES-WURTZ, Ludmila. "Je ne suis pas en train de parler d'autres choses": l'allégorie politique dans l'œuvre poétique de Victor Hugo. *Romantisme*, v.152, n.2, p.75-86, 2011.

GIMENEZ, Priscila Renata. As *Variétés* e a literatura nos jornais franceses do Rio de Janeiro. In: GUIMARÃES, Valéria; LUCA, Tania Regina de. (org.). *Imprensa estrangeira publicada no Brasil*: primeiras incursões. São Paulo: Rafael Copetti, 2017. p.52-86.

GUIMARÃES, Valéria. Imprensa franco-brasileira e mediação: Rio de Janeiro e São Paulo, séculos XIX-XX. In: GUIMARÃES, Valéria; LUCA, Tania Regina de (org.). *Imprensa estrangeira publicada no Brasil*: primeiras incursões. São Paulo: Rafael Copetti, 2017. p.87-144.

KALIFA, Dominique; RÉGNIER, Philippe; THÉRENTY, Marie-Ève; VAILLANT, Alain (dir.). *La Civilisation du journal*: Histoire culturelle et littéraire de la presse Française au XIXe siècle. Paris: Nouveau Monde, 2011.

MAIA, Ludmila de Souza. *Viajantes de saias:* gênero, literatura e viagem em Adèle Toussaint-Samson e Nísia Floresta (Europa e Brasil, século XIX). Tese (Doutorado em História) – Instituto de Filosofia e Ciências Humanas, Universidade Estadual de Campinas, Campinas, 2016.

PINSON, Guillaume. *La Culture médiatique francophone en Europe et en Amérique du Nord*. Québec: PUL, 2016.

_______. "O sistema francófono da informação no século XIX: entre circulação e modelização". Aula. Franca, Universidade Estadual Paulista "Júlio de Mesquita Filho", 23 abr. 2019.

THÉRENTY, Marie-Ève; VAILLANT, Alain (ed.). *Presse et Plumes:* Journalisme et littérature au XIXe siècle. Paris: Nouveau Monde, 2004.

_______. *La Littérature au quotidien:* Poétiques journalistiques au XIXe siècle. Paris: Seuil, 2007.

_______. Pour une poétique historique du support. *Romantisme*, v.143, n.1, p.109-15, 2009.

VAILLANT, Alain. *L'Histoire littéraire*. 2.ed. Paris: Armand Colin, 2017.

Fonte

Courrier du Brésil, Rio de Janeiro, 1854-1862.

Gigi Damiani: um autor de folhetim ficcional anarquista

Vera Maria Chalmers

Gigi Damiani publicou o romance folhetim intitulado *L'ultimo sciopero* [A última greve] no jornal anarquista *La Battaglia*, São Paulo, do n.47, de 18 de julho de 1905, ao n.80, de 20 de maio de 1906. O jornalista, escritor e militante libertário é autor de outros folhetins de caráter não ficcional. O folhetim mencionado inscreve-se na tradição do romance folhetim publicado na imprensa universal de caráter social ou de entretenimento. Ao atualizar a narrativa dos grandes mitos culturais correntes na tradição oral cristã ou na narrativa escrita de cunho popular, tais como o mito do judeu errante, o folhetim propaga e transforma o mito original.

Não há uma data precisa para o surgimento do mito do judeu errante, que pode receber os nomes de Isaac Laquedan, Cartaphilus, Joseph, Ahasverus, em suas diferentes versões. Sua origem é mitológica e incerta, alguns autores a atribuem ao século IV, quando um bispo da Armênia ou da Pérsia, que teria participado do Concílio de Niceia, em 325, teria declarado ter conhecido uma testemunha do martírio de Jesus Cristo. A transmissão do mito oral atravessa a Europa, nas *complaintes* de feiras, mas é no século XIX que adquire versões escritas na literatura, tendo como antecedente a *Histoire admirable du juif errant*, de Charles Nisard, na literatura de *colportage* (Ferreira, 2000).

Assim temos a epopeia *Ahasverus*, de Edgar Quinet, de 1833; o romance-folhetim *O judeu errante*, de Eugène Sue, de 1844, e o romance inacabado *Isaac Laquedan*, de Alexandre Dumas pai, de 1853, no auge da circulação do folhetim na literatura francesa. O romance folhetim de Eugène Sue foi publicado no jornal parisiense *Le Constitutionnel*, de 28 de junho de 1844 a 26 de agosto de 1845, e posteriormente em livro de 1844 a 1845 pela editora Paulin, a qual publicou depois uma edição ilustrada.

O enredo do folhetim *L'ultimo sciopero* conduz o fio da narrativa para o centro do conflito entre militares e mineiros, na pessoa do soldado Apollo Fromentel, originário de uma vila operária ficcional, Pietra Rossa, que volta à casa como soldado do regimento destinado a vigiar a greve local. O soldado mata com um golpe na testa o oficial Tancredi, seu superior, e após a farsa do processo militar é condenado à morte por fuzilamento, na própria vila onde nasceu, e onde transcorre a greve dos mineiros. O episódio do fuzilamento envolve os personagens apresentados no desdobrar do relato, notadamente a mãe do soldado, Maria Fromentel, velha e esquelética, cuja representação assemelha-se à mulher de Maheu, no romance de Émile Zola, *Germinal*, também publicado inicialmente em forma de folhetim no jornal diário *Gil Blas* (Paris), entre novembro de 1884 e fevereiro de 1885. A primeira edição em italiano foi publicada em Roma, em 1886, pelo tipógrafo e editor popular Edoardo Perino,[1] tendo logo uma ampla difusão nos meios operários romanos politizados, onde Damiani se formou como militante (Palazzolo, 2012). Influências do icônico romance de Zola, sobretudo no enredo e na ambientação, são evidentes em *L'ultimo sciopero*, e o próprio Damiani, entre os tantos pseudônimos que escolheu quando escrevia na imprensa anarquista, usava também o de Souvarine, o libertário niilista de *Germinal*.[2]

O romance-folhetim de Gigi Damiani recria o mito do Judeu Errante na versão do ativista da ação direta, no fabricante de bombas e de folhetos distópicos. No círculo em torno da cena do fuzilamento, ele se opõe ao orador que faz uso da palavra em defesa de um mundo justo, onde haja o pão que faz falta aos mineiros. A narrativa do folhetim adquire tons proféticos com a introdução do mito do Judeu Errante, na caracterização do autor da ação direta. A personagem de ficção do Judeu Errante do folhetim prega a destruição e a negação de todos os valores cristãos na construção da sua distopia. Seu desdém pela palavra transformadora preconiza o caos libertador.

1 Emilio Zola. *Germinal. Romanzo sociale*. Trad. Luigi Mercatelli. Roma: Edoardo Perino, 1886.

2 Ver a trajetória biográfica de Damiani traçada por Biondi no capítulo "*La Battaglia*: o jornal, o grupo e as redes étnicas anarquistas (1904-1913)" apresentado neste livro.

A caracterização da personagem do folhetim é precedida pelas seguintes afirmações atribuídas à personificação literária do mito: "Atacava aos grandes e pequenos, negava deus, todas as verdades eternas, todos os dogmas, todas as doutrinas... Era o evangelho da destruição, predicada pelo Verbo anônimo, oriundo da multidão dos vencidos, dos famintos, dos angustiados, que fomentava sobre a miséria o espírito da revolta" (*L'ultimo sciopero*, parte II, cap. V, L'ebreo errante, *LB*, n.58, 3.12.1905, p.3).[3] Ao amaldiçoar a ação direta na personagem do judeu, o folhetim reforça o pavor que a figura do Ashverus provoca nos leitores do mito popular cristão. A figura do lançador de bombas e autor de panfletos aniquiladores imprime um tom negro à narrativa de *L'ultimo sciopero*. A personificação do anticristo que tinha suas raízes nas narrativas populares de conversão.

A narrativa de Gigi Damiani move-se dentro do campo simbólico do mito e da utopia do discurso do pensamento libertário. Ao estabelecer a analogia entre a errância e a solidão do anarquista individualista e a figura do Judeu Errante, a narrativa transcende o relato factual do fuzilamento do soldado Apollo Fromentel e alcança a dimensão do mito da tradição popular judaico-cristã, como já vimos anteriormente. O anarquista individualista é caracterizado explicitamente com traços do mito do Judeu Errante na parte II, capítulo V, intitulado "L'ebreo errante". Ele é apresentado pelo narrador onisciente como a personificação da destruição, ao opor-se aos valores burgueses e cristãos. Em seguida, é acolhido para passar a noite em casa de grevistas, um velho, o Babbo, e seu neto. O velho reconhece no errante solitário, que carrega uma sacola com seus pertences, entre os quais uma lanterna e objetos redondos reluzentes, a figura cercada de mistério do Judeu Errante, conforme o título do capítulo nomeia o viajante. Ao ir embora na manhã seguinte, o judeu presenteia o velho avô com a lanterna e a criança faminta com castanhas. A criança pergunta quem é esse homem, e o avô supersticioso responde evasivamente, proibindo a criança de mencioná-lo, sob pena de sofrerem repressão. Mas para a criança ele não é o mal, ao contrário, parece a Providência ao deixar as castanhas para aplacar sua fome. O judeu afasta-se e, a seguir, ouvem-se explosões que resultam em mortes e feridos. As autoridades perseguem o autor das explosões, enquanto um cheiro acre se espalha ao redor, um cheiro de enxofre. Todos se perguntam sobre as misteriosas explosões e o único que não se mostra surpreso é o soldado

---

3 "Attaccava i grandi ed i piccoli... negava dio, tutte le verità eterne, tutti i dogmi, tutte le dottrine... Era il vangelo della distruzione, predicato dal Verbo anonimo, uscito dalla folla dei vinti, degli affamati, degli angustiati che alitava sulla miseria lo spirito della rivolta".

Apollo Fromentel, que diz: "É o grisou... o sopro da morte nas cinzas do inferno. Meu pai lá ficou... e também meu avô... tantos... É o destino" (*L'ultimo sciopero*, parte II, cap. VII, *LB*, n.59, 10.12.1905, p.3).[4] O assim chamado "maledetto ebreo" é a figura da morte.

Outro bloco narrativo o qual se cruza com o tema do Judeu Errante é o bloco da narrativa da caserna, que admite as seguintes partes: a chegada do regimento em Pietra Rossa; o acampamento dos soldados; a prisão; o julgamento; o complô republicano; o fuzilamento; a deserção da tropa. O primeiro segmento diz respeito à caracterização do capitão Tancredi, oficial que comanda o regimento no qual Apollo Fromentel serve como soldado. O bloco narrativo começa na parte II, capítulos I e II (*L'ultimo sciopero*, *LB*, n.52, 16.9.1905, p.4; e n.53, 30.9.1905, p.4), quando Maria Fromentel recebe a notícia de que seu filho vem no regimento destacado para vigiar a greve de Pietra Rossa. No capítulo seguinte, conhecemos Apollo Fromental e seu aturdimento ao reconhecer seu povoado natal e sua culpa ao pensar na família e nas privações de seus conterrâneos, que devem estar passando fome com a longa greve. Tem um mau pressentimento ao se ver parte do destacamento armado que deve cercar o povoado. A caracterização de seu superior, o capitão Tancredi, dá-se na parte II, capítulo II, no qual discorre sobre a defesa da pátria contra o socialismo: "aquela seita maldita, que é preciso extirpar com ferro e fogo". O discurso é aplaudido por um público de colegas militares. E prossegue: "O socialismo é uma bestialidade, se triunfasse não haveria mais disciplina no exército, por falta de superiores".

Mais adiante acrescenta: "Mas na defesa da ordem pública ameaçada, pela pátria traída, estamos nós: o exército" "Viva o Rei! Viva a pátria" (*L'ultimo sciopero*, *LB*, n.53, 30.9.1905, p.4).[5] Assim era o homem que comandava a companhia que marchava para Pietra Rossa, na qual Apollo Fromentel servia ao rei e à pátria. O fragmento precede a configuração da brutalidade de Tancredi para com seus subordinados e para com o povoado de Pietra Rossa, nos capítulos III e IV (*LB*, n.54, 15.10.1905, p.4). Apollo Fromentel é atormentado pela recordação da mãe e pensa na fome que devia estar passando. Então, era a hora do rancho no acampamento dos soldados e a sopa era servida. Apollo pega a sua gamela e dirige-se à sua casa no povoado, quando é

---

4 "È il grisou... il soffio dela morte sulle ceneri dell'inferno. Mio padre ci rimase... così mio nonno... così tanti... È il destino."

5 "A quella setta maledetta che bisogna estirpare col ferro e col fuoco [...] il socialismo è uma bestialità: se trionfasse non vi sarebbe più disciplina nell'esercito poiché non vi sarebbero più capi... [....] Ma in difesa dell'ordine pubblico minacciato, pella patria tradita, stiamo noi: l'esercito".

interceptado por Tancredi, que o acusa de estar roubando a sopa do Estado. Apollo explica que levava a sopa para a mãe, Tancredi o ameaça com castigo da corveia e comunica aos oficiais que o acompanhavam que este devia ser um anarquista e que haveria outros no seio do exército. No capítulo IV, "La catástrofe", no acampamento os soldados estão comendo sua ração, quando as crianças, as mulheres se aproximam atraídas pelo cheiro da comida. O capitão Tancredi intervém para enxotar dali os famintos. Ao comentário de um soldado: "Eles têm tanta fome!", Tancredi retruca: pois que voltem ao trabalho. Ao que os grevistas respondem: "Nunca! Nunca!".

Em seguida há um corte brusco na lógica causal da linguagem discursiva da narrativa e é introduzido o tema do Judeu Errante. O salto na sequência é retomado depois no capítulo VIII, "Na vigília do processo" (*LB*, n.61, 24.12.1905, p.4; e n.62, 31.12.1905, p.4), quando nos inteiramos do crime de Apollo Fromentel e de sua prisão.

No capítulo mencionado anteriormente, sabemos que Apollo foi transferido para Isernica e lá na grande caserna puseram-no em uma cela úmida e baixa. Mas ele não tinha muito o que esperar de um julgamento militar. A hierarquia predomina no procedimento jurídico. Já na cela, um advogado perfumado vem visitá-lo para formular sua defesa. A peça partiria do pressuposto de que o réu é um idiota, delinquente por atavismo. O advogado pergunta a Apollo se haveria loucos na família ou um parente vítima de doença contagiosa. Apollo afirma que seus parentes morreram de miséria. Diante da declaração do detento, o advogado pergunta maliciosamente se ele não seria um anarquista. Aconselha Apollo a não mencionar sua resposta diante do juiz, pois há coisas que não podem ser proferidas em processo. Com a partida do advogado, ele põe-se a refletir sobre o próprio caso. Na sua rude simplicidade pensa que havia matado, feito justiça pelas próprias mãos. Não tinha defesa, mas quem é senhor de si ao ver a própria mãe ser ameaçada? Seu golpe certeiro fazia parte de seu aprendizado militar. Mas não havia golpeado um estrangeiro, e sim um seu superior. O único delito que reconhecia era a quebra de disciplina, resultado da educação militar. A sua situação o fazia refletir, a razão despertava muito tarde e poderia ter inibido a ação impulsiva.

Aprisionado, recebe a visita do soldado que faz a ronda noturna, o Mario Caresi, soldado suspeito de subversão, mas querido por todos por sua afabilidade, que lhe entrega um pacote da parte dos colegas, que pensam na sua situação. Quando volta na vigilância dos cárceres, procura animar Apollo e dar-lhe coragem ao dizer que os colegas em armas pensam nele. As palavras do soldado repercutem na moral de Apollo, ele se sente reconfortado por não estar mais só, há quem pense nele. Apollo retruca, que está tudo acabado para ele, ao que o outro responde: "Quem sabe?". Deixando um rastro de esperança. Apollo sente-se mais forte com a manifestação de solidariedade dos companheiros. Os camaradas lembravam-se dele... volta a esperança na vida.

Nos capítulos IX, "O processo", e X, "O processo continua" (*LB*, n.64, 14.1.1905, p.4; e n.65, 21.1.1906, p.3), o narrador comenta que um processo militar é um julgamento, por assim dizer, pois nele a disciplina militar faz com que predomine a hierarquia na corte. Um advogado de defesa pode vir a ser um subordinado da acusação e tal situação faz do processo um teatro. Um ato de insubordinação transforma o processo em comedia. Apollo Fromentel é réu de assassinato de seu superior. Inquirido diante do juiz, Apollo se cala confundido, nada tem a dizer em sua defesa, a não ser um murmúrio ininteligível, que faz rir as senhoras dos oficiais presentes em meio ao público.

A acusação, que não é nomeada, toma a palavra com grande eloquência. O coronel acusa Fromentel de monstro, porque havia atentado contra o exército, e parricida, porque, nas palavras dele, na grande família que é o exército um superior é um pai para o subordinado. A acusação vê nele a figura dos delinquentes, que desfraldam a bandeira do antipatriotismo, que desejam abater a caserna. Quem sabe se tal crime não foi proposital para suprimir um baluarte da Monarquia, do exército e da pátria? Condená-lo será um ato de defesa da Pátria e do Exército. A excusa de amor filial? Quem ousaria crer. A compaixão por Fromentel significa dizer que não há pátria nem exército, nem mais nada. A acusação pede a sentença de morte para Fromentel.

A defesa exprime sua debilidade ao reconhecer os dotes oratórios da acusação e sente-se insegura diante sua argumentação forte. O defensor admite que sua consciência o impede de fazer a defesa de tal réu. Primeiramente pensou em usar da teoria do atavismo para fazê-lo escapar à morte, mas os familiares do acusado eram todos normais. Reconhece a causa perdida, e pede que a justiça seja feita, que o réu seja condenado de acordo com a lei. E acrescenta que, a contragosto, pede a "graça soberana", última instância para o condenado à morte.

Apollo vai de surpresa em surpresa. Uma grande lucidez se apodera de seu espírito. Mas sente-se abandonado por todos. Até que vê em meio ao público a fila de soldados. Percebe que Mario Caresi o observa com intensidade, no seu olhar ele vê encorajamento e promessa. Há uma reviravolta, o réu toma a palavra para defender-se. Perguntado se tem alguma coisa a dizer, responde que tem muito a acrescentar. Instado a dizer, toma a palavra para dizer de sua infância até o momento do golpe em Tancredi. A frase é rude, o sotaque dialetal, mas o gesto é enérgico. Diz que é covardia dar-lhe um defensor semelhante; aquele tenente era seu inimigo. Lembra-se das humilhações sofridas em sua vida de soldado, da partida até a chegada no povoado e o golpe desferido no capitão. E enumera as ofensas que sofreu em nome do dever. Declara que, se o capitão não tivesse ameaçado sua mãe, não o teria matado. Era delito o que cometeu? Proclama ter feito bem... que era preciso esmagar o crânio dos superiores, pois estes eram nocivos.

O coronel não permite que continue a falar, ao ver a fila dos soldados e o efeito que tais palavras causavam entre eles, diante da ousadia daquele condenado à morte, para quem só restava a "graça soberana".

O processo ficcional é a inversão paródica de um processo verídico de um anarquista, como o de Ravachol, notório dinamitador francês.[6] O seu processo foi amplamente divulgado pela imprensa libertária e pela imprensa burguesa, à época de sua condenação à morte em 1892. A era dos atentados, por volta da década de 1890, assim chamada pelo historiador francês Jean Maitron, produziu vários processos com pena capital.

O próprio Gigi Damiani lembrava que seu primeiro encontro com a anarquia foi aos 16 anos, em 1892, quando acompanhou o processo Ravachol na grande imprensa italiana e sobretudo nos exemplares do diário *La Tribuna*, de Roma, afixados em mural, na rua: falavam da anarquia como mandante daqueles delitos, mas, malgrado as intenções dos comentaristas, para Damiani as matérias apresentavam a anarquia como uma ideia de justiça (Biondi, 1997, p.6-7).

O processo de Fromentel, no romance social, inverte os papéis do julgamento de um anarquista. Ao invés de reproduzir a autodefesa do réu como nos processos não ficcionais relatados pelos jornais, põe em evidência o discurso retórico da acusação. Graças ao recurso retórico da hipérbole, o coronel promotor amplia a culpa de homicídio do réu primário para delito premeditado antimilitarista e de inspiração anarquista. A acusação é facciosa, pois o soldado é inocente desses crimes. O promotor amplia a culpa do réu para crime contra a Pátria, contra a Monarquia, contra a família, contra

6 François Koenigstein Ravachol (1859-1892), após o aprisionamento de alguns anarquistas em Clichy, em março de 1892, colocou explosivos na casa do procurador local e numa caserna de Paris, sem ter provocado vítimas. Processado por esses atos, foi condenado aos trabalhos forçados; mas acusado de ser responsável de homicídios ocorridos no ano anterior, a condenação foi convertida para morte na guilhotina.

os valores cristãos. Afinal, acusa o soldado de parricídio ao atentar contra a vida de um seu superior hierárquico. E pede, por fim, a pena capital.

O tenente advogado de defesa do soldado Fromentel confessa sua subordinação hierárquica ao promotor e exprime sua incapacidade de defender tal réu. Ao colocar a hierarquia militar acima da justiça, o julgamento torna-se uma farsa, pois as instâncias jurídicas não são respeitadas, dada a hipocrisia que fundamenta os discursos dos membros da corte. Ao final, o réu rebela-se mediante a falsidade dos argumentos da acusação e da defesa. De modo semelhante aos processos verídicos de anarquistas convictos termina por acusar o promotor e a defesa de hipócritas, ao afirmar que os superiores são bestas nocivas e merecem a morte.

Assim como nos relatos de imprensa dos processos verídicos de proclamados anarquistas, a autodefesa de Fromentel lavra sua sentença de morte. O crime ditado por excesso de amor filial é transformado em crime hediondo, pela artimanha da corte para elevar a pena para pena capital. Apollo Fromentel, ao afrontar a hierarquia militar, imita parodicamente um anarquista de fato. O processo fraudulento exibe os rituais da corporação, não se atém aos fatos em questão: a ameaça do capitão Tancredi contra Maria Fromentel e a ação impulsiva do soldado atingindo mortalmente o oficial.

A imprensa burguesa noticia os processos de anarquistas e a imprensa libertária põe em destaque a autodefesa do réu, tal como no caso dos dois processos de Ravachol em 1892. O processo anarquista torna-se um gênero discursivo da imprensa libertária. Ao reproduzir a autodefesa do réu e seu grito final de viva à Anarquia, exprime uma declaração de princípios anarquistas e uma peça de propaganda pelo ato.

Desse modo, na paródia do romance social, Fromentel não procura se inocentar, mas sim defende com firmeza sua ação. O réu anarquista nos relatos de imprensa nunca se esquiva de sua culpa pelo atentado e sua confissão de fé anarquista ao encerrar o processo, pois esse é o momento crucial, o ponto de epifania do relato de jornal.

Assim Ravachol explica seus motivos para sua ação, fundamentada no social. A sociedade produz o criminoso comum e a ação direta. A biografia de Ravachol confirma essa hipótese. Autor de delitos comuns termina por eleger a ação direta como forma de luta. A sua argumentação em juízo é coerente e claramente organizada. A imprensa libertária coeva não estava a princípio plenamente convencida de sua convicção anarquista. Mas no início do processo, quando por suas atitudes no julgamento revela um professador da ação direta, a imprensa revê sua posição. O jornal anarquista publicado em Paris, *La Révolte*, n.18, de junho de 1892, preparou uma reviravolta no conceito dos libertários sobre Ravachol, ao escrever que ele não agiu em seu interesse pessoal, mas por convicção. O *La Révolte* n.32, de 7 a 14 de maio de 1892, expõe os motivos da ação de Ravachol contra a pena capital dos anarquistas de Clichy. O atentado visava a propriedade dos autores da sentença: M. Benoit e M. Bulot, que elevaram a pena capital. A *Gazette des Tribunaux* reproduz a audiência de 26 de abril de 1892, na qual os depoimentos das testemunhas são favoráveis ao descrever a personalidade de Ravachol. A representação de Octave Mirbeau no jornal *L'en Dehors*, do homem que faz o sacrifício da vida por uma causa, publicado no *La Révolte* n.32, de 7 a 14 de maio de 1892, muda o conceito de Ravachol no meio libertário. Ravachol torna-se famoso e popular: a canção popular "Ça Ira" adquire uma versão, "La Ravachole", publicada no *Almanach du Père Peinard* de 1894. Enfim, um romance sobre Ravachol é publicado nos jornais regionais de Saint-Étienne. O primeiro folhetim sem assinatura é editado no *Le Peuple de la Loire*, em 1903. Um segundo folhetim aparece no *L'Echo de la Loire*, em 1906 (Maitron, 1983, p.224).

A fama de Ravachol ultrapassa fronteiras e produz um imaginário sobre a propaganda pela ação direta, disseminado através dos jornais e pela tradição oral e pela literatura popular, já na virada do século. Não é de admirar que repercuta no folhetim de 1905 publicado pelo jornalista Gigi Damiani, ao representar parodicamente o processo de um pretendido anarquista na personagem do soldado Apollo Fromentel.

O segmento do complô começa com o capítulo "Sob as tendas" (*L'ultimo sciopero*, *LB*, n.68, 18.2.1906, p.4). No acampamento dos soldados, Mário Caresi e alguns companheiros não conseguem dormir à véspera do fuzilamento de Apollo Fromentel. O despacho com a notícia de que a "graça soberana" não tinha sido concedida chegara no capítulo anterior. Mario Caresi cogitava na desobediência à ordem de fogo, caso fosse escolhido para compor o pelotão de fuzilamento. Como ele é revolucionário por educação e temperamento, contenta-se com uma propaganda prudente, era a disciplina do partido o conceito de ação coletiva que prevalecia e inibia a ação direta: atirar para o alto ao apontar o fuzil.

No capítulo seguinte, o coronel Crauti recebe uma carta assinada simplesmente por Levi, ministro da Guerra da Monarquia. O capítulo abre com o fragmento do final da carta. O escrito diz que, "em nosso nome e no vosso, pela Pátria e pelo Exército temos certeza de que nenhum sacrifício será poupado. Queira o céu que dias melhores cheguem logo para a Beócia e para seus fiéis defensores. Tudo pela pátria!..." (*L'ultimo sciopero*, *LB*, n.73,

25.3.1906, p.3).[7] A missiva sigilosa e obscura é trazida por um emissário desconhecido, que pede segredo ao coronel e afasta-se para confabular, longe de testemunhas. Crauti, atordoado, não tem certeza de nada. O emissário fala em promoção, mas de quem? O coronel entende que a breve carta exige dele qualquer coisa de grave: mas o quê? Uma coisa o preocupa, a carta não menciona o rei e pedia tudo pela pátria. O que entendia o ministro por "dias melhores"? Lembra-se da frase: "Sabemos calcular a responsabilidade que paira sobre Vós nesse momento e o teremos em conta" (*L'ultimo sciopero, LB*, n.73, 25.3.1906, p.3).[8] O coronel Crauti já sonha com a promoção a general. O emissário pergunta se não será nessa manhã o fuzilamento de Fromentel. Ao que ele responde que sim.

O capítulo V da parte III, "Os conspiradores da ordem" (*LB*, n.74, 1.4.1906, p.3), descreve a cena da multidão que começa a se aglomerar no local da execução. Nesse local, reunia-se o povaréu, entre jornalistas, curiosos vindo de todas as partes da região, autoridades, jornalistas e os mineiros em greve, dispostos em círculo à procura do melhor lugar para ver o espetáculo, como no circo de cavalinhos. Os policiais a cavalo faziam a patrulha inspirados pelo medo, que é irmão da autoridade. O enviado do ministro retoma a palavra, à parte, com Crauti, em lugar afastado, chamando-o de general. O coronel o corrige, mas ele explica ter visto a promoção sobre a mesa do ministro, falta apenas a assinatura do rei. Pergunta qual o estado de ânimo dos soldados, se aceitaram com entusiasmo a condenação de Fromentel, se teme algum ato de insubordinação. Ao que Crauti não se sente tranquilo: pensando que o soldado de então não era como antes. Um autômato que *reflete* deixa de ser uma máquina que se manipula à vontade. Mas respondeu que no regimento só existia uma vontade, a dele. O emissário olha desconfiado e pensa que essa vontade não impediu um soldado de quebrar a cabeça de seu superior.

O emissário pergunta: e se um ou mais homens se recusar a fazer fogo? Ao que Crauti responde ser impossível. O emissário aconselha prudência, pois diz haver subversivos no regimento, há dias teriam circulado manifestos incendiários, e que sabe de dois oficiais inscritos no partido republicano. Lamenta em seguida a decadência da Monarquia. Ao que Crauti responde defender até a morte. O emissário retruca: de que valerá tal sacrifício?

7 "Ma come da noi stessi, da voi, per la Patria e per l'Esercito, abbiamo certezza che nessun sacrificio verrà risparmiato. Voglia il cielo che giorni migliori presto sorgano per la Beozia e per i suoi fedeli difensori. Tutto per la pátria!".

8 "Sappiamo calcolare la responsabilità che pesa su voi in questo momento e ne terremo conto".

A evolução é a evolução. O exército se empenha em defender a pátria e a ordem pública. Crauti debate-se na dúvida perante tal emissário, pergunta: e o que fazer? O outro responde que a cabeça de um rei já saciou a multidão: depois se proclamou a república, e a república pariu um imperador: um homem de espada que, ao valorizar o exército, concedia o bastão de Marechal e que havia reduzido o mundo a um campo de batalha. Por que não poderia acontecer o mesmo à Beócia? Crauti emocionou-se: seu sonho era aquele de uma pátria conquistadora, dominadora de outras pátrias.

O emissário desenvolve um plano maravilhoso. Não se espera senão uma primeira manifestação: todos os comandantes haviam aderido e tudo estava pronto. Bastava dar o sinal e foi escolhido aquele lugar e o caso de Fromentel como estopim para dar mais lustro ao pronunciamento militar. Mas Crauti duvida: e se não formos seguidos? O emissário responde que não se deve duvidar de certas coisas, não tem a carta do ministro?

No número seguinte, a narrativa dá continuidade à ação. O emissário busca no bolso um documento e o entrega a Crauti. Trata-se do documento da promoção, mas falta a assinatura do rei. Contudo, não será por muito tempo, pois dentro em pouco não haverá mais rei. "Depende de vós, se a Beócia não terá mais rei. Junto com a promoção está o rascunho de um plano de invasão do principado de Trebisonda. Proclamada a república, partirá comandando um corpo do exército." Saudou, inclinando-se, e retirou-se. Crauti tinha febre, mas pergunta: "Quem sois? Por que devo acreditar em tudo isso?". Ao que ele responde: "O ajudante de campo de sua majestade! Exclamou Crauti espantado! Mas o ajudante mostrou um sorriso cínico: – Sim, ainda por poucas horas... E saiu com o passo rápido" (*L'ultimo sciopero*, *LB*, n.75, 15.4.1906, p.4).[9]

Em seguida, no capítulo "A espera" (*LB*, n.75, 15.4.1906, p.4), o regimento marcha em colunas com os tambores à frente, dá uma volta ao campo, depois estaciona, e torna a marchar à direita até o largo espaço de terreno baldio, junto ao contraforte do monte Urici. O regimento na marcha e contramarcha faz uma verdadeira coreografia do rito do fuzilamento. As colinas próximas estavam repletas de espectadores, entre os quais os mais numerosos eram os mineiros, que tomaram conta da vala, taciturnos, com

9 "... ma dipende da voi che la Beozia di qui ad un'ora non abbia più re. Unita al brevetto è la traccia di un piano di invasione del principato di Trebisonda. Sistemata la repubblica partirete alla testa di un corpo d'armata. [....] – Ma chi è lei?... mi dica... chi è lei?... perchè debbo credere a tutto ciò? – L'aiutante di campo di S.M.! esclamò Crauti spaventato! Ma l'aiutante ebbe um cínico sorriso: – Sí, ancora per poche ore... E se ne andette a passo affrettato".

os olhos em fogo. Em uma surda ameaça, chamados ali por um sentimento vago de solidariedade pelo antigo companheiro, que deveria ser fuzilado.

Uma grande vigilância pesava sobre a multidão, mantida à distância pelos policiais, que perdiam a paciência pela sua obstinação em retomar o terreno, assim que a tropa se retirava. O que mantinha os policiais à distância era a ordem superior de evitar um conflito sangrento, eles murmuravam a respeito da debilidade do governo do rei. A bruma cobria o horizonte e o sol se escondia e tudo ficava cinzento, como se sobre a natureza pesasse a condenação do assassinato legal.

O tempo passava e os minutos tornavam-se séculos naquela grave expectativa, e mais profundo era o pesar na fronte dos mineiros. E agora a multidão estava a vinte metros da coluna de baionetas e obstinava-se a avançar, o que fazia recuar a cavalaria. Mas um silfo de trombeta anunciava a chegada de Fromentel, os punhos amarrados. Um grande movimento produz-se na multidão. Os policiais tentam ganhar o terreno, onde havia espaço vazio entre os soldados e o povo. À frente de uma fila de soldados vinha Fromentel, ao seu lado caminhava padre Andrea agitando um grande crucifixo. Atrás do condenado e da escolta vinha o coronel Crauti, e outros oficiais vinham a cavalo como se acompanhassem um funeral.

A multidão torna a se precipitar para a frente para ver melhor, em vão os policiais tentam detê-la, chega perto dos soldados, que podem sentir de perto o sopro poderoso e ameaçador dos peitos cheios de angústia e de ira. O prefeito vindo de Iserna sugere a Crauti uma ação enérgica para deter a multidão que se agita. Mas, para sua surpresa, Crauti nega o pedido. Apollo é conduzido para o meio do quadrado, atrás dele oito soldados formavam uma fila a *pied'arme*. Atrás dos soldados, junto a outros oficiais estava Crauti, palidíssimo, parecia que hesitava em dar a ordem fatal. O que esperava? Não ouvia o murmúrio da multidão, e os próprios soldados estavam indóceis na disciplina militar. Porém não era hora, pois o padre Andrea parecia dominar o espetáculo, levantando uma barreira contra o "pronunciamento".

Nesse momento, a criança aponta um homem na primeira fila de espectadores: não é o homem das castanhas? O avô quase solta um grito ao reconhecê-lo e fica aterrorizado.

No final desse capítulo, o bloco narrativo da caserna cruza já com o Judeu Errante. O Asverus da destruição é uma imagem forte, que tem fundamento na história coeva do movimento anarquista, na passagem do século XIX para o XX. Ravachol, muito jovem, foi leitor de *O Judeu Errante*, de Eugène Sue (Maitron, 1983, p.222). O capítulo "O Judeu Errante" (*L'ultimo sciopero*, parte II, cap. V, L'ebreo errante, *LB*, n.58, 3.12.1905, p.3) apresenta o Judeu Errante com os traços de anarquista partidário da ação direta.

O período de 1892 a 1894 foi uma verdadeira epidemia de atentados, segundo Jean Maitron, e consequentemente de processos jurídicos nos quais eram sentenciados os autores dos fatos. O processo mais relevante e notório foi o de Ravachol (1892). Charles Malato traça o perfil de Ravachol em "Some Anarchist Portraits", na *The Fortnightly Review*, n.cccxxxiii, nouvelle série, de 1º de setembro de 1894, páginas 315 a 333, como assinalado por Jean Maitron (1983). O articulista escreve que Ravachol é uma dessas figuras desconcertantes, que podem passar para o futuro como heróis ou como bandidos, de acordo com a época e o meio em que se movem. Da mesma forma, em *L'ultimo sciopero*, o mito do Judeu Errante suscita o terror tal como a figura do destruidor. Na continuação do capítulo VII da parte II (*L'ultimo sciopero*, *LB*, n.60, 17.12.1905, p.4), Damiani relata os efeitos da proclama do Judeu Errante, autor de panfletos incendiários espalhados por toda parte, assinados "Nihil". No panfleto vermelho ele justifica seus atos como ações individuais em defesa de todos aqueles que sofrem, mas sobretudo em seu próprio nome. À propaganda pela palavra, prefere aquela dos fatos. Diz que deseja a liberdade, a sua própria liberdade. Proclama-se solitário e por isso mais forte. Confessa a autoria desses escritos. Tal como Ravachol confessa seus atos em juízo, ou como os homens de Clichy, que, de acordo com *L'Agitateur* (Marselha, n.6, 3.4.1892), pela audácia fazem os heróis de Ponson du Terrail e de Montépin empalidecer. E prossegue, afirmando que Ravachol preso não é autêntico, é um personagem de ópera bufa.

Como já vimos, a figura de Ravachol é reabilitada posteriormente e aparece como um herói autêntico nessa imprensa, capaz de sacrificar sua vida por uma causa. De acordo com Charles Malato, ele é um homem simples, seus pensamentos são reproduzidos no jornal anarquista *L'Insurgé* (Lyon, n.6, 16.9.1893). Já a figura do Judeu Errante é bastante complexa e arcaica, infunde um medo ancestral em meio à população rural e até urbana, porque carrega consigo a destruição, mas visa à regeneração por meio violento. Ele é o ignoto no romance social de Gigi Damiani. O indecifrável, que não se deixa capturar pelos soldados do acampamento. A fusão do individualista niilista com o mito secular do Judeu Errante no romance folhetim exprime um imaginário que está presente no social, na mente dos contemporâneos da trama da narrativa de ficção. Trata-se de uma atualização do mito em sua vertente coeva, na representação do dinamitador.

A atualização do mito tem base nos fatos do movimento social na passagem do século XIX para o XX. A literatura de Gigi Damiani representa uma mentalidade corrente em sua época, não é uma criação imotivada, mas tem fundamento na representação da história do movimento anarquista naquele momento. Além disso, a formação militante de Damiani na Itália se construiu a partir dos primeiros anos da última década do século XIX através da experiência de uma vida errática entre Roma e algumas das localidades da Itália central e da Ligúria onde se concentravam grupos anarquistas.

A ação do Judeu Errante é suplantada pela propaganda, pela palavra do jovem orador. Este é relacionado com o Judeu Errante como um filho, que com ele se parece, mas que, no entanto, dele diverge pelo método de ação. O seu discurso provoca a reação dos mineiros e dos soldados, que em um movimento espontâneo formam uma marcha em direção à cidade, rumo à utopia da revolução. A reviravolta na condução dos fatos, da ação direta à propaganda pela palavra, exprime pela ficção a história do movimento libertário, depois da era dos atentados desenvolve-se a propaganda pela palavra oral e escrita.

A concepção da espontaneidade da revolta dos mineiros e dos soldados no romance social é o fundamento do conceito de Revolução espontânea do Comunismo Libertário, sustentado pelo jornalista e escritor Gigi Damiani. O epílogo da última greve, a dos soldados da caserna, imprime um tom profético à narrativa, como vemos no capítulo derradeiro de *L'ultimo sciopero* (parte III, capítulo VII, *LB*, n.80, 20.5.1906, p.4).

No capítulo, o coronel Crauti perde a cabeça, em meio à tensão da espera, um orador junto ao Judeu Errante toma a palavra: "Um rei imbecil". E o orador continua acusando tudo e todos, nada poupando: pátria, governo, religião, família, pregando uma sociedade mais justa, sem padres nem soldados. Era o cúmulo para Crauti, aquele orador não pertencia à conspiração. Devia ser um anarquista: um sem pátria, um antimilitarista. Toda sua esperança desaba, adeus galão de General, adeus Trebisonda e a glória. E, tomando as rédeas de seu cavalo, prepara-se para dar as ordens.

Mas era tarde. O sonho fascinante de uma humanidade feliz, a promessa daquele pão, que a gente já nem sabia mais o sabor, havia aceso o ânimo, havia dado o último impulso ao sentimento de revolta daquela gente oprimida no trabalho e pela miséria. Ao movimento feito pelo coronel, enquanto o orador terminava sua oração, nesse momento a multidão se lança para a frente, confundindo-se com os soldados. O exército cessa de ser o inimigo, ele se torna povo. O coronel enlouquecido tenta ainda uma extrema defesa, mas apenas alguns oficiais o circundam. Os homens e os policiais batiam em retirada, e os soldados que não se confraternizavam com o povo estavam atônitos. Nada podia-se esperar mais deles. Vem a debacle exatamente como haviam profetizado os sonhadores e os poetas de um século atrás.

A caracterização do jovem que se apresenta ao lado do judeu na cena do fuzilamento atribui traços de semelhanças e diferenças com o individualista, a fisionomia é semelhante, mas há no jovem doçura no olhar, o jovem não é rude como o velho, mas parece com ele, como um filho. A sua palavra é hesitante no começo, mas logo se torna firme ao dirigir-se aos militares e ao público dos grevistas. Mas o que opõe a propaganda pela ação direta à propaganda pela palavra é a concepção sobre os meios empregados para persuadir a massa sobre a Revolução e a Nova Sociedade. A motivação da ação direta no romance social é a descrença no potencial revolucionário do povo. O Judeu Errante personifica a destruição. Já o jovem orador acredita no poder da palavra com certa hesitação inicial e buscando o apoio do judeu para depois firmar-se em seu discurso. Para terminar sua fala com um gesto, que parece levantar o público do espetáculo do fuzilamento. Assim, dessa forma, a dinamite e a palavra se opõem e são ultrapassadas pela revolta espontânea dos mineiros e soldados, que formam a coluna em marcha para a cidade, com o estandarte de Maria Fromentel. Vão sem dirigente, pois Apollo era um mito, o orador, um sonho. Conforme as palavras do "raisonneur" anarquista, há momentos nos quais a consciência da massa torna-se um fato. Todas as vontades vibram numa só vontade, para alcançar o reino da liberdade. E este estava próximo, de acordo com o "raisonneur", pois havia eclodido a última greve, a greve dos escravos da caserna.

E assim termina o romance social de Gigi Damiani. A Greve Geral conduz a Revolução, conforme os princípios do comunismo libertário na obra literária de Gigi Damiani, jornalista e militante.

O folhetim opõe a propaganda pela ação direta ao uso da propaganda pela palavra e privilegia a noção da ação espontânea da massa na condução da Revolução. O mito do Judeu Errante está presente na mentalidade popular e dele se serve Gigi Damiani para caracterizar a propaganda pela ação direta para opô-la à propaganda pela palavra oral e escrita da qual participa como jornalista e escritor no *La Battaglia* na primeira década do século XX em São Paulo.

Bibliografia

BIONDI, Luigi. "Non bevete la birra Antarctica. Boa parte da longa e feliz vida do anarquista Luigi Damiani de Roma". Campinas: IFCH-Unicamp, 1997. Mimeo.

FERREIRA, Jerusa Pires. O Judeu Errante: a materialidade da lenda. *Revista Olhar*, ano 2, n.3, jun. 2000.

GINZBURG, Carlo. *Os andarilhos do bem*: feitiçarias e cultos agrários nos séculos XVI e XVII. Trad. Jonatas Batista Neto. São Paulo: Companhia das Letras, 2007.

HARDMAN, Francisco Foot; LEAL, Claudia Baeta; PRADO, Antonio Arnoni (org.) *Contos anarquistas*: temas e textos de prosa libertária no Brasil, 1890-1935. São Paulo: Martins Fontes, 2011.

MAITRON, Jean. *Le Mouvement anarchiste en France*, v.1: Des origins à 1914. Paris: François Maspero, 1983.

MEYER, Marlyse. *Folhetim*: uma história. São Paulo: Companhia das Letras, 1996.

PALAZZOLO, Maria Iolanda; MORI, Sara; BACCI, Giorgio. *Edoardo Perino*: Un editore popolare nella Roma umbertina. Roma: Franco Angeli, 2012.

Fontes

DAMIANI, Gigi. *L' Ultimo Sciopero, La Battaglia*, São Paulo, n.47, 18.7.1905 – n.80, 20.5.1906.

SUE, Eugène. *O Judeu Errante*. Edição Mello D'Azevedo. Lisboa: Escritório da Empresa Poyaes de São Bento, 129, 1880.

Jornais

L'Agitateur, Marselha, 1892.

La Battaglia, São Paulo, 1905-1906 *(LB)*.

La Révolte, Paris, 1892.

L'Insurgé, Lyon, 1893.

Parte II

Mediações políticas: redes transnacionais e conflitos

As redações na trincheira: a imprensa italiana no Brasil na Primeira Guerra Mundial

Angelo Trento

Nos meses subsequentes ao atentado de Sarajevo e à eclosão do primeiro conflito mundial, os numerosos periódicos em idioma italiano impressos na época no Brasil (com preponderância dos que eram editados no estado de São Paulo)[1] alinharam-se quase totalmente em favor da decisão do governo italiano de manter uma posição de neutralidade, apesar de ele estar vinculado ao Império Austro-húngaro e à Alemanha na Tríplice Aliança desde 1882.[2] Não faltaram, porém, exceções – entre as quais se destacou o

1 Revisão: Edilene Toledo.

2 O leitor vai encontrar na bibliografia os jornais citados neste artigo e onde eram publicados. Sobre o tema específico do capítulo, mas no que diz respeito exclusivamente ao diário mais importante, o *Fanfulla*, ver: (Trento, 2015). A historiografia sobre a imprensa em língua italiana no Brasil não é extensa. Encontramos alguns trabalhos sobre o movimento operário (Ferreira, 1978; Felici, 1994; Biondi, 1994-1995, 1998 e 2011; Trento, 2001 e 2003; Toledo, 2004; Biondi; Toledo, 2018), enquanto, no que diz respeito à grande imprensa, foram publicadas apenas contribuições sobre alguns jornais (Trento, 2018) e principalmente sobre o mais importante deles, o *Fanfulla* (Dore, 1964; Baily, 1978; Trento, 1988; e Consolmagno, 1993). Houve autores que dedicaram algumas páginas a periódicos que circularam nos estados sulinos (Araújo; Cardoso, 1987; Giron, 1994; Costa, 1999; e Pozenato; Giron, 2005) e outros que ofereceram um panorama

semanário paulistano *La Famiglia Latina* – que refletiam as ideias dos Círculos Intervencionistas, que surgiram rapidamente contestando o pangermanismo e pretendendo que a Itália declarasse imediatamente guerra contra as duas "nações criminosas", tocando na tecla sensível do irredentismo e da delicada e maciça presença em áreas territoriais pertencentes a Viena – em particular o Trentino e a Ístria – de uma maioria de habitantes de língua italiana.[3]

Posições similares vinham sendo defendidas em solo pátrio por um amplo agrupamento, que incluía partidos da esquerda moderada (republicanos, radicais, socialistas reformistas) e também formações de extrema esquerda, principalmente do sindicalismo revolucionário, mas também os movimentos nacionalistas e uma ala liberal que temia que o neutralismo comprometesse o prestígio da Itália. Na frente oposta, permaneciam coerentemente defensores da neutralidade, apesar de alguma – ainda que importante – defecção: a dos anarquistas, dos socialistas (que chegaram a expulsar Benito Mussolini, que era diretor do jornal do partido e que havia se convertido a posições intervencionistas), o Vaticano, vastos setores do mundo católico e a facção mais avançada da formação liberal. No Brasil, favoráveis e contrários à declaração de guerra, não respondiam a lógicas de grupos estruturados, a não ser no caso dos anarquistas e socialistas. Nem todos os que clamavam para que a mãe-pátria participasse do conflito desejavam que o fizesse ao lado dos adversários de Viena e de Berlim, pois – argumentavam – naquela coalizão encontravam-se presenças embaraçosas como a da obscurantista Rússia, e não se levava em conta que não era possível demonstrar simpatias para uma França que obstaculizava a Itália desde a época de sua unificação e que a questão das "terras irredentas" – Trento e Trieste – podia ser resolvida de forma amigável com Viena ao longo do tempo.

A grande maioria, se não a quase totalidade, dos jornais em língua italiana existentes no Brasil se posicionaram, de qualquer forma, a favor da neutralidade, lembrando que o tratado da Tríplice Aliança era de natureza exclusivamente defensiva, não sendo, portanto, aplicável no caso em questão, pois fora a Áustria a iniciar a guerra. Para a consolidação de tais ideias, contribuía também a convicção de que a Itália poderia obter, por via

completo da imprensa em italiano em todo o território nacional (Trento, 1990 e 2013) ou ensaios em coletâneas (Luca; Guimarães, 2017). Pode ser útil para o leitor consultar livros que estudam o fenômeno em nações próximas, como a Argentina e o Uruguai (Bertagna, 2009; Sergi, 2012 e 2014) e ainda mais os que analisam a imprensa em língua italiana no mundo (Deschamps, 2002; e Prencipe, 2009).

3 Irmãos que "devem voltar à iludida Mãe, em direção à qual os filhos distantes estendem as suplicantes mãos" (Marius, "Italia", *La Famiglia Latina*, 17.10.1914).

diplomática, os mesmos resultados (ou grande parte deles) que lhe garantiria a participação na guerra, como pareciam indicar as declarações de Viena, evitando, de tal forma, os graves sacrifícios econômicos e de vidas humanas que o conflito teria imposto. Nessa linha de pensamento, a intervenção poderia ser justificada somente pela perspectiva de obter vantagens territoriais maiores do que as que teria sido possível conseguir mantendo-se neutrais ou quando o governo se convencesse que as promessas austríacas eram pouco confiáveis, acompanhadas, como eram, de declarações ameaçadoras, pronunciadas para convencer a Itália de que, sem posicionar-se a seu lado, não obteria nada. Nesse raciocínio, a melhor linha era, portanto, a da "vigilante neutralidade armada".[4]

A quase unanimidade de posições começou a ser abalada a partir dos primeiros meses de 1915, como reflexo do que estava acontecendo na Itália, onde os intervencionistas a favor da França e da Grã-Bretanha haviam conseguido obter o domínio das ruas e arrastar classes médias, estudantes, funcionários públicos e profissionais liberais a seu lado, contra a prudência do governo.

No Brasil, os jornais que anteriormente defendiam a neutralidade começaram a se posicionar, considerando as diferentes condições do quadro geral, a favor da participação no conflito, a ridicularizar as promessas de concessões feitas por Viena e a denunciar as violências austríacas contra as populações de idioma italiano nas "terras irredentas" e contra a política de aniquilação da italianidade. Esse posicionamento recebeu novo impulso pela assinatura – secreta –, no dia 26 de abril de 1915, do Pacto de Londres, com França, Grã-Bretanha e Rússia, que assegurava para a Itália, uma vez encerradas as hostilidades, a posse do Trentino, do Tirol do sul, da Veneza-Júlia, da Ístria (excluindo Fiume) e de parte da Dalmácia. Já fazia tempo, de qualquer forma, que a imprensa em língua italiana no Brasil atacava com violência o primeiro-ministro por suas hesitações, incitando-o a agir. Como é sabido, a estipulação do Pacto de Londres e os "resplandecentes dias de maio", com os quais a mobilização de massa explodiu na Itália, empurraram o governo em direção à declaração de guerra, que foi concretizada no dia 23 daquele mesmo mês, iniciando-se as operações militares no dia seguinte. Alguns periódicos obstinaram-se em ataques contra anarquistas e socialistas e contra jornais dessa tendência quer na península quer além do oceano, descrevendo-os como uma "restrita roda de delinquentes", vendidos aos alemães, enquanto as mesmas folhas exaltavam as posições de união nacional

4 Corrado Limongi, "Né il piatto di lenticchie né la pelle dell'orso", *Il Corriere Italiano*, 20.10.1914.

assumidas pelos socialistas franceses, escolha, esta última, nessa perspectiva, de latinidade e de civilização.

Desde o final de maio, a imprensa definiu vários objetivos em relação à colônia, mas também no que se referia à opinião pública brasileira e, desses objetivos, os mais importantes foram cinco: descrever os eventos bélicos de forma favorável à Itália, suscitar um sentimento de simpatia e de solidariedade pelas razões que a haviam induzido a intervir, impulsionar nos patrícios o dever moral de sustentar material e financeiramente os combatentes, pressionar os que tinham a obrigação de partir para o teatro bélico e alimentar a propaganda em favor do consumo de produtos italianos. A operação inicial foi a de convencer que a Itália decidira entrar na guerra não por cálculos territoriais mesquinhos, mas para afirmar sua dignidade, para não se sujeitar à vassalagem dos impérios centrais e para se projetar como uma grande nação. O conflito mundial reforçou enormemente, justamente por causa do prestígio, aquele processo de sedimentação de um sentimento de pertença comum, de se perceber como italianos, que os imigrados não haviam certamente demonstrado nas décadas anteriores.

O primeiro resultado da guerra deve ser procurado no estímulo que ela deu para o nascimento de novas folhas: 54 entre 1915 e 1918, das quais 34 no estado de São Paulo e 29 na sua capital. Em 25 dos casos, tratava-se de periódicos exclusivamente de informação. A esses 54 devemos acrescentar os 23 que já circulavam antes de 1915. A imprensa era perfeitamente consciente de que a opinião pública local nutria simpatia pela causa dos Aliados e a alimentará ainda mais depois que, ao lado da França e da Inglaterra, irá se colocar Portugal, com o qual o Brasil estava ligado por antigos vínculos. Disso aproveitaram-se os jornais italianos, recorrendo com frequência ao conceito de latinidade para descrever as forças contrapostas e cimentar uma solidariedade étnica com a sociedade acolhedora. Todos eles, como era de se esperar, apoiavam qualquer iniciativa que alimentasse o clima antiteutônico e, de forma especial, que sustentasse a Liga pelos Aliados. Para reforçar essa operação, os periódicos esforçaram-se para ilustrar os perigos que a linha da neutralidade proporcionava para o Brasil e para toda a América Latina, já que os mercados do subcontinente eram representados não pela Europa inteira, mas só por alguns de seus países, incluindo a Itália. Nesse terreno, tratavam de delinear possíveis cenários econômicos depois do fim do conflito, repreendendo a Itália por não saber preparar, apesar das solicitações da Câmara Italiana de Comércio de São Paulo, um caminho de melhores e mais profundas relações comerciais, usufruindo da conspícua quantidade de imigrados e da condição comum de neutralidade mantida por cerca de um ano.

O alvo principal foi, naturalmente, representado pelos numerosos alemães residentes no Sul do Brasil, que haviam se mantido alheios a qualquer influência da sociedade brasileira, não aprendendo sequer o idioma e os costumes do país. Depois do ingresso da Itália na guerra, os jornais étnicos insinuaram que, entre os milhares de agricultores teutônicos instalados no Rio Grande do Sul, se escondesse grande quantidade de espiões, que estavam preparando uma revolução e aplicavam tais esquemas a horizontes mais amplos, envolvendo toda a América meridional.[5] Desde 1915 até os primeiros meses de 1917, em consequência do torpedeamento alemão de navios brasileiros, sugeriram deter nos portos do Brasil os vapores que ali se encontravam, inclusive como medida de represália pelo confisco de seu café armazenado em Hamburgo.[6]

Seguindo o exemplo da *black list* britânica, que convidava os cidadãos ingleses a não consumir produtos e serviços de empresas industriais e de companhias comerciais de países inimigos, a imprensa italiana veio se debruçar em chamamentos como este, que apareciam com frequência nas suas páginas: "Escolheis sempre nas vossas compras produtos da indústria italiana e, se houver falta deles, os das nações aliadas e amigas". A boicotagem não impedia, porém, que alguns jornais hospedassem anúncios da cerveja Antártica, de propriedade de alemães, mesmo sendo os que mais promoviam a cerveja Triestina, surgida no Rio justamente para se contrapor à Antártica.

Nesse contexto, muitos periódicos formularam a proposta (às vezes realizada) de compilar listas negras de italianos que não respeitavam a boicotagem, tirando dessa atitude vantagens econômicas, mas não faltaram folhas enfeudadas de forma indissolúvel a uma ou outra personagem acusada dessa prática. Tal foi o caso da carioca *La Nuova Italia*, que se lançou como um furacão contra os jornais italianos que acusavam Giuseppe Martinelli (delegado da Cruz Vermelha italiana e proprietário da companhia marítima Lloyd Nacional) acusando-os de terem emitido juízos apressados e difamado um homem honesto.[7] De fato, as resistências à boicotagem não deviam ser esporádicas e o próprio boletim mensal da Câmara Italiana de Comércio registrava sua frequência.[8]

---

5 "Le aspirazioni della Germania in Sud-America", *Stella d'Italia*, 14.10.1914.

6 "Il siluramento del 'Rio Branco'", na coluna "Cronaca cittadina", *Il Corriere Italiano*, 5.5.1916; e "Il Brasile e la requisizione delle navi tedesche", *Fanfulla*, 14.3.1916.

7 "Gli affari della lista nera", *La Nuova Italia*, 9.5.1917.

8 *Bollettino Ufficiale della Camera Italiana di Commercio ed Arti di S. Paolo (Brasile)*, jan. 1917.

A entrada da Itália na guerra teve o efeito imediato de modificar as prioridades temáticas e a própria estrutura dos jornais em idioma italiano e representou uma ocasião para criar um clima de união na colônia em nome da italianidade. A descrição e a interpretação do embate armado e de como o povo reagia tornaram-se imediatamente prioritários. Até mesmo a distribuição dos artigos entre as primeiras e as últimas páginas mudou e as notícias internacionais não relativas ao conflito praticamente desapareceram, com a parcial, mas limitada, exceção dos Estados Unidos, após sua declaração de guerra. No que diz respeito ao continente, a própria intrincada revolução mexicana obteve pouca ressonância e foi eventualmente a vizinha Argentina a receber alguma atenção, como já acontecia anteriormente.

Apesar de não desaparecerem os artigos sobre o Brasil e de alguns periódicos continuarem a manter uma seção brasileira (e *Civiltà Latina*, inclusive uma francesa e uma espanhola) ou a hospedarem matérias em português (que, com frequência, porém, falavam da Itália na guerra) ou a ilustrarem assuntos econômicos ou a divulgarem mensagens do presidente da República e dos chefes do executivo de cada Estado, a justificativa do diminuto interesse demonstrado pela sociedade acolhedora foi aquela manifestada – ainda em 1914 – por um semanário, quando afirmava que a situação mundial não ter-lhe-ia permitido deixar mais do que pouco espaço para as temáticas políticas, econômicas e sociais do Brasil, mas prometia que, "terminada a guerra, dedicaria toda sua energia em favor da pátria comum brasileira".[9] Isso não significou, porém, total falta de interesse, principalmente em relação a dois pontos: a vida política local e a narração do que acontecia na cidade onde o jornal era publicado.

No que diz respeito à primeira temática, foram frequentes os artigos sobre o sorteio militar, instituído justamente naquele período, e sobre as eleições, particularmente as municipais e as estaduais, além dos convites, às vezes assíduos, aos patrícios para que votassem em um ou outro candidato, geralmente os que demonstravam serem amigos da Itália e de seus cidadãos além do oceano. E não faltavam reprovações e censuras quando eles contribuíam para assegurar a vitória a inimigos da italianidade, muito mais se de origem alemã, e por conseguinte atacavam esse "rebanho manso e maleável, às ordens dos intendentes".[10] Totalmente lógico, nesse quadro, era o apoio a posições, mesmo que formuladas por delicadeza por políticos brasileiros, que insistiam sobre a possibilidade de que estrangeiros residentes fossem

9 *La Famiglia Latina*, 17.10.1914.

10 "Dopo le elezioni", *L'Italia*, 6.3.1917.

eleitos conselheiros municipais, considerando que pagavam os impostos e que representavam a maioria dos empresários industriais e dos comerciantes (atividades até então descuidadas pelas administrações locais) e isso dava a eles um direito de intervenção em assuntos que lhes interessavam.[11]

Outra matéria brasileira que continuou existindo foi o noticiário do que acontecia na cidade e, parcialmente, no interior do estado, mesmo que, como já acontecia anteriormente, em muitos periódicos essa temática fosse submersa pelas matérias sobre a coletividade italiana residente nas mesmas áreas. Diferente foi o quadro nas áreas coloniais do Sul do Brasil, onde muito espaço veio sendo reservado também à vida, ao trabalho, à Igreja, aos impostos, ao sistema viário e aos produtos mais difundidos, principalmente o vinho, através de colunas de conselhos úteis para a agricultura. Nessas localidades, a imprensa continuou sua obra de divulgação da contribuição dos imigrados ao país de adoção e da falta de reconhecimento dessa contribuição pelos nativos, como se a tarefa dos jornais – mesmo concentrados no conflito mundial – não devesse se afastar dessas reivindicações.[12] À pouca consideração reservada aos italianos, "rebanho de desbravadores de terras", tais folhas contrapunham, logo no momento no qual os dois povos eram inimigos, o peso conseguido pelos alemães, que, ao contrário dos peninsulares, representavam um grupo compacto.[13]

Ao conflito europeu foi dedicada grande parte da atenção através de uma boa quantidade de reportagens, um consistente fluxo de notícias telegráficas e não raros editoriais, frutos da pena dos diretores, aos quais devem ser acrescentadas as correspondências de um ou outro redator que foi combater como voluntário ou porque tinha a obrigação de apresentar-se fazendo parte das classes de idade chamadas para prestar serviço militar. Numerosas (mas não presentes em todos os periódicos) foram as colunas fixas dedicadas ao conflito, entre as quais a mais repetida em folhas diferentes foi "A nossa guerra". Os inimigos eram sempre descritos com tintas sombrias, com claras conotações de barbárie e de crueldade; a esse quadro contrapunha-se o suposto tratamento humanitário oferecido pelos italianos aos soldados austríacos capturados, embora não faltassem jornalistas que afirmavam, desumanamente, que haveria de passar a "bons fuzilamentos para nos livrar de tanta canalha".[14]

---

11 Evaristo de Moraes, "Os estrangeiros no Conselho Municipal", *Il Giornale d'Italia*, 11.12.1916.

12 Ver, por exemplo, o editorial do primeiro número de uma nova publicação: "Cominciando...", *La Nuova Urussanga*, 30.9.1917.

13 "Valorizziamo la colonia. Perché non siamo considerati", *L'Italia*, 14.3.1917.

14 "Fucilateli!...", *L'Italiano*, 21.1.1917.

Grande destaque obtinham os sucessos militares italianos – com tons triunfalistas por ocasião da conquista de Gorizia em agosto de 1916 – acompanhados por convites a expor a bandeira tricolor e, nos dias seguintes, por descrições minuciosas de manifestações patrióticas entusiastas. Como reverso da medalha, as derrotas, a partir da *Strafexpedition* que atacou o Vêneto, saindo do Trentino em meados de 1916, eram atribuídas ao azar ou a outros fatores que dificilmente poderiam se repetir. De qualquer forma, muitos jornais evitavam, nesses casos, aprofundar e minimizavam ou até mesmo negavam as derrotas. O próprio desbaratamento de Caporetto no final de 1917 – que se resolveu num avanço em profundidade dos austríacos no Friuli e no Vêneto, com abandono precipitado das posições italianas, com a retirada até o rio Piave e com a fuga em massa da região de refugiados civis – foi enfrentado pela imprensa como uma derrota normal, da qual os soldados da Itália iriam se recuperar rapidamente. Não foram poucos os que justificaram a debacle pelo maior poder de fogo do inimigo, pelo seu mais elevado número de soldados e principalmente pela traição dos iludidos, isto é, do movimento operário italiano, particularmente dos socialistas, por causa de sua oposição à guerra, que alimentara, nessas análises, uma difusa covardia, representando um convite à deserção, embora a palavra de ordem do partido em relação ao conflito tivesse sido "Nem aderir nem sabotar". Com essa visão, os seguidores de Marx e os anarquistas, etiquetados ambos como "bando criminoso",[15] eram, às vezes, atacados como cúmplices da Alemanha e da Áustria e havia quem chegasse a afirmar que "se as cadeias não bastam, a Itália deve ter balas suficientes para se livrar também desses perigos".[16]

Entre as tantas razões do desbaratamento, poucos, pelo menos naqueles dias, indicaram as responsabilidades do comandante-chefe do exército, o general Luigi Cadorna, certificadas mais tarde por uma comissão de inquérito de cujo resultado quase não existe rastro nos periódicos, talvez para não aviltar os compatriotas. O nome do alto oficial, tanto exaltado nos primeiros dois anos de operações bélicas, apareceu raras vezes nas páginas da imprensa italiana no Brasil depois da derrota e ainda menos se falou de suas culpas. A própria conclusão do inquérito não provocou autocríticas por parte dos jornalistas que anteriormente o haviam tão unanimemente badalado, abrindo subscrições em São Paulo para comprar e dar-lhe de presente a casa onde vivera o pai ou inaugurando círculos recreativos que lhe foram intitulados.

---

15 "Populismo e tradimento", *La Patria degli Italiani*, 27.1.1918.

16 "Il freno ai socialisti", *L'Italiano*, 18.11.1917.

As derrotas, de qualquer forma, não prejudicaram o orgulho e o patriotismo da imprensa, que, pelo contrário, se esforçou em engrandecer o soldado italiano o qual, em artigos escritos em português e, portanto, destinados a orientar a população brasileira, vinha conquistando "a admiração do mundo" e nada podia interromper sua marcha[17] e tudo isso acontecia um mês antes da debacle de Caporetto. É evidente, porém, que para poder se elevar novamente precisava-se de uma reviravolta na situação, e isso aconteceu com a ofensiva de 1918, que permitiu à Itália a reconquista de muitas posições e que foi apresentada aos compatriotas e aos brasileiros como uma desforra até mais ampla que a sofrida no ano anterior.

Desde o início das hostilidades, muitos jornais – e não somente os que eram mais difundidos – começaram a publicar cartas que os soldados rasos, reservistas e voluntários escreviam aos periódicos que costumavam ler no Brasil ou que os familiares entregavam a estas folhas depois de tê-las recebido. E, às vezes, não se tratava de filhos, maridos ou irmãos, mas de soldados com um grau de parentesco menos estreito ou, então, se bem que mais raramente, de parentes que nunca haviam colocado os pés no país do café, mas que escreviam a primos, a tios e afins que ali residiam. Encontravam-se por isso colunas fixas que se intitulavam "Cartas de nossos soldados", "Os nossos amigos na frente de batalha", "Entre os combatentes", "Os nossos valorosos", e outras em geral, mas nem sempre, adornadas com fotografias. Tratou-se de um fenômeno difuso que envolveu inclusive publicações de cidades pequenas como Itapira e Bento Gonçalves. A praxe resultou alargada ao ponto tal que tirava qualquer credibilidade às dúvidas expressas por um semanário anarquista sobre sua autenticidade (aquelas composições assemelham-se muitas vezes).[18] De qualquer forma, essas cartas eram realmente estereotipadas e deixavam sempre transparecer como clima imperante nos campos de batalha o da confiança na vitória, do heroísmo dos soldados, da coragem da população civil, do moral das tropas infalivelmente alto, de um palpável entusiasmo. O rei, quando mencionado, era sempre amadíssimo e os filhos de italianos demonstravam ser "heróis por abnegação e por coragem, por sentimento patriótico e por extraordinário sangue-frio".[19]

---

17 "A cammino di Trieste", *La Nuova Urussanga*, 30.9.1917.

18 "Piccole note", *Guerra Sociale*, 29.4.1916.

19 "Lettere dal fronte", *Il Corriere Italiano*, 21.7.1916. Sobre os descendentes de italianos que combateram na Itália, ver a ótima história romanceada de um deles, escrita por um dos maiores estudiosos da emigração italiana nas Américas, Franzina, em 2016.

Essas impressões todas vinham sendo confirmadas pelas numerosas entrevistas a combatentes que, de volta ao Brasil porque reformados ou por terem sido feridos, transmitiam ao leitor a mesma confiança no nível de preparação militar da "mãe-pátria" e o mesmo entusiasmo. Com o perigo, em alguns casos, de serem desmentidos logo depois – obrigando o jornal a uma precipitada e embaraçosa retratação – por pessoas que os conheciam e que sabiam que os declarantes nunca tinham experimentado o batismo de fogo, mas, apresentando-se ao consulado com documentos falsos, haviam recebido a passagem gratuita, feito um passeio pela Itália e, com calma, tirado do bolso sua verdadeira folha de isenção do serviço.[20]

A partir do final de maio de 1915, os jornais étnicos passaram a ser os maiores dispensadores de informações relativas a quem tinha a obrigação de partir, dirimindo as dúvidas daqueles que não conheciam as normas emanadas pelo governo de Roma, ilustrando o que deveria fazer o indivíduo que tivesse sido reformado, além de outras instruções. Embora fossem suficientemente claras as disposições[21] e os consulados divulgassem listas nominativas dos que deveriam embarcar, alguns periódicos instituíram colunas específicas para responder, caso por caso, sobre quem tinha a obrigação de voltar para a Itália. Mas além dessa função, a imprensa representou o principal instrumento de propaganda e de mobilização, procurando, ao mesmo tempo, transmitir a imagem – falsa – de uma coletividade unida, concorde, granítica. Ela submergiu seus leitores com uma enorme quantidade de informações sobre as inúmeras iniciativas patrióticas que estavam sendo realizadas. Entre elas figurava também o compromisso de algumas empresas industriais e algumas instituições financeiras, todas de propriedade italiana, de continuar dispensando um quarto da retribuição para os empregados empenhados nos campos de batalha, se solteiros, metade se com famílias, e a reintegração na companhia uma vez retornados.

A função de liderança foi naturalmente exercida muito mais pelos jornais de maior difusão do que pelas folhas mais pobres e/ou mais periféricas.[22] Desde aquele momento, registrou-se toda uma sequência de apelos,

20 "I finti eroi di guerra. Il caso di Natale Possanzini", *Fanfulla*, 12.8.1915.

21 Os nascidos entre 1876 e 1895, com algumas isenções, deveriam se apresentar na sede consular mais próxima, se sujeitar à visita médica e, se declarados hábeis, retirar a passagem gratuita para a Itália.

22 Esta era, aliás, uma praxe que vinha do passado, como evidenciava um jornal anarquista falando, em 1914, do *Fanfulla* como jornal que ditava a orientação dos outros periódicos étnicos: "A hegemonia fanfulliana consolida-se dando sugestões para todos os orgãozinhos semanais" (nota sem título, *La Propaganda Libertaria*, 3.10.1914).

com o ponto de exclamação de rigor, anônimos, de personagens de vulto da coletividade, de diretores e redatores, todos eles voltados a combater apatia e interesses particulares e a convencer quem devia partir a não largar mão dessa obrigação. Um forte empurrão ao patriotismo foi dado também pela maçonaria, à qual parte da imprensa não católica estava ligada. Exemplar, nesse sentido, foi a conduta de nove lojas maçônicas italianas de São Paulo, que já em setembro de 1915 fundaram o Comitê Maçônico *Pro Patria*, o qual, quatro meses mais tarde, fomentou a cisão do Grande Oriente Paulista por causa da nomeação ao seu vértice de um venerável alemão e procedeu à criação de um Grande Oriente autônomo.

Para persuadir a partir, a imprensa publicou com frequência contos edificantes ou poesias patrióticas de autores conhecidos ou fruto da pena de intelectuais imigrados. Até mesmo folhas humorísticas como *Il Pasquino Coloniale* e o *Guerin Meschino Coloniale* apresentaram em suas páginas grandes quantidades de vinhetas de incitação. Ainda maior peso era dado a notícias e reportagens que evidenciavam como, mesmo não tendo esta obrigação, entre os que partiam, figuravam não somente reservistas, mas também voluntários, não raramente nascidos no Brasil, o que demonstrava quanto tinha sido interiorizado o sentimento de italianidade ou talvez o quanto resultasse eficaz a propaganda da imprensa nacionalista.

Estímulo menor, mas não residual, oferecia a exaltação dos atos de valor e das condecorações conquistadas, situações que podiam envolver um amigo ou simplesmente um conhecido ou um vizinho. Grande efeito persuasivo é provável que tivessem os raríssimos, porém significativos, casos de jovens de outras nacionalidades que, utilizando documentos de algum italiano, embarcavam, participavam dos combates, sofriam eventualmente ferimentos e, por fim, eram descobertos e punidos com a detenção. Tal foi o caso do português José Frias dos Reis e do brasileiro Aracy Aragão.[23]

23 Para o caso do primeiro, ver "Un valoroso portoghese che ha voluto andare a combattere in Italia", *Fanfulla*, 17.10.1916; e "Un valoroso portoghese nelle file italiane", *La Patria Italo-Brasiliana*, 23.1.1916; para o segundo, ver "Brasileiro em guerra – Atos de heroísmo", *Città di Caxias*, 1.9.1918 (a grafia das palavras portuguesas nos títulos e nos textos dos artigos é a atual). Para ambos os jovens, a coletividade, comovida, mobilizou-se implorando a clemência do rei italiano e a restituição deles aos afetos familiares. Destino diferente tocou a outro brasileiro, soldado da Brigada Militar, que, gabando ser filho de italianos, partiu voluntário, foi ferido, mas, quando as autoridades descobriram o engano, o enviaram de volta para Porto Alegre, de onde provinha e onde foi detento por deserção, induzindo a colônia italiana a interceder para que lhe fosse concedido o indulto ("Il caso pietoso di un brasiliano vittima della sua simpatia per l'Italia", *L'Italia*, 16.2.1917).

Foi, porém, e naturalmente, o sugestivo e envolvente impacto coreográfico das cerimônias das saídas dos combatentes que agiu com maior eficácia propagandística. Esse "rito nacional-patriótico de massa" (Franzina, 2000, p.65), esse cortejo de parentes, amigos e estranhos até as estações ferroviárias nas cidades que não debruçavam sobre o mar e até os portos de embarque nas localidades costeiras, essas multidões aclamadoras de milhares de pessoas, essas fanfarras, esses comícios, esses gritos de "Viva a Itália" e de "Viva o rei", eram grandemente amplificados nos artigos, devidamente ilustrados por fotografias. Claro está que tais reportagens impressionavam mesmo que partisse só um indivíduo, como na pequena colônia de Bagé em Santa Catarina,[24] mas eles chegavam à apoteose nos centros urbanos com muitos imigrados. A confusão e o alvoroço induziam jornais um pouco mais sensíveis ao bom relacionamento com a sociedade local a lembrar, no Rio, que cerimônias desse tipo, mesmo sendo necessárias e obrigatórias, não podiam ser repetidas diariamente pelos perigos que comportavam e por respeito aos brasileiros.[25] As mesmas considerações podiam ser feitas (mas não o foram) para São Paulo, onde o primeiro contingente que partiu para embarcar em Santos – 350 indivíduos – foi acompanhado à Estação da Luz, dia 26 de maio de 1915, dois dias depois do início das operações bélicas por parte da Itália, por uma multidão avaliada em 10 mil compatriotas (e o segundo atraiu 20 mil pessoas).

No começo de agosto, o *Fanfulla* calculava (com exagero) que estivessem prontos para embarcar ou tivessem já embarcado mais de 6 mil voluntários e reservistas e parabenizava a coletividade de São Paulo, enquanto lamentava que o afluxo do interior do Estado fosse muito baixo em relação ao número de residentes italianos e identificava como causa as condições de vida na fazenda e a pouca harmonização dos peninsulares que viviam nos pequenos centros. É óbvio que, em situações tão caóticas como as cerimônias de despedida, pudessem se registrar (como de fato se registraram) episódios condenáveis, em particular o fato de que dezenas de acompanhantes aproveitassem da confusão para ir gratuitamente a Santos e para tomar eventualmente um banho de mar. Não se tratava somente de comportamentos inoportunos, mas também de situações perigosas: no começo de julho, um tumulto que explodiu na Estação da Luz terminou com um balanço de seis mortos e dezessete feridos, obrigando as autoridades a proibir o ingresso aos acompanhantes. Depois dessa tragédia, as saídas para Santos a partir daquela

24 "I due doveri", *Vita Coloniale*, 15.2.1918.

25 "Cronaca", *La Voce d'Italia*, 29.5.1915.

estação atraíram só poucas centenas de amigos e conhecidos, as cerimônias tornaram-se "um pouco mais sóbrias" (Franzina, 2000, p.76) e as fotos desapareceram dos jornais.

Os comitês patrióticos

Quase toda a imprensa tornou-se (como em quase todos os países com intensa imigração italiana) porta-voz, incitadora e sustentadora dos comitês que surgiram imediatamente após a entrada em guerra de Roma. Embora algumas associações e empresas de peninsulares acabassem por distribuir, por iniciativa própria, contribuições aos núcleos familiares de seus sócios ou empregados empenhados nos cenários de batalha, tal função chegou a ser realizada de forma bem mais ampla pelos Comitês *Pro Patria*, que vieram à luz aos montes em muitíssimas cidades e pelos seus subcomitês que operavam nos bairros dos grandes centros urbanos, enquanto a função de recolher auxílios para os combatentes nos Alpes era demandada aos Comitês da Cruz Vermelha italiana, ambos acompanhados pelos Comitês Femininos *Pro Patria* e Pró-Cruz Vermelha.

A presidência honorária cabia ao cônsul (nos femininos à esposa dele), que patrocinava suas atividades, e os diretórios eram constituídos pela elite da coletividade, não só econômica, mas também intelectual e pelas "amáveis senhoras e senhoritas", parentes dos "graúdos". Somente os subcomitês eram geridos por elementos das classes médias, chefes de repartição e profissionais liberais. Essa caracterização de elite era desmentida ao menos no caso da Cruz Vermelha, pois, embora fosse preciso entregar cem liras para tornar-se sócio perpétuo, bastavam cinco para ser sócio ordinário. Apesar disso, como presidentes figuravam Giuseppe Martinelli, no Rio, e Ermelino Matarazzo, em São Paulo.

Os Comitês *Pro Patria* assumiam o ônus – financiado com contribuições *una tantum* ou mensais, feitas por empresários, comerciantes, construtores e por seus funcionários e operários – de ajudar a manter as famílias necessitadas dos reservistas e voluntários, engordando o modesto subsídio concedido a elas pelo governo italiano. Essa operação era motivada pela convicção de que somente fornecendo uma certeza de assistência econômica teria sido possível fazer com que aumentasse o número de indivíduos dispostos a partir. Além disso, os comitês encarregavam-se de financiar a repatriação de algumas famílias de combatentes – que preferiam ou eram obrigadas a acompanhar seus parentes na Itália –, de constituir um fundo de previdência para os que voltassem para o Brasil no fim da guerra e de distribuir subsídios mensais para eventuais inválidos e mutilados. Mais realistas que o rei, alguns jornais intervieram para apurar se os pedidos apresentados aos comitês tinham fundamento, como fez, por exemplo, *Il Corriere Italiano*, do Rio, que desmascarou os pais de um soldado que se lamentavam de não ter recebido subsídio nenhum, tendo descoberto que eles não gozavam desse direito, pois não viviam em condições de pobreza, graças a uma banca de frutas e verduras.[26]

Mesmo nos Estados com menor número de imigrados, se comparados com São Paulo e Rio Grande do Sul, como Espírito Santo, esses comitês chegaram a ser 28 no final de 1917, embora alguns deles funcionassem mal e outros se mantivessem à altura com dificuldade. Um ou outro jornal nasceu como emanação direta dessas estruturas, como o *Bollettino Ufficiale della Croce Rossa Italiana* e *Mondo Piccino*, em São Paulo, o *Pro Patria*, em Vitória, e *L'Italia*, em Porto Alegre. Os jornais representam as melhores fontes (mas não necessariamente as mais confiáveis) para estabelecer quantas eram as famílias subsidiadas. Para os estados onde esse cálculo é possível porque lá existem ainda coleções quase completas de periódicos que fornecem notícias sobre esse tema, podemos afirmar que no Rio de Janeiro o número máximo dessas famílias não deve ter superado os 150 núcleos; e em São Paulo, no começo de julho de 1915, eles representavam 2/5 do total dos partidos e, quando a guerra já tinha terminado, calculava-se que, dos quase 3 mil pedidos apresentados durante o conflito, somente a metade fora aceita, cifra à qual era preciso acrescentar, como gasto, o das famílias repatriadas, que não superavam quatrocentos.[27]

Foi principalmente o trabalho dos comitês femininos que veio a ser glorificado pelos jornais, atribuindo-lhes resultados maiores do que os que as organizações masculinas conseguiam. Eles representavam, no juízo da imprensa, uma prova de filantropia e de apego à "mãe-pátria", mas também de ligação com a sociedade acolhedora, exemplificado pela designação para cargos diretivos de brasileiras, rigorosamente casadas com personagens de vulto da política local, como aconteceu no Rio Grande do Sul. Os infindáveis louvores dos comitês femininos centravam-se na dedicação e no amor com que eram enfrentadas as funções que haviam sido postas como prioritárias: confortar as famílias necessitadas, prestar auxílio às parturientes, fornecer eventualmente bens alimentares, roupas e remédios (mas não dinheiro, pois

26 "Un infondato reclamo di una famiglia di richiamati", na coluna "Cronaca cittadina" e "Un reclamo infondato", na mesma coluna, *Il Corriere Italiano*, 25.7 e 31.7.1916.

27 "La relazione finale dell'opera del 'Comitato Pro Patria'", *Fanfulla*, 30.12.1919.

disso se ocupavam unicamente os comitês masculinos), dedicar-se, com "o piedoso e humano instinto que caracteriza seu ser",[28] a recolher ou a tecer cobertores e indumentos de lã para que os soldados nos Alpes pudessem se defender do frio, organizar qualquer tipo de subscrição financeira em favor deles. Para realizar suas tarefas, as voluntárias se deslocavam frequentemente no interior dos estados, e isso, às vezes, era explicitamente solicitado pelos periódicos.[29]

As senhoras e senhoritas podiam inclusive confeccionar indumentos para os filhos das famílias assistidas e cobrir os gastos escolares dos filhos, como aconteceu no estado de São Paulo, onde foi elaborado um projeto envolvendo uma centena de crianças que deveriam ser inscritas em institutos qualificados (ou que assim eram definidos), felizes de acolhê-los na condição de favor. Ao tratar da infância, os jornais se tornavam melosos, com grande generosidade, sugerindo inclusive e irrealisticamente a constituição de comitês *ad hoc* que incitassem os meninos a se privarem de brinquedos e doces para destinar aquelas pequenas poupanças a seus coetâneos privados das carícias dos pais empenhados nos combates.[30] Como prova dos espaços privilegiados reservados aos comitês femininos, a imprensa publicava não episodicamente cartas de soldados que tinham partido do Brasil em que agradeciam as distintas senhoras pela assistência proporcionada às famílias ou pelos indumentos de lã costurados com suas mãos.

As subscrições solicitadas e propagandeadas pela imprensa sucederam-se com ritmo incessante, promovidas por sujeitos diferentes, entre os quais os próprios jornais e, às vezes, repetidas obsessivamente. E havia aqueles, entre os organizadores, que se preocupavam, como fazia a Cruz Vermelha, de sugerir aos compatriotas do interior, com penúria de efetivos, de entregar sua contribuição em sacos de café, que seriam vendidos depois para alimentar a subscrição.[31] O dinheiro recolhido pelos comitês era utilizado em três setores: auxílios aos soldados italianos nos Alpes, às vítimas da guerra e, por fim, às famílias necessitadas dos reservistas e voluntários. No primeiro campo, serviu para enviar tabaco, charutos e cigarros,[32] indumentos

---

28 "Alle donne italiane", *Pro Patria*, 3.10.1916.

29 "In soccorso alle famiglie dei richiamati", na coluna "Pro Patria", *Fieramosca*, 31.1.1918.

30 Margherita Morelli Dardana, "Promettiamo!", *Fanfulla*, 1.6.1915.

31 Croce Rossa Italiana, "Appello ai connazionali di questo Stato", *Pro Patria*, 27.1.1917.

32 Uma dessas subscrições, promovida pelo comitê feminino do Rio de Janeiro em outubro de 1916, obteve grande sucesso, superando os 380 mil cigarros, graças ao envolvimento de empresas produtoras brasileiras e de outras nacionalidades, que se lançaram em conspícuas ofertas, inclusive como "ato de cavalheirismo em favor das delicadas recolhedoras" ("Cose della

de lã e cobertores (ofertas "pró-lã"), bandagens, algodão e outros materiais sanitários, roupas íntimas, café, chocolate, geleia, sapatos, fósforos ("Depois vai ser a vez dos palitos", zombava uma folha anarquista).[33] Em termos de consequências do conflito, a prioridade foi dada a subscrições em favor dos soldados feridos, das vítimas de guerra, dos refugiados do Friuli e do Vêneto após a dispersão de Caporetto, das famílias pobres dos mortos na guerra, dos cegos e dos mutilados. No último dos três campos, eram destinadas a comprar leite para os filhos pequenos de reservistas e voluntários com famílias pobres ("*pro goccia di latte*"),[34] da cesta de Natal e de Páscoa para os mesmos destinatários e das máquinas de costura para as esposas.

Os periódicos lançavam periodicamente apelos para que os compatriotas contribuíssem, pois era dever de todos "dar, dar, dar; pouco ou muito, quanto eles puderem, mais do que poderiam".[35] As quantias eram recolhidas nas maneiras mais diferentes (Trento, 2015, p.112-3). Além das subscrições descritas, existiam, porém, muitas outras, promovidas por consulados e associações, por párocos nas áreas coloniais do sul, mas principalmente pelos próprios jornais, e elas cobriam campos variados, ligados ou não à guerra. Temos assim arrecadações de dinheiro para doar uma bandeira de seda bordada em ouro a Trieste no dia da suspirada libertação, para uma medalha de ouro a Cadorna, para comprar aviões, revigorando a não riquíssima aeronáutica da "mãe-pátria", para os "triunfadores do Piave" após o fim do conflito, para a construção na capital paulista de uma capela votiva em memória dos mortos egressos daquele estado.

Totalmente diferentes eram as subscrições abertas por um ou outro jornal para casos piedosos (praxe, esta, que remontava ao passado): compatriotas em miséria, órfãos, viúvas, esposas abandonadas com filhos ou para fins mais variados, como oferecer uma cozinha a vapor ao hospital Umberto I em São Paulo. E lançavam-se apelos inclusive aos caixeiros viajantes italianos e à sua associação para pressionar a própria roda de conhecidos a fim de induzi-los a uma maior generosidade. As listas nominativas dos que respondiam às

---

Colonia. Il bollettino del Comitato Pro Patria", na coluna "Cronaca cittadina", *Il Corriere Italiano*, 18.10.1916).

33 Breve escrito sem título, *Guerra Sociale*, 30.12.1916.

34 Pró gota de leite.

35 Apelo que apareceu em *Il Corriere Italiano*, 9.9.1916. Vendo com frequência nomes de companheiros nas listas de subscrição, um semanário operário reconhecia que a adesão podia ser motivada por impulsos humanitários ou pela necessidade de escapar de insistências molestas, mas admonia que de tal forma acabava por fazer a guerra mais tolerável ("Per i nostri...", *Guerra Sociale*, 29.4.1916).

iniciativas institucionais e às de caráter espúrio representavam verdadeiras vitrines de patriotismo, quer se tratasse das pouquíssimas dezenas de nomes que compareciam nos jornais das pequenas localidades ou das centenas que preenchiam as colunas dos periódicos de maior difusão. O importante era criar rivalidades entre patrícios, que desejavam ardentemente ver seu nome impresso nos jornais ou que, sem aquele estímulo, poderiam oferecer menos.

Os colegas inimigos

Para reforçar a veia propagandística, muitos jornais utilizavam tons apocalípticos contra os periódicos que criticavam o governo peninsular, distorcendo os fatos, ou que até mesmo, no juízo dos redatores, insultavam a Itália, partindo de posições preconcebidas. Esses jornais eram redigidos, em geral, em idioma germânico ou estavam, de uma forma ou de outra, ligados à Alemanha, mas também brasileiros. Os colegas das folhas italianas consideravam que os relatos não eram verídicos, circunstância que foi mais comum por ocasião da fase de neutralidade de Roma e da invasão austríaca do Friuli e do Vêneto. Particularmente veementes foram os ataques contra quem duvidava da preparação e da audácia do exército peninsular.[36] Paradoxalmente, mas nem tanto, os destinatários dessa ofensiva foram principalmente os jornais no mesmo idioma, quase exclusivamente de matriz católica, que não perdoavam ao Estado italiano ter, em 1870 – no decorrer das lutas para unificar a península –, ocupado Roma com suas tropas e posto fim ao poder temporal do papa. Na realidade, não todos os periódicos de orientação religiosa se posicionaram a favor da catolicíssima Áustria, embora eventuais posições pró França e Inglaterra chegassem a ser explicitadas quando o desfecho do conflito já parecia claro. Tal foi, por exemplo, o caso de uma publicação mensal de Ribeirão Preto (compilado, às vezes, em dialeto vêneto) que ousou modificar o texto do Pai-Nosso para implorar-lhe de conceder aos Aliados a graça de serem libertados da insídia inimiga.[37] Certamente a favor da Áustria foi a revista *La Squilla*, de São Paulo, enquanto pouca credibilidade tinham as acusações lançadas por um outro jornal, o *Il Corriere Italiano*, do Rio de Janeiro, rebatizado ironicamente de *Il Korriere Italiano*.[38] De forma

---

36 Por causa de seus tons exacerbados e de suas invectivas, o *Roma* de Curitiba recebeu ameaças de empastelamento (notícia divulgada pelo *Pasquino Coloniale*, 8.5.1915).

37 "Una preghiera d'oltre Oceano", *Bollettino di S. Antonio*, jul. 1918.

38 "Per Cesare Battisti", *Maciste Coloniale*, 19.8.1917.

mais geral, porém, os periódicos mais atacados circulavam no Rio Grande do Sul, onde estavam instalados muitos trentinos – italianos de idioma, mas com cidadania austríaca –, estado no qual, por outro lado, foram ativas algumas ordens religiosas, particularmente os escalabrinianos, que defendiam a palavra de ordem "pátria e fé" (Franzina, 2003, p.243) e alguns jornais católicos mas italianíssimos, entre os quais se destacavam *Il Corriere d'Italia* de Bento Gonçalves e *Città de Caxias*, em cujas páginas o moralismo confessional e a proteção da família conjugavam-se com os ímpetos patrióticos e a defesa da civilização. Na frente oposta, encontramos *La Patria Italo-Brasiliana* (de postura laica, porém), considerado pelos adversários o jornal da Liga Germânica, que, de fato, manteve uma atitude justificadora no que dizia respeito a Berlim e Viena. Particularmente alvejado foi seu diretor, Vincenzo Blancato, acusado de "pseudoprofessor" e "desertor", apontando para a infâmia pública como pessoa que fechara negócios, em sua atividade comercial, com empresas alemãs, fato aliás reconhecido pelo próprio interessado, que negava que tal comportamento pudesse ser classificado como traição da pátria.[39] Atacado da mesma forma foi *Il Trentino*, "jornal alemão escrito em língua ítalo-andreattiana", e seu diretor, G. B. Andreatti, em relação ao qual havia folhas que provavam "uma profunda repulsa" ou que o tratavam como um renegado.[40]

Mas o diretor que recebeu os mais violentos ataques foi dom Giovanni Fronchetti, sacerdote, mas também agente consular da Áustria. Rotulado como "renegador do próprio sangue" foi acusado de se servir do prestígio da batina para condicionar os ingênuos colonos trentinos. Sua folha – *Il Colono Italiano* –, escrita com pouca atenção para a gramática e a sintaxe da língua italiana, na verdade, até 1914, demonstrara mais interesse pelas temáticas religiosas e pelos colonos da área do que pelo Trentino e pela Áustria, embora tivesse lançado, em 1913, uma subscrição para que Viena pudesse adquirir um maior número de aviões militares.[41] Depois do atentado de Sarajevo, porém, defendeu logo a decisão austríaca de enviar um ultimato à Sérvia e ilustrou as razões de Viena. A própria coluna "Conflagrazione europea", que foi instituída pouco depois, levava como subtítulo a expressão, que traduzida em português era: "Tempo de guerra, mais mentiras que terra" e pode-se intuir com facilidade a quem fossem imputadas tais mentiras. Essa atitude

39 Sobre Blancato, ver "Vincenzo Blancato alla gogna", *L'Italia*, 16.2.1917.

40 Para as citações, na ordem, "Una protesta", *L'Italia*, 11.1.1916, "Un disgraziato", *Fanfulla*,19.9.1915, e "Il rinnegato di Porto Alegre", *Città di Caxias*, 12.3.1917.

41 "Appello. Austriaci e Ungheresi del Rio Grande do Sul", *Il Colono Italiano*, 8.2.1913.

logo valeu ao jornal a mudança do nome para *Il Colono Austriaco*. A tais ataques, Fronchetti respondia explicando, tortuosamente, o que entendia por italianidade, afirmando que o que ele dirigia era um jornal católico voltado para os colonos que falavam ou entendiam o italiano no Rio Grande do Sul, terra povoada por pessoas vindas quer da península quer do Trentino e da Ístria e excluía que fosse lícito reinflamar rancores e rivalidades, sendo pelo contrário obrigatório tornar mais unida e compacta a ampla família que se expressava em língua italiana.[42]

Para suscitar simpatia em favor de Viena, o semanário católico decidiu divulgar, através de suas páginas, cartas de soldados trentinos incorporados ao exército austríaco e enviados a combates em diferentes cenários de guerra, mas nunca na frente italiana; cartas essas que ilustravam episódios de bondade ou de piedade, para garantir uma certa solidariedade por parte dos originários da mesma região que residiam além do oceano. O periódico apelava também à autoridade da fé, numa área na qual a religião era profundamente vivida e sentida, censurando como contrário às indicações do papa o comportamento das publicações católicas que se posicionavam (como, aliás, fazia o próprio *Colono Italiano*) a favor de uma das duas partes contrapostas. Atacava, por fim, os belicistas (maçons e republicanos) que tentavam impelir Roma ao conflito, encarregando-se de demonstrar que, além dos custos humanos que comportava o embate armado, quer saindo vencidos quer saindo vencedores, a Itália podia, no Adriático, ganhar mais ficando neutral do que combatendo e, poucos dias antes de 24 de maio de 1915, referia-se a concessões feitas pela Áustria "de tal importância que teriam tornado impossível a declaração de guerra".[43] Quando a declaração ocorreu, não se encontra rastro dessa decisão em *Il Colono Italiano* (e, inclusive, não há referência alguma à aparição dos Comitês *Pro Patria* no Rio Grande do Sul), mas, com *timing* perfeito, alguns meses depois, iniciou a publicação, como folhetim, de *A revolta dos Muckers*, traduzida para o italiano, argumentando sempre de não ser um órgão nem de *italianidade* nem de *austricidade*.

As posturas começaram a mudar e as polêmicas se atenuaram quando o semanário mudou de título, de propriedade e de diretor, transformando-se em 1917 em *Staffetta Rio-Grandense* (que, desde 1941, passou a ser editado em português como *Correio Riograndense*), embora alguns espíritos particularmente polêmicos, mas da mesma fé religiosa, denunciassem que o sujeito

42 "Il Colono Italiano di Villa Garibaldi a viso aperto al Corriere d'Italia di Bento Gonçalves", *Il Colono Italiano*, 24.9.1914.

43 "Ultime notizie", *Il Colono Italiano*, 20.5.1915.

a mexer os pauzinhos atrás do palco continuava sendo dom Fronchetti. Na realidade, o periódico continuou se refugiando cada vez mais em artigos religiosos e em notícias sobre colonos e agricultura, deixando pouco espaço à guerra mundial, a não ser no que dizia respeito às propostas de paz apresentadas pelo papa. Somente quando o Brasil rompeu as relações diplomáticas com a Alemanha, os tons tornaram-se mais ásperos, embora de forma retrospectiva e falando das brutalidades teutônicas durante a invasão da Bélgica.[44] Iniciou-se então a publicação de uma coluna – "O Brasil e a guerra" –, raramente em italiano, mas nem mesmo com a abdicação do Kaiser a guerra entrou na primeira página. O armistício foi associado à posição pacifista do papa e o periódico não exprimiu opiniões sobre as negociações de Versalhes e as consequentes decisões.[45]

Murmúrios e críticas

A partir do final de 1916, todo o entusiasmo demonstrado pela coletividade imigrada – solicitado e quase inflado pela imprensa – pelo engajamento da Itália na guerra começou a mostrar sinais de cansaço. A própria ênfase que acompanhava as cerimônias das saídas dos reservistas passou a se enfraquecer, inclusive por causa da diminuição de novos grupos que embarcavam (pelas dificuldades do transporte marítimo e pelos ataques dos alemães) e de sua menor consistência, e isso se refletia na queda do número de parentes e amigos que os escoltavam até o trem ou o navio. Paralelamente, foi se manifestando um certo aborrecimento pela repetição e pela variedade das infinitas subscrições, com consequente redução das somas totais recolhidas. E não se tratava de "entorpecimento que se apossa de nossa colônia depois de todo pequeno esforço cumprido"[46] (e precisava ter coragem para chamá-los de pequenos esforços), como pretendia uma folha do interior do estado de São Paulo.

A bem da verdade, existia um setor específico que continuava a canalizar grande parte dos esforços contributivos, tirando recursos de outras causas nobres, e era o dos empréstimos de guerra emitidos pelo Estado italiano para cobrir os gastos ingentes provocados pelo conflito. A imprensa amplificou os apelos das autoridades consulares a fim de subscrever, deixando claro

44 "A heróica Bélgica", *Staffetta Rio-Grandense*, 04.10.1917.

45 Para uma ótima reconstrução da trajetória do jornal, ver Valduga (2008).

46 "Due parole ai nostri connazionali", *La Patria degli Italiani*, 21.4.1918.

que não era o montante da oferta o que dava a dimensão do apego à pátria, sendo igualmente importantes tanto os títulos comprados de pequena entidade (de 100 a 500 liras) quanto os de porte conspícuo, como os subscritos por diversas personagens influentes da coletividade (e que podiam chegar até a 1 milhão de liras), como também as contribuições médias, incluindo as somas arrecadadas pelos comitês *Pro Patria*, que provocaram ásperas polêmicas.[47] Na realidade, o primeiro empréstimo nacional, o de 1915, não obteve bom êxito no Brasil, ficando no patamar de 10 milhões de liras. Os jornais assumiram, então, a função de procurar mobilizar a comunidade, providenciando, como nas outras arrecadações de dinheiro, a publicação de listas nominativas dos que haviam aderido, fazendo desse modo emergir vaidades e provocar vergonhas, e o total da soma de cada um servia a alimentar uma rivalidade contínua entre os doadores. Paralelamente, os periódicos levavam aos seus leitores uma enxurrada de apelos que insistiam no dever patriótico. Ou então recorriam a repreensões e ameaças, declarando estarem prontos a publicar os nomes dos que se tinham negado a contribuir e afirmavam não existir compatriotas que não pudessem comprar pelo menos um título, inclusive porque podia ser pago em prestações.[48] Mas esses esforços de nada valeriam para incidir na generosidade dos compatriotas se estes últimos não se dessem conta – como, de fato, fizeram – que aderir ao empréstimo de guerra não representava apenas um ato patriótico, mas configurava-se num verdadeiro investimento.

A própria campanha jornalística, por outro lado, começou a bater insistentemente nessa tecla a partir de 1916, quando o governo de Roma elevou a taxa de juros, passando-a de 4,5% a 5%, até chegar ao empréstimo de 1918, que oferecia títulos de 100 liras de capital nominal vendidas por 86,50 e juros que corriam a partir de 1° de janeiro (data de início da arrecadação). Os jornais, portanto, começaram a lembrar que tal operação não devia ser considerada como uma doação a fundo perdido, mas como um bom negócio, inclusive pela enorme facilidade de ser negociado e pelo fato de que no Brasil ele era ainda mais vantajoso por causa do câmbio favorável aos imigrados, os quais dificilmente poderiam encontrar uma ocasião melhor para investir seu dinheiro e, para reforçar essa teoria, forneciam como prova o elevado número de brasileiros que haviam subscrito.

---

47 O Comitê *Pro Patria* do Rio de Janeiro doou 30 mil liras em 1916 e foi repreendido por *Il Bersagliere* por ter destinado a outro fim uma verba que devia servir apenas para ajudar as famílias dos reservistas.

48 "I due doveri", *Vita Coloniale*, 15.2.1918; e "Il Prestito Nazionale", *Il Corriere Italiano*, 27.1.1916.

Fossem as vantagens efetivas fossem as solicitações da imprensa, o fato é que o empréstimo de 1916 atingiu os 17 milhões, e o de 1917 superou os 30 milhões, talvez porque os jornais, para sacudir os leitores, apresentassem-no como o último, sendo já praticamente nas mãos dos soldados italianos a vitória (nenhuma previsão poderia ser tão categoricamente desmentida) e asseguravam que as autoridades italianas haviam aperfeiçoado um sistema para arcar com os ingentes custos da guerra.[49] Para a obtenção de tal resultado, não incidiu, pelo contrário, o convite feito a seus pequenos alunos por parte do diretor do instituto escolar Luigi Lievore a fim de que, ajudados pelas famílias, comprassem pelo menos um título.[50] Mas foi o empréstimo de 1918 a marcar a verdadeira apoteose e a exaltar os jornalistas e editores: os 115 milhões de liras recolhidas projetaram o Brasil (com claro predomínio de São Paulo) ao vértice da graduação das nações latino-americanas, deixando para trás, e com fartura, a Argentina e gratificando o orgulho da colônia residente na terra do café. Principalmente no Rio Grande do Sul tentou-se envolver de forma mais ampla possível, além da elite da coletividade, personagens de vulto da política municipal e estadual (lembrando eventualmente as gestas de Garibaldi na Revolução Farroupilha) e o próprio cônsul endereçou-se a Borges de Medeiros para que ele aceitasse o cargo de presidente honorário do comitê pela propaganda a favor do empréstimo.[51] O *Fanfulla* inaugurou uma coluna fixa que despejava notícias contínuas sobre o andamento da arrecadação sob o título "A Colônia se comporta com honra" e uma outra folha incitava os patrícios publicando um desenho que ilustrava a Itália armada com uma espada que se preparava para decepar as duas cabeças da águia (representada como abutre) austríaca.[52]

Um quadro menos otimista delineou-se, ao contrário, no campo da mobilização patriótica sob outras formas, registrando uma decisiva diminuição de consenso, adequada às peripécias da guerra que continuava dia após dia, desmentindo as previsões de uma fácil e rápida vitória. Pode-se até afirmar que esse desamor fosse provocado, ao menos parcialmente, justamente pela praxe da imprensa nacionalista de enfeitar vitórias e assaltos do exército italiano, dando a impressão de que a invasão da Áustria fosse uma questão de dias, se não de horas, parecendo ignorar que o leitor imigrado recorria

---

49 "La grande verità", *Pro Patria*, 29.4.1917.

50 "La patriottica iniziativa dell' 'Istituto Lievore' a favore del Prestito Italiano", *La Civiltà Latina*, 17.3.1917.

51 "Prestito Italiano", *L'Italia*, 24.1.1918.

52 *Il Giornale d'Italia*, 19.5.1918.

também a jornais brasileiros para obter informações sobre o conflito e caía no desconforto toda vez que se tornava ciente de uma retirada. E tais estados de ânimo seriam até mais evidentes se algum jornal tivesse tido a coragem de publicar a tendência das saídas e do número decrescente de jovens e não tão jovens que iam combater, embora houvesse folhas que não silenciavam a insatisfatória porcentagem dos que efetivamente embarcavam em relação ao total dos residentes no Brasil que teriam essa obrigação.

Apesar disso, e considerada a amplitude do fenômeno, os periódicos expunham com frequência quais poderiam ser suas motivações, sem limitar-se a uma simples condenação.[53] Além das sedimentadas posições neutralistas, emitidas com persuasão pelos militantes do movimento operário expatriados nas Américas e do fato de ser filho de italianos e, portanto, de se considerar totalmente brasileiro, essas motivações eram identificadas em razões individuais que se tornavam, naquele contexto, praticamente coletivas: abandonar na incerteza econômica sua própria família, deixar uma atividade bem encaminhada numa fase de boas perspectivas ou então um emprego conquistado a muito custo, lidar com negócios que necessitavam de uma presença física contínua. Não faltavam, certamente, jornais decididamente antijustificacionistas e que eram contrários a utilizar tons ameaçadores, preferindo agir com algum tato e recorrer a uma linguagem mais persuasiva para induzi-los a se reaproximar da "mãe-pátria".[54]

A nenhuma justificação e a nenhum tato podia apelar a imprensa étnica para atenuar uma impressão generalizada (não só no seio da coletividade), isto é, a "constatação orwelliana de que existiam categorias mais iguais que outras, quando se tratava de responder ao apelo da pátria" (Trento, 2015, p.116), uma disparidade que respondia a precisas causas econômicas e sociais e que cavava um abismo entre os que eram abastados e os que viviam exclusivamente de seu trabalho (e os filhos de ambas as categorias). Assim, os primeiros só raramente deixavam o Brasil naqueles anos enquanto os segundos partiam com bem maior frequência, mas, para piorar a situação, deveria se levar em conta que eram justamente os primeiros os que mais penavam com investidas (verbais) patrióticas. Um comportamento comum a esses últimos era assim resumido por um jornal que se configurava como expressão de um comitê *Pro Patria*, lembrando que, na época do início do

53 "É natural, é humano, mas não é justo", comentava o *Maciste Coloniale* em seu "I refrattari", de 18.11. 1917.

54 Um dos artigos desse tipo é, singularmente, mas nem tanto, redigido em português: "O recrutamento dos refratários", *La Nuova Italia*, 22.11.1917.

conflito, muitos grupos não foram chamados e puderam, assim, continuar a se ocupar de suas atividades, acusando de covardia aqueles que, mesmo tendo essa obrigação, não se decidiam a partir e lamentando, paralelamente, de não poderem, eles, demonstrar todo seu valor. Mas quando, continuando a guerra, veio a ser ampliado o número de grupos de reservistas, os mesmos sujeitos aduziram mil obstáculos, profissionais e domésticos, que os obrigavam, com pesar, a ficar no Brasil, enquanto, escrevia um jornal, teria sido salutar que no exterior também pudessem se apresentar – como acontecia na "mãe-pátria" – os carabineiros para levá-los à força.[55]

A folha socialista de São Paulo obtinha, nesse campo, fácil vitória, insistindo sobre a diversidade de comportamento e publicando, entre outras, duas colunas dedicadas justamente a esse tema e intituladas "O patriotismo de vosmecês" e "A cocanha de vosmecês", onde o alvo era representado, individualmente ou coletivamente, por um ou outro expoente de vulto da coletividade. É verdade, porém, e deve ser destacado, que alguns personagens da elite econômica e intelectual foram combater ou integraram a oficialidade médica do exército, mas se tratou de exceções, como excepcional foi o fato que partissem, por exemplo, de São Paulo, os filhos de Morganti e de Frontini; e do Rio, o filho do proprietário de *La Voce d'Italia*, enquanto encontrou a morte nos campos de batalha Amerigo Rotellini (filho do fundador e proprietário do *Fanfulla*), que, porém, frequentava a universidade na Itália, para onde, em 1908, a família tinha se transferido.

Ao lado das motivações pessoais, os periódicos identificavam também algumas das coletivas, entre as quais cabe lembrar as tentativas de pacificação entre nações beligerantes levadas a cabo pelo Vaticano e os discursos do papa, que ofereciam justificações aos renitentes, e a lei brasileira do sorteio militar, emanada naquele período, que onerava os filhos de italianos nascidos no Brasil com obrigações contrapostas, derivantes do fato de serem considerados cidadãos italianos pelas leis da "mãe-pátria" dos pais, oferecendo, dessa forma, ulteriores motivos para a decisão de não partir. Além disso, essas folhas sublinhavam as responsabilidades do governo de Roma: o estado de abandono em que tinham sido deixados por décadas as coletividades no exterior, a pressa e a desorganização que acompanharam os decretos de mobilização, os prazos curtíssimos concedidos para se apresentar aos consulados, o caos do transporte marítimo. Os lugares nos navios reservados aos que possuíam passagens entregues pelos consulados sempre foram, de fato, bastante reduzidos e centenas de recrutados ficaram em

55 Fiorino Petrocchi, "Io partirei, ma...", *Pro Patria*, 27.1.1917.

estado de prontidão, às vezes depois de ter deixado seu emprego, pesando sobre as próprias poupanças ou sobre o orçamento dos comitês *Pro Patria*. Assim, o *Fanfulla* lamentava que a grande afluência inicial de homens a serem embarcados do estado de São Paulo (mais de 4 mil entre final de maio e final de setembro de 1915, divididos em vinte grupos) tivesse provocado um descontentamento, devido, basicamente, à imprevidência do consulado, cuja obrigação deveria ter sido a de dar sinal verde a essa multidão unicamente se a bordo do navio houvesse um grande número de lugares disponíveis, enquanto as autoridades diplomáticas haviam assegurado que todos partiriam imediatamente.[56]

Mas talvez, entre as mais importantes motivações da renitência, figurasse a convicção, alimentada por tantos boatos, mas também por artigos da imprensa (sempre repletos de comentários de censura), da concessão por parte do governo italiano de uma anistia uma vez terminado o conflito ou até mesmo antes. Um semanário rio-grandense, embora reputasse inadmissível que a Itália sanasse comportamentos de tal abjeção, uma vez cessadas as hostilidades, defendia a tese de que essa medida poderia e deveria ser tomada com o conflito ainda aberto, para aumentar o número dos combatentes, mas fornecendo a cada um deles o tempo para resolver suas pendências.[57] Posição comum a todos os jornais foi a de negar veementemente que medidas de clemência pudessem ser tomadas uma vez proclamada a paz. Pelo contrário, deu-se o que mais se temia e uma anistia ampla (que incluía grande parte dos renitentes do Brasil) foi emanada em 1919, atendendo as esperanças dos que, além do oceano, as haviam tanto cultivado.

De fato, o fenômeno da renitência chegou a dimensões, se não alarmantes, com certeza significativas no Brasil como em todas as Américas. Do exterior, voltaram a combater na Itália 303 mil soldados, 42% dos quais provenientes da Europa, 34% da América do Norte e 17% da América Latina (Salvetti, 1987, p.288).[58] É difícil a tarefa de estabelecer exatamente qual era o número dos que embarcaram do Brasil; as poucas notícias de ordem

56 Um jornal de Porto Alegre pedia que os que saíam do Rio Grande do Sul não fossem obrigados – como continuou a acontecer – a deixar seu estado de residência para esperar no Rio de Janeiro, às vezes por semanas e, em grande parte, às próprias custas, o vapor que os levasse para a Itália, enquanto teria sido bem mais razoável que eles se deslocassem para lá só quando houvesse certeza que da capital brasileira partisse um navio com lugares disponíveis. "Per i riservisti deficienze da correggere", *L'Italia*, 16.2.1917.

57 "Per l'amnistia degli emigranti italiani", *Città di Caxias*, 23.4.1917.

58 Observadores coevos, como o economista Francesco Coletti, calculavam que a renitência no continente americano ficasse por volta das 800 mil pessoas (Franzina, 2000, p.66).

quantitativa são divergentes, mas é razoável supor que todas elas sejam inferiores à realidade, embora não de forma significativa. Dois autores que escreveram poucos anos depois da cessação do conflito forneciam um total de 8.951 entre reservistas e voluntários, 71% dos quais egressos do estado de São Paulo (Arigoni; Barbieri, 1922, p.536). E embora os jornais italianos no Brasil afirmassem, geralmente com decepção, que o aporte de homens poderia ter sido bem maior, as raras cifras apresentadas indicam que o afluxo resultou mais consistente do que o indicado anteriormente, mas não tão distante. Uma comunicação do Ministério da Guerra enviada para o cônsul de São Paulo – único estado para o qual a imprensa fornece algum dado – e divulgada por um jornal anarquista, fixava em 4.681 os reservistas e voluntários saídos daquela área até meados de 1916, enquanto as autoridades contavam pelo menos 30 mil.[59] Três anos depois, já em tempos de paz, o *Fanfulla* calculava em 8 mil italianos e filhos de italianos embarcados no porto paulista de Santos,[60] avaliação que parece mais confiável, inclusive porque há notícias de que o número dos que voltaram para o Brasil fosse de 9.177 reservistas e de 1.047 familiares (Salvetti, 1987, p.292), total ao qual deveriam ser acrescentados os mortos no conflito e os que decidiram permanecer na Itália, uma vez terminadas as hostilidades.

É possível que tenham contribuído para dissuadir os que deveriam divulgar as notícias sobre o número dos mortos em combate; já em agosto de 1915, começaram a aparecer os primeiros necrológios na imprensa, que logo chegou a hospedar colunas próprias para isso: "O fim de um valoroso", "Morte heroica no campo da honra", "Os que se imolam pela Pátria" e outras mais. Paralelamente, as páginas dos jornais noticiavam o regresso de soldados feridos, inválidos ou mutilados, exaltando seu sacrifício e, em caso de terminar em óbito, descrevendo as exéquias. É claro que se tratava de um ritual devido e com a intenção de reforçar o patriotismo da coletividade, mas não é impossível que tenha agido como elemento de dissuasão com relação à decisão de partir para a frente de batalha; efeito dissuasivo podiam, aliás, ter algumas perorações de subscrição, como no caso daquela lançada para a construção de uma capela votiva no cemitério paulistano do Araçá em memória das vítimas de guerra daquele estado. Efetuar um cálculo dos combatentes que perderam a vida nos Alpes é tarefa realizável, mas só de forma parcial, unicamente para o estado de São Paulo, graças ao exame minucioso do diário mais difundido da comunidade. Em maio de 1917, o *Fanfulla*

59 "Partiam... partiam!", *Guerra Sociale*, 15.7.1916.

60 "I nuovi orizzonti e i nuovi doveri del Pro Patria", *Fanfulla*, 10.4.1919.

apresentava 82 mortos e, no final de 1918, essa cifra aumentava para 189 (e dos 160 dos quais especificava o lugar de nascimento, 42 tinham nascido na terra do café),[61] enquanto, no Brasil inteiro, é razoável presumir que tenham chegado a uma cifra em torno de trezentos.

Na atenuação de eventuais ímpetos patrióticos, interveio a perda de credibilidade e de confiança naqueles que deveriam ser os eixos da mobilização apoiados pela imprensa, isto é, os Comitês *Pro Patria* e Pró-Cruz Vermelha, antes de mais nada por causa de sua inação, mas também de sua composição de classe e pelas rivalidades que dividiam os membros da elite diretiva. E, muitas vezes, se tratava de fracassos sobre os quais os periódicos não podiam se calar: a Cruz Vermelha de Belo Horizonte esgotou seus fundos em 1916 e, no Rio, apesar dos grandes elogios pronunciados em favor dos esforços pessoais de seus componentes, o comitê feminino, em 1915, não tinha mais condições para continuar funcionando por causa do desabamento do número das mulheres que compunham o grupo diretivo, que se restringira a quatro ou cinco pessoas, tanto que havia quem se interrogasse se as senhoras e senhoritas que participavam desde o início tinham sido empurradas exclusivamente pela vaidade feminina ou pela vontade de ostentar.[62] No ano seguinte, outro jornal denunciava como a organização se encontrava paralisada mais uma vez, tendo perdido sua capacidade de intervenção por causa de "ambiçõezinhas pessoais" que haviam reduzido a presença a uma meia dúzia de mulheres dedicadas, movidas pela boa vontade.[63]

Também no Rio, um jornal ilustrava impiedosamente como era constituído o comitê masculino, surgido quase que clandestinamente por obra de alguns "graúdos" que iam a suas reuniões para "se exercitar na arte oratória" e descrevia seus limites, lamentando que sua sede ficasse aberta somente algumas horas para receber subscrições, e esse obstáculo justificava que a quantia até então recolhida fosse menos de um quinto daquela que teria sido possível receber.[64] Também a estrutura de Belo Horizonte foi acusada de ter vida trabalhosa em razão das pequenas ambições de "alguns demagogos", ao

61 "I riservisti di S. Paolo caduti per la Patria" e "Il pietoso omaggio della Colonia italiana ai caduti per la Patria", *Fanfulla*, 24.5.1917 e 23.12.1918, artigo, esse último, que alegava também o elenco nominativo.

62 "Comitato Femminile Pro Patria e Croce Rossa", *La Voce d'Italia*, 16.7.1915.

63 "Il Comitato Femminile Pro Patria e il dovere degli Italiani", na coluna "Cronaca cittadina", *Il Corriere Italiano*, 31.7.1916.

64 "Cronaca", *La Voce d'Italia*, 5.6.1915. Em Florianópolis, seu homônimo era acusado de não se reunir mais após poucas sessões a partir de sua instituição e de ter cedido todas as tarefas que lhe competiam a três cônsules sucessivos, como nos informa *Vita Coloniale* do dia 1.4.1918.

ponto de ser obrigada a suspender suas funções para depois nomear nova comissão executiva, sem, porém, conseguir sustentar adequadamente as famílias dos combatentes.[65] Não raras foram as críticas mais pontuais, resumíveis na gestão dos fundos e até em episódios de gatunagem, como no caso do comitê de Porto Alegre, cujo secretário desaparecera fugindo com a caixa da organização; e houve folhas que convidaram os próprios leitores a não efetuar mais pagamentos aos comitês e de enviar diretamente o dinheiro para a Cruz Vermelha de Roma, evitando trânsitos perigosos.[66]

Bem mais grave foi a campanha, que durou praticamente a guerra inteira, contra as comissões médicas encarregadas pelos consulados de estabelecer quem estava habilitado ao serviço militar e quem não tinha essa obrigação. Desde o início, algumas folhas se sentiram na obrigação de propalar as vozes que indicavam como os médicos nomeados pelos consulados declaravam inaptos às armas – por vizinhança social, por respeito ou porque sensíveis a assuntos persuasivos como a passagem de dinheiro – personagens influentes da coletividade e seus descendentes. Em São Paulo, por exemplo, já em setembro de 1915, o *Fanfulla* convidava o consulado a modificar a composição da comissão e a efetuar visitas de verificação a quem fora anteriormente dispensado.[67] Com o passar do tempo, a denúncia do escândalo tocou outras cidades e outros estados, envolvendo as estruturas diplomáticas e se intensificando a partir de 1917. Assim, do *D'Artagnan Coloniale*, no Rio Grande do Sul, ao pervasivo *Fanfulla*, em São Paulo, foi um contínuo arremesso de acusações contra os casos mais escandalosos de exonerações complacentes, que serviam como pretextos para não fazer partir indivíduos de outras classes sociais declarados idôneos, tornando inúteis, desse modo, os esforços de mobilização e de chamamento patriótico feitos pela mesma imprensa.[68]

Sobre esse tema, deve ser dito que a atitude dos jornais foi bem menos que unânime. Existiam periódicos que se lançavam em manobras de mistificação, afirmando que as consultas médicas não reformavam apenas os expoentes da elite, mas 60% dos que se apresentavam, tranquilizando, dessa

65 "Comitato Italiano Pro Patria", *Fieramosca*, 18 e 29.3.1916.

66 "Lo scandalo Giusti", *La Patria Italo-Brasiliana*, 17.2.1917; e "All'Italia", *Il Corriere d'Italia*, 23.2.1917.

67 "Le visite dei richiamati al R. Consolato", *Fanfulla*, 15.9.1915.

68 Ainda em 1918, o diário paulistano solicitava ao primeiro-ministro que nomeasse novas comissões médicas com capacidade de verificar quais eram as reais condições dos que tinham sido anteriormente exonerados ("Contro lo scandalo delle riforme e degli esoneri", *Fanfulla*, 14.1.1918). Sobre esse tema o jornal voltou repetidas vezes no decorrer de janeiro; ver "Lo scandalo delle riforme e degli esoneri", 6, 17, 18, 19 e 20.1.1918.

forma, todo e qualquer reservista. Outros pensavam que era preciso ficar em silêncio por amor à pátria e mais ainda para não transmitir uma imagem que custaria à coletividade a estima dos brasileiros. A maior parte dos jornais que não se alinharam à campanha negou, porém, a própria veracidade das acusações, insistindo que os colegas que as lançavam nunca haviam apresentado provas nem fornecido nomes, afirmando, entre outros argumentos, que os esforços realizados dissolviam-se como uma bolha de sabão, que tudo havia sido ditado por fins inconfessáveis (eventualmente para se garantir mais leitores) ou que, na melhor das hipóteses, as notícias sobre o "infame mercado" resultavam inoportunas pelo fato de serem publicadas justamente à véspera das subscrições do empréstimo de guerra, refreando os impulsos a contribuir.[69] Ferozes polêmicas surgiram também em relação a supostas cumplicidades de alguns cônsules, particularmente do operante em Porto Alegre, Giovanni Battista Beverini, do qual *La Patria Italo-Brasiliana* esperava palavras esclarecedoras sobre a questão das dispensas, insinuando que ele tivesse sido convocado pelo embaixador da Itália no Rio para se justificar e para receber comunicação de sua substituição. A volta de Beverini ao Rio Grande do Sul e os festejos com que foi recebido permitiram a uma folha rival atacar o *La Patria Italo-Brasiliana* por todas as críticas ferozes que tinha lançado contra o representante diplomático, incluída a notícia que as calorosas acolhidas tivessem sido financiadas com fundos desviados do comitê *Pro Patria* de Porto Alegre.[70]

Além dos ataques e contrataques, permanecia o fato de que a elite estivesse, por uma ou outra razão, quase sempre ausente dos campos de batalha, enquanto eram as classes populares as que davam a contribuição maior, superior ao seu peso estatístico na composição da coletividade. E as folhas operárias tiveram poucas dificuldades em evidenciar a situação. Assim, o anarquista *Guerra Sociale* atacava duramente quem "gritava contra a covardia dos outros. E o que poderia se falar de todo o heroico corpo dos profissionais italianos, que respondeu, normalmente, ao apelo da pátria, aconselhando os outros a partirem?".[71] E o socialista *Avanti!* reforçava:

---

69 Entre os jornais que defenderam essas posições: *L'Italia* e *Stella d'Italia* de Porto Alegre; *La Civiltà Latina* de São Paulo; e *La Patria degli Italiani* de Itapira. Entre os acusadores das comissões, além do *Fanfulla*, *Il Piccolo* de São Paulo e o *D'Artagnan Coloniale* e *La Patria Italo-Brasiliana* de Porto Alegre.

70 "Lettera semi-chiusa all'ill. Sr. G. B. Beverini, Cav. Uff. e membro di tutte le società alemanne", *La Patria Italo-Brasiliana*, 5.8.1916; e "Uno che la sa lunga" e "Una freccia spuntata", *L'Italia*, 11.11.1916.

71 Acratibis, "Per la patria", *Guerra Sociale*, 9.10.1915.

"Dos componentes dos vários Comitês *Pro Patria* é difícil encontrar alguém, a não ser os bastante idosos, que não seja renitente ou desertor".[72]

O desencantamento

Independentemente da propaganda de classe, era evidente que o clima de entusiasmo e de mobilização inicial havia cedido espaço a uma certa dose de difidência e ao surgimento de uma quantidade de dúvidas pelo menos no que dizia respeito à duração da guerra, decepção essa que foi fortemente aguçada pelo desbaratamento de Caporetto e pela invasão austríaca. Partindo de algumas referências presentes nas folhas operárias já em meados de 1915, essa desafeição foi se transformando em decidida oposição, principalmente na capital do estado de São Paulo, desde 1916, em particular nos bairros populares habitados por imigrados peninsulares. Mas indícios tinham sido colhidos já anteriormente pelas publicações mais atentas que não eram de esquerda, que, mesmo antes que terminasse o ano de 1915, viram-se obrigadas a informar seus leitores da "multiplicação (até nos banheiros públicos) de escritas nos muros contrárias à participação no conflito e, sobretudo, aos sacrifícios dos italianos de São Paulo feitos em seu nome",[73] embora fossem apresentadas com parcimônia e contestando sua razão de ser.

E se os comícios a favor da paz organizados pelas forças proletárias obtinham um sucesso limitado, os semanários daquelas tendências podiam ironizar os que eram preparados com cuidado pela frente nacionalista por causa de uma afluência bem menor que a esperada. A frente de classe italiana, que no passado fora bastante forte principalmente em São Paulo, em particular na sua vertente anarquista e sindicalista, continuou se fazendo presente desde a intervenção de Roma na guerra. Já em 1914, socialistas, libertários e republicanos promoveram uma manifestação para as vítimas, os presos e os condenados da Semana Vermelha (quando os carabineiros mataram em Ancona alguns dos participantes de uma marcha antimilitarista, desencadeando a resposta dos proletários de várias zonas da península, duramente reprimida) e providenciaram também a saída de um número único de reconstrução dos acontecimentos fatais e em memória dos mortos.[74]

---

72 "Il patriottismo di lor signori", *Avanti!*, 12.1.1917.

73 "Piccoli inconvenienti di guerra", *Fanfulla*, 4.11.1915.

74 *Pro Vittime Politiche d'Italia*, número único de 29.7.1914.

Desde o momento em que Viena lançou seu ultimato à Sérvia até a entrada em guerra da Itália, a imprensa operária em idioma italiano foi representada unicamente pelo semanário *Avanti!*, que, mesmo continuando a denunciar situações insustentáveis na vida e na sociedade brasileira, sobretudo no plano social, e a publicar correspondências do interior do estado de São Paulo e a crônica municipal de sua capital, não se esquivou de combater o conflito europeu. Nessa ótica, apressou-se a protestar contra a conferência intervencionista do começo de abril promovida por um comitê que se formara às pressas e que pretendia falar em nome da coletividade, fingindo ignorar que existia na Itália uma faixa majoritária do país contrária ao envolvimento,[75] organizando logo depois, no dia 1° de maio, uma grande manifestação de orientação oposta e dando origem a uma passeata que se deteve em frente da redação do *Fanfulla*, gritando palavras de ordem contra a guerra.

Para reforçar a circulação de ideias pertencentes à tradição antimilitarista e internacionalista da esquerda, interveio, mais tarde, quando já Roma entrara em campo, a publicação do semanário anarquista *Guerra Sociale*, que na própria escolha do título sugeria como o evento bélico estava enquadrado como possível provocador de outro tipo de conflagração. Nascido em setembro de 1915, o periódico hospedava, ao contrário do *Avanti!*, vários artigos em português (e alguns também em espanhol) e repreendia seu grupo libertário e os anarquistas em geral por não terem sido capazes de contrastar a difusão do veneno nacionalista, convidando-os a superar as divergências e a desenvolver uma ação comum. Os dois jornais operários empenharam-se muito, obviamente, em expor as razões de sua aversão à guerra, que era considerada, como assinalava a esquerda na península, uma lógica consequência da situação política, econômica e social criada pelo regime capitalista, com sua superprodução, seu colonialismo, seu imperialismo, seu militarismo, sua luta pela hegemonia mundial e sua necessidade de desviar o povo de fermentos revolucionários.

Os jornais proletários teimavam em declarar que o conceito de pátria fazia parte da bagagem ideológica da burguesia e principalmente *Guerra Sociale* argumentava que a própria terra era aquela onde se vivia e se trabalhava.[76] Por conseguinte, e mais uma vez de forma mais evidente e até brutal

---

75 "Basta di speculare nel nome della colonia", *Avanti!*, 2.4.1915.

76 Entre os tantos exemplos, ver o primeiro número de *Guerra Sociale* de 11.9.1915 e, mais particularmente, os artigos de Gigi Damiani, "Abbasso la patria", e de Martino Stanga, "Patriottismo borghese e patriottismo proletario". Tal insistência demonstrava, de qualquer forma, que o chamado da pátria conseguira, evidentemente, sacudir os ânimos das classes populares e irá

no campo anarquista, rejeitava-se qualquer apelo à italianidade (falando de "trapo tricolor").[77] Por conta deles, os jornais politicamente posicionados na frente oposta lançavam insultos e publicavam com grande destaque as posições de exponentes do movimento operário na península e no mundo que haviam se pronunciado a favor do conflito. E embora as folhas de esquerda contra-atacassem argumentando que "falar de jornalismo colonial é como falar de banditismo",[78] o tema não deixava de ser sentido pela própria imprensa proletária. E se em 1914 folhas anarquistas achavam ter o direito de se arremessar contra exponentes socialistas intervencionistas na Itália, em particular contra Alceste De Ambris, que no Brasil vivera por algum tempo em duas épocas diferentes,[79] posteriormente advertiram a necessidade de admitir que, inclusive entre suas fileiras, haviam se registrado defecções, mas insistindo que tais posições defendiam uma causa que não era a do proletariado e um conflito que não pertencia à frente de classe.

Apesar de o *Fanfulla* denunciar, em agosto de 1915, o perigo de que um grande número de compatriotas pudesse não cumprir o próprio dever por inércia, por ceticismo "ou por uma propaganda contra a guerra feita com leviandade por quem não soube medir suas consequências",[80] no início os tons da polêmica que o jornalismo nacionalista lançou contra o movimento operário imigrado mantiveram-se pacatos. Muito menos o foram os dos jornais dessa última tendência contras seus companheiros de fé passados para as fileiras nacionalistas, principalmente quando se tratava de trânsfugas particularmente atacados no passado, como o ex-socialista Antonio Piccarolo. Tons muito duros contra quem traíra a fé internacionalista, esmigalhando certezas consolidadas, foram utilizados também pelos libertários contra seus ex-militantes, principalmente se figuravam nas listas dos que partiam para a frente de batalha. Menor raiva era reservada pelos socialistas contra aqueles que tinham virado a casaca, mas que podiam mostrar um passado de membros ativos do movimento, como Alcibiade Bertolotti, já diretor do primeiro jornal dessa tendência surgido no Brasil – *Il Messaggero*, de 1891 – e depois secretário do Comitê *Pro Patria* de São Paulo. Ao ex-diretor do

---

continuar fendendo certezas também nos anos seguintes, tanto assim que um dos últimos periódicos libertários italianos de São Paulo sentia a necessidade de reafirmar que a terra de cada um era a que ele cultivava, e não aquela na qual enfiava-se a haste de uma bandeira. Andrea Dolci, "Lasciate i morti seppellire i morti", *Alba Rossa*, 29.3.1919.

77 "Per una protesta non avvenuta", *Guerra Sociale*, 30.9.1916.

78 *Avanti!*, 24.7.1915.

79 Breve escrito sem título, *La Lotta Proletaria*, 3.10.1914.

80 "Echi", *Fanfulla*, 3.8.1915.

Avanti!, Donato Donati, membro do Comitê *Pro Patria* e secretário da Sociedade Dante Alighieri, de Belo Horizonte, foi até mesmo concedido espaço nas páginas do jornal para ilustrar suas motivações, embora rejeitando-as.[81]

Empenhados sempre em desestimular os companheiros a doar dinheiro a favor de organizações que apoiavam a guerra,[82] os anarquistas lançavam subscrições – o avesso da medalha daquelas nacionalistas – para sustentar seu semanário e publicavam colunas ("Medalhões de guerra", sobre os que a haviam desencadeado, "Anjos e santos" sobre os intervencionistas que tinham ficado no Brasil) e contrapunham os próprios heróis (Gaetano Bresci, Sante Caserio, os mortos de Chicago) aos tombados, mesmo de boa-fé, no conflito. Obrigados a uma posição defensiva pela mobilização favorecida pela predicação dos jornais rivais, os de classe se convidavam um ao outro a deixar de lado as discórdias e a achar linhas de ação comuns, operação, aliás, que já no passado fora tentada sem sucesso.[83] Assim, em final de 1915, o *Avanti!* lançou a proposta de um acordo "sem pedir nem oferecer renúncias", não tanto em tema de organização do proletariado, por causa da diversidade de posições, mas para empreender conjuntamente iniciativas de oposição à guerra, proposta à qual *Guerra Sociale* respondeu positivamente no começo, mas hospedando também, em suas páginas, rígidas recusas de uma parte da redação e as diatribes continuaram pelo ano de 1916 inteiro, salvaguardando, porém, as relações de amizade entre os contendentes.[84] Totalmente previsíveis resultavam os ataques aos Comitês *Pro Patria*, por causa da insuficiência dos subsídios, e as denúncias sobre a corruptibilidade das comissões médicas.[85] Os jornais operários incitavam, portanto, os reservistas a não partir, minimizando os perigos de tal decisão, que, de qualquer forma, eram certamente muito menores dos que corriam aqueles que iam combater. Deve ser dito que esse compromisso contra a guerra não enfraqueceu a luta contra o desemprego e a carestia, iniciada em 1914.

---

81 Donato Donati, "I socialisti e la guerra" e a réplica da redação, "L'azione dei socialisti contro la guerra", *Avanti!*, 19.9.1914.

82 "Non date niente!", *Guerra Sociale*, 30.12.1916.

83 "Per una azione contro le cause e gli effetti della crisi", *Avanti!*, 23.5.1914.

84 Para as diferentes posições dentro de *Guerra Sociale* e para as mudanças de atitude no decorrer do tempo, ver Gigi Damiani, "Per un'intesa tra socialisti e anarchici", 27.11.1915; Acratibis, "Critica libertaria", 4.12.1915; Alessandro Cerchiai, "È possibile un accordo?", e Gigi Damiani, "Per un'intesa che nasce male", ambos do dia 11.12.1915; e Gigi Damiani, "Uh, che putiferio!", 15.6.1916.

85 Até mesmo os atletas do Clube Esperia, era o comentário irônico, "fizeram-se declarar delgados de constituição e aleijados" (Mastr'Antonio [Alessandro Cerchiai], "Divagazioni", *Guerra Sociale*, 11.12.1915).

Para a imprensa nacionalista, o ingresso dos Estados Unidos na guerra traduziu-se numa injeção de vigor, e quando o Brasil decidiu romper as relações diplomáticas com a Alemanha e a Áustria, todos os jornais exultaram, e alguns lamentaram que nenhum outro governo do subcontinente tivesse seguido o exemplo do Rio e da Havana. Perplexidades sobre essa decisão manifestaram, ao contrário, as duas publicações operárias, na hipótese, plausível, de que o Brasil chegaria a dar o passo seguinte, o da declaração da guerra, considerando que o país não tinha os meios e talvez nem as justificações para chegar a isso. "Não basta apelar a Rui Barbosa, as suas não são outra coisa senão belas frases."[86]

Pelo contrário, era justamente essa a solução a favor da qual eram os periódicos adversários, que, entre outras coisas, aumentaram de forma significativa a publicação de artigos favoráveis à Itália extraídos de jornais brasileiros. E quando o Rio se decidiu, eles aplaudiram o gesto de coragem de outubro de 1917, destacando sua oportunidade não somente ética e política, mas também econômica, pois a Europa, terminada a deflagração, estaria faminta de matérias-primas das quais o Brasil era rico. Quase imediatamente, tais periódicos pediram às empresas de italianos (mas também de outras nações aliadas) para demitir seus empregados de cidadania germânica e para fechar as escolas alemãs e houve quem considerou também necessário que se tirasse toda força ao elemento teutônico "cloroformizando nossas teclas sensíveis e sepultando qualquer piedade".[87]

A comum condição de beligerantes induziu algumas folhas a esperar que pudesse se fechar um acordo entre os dois governos para obrigar os renitentes e os desertores italianos a partir. Um encontro foi realizado em novembro de 1917 entre o chefe da legação da Itália, Locatelli, e o ministro das Relações Exteriores brasileiro, Nilo Peçanha, e, embora desse colóquio não tenha saído nenhuma medida concreta, isso não gretou o sentimento de gratidão pela decisão da sociedade acolhedora de entrar na luta, tanto que o *Fanfulla* se aventurou a abrir uma enésima subscrição para doar um avião ao Aeroclube Brasileiro, iniciativa que foi replicada pelo *Fieramosca*, de Belo Horizonte, para presentear com um avião o estado de Minas Gerais.[88] Em São Paulo, a iniciativa foi generosamente apoiada pela coletividade, e a tal ponto que, por causa da extraordinária soma arrecadada, o diário decidiu

86 "Il Brasile e la guerra. Dopo la minaccia tedesca", *Avanti!*, 12.2.1917.

87 g. b., "La valanga", *Pro Patria*, 27.11.1917.

88 "Per l'aeroplano", *Fieramosca*, 3.2.1918. Para o *Fanfulla*, ver "Il dono di un aeroplano all'Aéreo Club Brasileiro. Una proposta della Colonia italiana", 28.12.1917.

aumentar a oferta, passando para uma inteira esquadrilha para dar uma dimensão de massa à solidariedade ítalo-brasileira. Toda a operação não conseguiu ser levada a cabo, pois a necessidade de aviões não permitiu à indústria peninsular desviar um só deles das necessidades bélicas. De qualquer forma, as relações entre os dois países a partir da metade de 1917 foram caracterizadas, como era lógico, pela máxima cordialidade, exemplificada, em junho de 1918, pela chegada de uma missão comercial chefiada pelo parlamentar Vito Luciani[89] e pela decisão do governo de Roma, em setembro do mesmo ano, de transformar a legação da Itália em embaixada.

As mobilizações operárias

O ano de 1917 representou um momento crítico para o Brasil, que teve de enfrentar graves sublevações sociais, em particular na cidade de São Paulo, e igualmente crítico no que se refere à tão exibida sintonia entre elite econômica e proletariado imigrados em nome da italianidade. Em relação a esse último ponto, não estou me referindo tanto à repetida circulação, por parte de jornais operários, de notícias relativas ao duro destino que esperava os que voltavam da Itália, às vezes inválidos e mutilados, após as muitas promessas de reintegração em seus cargos de trabalho feitas por comerciantes e empresários industriais,[90] mas principalmente às grandes agitações operárias e populares, normalmente alimentadas por essas publicações periódicas e não somente italianas. Uma primeira esfera de alianças entre anarquistas e socialistas delineou-se em torno da campanha desatada por *Guerra Sociale* contra a exploração de menores e – infringindo sua linha ideológica – a favor de uma intervenção da legislação que regulasse e limitasse o horário de trabalho dos pequenos trabalhadores e estabelecesse também uma idade mínima, convidando a sociedade inteira a apoiar a mobilização. Além dos

89 A missão foi acolhida entusiasticamente em alguns estados do Brasil, quer nos grandes quer nos pequenos centros urbanos, embora com cerimônias de diferentes graus de fastosidade. Citamos, como exemplo, o que se registrou no Rio Grande do Sul: "Em Porto Alegre triunfou o luxo, a grandiosidade, a etiqueta rígida e oficial. Em Caxias brilhou a ampla organização, a precisão e a pompa. Em Bento Gonçalves venceu o coração". "Bento Gonçalves e la trionfante accoglienza all'Ambasciata italiana", *Il Corriere d'Italia*, 16.8.1918.

90 *Guerra Sociale* ilustrava, por exemplo, o caso de um ex-combatente que, após ter se dirigido às indústrias Matarazzo, ao Comitê *Pro Patria* e ao consulado, não conseguira obter um trabalho digno e fora obrigado a aceitar um emprego de varredor no hospital Umberto I. "La sorte di quelli che tornano", 23.6.1917.

empresários, o semanário culpava pela situação também os pais que jogavam os filhos "na goela do monstro", mesmo se gabando de serem "proletários conscientes".[91] Era natural que tal palavra de ordem, que levou ao nascimento de um Comitê de Agitação Popular, recebesse o apoio e a colaboração de fato do *Avanti!*, que porém repreendia o colega por ter tentado envolver todas as pessoas de bom coração, permitindo, de tal forma, que na batalha confluíssem elementos muito distantes no plano social e político, dos maçons aos sacerdotes, deslizando "no terreno escorregadio do sentimentalismo".[92] A agitação foi se alargando com rapidez, envolvendo inclusive alguns jornais não operários, dos quais o principal foi *La Civiltà Latina*, que negou veementemente tratar-se de uma manobra de ação subversiva, sendo, pelo contrário, uma "lei elementar da humanidade", chamando em causa o próprio Zola.[93]

Outra temática que unia a imprensa operária e que encontrava grande adesão era a da carestia, isto é, do encarecimento do custo de vida, atribuída à inação do Estado e à avidez patronal.[94] Nas páginas dos periódicos de classe de São Paulo, mesmo brasileiros, encontravam-se contínuas acusações a comerciantes por terem acaçapado mercadorias para manter altos os preços no mercado e aos empresários por terem obtido lucros fabulosos conservando o nível de salários de seus empregados sob patamares ínfimos, enquanto o custo de vida continuava aumentando todos os dias, principalmente os dos bens de primeira necessidade.[95] Mas os dois jornais operários em língua italiana insistiam também sobre o suplemento de exploração dos empresários peninsulares, que aumentavam as dificuldades econômicas dos trabalhadores através da imposição (embora formalmente se tratasse de contribuições voluntárias) a seus operários compatriotas (isto é, à maioria do proletariado), mas também a seus empregados brasileiros, das subscrições a favor dos Comitês *Pro Patria*.

Sobre essas questões, mas sem se deter sobre a exploração patriótica e sobre o embate entre empresários e mão de obra peninsulares, exprimiam-se, condenando o fenômeno, algumas folhas nacionalistas, que se colocavam ao lado dos proletários nas reivindicações de aumentos salariais e nas

---

91 "Infanzia torturata", *Guerra Sociale*, 3.3.1917.

92 Concordava, porém, sobre as responsabilidades dos pais, embora concluísse que eles eram "mais ignorantes do que perversos" ("L'agitazione popolare contro lo sfruttamento minorile", *Avanti!*, 7.4.1917).

93 "Una santa campagna", *La Civiltà Latina*, 24.3.1917.

94 Gigi Damiani, "Ruit hora", *Guerra sociale*, 7.7.1917.

95 "Alla mercè dei ladri", *Avanti!*, 7.4.1917.

denúncias dos lucros enormes decorrentes do clima de guerra. O *Fanfulla* foi, entre esses periódicos, um dos que mais se empenharam na exposição das causas das péssimas condições de vida e de trabalho das classes populares e incitou os operários a pedir aumentos, censurando os industriais pelas duras recusas opostas a essas reivindicações; mas só episodicamente foi denunciado, em toda essa imprensa, o peso que tinham as contínuas subscrições, embora em alguns artigos fosse possível encontrar a constatação de que não se tratava da doação de poucos trocados, de como o número das arrecadações aumentava a cada dia e de como o aporte dos que menos tinham foi, nessas oblações, conspícuo.

Uma questão que, pelo contrário, encontrou em campos decididamente opostos jornais de classe e os demais, em 1917, foi a Revolução Russa. Os primeiros a saudaram com entusiasmo, incluindo as folhas anarquistas, que continuaram a expressar juízos que até 1920 continuaram pelo menos indagadores, ou mesmo triunfalistas.[96] A imprensa em língua italiana rival expressou opiniões positivas sobre a substituição do regime na Rússia em fevereiro de 1917, inclusive para celebrar o fim de alianças embaraçosas, como era a do czar. A situação mudou com a Revolução de Outubro e, especialmente, com o Tratado de paz de Brest-Litovsk, momento a partir do qual mesmo os jornais que haviam utilizado tons de apreciação anteriormente começaram a atacá-la veementemente.

O que aconteceu na Rússia era tomado como exemplo para reforçar a convicção anarquista de que o período bélico podia se transformar em explosão revolucionária, no caso do Brasil partindo do despertar e dos rumores que começavam a serpejar em meio ao proletariado de São Paulo, alimentando protestos, agitações e greves setoriais. Perante a esse clima de agitação, *Guerra Sociale* criticava os socialistas, que se comportavam – como sempre destacava – como "apóstolos, um tanto por mês, da ação subversiva em pequenas doses", e aquela parte dos anarquistas que, nutrindo dúvidas sobre a preparação das massas, reputava difícil que a situação pudesse ser canalizada em direção a desembocaduras revolucionárias.[97] A situação explodiu em maio de 1917, quando entraram em greve os operários de uma fábrica justamente de um empresário italiano, o Cotonifício Crespi. Para enfrentar a intransigência patronal, a imprensa proletária veiculou os apelos à solidariedade dirigidos a todos os trabalhadores de São Paulo e promoveu subscrições para apoiá-los. Aquela greve acabou por gerar outras,

96 "Bakunin que corrige Marx" podia-se ler em "Il Soviet", *Alba Rossa*, 3.4.1919.

97 G[igi] D[amiani], "Vigilia d'armi. Che fare?", *Guerra Sociale*, 13.1.1917.

que se avultaram até que se chegou à greve geral. *Guerra Sociale* e o *Avanti!* sublinharam mais de uma vez que uma das condições principais para voltar ao trabalho era, em muitos estabelecimentos, a supressão da contribuição *Pro Patria*, condição, essa, à qual foi obrigada a relatar também a imprensa nacionalista.

A abstenção geral teve, entre suas consequências, a de fortalecer a aplicação da lei de 1907 de expulsão dos estrangeiros subversivos, praxe que provocou a previsível condenação das folhas operárias, mas também de uma parte não desprezível dos outros periódicos em língua italiana, não tanto por simpatia pelos que consideravam pregadores de caos e anarquia, mas por causa da negação do *habeas corpus* aos acusados e pela inconstitucionalidade daquela norma do código, posto que aos estrangeiros eram garantidos os mesmos direitos que aos nativos. O ataque à magistratura foi sendo motivado também pelo fato de que ela não examinou provas e testemunhos contrários, baseando-se unicamente nos relatórios policiais, abrindo o caminho para novas violências e novas expulsões. Mais alinhados, outros jornais afirmavam que o Brasil, mesmo tendo o direito de se livrar dos subversivos, deveria evitar os abusos que a lei permitia.

Embora a greve tenha se difundido em outros estados, foi em São Paulo que ela teve maior intensidade e participação, tanto assim que foi lá que surgiu um Comitê de Defesa Proletária constituído por seis pessoas, das quais quatro estrangeiras (três italianos – Cenci, Damiani e Monicelli, estes últimos diretores, respectivamente, de *Guerra Sociale* e do *Avanti!* – e um português, Candeias Duarte). A eles foi confiada a tarefa de se encontrar com uma comissão de jornalistas (e também nesse caso faziam parte dela dois italianos, Serpieri e Mazzoldi, diretores do *Fanfulla* e de *Il Piccolo*) para chegar a um acordo entre proletários, autoridades do Estado e empresários, que foi efetivamente estipulado, mas cujos termos nunca foram respeitados, assim como as conquistas arrancadas pelos operários. Dali a pouco, estado de sítio e censura encarregaram-se de levar novamente tudo à normalidade e comportaram também o fechamento, em setembro, do *Guerra Sociale* e no mês seguinte, do *Avanti!*.[98]

Apesar disso, denúncias de expulsões continuaram a ser feitas pelos jornais não de classe em 1919, ano de novas imponentes agitações no Brasil, que pegaram totalmente de surpresa outra folha anarquista que surgiu justamente naquele ano e que propunha abolir o trabalho assalariado e distribuir

98 Sobre a atuação dos socialistas italianos em 1917 em São Paulo, ver o importante estudo de Biondi (2011, p.315-77), e o livro de Biondi e Toledo (2018).

todas as terras de domínio público aos camponeses para fundar colônias agrícolas.[99] Mas a imprensa italiana no Brasil no pós-guerra dedicou-se, principalmente, a contestar os resultados da Conferência de Paz iniciada em Versalhes em janeiro e a atacar os ex-aliados. Na península, propagou-se, de fato, a palavra de ordem da "vitória mutilada", que sintetizava a profunda decepção pelo que a Itália conseguira obter. Em perfeita sintonia, os jornais lamentavam que não tivessem sido entregues à "mãe-pátria", apesar das promessas feitas pela França e pela Inglaterra para induzi-la a entrar na guerra, todos os territórios aos quais sentia ter direito no litoral adriático por causa da forte presença neles de população de língua italiana. E houve até mesmo quem chegasse a enredar improváveis comparações históricas com o Congresso de Viena de 1815, que marcara a volta do absolutismo, com a Conferência de Paris, que deveria teoricamente restabelecer a liberdade, mas que, pelo contrário, parecia que estava se reduzindo a um embate entre interesses nacionalistas, às custas da Itália, que os ex-aliados haviam decidido, com impiedosa ingratidão, não premiar pelos desmedidos esforços feitos entre 1915 e 1918.[100]

O político mais alvejado, também com caricaturas e vinhetas, principalmente em *Il Pasquino Coloniale*, foi Woodrow Wilson, cujo suposto idealismo reduzia-se a "uma mera questão de dólares".[101] Passando por cima da figura do presidente dos Estados Unidos, mesmo folhas muito progressistas insistiam sobre o fato de que a paz de Paris havia, claro estava, tornado menos perigosa a Áustria, mas o lugar dela no mar Adriático fora entregue à Iugoslávia e aquele espelho de água era demasiado pequeno para que, nas suas margens, pudessem conviver duas grandes potências. Somente o redivivo (mas por pouco tempo) *Avanti!* preferiu se deter sobre as consequências econômicas de um conflito que na Itália provocara meio milhão de mortos camponeses e proletários.[102]

Os últimos ecos da Primeira Guerra Mundial foram reservados à ocupação, em setembro de 1919, da cidade de Fiume – habitada prevalentemente por italianos e posta sob controle internacional – por iniciativa de um grupo de voluntários e de militares rebeldes chefiados pelo poeta

99 "La nostra missione", *Germinal*, 17.5.1919. Esse mesmo periódico previa que o regime capitalístico italiano estava prestes a desmoronar dentro de seis meses ("Verso lo sciopero internazionale o la rivoluzione", 12.7.1919).

100 Doctor Alfa [Antonio Piccarolo], "Il problema dell'ora presente", *La Rivista Coloniale*, 31.3.1919.

101 "Pace!", *La Nuova Italia*, 31.12.1919.

102 Aviso no primeiro número do *Avanti!* após a retomada das publicações, 21.10.1919.

Gabriele D'Annunzio, que proclamou sua anexação à Itália. O episódio foi apresentado por grande parte da imprensa nacionalista como uma chantagem, para muitos obrigatória, a uma classe política que, mesmo temendo as ameaças dos ex-aliados de interromper o abastecimento de matérias-primas e maquinários, não se atrevia a tomar medidas repressivas que a opinião pública contrastaria.[103] Seguindo esse esquema, defendia-se com veemência que em Fiume a honra e a dignidade da pátria ainda eram capazes de superar a inépcia parlamentar e governativa[104] e não era raro que as razões da legitimidade do intento fossem expostas em português, inclusive por parte de jornalistas brasileiros, lembrando que a Itália estava simplesmente reagindo a uma avareza "só comparável ao que o judeu Schylock pretendeu talhar no peito de Antonio".[105] A aventura durou quinze meses e induziu até mesmo um jornal que pouco espaço havia reservado à guerra a instituir uma coluna fixa dedicada a ela, tendo, porém, a advertência, na publicação de uma mensagem do poeta, de admoestar seus leitores de que, em breve, todos se dariam conta de que o gesto de D'Annunzio "será como sempre poeticamente resolvido. Pois é, tudo é poesia nesse mundo".[106] Após a assinatura do pacto entre o novo governo de Giolitti e a Iugoslávia, que reconhecia à Itália Trieste, Gorizia, Ístria e Zara, deixando Fiume como cidade livre, as tropas peninsulares atacaram a cidade e a expedição de D'Annunzio retirou-se. Daquele momento em diante, e principalmente a partir de 1922, uma parte consistente dos jornais em idioma italiano no Brasil encontrou outro objeto do desejo, mesmo devendo por isso renegar suas convicções do passado: o fascismo, mas, sobretudo, Benito Mussolini.

Bibliografia

ARAÚJO, Silvia Maria Pereira de; CARDOSO, Alcina Maria de Lara. Italianos no Brasil ou a pátria recriada. In: BONI, Luís Alberto de (org.). *A presença italiana no Brasil*: Quem somos! Itália viva! Um futuro que vem de longe. Porto Alegre/Torino: Escola Superior de Teologia/Fondazione Giovanni Agnelli, 1987. v.I, p.333-44.

ARIGONI, Arturo; BARBIERI, Santino (ed.). *Gli Italiani in Sud America e il loro contributo alla guerra*. Buenos Aires: Arigoni e Barbieri, 1922.

---

103 Robur, "La situazione attuale dell'Italia", *Città di Caxias*, 14.12.1919.

104 Rusticus [Paolo Mazzoldi], "24 Maggio", *Il Piccolo*, 24.5.1920.

105 Coelho Neto, "A vitória do poeta", *Rivista Italia-Brasile*, set. 1919.

106 "Messaggio di Gabriele D'Annunzio al popolo italiano", *Staffetta Rio-Grandense*, 6.5.1920.

BAILY, Samuel L. The role of two newspapers in the assimilation of italians in Buenos Aires and São Paulo, 1893-1913. *International Migration Review*, Center for Migration Studies, Staten Island, v.XII, n.3, p.321-40, 1978.

BERTAGNA, Federica. *La stampa italiana in Argentina*. Roma: Donzelli, 2009.

BIONDI, Luigi. *La stampa anarchica italiana in Brasile, 1904-1915*. Tesi di laurea, Roma, La Sapienza, 1994-1995.

_______. Anarquistas italianos em São Paulo. O grupo do jornal anarquista *La Battaglia* e sua visão da sociedade brasileira: o embate entre imaginários libertários e etnocêntricos. *Cadernos AEL*, Arquivo Edgar Leuenroth, Campinas, 8/9, p.117-47, 1998.

_______. *Classe e Nação:* trabalhadores e socialistas italianos em São Paulo, 1890-1920. Campinas: Editora da Unicamp, 2011.

_______; TOLEDO, Edilene. *Uma revolta urbana*: a greve geral de 1917 em São Paulo. São Paulo: Fundação Perseu Abramo, 2018.

CONSOLMAGNO, Marina. *Fanfulla*: perfil de um jornal da colônia. Dissertação de Mestrado, FFLCH-USP, São Paulo, 1993.

COSTA, R. A imprensa católica nas colônias italianas. In: DAL BÓ, Juventino; HORN, Luiza; MACHADO, Maria Beatriz Pinheiro (org.). *Imigração italiana e estudos ítalo-brasileiros*. Caxias do Sul: Educs, 1999. p.492-500.

DESCHAMPS, Bénédicte. Echi d'Italia. La stampa dell'emigrazione. In: BEVILACQUA, Piero; DE CLEMENTI, Andreina; FRANZINA, Emilio (org.). *Storia dell'emigrazione italiana*. Roma: Donzelli, 2002, v.2, p.313-34.

DORE, Grazia. *L'emigrazione italiana e la democrazia in America*. Brescia: Morcelliana, 1964.

FELICI, Isabelle. *Les Italiens dans le mouvement anarchiste au Brésil, 1890-1920*. Tese (Doutorado em Sciences de l'Homme et Société) – Université de la Sorbonne Nouvelle Paris 3, Paris, 1994.

FERREIRA, Maria Nazareth. *A imprensa operária no Brasil, 1880-1920*. Petrópolis: Vozes, 1978.

FRANZINA, Emilio. La guerra lontana. Il primo conflitto mondiale e gli italiani d'Argentina. *Estudios Migratorios Latinoamericanos*, CEMLA, Buenos Aires, v.15, n.44, p.57-84, 2000.

_______. Un fronte d'oltreoceano. Italiani del Brasile e italo brasiliani durante il primo conflitto mondiale. In: CORÀ, Vittorio; POZZATO, Paolo (org.). *1916: la Strafexpedition*: gli altipiani vicentini nella tragedia della Grande Guerra. Udine: Gaspari, 2003. p.226-47.

_______. *A história (quase verdadeira) do soldado desconhecido*. São Paulo: Martins Fontes, 2016.

GIRON, Loraine. Slomp. *As sombras do Littorio*: o fascismo no Rio Grande do Sul. Porto Alegre: Parlenda, 1994.

LUCA, Tania Regina de; GUIMARÃES, Valéria (org.). *Imprensa em língua estrangeira publicada no Brasil*: primeiras incursões. São Paulo: Rafael Copetti Editor, 2017.

POZENATO, Kenia Maria Menegotto; GIRON, Loraine Slomp. I giornali italiani nel Rio Grande do Sul. *Altreitalie*, Fondazione Giovanni Agnelli, Torino, n.31, p.122-35, 2005.

PRENCIPE, Lorenzo (org.). La stampa dell'emigrazione italiana. *Studi Emigrazione*, Fondazione Studi Emigraione, Roma, 2009.

SALVETTI, Patrizia. Il movimento migratorio italiano durante la Prima Guerra Mondiale. *Studi Emigrazione*, Fondazione Centro Studi Emigrazione, Roma, v.XXIV, n.87, p.282-94, 1987.

SERGI, Pantaleone. *Patrie di carta:* storia di un quotidiano coloniale e del giornalismo italiano in Argentina. Cosenza: Pellegrini, 2012.

_______. *Storia della stampa italiana in Uruguay*. Montevideo: Fondazione Italia nelle Americhe/La Gente d'Italia, 2014.

TOLEDO, Edilene. *Travessias revolucionárias*: ideias e militantes e sindicalistas em São Paulo e na Itália. Campinas: Unicamp, 2004.

TRENTO, Angelo. La nascita del Fanfulla: un foglio democratico al servizio della giustizia (1893-1895). *Novos Cadernos*, Istituto Italiano di Cultura, São Paulo, n.2, p.7-48, 1988.

_______. La stampa periodica italiana in Brasile, 1765-1915. *Il Veltro*, Il Veltro Editrice, Roma, v.XXXIV, n.3.4, p.301-16, 1990.

_______. "Wherever we work, that land is ours": the Italian anarchist press and working-class solidarity in São Paulo. In: GABACCIA, Donna R.; OTTANELLI, Fraser M. (ed.). *Italian workers of the world*: labor migration and the formation of multiethnic States. Chicago: University of Illinois Press, 2001. p.102-20.

_______. Representação e papel da mulher na imprensa anarquista italiana no Brasil, 1890-1920. In: SANTOS, Eugénio dos (org.). *Actas do XII Congresso Internacional del AHILA*, vol.III, Porto: Faculdade de Letras da Universidade de Porto, 2003. p.279-87.

_______. *Imprensa italiana no Brasil, séculos XIX e XX*. São Carlos: EdUFSCar, 2013.

_______. A Itália em guerra: a coletividade imigrada e o Fanfulla de São Paulo durante o primeiro conflito mundial. *Escritos*, Revista da Fundação Casa de Rui Barbosa, Rio de Janeiro, ano IX, n.9, p.97-124, 2015.

_______. La prensa italiana en Brasil: el periódico *La Difesa*. In: GALINDO, Juan Antonio Garcia; ROMERO, Laura López (org.). *Los medios en lengua extranjera*: diversidad cultural e integración. Granada: Comares, 2018. p.169-82.

VALDUGA, Gustavo. *Paz, Itália, Jesus. Uma identidade para os imigrantes italianos e seus descendentes*: o papel do jornal *Correio Riograndense* (1930-1945). Porto Alegre: Ed. PUCRS, 2008.

Fontes

Jornais

Alba Rossa, São Paulo, 1919-1920
Avanti!, São Paulo, 1914-1919
Il Bersagliere, Rio de Janeiro, 1914-1917
Bollettino della Camera Italiana di Commercio ed Arti di S. Paolo (Brasile), São Paulo, 1914-1920
Bollettino di S. Antonio, Ribeirão Preto, 1914-1918
Bollettino Ufficiale della Croce Rossa Italiana, São Paulo, 1916-1918
Città di Caxias, Caxias do Sul, 1914-1920
La Civiltà Latina, São Paulo, 1916-1918
Il Colono Italiano, Garibaldi, 1914-1917
Il Corriere d'Italia, Bento Gonçalves, 1914-1920
Il Corriere Italiano, Rio de Janeiro, 1914-1917
D'Artagnan Coloniale, Porto Alegre, 1915

La Famiglia Latina, São Paulo, 1914
Fanfulla, São Paulo, 1913-1920
Fieramosca, Belo Horizonte, 1916-1919
Germinal, São Paulo, 1919
Il Giornale d'Italia, Rio de Janeiro, 1916-1920
Guerin Meschino Coloniale, São Paulo, 1915-1919
Guerra Sociale, São Paulo, 1915-1917
L'Italia, Porto Alegre, 1915-1918
L'Italiano, São Paulo, 1914-1920
La Lotta Proletaria, São Paulo, 1907-1909
Maciste Coloniale, Rio de Janeiro, 1917
Mondo Piccino, São Paulo, 1917-1919
La Nuova Italia, Rio de Janeiro, 1915-1920
La Nuova Urussanga, Urussanga, 1917-1918
Il Pasquino Coloniale, São Paulo, 1915-1920
La Patria degli Italiani, Itapira, 1915-1918
La Patria Italo-Brasiliana, Porto Alegre, 1916-1920
Il Piccolo, São Paulo, 1915-1920
La Propaganda Libertaria, São Paulo, 1914
Pro Patria, Vitória, 1915-1918
Pro Vittime Politiche d'Italia, São Paulo, 1914 (número único)
La Rivista Coloniale, São Paulo, 1914-1920
Rivista Italia-Brasile, Rio de Janeiro, 1919-1920
La Squilla, São Paulo, 1915-1919
Staffetta Rio-Grandense, Caxias do Sul, 1917-1920
Stella d'Italia, Porto Alegre, 1915-1917
Vita Coloniale, Florianópolis, 1917-1918
La Voce d'Italia, Rio de Janeiro, 1915-1916

La Scure – Giornale di Lotta (São Paulo, 1910): imprensa, imigração e circulação de ideias na construção de um sindicalismo transnacional

Edilene Toledo

La Scure – Giornale di Lotta[1] foi um jornal semanal em língua italiana, concebido e dirigido pelo militante sindicalista e jornalista italiano Alceste De Ambris, em seu segundo exílio no Brasil. Ele contou com a colaboração e o apoio, material e moral, de toda uma rede de militantes e amigos para a difícil tarefa de criar, imprimir e manter um jornal amplo, abrangente e bastante sofisticado na sua forma e conteúdo. *La Scure* foi fundado em São Paulo em 2 de abril de 1910 e teve o último número, de sua primeira fase, publicado no Rio de Janeiro em 23 de julho de 1910, pois a redação do jornal tinha se transferido para a então capital federal, junto com seu diretor, que foi ao encontro de um trabalho como jornalista, na agência de notícia Havas, e de seus irmãos que ali viviam, mas a administração do jornal permaneceu

1 *O Machado – Jornal de Luta*. A coleção quase completa desse jornal encontra-se no Arquivo Edgard Leuenroth da Universidade Estadual de Campinas. Os quinze números iniciais foram feitos sem interrupção de numeração, isto é, cada edição continuava a numeração da anterior, resultando no final 248 páginas, por causa da edição do Primeiro de Maio, que teve oito páginas a mais do que os demais números, todos com dezesseis páginas. A ideia, provavelmente, era que os números obtidos pelos leitores poderiam ser depois encadernados e conservados.

em São Paulo, principal centro da imigração italiana no Brasil, que nas décadas precedentes tinha recebido mais de 1 milhão de trabalhadores pobres da Itália, dirigidos, sobretudo, às fazendas de café paulistas, muitos dos quais se transferiram depois aos centros urbanos do estado e também à capital (Trento, 1988).

Mirando atingir, sobretudo, esses trabalhadores italianos, *La Scure* teve ao todo quinze números de dezesseis páginas nessa primeira fase, sobre a qual nos debruçamos, totalizando 240 páginas de intenso debate político e sindical tanto sobre a Itália quanto sobre o Brasil e outros países, como França, Estados Unidos, Argentina,[2] entre outros. Após alguns meses de interrupção, *La Scure* teve ainda outros quinze números, em formato menor, de apenas quatro páginas, totalizando mais sessenta páginas do jornal, um total geral de mais de trezentas páginas, nas quais se pode vislumbrar interessantes aspectos da história da imprensa, da imigração, da política e do sindicalismo transnacional.

O idealizador e diretor do *La Scure*, Alceste De Ambris, nasceu na Itália, na região da Toscana, em 1874. Quando o Partido Socialista Italiano foi fundado em 1892, ele se tornou ativo propagandista, participando da formação de inúmeros círculos na sua região. No ano seguinte, matriculou-se no curso de direito da Universidade de Parma. Ali estudantes e operários se juntaram nos protestos contra as guerras coloniais italianas na África. Viveu dois períodos relativamente longos no Brasil, de 1898 a 1903 e de 1908 a 1911.[3] A primeira vez, veio ao Brasil para escapar de uma condenação por deserção, porque não atendeu à convocação do exército para reprimir os protestos contra a carestia que ocorreram em 1898, protestos que foram rememorados no *La Scure*, com destaque para a violência do exército italiano que tinha disparado contra a multidão, matando mais de uma centena de trabalhadores, incluindo crianças.[4] De Ambris permaneceu no Brasil até 1903, quando

2 Da Argentina, enviava notícias o militante socialista Vincenzo Vacirca, que mais tarde se tornaria o diretor do jornal *Avanti!* de São Paulo.

3 Relativamente longos considerando que vários militantes tiveram passagens rápidas pelo Brasil, de onde foram logo expulsos ou decidiram partir.

4 "Pagine di Storia. Il Novantotto", *La Scure*, 26.6.1910, p.171. O texto apresentado no jornal era um trecho do livro de Arturo Labriola, *Storia di Dieci Anni (1899-1909)*, havia pouco publicado na Itália. De Ambris declarou no jornal ter recebido autorização da editora para a reprodução parcial do livro no *La Scure*, o que revela a conexão permanente de De Ambris com nomes importantes da política e do sindicalismo revolucionário italiano. Arturo Labriola foi um político socialista e sindicalista revolucionário importante na Itália. Participou ativamente tanto das revoltas de 1898 quanto da greve de Parma de 1908. Chegou a ser ministro nos anos que antecederam o fascismo.

voltou à Itália para escapar dessa vez de uma condenação por difamação por meio da imprensa. Voltou ao Brasil em 1908, vindo da França, onde tinha se refugiado fugindo da repressão que se seguiu à grande greve rural de Parma, da qual tinha participado ativamente e tinha sido o principal líder (Toledo, 2004).

O surgimento do *La Scure*, em São Paulo, em 1910, se insere num processo mais amplo de expansão dos impressos, particularmente dos periódicos, acompanhando o ritmo de desenvolvimento da cidade, que apresentava um crescimento populacional impressionante desde os anos 1890, sobretudo pelo afluxo de imigrantes italianos que fugiam das péssimas condições de vida e de trabalho nas fazendas de café. O processo social que transformou São Paulo (Rolnik; Frúgoli Jr., 2001), a ponto de alguns observadores falarem de uma refundação da cidade, passou também a configurar as publicações, através da introdução de novas temáticas, sujeitos e linguagens, ampliando socialmente os circuitos de difusão (Cruz, 2004, p.361). A história da imprensa em São Paulo no período estava, portanto, associada a três processos importantes e conectados que marcaram a cidade: a imigração, a industrialização e a urbanização. *La Scure* surgiu no período que Angelo Trento classifica como a época de ouro da imprensa em língua italiana no Brasil, 1900-1919, quando foram fundados mais da metade dos mais de oitocentos títulos que o autor conseguiu identificar (Trento, 2013).

Tomaremos aqui o *La Scure* como fonte e objeto de reflexão. Os meios de comunicação são, certamente, social e materialmente construídos (Williams, 2011). O uso da imprensa como meio de comunicação com os trabalhadores exigia habilidades adicionais como, obviamente, a escrita e a leitura. O jornal sindical e operário estabeleceu uma forma de comunicação nova e complexa entre militantes e trabalhadores. Já a partir da década de 1890, um projeto sindicalista revolucionário transnacional foi se construindo através da circulação de pessoas, de ideias, de formas de luta, de práticas e modelos de organização. Esse processo foi notável em vários países da Europa, nos Estados Unidos e também na América do Sul, e os impressos tiveram nele papel destacado.

A circulação de pessoas e ideias caracterizou, portanto, esse período da história do movimento operário. Os intensos deslocamentos espaciais, que se tornam evidentes quando estudamos as trajetórias individuais de militantes, mostram como a formação do sindicalismo como fenômeno transnacional foi favorecido pela circulação de ideias e práticas sindicais levadas pelos militantes de um país a outro. Essa circulação de ideias se dava também pela comunicação, com a propaganda que visava informar e criar redes de solidariedade entre trabalhadores de diferentes países. As lutas dos trabalhadores em cada país exerciam influência considerável sobre o comportamento dos trabalhadores de outros países, e essa comunicação se dava de uma maneira bem mais rápida do que podemos pensar, sendo alto o grau de mobilidade de pessoas e ideias. Parte considerável dos trabalhadores foi receptiva a essas ideias e práticas, que poderiam contribuir para a melhoria da sua vida cotidiana e apontar para a possibilidade de transformações mais amplas no futuro.

O uso do transnacional como instrumento conceitual cresceu muito entre os historiadores nos últimos anos, a ponto de ter se tornado para alguns uma moda, para outros uma verdadeira virada historiográfica, um *transnational turn* (Pasetti, 2016). Usado frequentemente como sinônimo de internacional, o transnacional pretende, porém, dar mais ênfase ao movimento, à circulação, à difusão de uma nação a outra, sendo mais apropriado como estratégia metodológica para tratar de fenômenos dinâmicos como as migrações e a circulação das ideias, sem perder de vista as inter-relações, as trocas e as influências recíprocas. O pressuposto é que os processos históricos são moldados pelo movimento de pessoas, mercadorias e ideias entre uma nação e outra. No centro da atenção dos historiadores estão não somente o resultado desses movimentos, mas os próprios movimentos em si e as redes dinâmicas entre as nações (Granja; Luca, 2018). Não se trata, certamente, de simples transferência, mas de traduções e transformações que são centrais nesses processos, pois o que sai de um lugar não chega nunca intacto em outro, sobretudo quando se trata de circulação de ideias, tradições culturais e experiências políticas. Como argumenta Pasetti: "A evolução da vida coletiva é condicionada também por processos e fenômenos que atravessam as fronteiras nacionais, gerando encontros e confrontos, influências e resistências" (Pasetti, 2016, p.23).

Assim, o conceito de transnacional também se torna fundamental para auxiliar na reflexão sobre a história do trabalho, dos trabalhadores e suas formas de organização, da imigração e da imprensa no período histórico aqui em questão, quando essa transnacionalidade salta aos olhos e é elemento essencial da experiência dos sujeitos que estamos iluminando, como pretendemos demonstrar nas páginas que se seguem.

A história transnacional, entre outras tendências, tem se interessado muito também por questões relacionadas ao uso das diferentes linguagens na comunicação das ideias aos diferentes públicos (Gomes; Hansen, 2016). Angela de Castro Gomes e outros autores têm dado destaque à questão das práticas de mediação cultural operadas pelos sujeitos históricos e como esses mediadores têm uma importância significativa na construção das identidades de indivíduos e comunidades. Em uma acepção ampla, a autora considera intelectuais as pessoas ligadas à produção de conhecimentos e comunicação de ideias, direta ou indiretamente vinculados à intervenção político-social. Os públicos, nessa perspectiva, não estão já prontos e à espera, mas são produzidos pela interpelação dos processos comunicativos. Ao mesmo tempo, os sentidos dos bens culturais não estão unicamente inscritos neles mesmos, mas também nas práticas de apropriação que envolvem os processos de recepção pelos públicos, sendo também esses públicos mutantes e múltiplos (Gomes; Hansen, 2016), resultando a relação entre o bem cultural e os públicos, com a mediação dos intelectuais, num processo dialético.

A imprensa, como único meio de comunicação de massas então disponível, teve um papel crucial nesse processo de circulação de ideias e práticas no período aqui em questão. É no interior desse processo, e das questões apontadas anteriormente, que procuro pensar esse jornal, como parte importante da história da imprensa no Brasil e da história dos sindicalistas italianos no exílio. Alceste De Ambris pode ser compreendido como um intelectual mediador, como protagonista de um projeto de mediação das principais ideias do sindicalismo revolucionário, sendo ele mesmo autor de parte dessas ideias, com um significativo impacto político.

Esse jornal é uma fonte importante, portanto, para pensar a temática da construção do sindicalismo como um fenômeno transnacional, o que se deu, como dissemos, através da intensa circulação de ideias e práticas, favorecida também pelas correntes migratórias. Mas a relação entre sindicalismo e imigração vai mais longe: em muitos casos, como foi o de Alceste De Ambris, diretor do *La Scure*, foi a experiência da imigração que despertou ou acentuou tendências sindicalistas, em parte porque o sindicato era uma organização mais capaz de contornar as diferenças entre os trabalhadores, diferenças que eram certamente muito mais intensas nos contextos de grande emigração e também porque, se a maior parte dos trabalhadores do mundo tinha grande dificuldade de conquistar e garantir direitos e melhorias através da política institucional nos seus próprios países, isso era muito mais difícil em países estrangeiros. Isso faz com que os fenômenos migratórios no período tomem uma dimensão ainda maior de importância na intensificação do movimento sindical em várias partes do mundo.

A prática sindical vivida na experiência da imigração, e relatada, pensada e analisada nos jornais, como *La Scure*, era depois levada na volta aos países de origem, ou seja, a influência não era uma via de mão única: os militantes italianos que viveram no Brasil tanto trouxeram quanto levaram experiências políticas, sindicais e jornalísticas. Os jornais sindicalistas foram

ANNO I - N. 2 S. Paolo, 23 Aprile 1910

LA SCURE

DIRETTORE: A. DE AMBRIS

GIORNALE DI LOTTA

SOMMARIO:

IL NUOVO GOVERNO (LA SCURE) - REPUBBLICA (EDMONDO ROSSONI) - UN CINQUANTENARIO (NOI) - LETTERE FAMILIARI: *al lettore maligno* (CADETTO DI GUASCOGNA) - LA SETTIMANA POLITICA (IL FUORUSCITO) - DALLA CAPITALE FEDERALE: *Le pillole del Dr. Paternò - Alla "Beneficenza,, - Il "Centro,, nella "Casa del Guercio,,* (DIBI) - LA CONQUISTA CLERICALE DI CAMPINAS (IL VAGABONDO) - LA PRATICA SINDACALE (L'ORGANIZZATORE) - COME FAREMO LA RIVOLUZIONE (E. PATAUD E E. POUGET) - UNA PARENTESI: *Come entrai alla "Tribuna Italiana,,* (ALCESTE DE AMBRIS) - LIBERA DISCUSSIONE: *Per uscire dal marasma* (ORESTE FIAMMA) - FUORI DEI TORCHI - DAI POSTI D'AVANGUARDIA - IN BARBA AL GOVERNO - CONFIDENZE AI LETTORI - NOTE VARIE, ecc.

Un numero separato: 200 rs.

Figura 1. *La Scure – Giornale di Lotta*. O Machado – Jornal de Luta. O machado era apresentado como o instrumento simbólico do sindicalismo que, com golpes certeiros, conseguiria derrubar os males do capitalismo e, numa perspectiva futura, destruí-lo.

elementos centrais na difusão das ideias e formas de luta, mas foram eles mesmos centros de agregação e de produção dessas ideias e práticas, sendo então protagonistas da construção de um sindicalismo transnacional.

No caso de Alceste De Ambris, idealizador e diretor do *La Scure*, isso é muito marcante porque, quando ele veio pela primeira vez para o Brasil, em 1898, fugindo, como vimos, de uma condenação por deserção por ter se recusado a reprimir os trabalhadores em revolta contra a carestia, ele ainda era um jovem militante socialista sem muita experiência. Em São Paulo, a partir de 1900, ele ajudou a fundar e dirigiu o jornal *Avanti!*, homônimo do porta-voz do Partido Socialista Italiano, dando uma colaboração importante na construção das bases do sindicalismo ítalo-paulistano e participando na organização das várias ligas operárias que foram surgindo a partir daquele momento, incentivando a se unirem todos os trabalhadores "de toda cor e toda raça",[5] num discurso que convidava a superar as diferenças que dividiam os trabalhadores. É inegável que De Ambris e seu *Avanti!* tiveram papel importante no processo de construção do sindicalismo em São Paulo (De Felice, 1966).

Figura 2. Alceste De Ambris, durante seu exílio antifascista na França, por volta de 1930. De Ambris foi um dos mais importantes militantes do movimento sindicalista revolucionário na Itália e no Brasil. Militante ativo em muitas frentes, líder de grandes greves, gostava de definir-se, sobretudo, como jornalista, dando ênfase à importância da imprensa na circulação das ideias e práticas sindicais.

5 *Avanti!*, 16.11.1900, p.1.

Os jornais sindicais, assim como os socialistas ou anarquistas, eram uma experiência de informação e formação alternativa à grande imprensa e, muitas vezes, em direta oposição a ela. Foi no decorrer do período que vai de 1850 a 1890 que tinham surgido em São Paulo os jornais que, ao longo daquele século e de grande parte do século XX, estabeleceram as bases da imprensa paulista até os anos 1920-1930. O *Correio Paulistano*, fundado em 1854, foi o primeiro jornal diário que se estabeleceu com regularidade e estabilidade. O jornal *A Província de São Paulo* foi fundado em 1875. Em 1904, o *Correio Paulistano* tinha uma tiragem de 8.500 exemplares. *O Estado de S.Paulo* tinha em 1907 uma tiragem de 35 mil exemplares. Já estavam inseridos num processo que os transformaria em estruturas empresariais capitalistas e um instrumento político de construção de hegemonia social (Cruz, 2004, p.358). Já em 1884, São Paulo tinha mais de vinte tipografias, que reuniam grupos significativos de tipógrafos e trabalhadores gráficos, que constituiriam categorias importantes do movimento operário da cidade. Heloisa Cruz argumenta que "por meio da imprensa de imigrantes, dos jornais de bairro e, principalmente, da rica imprensa operária do período, a hegemonia das elites letradas foi surpreendida e desafiada por interesses, projetos e concepções de novos sujeitos sociais" (Cruz, 2004, p.369). Esse amplo e complexo processo de politização, com a participação de militantes estrangeiros, foi um aspecto importante da história da imprensa e dos trabalhadores brasileiros (Ferreira, 1978, p.45).

Havia uma identificação de parte considerável dos trabalhadores com os jornais que pretendiam representar seus interesses e se confrontavam com os interesses representados pela grande imprensa. Esses jornais sindicais eram vendidos em bancas, doados, ou recebidos por assinantes até em áreas distantes de outros estados, e eram lidos, relidos, conservados, passados de mão em mão e representavam muito provavelmente um estímulo ao aprendizado da leitura, tendo relação também com o autodidatismo que teve seu auge no período. O alto índice de analfabetismo entre os trabalhadores na São Paulo do período não parece ter sido um obstáculo intransponível, sendo comum na imprensa relatos sobre o fato de que quem sabia ler lia para quem não sabia e o estimulava a aprender a ler. A Federação Operária de São Paulo, com sede na Travessa da Sé, e várias ligas operárias e sindicatos ofereciam cursos noturnos para trabalhadores.

Retornando à temática da circulação das ideias e práticas e da mão dupla desse fenômeno, é interessante destacar que quando De Ambris voltou para a Itália, após o primeiro exílio brasileiro, depois de cinco anos de militância socialista e sindicalista no Brasil, em 1903, fugindo dessa vez de uma condenação pelo Tribunal de São Paulo por difamação por meio da imprensa contra Nicola Matarazzo, a fama de De Ambris tinha chegado antes dele, e ele foi acolhido na Itália como um organizador experiente e um jornalista famoso pela força de suas polêmicas, tanto que passou a ser submetido a uma vigilância constante e atenta das autoridades policiais, ao mesmo tempo que assumia cargos cada vez mais importantes na organização sindical.[6] Sua experiência de militância sindical e jornalística em São Paulo tinha sido importantíssima na sua trajetória e teve um impacto sobre a história do sindicalismo e da imprensa na Itália. Esse sindicalismo de ação direta, defensor da autonomia dos trabalhadores e do sindicato como veículo dessa autonomia, para além das especificidades de cada um dos dois países, tornou-se um elemento importante na cultura política dos trabalhadores em ambos os países.

Até 1912, De Ambris foi preso treze vezes e condenado no total a oito anos e meio de prisão, conforme os documentos produzidos pela polícia política italiana. Somados os dois períodos de exílio, esse foi exatamente o tempo que ele passou no Brasil. Das 23 vezes em que foi acusado, até 1912, mais da metade estava relacionada à sua militância na imprensa.

É interessante destacar, portanto, que a nova fuga de De Ambris, dessa vez do Brasil para a Itália, deveu-se a uma condenação por sua militância através de seus artigos no jornal. A acusação foi de "difamação por meio da imprensa", o que revela o alcance dessa ação política por meio dos periódicos, que se fosse inócua não justificaria o temor tanto dos empresários quanto do Estado, que submetiam os militantes, especialmente os mais destacados como De Ambris, e seus escritos, à vigilância constante. A condenação do Tribunal de São Paulo foi de difamação por meio da imprensa contra o delegado de polícia Nicola Matarazzo, irmão do famoso empresário Francesco Matarazzo. A família Matarazzo continuou a ser o principal alvo da crítica de De Ambris à elite da colônia italiana de São Paulo também nas páginas do *La Scure*.

Vários historiadores italianos observaram que foi durante o primeiro exílio no Brasil que De Ambris tinha se tornado um entusiasta do sindicalismo revolucionário, movimento que, reunindo tanto ideias do socialismo como do anarquismo, deu lugar a uma experiência nova e, ao menos durante alguns anos, teve uma existência autônoma em relação às ideologias

6 Isso pode ser percebido claramente ao se analisar a pasta dedicada a De Ambris nos arquivos da polícia política da Itália. Ver Busta 1632, Casellario Politico Centrale, Ministero degli Interni, Direzione Generale di Pubblica Sicurezza, Archivio Centrale dello Stato, Roma.

e movimentos dos quais se originou. Ao longo dos anos em que De Ambris permaneceu na Itália, as posições dos sindicalistas revolucionários foram se tornando posições de ruptura não somente com os reformistas do partido socialista, mas com o partido como um todo e com a própria estrutura partidária. Essa mudança de De Ambris se expressou na sua colaboração com o jornal *Sindacato Operaio*, com a revista *Divenire Sociale* e o jornal *L'Internazionale*, que se tornaria o grande porta-voz do sindicalismo revolucionário, especialmente da província de Parma, na qual, como vimos, De Ambris tinha frequentado por algum tempo o curso de Direito e tinha iniciado sua militância.

Alguns anos depois, De Ambris escreveu num livro o objetivo dos sindicalistas revolucionários: "nós queremos o desenvolvimento integral, completo, autônomo do sindicato operário, até torná-lo o elemento constitutivo principal e o órgão diretor da nova sociedade dos produtores livres e iguais pela qual combatemos".[7] Em 1907, quando se estava amadurecendo a ruptura definitiva do sindicalismo revolucionário com o Partido Socialista, De Ambris aceitou o convite para a secretaria da Câmara do Trabalho de Parma, onde o conflito entre grandes proprietários de terra e trabalhadores rurais pobres era violentíssimo. O texto-guia do sindicalismo na província foi o livrinho de De Ambris, *L'Azione Diretta*. Nesse pequeno livro, De Ambris argumentava que o sindicalismo revolucionário tinha nascido da prática, antes da teoria, e da necessidade real dos trabalhadores.

De Ambris começou a ser seguido por multidões por onde passava, em demonstrações de caráter quase messiânico. A greve liderada por De Ambris em 1908, que envolveu mais de 30 mil trabalhadores rurais, foi considerada um dos grandes acontecimentos da época, também por homens como Sorel e Lenin (Sereni, 1979, p.147). Após a greve, considerada um laboratório de experiências de fundamental importância para a história posterior dos movimentos de trabalhadores, De Ambris, obrigado a escolher de novo entre o exílio ou a prisão, foi para a Suíça e depois para a França, onde participou do X Congresso da Confédération Générale du Travail, a CGT,[8] antes de vir de novo para o Brasil. É todo esse vasto conjunto de reflexões e experiências que De Ambris trouxe para o seu *La Scure*, e o jornal não

7 De Ambris, Alceste. *L'Azione Diretta. Pagine di propaganda elementare sindacalista*. Parma: Tip. Cooperativa, 1907. Esse produtivismo do sindicalismo revolucionário, isto é, a primazia dada ao produtor, foi uma das ideias instrumentalizadas mais tarde na retórica do corporativismo fascista.

8 Fundada em 1895, a CGT é ainda hoje uma das principais centrais sindicais francesas.

pode ser compreendido sem levar em conta toda essa bagagem que ele tinha construído no seu ir e vir entre a Itália e o Brasil. Os referenciais externos, portanto, são fundamentais para a análise do jornal.

Convidado por Vitaliano Rotellini, que pagou sua viagem, para dirigir *La Tribuna Italiana*, um jornal importante da comunidade italiana de São Paulo, De Ambris hesitou, mas acabou retornando ao Brasil. Ao longo do ano em que dirigiu esse jornal, De Ambris recebeu críticas de todos os lados: dos empresários italianos de São Paulo, que ele desagradava com seus artigos críticos, e dos militantes, especialmente os anarquistas, que o acusavam de cumplicidade com a imprensa burguesa. Quando Rotellini procurou amenizar o tom das críticas de De Ambris na *Tribuna*, ele preferiu deixar o jornal e fundar o *La Scure*, para poder continuar com suas críticas à elite da colônia italiana de São Paulo, mas também, e especialmente, para difundir suas ideias sindicalistas revolucionárias. Quando De Ambris decidiu dedicar-se ao *La Scure* trouxe consigo, como vimos, toda a sua vasta experiência como jornalista e organizador sindical.

Como dito anteriormente, a imprensa teve papel fundamental na circulação e troca de ideias e práticas sindicais e na propagação do projeto sindicalista revolucionário. O *La Scure* teve também essa função. Não por acaso, o *La Scure* tinha, desde o primeiro número, uma coluna intitulada *La Pratica Sindacale*, na qual se discutiam as principais formas de luta sindical, sobretudo a greve, e, logo em seguida, outra coluna intitulada *Nell'Internazionale Operaia*, na qual eram resumidos e comentados semanalmente os principais eventos da vida operária em várias partes do mundo, como greves, com estatísticas sobre suas ocorrências, sobretudo na Itália, mas também em outros países, como Portugal e Austrália, por exemplo, a ocorrência de congressos operários, as lutas por categorias, boletins sobre acidentes de trabalho, a violência policial, informações sobre sindicatos, número de filiados, formas de luta e assistência, que, para De Ambris e os demais redatores, poderiam servir de lição e inspiração para o trabalhadores no Brasil. Essas temáticas propriamente operárias e sindicais vão aumentando ao longo da publicação do *La Scure*, afastando-se do caráter mais amplo que apresentava no início.

Escrito totalmente em italiano, os redatores se afeiçoaram, porém, a algumas palavras em português, que talvez consideravam particularmente expressivas, como, por exemplo, a palavra graúdos, apresentada sempre em itálico, para se referir à elite da colônia italiana em São Paulo, um dos alvos principais da crítica ácida e irônica do *La Scure*, que a considerava "uma oligarquia presunçosa de *parvenus* ignorantíssimos, cujo único mérito consiste em ter chegado em tempo para fazer dinheiro, não importa com quais meios".[9]

Esses jornais sindicais como *La Scure* eram também os elos entre grupos e visavam informar e criar redes de solidariedade entre trabalhadores de diferentes países, procurando fazer com que os trabalhadores se sentissem parte de um projeto comum, que ia além das fronteiras nacionais. De Ambris escreveu, por exemplo, de forma poética, que no Primeiro de Maio "as mãos fraternas dos trabalhadores idealmente se apertam além dos montes, além dos mares, em um pacto universal de amor".[10] As lutas dos trabalhadores em cada país exerciam uma influência significativa sobre o comportamento dos trabalhadores de outros países. É interessante destacar o alto grau de mobilidade de pessoas e ideias nesse período e também, como dissemos, a grande receptividade que os trabalhadores demonstravam às ideias e práticas que pudessem contribuir para o melhoramento da sua vida cotidiana e que apontassem para uma emancipação futura. Vários grupos sindicais e políticos de São Paulo noticiaram suas reuniões no *La Scure* e algumas categorias, como os pedreiros, publicaram ali seus manifestos, por exemplo, o manifesto escrito pelo conselho da *Lega dei Muratori*, defendendo a criação de leis que protegessem os trabalhadores e suas famílias em caso de acidentes, muitíssimo frequentes no mundo da construção civil, e a criação de caixas de pensão, como as que já existiam em países da Europa.[11]

A imprensa sindical é uma fonte preciosa, portanto, para a história social e política, pois ela exerce funções de representação e mediação, informa e forma os trabalhadores, fala em seu nome, interpelando empresários e governantes, mas também é interpelada pelos próprios trabalhadores (Pereira Neto, 2011) como aconteceu diversas vezes durante a publicação do *La Scure*.

Esse jornal, como muitos outros surgidos em São Paulo naqueles anos, era destinado, sobretudo, como dissemos, aos muitíssimos italianos emigrados no Brasil tanto por razões econômicas quanto políticas. Eles foram uma parte importante da cultura italiana no exílio. *La Scure*, porém, se apresentava como defensor dos interesses tanto da colônia italiana quanto do Brasil. Declarava não ter nenhuma hostilidade contra o Brasil e seu povo, mas sim contra a pequena oligarquia dominante brasileira, frequentemente afrontada no jornal. O jornal não traz notícias sobre a tiragem, mas um referendo realizado a respeito do formato do jornal, chamado e assinado pelo próprio

9 "Dopo il 'raid' de S. E.", *La Scure*, 9.7.1910, p.202.

10 "La nostra festa", *Avanti!*, 1.5.1901, p.1.

11 "Gli infortuni sul lavoro", *La Scure*, 23.7.1910, p.244.

De Ambris, teve 827 votantes, segundo o jornal, que deveriam ser os leitores mais assíduos e mais interessados no destino do periódico. Considerando que os jornais eram conservados, lidos e relidos, passados de mão em mão, trata-se de um número considerável.

Ao mesmo tempo, porém, *La Scure*, algumas vezes, apresentou uma visão dura e negativa sobre o conjunto dos trabalhadores que pretendia representar, descrevendo-os como

> uma multidão no meio da qual se destaca uma *elite* de fortes e audazes [...] que não são nem compreendidos nem acompanhados pela turba que forma a quase totalidade, dispersa nas fazendas e reunida nos cortiços. Uma turba que não conhece o alfabeto, mas conhece o calendário dos santos e os segredos do jogo do bicho; que ignora a higiene e a dignidade, que não se organiza, que não pensa, que não quer.[12]

Esses desabafos eram mais ou menos recorrentes na imprensa sindical em geral, sobretudo nos períodos de relativa desmobilização, como era o da publicação do *La Scure*. Essa visão amarga e preconceituosa podia mudar completamente em momentos de grande mobilização, de manifestações, greves, aumento do número de sindicatos, quando os militantes, às vezes surpresos, aclamavam a capacidade de ação dos trabalhadores que eles pretendiam organizar.

O número dedicado ao Primeiro de Maio teve um número de 24 páginas, dando ênfase à importância dessa efeméride no calendário operário. De fato, a maioria dos jornais sindicais contava os anos de maio a maio, fazendo um balanço das lutas do ano que findava e fazendo projetos para o ano que viria. As greves e manifestações tendiam a se intensificar também em torno do Primeiro de Maio.

O *La Scure* também aproveitou a efeméride para destacar a universalidade e a transnacionalidade da experiência dos trabalhadores, em um texto assinado por Giovanni De Nava:[13]

> Todo ano, naquele dia, os trabalhadores do mundo buscavam uns aos outros: vinham dos campos, das oficinas, saíam das vísceras das montanhas,

12 "Dopo il 'raid' de S. E.", *La Scure*, 9.7.1910, p.202.

13 Giovanni De Nava tinha nascido na Itália, na região da Calábria, em 1873, e a polícia política italiana o classificou como socialista. Ver Pasta 1.728, Casellario Politico Centrale, Archivio Centrale dello Stato, Roma.

> de onde, quotidianamente, não para si, traziam ao sol os tesouros escondidos; e se uniam, se irmanavam. Avançando, aumentavam sempre, aumentavam até não poderem mais ser contados, tantos, tantos quanto os grãos de trigo semeados nos prados, tantos, tantos quanto as estrelas no firmamento e se beijavam todos, vê, menino, aqui na testa, e apertavam, forte, forte, as mãos calejadas e ensanguentadas.[14]

A redação do *La Scure* ficou inicialmente na Rua Boa Vista, número 44, local onde havia uma loja de artigos de couro para sapateiros e seleiros de um tal F. Marchese, como indica a propaganda do negócio no próprio jornal,[15] evidenciando uma rede de apoio ao projeto, e depois instalou-se no térreo da Ladeira Porto Geral, número 2, e ficava aberta todos os dias das 11 às 14 horas e tinha uma caixa postal. A partir do número de 21 de maio, a redação tinha se transferido para o Rio de Janeiro, na então chamada Rua do Hospício (Rua Buenos Aires, desde 1915), número 204, na Tipografia do italiano Donato Battelli, mas a administração do jornal continuou em São Paulo, na Ladeira Porto Geral. De Ambris passou a dividir a redação do *La Scure*, ainda por algum tempo, com o trabalho na Agência de informações Havas, na qual já trabalhava havia mais tempo um dos seus dois irmãos, Angelo e Alfredo, que tinham emigrado para o Brasil antes dele e que viviam no Rio de Janeiro (Toledo, 2004). Angelo ajudava na divulgação e distribuição do *La Scure*, como se lê no próprio jornal, sendo esse apenas um exemplo da muito frequente militância em família. O dono da tipografia, Donato Battelli, também tinha um irmão que era um importante militante socialista, Alcibiade Battelli.

A propaganda das assinaturas do *La Scure* era direcionada aos trabalhadores e "a todos os homens livres". O jornal anunciava que ele era vendido em todas as bancas, ao preço de 200 réis. A assinatura anual custava 10 mil réis e a semestral 5 mil réis. O jornal apresentou os nomes de pouco mais de cinquenta assinantes. Para quem quisesse fazer uma assinatura de apoio, a contribuição era de 25 mil réis.

O texto de abertura do primeiro número intitulado *Per interderci*[16] foi assinado *Noi*, nós, para enfatizar o *La Scure* como um projeto coletivo. O segundo texto, *Il trust do patriotismo coloniale*,[17] já marcava posição crítica

---

14 "La Leggenda del Futuro", *La Scure*, 26.6.1910, p.198.

15 Havia vários anúncios no *La Scure*, como os de profissionais liberais, especialmente médicos, e o da própria tipografia de Donato Battelli.

16 Para nos entender. *La Scure*, 2.4.1910, p.1.

17 O truste do patriotismo colonial. *La Scure*, 2.4.1910, p.2.

em relação à elite da colônia italiana em São Paulo. Às vezes assinava-se *Il Tagliaboschi*, isto é, "o lenhador", em referência ao nome do jornal, *La Scure*, "O Machado", às vezes *Cadetto di Guascogna*, "cadete da Guasconha", em referência aos mosqueteiros, às vezes *Il Fuoruscito*, "o exilado". Muitos textos eram assinados com o nome mesmo de De Ambris e outros colaboradores.

Textos também defendiam a criação das escolas modernas, assim como noticiavam o fuzilamento do educador espanhol Francisco Ferrer, acusado de haver instigado a revolta conhecida como Semana Trágica de Barcelona, em 1909, que causou grande comoção internacional. Notícias da capital, Rio de Janeiro, apareciam enviadas por DIBI, certamente Donato Battelli, também militante e proprietário da tipografia que imprimiu *La Scure* no Rio, como vimos, para onde tinha se transferido em 1907, de São Paulo, na coluna *Dalla Capitale Federale*. Os irmãos Battelli, Alcibiade e Donato, originários da região italiana da Emília-Romanha, eram conhecidos militantes, e tinham estado à frente de várias associações operárias, de mútuo socorro e do jornal socialista *Avanti!* (Biondi, 2003, p.168). Coluna aberta à colaboração dos leitores, de debate aberto sobre os movimentos sociais era *Discussioni Socialiste*. Oreste Fiamma era um dos colaboradores. A coluna *La Settimana Politica* comentava os acontecimentos recentes da política italiana e brasileira. O jornal respondia também brevemente em seus números a cartas enviadas pelos leitores, fossem elogiosas ou críticas. Alfonso Belli visitava os assinantes para recolher os valores. O jornal anunciava frequentemente também as viagens de propaganda em inúmeras cidades do interior de São Paulo. A coluna *Dai Posti d'Avanguardia* trazia relatos das viagens de propaganda de De Ambris pelas várias cidades do interior do estado de São Paulo, com uma síntese das conferências realizadas, sobre a militância e militantes do interior, a situação da organização, a acolhida. Esses relatos, assim como as listas de assinantes, revelam um alcance considerável do *La Scure*. A coluna *Libera Discussione* também se abria para artigos de discussão política de várias tendências.

La Scure trazia também fragmentos de literatura revolucionária e apresentava resenhas de todas as publicações que recebia, fossem livros ou periódicos, como a revista *Demolizione*, escrita por militantes italianos exilados na França. O periódico *Demolizione*, publicado na França, em Nice, era o mais divulgado pelo *La Scure*, que organizava também as assinaturas para o Brasil. O livro divulgado com mais entusiasmo foi o romance de propaganda revolucionário de Carlo Malato, *Il grande Sciopero*, a grande greve.[18] O jornal

18 *La Scure*, 18.6.1910, p.152.

apostava na arte como forma importante de divulgação das ideias e sobre o romance de Malato escreveu que "nenhum homem de fé e de consciência, nenhum militante das correntes avançadas deveria ignorar esse romance profundamente instrutivo; e cada um deles faria uma obra útil às suas convicções difundindo-o em todos os lugares em meio às massas trabalhadoras".[19] Não por acaso, o romance mais difundido pelo *La Scure* tinha como tema central a greve, defendida como a principal arma de luta dos trabalhadores pelo jornal.

A linguagem do jornal era bem dura, contra a elite da colônia italiana de São Paulo, em grande parte industriais, a oligarquia brasileira, a polícia e os padres e a alta hierarquia da Igreja católica, bem como contra os políticos conservadores, liberais e socialistas reformistas na Itália.

A crítica à estrutura extremamente hierárquica, à exploração e à violência da sociedade brasileira era estendida também ao conjunto da América do Sul: "quem conhece a América do Sul sabe bem que o operário e o camponês permanecem eternamente matéria *taillable e corveable a merci* para o *estanciero* e para o fazendeiro".[20]

La Scure se apresentava como um jornal alternativo à grande imprensa e, muitas vezes, em direta oposição a ela, declarando pretender "descobrir o que os outros encobrem, dizer o que os outros calam".[21] O jornal enfatizava também a diferença em relação aos grandes jornais pela sua forma de financiamento: "Um órgão que não tem recursos ocultos e inconfessáveis, pode viver somente da contribuição que lhe dão os seus leitores".[22] Apresentava-se, portanto, como "um periódico de vanguarda e de luta, livre e independente".[23] Queria ser um terreno de convergência das forças de luta contra todo tipo de exploração e tirania. Um jornal antiburguês, antimonarquista, o que evidencia sua atenção privilegiada da política italiana, embora monarquistas e republicanos italianos se confrontassem também em São Paulo, e anticlerical. Posicionava-se também contra as forças conservadoras e reacionárias que oprimiam tanto a vida individual quanto a de classe. Apresentava-se também como uma luta inspirada pelas necessidades reais e concretas do ambiente brasileiro, em resposta direta à grande imprensa que apresentava jornais, como esses, como portadores de

---

19 Ibid.

20 "La Repubblica argentina nel 1º. Aniversario della sua indipendenza", *La Scure*, 9.7.1910, p.203.

21 "La Settimana Politica", *La Scure*, 4.6.1910, p.131.

22 Ibid.

23 "A tutti gli amici de La Scure", *La Scure*, 11.6.1910, p.147.

ideias fora do lugar, que nada tinham a ver com a índole dos trabalhadores no Brasil.

Apresentava como bandeira a defesa das liberdades, não abstratas e retóricas, mas concretas: liberdade dos cidadãos exercerem seus direitos; liberdade de organização e de greve para os operários; liberdade de imprensa para os jornalistas; liberdade de expressão, de pensamento e de ensinamento para as escolas, configurando-se, em grande medida, a sua ação em uma luta democrática. O jornal empregava o conceito de cidadania para defender esses direitos para o conjunto dos trabalhadores: "No Brasil, assim como na Argentina, nunca o suor derramado para construir a riqueza confere ao trabalhador um efetivo direito de cidadania".[24] O jornal destacava a condição de inferioridade social dos imigrantes tanto no Brasil como na Argentina, países nos quais os imigrantes, nas palavras recorrentes dos redatores do *La Scure*, eram desprezados e excluídos da participação política.

O jornal apresentava reflexões sobre a vida coletiva dos italianos no Brasil e a italianidade, para De Ambris uma italianidade transitória, que sobreviveria somente até que não tivesse havido uma integração dos imigrantes e seus descendentes no Brasil. Essa italianidade, assim nomeada por ele, era definida no jornal como uma ligação peculiar entre os italianos por uma comunhão de origem, língua, educação e psicologia. A língua italiana era compreendida como parte fundamental dessa italianidade, por isso também a importância da escrita do *La Scure* em italiano. Em grande medida, porém, essa italianidade tinha sido construída em São Paulo (Truzzi, 2016), considerando as diferentes proveniências regionais que dividiam os imigrantes vindos da Itália.

Podemos pensar aqui que em muitos casos a solidariedade transfronteiras dos trabalhadores italianos era também o que Marcel Van der Linden chamou de "nacionalismo de longa distância" (2013, p.291) de base étnica, pelos laços emocionais que os ligavam à Itália e a outros países com comunidades extensas de imigrantes italianos. O Brasil foi o terceiro país com maior número de imigrantes italianos, depois dos Estados Unidos e da Argentina. Em uma carta escrita à sobrinha, pouco antes de morrer, em 1934, fazendo um balanço de sua experiência brasileira, De Ambris se lamentou muito de não ter evadido do mundo colonial italiano de São Paulo e de não ter se aberto mais aos aspectos originais do Brasil (Cervetti; Sereni, 1989).

O patriotismo de De Ambris, a crença em uma Itália proletária que iria em socorro de outras nações estavam ligados à tradição do movimento de

---

24 "La Repubblica argentina nel 1º. Aniversario della sua indipendenza", *La Scure*, 9.7.1910, p.203.

unificação da Itália, muito importante na sua formação política. Muitos dos militantes italianos tinham trazido consigo toda uma tradição política que incluía uma herança democrática que vinha ainda do *Risorgimento*, e que foi passada de geração a geração, e muitos dos militantes, como De Ambris, eram filhos de pais republicanos ou de outras tendências cuja inspiração vinha do movimento de unificação. No *La Scure*, essa questão aparece na reprodução do discurso de De Ambris proferido por ocasião da inauguração da estátua em homenagem a Garibaldi na Estação da Luz, entre outros momentos. *La Scure* publicou por essa ocasião também um poema em homenagem a Garibaldi, escrito pelo poeta italiano Giosuè Carducci, o preferido de De Ambris e de tantos outros jovens daquele período, por causa de seus temas políticos, com a preocupação, pela primeira vez, de apresentá-lo com tradução, de Olavo Bilac, que se tornou, assim como outros escritores boêmios, amigo de De Ambris, que pode ter influenciado as vagas ideias socialistas que o poeta manifestou algumas vezes (Candido, 1992), o que nos revela a ampliação das redes criadas pelo *La Scure*.

Ao mesmo tempo que punha ênfase na questão étnica e cultural que unia os trabalhadores italianos espalhados pelo mundo, os redatores de *La Scure* davam ênfase à divisão de classe que promovia um abismo entre a grande maioria dos italianos da colônia e uma pequena minoria que monopolizava os espaços da difusão da cultura italiana. No momento da fundação do *La Scure*, De Ambris encontrou o movimento operário de São Paulo muito desmobilizado. Depois da fundação de muitos sindicatos a partir de 1900, da Federação Operária de São Paulo, em 1905, e da atuação da Confederação Operária Brasileira, com intensa atuação nos anos de 1908 e 1909, da conquista da jornada de oito horas por muitas categorias, entre outras conquistas, a organização sindical recuou, o que *La Scure* atribuía sobretudo à violência policial, como parte da longa história de criminalização das organizações dos trabalhadores, além do desemprego e das diferenças que dividiam os trabalhadores, nessa ordem. Das tantas organizações que tinham nascido nos anos anteriores, apenas a União dos Chapeleiros, a Liga dos Pedreiros e a Liga dos Trabalhadores em Madeira continuavam ativas e, em parte, a Liga dos Canteiros, cujos militantes escreveram para o *La Scure*, estabelecendo um debate com os redatores sobre as razões do enfraquecimento do movimento.

De Ambris, mesmo defendendo as ideias sindicalistas revolucionárias no jornal, e trazendo notícias sobre o movimento sindicalista na Itália, como inspiração para os trabalhadores no Brasil, pretendia que o jornal fosse um terreno de convergência de forças democráticas, porque, raciocinava ele, se na Itália os conflitos entre as várias correntes do movimento operário dificultavam a ação, no Brasil, onde o movimento estava enfraquecido, era mais importante uma ação conjunta das forças. De Ambris argumentava que se sindicalistas, socialistas e anarquistas estavam em crise na Europa, no Brasil a indecisão era ainda maior. As matérias do jornal consideravam os trabalhadores brasileiros e italianos na mesma condição de desorganização, mas igualmente abertos ao estímulo da organização. Consideravam também que o trabalho de organização realizado nos anos precedentes era a base sobre a qual reconstruir o movimento.

La Scure mantinha contatos frequentes com dois jornais do sindicalismo revolucionário italiano: *Pagine Libere* e *Il Divenire Sociale* e fazia também a recomendação constante da leitura do livrinho *Morale proletaria*, de Zefferino Traldi e do *ABC sindacale*, tradução em italiano do original em francês de George Yvetot, que explicava como funcionavam os sindicatos, quais seus objetivos e a importância do internacionalismo sindical. O jornal apresentava também que, para os sindicalistas revolucionários, a greve era "a arma proletária por excelência", "arma reformista e revolucionária ao mesmo tempo".[25] Ao mesmo tempo, porém, no caso do Brasil, os redatores em seus textos recomendavam cautela na deflagração de greves, que deveriam ser feitas apenas se a vitória fosse provável, se fosse desejada pela maioria dos trabalhadores, se houvesse fundos de resistência, a não ser que se cometesse uma grave injustiça que ferisse a dignidade dos trabalhadores, caso em que a greve deveria ser deflagrada de qualquer modo. Essa postura tão cautelosa aproximava os militantes do *La Scure* dos sindicalistas reformistas no Brasil, os chamados *amarelos*, e os distanciava do tom bem mais belicoso dos sindicalistas revolucionários na Itália, razão do forte conflito com os socialistas reformistas, que tendiam a ver os sindicalistas revolucionários como extremistas e inconsequentes.

Um outro aspecto importante da forma de ação sindical proposta por *La Scure* é o que defendia uma democracia interna do sindicato e dos movimentos, como condição também para o sucesso das lutas:

> Antes de declarar a greve, é necessário que o organizador – como dissemos – verifique com toda a sinceridade se a greve é verdadeiramente sentida e desejada por todos. Em outros termos, se se quer ter probabilidade de vencer, é necessário que os futuros grevistas estejam certos, no seu íntimo e na sua

25 "La Pratica Sindacale. Lo Sciopero", *La Scure*, 7.5.1910, p.68.

> totalidade, da justiça e da necessidade da greve e dispostos, por isso, a uma longa resistência cheia de sacrifícios de todos os tipos.[26]

Além disso, *La Scure* aconselhava os trabalhadores a avaliarem o contexto específico antes da deflagração de cada greve: se os estoques da fábrica eram muitos e se os trabalhadores não tinham em caixa algum recurso que pudesse garantir a subsistência durante a greve, ela deveria ser adiada. Outro aspecto importante a destacar é o esforço dos redatores para apresentar um texto claro, didático, facilmente compreensível, com exemplos que pudessem tornar acessíveis as ideias aos leitores.

La Scure se inspirava também nos escritos do jornal *Sindacato Operaio* de Roma, com o qual De Ambris tinha colaborado, para aconselhar os operários a realizar três tipos de greve: de defesa, de conquista e de solidariedade. O boicote das fábricas também era apresentado como uma forma importante de luta sindical. A percepção pelos trabalhadores de sua condição de consumidores, muitas vezes das próprias mercadorias que produziam, e o uso do poder de compra dos trabalhadores para fazer pressão sobre os empregadores foi importante no Brasil e em vários outros países.

Além disso, *La Scure* acompanhava com entusiasmo as lutas dos trabalhadores na Itália, em Milão, Bolonha e tantas outras cidades e apresentava o movimento de Parma, onde a Câmara do Trabalho chegou a ter 28 mil inscritos, e onde em três anos os trabalhadores tinham conseguido dobrar os salários, como o grande exemplo a ser seguido. A grande greve de Parma de 1908 foi rememorada diversas vezes no *La Scure*.[27]

De Ambris daqui continuava a colaborar com *L'Internazionale* e Edmondo Rossoni, na época também um dos grandes organizadores do sindicalismo revolucionário, mais tarde organizador dos sindicatos italianos durante o fascismo, escrevia para o *La Scure* de Paris e depois de Nova Iorque, onde colaborava com o jornal *Il Proletario* e atuava na Federação Socialista Italiana dos Estados Unidos. Rossoni, que tinha passado um período também em São Paulo, mas tinha sido expulso no ano anterior, acusado de incitar a greve dos vidreiros da Água Branca, vivia, durante a vida do *La Scure*, em contato com os imigrantes italianos das grandes cidades dos Estados Unidos e passou a fazer parte da *Industrial Workers of the World*, a

---

26 "La Pratica sindacale. Gli elementi di vittoria nello sciopero", *La Scure*, 26.6.1919, p.191.

27 Ver, entre outros artigos, "Le cinque giornate parmensi", *La Scure*, p.175, escrito por outro militante que tinha se exilado em São Paulo depois de ter participado da grande greve de Parma e era amigo de De Ambris, Paolo Mazzoldi.

IWW, que tinha nascido em Chicago em 1905 como alternativa à *American Federation of Labor*, que organizava operários qualificados da primeira geração de imigrantes. *La Scure* comentava essa rivalidade entre as duas centrais sindicais. A IWW se inspirava nos princípios do sindicalismo revolucionário e guiou greves de imigrantes pobres, camponeses, lenhadores, mineiros e suas lutas alcançaram grande popularidade e despertaram sentimentos de simpatia nos setores mais oprimidos da classe operária também no Brasil. Enquanto escrevia para o *La Scure*, Rossoni envolveu-se numa grande greve promovida pelas costureiras de Nova Iorque a fim de obterem melhores condições de trabalho e aumento salarial. Nos anos seguintes, mais de cem sindicalistas da IWW foram condenados por subversão a vinte anos de prisão (Renshaw, 1967). *La Scure* publicou notícias sobre o quinto congresso anual da IWW, ocorrido em Chicago em maio de 1910, destacando as notícias sobre o trabalho de politização realizado pela central sindical em todo o país, os principais debates, como a manutenção de funcionários remunerados e adesão a federações internacionais.[28]

Ao comentar a visita do socialista inglês Tom Mann à Austrália, *La Scure* teceu críticas ao sindicato de ofício, que era a forma de organização dos trabalhadores que predominava naquele país, que o jornal apresenta como uma organização corporativista, e defendeu o sindicato de indústria como mais eficaz para a organização e luta dos trabalhadores, dando como exemplo dessa estratégia as organizações da CGT francesa e da IWW americana.

La Scure criticou também os Estados Unidos, apontando como enorme contradição o fato de o país se apresentar como a vanguarda da civilização e do progresso e ao mesmo tempo ser o cenário de inúmeros assassinatos que brancos cometiam para mostrar sua suposta superioridade racial sobre os negros, numa condenação indiscutível do racismo.[29]

O último número dessa fase mais importante do *La Scure* trouxe uma carta otimista do tesoureiro do jornal, Andrea Castaldelli. Ele era um imigrante vêneto que tinha chegado a Ribeirão Preto no final do século XIX. Tinha sido correspondente em anos anteriores do jornal socialista de São Paulo, *Il Secolo*. Foi também vice-presidente de uma sociedade de socorro mútuo de Ribeirão Preto, a *Patria e Lavoro*, que durou de 1904 a 1910. Castaldelli era proprietário de uma olaria e era também representante comercial de uma fábrica de chapas de metal de São Paulo (Furlanetto, 2007, p.115-6). Nas suas idas e vindas entre o interior e a capital, ele ajudava a fazer funcionar o

---

28 "Nel proletariato nord americano", *La Scure*, 23.7.1910, p.246.

29 "Il Fuoruscito. Bianchi e neri", *La Scure*, 9.7.1910, p.205.

La Scure, demonstrando uma certa amplitude geográfica e mesmo social da rede do jornal. Castaldelli apresentou um relato de uma de suas viagens de propaganda pelo interior:

> Na minha recente viagem de propaganda para o *La Scure* pude notar que ele é bem aceito por todos, não somente pelos companheiros de ideias, mas por todos aqueles que têm o prazer de ouvir a verdade. [...] Agradeço aos amigos que quiseram me ajudar no cumprimento da minha tarefa com palavras de simpatia e encorajamento para o diretor do jornal. [30]

Apesar do entusiasmo que animava Castaldelli, *La Scure* desapareceu alguns meses depois, como acontecia a tantos outros jornais. Deixou para nós, porém, por percursos também transnacionais de conservação da memória dos trabalhadores e militantes do Brasil e da Itália, uma fresta para o imenso e variado mundo da imprensa em língua italiana no Brasil, da imigração, da militância e do sindicalismo daquele período.

Em 1911, devastado pela morte de um de seus irmãos, no Rio de Janeiro, vítima de febre amarela (Toledo, 2004), Alceste De Ambris retornou à França, depois foi para a Suíça e voltou para a Itália e não voltou mais para o Brasil. Mas os mais de oito anos que viveu no Brasil foram muito importantes na sua vida posterior. Nas últimas cartas escritas pouco antes de morrer, ele falou do Brasil com saudade e escreveu algumas frases em português. Continuou sua militância sindicalista até a sua morte, ocorrida em 1934, no exílio antifascista na França, onde viveu com sérias dificuldades econômicas, mas não cedeu aos esforços do fascismo para integrá-lo ao regime. No seu túmulo, seus amigos escreveram: "Nasceu italiano, morreu cidadão do mundo".[31]

Podemos dizer que a circulação de pessoas e ideias, como argumentamos até aqui, foi uma das características mais marcantes desse período da história do movimento operário. A partir de uma perspectiva transnacional, tentamos restituir aqui o sentido de movimento, de deslocamento, de circulação e de difusão de uma nação a outra, em especial da Itália ao Brasil e do Brasil à Itália, destacando que o campo do transnacional não é um campo de simples transferência, mas de tradução e contínua transformação, como demonstram, por exemplo, as mudanças no pensamento e ação de

30 "Sulla Mogyana. Dai posti d'avanguardia", *La Scure*, 23.7.1910. p.247.

31 "In memoria di Alceste De Ambris", *Le Peuple*, Paris, recorte de jornal encontrado na pasta de De Ambris no Casellario Politico Centrale, Archivio Centrale dello Stato, Roma, Itália.

militantes como De Ambris, após cada um dos seus tantos deslocamentos. Cada novo lugar apresentava novos desafios, com múltiplas possibilidades de resposta.

Essas foram apenas algumas questões, entre outras possibilidades, para mostrar como mesmo um jornal de vida efêmera como o *La Scure* pode ser uma fonte e um objeto de reflexão importantes, que revela como a imprensa pode ser espaço privilegiado de articulação de projetos políticos (Luca, 2005) e de circulação de ideias que ultrapassavam as fronteiras nacionais, tornando-se, no caso em questão o *La Scure*, um importante elo de um projeto sindicalista transnacional. Não se tratava de simples transferência de ideias, mas de apropriação, tradução, mediação, transformação, como resposta a problemas e preocupações concretos. A circulação das ideias e das práticas sindicais era uma via de mão dupla. Por isso *La Scure* é um capítulo importante da história da imprensa e do sindicalismo tanto do Brasil quanto da Itália.

Bibliografia

BIONDI, Luigi. La militanza política e sindacale degli emiliano romagnoli a São Paulo. In: FRANZINA, Emilio (org.). *Gli emiliano romagnoli e l emigrazione italiana in America Latina*. Modena: Istituto Storico di Modena, 2003.

CANDIDO, Antonio. *Teresina etc.* Rio de Janeiro: Paz e Terra, 1992.

CERVETTI, Valerio; SERENI, Umberto. *Alceste De Ambris*: Lettere dall'esilio. Parma: Grafiche STEP Editrice, 1989.

CRUZ, Heloísa de Faria. A imprensa paulistana: do primeiro jornal aos anos 50. In: PORTA, Paula. *História da Cidade de São Paulo*. v.2: A cidade no Império. São Paulo: Paz e Terra, 2004. v.2.

DE FELICE, Renzo. *Sindacalismo rivoluzionario e fiumanesino nel carteggio de Ambris-D'Annunzio*. Brescia: Morcelliana, 1966.

FERREIRA, Maria Nazareth. *A imprensa operária no Brasil*. Petrópolis: Vozes, 1978.

FURLANETTO, Patrícia. *O associativismo como estratégia de inserção social*: as práticas socioculturais do mutualismo imigrante italiano em Ribeirão Preto (1895-1920). Tese de doutorado, FFLCH, USP, São Paulo, 2007.

GOMES, Angela de Castro; HANSEN, Patrícia Santos (org.). *Intelectuais mediadores:* práticas culturais e ação política. Rio de Janeiro: Civilização Brasileira, 2016.

GRANJA, Lúcia; LUCA, Tania Regina de (org.). *Suportes e mediadores*: a circulação transatlântica dos impressos (1789-1914). Campinas: Editora da Unicamp, 2018.

LINDEN, Marcel van der. *Trabalhadores do mundo*: ensaios para uma história global do trabalho. Campinas: Editora da Unicamp, 2013.

LUCA, Tania Regina de. História dos, nos e por meio dos periódicos. In: PINSKY, Carla B. (org.). *Fontes históricas*. São Paulo: Contexto, 2005.

PASETTI, Matteo. *L'Europa Corporativa:* una storia transnazionale tra le due guerre mondiale. Bolonha: Bononia University Press, 2016.

PEREIRA NETO, Murilo Leal. *A reinvenção da classe trabalhadora (1953-1964)*. Campinas: Editora da Unicamp, 2011.

RENSHAW, Patrick. *The Wobblies*: the story of Syndicalism in the United States. Eyre & Spottiswoode, 1967.

ROLNIK, Raquel; FRÚGOLI JR., Heitor. Reestruturação urbana da metrópole paulistana. A Zona Leste como território de rupturas e permanências. *Cadernos Metrópole*, n.6, p.43-66, 2.sem. 2001.

SERENI, Umberto. *Il processo ai sindacalisti parmensi (Lucca, aprile-maggio 1909)*. Lucca: Maria Paccini Fazzi, 1979.

TOLEDO, Edilene. *Travessias revolucionárias:* ideias e militantes sindicalistas em São Paulo e na Itália (1890-1945). Campinas: Editora da Unicamp, 2004.

TRENTO, Angelo. *Do outro lado do Atlântico*: um século de imigração italiana no Brasil. São Paulo: Nobel, 1988.

_________. *Imprensa italiana no Brasil*: séculos XIX e XX. São Carlos: EdUFSCar, 2013.

TRUZZI, Oswaldo. *Italianidade no interior paulista*: percursos e descaminhos de uma identidade étnica (1880-1950). São Paulo: Editora da Unesp, 2016.

WILLIAMS, Raymond. Meios de comunicação como meios de produção. In: WILLIAMS, Raymond. *Cultura e materialismo*. São Paulo: Editora da Unesp, 2011.

La Battaglia: o jornal, o grupo e as redes étnicas anarquistas (1904-1913)

Luigi Biondi

O semanário anarquista em língua italiana *La Battaglia* pode ser considerado sem sombra de dúvida o principal periódico libertário no Brasil até o aparecimento de *A Plebe* (São Paulo) em 1917, adquirindo na historiografia um papel de protagonista na conhecida e até celebrada relação entre a emergência dos movimentos organizados dos trabalhadores e a imprensa operária alófona paulista durante a Primeira República.[1]

O primeiro número do *La Battaglia* foi publicado em São Paulo no dia 20 de junho de 1904.[2] O jornal saía com quatro páginas, anunciando a periodicidade semanal que se consolidou a partir de setembro, ambas características que nunca abandonou até a sua última edição do dia 1º de setembro de 1912 (número 367), quando mudou de nome para *La Barricata*. A partir dessa data as publicações continuaram ainda por dois anos, até agosto de 1913,

1 Agradeço à Fapesp por ter financiado a pesquisa de pós-doutoramento que embasa parte das reflexões e análises apresentadas nesse texto, através de auxílio BPE, processo n.2018/01401-2, Fundação de Amparo à Pesquisa do Estado de São Paulo (Fapesp).

2 A coleção do *La Battaglia*, quase completa, se encontra no Arquivo Edgard Leuenroth-AEL, IFCH, Unicamp, Campinas-SP.

com outra mudança de nome para *La Barricata/Germinal!* (março de 1913), mas preservando a numeração iniciada quase dez anos antes. O número 407 de 17 de agosto de 1913 foi o definitivo último número. O semanário foi sempre publicado na cidade de São Paulo.

A língua utilizada foi somente o italiano escrito padrão, com alguma interferência de termos e jargões egressos do toscano e do romanesco. Nas correspondências dos colaboradores do interior de São Paulo aparece eventualmente a utilização de palavras que evidenciam a origem regional do autor.

O estilo fugia da retórica e o teor dos escritos era frequentemente polêmico e muitas vezes irônico. Apesar de os redatores terem também costume de leituras e debates teóricos, tratava-se de militantes jornalistas egressos da classe trabalhadora, e os leitores e assinantes eram na sua quase totalidade trabalhadores, ainda que fossem sobretudo artesãos e operários qualificados, com alguns pequenos comerciantes. Eram militantes com uma formação escolar limitada ao ensino fundamental, com uma prática de leitura aprimorada com a militância, através dos folhetos anarquistas e justamente da imprensa libertária. Assim, o jornal, ao mesmo tempo que era expressão desse conjunto social, era também um instrumento pedagógico de formação e prática letrada continuadas da classe. Como salientado por Vera Chalmers:

> *La Battaglia* tem um discurso persuasivo muito perto do leitor por sua forma dialógica de apresentar questões e eventos de propaganda anarquista. A clareza e a simplicidade na exposição da matéria sobre o movimento social fazem com que a matéria discutida pelo periódico seja acessível aos leitores pouco escolarizados, o que aproxima a escrita do jornal do entendimento dos leitores. O leitor é uma espécie de coautor, porque a dicção não se apresenta como uma elevada autoridade do discurso anarquista dominante. (2017, p.256)

Com o tempo, fosse pelos redatores, fosse pelos colaboradores, iniciou-se a introdução de vez em quando de frases e termos em português no meio dos artigos, evidenciando um progressivo bilinguismo individual que, porém, nunca chegou ao uso alternativo do português escrito. De fato, artigos e até mensagens ou apelos em português apareceram muito esporadicamente, sinal de que os leitores eram exclusivamente italófonos. Houve uma única tentativa de abrir uma seção do jornal de quatro páginas em português que, malograda, permaneceu um projeto irrealizado.[3]

3 *La Battaglia*, n.87, 6.5.1906, p.4. Foi somente a partir da crise de *La Barricata*, de 1913, quando essa foi reduzida a duas páginas, complementando as outras duas em português de *Germinal!* e se

La Battaglia se insere no mais amplo grupo global transnacional dos libertários inspirados por Errico Malatesta:[4] comunistas, insurrecionalistas, críticos do sindicalismo, mas favoráveis às greves gerais e à eventual participação individual dos anarquistas em sindicatos, desde que limitassem sua ação quase que exclusivamente à propaganda libertária e à greve geral insurrecional. Eram também adversos ao individualismo anárquico e, portanto, favoráveis a algumas formas de organização, mas através do associativismo plural em grupos de afinidade heterárquicos, conectados em rede ou federados, definidos simplesmente como anarquistas, sem adjetivações ulteriores. *La Battaglia,* de fato, apresentou no cabeçalho somente a definição "periódico semanal anarquista",[5] a partir de dezembro de 1905 até o seu último número em 1912.[6]

O jornal, ao mesmo tempo que seguia essa inspiração, era um coordenador e receptor de uma ampla rede de anarquistas organizados em grupos ou não, caracterizados pelo compartilhamento linguístico do italiano padronizado impresso, a grande maioria com origens regionais italianas comuns.

Contaminações e comparações: *La Battaglia* no arquipélago transnacional dos jornais anarquistas

Na época do *La Battaglia,* os periódicos anarquistas publicados na Itália que mais se assemelhavam a ele foram o semanário *Il Grido della Folla* (1902-1906) e um dos seus desdobramentos, *La Protesta Humana* (1906-1909), a folha anarquista com a mais alta difusão nacional (Giulietti, 2012, p.119). Mais duradouro ainda foi o semanário *Il Libertario,* publicado na cidade de

tornando depois a seção italiana de uma única página desse jornal, que o italiano deixou de ser a única língua daqueles que tinham sido os leitores e militantes anarquistas simpatizantes do *La Battaglia.*

4 Errico Malatesta (S. Maria Capua Vetere, 1853 – Roma, 1932) foi um importante intelectual e ativista anarquista italiano, uma liderança reconhecida, moral e política, do movimento, reconhecida também globalmente, que atravessou toda a história do anarquismo italiano e internacional até o período da oposição ao fascismo. Sobre as ideias e posicionamentos de Malatesta que influenciaram *La Battaglia* ver sobretudo: (Turcato, 2015).

5 "Periodico Settimanale Anarchico".

6 Somente o n.359, 7.7.1912, apresentou um subtítulo diferente integrado no cabeçalho: periódico revolucionário anarquista ("Periodico rivoluzionario anarchico"). Desde seu primeiro número em 1904 até novembro de 1905, não apresentou subtítulos, recusando definições explícitas.

La Spezia entre 1903 e 1922, e importante foi também *L'Agitazione*, publicado em Roma, de 1903 a 1905 na sua nova série (Bettini, 1972; 2018-2020).

Todos esses periódicos exerceram uma influência perceptível no *La Battaglia*, seja na estrutura e formatação do jornal, seja nos conteúdos e posicionamentos políticos, embora o periódico ítalo-paulista tenha constituído uma proposta própria, uma síntese dialética surgida do diálogo entre as experiências políticas originárias italianas e as progressivamente vivenciadas no Brasil, incluindo também o diálogo que se estabeleceu com os jornais coevos da Itália já citados.

O apoio do *La Battaglia* a *La Protesta Humana* não se limitou à imitação mútua e à troca de matérias e informações, mas tinha um viés financeiro, com os leitores e assinantes do primeiro enviando dinheiro para o jornal publicado na Itália, contribuindo para sua transformação em jornal diário em março de 1908.[7] Contudo, diversamente do *La Protesta Humana* e do *Il Grido della Folla*, *La Battaglia* não se abriu para a colaboração de militantes radicalmente individualistas, mas foi sim fortemente cético da estruturação organizativa estável e hierarquizada dos sindicatos e da ideia de "partido anárquico".[8]

Ao mesmo tempo, o grupo editor do *La Battaglia* respeitava muito o jornalista e propagandista anarquista Giovanni Gavilli, que, apesar de toda uma série de divergências com o resto dos redatores de *Il Grido della Folla*, foi seu principal animador. Gavilli, um dos teóricos do individualismo anarquista também após o período da chamada "propaganda do fato",[9] ressignificou a ação individual libertária dentro de uma nova concepção coletivista, ao integrar o indivíduo despossuído e sem poder como o principal elemento para uma resistência eficaz do coletivo ao avanço da modernidade capitalista (Giulietti, 2012, p.54-6). De fato, os anarquistas italianos de São Paulo, antes da chegada de Ristori, pensaram em confiar a Gavilli o estabelecimento de

---

7 "Riunione", *La Battaglia*, n.159, 8.3.1908, p.4; e ver "Sottoscrizione volontaria a favore del quotidiano anarchico La Protesta Umana", *La Battaglia*, período mar./ago. 1908. No total foram recolhidos 1:308$000 réis.

8 Anna de' Gigli (i.e. Alessandro Cerchiai), "Partito Anarchico?", *La Battaglia*, n.143, 3.11.1907, p.3. O artigo era crítico das propostas de Luigi Fabbri, redator da revista anarquista *Il Pensiero* (publicada em Roma), que todavia os redatores de *La Battaglia* propagandeavam no próprio jornal, apoiavam às vezes financeiramente via subscrições *ad hoc*, e vendiam em São Paulo na sede do grupo La Propaganda.

9 A "propaganda do fato" refere-se à difusão, nas décadas de 1880 e 1890, da ação individual anarquista com atentados mortais contra monarcas, presidentes, políticos de alto escalão e chefes policiais (Diemoz, 2011).

um periódico que fizesse jus à cada vez mais ampla "comunidade" libertária de língua italiana espalhada pelo estado de São Paulo.[10]

O próprio Alessandro Cerchiai, redator principal do *La Battaglia* até 1913, enviava regularmente suas correspondências de São Paulo a *Il Grido della Folla*, além de artigos teóricos e de análise política, a ponto de podermos considerá-lo um colaborador transnacional desse jornal. A estruturação da simbiose entre "publicações regulares, ampla área de leitores e uma rede capilar de difusores e correspondentes locais" (Giulietti, 2012, p.51), que caracterizou o modelo exitoso de *Il Grido della Folla*, identifica o mesmo projeto que sustentou a experiência do *La Battaglia*.

Também em relação ao posicionamento frente às organizações operárias em São Paulo, ao sindicalismo revolucionário e à participação dos anarquistas nos sindicatos, a semelhança do *La Battaglia* com as propostas de *Il Grido della Folla* é muito forte: para ambos os posicionamentos antiorganizacionistas deviam ser interpretados como um ceticismo em relação à centralidade da instituição sindical nas lutas sociais, que porém não devia excluir "a participação dos anarquistas nas organizações operárias existentes", pois para "formar consciências, indivíduos conscientes, nenhum meio seria melhor que as associações operárias para a nossa propaganda" (*Il Grido della Folla*, 24.7.1902, apud Giulietti, 2012, p.54).

Entre as comunidades italianas de migrantes no mundo se destaca, nesse período, *Il Risveglio/Le Réveil* de Lausanne, Suíça (1900-1947), dirigido por Luigi Bertoni, que pela sua longevidade, influência e posicionamentos muito próximos do sindicalismo foge de qualquer comparação, não somente com o *La Battaglia*, mas com a imprensa anarquista em língua italiana em geral (Biagini, 1991).

Já o semanário *Cronaca Sovversiva*, dirigido por Luigi Galleani e publicado nos Estados Unidos (1903-1919),[11] cujos leitores se situavam nos estados do nordeste intensamente industrializado, pode ser assemelhado mais ao *La Battaglia*, seja do ponto de vista estrutural e temático, seja em relação ao seu posicionamento, fiel aos princípios do comunismo anarquista e fortemente contrário a qualquer forma estruturada de organização (Scavino, 2003). Ambos tinham formato de quatro páginas, acolhiam e produziam escritos teóricos e de propaganda do movimento anarquista internacional

---

10 Legazione d'Italia, Rio de Janeiro, 28 abr. 1902. In: Archivio Centrale dello Stato (ACS), Ministero dell'Interno, Direzione Generale di Pubblica Sicurezza (DGPS), PS 1904, b. 11, f. Gavilli Giovanni.

11 Em Barre-Vermont e depois em Lynn-Massachusetts, um importante centro têxtil.

sem deixar de atentar para a realidade social na qual estavam inseridos, sobretudo comentando regularmente as lutas sociais locais e a crítica às condições de vida e de trabalho dos operários, sobretudo italianos; finalmente, as 3ª e 4ª páginas eram quase totalmente voltadas para tecer as rédeas dialógicas do movimento em terra estrangeira, com as colaborações advindas dos correspondentes espalhados nas regiões de recepção do jornal.

Cronaca Sovversiva e *Il Risveglio/Le Réveil*, da mesma forma que *La Battaglia*, se voltavam para os trabalhadores italianos imigrados e funcionavam graças ao aporte de uma rede de grupos e militantes espalhada nas comunidades italófonas, alimentado por periódicos, giros de conferências, sobretudo dos respectivos diretores.

Ora, se para *Il Risveglio/Le Réveil* o seu bilinguismo o colocava em uma situação de diálogo e incorporação do movimento anarquista suíço *tout court*, difuso entre francófonos e italófonos, o que o torna, também nesse sentido, diferente do semanário ítalo-paulistano, para *Cronaca Sovversiva* encontramos os mesmos pressupostos que tornaram *La Battaglia* um polo referencial e articulador de grupos, associações e redes de imigrantes italianos.

Na Argentina, onde a presença italiana na militância anarquista era considerável e mais difusa que no Brasil, ainda assim não existiam jornais em língua italiana de cunho libertário comparáveis com *La Battaglia* (Bettini, 1976, p.3-26). Ali foi mais difusa a integração em grupos políticos e sindicais multinacionais, ainda que italianos e espanhóis prevalecessem quase na mesma proporção (Zaragoza, 1996; Suriano, 2001), diversamente do caso paulista, onde prevaleceram redes de militantes que se agregavam em grupos segundo a comum origem étnica e nacional (Hall, 2004, p.263-5).

A experiência da expressão e agremiação política de marca mononacional, separada por etnia, não caracterizou a militância dos italianos na Argentina da mesma forma e intensidade que nos Estados Unidos e no Brasil. Não por acaso, para a anarquista Luce Fabbri, que se estabeleceu em Montevidéu, a fase "italiana" da redação jornalística política geralmente durava o tempo do aprendizado completo da língua castelhana pelos editores (apud Sergi, 2008, p.104).

A era de ouro da imprensa anarquista de língua italiana na Argentina pode ser identificada com a última década do século XIX, enquanto, com o começo do século XX, a progressiva estabilização do conjunto da comunidade imigrada italiana e sua maior integração na sociedade local, mais a repressão contra os estrangeiros "indesejáveis" (*Ley de Residencia*, 1902), tornaram a expressão escrita em língua italiana mais circunscrita e fundamentalmente complementar ou subordinada à imprensa libertária em castelhano (Sergi, 2008).[12] Nem *La Questione Sociale* dirigida por Serantoni,[13] nem o quinzenal *L'Avvenire*, o último importante e regular jornal anarquista em língua italiana publicado na Argentina (Buenos Aires, 1895-1903), podiam ser comparados a *La Protesta Humana*, o semanário, e depois diário libertário em castelhano que iniciou suas publicações em 1897 e teve amplíssima difusão ao longo das duas primeiras décadas do século XX (Suriano, 2001, p.179-215).[14] Esse periódico era tão importante e modelar para os anarquistas italianos em São Paulo, que os redatores do *La Battaglia*, Cerchiai e Ristori, ameaçados de expulsão do Brasil, convidaram em outubro de 1907 o redator da seção italiana do *La Protesta Humana*, Roberto D'Angiò, por sua vez expulso da Argentina, para assumir a direção do *La Battaglia*, projeto que não se concretizou somente porque as autoridades brasileiras impediram seu desembarque em Santos e ele teve que seguir para a Itália.[15]

No Brasil, a imprensa libertária em português durante as duas primeiras décadas do século XX teve como experiências importantes e mais consolidadas: *O Amigo do Povo*, São Paulo, 1902-1904, onde a colaboração de militantes italianos também foi decisiva (Toledo, 1994), e o quinzenal *A Terra Livre*, São Paulo, 1906[16]-1908, Rio de Janeiro, 1910 (Magnani, 1982). Contudo, jornais anarquistas em português tinham alcance menor em São Paulo, por isso o fechamento d'*O Amigo do Povo* e a transferência d'*A Terra Livre* para o Rio de Janeiro.

La Battaglia ia se tornar o primeiro periódico anarquista em língua italiana no Brasil a ter uma periodicidade regular e uma vida maior de dois anos, diversamente das folhas congêneres que o haviam precedido e que tiveram uma vida deveras complicada: *L'Avvenire* (1894-1895, 15 números); *Il Risveglio*, 1898-1899 (semanário, 46 números); *La Canaglia*, 1900 (Riberão Preto, 8), *Palestra Social*, 1900-1901 (11 números), *Germinal!*, 1902-1904 (27); *La Nuova Gente*, 1903 (2), com uma única exceção, todos jornais publicados

12 No período de 1890 a 1904, foram publicados setenta periódicos anarquistas, dezoito destes em língua italiana ou bilíngues (Sergi, 2008, p.116).

13 Trata-se, neste caso, da segunda série do homônimo e mais famoso periódico dirigido por Errico Malatesta, em Buenos Aires, em 1885 e 1886.

14 *La Protesta* foi diário de 1904 a 1910, após uma breve interrupção retomou as publicações em 1913 (Suriano, 2001, p.188).

15 Alessandro Cerchiai "A chi ci accusa", *La Battaglia*, n.182, 30.8.1908, p.2; e ACS, Casellario Politico Centrale (CPC), b. 1612, f. D'Angiò Roberto.

16 O n.1 é de dezembro de 1905.

na cidade de São Paulo. Somente em Curitiba, *Il Diritto* chegou ao terceiro ano de vida, mas era completamente irregular[17] (Felici, 1994, p.384-403).

O JORNAL E OS REDATORES: TRAJETÓRIAS FORMATIVAS E EXPERIÊNCIAS SOCIAIS

La Battaglia foi fundado em São Paulo por Oreste Ristori com o apoio externo de Tobia Boni e Tebaldo Soderi, do grupo La Propaganda de São Paulo, e de Luigi Damiani, o Gigi,[18] que na época vivia em Curitiba. A partir de outubro de 1904, quatro meses após a publicação do primeiro número, a redação é integrada também por Alessandro Cerchiai, que acompanhou essa experiência editorial até o fim.[19]

Ristori foi o diretor desde o primeiro número até o fim de 1911,[20] quando abandonou o jornal definitivamente, ao mesmo tempo que se afastava em geral e progressivamente da atividade política intensa que o havia caracterizado até então.

Cerchiai e Ristori foram os redatores, escrevendo quase todas as matérias. Contudo, os artigos de Damiani foram também presentes desde o começo, assim que pode ser considerado parte integrante da elaboração do jornal. Damiani voltou para São Paulo em 1909, integrando a redação do *La Battaglia* desde o começo do ano. Em janeiro de 1912 assumiu a direção, acompanhando Cerchiai na redação e dividindo a responsabilidade administrativa com Tobia Boni.[21] A colaboração de Bandoni também foi muito importante, sobretudo nos primeiros anos, embora intermitente e com uma longa pausa entre 1908 e 1911.

A chegada ao Brasil de Oreste Ristori veio ao encontro das exigências frustradas, até aquele momento, de encontrar um diretor completamente dedicado à causa de um periódico anarquista, uma pessoa que praticamente vivesse só disso e que tivesse a experiência e o conhecimento pessoal de parte dos membros das redes de anarquistas para ligar materialmente, entre eles,

17 Só para ter uma ideia, *La Battaglia*, n.23, 10.10.1900; n.24, 25.12.1900; n.25, 8.4.1901.

18 Gigi, sobretudo em Roma, é o diminutivo de Luigi.

19 Exatamente a partir do n.16, 9.10.1904. Declaração de Cerchiai de 2.4.1907 na 1ª delegacia de São Paulo. In: Arquivo Nacional (AN), Processo de expulsão de Leopoldo Cerchiari, Oreste Restori, Julio Sorelli [*sic*] 1907, IJJ7 n.179.

20 *La Battaglia*, n.335, 31.12.1911.

21 *La Battaglia*, n.336, 7.1.1912.

os grupos e, estes, com o jornal. Um propagandista *a la* Gavilli, apesar de não ter a mesma formação e experiência oratória.

Gavilli havia sido procurado inicialmente para um giro de conferências no estado de São Paulo por meio dos irmãos Tavani, Pietro (que morava na capital) e Ludovico (residente na Itália), que anos antes havia sido expulso como anarquista perigoso do Brasil.[22] Gavilli, de Florença, vinte anos mais velho que Ristori, nunca veio ao Brasil, afinal, mas foi o principal modelo para Ristori e teve sobre ele uma influência importante durante o isolamento na Ilha de Trêmiti, onde os dois se conheceram e Ristori foi iniciado na arte da propaganda anarquista através dos ensinamentos de Gavilli, que abriu uma escola ali com outros libertários com experiências de jornalismo e de debate teórico-político, participando da publicação do número único *La Boehme* (Masini, 1981, p.61-2). Gavilli, um intelectual libertário de Florença, apesar das limitações físicas devidas à sua grave deficiência visual, girava regularmente o centro e o norte da Itália realizando conferências anarquistas com muito público. Juntava uma grande capacidade oratória, multitemática, com extraordinárias atitudes na palavra escrita, elaborando poesias, artigos e textos teóricos.[23]

Precisava-se, em São Paulo, do tipo do militante anarquista peregrino, acostumado a circular entre grupos e conectá-los, uma espécie de profissional do anarquismo. Devia viver sobretudo ou quase exclusivamente da militância, com a ajuda financeira dos companheiros e das vendas do jornal. Gigi Damiani era um desses, por exemplo, mas em 1904 já vivia há mais de dois anos em Curitiba, onde trabalhava como decorador e pintor, com a companheira Emma Mennocchi que tinha uma loja e oficina de roupas.[24] Cerchiai em parte podia corresponder a esse perfil, mas se encontrava temporariamente na Argentina quando do começo do jornal, além de admitir ele mesmo que não tinha esse perfil. Bandoni, também um conferencista e jornalista anarquista conhecido no meio paulistano, mudava frequentemente de residência, seguindo suas exigências de trabalho, mas cada vez mais envolvido na sua profissão de diretor e professor de escola libertária.

Essa figura era então precisamente Oreste Ristori, ainda sem ligações que o detivessem sempre em São Paulo, mas virtualmente suficientes no meio paulista imigrado para ser reconhecido por outros militantes, sobretudo os originários da Itália central, onde havia atuado incessantemente.

---

22 Legazione d'Italia, Rio de Janeiro, 28.4.1902, ACS, DGPS, PS 1904, b. 11, Gavilli Giovanni. Ver também ACS, CPC, b. 5049, f. Tavani Ludovico.

23 ACS, CPC, b. 2319, f. Gavilli Giovanni.

24 ACS, CPC, b. 3231, f. Mennocchi Maria Gemma.

Estava sem trabalho, fugindo da repressão policial pela sua atividade de propagandista anárquico e nas mobilizações portenhas de 1902-1903, tinha acumulado experiências importantes na redação de folhas políticas e como promotor da circulação de ideias na sua vida pregressa de militante na sua região de origem e na Argentina.

Associado à vinda de Ristori, foi sobretudo um conjunto de fatores do começo do século XX que proporcionou a fundação da folha anárquica *La Battaglia*. A seção italiana d'*O Amigo do Povo* e os seus colaboradores sentiram a exigência de produzir um jornal próprio, para as centenas de militantes italianos espalhados no estado, enquanto o periódico ia progressivamente na direção da extinção (Toledo, 1994).

A estagnação dos fluxos migratórios e a crise do café com o progressivo êxodo das fazendas para os centros urbanos de centenas de colonos italianos também contribuíram para a consolidação das comunidades urbanas de imigrantes em todo o estado de São Paulo e, como sabemos, da capital, em franca ascensão industrial (Trento, 1988, p.36-40 e 57-68). Muitos imigrantes que já eram militantes na Itália, ou que frequentavam mundos do trabalho urbano onde se encontravam esses militantes, começaram a estabelecer raízes em solo brasileiro, logo fortalecendo a possibilidade de criar grupos políticos e também a necessidade de usar meios impressos de comunicação que não fossem somente os publicados na Itália, mas que pudessem atuar como mediadores transnacionais entre o mundo originário e o atual do lugar de imigração e, inclusive, com outras comunidades italianas imigradas Brasil afora. *La Battaglia* se tornou esse meio e surgiu para isso.

Oreste Ristori nasceu em 1874 na região da Toscana, num distrito rural da pequena cidade de San Miniato, não muito distante de Florença, no vale do rio Arno, sendo criado na cidade vizinha e maior de Empoli. Os pais eram camponeses sem terra, diaristas. Pode-se perceber, na sua formação, todos os elementos do pertencente a um setor social heterogêneo entre os trabalhadores provincianos da Itália central, às vezes desempregado ou trabalhador eventual no campo e em atividades urbanas esporádicas, inclusive o pequeno comércio, ligado ao mundo artesanal dos vilarejos, espalhados entre o meio rural e o urbano de pequenas oficinas.

Para Ristori, que havia começado sua vida rebelde com furtos, expropriações, agressões às autoridades e contestações políticas ao mesmo tempo,[25] a

25 Com exceção das referências assinaladas no texto e nas notas, as informações biográficas de Ristori foram elaboradas a partir da análise do seu prontuário em ACS, CPC, b. 4342, f. Ristori Oreste.

militância anarquista significou um percurso autodidata de renascença, que o levou gradualmente ao jornalismo político e a ser aquele "conferencista ímpar" (Romani, 2002, p.125) que os companheiros haviam procurado no mais famoso Gavilli, mas haviam encontrado no mais novo anarquista migrante. O autodidatismo, pois Ristori havia somente terminado os três primeiros anos do ensino fundamental, e a dedicação total à propaganda caracterizaram o seu tipo militante, que poderia ser chamado, a meu ver, de militante profissional do anarquismo ou, segundo outra visão (Romani, 2002), de intérprete paradigmático de uma aventurosa vida anarquista, sendo ambas as interpretações não necessariamente opostas.

Ristori iniciou a militância frequentando os grupos anarquistas de Empoli e arredores, intensamente desde seus 17 anos, até vivenciar, entre 1895 e 1901, um vaivém entre liberdade e aprisionamento no *domicilio coatto*,[26] o que não o impediu de participar das intensas mobilizações de 1897 e de 1898, com uma temporada na França. Quando da sua última prisão na ilha de Ústica, já participava ativamente como correspondente dos jornais anarquistas *L'Agitazione* (Ancona), *Il Risveglio* (Genebra), *L'Avvenire* (Buenos Aires), *Le Libertaire* (Paris).[27] Encontrava-se então dentro da rede internacional que ligava os anarquistas italianos ao mundo através de uma miríade de periódicos, interceptando a nova fase do movimento após os atentados das décadas de 1880 e 1890.

Contudo, retomou as vias da emigração, por causa de mais uma condenação: foi para Marselha, mas, novamente expulso para a Itália, decidiu emigrar para a Argentina, onde chegou em 1902 e onde tinha os contatos do semanário *L'Avvenire* e do grupo de Pietro Gori.[28] Em Buenos Aires se tornou colaborador regular desse jornal e ao mesmo tempo participou do movimento como conferencista, até ser expulso em 1903 pela *Ley de Residencia*, promulgada para se livrar das lideranças estrangeiras que haviam participado das mobilizações de 1902-1903.[29] Refugiado em Montevidéu,

26 A residência obrigatória era uma medida policial de tipo "preventivo" por atividades subversivas que obrigava o condenado a residir por tempo determinado em vilarejos ou fortes militares de pequenas ilhas ou promontórios italianos, regulada pelas leis. Art. 5, *Legge* n.1409, 15.8.1863 e *Testo Unico di Pubblica Sicurezza* n.153, 30.6.1889.

27 Prefettura di Firenze, scheda biografica n.13860. In: ACS, CPC, b. 4342, f. 3328.

28 Pietro Gori (1865-1911), advogado anarquista toscano, um dos principais intelectuais italianos do movimento, acabava de sair da Argentina quando Ristori chegou. Ali desde 1898, havia se tornado uma referência importante, deixando laços e contatos.

29 ACS, DGPS, PS 1905, b. 14 f. Sciopero e stato di assedio a Buenos Aires. Legge di residenza. Espulsione di anarchici italiani.

conseguiu voltar para Buenos Aires por períodos muito breves, retomando as publicações de *L'Avvenire* (2ª série), dessa vez como diretor. Porém, sendo continuamente expulso da Argentina e sem conseguir fixar-se em Montevidéu, em março de 1904 decidiu transferir-se para São Paulo, hospedado inicialmente pelo companheiro Tobia Boni, que havia conhecido durante a prisão nas Ilhas Trêmiti.[30] O *domicilio coatto*, que para Ristori foi, em particular, também uma "pós-graduação" da militância anarquista, teve o mérito involuntário de intensificar certos contatos e redes do mundo libertário, que tiveram mais tarde uma projeção numa dimensão transnacional (Masini, 1981, p.127).

O Ristori que chega em São Paulo já não é mais o mesmo jovem rebelde retratado como indivíduo violento em 1896 pela polícia italiana, mas um "ativo propagandista de notável influência sobre os companheiros da seita",[31] um militante "vivo e especialmente assimilador", autor também de folhetos.[32] Uma vez em São Paulo, já em março de 1904 é assinalada uma sua conferência crítica do parlamentarismo social-democrata e aparecem colaborações n'*O Cara Dura* e *n'O Amigo do Povo* (Toledo, 1993, p.52). É desse período, logo anterior à fundação de *La Battaglia*, também a correspondência de São Paulo com os jornalistas libertários Ezio Bertolini, que editava em Gênova *Tribuna del Popolo*, e com Enrico Travaglini, redator de *Il Grido della Folla*.

Para o "seu" *La Battaglia*, Ristori utilizou a rede de assinantes e leitores italófonos que havia sido criada com os primeiros jornais anarquistas de língua italiana que foram até então publicados em São Paulo, sobretudo *Il Risveglio* e *Germinal!*, porém aumentando consideravelmente essa rede graças a uma metódica obra de propaganda por meio de ciclos de conferências que iniciavam na capital paulista para terminar nos pontos extremos do estado, seguindo as linhas ferroviárias de cidade em cidade. Durante esses encontros recolhia as doações dos militantes e os proventos das assinaturas.

Pela primeira vez, foram sobretudo os leitores do interior de São Paulo que asseguraram a vida do jornal: sem eles, *La Battaglia* não poderia ter funcionado por tantos anos. Essas viagens de propaganda estiveram na base do desenvolvimento do jornal desde o início (as primeiras são de junho de 1904),[33] raramente assumidas pelo outro principal redator, Cerchiai.

---

30 ACS, CPC, b. 4342, f. 3328.

31 "un attivo propagandista di notevole influenza presso i compagni di setta", palavras do diretor da colônia penal da ilha de Ústica, em 1901, Scheda biografica 13860, Pref. di Firenze. In: ACSR, CPC, b. 4342 f. 3328.

32 "Vivo e in special modo assimilatore". Relatório do delegado Genovesi, adido policial da embaixada italiana em Montevidéu, 3.1.1904. In: ACS, CPC, b. 4342 f. 3328.

33 *La Battaglia*, n.2, 26.6.1904.

Alessandro Cerchiai[34] pode ser considerado quem fundamentalmente elaborou e organizou *La Battaglia* como jornal estruturado, um espaço aberto ao debate, mas coerente em torno de um eixo teórico malatestiano consolidado, como reconhecido anos depois por Ristori, por ocasião da morte do antigo companheiro.[35] Ainda que Cerchiai, admitindo uma sua dificuldade oratória, por sua vez, tenha reconhecido que sem a presença incansável de Ristori o empreendimento do *La Battaglia* naquelas modalidades de recolhimento dos fundos teria sido impossível,[36] conhecia melhor o meio dos artesãos imigrantes toscanos, que, como ele, eram em sua grande maioria originários das províncias de noroeste da Toscana. Além disso, considerando que Ristori havia assumido a tarefa das viagens de propaganda, não era infrequente que Cerchiai tivesse que assumir quase sozinho a elaboração concreta do jornal.

A formação de Cerchiai foi mais complexa e heterogênea, tendo passado por uma trajetória típica de muitos anarquistas italianos da época, com a frequentação do republicanismo social e do socialismo radical oitocentista, para se consolidar no anarquismo malatestiano no fim do século XIX. Um conjunto experiencial mais vasto que se espelhava numa rede de relacionamentos pessoais políticos.

Cerchiai nasceu em Pescia, uma pequena comuna toscana entre Lucca e Pistoia, em 1875. Tendo emigrado com os pais na França do sul, muito jovem assistiu às conferências de Pouget, Lafargue e Jaurés e iniciou a frequentar os militantes locais da *gauche*, até ser expulso do país em 1893. Voltou para a Itália, participando ativamente de muitos grupos políticos e mobilizações, seja no campo mais propriamente anarquista, seja no socialista. Em 1897 integrou em Pescia o comitê de apoio para a eleição do deputado socialista Enrico Ferri e partiu como voluntário na legião *Filellenica* liderada pelo famoso revolucionário Amicare Cipriani (também um personagem que

34 Além das referências diretamente citadas no texto e nas notas, as informações biográficas sobre Cerchiai foram reconstruídas a partir de ACS, CPC, b. 4342, f. Cerchiai Giovanni Alessandro Eusebio; AN, Processo de expulsão de Leopoldo Cerchiari, Oreste Restori, Julio Sorelli [*sic*] 1907, IJJ7 n.179; Elvio Nervo, "Breve biografia di Cerchiai", *Quaderni della Libertà*, São Paulo, n.5, 1936, p.5.

35 "sem a sua participação, estou certo de que *La Battaglia* por mim fundada não teria colhido no ambiente as simpatias praticamente gerais e a adesão em massa do proletariado italiano [...] (Cerchiai) conhecia profundamente a questão social, os princípios fundamentais das diversas escolas filosóficas" (em italiano no original, tradução do autor). Oreste Ristori, "Omaggio a Cerchiai". *Quaderni della Libertà*, São Paulo, n.5, 1936, p.29.

36 Alessandro Cerchiai, "A chi ci accusa", *La Battaglia*, n.182, 30.8.1908, p.2.

tentava conciliar anarquistas, socialistas e republicanos radicais) para dar uma marca revolucionária à guerra de libertação da ilha de Creta do Império Otomano. Passou no mesmo ano a residir em Milão, onde entrou no grupo anarquista organizado por Pietro Gori, começou a escrever e a fazer propaganda entre os operários de uma grande cidade industrial, se envolvendo nos motins de 1898, pelos quais foi condenado a três anos de prisão. Anistiado em 1900, foi levado para Pescia, mas sendo obrigado à liberdade vigiada pediu para emigrar para o Brasil, onde toda a família havia se transferido desde 1894 e onde ele chegou em março de 1901.[37]

Cerchiai era sapateiro, mas em Milão havia trabalhado como administrativo numa empresa: sua formação escolar, que foi até os 13-14 anos, ocorreu sobretudo na França e era a mais profunda de todos os outros redatores e colaboradores do *La Battaglia*. Em São Paulo trabalhou inicialmente como vendedor de trapos e tecidos, após alguns meses se mandou para o interior, em Ribeirão Preto, onde o pai tinha uma tinturaria e durante o ano de 1902 voltou definitivamente para São Paulo, onde fez um pouco de tudo, de lixeiro a pintor e sobretudo vendedor, empregando grande parte do seu tempo no jornalismo político. Aqui colaborou logo com *O Amigo do Povo*, *Germinal* e *La Nuova Gente*, e elaborou os números únicos *La Gogna* (1902) e *La Rivolta* (1903) com Bandoni. Desde a época, usava vários pseudônimos: Mastr'Antonio, Acratibis di Valdinievole e Anna de' Gigli (*alter ego* feminino). Após ter sido preso durante uma conferência de Bandoni em meados de 1903, se transferiu temporariamente em Buenos Aires de onde continuou colaborando com *O Amigo do Povo*, voltando para São Paulo, quando a poeira baixou em setembro de 1904, para se integrar definitivamente ao projeto de *La Battaglia*.

Angelo Bandoni também vinha de uma família toscana, de Livorno, que havia emigrado para a França, tanto que ele nasceu em Bastia, na Córsega, em 1868.[38] Ele também pertencia àquele ambiente de trabalhadores toscanos que, antes de emigrar para o Brasil, haviam experimentado a migração para a França mediterrânea. Parece que chegou até a residir temporariamente na colônia francesa da Argélia, onde ficou preso por cinco anos, até 1895. Nunca foi condenado ao *domicilio coatto*, mas frequentemente foi preso por roubos ou tráficos de moeda, seja na Itália, seja no exterior. A sua área de

37 O pai e a irmã se estabeleceram inicialmente em Poços de Caldas-MG, onde morava um parente, Agostino Cerchiai. A mãe já havia falecido bastante tempo antes.

38 Para além das referências citadas no texto e nas notas, as principais informações biográficas foram reconstruídas a partir do prontuário de Bandoni em ACS, CPC, b. 305, f. 75150.

atuação foi entre as cidades de Lucca e Carrara (Toscana) e entre Gênova e La Spezia (Ligúria), cidade onde se transferiu com a família, da Córsega, em 1886. Suas inúmeras intervenções na imprensa libertária e nas conferências periódicas no Brasil deixam supor que fossem práticas que já havia desenvolvido no meio anarquista italiano, apesar dos longos períodos de privação da liberdade. La Spezia era um centro anarquista importante, sobretudo do ponto de vista editorial, ali se publicou anos depois *Il Libertario*, periódico referencial do movimento, e na década de 1890 dois jornais anarquistas com periodicidades regulares e inúmeras folhas extemporâneas (Bettini, 2018-2020). Há de se cogitar que tenha conhecido em La Spezia o florentino Francesco Gattai, que ali trabalhou no arsenal militar como mecânico eletricista entre 1884 e 1891, antes de emigrar para o Brasil,[39] já na época um militante que se destacava na região entre Ligúria e Toscana e que foi um dos primeiros a estabelecer um elo forte com o Brasil, se deslocando com a esposa e os filhos para a comunidade anarquista Colônia Cecília no Paraná (Felici, 1994, p.40).[40]

De todo modo, sabemos que quando Bandoni chegou ao estado de São Paulo em maio de 1900 já tinha sido diretor e redator de um número único de quatro páginas, *La Protesta*, publicado em Gênova em janeiro de 1898, a ele confiado pelos anarquistas locais (Bettini, 1976 e 2018-2020); ainda nesse ano foi condenado a nove meses de prisão por ofensas através de meio impresso. Se os anarquistas de uma grande cidade portuária e industrial como Gênova deram a Bandoni a tarefa de porta-voz, num ano tão inflamado como o de 1898 de intensíssimas mobilizações sociais urbanas, significava que já era conhecido, ao menos no movimento local, e que tinha alguma experiência de redação e elaboração de periódicos.

Familiares de Bandoni, com certeza o pai desde 1893, provavelmente um irmão na capital, residiam no estado de São Paulo. Mas ele devia ter contatos no meio dos libertários toscanos, já com a intenção de se envolver no circuito da propaganda logo que possível, como mostra o fato de que no primeiro número do jornal bilíngue *Palestra Social* (São Paulo, 4.11.1900) o diretor Tobia Boni lhe pediu publicamente que enviasse notícias; em resposta enviou artigos desde o número 2 (2.12.1900) das localidades do interior onde havia migrado inicialmente (Felici, 1994, p.152).

No começo de 1901, Bandoni se transferiu na capital paulista, ali organizando o *Circolo Educativo Libertario Germinal* e proferindo conferências, só

39 ACSR, CPC, b. 2307, f. Gattai Francesco Arnaldo.

40 A Colônia Cecília, estabelecida em Palmeira (Paraná), durou de 1890 a 1894. Ernesto Gattai era o avô da Zélia Gattai (Felici, 1994, p.9-95; e 1998).

em italiano, que muitas vezes eram publicadas.[41] Em fevereiro de 1902, fundou o jornal *Germinal*, emanação do grupo educativo, que dirigiu até julho de 1902, quando tentou lançar um periódico racionalista, *Lucifero*, que só teve dois números (Felici, 1994, p.171). Interrompidas em 1903 as publicações de *Germinal*, foram retomadas por Bandoni em 1904, até o jornal desaparecer em março, poucos meses antes do nascimento do *La Battaglia*, exatamente quando Ristori chegou a São Paulo.

Conferências e educação libertária, nos moldes da pedagogia do anarquista Ferrer Guardia,[42] foram as principais atividades políticas de Bandoni para além do jornalismo e da escrita em geral. Todavia, sua atuação constante no *La Battaglia* atravessou momentos mais e menos intensos, até de desaparecimento, uma vez que nem sempre fixou sua residência na capital paulista. No período inicial, foi muito presente, inclusive, quando não estava em São Paulo, enviava correspondências do interior. Passou breves períodos no Rio de Janeiro (parte de 1905, após uma crise da Escola Germinal em São Paulo,[43] e de 1907). Quando em setembro de 1907 reabriu a escola no Bom Retiro, reapareceram também as intervenções de Bandoni sobre diversos assuntos, desde a (contra) organização sindical, à pedagogia, passando pelo "amor livre".[44] A partir de março de 1908[45] até setembro de 1911, Bandoni sumiu quase literalmente e só voltou a aparecer com correspondências do interior e, sobretudo, contribuições pedagógicas após ter sido chamado a dirigir e ensinar na escola que um grupo de anarquistas italianos, proprietários rurais, havia fundado em Cândido Rodrigues,[46] onde ainda se encontrava em 1913, na época do *La Barricata*, envolvido no ensino racionalista, mas enviando regularmente suas contribuições para o jornal.[47]

---

41 A primeira, em maio, é *Ragione e amore*; seguida por *La Protesta Humana*, em julho, proferida no salão Eldorado e publicada em 1901 pelo Circolo Educativo Libertario Germinal, impresso pela Tipografia Libertaria.

42 Francisco Ferrer Guardia (também Ferrer y Guardia, 1859-1909), catalão, fundador e diretor da Escuela Moderna de Enseñanza Científica y Racional em Barcelona, 1901-1909 (Farré, 2006).

43 *La Battaglia*, n.36, 26.3.1905; n.46, 23.6.1905; n.47, 15.7.1905.

44 *La Battaglia*, n.136, 8.8.1907; e n.148, 15.12.1907.

45 Último artigo antes desse período de silêncio foi o diálogo "Tattica sindacale", *La Battaglia*, n.160, 15.3.1908.

46 "Un'eccezione alla regola", *La Battaglia*, n.320, 3.9.1911, p.2. Deixou a residência de Alto da Serra (atual Paranapiacaba no município de Santo André), a tal "serra brumosa" citada na carta. Os grupos de Cândido Rodrigues e Taquaritinga eram compostos por diversas famílias libertárias de proprietários rurais, entre as quais a de Luigi Crespi, correspondente do *La Battaglia*.

47 *La Barricata*, n.375, 31.10.1912; e n.386, 21.2.1913.

Luigi, "Gigi" Damiani, foi o único dos principais elaboradores do *La Battaglia* que não vinha da Toscana, embora sua origem e formação tenham muitos aspectos comuns, sobretudo com Cerchiai. O perambular entre várias localidades da Itália central na sua atuação militante foi muito importante, igualmente a estadia no *domicilio coatto*. Contudo, Damiani foi uma figura de certo relevo no movimento da sua cidade de origem, Roma, já antes da emigração, sendo impulsionado a emigrar pela polícia romana por causa disso. A propaganda escrita foi sempre acompanhada por uma intensa atividade de articulação do movimento em vários planos, diversamente de Ristori e Bandoni, nisso se assemelhando a Cerchiai. Escrever era um complemento natural dessa atividade, e não a razão de sua atuação militante. O tramado de relacionamentos que ele havia estabelecido durante os anos de ação em Roma e no *domicilio coatto* era dos mais intensos.

Damiani nasceu na capital italiana em 1876, pai migrante dos Abruzos, dono de uma adega cantina (*osteria*) no centro antigo de Roma; a mãe, que morreu na sua infância, era de uma família de zeladoras e empregadas domésticas no palácio Grazioli.[48] Se aproximou do anarquismo como muitos jovens do meio popular romano da época, em parte também por uma rebeldia natural à disciplina escolar, intensificada durante seu confinamento na casa de correção para menores, que encontrou uma expressão política concreta no movimento operário romano do fim do Oitocentos, fortemente marcado pelo anarquismo (Grella, 2012). Damiani era torneiro mecânico, ofício que abandonou para o de pintor decorador, que lhe permitia se deslocar segundo as exigências do momento da atuação anarquista, interligando grupos de diversas cidades da Itália central com o de Roma. Em 1894, quando foi acusado no processo contra o grupo de Pietro Calcagno, uma das principais figuras do anarquismo romano oitocentista, havia voltado para Roma, após ter procurado trabalho nos principais centros siderúrgicos da Ligúria: Spezia, Sampierdarena (Gênova) e Savona, ao mesmo tempo conectando os grupos anarquistas lígures com os de Carrara e de Roma.[49] Mas fazia um pouco de tudo, às vezes empregado nas oficinas dos artesãos libertários romanos mais velhos.

48 Essa trajetória biográfica foi elaborada a partir das fontes citadas no texto e nas notas, pelas matérias citadas de Damiani publicadas na imprensa anarquista, pela análise dos prontuários de Gigi Damiani em ACS, CPC, b. 1601, f. 3698/1 e pela obra de Fedeli (1954).

49 Archivio di Stato di Roma (ASR), Tribunale Civile e Penale, Istruzione processi penali, b. 2434, f. 70494.

Quando foi condenado ao *domicilio coatto* em 1894, já tinha dois anos de militância muito intensa. A residência obrigatória ocorreu em diversos fortes e ilhas até setembro de 1896: foi nesse período que conheceu Ristori e Boni. Após a volta para Roma, envolvido nas indagações sobre o atentado fracassado de Piero Acciarito contra o rei Humberto I, voltadas para desarticular o movimento operário romano como um todo, emigrou para São Paulo em agosto de 1897. Inicialmente residindo em Itu, Tietê e Alto da Serra (Paranapiacaba). No começo de 1898, já se encontrava na capital paulista, tomando aquele caminho de jornalista anarquista que nunca abandonou. Participou desde o começo do jornal *Il Risveglio*, primeira experiência continuada por mais de um ano de semanário anarquista publicado em São Paulo, a partir de janeiro de 1898, até se tornar o diretor, em agosto de 1898 (Felici, 1994, p.128). Nesse mesmo período, enviava correspondências a jornais libertários da Itália, como *L'Avvenire Sociale* (de Messina, Sicília).

O envolvimento no movimento paulistano, através do Circolo di Studi Sociali e depois no grupo Pensiero e Azione do Bom Retiro, do qual foi um dos fundadores em 1901, absorveu Damiani até sua transferência para Curitiba em abril ou maio de 1902. Durante todo esse primeiro período paulistano, continuou na colaboração com toda a imprensa anarquista de São Paulo, inclusive do interior (*La Canaglia*), redigiu praticamente sozinho o número único *La Terza Roma* (publicado por ocasião do dia 20 de setembro, fim do poder temporal dos pontífices) e enviou correspondências para *Il Diritto*, periódico anarquista de Curitiba (1899-1902), do qual tornou-se redator desde sua chegada ao Paraná. Desconhecemos as motivações da sua saída de São Paulo, talvez por ter sido amigo e sócio no seu laboratório de fundo de quintal de produção de magnésio de Augusto Donati, um anarquista toscano acusado de ser espião pelos seus companheiros.[50] Os contatos em Curitiba eram muito fortes e notáveis, pois ali residiam vários egressos da experiência da Colônia Cecília (Felici, 1998).

Em Curitiba, onde chegou a publicar o periódico anarquista *O Despertar* (1904-1905), a sua participação no movimento anarquista local foi importante, de todo modo conectada com o mundo paulista, uma vez que Damiani foi um colaborador e financiador assíduo do *La Battaglia*. Além do folhetim *L'ultimo sciopero*, publicado no *La Battaglia* entre 1905 e 1906, enviou correspondências regulares em português (por exemplo, a rubrica Cartas Paranaenses) e intervenções de todo tipo até o fim de 1908, quando voltou para São Paulo após ter passado o último ano no Paraná em Ponta

---

50 ACS, CPC, b. 1839, f. Donati Antonio Augusto.

Grossa e se integrou com afinco na redação do *La Battaglia*, inicialmente também único responsável das assinaturas na capital paulista junto com Tobia Boni. Usava às vezes os pseudônimos de Souvarine, L'uomo che ride, Fiat, Cuyum Pecus, Gianni Gimida. Os escritos de Damiani são em sua maioria em italiano, sobretudo a partir de 1909, mas por causa da vivência paranaense escreveu diversas vezes também em português.

O que emerge dessas trajetórias formativas e do aporte dos quatro principais redatores e colaboradores do *La Battaglia* permite algumas reflexões.

Trata-se de figuras que encontram uma função específica de propagandista de acordo com a fase de um amplo setor do movimento anarquista que, ao recusar o alargamento e reconhecimento progressivo do movimento operário organizado em sindicatos na Europa do começo do século XX (Antonioli, 1990), permanecem na cultura libertária do fim do Oitocentos, durante o qual se formaram, e a reproduzem criando algo novo na intensificação da propaganda escrita (Giulietti, 2012, p.51). Um objetivo que alcançou certo sucesso, no contexto migratório americano, por motivos intrínsecos da cultura política excludente da sociedade brasileira que adversava violentamente sindicatos e direito de greve, e também pelo perfil de uma parte consistente do público da propaganda anarquista, constituído em grande parte por italianos imigrados politizados, que devem ser vistos não somente como receptores passivos, mas sujeitos ativos, coadjuvantes na determinação dos discursos veiculados no *La Battaglia* pelos redatores (Gomes; Hansen, 2016, p.15).

Eles têm diversos e fundamentais aspectos comuns, além da já assinalada origem regional de pequenos centros toscanos (à parte Damiani, que todavia frequentou também aquele meio). Eram egressos de famílias de trabalhadores, ainda que com diferenças internas (Ristori do proletariado rural da Itália central, no polo oposto Damiani de setores populares romanos), eles mesmos trabalhadores voltados para a autonomia. Tinham uma consequente reduzida formação letrada (com a exceção de Cerchiai, cuja formação foi um pouco mais duradoura) do tipo que um filho de trabalhadores podia mediamente conseguir, acrescida progressivamente pela frequentação do movimento anarquista.

Experimentaram a migração europeia antes da transoceânica. Emigraram para o Brasil sem planos de volta à Itália no breve período e, portanto, com um investimento intenso na militância no novo mundo e, consequentemente, nos projetos editoriais aqui encampados. A emigração foi causada estritamente por motivações políticas, ocorrendo entre os anos 1900-1902 (com exceção de Damiani, de 1897), correspondendo a uma fase diversa do movimento anárquico, posterior ao período dos atentados, mas fugindo dos resquícios da repressão mais intensa da década de 1890, que todos eles, porém, vivenciaram na Itália. Ainda assim, todos tinham elos amigais ou parentais importantes no estado de São Paulo, inclusive elo com alguns militantes conhecidos por todos eles, como Tobia Boni, por exemplo.

Logo, não se tratava de exilados políticos propriamente ditos, essas motivações se complementavam na escolha de migrar, e de migrar para São Paulo. Ao mesmo tempo, o elemento da militância era tão forte em suas vidas que vislumbravam uma atividade de sustentação material que podia ser mais ou menos complementar a outras, e essa atividade podia ser a propaganda via impressos. Finalmente, todos tiveram na Itália experiências diversas de vários níveis na elaboração da, e colaboração com a, imprensa anarquista, dentro da qual se limitavam estritamente suas práticas de escrita, pois nunca saíram para âmbitos de círculos culturais e literários outros, externos ao movimento. Foi somente no contexto migratório que essas se intensificaram e se consolidaram, de modo que a emigração forneceu a eles a possibilidade de uma nova colocação dentro das dinâmicas do movimento anarquista global, sendo reconhecidos internacionalmente como propagandistas a partir da experiência sul-americana, essencialmente brasileira.

A ação e trajetória dos redatores devem ser compreendidas dentro de uma dinâmica de mediação cultural, significada pela experiência da atuação política e da vivência transnacionais (Gomes; Hansen, 2016, p.14-8).

Os temas do *La Battaglia* marcam sua história

A estrutura do jornal, em si, era muito simples e ao mesmo tempo eficaz. Com algumas variações foi se consolidando a partir de 1905-1906 e assim permaneceu até 1912-1913. Todas as páginas eram divididas em cinco colunas. A primeira página era dedicada principalmente ao editorial do diretor ou do principal redator, geralmente era um tema ligado a questões sociais locais prementes ou a campanhas que o jornal estava desenvolvendo: podia ser a greve ou as mobilizações do momento, mas também o debate em curso no movimento anarquista local ou internacional, ou, ainda, as campanhas de denúncias contra outros grupos políticos, mas mais frequentemente contra a política e a situação brasileira, com ênfase no que acontecia no estado de São Paulo. A primeira página acolhia também notícias e comentários sobre a situação política internacional, e particularmente social.

A segunda e a terceira página eram repletas de artigos teóricos ou de debate político a partir da visão anarquista, mas na terceira página se intensificavam as rubricas temáticas periódicas e as intervenções de colaboradores externos, quase sempre militantes residentes no Brasil escrevendo a partir de situações locais.

A quarta página era a representação impressa da rede social que apoiava o jornal e tornava possível sua existência dentro de um movimento orgânico. Hospedava os escritos dos correspondentes regulares do jornal (a maioria do estado de São Paulo, mas também de outros estados e países), nas rubricas "Corrispondenze", "Vita Moderna" e "Dall'interno dello stato"; as listas de subscrição para o jornal ou para outros objetivos a serem financiados, os chamados de reunião, a "Piccola Posta" (pequeno correio, mensagens entre o jornal e leitores específicos e entre estes), os anúncios diversos (festas e pequenas mobilizações), os elencos de publicações anarquistas e onde podiam ser adquiridas. Essas rubricas, particularmente, eram as que mais evidenciavam o fazer dialógico do *La Battaglia* (Chalmers, 2017). Uma testemunha do papel do jornal como construtor e, ao mesmo tempo, expressão de redes de militantes e simpatizantes. Finalmente, a publicação de escritos mais longos, dos teóricos anarquistas, ou dos principais autores do jornal, como Damiani, Ristori, Bandoni e Cerchiai, geralmente era publicada nas terceiras e quartas páginas, frequentemente no pé de página, divididos por partes, ao estilo dos folhetos de apêndice.

O mérito do *La Battaglia* foi o de se apresentar como uma folha aberta a todas as tendências do anarquismo e sobretudo aos problemas concretos dos trabalhadores paulistas, funcionando como um amplificador de denúncias das condições de vida e trabalho. Apesar dessa abertura e do papel de espaço de debate teórico e político prático, o grupo redator e os principais colaboradores tinham, como salientado, uma visão própria e conduziam suas campanhas e a atividade de propaganda.

A mediação cultural entre o novo mundo e o velho, no caso sobretudo entre o Brasil paulista e a Itália, passava, necessariamente, por um tipo de visão política anarquista, que caracterizava a análise da sociedade local dentro de um circuito étnico construído de forma transnacional pela experiência da migração atlântica, compartilhada pelos redatores, colaboradores e leitores. Assim, um viés etnocêntrico era inevitável na abordagem analítica, colocando o Brasil, a partir da experiência dos trabalhadores imigrantes e da questão social geral da sociedade brasileira, da exploração denunciada, dentro de um paradigma civilizatório que o pensamento anarquista também havia incorporado, mas ressignificado a seu modo, e que vinha das antigas raízes iluministas, pelas quais os restos da cultura escravocrata e do genocídio indígena, e o patrimonialismo colonial renovado no estado republicano, o catolicismo ibérico ultraconservador, eram os elementos estruturais que para os anarquistas de *La Battaglia* tornavam uma tarefa árdua a propaganda libertária no meio local (Biondi, 1998). Mas essa, pelos mesmos motivos, podia dar frutos e sentido político à situação de exploração e exclusão vivenciada pelos trabalhadores italianos imigrados e, por outro lado, por contraste, reforçar a crítica da pátria madrasta (a Itália), que havia expulsado seus filhos para um país "onde não devia se emigrar" (Damiani, 1920).

Ainda que muitos números tenham sido recheados com questões teóricas e explicações variadas do pensamento anarquista, a atenção para com o mundo italiano e europeu em geral nunca ocupou mais de um terço dos artigos. O foco era a crítica e análise da sociedade e da situação local, sobretudo paulista, para construir um espaço possível de atuação, dentro de um contexto novo e por eles julgado mais hostil que outros. Um sinal dessa postura foi de ter-se recusado de enviar uma delegação ítalo-brasileira para o importante congresso anarquista de Amsterdã em 1907, onde se debateu a questão candente da organização sindical, para investir mais na impressão de folhetos a ser difundidos para a propaganda anarquista no país.[51]

A campanha contra imigração para o Brasil foi a primeira e a mais importante do jornal, tendo acompanhado toda sua vida, com uma ênfase extraordinária ao longo do ano de 1906. Os redatores de *La Battaglia* haviam identificado o ponto mais crítico do sistema brasileiro e sobretudo paulista de então: a política do afluxo de trabalhadores estrangeiros ao país no complexo cafeeiro. Já em março de 1905, Ristori entrevistou na cadeia de Rio Claro o famoso colono Angelo Longaretti, que matara na fazenda o proprietário Diogo Salles, irmão do presidente da República Campos Salles, em 1900.[52] Depois de dezenas de artigos a respeito da exploração nas fazendas paulistas, decidiu-se para publicar um folheto de autoria de Ristori, *Contra a Immigração*, com financiamento através de subscrição aberta, acolhida sobretudo, mas não exclusivamente, pelos anarquistas leitores do *La Battaglia* e publicado em São Paulo em português em outubro de 1906 (10 mil exemplares, Edições de *La Battaglia*).[53] A versão em italiano foi publicada no *La Battaglia* em julho de 1906, na primeira página, e o texto enviado para publicação na Itália pela *Università Popolare* de Mântua, a famosa revista anarquista de Luigi Molinari.[54] Cogitou-se uma versão em castelhano, que

51 *La Battaglia*, n.111, 10.2.1907.

52 *La Battaglia*, n.35, 19.3.1905.

53 *La Battaglia*, n.72, 18.3.1906, enquanto o lançamento é anunciado em outubro no n.98, 21.10.1906.

54 Oreste Ristori, "Verso l'animalità primitiva", *La Battaglia*, n.85, 8.7.1906; e n.87, 22.7.1906.

porém nunca chegou a ser impressa. A circulação da versão em português não saiu do Brasil, e cerca de 3 mil exemplares foram distribuídos gratuitamente pelo próprio Ristori em conferências ao longo da linha Mogiana. Esse foi o único momento em que a lusofonia se impôs ante a língua italiana como meio de comunicação, pensando um projeto político explicitamente voltado para diversos grupos socioculturais.

Foi sobretudo por causa dessa campanha e parcialmente pela cobertura da greve geral dos ferroviários de 1906 que Ristori e Cerchiai sofreram em 1907 um dos primeiros processos de expulsão de estrangeiros movidos a partir da Lei Adolpho Gordo, sendo, porém, absolvidos porque residentes havia mais de dois anos no país.[55]

As matérias sobre o mundo fabril também estão presentes no jornal desde o começo, constituindo hoje em dia um dos poucos portões de acesso à descrição densa da condição operária em São Paulo pelos próprios trabalhadores, ainda que fossem engajados politicamente. Essas matérias se intensificaram a partir de 1907 por causa da greve geral das oito horas[56] e nunca abandonaram as páginas do semanário. Porém, com algumas exceções, nunca ocuparam a centralidade de outras campanhas extraordinárias de investigação e denúncia, em parte pela sua regularidade, em parte pela polêmica antissindicalista do grupo de *La Battaglia*.

Análise das condições de vida outras, como aluguéis, custo dos alimentos, acesso à moradia e ao transporte, se agregou a esse quadro de intervenção na tradicional luta de classes. Assim como campanhas mais focadas, como foi o caso das denúncias da situação dos 4 mil trabalhadores empenhados na construção da ferrovia Noroeste, com numerosos artigos entre agosto de 1907 e abril de 1910.[57]

Temas anticlericais e antirreligiosos, obviamente corriqueiros em todo jornal libertário, se tornaram o eixo do jornal, conjuntamente com a campanha a favor da implantação da educação racionalista de Ferrer, por meio das Escolas Modernas que *La Battaglia* apoiava e que, por meio de seus leitores, ajudava a financiar. O anticlericalismo tomou gradativamente conta das

---

55 AN, Processo de expulsão de Leopoldo Cerchiari, Oreste Restori, Julio Sorelli [*sic*] 1907, IJJ7 n.179; e *La Battaglia*, n.103, 2.12.1906. A lei federal, promovida pelo senador paulista do PRP, Adolpho Gordo, foi promulgada com Decreto n.1641 de 7.1.1907. Podiam ser expulsos todos os estrangeiros que atentavam à segurança nacional, menos os casados com cidadãos brasileiros, com filhos nascidos no Brasil, ou se residentes no país há mais de dois anos. Essas limitações foram eliminadas em 1913.

56 *La Battaglia*, n.130, 21.7.1907, com a rubrica "Fabbriche e officine".

57 *La Battaglia*, n.133, 18.8.1907; e n.135, 1.9.1907.

prioridades temáticas a partir de 1908, ao passo que diminuíam os artigos sobre a situação nas fazendas e o mundo fabril. Possivelmente, um resultado dos efeitos do processo de expulsão contra Ristori e Cerchiai junto com o tradicional ceticismo em relação à luta sindical que naquele fim da primeira década do século XX estava sofrendo um impasse no meio paulista após os avanços de 1906-1907.

La Battaglia participou ativamente do Comitê Pró Escola Moderna, e Ristori, para ajudar na implantação da escola, empreendeu no interior um giro de conferências anticlericais e racionalistas, dessa vez pagas, desde o começo de 1910.[58]

A campanha antirreligiosa alcançou seu auge com o caso Idalina, que teve *La Battaglia* no cerne dos acontecimentos como principal promotor. Foi o momento em que o semanário voltou a aumentar sua tiragem de forma excepcional e se tornar o principal periódico do movimento operário local. As denúncias de abusos dos padres do Orfanato Cristoforo Colombo começaram a ser veiculadas no jornal em junho de 1909, quando o pai adotivo de Idalina, Domenico Stamato, enviou uma carta ao *La Battaglia* denunciando o desaparecimento da filha do orfanato. Em outubro de 1910, por ocasião da manifestação pública de lembrança do primeiro aniversário do falecimento do pedagogista libertário Francisco Ferrer, *La Battaglia* acusou o diretor do orfanato, padre Consoni, do assassinato da menina.[59] O caso monopolizou as manchetes do *La Battaglia*, inclusive com publicação de duas edições especiais,[60] desse período até março de 1911, quando Ristori e Cerchiai foram presos durante embates com a força pública por ocasião do enésimo e massivo comício sobre a questão; uma manifestação concorrida, onde Ristori foi o único orador italiano.[61]

A extraordinária mobilização do jornal em torno do caso Idalina e o processo que seguiu (Ristori foi condenado à liberdade condicional) teve um efeito notável e, afinal, contraproducente para *La Battaglia*, uma vez que Ristori diminuiu drasticamente e até parou suas viagens periódicas ao interior durante quase um ano.[62] As viagens de propaganda não cessaram completamente, mas foram muito reduzidas e confiadas ocasionalmente a outros militantes.

58 *La Battaglia*, n.241, 19.12.1909.

59 *La Battaglia*, n.277, 21.10.1910.

60 *La Battaglia*, n.292, 12.2.1911; n.293, 19.2.1911.

61 *La Battaglia*, n.297, 14.3.1911.

62 *La Battaglia*, n.312, 9.7.1911.

Essas vicissitudes aceleraram a crise que Ristori vinha amadurecendo diante da progressiva desarticulação do movimento anarquista local e das dificuldades de sua expansão, uma crise que era também pessoal e que o levou a abandonar a direção do *La Battaglia* em dezembro de 1911, se afastando gradualmente da participação ativa no movimento.[63]

Com a chegada da conquista italiana da Líbia (guerra Ítalo-Turca, setembro de 1911 a outubro de 1912), a campanha antimilitarista substituiu a anticlerical, na esteira de um dos temas caros ao anarquismo e que havia aparecido ao longo da vida do jornal em matérias regulares. Nesse sentido, *La Battaglia* se comportava como a imprensa operária publicada na Itália em geral, de todas as tendências políticas, com o diferencial de que era um tema que aqui começava a aparecer um tanto distante para imigrantes que não temiam a chamada no exército e que estavam cada vez mais envolvidos em questões locais. Diversamente do que ocorreu com a Primeira Guerra Mundial, ainda que a crítica da Guerra da Líbia tenha animado um pouco a ação dos grupos anarquistas italianos, essa questão não ajudou a melhorar a crise que o *La Battaglia* atravessava, evidenciando que o processo integrativo dos trabalhadores imigrantes na sociedade local necessitava de uma atenção maior em questões localmente mais concretas.

É nesse sentido que Damiani escreveu um editorial importante de análise da crise do movimento anarquista, e do jornal, culpando sobretudo a campanha anticlerical, que teria provocado um afastamento deletério da intervenção escrita e prática no âmbito da questão operária e da luta de classes.[64] Criticando as periódicas especializações temáticas apresentadas outrora pelo jornal, a proposta de política editorial anarquista elaborada por Damiani ao longo de 1912 se voltava para uma atenção especial para as lutas concretas dos trabalhadores, para apoiar mais decididamente a ação direta, sem integrar, porém, o campo do sindicalismo.[65] A virada cultural atuada por Ristori e apoiada por Bandoni, eixo temático do *La Battaglia*, sobretudo a partir de 1908, agora devia ser colocada de lado.

A questão da organização operária e do sindicalismo foi o ponto de ruptura, o limite, mas também, por alguns anos, o ponto de força do *La Battaglia*. Diversamente de outras folhas políticas do movimento libertário, como *A Terra Livre*, por exemplo, mas também de outras tendências, como o socialista

63 *La Battaglia*, n.335, 31.12.1911.

64 *La Battaglia*, n.360, 14.7.1912.

65 Gigi Damiani, "Deviazioni e specializzazioni: Sindacalismo-Antimilitarismo-Anticlericalismo", *La Barricata*, n.376, 7.11.1912, p.1.

Avanti!, que era o "competidor" político dentro da vasta coletividade operária de língua italiana de São Paulo,[66] *La Battaglia* nunca elegeu a questão operária e particularmente a luta de classes organizada por sindicatos como o cerne da sua reflexão. As mobilizações operárias e seu contexto organizativo eram vistas como parte integrante da ação de propaganda e crítica dos anarquistas, mas conjuntamente com outros aspectos da mais ampla questão social.

Como salientamos, o jornal tinha uma posição muito céptica, quando não decididamente adversa, em alguns momentos das organizações sindicais, até superando nisso o principal mentor teórico do jornal, Malatesta. Os redatores e colaboradores principais eram, porém, divididos quanto às nuances desse posicionamento antissindicalista. Ainda que houvesse mudanças em relação a isso, Ristori e Bandoni eram decididamente os mais críticos, os que enfatizavam antes de mais nada o elemento cultural da transformação anarquista, uma visão de luta de classe que se identificava com a crítica e o ataque em geral à sociedade capitalista e estadista e que devia partir de uma atuação no campo da educação e da propaganda. Não por acaso, foi o próprio Bandoni que, em 1905, alimentou no jornal o debate antissindical com outro anarquista, Julio Sorelli, o famoso coordenador e fundador da Federação Operária de São Paulo (Fosp), a figura mais importante do aporte anarquista ao sindicalismo de ação direta em São Paulo (Toledo, 2004, cap.3). Para Bandoni, que se definia um anarquista antiorganizacionista,[67] as ligas operárias eram "un ben intenzionato *conto do vigário*", um espaço útil somente para fazer propaganda revolucionária e "olhe lá!".[68] Para ele, a única solução era a palingenética greve geral, mas sem prévia organização associativa. O próprio Ristori afirmava ao mesmo tempo sua proximidade e solidariedade com os trabalhadores em luta, por ocasião de greves e protestos, até sua intervenção regular nos comícios de praça, mas também sua idiossincrasia para com os sindicatos e as greves parciais, refutando qualquer participação regular em assembleias sindicais: as suas proposições antissindicalistas apareciam regularmente no jornal.

Cerchiai, mas sobretudo Damiani, eram menos críticos da ação sindical, nisso acompanhando mais de perto a posição malatestiana, da liga operária, como o lugar privilegiado da propaganda anarquista. Para Cerchiai:

---

66 O *Avanti!* de São Paulo, nascido como semanário em 1900, chegou a ser um jornal diário entre 1902 e 1908, com uma tiragem de mais de 6 mil exemplares, bem maior que o *La Battaglia* (Biondi, 2011).

67 Angelo Bandoni, "Prima che si prenda una cantonata", *La Battaglia*, n.36, 26.3.1905, p.1.

68 Angelo Bandoni, "L'organizzazione operaia", *La Battaglia*, n.35, 19.3.1905, p.1-2.

nós não negamos a importância do Sindicalismo, compreendemos que com o progresso da indústria a organização operária é um fenômeno fatal que ninguém pode negar e que é necessário levar os operários – organizados ou não –, ao anarquismo, se quisermos fazer a anarquia. Mas, como bem disse o Malatesta, o anarquista não pode ser um servidor dos sindicatos.[69]

É Cerchiai, por exemplo, que tomou a palavra numa reunião da Fosp realizada para organizar o movimento de contraste à lei de expulsão de estrangeiros envolvidos em atividades subversivas, a famosa Lei Adolpho Gordo.[70] Damiani, como vimos, ainda que céptico da eficácia da diluição do anarquismo dentro do sindicalismo revolucionário, colocava a luta de classes, a ação direta e os movimentos grevistas como o principal foco de atenção de um jornal anarquista.

De todo modo, *La Battaglia* preservou sempre o seu fazer-se como espaço aberto do debate anarquista. Diga-se, de passagem, que o supercrítico Bandoni, na época da polêmica com Sorelli, era membro da associação de socorro mútuo dos professores, e *La Battaglia* promoveu a publicação de um jornal dedicado às operárias tecelãs (*La Tessitrice*) e festas de subvenção do órgão da Liga dos Trabalhadores em Madeira *Il Falegname/O Carpinteiro* (também dirigido por Sorelli).[71] As propagandas d'*A Terra Livre*, de Neno Vasco e Edgard Leuenroth, que apoiava entusiasticamente a participação anarquista nos sindicatos, apareciam regularmente no jornal, e financiamentos em prol desse jornal eram também apoiados pelos leitores do *La Battaglia*, apesar das divergências.

Estética, administração e impressão

Vamos percorrer aqui, também usando o histórico dos diversos cabeçalhos do jornal, o fazer-se material do *La Battaglia*. Podemos começar com o fim, na verdade, pois o editorial polêmico de Gigi Damiani publicado no

69 "Noi non neghiamo la sua importanza al Sindacalismo. Comprendiamo che col progredire dell'industria, la organizzazione operaia è un fenomeno fatale che nessuno può negare e che è d'uopo portare gli operai – organizzati o no – all'anarchismo se si vuol fare l'anarchia. Ma come ben dice il Malatesta, l'anarchico non può esser un servitore dei sindacati". Anna de'Gigli (i.e. Alessandro Cerchiai), "Partito Anarchico?", *La Battaglia*, n.143, 3.11.1907, p.3).

70 "Infamie repubblicane. L'espulsione di Vacirca", *La Battaglia*, n.176, 19.7.1908. Na assembleia falaram também muitos socialistas e sindicalistas italianos.

71 *La Battaglia*, n.51, 3.3.1905.

primeiro número de *La Barricata* revela muito sobre as tensões internas ao grupo editor e as divergências que amadureceram nos últimos dois anos de *La Battaglia* sobre a política editorial, os temas a serem tratados e o que deveria ser prioritário na cobertura dos temas, ações políticas e campanhas encabeçadas pelo jornal. Sobretudo, revela como havia funcionado até aquele momento a gestão principal do periódico por parte de Ristori e sua relação com os outros companheiros. A partir de *La Barricata*, o grupo editor afirmou que o jornal não seria mais "propriedade de um ou dois indivíduos", mas sim dos anarquistas como um todo.[72] No mesmo número, apareceu pela primeira vez um balancete completo das entradas e saídas do jornal, o que nunca havia acontecido durante a longa gestão de Ristori.

Continua um mistério o fluxo de entradas e saídas do *La Battaglia* durante sua vida, embora seja possível computar as entradas através das subscrições e das assinaturas, regularmente publicadas na última página desde 1904. Não se tem ideia, porém, dos gastos efetivos ao longo de todo esse período, a não ser pela publicação dos balancetes do *La Battaglia* e *La Barricata* a partir de agosto 1912. Sabemos, assim, por algumas matérias publicadas do interior, pelos relatórios policiais e consulares[73] e pela dinâmica de recolhimento das assinaturas e contribuições voluntárias várias, que Ristori vivia basicamente da profissão de diretor e conferencista do periódico. Após sua saída do jornal, foi muito criticado pelos companheiros por exigir um crédito pelas dívidas do periódico que, pelo desgosto de Damiani e Cerchiai, continuavam aumentando sem motivos.[74]

Acompanhando a vida do *La Battaglia* desde o início, esse período parece ter sido o mais difícil, pelo menos desde o término da campanha do caso Idalina no fim de 1911. Em 1912, *La Battaglia* estava no vermelho e assim continuou *La Barricata* até desaparecer.[75]

---

72 "La Barricata", *La Barricata*, n.368, 8.9.1912, p.1.

73 Iluminante, por exemplo, um relatório de 1908, referente a um outro militante anarquista, romano, Federico Mazzoni, que estava deixando Montevidéu, mas que fala também de Ristori: "Descartado o Brasil onde estaria inevitavelmente em antagonismo com Ristori com quem nunca teve um bom relacionamento e que, aliás, ali já se apropriou inteiramente, para seu lucro completo, da indústria da imprensa de propaganda anárquica de língua italiana, o Mazzoni estaria intencionado a dirigir-se para Portugal" (em italiano no original, tradução do autor). A parte referente a Ristori estava marcada com lápis vermelho pela direção central policial em Roma. R. Consolato Generale, Buenos Aires, 24.9.1908. In: ACS, CPC, b. 3188, f. Mazzoni Federico.

74 "Per la Barricata", *La Barricata*, n.368, 8.9.1912, p.4.

75 O déficit de agosto de 1912 era de 903$000 réis, o de outubro de 1912 era de 872$000 réis. Ibid.; e "Uscite", *La Barricata*, n.376, 7.11.1912, p.4.

Do ponto de vista administrativo, a partir do fim de 1905, a condução do jornal foi desenvolvida por um grupo específico composto por cinco militantes, entre os quais Tebaldo Soderi, que era também, legalmente, o administrador. No começo de 1906, se assumiu uma divisão de funções entre o diretor Ristori e o administrador Soderi, ambos com endereço legal no Cambuci, onde estava localizada a redação que ali se reunia semanalmente. A partir de abril de 1906, o único responsável legal voltou a ser Oreste Ristori, assumindo de novo ambas as funções, de diretor e administrador, até o ano de 1911. A partir de 1912, o termo legal do jornal, que era de propriedade de Ristori, passou a Damiani.

O balancete de julho/agosto de 1912 evidenciava gastos importantes com a Cooperativa que imprimia o jornal (apesar do anticooperativismo alardeado pelos grupos anarquistas locais), e com o *Centro Libertário*, principal grupo político de apoio ao jornal naqueles tempos.[76]

As modalidades de impressão do jornal e quais tipografias foram utilizadas ao longo do tempo nem sempre podem ser identificadas. O que resulta claro é que as mudanças gráficas foram imperceptíveis e envolveram quase somente o cabeçalho, em geral em razão da mudança de tipografia. Por muitos anos, no auge do jornal, permaneceu um único tipo de arranjo gráfico, com o mesmo cabeçalho do fim de 1905 a 1913, de vez em quando ligeiramente modificado. Salientamos desde já que o jornal não tinha condições de publicar charges, ilustrações e imagens, a não ser em algum ou outro número extremamente esporádico.

Anno I — S. PAOLO (Brasile), 26 Marzo 1905 — Num. 36

LA BATTAGLIA

Per tutto quanto riguarda La Battaglia dirigersi: Oreste Ristori, *Avenida Tiradentes*, 164 — Direttore: ORESTE RISTORI — ABBONAMENTI: Annuale 10$000 - Semestr. 5$000 - Trimestr. 3$000

Figura 1. Cabeçalho do *La Battaglia*, n.36, 26.3.1905.
Fonte: *La Battaglia*, Arquivo Edgard Leuenroth, Unicamp.

76 "Per la Barricata", *La Barricata*, n.368, 8.9.1912, p.4. Gastos com a tipografia eram de 200$000 réis por número em 1912.

Esta manchete clássica (figura 1) corresponde ao período inicial de impressão pela Tipografia Capaci, Susini e Cia., um empreendimento sem aparentes ligações com o movimento. No número 47, iniciando o segundo ano de publicações do jornal (1905), aparece como encarregada da impressão a Typographia Social,[77] mais próxima do grupo editor, mas o desenho gráfico utilizado é o mesmo que temos desde a fundação do jornal.

Figura 2. Cabeçalho do *La Battaglia*, n.50, 27.8.1905.
Fonte: *La Battaglia*, Arquivo Edgard Leuenroth, Unicamp.

Uma modificação substancial do estilo do cabeçalho ocorreu alguns números depois, o que poderia estar relacionado com o aparecimento da menção à Typografia Social na edição número 47, mas, de fato, desconhecemos quem imprimiu a manchete alegórica muito elaborada que durou por poucos números no período entre agosto e novembro de 1905 (figura 2). Os custos de impressão da gravura, tão impactante, que mostra a revolta social anarquista destruindo seus principais inimigos, levaram o grupo administrador a procurar em seguida uma outra tipografia. A bela ilustração não era assinada e não há referências explícitas de sua autoria no jornal, porém o estilo do traço parece como característico de Lemmo Lemmi (o Voltolino), que estava começando, em 1905, voltado recentemente de Pisa (Toscana), terra dos seus pais, a sua longa carreira como caricaturista a partir de diversos jornais ítalo-brasileiros de São Paulo: entre outros, naquele mesmo ano de 1905, o humorístico *O Cara Dura: il giornale piu stupido del mondo*. Lembra-se que Ristori também foi um dos colaboradores eventuais

77 *La Battaglia*, n.47, 16.7.1905.

Figura 3. Cabeçalho do *La Battaglia*, n.58, 3.12.1905.
Fonte: *La Battaglia*, Arquivo Edgard Leuenroth, Unicamp.

Figura 4. Cabeçalho do *La Battaglia*, n.133, 18.8.1907. Vai durar até julho de 1909.
Fonte: *La Battaglia*, Arquivo Edgard Leuenroth, Unicamp.

desse jornal logo que chegou a São Paulo em 1904. Muito atento às questões sociais, Lemmi havia sido criado no meio dos artesãos toscanos entre São Paulo e a Itália.[78]

Pela mesma ilustração foi introduzido *grosso modo* o estilo de desenho do cabeçalho que, com algumas modificações, vai acompanhar a vida do *La Battaglia* e depois do *La Barricata* por oito anos, até 1913 (figuras 3, 4, 5, 6 e 7).

O primeiro número de *La Barricata* (figura 7) evidencia no desenho gráfico a continuidade com o período anterior. Do ponto de vista da estrutura do periódico não há mudanças significativas. As únicas são reivindicadas pelo grupo redator (Damiani e Cerchiai) nas formas de gestão administrativa e de relação com os leitores, os apoiadores e o movimento libertário local.[79]

78 João Paulo Lemmo Lemmi, filho do artesão escultor toscano Ernesto, nasceu em São Paulo em 1884, mas se formou como desenhista na Itália, em Pisa, entre 1896 e 1904, quando voltou para São Paulo, se empregando inicialmente em tipografias. A partir de 1911, colaborou com *O Pirralho*, fundado por Oswald de Andrade. (Voltolino). In: Enciclopédia Itaú Cultural de Arte e Cultura Brasileiras. São Paulo: Itaú Cultural, 2020. Disponível em: http://enciclopedia.itaucultural.org.br/pessoa2488/voltolino. Acesso em: 29 jun. 2020. Verbete da Enciclopédia.

79 "La Barricata", *La Barricata*, n.368, 8.9.1912, p.1.

Anno VI S. Paolo (Brasile) 5 Settembre 1909 Num. 228

La Battaglia

REDAZIONE E AMMINISTRAZIONE ORESTE RISTORI Casella Postale 547 — S. PAOLO (Brasile)

Periodico settimanale anarchico

ABBONAMENTO ANNUALE 10$000

Figura 5. Cabeçalho do *La Battaglia*, n.228, 5.9.1909. Vai durar até o número 306, de 14 de maio de 1911.

Fonte: *La Battaglia*, Arquivo Edgard Leuenroth, Unicamp.

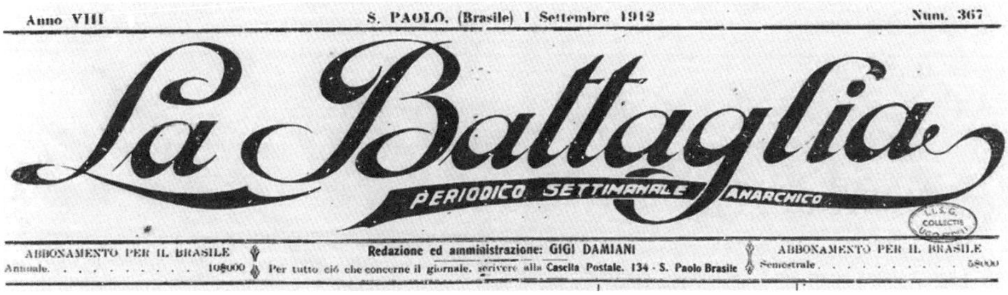
Anno VIII S. PAOLO. (Brasile) 1 Settembre 1912 Num. 367

La Battaglia

PERIODICO SETTIMANALE ANARCHICO

ABBONAMENTO PER IL BRASILE Annuale. . . . . 10$000

Redazione ed amministrazione: GIGI DAMIANI Per tutto ciò che concerne il giornale, scrivere alla Casella Postale. 134 - S. Paolo Brasile

ABBONAMENTO PER IL BRASILE Semestrale. . . . . 5$000

Figura 6. Cabeçalho do *La Battaglia*, n.367, 1.9.1912. Último número antes da transformação em *La Barricata*.

Fonte: *La Battaglia*, Arquivo Edgard Leuenroth, Unicamp.

Anno VIII (della BATTAGLIA) S. PAOLO. (Brasile) 8 Settembre 1912 Num. 368

La Barricata

PERIODICO ANARCHICO

ABBONAMENTO PER IL BRASILE Annuale. . . . . 10$000

Redattori: GIGI DAMIANI e A. CERCHIAI Per tutto ciò che concerne il giornale, scrivere alla Casella Postale, 1336 - S. Paolo Brasile

ABBONAMENTO PER IL BRASILE Semestrale. . . . . 5$000

Figura 7. Cabeçalho do *La Barricata*, n.368, 8.9.1912.

Fonte: *La Battaglia*, Arquivo Edgard Leuenroth, Unicamp.

Desconhecemos o perfil das tipografias que imprimiram o jornal pela maior parte da vida do *La Battaglia*, mas podemos cogitar, pelos nomes de tipografias mencionados explicitamente, que a Tipografia Roma, que imprimiu com certeza o jornal entre o fim de 1905 e início de 1906,[80] muito provavelmente tinha alguma proximidade com o movimento operário,

80 Vai até o n.64, 14.1.1906.

considerando a presença de tipógrafos anarquistas, socialistas e republicanos romanos em São Paulo desde a década de 1890.[81]

No fim de janeiro de 1906, foi anunciada mais uma mudança de tipografia com o objetivo de "melhorar a estética do jornal", embora não tenha se modificado nada no desenho gráfico.[82] Assim, essa continuidade estética pode levar a supor também que o anúncio esteja se referindo ao evento de algumas semanas antes, quando da menção à Tipografia Roma, seu nome aparecendo no fim da página 4, e quando da formação de um "grupo administrativo".[83]

A partir de maio de 1911, o jornal foi impresso pela Tipografia Universal, da qual desconhecemos qualquer ligação explícita com o movimento operário.[84] Essas mudanças mínimas assinalam uma limitação orçamentária que não permitia investimentos gráficos relevantes, seguindo um certo padrão minimalista da imprensa libertária da época. Afinal de contas, era um jornal feito por trabalhadores, com parcos recursos. Ainda assim, em relação a outros jornais anarquistas em língua italiana mundo afora, era bem mais simples em termos estéticos. Por outro lado, as poucas modificações refletem que a linha política do jornal permanecia fundamentalmente a mesma. Um sinal de que *La Battaglia* em si devia ser reconhecida como porta-voz ou articuladora dos anarquistas italianos no Brasil, sendo sua estética um patrimônio social consolidado que não deveria sofrer alterações.

LEITORES E MILITANTES: A *KOINÉ* TOSCANA E O HORIZONTE DA ETNOPOLÍTICA TRANSNACIONAL

O primeiro ano de *La Battaglia* não foi fácil, a ponto de Cerchiai e Ristori procurarem em vão um companheiro na Itália lhe oferecendo a direção do jornal.[85] Foi somente a partir de 1906 que os dois redatores e Boni consideraram que o semanário havia se consolidado e podia-se esperar que escapasse do padrão de brevíssima vida média que havia caracterizado a imprensa anarquista em São Paulo nos anos anteriores.[86]

---

81 Um dos mais ativos era Duilio Bernardoni, ACS, CPC, b. 535 e ASR, Questura di Roma, Cat. A8, b. 84. Bernardoni, inclusive, foi diretor do *Germinal* de 1902-1903 (Felici, 1994, p.171).

82 *La Battaglia*, n.65, 21.1.1906.

83 "Avviso importante", *La Battaglia*, n.58, 3.12.1905, p.1.

84 A partir do n.307, 28.5.1911.

85 Alessandro Cerchiai, "A chi ci accusa", *La Battaglia*, n.182, 30.8.1908, p.2.

86 *La Battaglia*, n.103, 2.12.1906.

Em 1907, *La Battaglia* tinha uma tiragem de 3.500 exemplares,[87] em 1908 chegou a 5 mil,[88] cota que depois desse ano foi alcançada somente por um breve período, por ocasião dos números especiais dedicados ao caso Idalina. Ainda em 1912, os assinantes eram cerca de 3 mil, malgrado a progressiva rarefação dos grupos anarquistas.[89]

Apesar de todas as dificuldades e considerando o suposto contexto receptor, formado pelos trabalhadores italianos imigrados, entre os quais era muito amplo o conjunto dos egressos do mundo rural, onde o analfabetismo ou uma alfabetização limitada eram ainda muito difusos, podemos afirmar que *La Battaglia* foi uma experiência bem-sucedida. Evidentemente, o conjunto dos leitores era formado por trabalhadores imigrados urbanos; e pelas correspondências e artigos dos próprios redatores podemos perceber que se tratava basicamente de militantes anarquistas. Em torno desses, se aproximavam leitores e simpatizantes ocasionais, dependendo dos períodos e das campanhas realizadas.

A questão do menor engajamento no mundo do trabalho organizado e a progressiva diminuição de atenção para com as questões ligadas diretamente à luta de classes, urbana e rural, foram o principal obstáculo a uma expansão ulterior do jornal, como evidenciado pelo andamento da tiragem, que cresceu e chegou ao seu máximo no período da campanha contra a imigração, e como resultado da cobertura atenta das greves gerais de 1906 e 1907 e da condição fabril no estado de São Paulo, uma onda que durou todo o ano de 1908. Por outro lado, também a ascensão social de uma parte dos imigrantes urbanos deve ter jogado um papel na contenção e crise da imprensa libertária (Trento, 2013, p.80-1).[90]

Ao juntar esses aspectos temáticos da política editorial com a importância fundamental que as redes de anarquistas do interior paulista representavam para a própria existência do semanário, resulta evidente que o conjunto dos leitores correspondia ao perfil de trabalhadores imigrados de centros urbanos onde o mundo fabril era mais rarefeito e prevaleciam, entre os italianos urbanizados, as figuras dos operários qualificados, artesãos e pequenos comerciantes (Truzzi, 2016, p.61-81). Afinal, era o paradigmático

87 Declaração de Cerchiai ao delegado J.B. de Souza. São Paulo, 2.4.1907. In: AN, Processo de expulsão de Leopoldo Cerchiari, Oreste Restori, Julio Sorelli [*sic*] 1907, IJJ7 n.179.

88 Alessandro Cerchiai, "A chi ci accusa", *La Battaglia*, n.182, 30.8.1908, p.2.

89 *La Barricata*, n.372, 6.10.1912.

90 Aspecto que foi salientado também na relação do delegado de polícia adido ao consulado italiano de São Paulo. *Relazione del Commissario di Polizia, Cav. Alliata-Bronner, sugli anarchici italiani in Brasile*. São Paulo, 30.6.1909. In: ACS, DGPS, PS 1909, b. 4, f. Partito Anarchico Brasile.

setor de maior difusão do anarquismo, entre trabalhadores que, no meio de um processo geral de modernização, industrialização e proletarização que avançava decididamente, se opuseram radicalmente no intuito de resistir e preservar sua autonomia e independência, mas fora das lógicas de competição liberal e ascensão social. O paradigma artesão (Santarelli, 1973), considerando as devidas exceções, pode ser identificado no *La Battaglia* pelas centenas de correspondências do interior, que retratavam as dinâmicas da militância nos diversos municípios.

Ao todo, o jornal teve leitores em 99 localidades paulistas, e assinantes em 55. Em 1907, os correspondentes do interior chegavam na casa dos 54. Uma cobertura notável, em um território estrangeiro que tinha quase as mesmas dimensões da Itália. Até núcleos urbanos menores chegaram a ter seu número constante de assinantes: por exemplo, Jardinópolis, mais de quarenta; Salles Oliveira, quinze,[91] Jaboticabal, cem.[92]

Em algumas cidades, havia grupos organizados de militantes que apoiavam o jornal, por exemplo, o *Germinal*, em Piracicaba, de onde escrevia o correspondente Pietro Cofani, um alfaiate da região das Marcas;[93] o *Circolo di Studi Sociali*, em Ribeirão Preto, de onde escrevia o músico de banda toscano Egisto Orsini;[94] a *Lega di Propaganda Libertaria*, em Araraquara, que chegou até a publicar por breve tempo *La Verità* (1907), uma folha inspirada no *La Battaglia*.[95]

A rede se estendia no sul de Minas Gerais, onde a penetração italiana foi muito parecida e onde as famílias originárias da Toscana eram também numerosas (Biondi, 2008): ali oito localidades recebiam regularmente *La Battaglia*. Fora desse eixo, temos Curitiba e Palmeira, no Paraná – onde estavam os remanescentes da Colônia Cecília (Felici, 1998) –, Petrópolis, Rio de Janeiro, Porto Alegre, Belém, Santarém e Manaus. No exterior, com exceção da Itália, onde era enviado a diversos companheiros, o jornal tinha contatos fortes na Argentina (Buenos Aires e Bahia Blanca), em Montevidéu, Paris e Lausanne.

Na cidade de São Paulo, onde em 1909 se contavam quatro grupos frequentados por anarquistas italianos, e em 1911 somente três, o apoio ao

91 *La Battaglia*, n.54, 15.10.1905.

92 *La Battaglia*, n.114, 10.3.1907.

93 Cofani era de Fabriano (Ancona). R. Agenzia Consolare d'Italia, Piracicaba S. Paulo – Brasile, Atti. In: Acervo *Società Italiana* de Piracicaba.

94 ACS, CPC, b. 3613, f. Orsini Egisto.

95 *La Battaglia*, n.113, 3.3.1907.

La Battaglia vinha sobretudo do núcleo La Propaganda, no Bom Retiro (coordenado por Tobia Boni). Também no contexto paulistano, o perfil dos militantes próximos ao jornal era o mesmo do interior, sinalizando a desconfiança dos editores em relação às organizações sindicais.

Essa configuração social da maior parte dos colaboradores e assinantes representou, por outro lado, um ponto de força e consolidação da proposta de *La Battaglia*, porque interceptava um setor consistente dos imigrantes italianos dos centros urbanos e correspondia ao tipo de cultura anarquista que, no mesmo período e nos mesmos perfis sociais, havia se consolidado na Itália, sobretudo no centro-norte, através do enraizamento de um modelo militante caracterizado pela realização de iniciativas voltadas mais à propagação do ideal que ao embate frontal com os poderes dominantes (Giulietti, 2012, p.51).

O revés desse processo foi que os leitores foram diminuindo quando foi intensificada a linha de se afastar mais das questões concretas do mundo do trabalho e de enfatizar a propaganda teórico-cultural e a crítica ao sindicato, ao passo que progredia o ingresso de imigrantes nos centros urbanos, sua estabilização no país e sua diluição em um contexto mais industrial e multiétnico, com outros trabalhadores imigrados e brasileiros.

Essa dimensão etnonacional do anarquismo, que pode ser assemelhada ao conceito de "socialismo étnico" (Vezzosi, 1991), se, por um lado, provocou um distanciamento em relação à sociedade brasileira, por outro, permitiu a realização de um empreendimento editorial consolidado, autorreferencial, mas que não pode ser diminuído no seu aporte modelar para experiências parecidas autóctones e, sobretudo, seu sentido dentro da vasta coletividade ítalo-paulista urbana.

A esse ponto, um elemento de fortalecimento que explica muito do sucesso temporâneo de *La Battaglia* foi constituído pela comum origem regional de uma parte extremamente consistente de seus leitores e, sobretudo, de seus assinantes e colaboradores mais estreitos. Já vimos como, dos quatro principais protagonistas da elaboração do jornal, três eram da Toscana.

A principal origem toscana dos militantes anarquistas em São Paulo foi possível pela particular configuração da emigração transnacional dos trabalhadores dessa região, que, quando atravessaram o Atlântico, se dirigiram quase exclusivamente para o Brasil (Trento, 1988, p.40). Até a anomalia de Ristori, um militante toscano que seguiu um caminho próprio e mais peculiar – a emigração inicial para a Argentina –, foi possível pela presença de uma rede consolidada de militantes e trabalhadores urbanos espalhados nas cidades paulistas e de sul de Minas, sem a qual teria voltado provavelmente para a Itália. Cerchiai, Bandoni, Boni e Soderi, dentro de um padrão migratório toscano clássico, tinham familiares e amigos no Brasil.

Uma pesquisa recente por mim desenvolvida nos arquivos policiais italianos permitiu identificar melhor a configuração etnorregional da militância anarquista desse período no estado de São Paulo.[96] Esses resultados, conjuntamente com as informações das fontes brasileiras e particularmente do *La Battaglia*, levam a enfatizar o papel desses militantes e possibilitam compreender melhor o enraizamento desse semanário anarquista e sua própria existência. A tabela que segue evidencia esse aporte:[97]

Quadro 1. Militantes anarquistas italianos no estado de São Paulo por região italiana de origem.

Regiões	Macrorregião	Militantes
Toscana	Centro	37,4%
Emília-Romanha	Nordeste	15,5% (5,5% + 10%)[98]
Lácio	Centro	13,7%
Vêneto	Nordeste	5,9%
Campânia	Sul	5,1%
Marcas	Centro	4,8%
Lombardia	Noroeste	3,3%
Piemonte	Noroeste	3,3%
Ligúria	Noroeste	1,8%
Calábria	Sul	1,4%
Outras		7,8%

96 Biondi, Luigi. Pesquisa de Pós-doutoramento "Militantes italianos em São Paulo na Primeira República: uma prosopografia", 2018-2019, aprovada pela Fapesp, processo n.2018/01401-2, Fundação de Amparo à Pesquisa do Estado de São Paulo (Fapesp).

97 Ainda que esses dados não representem, evidentemente, a totalidade nem a maioria dos militantes que se aproximaram do *La Battaglia*, portanto, estão sujeitos a futuras complementações, foram elaborados a partir de uma amostra consistente de 270 indivíduos, que foi possível identificar no principal acervo policial italiano, Casellario Politico Centrale, do Archivio Centrale dello Stato em Roma e no acervo Questura di Roma do Archivio di Stato di Roma. Há de se assinalar que eram aqueles que já tinham um *background* militante na Itália (e também em outros países) antes da emigração para São Paulo, sendo os mais envolvidos no movimento anarquista paulista e entre os principais apoiadores do *La Battaglia*.

98 Foi dividida aqui a porcentagem geral da região, entre as províncias e distritos da sub-região Emília e da sub-região Romanha, que inicia consensualmente no município de Ímola-BO.

Ao considerar os fluxos da imigração italiana por região no período de 1887 a 1920, os toscanos constituíram pouco mais de 6% dos imigrantes italianos, ainda que esses dados regionais sejam referentes ao Brasil como um todo (Trento, 1988, p.39 e 60).[99] Porém, sabendo que a imigração italiana se concentrou fundamentalmente no estado de São Paulo (mais de dois terços, Trento, 1988, p.107) e particularmente a dos toscanos com sua extraordinária concentração urbana (Briganti, 1997; De Ruggiero, 2020), esse dado é um indício claro da super-representação dos imigrantes dessa região no âmbito da experiência militante. Esse fenômeno pode ser alargado aos romanos (os da região Lácio eram prevalentemente de Roma), aos das Marcas e aos emilianos e romanholos, todos conhecidos redutos libertários na época da grande emigração (Grella, 2012; Giulietti, 2012). Os imigrantes de Marcas e Lácio eram um número particularmente insignificante dentro da imigração italiana ao Brasil, e os emiliano-romanholos no máximo chegavam a cerca de 4% no período assinalado. Ao contrário, os vênetos e campanos, os principais grupos regionais imigrados no Brasil, que constituíam respectivamente mais de um terço e cerca de 15% dos imigrantes totais no período de 1885 a 1920 (Trento, 1988, p.39 e 60), eram sub-representados no rol dos militantes anarquistas.

Enfim, a militância no campo libertário era sobretudo um fenômeno da Itália central e das províncias e cidades da Romanha (uma sub-região do norte conectada e identificável culturalmente ao centro, sobretudo à alta Toscana e a Marcas). Isso se refletiu em São Paulo em parte pela predileção que essas regiões tinham em relação à emigração para o Brasil, em parte pela configuração, sobretudo, urbana dessas migrações e, finalmente, mais importante ainda no caso dos militantes analisados, pelos fenômenos de imigração política que acompanhavam esses fluxos. Isto é, essas redes regionais que foram se constituindo em São Paulo influenciaram direta e indiretamente a vinda de patrícios com histórico militante. Só a imigração dos romanos e *marchigiani* foi de fato quase exclusivamente uma imigração estritamente política, que, porém, foi possível pela presença de núcleos de anarquistas e republicanos radicais romanos desde o começo da década de 1890 (Leal, 2006, p.79-148; Biondi, 2011, cap.2) e pelo fato de que havia contatos intensos dos grupos libertários romanos com os da Toscana, de Marcas e da Romanha (Grella, 2012). A trajetória de Damiani é nesse sentido

99 Não existem dados que indiquem a origem regional dos italianos por estado brasileiro de imigração.

emblemática, mais ainda se considerarmos que tinha conhecido Ristori durante o *domicilio coatto*.

As províncias de origem dos militantes toscanos refletem esse quadro relacional migratório. Pelo menos 60% era da província de Lucca, se destacando os imigrantes das pequenas cidades de Viareggio e Pescia (esta era parte da província de Lucca na época) e 16% da província de Massa-Carrara. Por exemplo, os *viareggini* compunham a grande parte dos anarquistas do grupo da Ponte Pequena em São Paulo (De Ambris, 1906) e no bairro ficava a primeira redação do *La Battaglia*, na avenida Tiradentes.[100]

Os restantes correspondiam à emigração mais propriamente política, que desfrutava ao mesmo tempo dos contatos políticos construídos na Toscana com os grupos das duas províncias mencionadas antes de migrar, mas também de núcleos parentais reduzidos voltados para o deslocamento ao Brasil: desse restante, aproximadamente 33% eram da província de Pisa, 27% de Florença, 16% de Livorno, mas havia figuras de relevo, como Tobia Boni, por exemplo, que eram da província de Siena, nascido em 1869 no vilarejo de Casole d'Elsa.

Boni, que havia concluído o ensino primário, a partir de 1892 integrava os grupos anarquistas de Siena e Florença, cidade onde se transferira com a família. Em 1894 foi condenado ao *domicilio coatto* na Ilha de Trêmiti, onde conheceu Ristori e Damiani. Quando saiu em 1896, voltou para Florença e decidiu emigrar para São Paulo em maio de 1898. Tinha sido confeiteiro na Itália, mas em São Paulo trabalhou sempre como ourives, proprietário de uma loja e laboratório no centro da cidade.[101] Ali era também a principal venda do *La Battaglia* e dos jornais e folhetos anarquistas que o grupo recebia. A participação de Boni no *La Battaglia* incluiu a escrita de artigos e, entre outras, a rubrica "Le delizie della società civile", sobre as condições do trabalho fabril em São Paulo. Como outros, era colaborador eventual de *Il Grido della Folla*, de Milão, e em São Paulo havia participado da fundação do jornal *Palestra Social* (novembro de 1900), do qual foi o diretor até 1901, para depois empreender uma nova e infeliz aventura editorial com o jornal *La Nuova Gente*, em 1903, que só teve dois números (Felici, 1994, p.147-8). Boni foi também o fundador do grupo *Nuova Civiltà* em 1901, que mais tarde pegou o nome de La Propaganda.

Também Tebaldo Soderi (Pisa, 1876), chapeleiro, foi um dos principais animadores do grupo La Propaganda, e foi administrador do *La Battaglia*

100 *La Battaglia*, n.46, 23.6.1905.

101 ACS, CPC, b.733 f. 80764.

durante 1906. O irmão Aurelio (Livorno, 1875), amolador de facas, também participava do grupo e foi o primeiro a emigrar para São Paulo, em 1896, enquanto Tebaldo o seguiu dois anos depois. Ambos moravam com a irmã no Cambuci, uma casa que às vezes hospedava as reuniões do grupo e com os redatores de *La Battaglia*, pelo menos durante os primeiros anos do jornal. Apesar de terem nascido em duas grandes cidades da Toscana, na época logo anterior à emigração haviam voltado a viver no vilarejo de origem da família, Capannori, na província de Lucca, na divisa com Pescia, a cidade de Cerchiai e tantos outros anarquistas que estavam em São Paulo. O perfil era o mesmo, pois o grupo se ocupava exclusivamente de propaganda, na publicação e difusão de obras e jornais anarquistas, sobretudo em italiano, que os dois traziam ou importavam da Itália, sendo também o principal grupo de apoio ao *La Battaglia* desde sua fundação. Quando chegaram se envolveram logo nas atividades editoriais do movimento, Aurelio fez parte do *Circolo di Studi Sociali* que publicava *Il Risveglio*, enquanto Tebaldo do grupo *Pensiero e Azione* do período 1901-1902.[102]

O conjunto desses militantes toscanos é vasto, não há aqui como aprofundá-lo ulteriormente em termos biográficos individuais, mas um olhar prosopográfico mostra que era constituído por um tramado de relações intensas, fortalecidas pelas experiências políticas comuns no noroeste da Toscana, muitas vezes compartilhadas *in loco* entre uns e outros.

Essas relações explicam muito do fazer-se dos periódicos anarquistas em língua italiana em São Paulo, o seu sentido social mais profundo. Afinal de contas, apesar de todas as divergências, desilusões, contrastes e etnocentrismos vários, o meio paulista urbano da época – inclusive a capital, embora já tivesse bairros industriais de certo porte – não era tão diferente assim, socialmente, das cidades toscanas de onde vinham esses militantes, à parte o óbvio cenário arquitetônico e os diversos horizontes da paisagem rural. Lembranças saudosas, contudo, podiam ser evocadas em certos ambientes da sociabilidade ítalo-paulista de marca toscana, como, na cidade de São Paulo, na Rua São João, ao lado do laboratório de Tobia Boni, no Caffè dell'Arno,[103] onde os anarquistas se reuniam periodicamente e onde também se vendia *La Battaglia*.

102 ACS, CPC, b. 4853; f. 46198 e f. 94044.

103 *La Battaglia*, n.46, 23.6.1905.

Bibliografia

ANTONIOLI, Maurizio. *Azione diretta e organizzazione operaia.* Manduria-Bari: Lacaita, 1990.

BETTINI, Leonardo. *Bibliografia dell'anarchismo,* t.1: Periodici e numeri unici anarchici in lingua italiana pubblicati in Italia (1872-1971). Firenze: Crescita Politica, 1972.

_______. *Bibliografia dell'anarchismo,* t.2: Periodici e numeri unici anarchici in lingua italiana pubblicati all'estero (1872-1971). Firenze: Crescita Politica, 1976.

_______. Spezia. https://bettini.ficedl.info/mot362.html. In: BETTINI, Leonardo. *Bibliografia dell'anarchismo*: periodici e numeri unici anarchici in lingua italiana, 1872-1971. Fédération internationale des centres d'études et de documentation libertaires. https://bettini.ficedl.info 2018-2020.

BIAGINI, Furio (a cura di). *Il Risveglio (1900-1922)*: storia di un giornale anarchico dall'attentato di Bresci all'avvento del fascismo. Manduria-Bari: Lacaita, 1991.

BIONDI, Luigi. Anarquistas italianos em São Paulo. O grupo do jornal anarquista *La Battaglia* e a sua visão da sociedade brasileira: o embate entre imaginários libertários e etnocêntricos. *Cadernos AEL,* Campinas, v.5, n.8/9, p.117-49, 1998.

_______. Associativismo e militância política dos italianos em Minas Gerais na Primeira república: um olhar comparativo. *Locus*: Revista de História-UFJF, Juiz de Fora-MG, v.14, n.2, p.41-66, 2008.

_______. *Classe e nação*: socialistas e trabalhadores italianos em São Paulo, 1890-1920. Campinas: Editora da Unicamp, 2011.

BRIGANTI, Lucilla. L'emigrazione toscana in America Latina tra '800 e '900. *Africana*: miscellanea di studi extraeuropei, p.41-59, 1997.

CHALMERS, Vera Maria. A escrita dialógica da imprensa libertária em italiano publicada em São Paulo. In: LUCA, Tania Regina de; GUIMARÃES, Valéria (org.). *A imprensa estrangeira publicada no Brasil.* São Paulo: Rafael Copetti Editor, 2017. p.251-82.

DE RUGGIERO, Antonio. *"Settù voi vienire ora è il tempo"*: Storia e storie della grande emigrazione toscana in Brasile (1875-1914). Pisa: Pacini, 2020.

DIEMOZ, Erika. *A morte il tiranno*: anarchia e violenza da Crispi a Mussolini. Torino: Einaudi, 2011.

FARRÉ, Juan Avilés. *Francisco Ferrer y Guardia*: pedagogo, anarquista y mártir. Madrid: Marcila Pons, 2006.

FEDELI, Ugo. *Gigi Damiani*: note biografiche. Cesena: Antistato, 1954.

FELICI, Isabelle. *Les Italiens dans le mouvement anarchiste au Brésil, 1890-1920.* Tese (Doutorado em Sciences de l'Homme et Société) – Université de la Sorbonne Nouvelle Paris 3, Paris, 1994.

_______. A verdadeira história da Colônia Cecília de Giovanni Rossi. *Cadernos AEL,* Campinas, v.5, n.8/9, p.9-67, 1998.

GIULIETTI, Fabrizio. *Storia degli anarchici italiani in età giolittiana.* Milano: Franco Angeli, 2012.

GOMES, Angela de Castro; HANSEN, Patrícia Santos. Intelectuais, mediação cultural e projetos políticos. In: GOMES, Angela de Castro; HANSEN, Patrícia Santos (org.). *Intelectuais mediadores*: práticas culturais e ação política. Rio de Janeiro: Civilização Brasileira, 2016. p.7-37.

GRELLA, Pasquale. *Appunti per la storia del movimento anarchico romano dalle origini al 1946*. Roma: De Vittoria, 2012.

HALL, Michael M. O movimento operário na cidade de São Paulo: 1880-1954. In: PORTA, Paula. *História da cidade de São Paulo*. São Paulo: Paz e Terra, 2004. v.3, p.259-89.

LEAL, Claudia Feierabend Baêta. *Pensiero e dinamite*. Tese (Doutorado em História) – Instituto de Filosofia, Letras e Ciências Humanas, Universidade Estadual de Campinas, Campinas-SP, 2006.

MAGNANI, Silvia Lang. *O movimento anarquista em São Paulo*: 1906-1917. São Paulo: Brasiliense, 1982.

MASINI, Pier Carlo. *Storia degli anarchici italiani nell'epoca degli attentati*. Milano: Rizzoli, 1981.

ROMANI, Carlo. *Oreste Ristori:* uma aventura anarquista. São Paulo: Annablume/Fapesp, 2002.

SANTARELLI, Enzo. *Il socialismo anarchico in Italia*. 2.ed. Milano: Feltrinelli, 1973.

SCAVINO, Marco. Galleani Luigi. In: *Dizionario Biografico degli Anarchici Italiani*. Pisa: BFS, 2003. Disponível em: http://www.bfscollezionidigitali.org/entita/13495-galleani-luigi/

SERGI, Pantaleone. Tra coscienza etnica e coscienza di classe. Giornali italiani anarco-comunisti in Argentina (1885-1935). *Giornale di storia contemporanea*, Cosenza, v.XI, n.1, p.101-26, 2008.

SURIANO, Juan. *Anarquistas*: cultura y política libertaria em Buenos Aires, 1890-1910. Buenos Aires: Manantial, 2001.

TOLEDO, Edilene. *"O Amigo do Povo"*: grupos de afinidade e a propaganda anarquista em São Paulo nos primeiros anos deste século. Dissertação (Mestrado em História) – Instituto de Filosofia, Letras e Ciências Humanas, Universidade Estadual de Campinas, Campinas, 1994.

_______. *Travessias revolucionárias*. Campinas: Editora da Unicamp, 2004.

TRENTO, Angelo. *Do outro lado do Atlântico*. São Paulo: Nobel, 1988.

_______. *Imprensa italiana no Brasil*. São Carlos: EdUFSCar, 2013.

TRUZZI, Oswaldo. *Italianidade no interior paulista*. São Paulo: Editora da Unesp, 2016.

TURCATO, Davide. *Opere Complete di Errico Malatesta*. v.5: Lo sciopero armato. Ragusa: La Fiaccola; Milano: Zero in Condotta, 2015.

VEZZOSI, Elisabetta. *Il socialismo indifferente*. Roma: Edizioni Lavoro, 1991.

VOLTOLINO. In: *ENCICLOPÉDIA* Itaú Cultural de Arte e Cultura Brasileiras. São Paulo: Itaú Cultural, 2020. Disponível em: http://enciclopedia.itaucultural.org.br/pessoa2488/voltolino. Acesso em: 29 jun. 2020. Verbete da Enciclopédia.

ZARAGOZA, Gonzalo. *Anarquismo argentino (1876-1902)*. Madrid: Ediciones de La Torre, 1996.

Fontes

Jornais

L'Avvenire, Buenos Aires, 1903.

La Battaglia, São Paulo, 1904-1912.

La Barricata, São Paulo, 1912-1913.
La Barricata-Germinal, São Paulo, 1913.
O Cara Dura, São Paulo, 1904-1905.
Cronaca Sovversiva, Barre-VT e Lynn-MA, EUA, 1903-1912.
Germinal, São Paulo, 1902-1904.
Palestra Social, São Paulo, 1900-1901.
Il Risveglio, São Paulo, 1898-1899.

Obras

DAMIANI, Luigi. *I paesi nei quali non si deve emigrare*: la questione sociale nel Brasile. Milano: Edizioni di Umanità Nova, 1920.

_______. *La mia bella Anarchia*. Cesena: Antistato, 1953.

DE AMBRIS, Alceste. Il movimento operaio nello Stato di São Paulo. In: ROTELLINI, Vitaliano (dir.). *Il Brasile e gli italiani*. Firenze: Edizioni del Fanfulla/ Bemporad e Figlio, 1906. p.843-5.

NERVO, Elvio. Breve biografia di Cerchiai. *Quaderni della Libertà*, São Paulo, n.5, p.3-4, 1936.

Documentos institucionais.

Processo de expulsão de Leopoldo Cerchiari, Oreste Restori, Julio Sorelli [*sic*], Arquivo Nacional (AN), 1907, IJJ7 n.179.

Processo crime, Fórum de Roma, Itália. Archivio di Stato di Roma (ASR), Tribunale Civile e Penale, Istruzione Processi Penali, b. 2434, f. 70494.

Prontuários e dossiês policiais. Archivio di Stato di Roma (ASR), Questura di Roma, Cat. A8, Roma, Itália.

Prontuários e dossiês policiais. Ministero dell'Interno, Direzione Generale di Pubblica Sicurezza (DGPS), Casellario Politico Centrale (CPC), Archivio Centrale dello Stato (ACS), Roma, Itália.

Imprensa ídiche no Brasil durante o século XX: preservação e guarda

Lucia Chermont

O objetivo deste texto é apresentar um panorama da imprensa ídiche no Brasil durante o século XX, identificando influências e seus mediadores sempre que possível. Para realizar tal propósito, pretendo reunir informações partindo de levantamentos já realizados em pesquisas e publicações de historiadores que se dedicaram a essa temática, como Falbel (1985, 2008 e 2019), Halpern (1999), Terdiman (1997) e Veltman (1998), juntamente com informações advindas de pesquisa pessoal realizada em instituições que preservam esses acervos.

Sendo assim, será necessário um esclarecimento prévio das especificidades referentes à língua ídiche. Segundo as pesquisas linguísticas realizadas até o momento, o ídiche é uma língua de origem indo-europeia classificada como pertencente ao subgrupo dos idiomas germânicos; do ponto de vista étnico-geográfico, era a língua usada internamente pelos judeus da Europa Central e Oriental. Sua estrutura é composta pela base fonética da língua germânica e pelo hebraico e aramaico pós-clássico, usando o alfabeto hebraico na sua representação escrita. Incorporou, ainda, fonética, termos, expressões e sotaques de outras línguas das regiões em que era falada, como o eslavo, o polonês, o ucraniano e o russo (Chermont, 2020a).

Esse idioma surgiu entre os séculos X e XI nas comunidades judaicas fixadas na fronteira entre a França e a Alemanha. Estas criaram um dialeto para evitar que seus vizinhos pudessem compreendê-las, era língua do dia a dia, diferente do hebraico, que era usado para fins sagrados, nas rezas na sinagoga. O nome ídiche vem do termo em alemão *jüdisch*, que se referia a qualquer característica judaica.[1]

Em função das perseguições e dos massacres, como as chacinas durantes as Cruzadas, os judeus começaram um novo movimento migratório, dessa vez para o leste da Europa, entre 1200 e 1250. Estabeleceram-se na região englobada por Rússia, Ucrânia, Polônia e Romênia. Juntamente com o movimento de dispersão pela Europa teve início a expansão da língua, que atingiu o auge por volta de 1700. O ídiche, que passou a ser falado por judeus de quase todo o continente, com sotaques e palavras que se diferenciavam de acordo com as influências locais. Tornou-se um importante meio pelo qual a cultura judaica floresceu na Europa, mais tarde com a produção em grande escala de literatura e dramaturgia. Porém, a ascensão da extrema direita na Alemanha nos anos de 1930 por meio da ideologia nazista, o advento da Segunda Guerra Mundial e o massacre de quase toda a comunidade judaica europeia fizeram com que o uso da língua entrasse em franco declínio. Outro fator que contribuiu para seu declínio foi a criação do Estado de Israel, que optou pelo hebraico como língua nacional, consolidando seu renascimento, que vinha desde o final do século XIX. Assim, o estudo do ídiche foi desestimulado para dar lugar ao hebraico. No fim do século XX, movimentos espalhados por toda Europa, Estados Unidos e Israel começaram a atuar no sentido de revigorar o uso da língua ídiche. No Brasil e América Latina, esse processo começa uma década depois.

Judeus no Brasil

No Brasil, até a Abertura dos Portos (1808) e a assinatura do tratado entre Portugal e Inglaterra no contexto das Guerras Napoleônicas, era proibido residência de súditos de outra religião além da católica. Somente com a primeira Constituição, em 1824, foi permitida a liberdade de religião e a permanência de judeus e protestantes em solo brasileiro.

1 Essas informações podem ser encontradas no glossário no site da Conib: https://www.conib.org.br/glossario/.

A história da imprensa ídiche no Brasil está, naturalmente, intimamente ligada à história da formação dessa comunidade no país. No chamado período da grande imigração para o Brasil, entre 1881 e 1942, entraram no país 4 milhões de imigrantes; destes, cerca de 65 mil eram judeus. Os judeus que deixaram a Europa, e principalmente a Europa Oriental na segunda metade do século XIX, imigraram sobretudo para os Estados Unidos, destino preferencial até que as leis restritivas nos anos 1920 (impostas também no Canadá e na Argentina) tornassem o Brasil um destino viável (Lesser, 1995). No fim do século XIX, temos a presença de judeus vindos da Europa Ocidental e Oriental e do Norte da África, mas essas são imigrações individuais, significativamente pequenas do ponto de vista grupal e não programadas por nenhuma instituição.

O demógrafo Decol (1999), em seu estudo, afirma de maneira sistemática que os grupos de judeus chegaram ao Brasil em número expressivo a partir da segunda década do século XX. Identificou três principais fluxos imigratórios: o primeiro entre os anos de 1881 e 1920, denominado como Período Russo, que tem como marco a criação da colônia Phillippson em 1904 pela Jewish Colonization Association (ICA)[2] no interior do Rio Grande do Sul. O segundo fluxo imigratório ocorre entre os anos de 1920 e 1940, denominado Período Centro-Europeu. Foi estimulado pela ascensão da extrema direita, com ideologias fascistas e nazistas, em que as minorias foram vítimas de preconceito, discriminação e perseguição. Corroborou para esse segundo fluxo o fato de os Estados Unidos, Canadá e Argentina, refúgios inicialmente para essas minorias perseguidas, terem implantado cotas restringindo a imigração desses grupos. O terceiro e último fluxo imigratório de judeus para o Brasil se localiza do ano de 1945 em diante, denominado Período do Pós-Guerra. Foi um fator relevante da terceira corrente imigratória a organização geopolítica e populacional dos refugiados, que levantou debates como a criação de um Estado Judaico e um Palestino. O que gerou um forte sentimento antijudaico nos países árabes ao redor da Palestina, agravado depois da criação do Estado de Israel. Dessa forma, esse fluxo imigratório era composto por judeus provenientes dos países do Oriente Médio e entorno.

2 Instituição filantrópica judaica inglesa que tinha como objetivo ajudar os judeus que estivessem em situação de opressão em seus países de origem. A ICA procurava retirar as famílias judias dos países opressores, adquirindo terras em outros locais mais favoráveis. Comprava terrenos para a construção de colônias agrícolas e ajudava na instalação dessas famílias. Antes do Brasil, a Argentina foi o local de instalação dessas colônias agrícolas.

Segundo Decol (1999), o Rio Grande do Sul foi berço da primeira imigração organizada no Brasil, com a criação do assentamento judaico, em 1904, no atual município de Itaara, a colônia Phillippson e outras na mesma região, pela ICA. Apesar dos esforços para estabelecer os imigrantes nos empreendimentos agrícolas, as cidades eram significativamente mais atraentes aos recém-chegados. Essa população encontrava dificuldades associadas à atividade agrícola desconhecida por eles. O crescimento urbano na virada do século e a própria experiência dos imigrantes, muitos deles dedicados ao pequeno comércio ou a ofícios urbanos, atuando como alfaiates, colchoeiros e barbeiros, foram determinantes na partida para as cidades.

Esses imigrantes e outros que se estabeleceram em Porto Alegre, Rio de Janeiro, São Paulo e outras cidades criaram redes de instituições, fundadas, principalmente, a partir dos anos 1910, para garantir meios econômicos, sociais, culturais e políticos de inserção social, formando uma variedade de instituições, como escolas, sinagogas, entidades assistenciais, cooperativas de crédito, ligas profissionais, associações por origem nacional, cemitérios, sociedades funerárias, clubes esportivos, recreativos e sociais, movimentos juvenis, movimentos políticos e culturais de várias tendências, grupos artísticos, jornais e revistas, e outros.

Imprensa ídiche em Porto Alegre

Segundo os pesquisadores Nachman Falbel e Josef Halpen, o primeiro periódico em ídiche no Brasil foi publicado na cidade de Porto Alegre. A comunidade nessa cidade era formada em boa parte por ex-colonos das colônias agrícolas da Jewish Colonization Association (ICA) e, como já citado, devido às inúmeras dificuldades, alguns de seus membros foram se dirigindo para os centros urbanos. Porto Alegre tinha também uma população judaica diversa daquela saída das colônias, mas sua maioria era de judeus de fala da língua ídiche provenientes do Centro e Leste Europeu.

O surgimento do periódico se deu principalmente em função do estranhamento e dificuldades com relação ao português. Muitos imigrantes não dominavam o português e usavam internamente para comunicação o ídiche, o mesmo acontecia com seus poucos homens das letras. Relevante também era que as agências telegráficas internacionais quase não forneciam informações específicas de interesse da comunidade judaica, principalmente sobre o que acontecia na Europa Oriental. Nesse período, durante a Primeira Guerra Mundial, as comunicações com a Europa não ocorriam com regularidade.

O periódico *Di Menscheit* [A Humanidade][3] tinha como instituição vinculada a Sociedade Jornalística Israelita (Yidishe Tzeitungs-Guezelshaft), a filiação se dava por meio do pagamento de cotas de 25 mil réis, que tornava seus contribuintes integrantes da sociedade. O jornal indicou um jornalista, que veio da Argentina, conhecido como Josef Halevi, estabelecendo-se redator do jornal e editor da Sociedade Jornalística Israelita. Halevi tinha sido anteriormente correspondente de vários jornais judaicos na Europa e na Argentina, inclusive do jornal *Hatzefira*,[4] de Varsóvia. O *Di Menscheit* começou a circular em 1º de dezembro de 1915, com quatro páginas, formato pequeno e idealizado para ser um semanário. O jornal se declarava uma publicação imparcial, não seguindo orientação sionista nem socialista. Desde o final do século XIX, questões ideológicas inflamavam e dividiam os judeus, seja o sionismo, com a proposta de um lar nacional na então Palestina, ou a autonomia cultural judaica dentro de seus próprios países, ou aderindo à proposta internacional comunista. Nesses debates, a questão da língua que deveria ser utilizada pelos israelitas também tinha seus embates, de forma simplista foi estabelecido que os sionistas defendiam o uso do hebraico, e os socialistas ou sionistas-socialistas, o ídiche. No entanto, essa questão é mais complexa e deve ser analisada com mais profundidade, pois encontramos indivíduos, instituições e periódicos sionistas que defendiam ou que utilizavam amplamente o ídiche.

Entre os artigos que foram publicados no *Di Menscheit*, em seu primeiro número constam: "A Guerra Europeia", "Os judeus na Rússia", "Os judeus e a Guerra", "A educação judaica e a autoeducação". Suas páginas revelam a existência de um teatro ídiche em Porto Alegre e entre as peças apresentadas estão: *Hershele Meiuches, A Shidduch in Kich* e *Mazel Tov*, peças famosas do repertório do teatro ídiche. A caridade também está presente, são citadas as mobilizações da comunidade em favor das vítimas da guerra e lembram que ações semelhantes aconteciam no Rio de Janeiro, em São Paulo e em outras cidades do Brasil e do mundo.

O periódico relata um confronto que salienta as várias formas de observância dos imigrantes na comunidade local: havia em Porto Alegre um "Talmud Torá" (Escola Judaica), com a chegada dos judeus das colônias; mais observantes do ponto de vista religioso, estes não se conformaram com

3 As informações sobre o *Di Menscheit* já foram publicadas por mim, de forma reduzida, e podem ser encontradas na página: http://transfopressbrasil.franca.unesp.br/verbetes/di-menscheit-a-humanidade-a-primeira-publicacao-em-lingua-iidiche-no-brasil/.

4 Primeiro jornal publicado em língua hebraica na Polônia, 1862 e 1874-1931.

o programa educacional da escola existente, considerando-a muito laica. Acabaram fundando um novo estabelecimento de ensino para seus filhos. Esse acontecimento feriu sentimentos dentro da coletividade. Publicado no jornal, acabou de forma litigiosa.

O periódico tinha correspondentes em várias regiões do país: Quatro Irmãos, Cruz Alta e Santa Maria, no Rio Grande do Sul, Curitiba, São Paulo e Rio de Janeiro. Possuía dois endereços: um para cartas e reportagem, destinados ao S. Kaufman, Rua 12 de Outubro, número 19, e outro para assinaturas, para Bernardo Lewgoy, Rua Campos do Bomfim, número 88.

Os tipos em hebraico que possibilitaram a impressão do primeiro jornal em ídiche, em Porto Alegre, foram importados da Argentina, onde já existia uma vigorosa imprensa em língua ídiche. Para a montagem e a impressão do jornal, trabalhavam Bernardo Goldenberg e Jacob Becker, que juntamente com o editor compunham o jornal à mão e levavam as páginas prontas a uma tipografia para serem impressas. O *Di Menscheit* teve curta duração, saíram apenas seis exemplares.

Em Porto Alegre, também surgiu o segundo periódico em ídiche no Brasil, o *Di Yidishe Tzukunft* [O Futuro Israelita],[5] em 1920, e tinha o mesmo editor, o jornalista Josef Halevi. Antes de iniciar a nova empreitada, após o fracasso do primeiro periódico, Halevi realizou viagens para as comunidades judaicas de São Paulo e do Rio de Janeiro para verificar a possibilidade de apoio para a fundação de um jornal maior e angariar fundos para este. Foi muito bem acolhido por onde passou, mas não obteve o apoio financeiro que desejava.

Esse novo periódico tinha orientação anarquista e, segundo Josef Halpen, o jornal era apoiado pelo grupo de anarquistas judeus que existiam em Porto Alegre e participavam de ações políticas, juntamente com os alemães e italianos. Nos anos de 1919 e 1920, aconteceram algumas greves e manifestações operárias com grande adesão por parte dos trabalhadores. Correntes ideológicas anarquistas e comunistas estavam bastante presentes nas articulações dessas manifestações, muitos dos seus integrantes eram estrangeiros, o que resultou por parte da polícia brasileira em uma grande repressão, prisão e deportação dos estrangeiros para os seus países de origem, dessa forma, enfraquecendo a luta e as reivindicações dos operários.

O jornal *Di Yidishe Tzukunft* contava com uma expressiva equipe de correspondentes em várias cidades no Rio Grande do Sul, no Rio de Janeiro,

5 As informações sobre o *Di Yidishe Tzukunft* já foram publicadas por mim, de forma reduzida, e podem ser encontradas na página: http://transfopressbrasil.franca.unesp.br/verbetes/di-idiche-tzukunft-o-futuro-israelita-segundo-periodico-em-iidiche-no-brasil/.

די מענשהייט
(A' Humanidade)
א וואכענבלאט

Figura 1. *Di Menscheit*, Porto Alegre, 1915 (Coleção Particular Nachman Falbel).

São Paulo, Curitiba e Recife, onde existiam comunidades judaicas. Os temas mais frequentes eram sobre o Pós-Guerra, o Sionismo, o Renascimento de Eretz Israel e as possibilidades de absorção de imigrantes judeus no Brasil. Tinha uma coluna sobre o Comitê de Ajuda do Rio de Janeiro. Seu formato era semelhante ao *Di Menscheit*, quatro páginas, pequeno formato, mas idealizado para ser um mensário. Entrou em circulação em 15 de janeiro de 1920. Esse periódico também durou poucos meses e, com a morte de Josef Halevi no mesmo ano da fundação do jornal, não teve continuidade. Os tipos hebraicos que possibilitaram a impressão dos dois primeiros jornais em ídiche, com o término destes, ficaram guardados em caixas no local da

Kultur Ligue (Liga de Cultura), cuja sede ficava então no edifício do Centro Israelita, e depois se perderam.

Em 1927, surgiu o *Dos Naie Wort* [A Nossa Palavra], com o subtítulo "Revista Mensal de Literatura e Problemas Sociais", vinculado ao Poalei Tzion (partido político fundado por trabalhadores judeus), em Porto Alegre. Segundo Nachman Falbel, o partido foi fundado no Brasil em 1927, na cidade do periódico. Interessante para compreender a circulação transnacional das ideias é realizar um mergulho na história e no ideário desse partido, que impulsionou judeus estabelecidos em Porto Alegre a publicarem um periódico em ídiche em terras tupiniquins.

O Poalei Tzion foi um movimento sionista socialista europeu que viria a se organizar como partido político na então Palestina e, mais tarde, em Israel. Em hebraico, significa "Trabalhadores de Sion", foi fundado na Rússia, no início dos anos 1900, por dissidentes do Bund,[6] partido judaico social-democrata, quando este recusou o sionismo como uma solução nacional para os judeus. O novo partido incorporou aspectos do marxismo, mas adicionou o nacionalismo judaico à sua plataforma. Acreditava na necessidade da imigração para a Terra de Israel, único local onde os judeus conseguiriam iniciar a luta de classes. Os simpatizantes dessa ideologia fundaram a União Mundial Poalei Tzion, tendo como um dos objetivos arrecadar fundos para o estabelecimento de projetos sionistas socialistas na então Palestina. Abriram *kibutzim*, escritórios, refeitórios e serviços médicos para seus afiliados. Esses projetos se tornaram, anos mais tarde, nas instituições ligadas ao sionismo trabalhista, como a Histadrut, a central única dos trabalhadores israelenses.

Seu principal ideólogo foi Dov Beer Borochov (1881-1917), que nasceu na Ucrânia. Estudou na Rússia, mas, em função dos *numerus clausus*[7] para o ingresso de judeus na universidade, não conseguiu realizar sua formação. Dessa forma, tornou-se autodidata, seus estudos se direcionaram aos idiomas e às obras filosóficas. Aderiu ao sionismo herdado de seu pai, Aaron Moses, que era professor de hebraico e ativista, ajudou a organizar o grupo *Chovevei Tzion*.[8] Teve ao longo da vida outras influências

6 A União Judaica Trabalhista da Lituânia, Polônia e Rússia (chamada em ídiche de Algemeyner Yidisher Arbeter Bund in Lite, Poyln un Rusland, ou simplesmente Bund) é um movimento político de operários judeus, surgido entre os anos de 1890 e 1930 na Europa. Tratou-se de um grande movimento judeu de esquerda que preconizava a autonomia cultural do "povo ídiche", sem referência à noção de soberania nacional para todos os judeus do mundo.

7 Modo pelo qual o governo russo limitava numericamente a entrada de judeus nas universidades.

8 *Chovevei Tzion* [Amantes de Sião] refere-se a uma variedade de organizações que surgiram em 1881 em resposta aos pogroms antijudaicos no Império Russo. Foram oficialmente constituídos

די יודישע צוקונפט

(O Futuro Israelita)

נעהמט ארויס איין מאל אין מאנאט

ערשטער יאהרגאנג | N.6 | פארטא אלעגרע 15 יוני 1920

צווישען מלחמה און שלום

אן איינענע היים

Figura 2. *Di Yidishe Tzukunft*, Porto Alegre, 1920 (Coleção Particular Nachman Falbel).

ideológicas, como as teorias de Karl Marx e Friedrich Engels, que resultaram na sua filiação, aos 19 anos, ao Partido Social-Democrata da Rússia. Em 1901, inicia sua produção intelectual, com teorias próprias. Como estas envolviam questões referentes ao nacionalismo judaico, acabou sendo expulso do partido. Em 1905, filiou-se ao partido Poalei Tzion, seu

como um grupo em uma conferência liderada por Leon Pinsker em 1884. Atualmente essas organizações são consideradas precursoras e fundadoras do sionismo moderno. Tinha como objetivo promover a imigração judaica para a Palestina e o assentamento judaico no país, particularmente na agricultura. A maioria deles não se envolveu com a política.

ativismo político o levou à prisão, na Rússia czarista, e finalmente ao exílio nos Estados Unidos em 1907.

A principal marca de sua obra foi uma derivação do pensamento marxista, na crença de que as forças econômicas não eram os únicos fatores que determinavam a história. Para Borochov, cada povo estava sujeito a condições nacionais específicas e teriam de solucioná-las para então iniciar a luta de classes. No caso judaico, a problemática consistia na situação anormal de ser "estrangeiro" em todos os países, o que dificultava sua real integração na estrutura de classes das sociedades. As restrições governamentais, principalmente nos países da Europa Oriental, que impediam os judeus de assumirem uma série de profissões e atividades, resultaram em que a estrutura social judaica fosse estruturada como uma "pirâmide invertida", composta, na maioria, por profissionais liberais e intelectuais (burgueses), e uma minoria de proletários e trabalhadores – o que os distinguia nas estruturas sociais tradicionais, constituindo um grave problema. Borochov dizia que, na tentativa de evoluir, o proletariado de outros povos se chocava com a burguesia judaica e esta era a principal causa do antissemitismo.

Segundo ele, a única maneira de o povo judeu reverter sua pirâmide social e tornar-se um "povo normatizado" seria a imigração para Israel, onde uma classe maior de operários e trabalhadores seria desenvolvida. O nacionalismo judaico era uma forma de libertação da opressão na Europa. Somente a partir de então, o povo judeu ingressaria normalmente no processo da luta de classes descrito por Marx e Engels. Esse seu pensamento de libertação nacional o levou a criticar o bolchevismo. Quando a revolução russa eclodiu em 1917, ele voltou à Rússia para reorganizar o Poalei Tzion e evitar que seus integrantes aderissem ao comunismo. Durante sua missão, adoeceu e morreu poucos meses depois em Kiev, aos 36 anos.

Em 1920, o Poalei Tzion sofreu um grande racha. Alguns integrantes da direção, preocupados com a violência e com os rumos que a revolução bolchevique seguia na Rússia, decidiram se afastar do programa marxista. Criaram-se, então, as alas direita e esquerda do Poalei Tzion. A ala direita, comandada por David Ben Gurion e Yitzchak Ben Tzvi, adotou a linha social-democrata. Uniu-se a outros movimentos de centro e formou o partido Achdut Avoda (Trabalhismo Unido), depois o Mapai, que mais tarde daria origem ao Partido Trabalhista.

A ala esquerda continuou seu apoio ao bolchevismo, mas numa ala separada, seus integrantes russos chegaram a participar de batalhas ao lado do Exército Vermelho em unidades que ficaram conhecidas como Batalhões Borochov. O partido existiu na Rússia até 1928, quando foi posto na ilegalidade pelo regime comunista. Na Palestina, a ala esquerda do Poalei Tzion se dividiu em duas. A primeira fundou o Mifleguet Hapoalim Socialistim (Partido dos Trabalhadores Socialistas), que mais tarde seria renomeado como Partido Comunista Palestino e, depois, Partido Comunista Israelense. A outra ala aliou-se a um setor do movimento de *kibutzim* e criou o Mapam, acrônimo de Mifleguet Hapoalim Hameuchedet (Partido dos Trabalhadores Unidos). Essa descrição dos partidos Poalei Tzion de esquerda e direita e seus ideólogos se faz pertinente porque irão influenciar e ser o centro do debate e dos conflitos da imprensa ídiche no Brasil até a proibição de publicações em língua estrangeira em 1940.

A revista *Dos Naie Wort*, de Porto Alegre, era dirigida por Isaac Raizman, professor vindo de Buenos Aires, com a colaboração de Samuel Spiguel – de vida curta, a revista teve seis números. Nessa época, ocorreu uma polêmica na comunidade judaica de Porto Alegre, Raizman teria fundado uma escola que ensinava como segunda língua o ídiche, com o apoio do Poalei Tzion e seus simpatizantes. Porém, existiam muitos defensores hebraístas inflexíveis, seguidores do professor Faiguelent, em Porto Alegre. Esse episódio provocou uma forte polêmica entre os judeus portalegrenses. Em pouco tempo, conseguiu-se estabelecer a calma na comunidade, mas a revista durou somente seis meses (Falbel, 2008). Ao que tudo indica, os debates ideológicos e políticos da cisão do partido, que movimentaram corações na Europa e na Palestina, em ala direita e esquerda, pouco chegaram ou motivaram os ativistas brasileiros, mais preocupados com as questões de com qual língua judaica educar as novas gerações.

Sobre as motivações da finalização da revista, aparece o fato da existência de um periódico em ídiche na então capital, Rio de Janeiro, composto por uma coletividade judaica maior, mais organizada, que atraía mais interesse do público e desestabilizou os esforços da realização do periódico. Logo depois do encerramento da revista, o escritório central do Poalei Tzion foi transferido para a capital do país.

Foi encontrada referência a um periódico nos anos de 1933 e 1934 publicado em Porto Alegre, também mencionado por Falbel (2008), o *Porto-Alegrer Yidishe Presse* [Imprensa Ídiche Porto Alegrense], como um semanário apartidário, no *Allgemeine Encyclopedie*, editada pelo Fundo Dubnow e pela CYCO (Tsentrale Idish Culture Organization – Organização Cultural Central Ídiche).

As histórias do *Allgemeine Encyclopedie* e da CYCO podem colaborar para a compreensão do caráter transnacional e das transformações a que estiveram sujeitas as publicações em ídiche e a inusitada citação do periódico portalegrense na enciclopédia. Essa enciclopédia foi idealizada para os festejos de aniversário do judeu russo, historiador e ativista político, Simon Dubnow,[9] no ano de 1930. Seria uma publicação, em língua ídiche, que disponibilizaria aos seus leitores as mais recentes pesquisas nas áreas da ciência política, demografia, história, geografia social, biologia. No entanto, os acontecimentos na Europa mudaram a proposta e os objetivos da enciclopédia, pois seus editores passaram por constantes deslocamentos, foram obrigados a se adaptarem às condições e ameaças da política mundial.

A obra seria publicada integralmente em Berlim, seu editor-chefe Raphael Rein, com o pseudônimo de Raphael Abramowitz, foi o editor dos dez primeiros volumes. A política da Alemanha, com a ascensão de Hitler ao poder, em 1933, ficou perigosa para os judeus e suas publicações. Dessa forma, os idealizadores da enciclopédia seguiram em rota de fuga para Paris. Conseguiram publicar os sete primeiros volumes na França. Mas uma nova fuga foi necessária quando a França foi invadida pelo exército alemão em 1940. A opção que se apresentava era a partida para as Américas. Estabeleceram-se na cidade de Nova York e foram auxiliados pelo Comitê do Trabalho Judaico. Lamentavelmente um grande número das cópias originais foram perdidas durante a viagem e tiveram de ser reimpressas nos Estados Unidos.

Nesses constantes deslocamentos, a proposta principal foi sendo alterada, e o objetivo de divulgar a cultura científica do Ocidente, na língua ídiche, para os judeus da Europa, com os desdobramentos da Segunda Guerra Mundial, deu lugar à intenção de relatar e disponibilizar para os judeus do mundo todo o conhecimento da história do povo judeu e do extermínio que tirou a vida de grande número de pessoas. A publicação completa da *Allgemeine Encyclopedie* se deu em Nova York, em 1966, compunha doze volumes, editada pela CYCO.

A CYCO, organização que congregava os principais autores e ativistas da cultura ídiche, foi fundada em 1938 como uma instituição apartidária. Para otimizar as atividades, foram criadas filiais nos Estados Unidos, em várias partes do mundo, e também na América Latina, em países como Argentina. Outra instituição foi criada para auxiliar a publicação dos livros

---

9 Simon Dubnow nasceu no Império Russo, em 1860, e foi assassinado no gueto de Riga, na Letônia, em 1941. Autodidata, em função das restrições à entrada dos judeus nas Universidades na Rússia. Em 1906, funda o partido Folkspartei (Partido do Povo Judeu) em São Petersburgo. Sua ideologia ficou conhecida como Autonomismo Judaico, foi adotado pelo Bund, além do Folkspartei, em que se acreditava no autogoverno judaico nos países onde estivessem, sendo não sionista, antiassimilacionista e pregava a centralidade da cultura ídiche. Entre 1925 e 1929, Simon Dubnow publica sua obra magna, a *História Mundial do Povo Judeu*, em dez volumes, em Berlim.

em língua ídiche dez anos depois, o Yidisher Kultur Kongres [Congresso para a Cultura Judaica]; ficou determinado que a CYCO seria responsável pela viabilização da edição dos livros e atualmente continua a ser a principal editora de livros em ídiche na América.

Foi dessa forma que os representantes da CYCO tiveram acesso às informações sobre as publicações, sejam livros ou periódicos, da América Latina e puderam incluir essas informações na enciclopédia publicada por eles. Segundo Josef Halpern, consta na *Allgemeine Encyclopedie* que o *Porto-Alegrer Yidishe Presse* [Imprensa ídiche Portalegrense] tinha Luiz Sibemberg como editor e que o periódico abordava, em geral, assuntos locais.

Como as referências encontradas desse periódico foram poucas e não passaram de citações, optei por fazer esse voo transnacional da sua citação na *Allgemeine Encyclopedie*, que vem de encontro com a proposta do grupo Transfopress.

Imprensa ídiche no Rio de Janeiro

No Rio de Janeiro, a publicação de um periódico, em ídiche, era um sonho dos judeus vindos antes da Primeira Guerra Mundial, que fundaram a biblioteca Scholem Aleichem e outras instituições distintas dos *tmeim* (impuros). Quando esses judeus chegaram ao Rio de Janeiro, constataram a presença de um grupo judaico estabelecido na cidade e com alguma estrutura, eram os grupos ligados ao tráfico internacional de escravas brancas popularmente conhecidas como polacas, os *tmeim*, e ligados a instituições como a Zwi Migdal.[10] O esforço inicial estava em se distinguir desses grupos,

10 A Zwi Migdal foi uma organização criminosa constituída por pessoas ligadas à comunidade judaica do Leste Europeu, operou de 1860 até o início da Segunda Guerra Mundial em 1939. Essa organização dedicou-se especialmente ao tráfico de mulheres destinadas à prostituição, vindas da própria comunidade judaica, e possuía ramificações em vários continentes, monopolizando o tráfico na Europa Centro-Oriental. Nomes como Organização para a Ajuda Mútua de Varsóvia eram usados pela organização como fachada, para recrutar moças pobres da Europa Oriental. Muitas das "polacas" chegaram ao Brasil através de Buenos Aires, onde a organização coordenava todas as atividades de suas filiais e representações do continente. Em todas as filiais, sejam na Argentina ou no Brasil, a Organização para a Ajuda Mútua de Varsóvia operava escritórios, sinagogas e cemitérios para o uso dos membros da organização. Em seu ápice, após a Primeira Guerra Mundial, a Zwi Migdal dirigia bordéis ao redor do mundo, desde Nova York até Xangai, incluindo África do Sul, Índia e China. O centro das atividades era na América do Sul, especialmente nas grandes cidades como Rio de Janeiro e Buenos Aires, mas também São Paulo, Manaus e Belém. A Zwi Migdal possuía mais de 3 mil bordéis só na Argentina. Posteriormente as polacas

criar instituições judaicas "honradas" de forma a descolar a imagem de judeu desses indivíduos na cidade, uma vez que eram judeus, reconhecidos como tal, e também falantes do ídiche.

A publicação do *Dos Yidishe Vochenblatt* [O Semanário Israelita] em 1923 foi fruto do esforço coletivo. Seus idealizadores reuniram recursos para a realização do periódico anonimamente. O editor era Aron Kaufman, originalmente de Odessa e relojoeiro de profissão, mas que se envolveu intensamente na função de diretor e redator do jornal. Como redatores foram convidados intelectuais com certa experiência, como Jacob Nachbin, morador de Pernambuco, e estudioso interessado na temática dos cristãos-novos; e Josef Kats, que era irmão do redator do jornal portenho *A Imprensa* e atuava na Federação Sionista no Rio de Janeiro. Os dois redatores, tempos depois, se desvincularam do periódico em função de discordância ideológica.

O jornal também contava com outros redatores e colaboradores no Rio de Janeiro e de várias partes do país, como Shabetai Karakuschansky, A. Kishinovsky e S. Schansky, Isaac Tetelbroit, Mordechai Koifman, Abram Braum, Simon Waisman, Salomão Bulman e Jacob Scheinkman, Bernardo Schulman (Curitiba), Menache Fucks (Bahia), Isaac Reicher (Cruz Alta), Naftali Iafe, Sabatai Teitelbroit (Santa Maria).

Sua redação e administração se localizavam numa residência familiar, na Rua Visconde de Itaúna, número 120. A impressão era realizada na tipografia localizada na Rua Santana, número 40, cujos proprietários eram Ben Zion Schreiber e Haim Kendler. O jornal tinha em geral em torno de oito a doze páginas.

No primeiro número da publicação, constavam os objetivos e propósitos do periódico, que eram estimular nos judeus brasileiros o interesse pelas atividades sociais, desenvolver a organização e buscar união da sociedade israelita no Brasil, como uma coletividade sadia econômica e culturalmente. Se apresentava como apartidário e procurava noticiar todas as atividades e eventos culturais comunitários.

Com o aumento da imigração após o final da Primeira Guerra Mundial, em primeiro lugar, chegaram mais intelectuais, potenciais colaboradores da empreitada jornalística. Em segundo lugar, as divergências políticas ideológicas ganharam força ao aumentar seu número de adeptos. Foi uma empreitada com pouco retorno financeiro, como nos relata Falbel. Com o tempo os

---

fundaram instituições próprias de ajuda mútua, sinagogas, cemitérios e agremiações sociais judaicas, uma vez que não eram aceitas como membros da comunidade judaica dita "honrada" (Kushnir, 1996).

fundadores do jornal se desvincularam em função dos prejuízos financeiros. Aron Kauffman ficou sozinho financiando o jornal. O jornal tentava ter uma linha política neutra e oferecia espaço aos outros líderes da esquerda judaica e às atividades de todas as instituições israelitas, o que nem sempre ocorria de forma harmônica. Josef Katz e Jacob Nachbin pertenciam ao Linke Poalei Tzion [Poalei Tzion de esquerda] e, como representantes dessa linha política, tinham e expressavam total desprezo pelos outros partidos sionistas e antissionistas, bem como em relação aos judeus ortodoxos.

Aron Kaufmann relata em suas memórias *Zichroines um derzeillunger* [Memórias e relatos][11] que ocorreu uma grave desavença entre ele e Nachbin, devido à forma de noticiar no jornal a morte de Nachman Sirkin, teórico do sionismo socialista, que pertencia ao Rechte Poalei Tzion [Poalei Tzion de direita]. Kaufman queria dar honraria e destaque ao falecimento e encontrou forte oposição de Nachbin, ferrenho opositor da ala direita do partido. Segundo o relato, este foi o motivo do afastamento de Nachbin do jornal.

Dos Yidishe Vochenblatt durou quatro anos como semanário e, em 1927, alterou o nome para *Brazilianer Yidishe Presse* [Imprensa Israelita Brasileira], quando começou a sair duas vezes por semana. O jornal continuou com as mesmas propostas e características do anterior de ser apartidário e dar espaço para todas as instituições, excetuando as dos *tmeim*, sob redação de Aron Kaufman e com Shabetai. Teve Karakuschanski como redator adjunto até 1929, quando encerrou suas atividades.

O desligamento de Jacob Nachbin do jornal *Dos Yidishe Vochenblatt* o levou a criar o *Literarische Zeitschrift* [Jornal Literário], com o subtítulo *Erschte idische literarische oisabe in Brazil* [A primeira publicação literária no Brasil], em 1924, no Rio de Janeiro. Foi uma tentativa de criar um jornal com suas inclinações políticas e com qualidade literária. Consta que o jornal era uma publicação da Idische Folks-Bletter Geselschaft [Sociedade Literário-popular Judaica], ou seja, mais uma vez uma empreitada coletiva. Consistia basicamente da reunião de textos dos célebres escritores judeus da língua ídiche mundial, compostos por contos, poesias, estudos, artigos sobre história, relatos de viajantes. O empreendimento contou com um único exemplar publicado.

Nesse período de fortes embates ideológicos dentro das correntes sionistas nos dois lados do Atlântico e em função de cisões provocadas por divergências políticas no *Brazilianer Yidishe Presse*, surgiu o *Dos Yidishe Folkstzeitung*

11 Essa obra não foi publicada, mas o extinto Arquivo Histórico Judaico Brasileiro possuía uma cópia em sua biblioteca de livros em ídiche.

O Semanario Israelita

Rio de Janeiro 23 Novembro 1923 — N. 2

די אידישע עמיגראציע קיין בראזיל

די וואך

אין ענגלאנד

Figura 3. *Dos Yidishe Vochenblatt*, Rio de Janeiro, 1923 (Arquivo Histórico Judaico Brasileiro/Museu Judaico de São Paulo – AHJB/MJSP).

[Gazeta Israelita], em 1927, com dissidentes da redação do outro periódico. No primeiro número, constam como editores: Eduardo Horowitz, Jacob Schneider e Salomão Gorenstein; redator-chefe, Eduardo Horowitz; e redatores de seções, S. Karakuchanski, Menasche Halpers e Aron Bergman.

Foi a princípio bissemanal, saía às quartas e sábados e, a partir de 1935, se tornou diário até o final de suas atividades. Estabelecia-se na Rua Visconde de Itaúna, número 67, onde funcionava a tipografia que pertencia à Horowitz & Cia Ltda. Tinha em média de oito a doze páginas. Contavam com uma grande equipe de intelectuais, publicavam também informações das agências internacionais e tinham colaboradores estrangeiros, de Buenos Aires, Paris, Palestina, todos membros proeminentes do Poalei Tzion.

Foi uma empreitada ambiciosa, realizaram instalações de máquinas modernas, dispunham de escritório para redatores, para expedição e um depósito para livros. Ambicionavam entrar no ramo de distribuição de literatura em hebraico e ídiche e também editar obras de escritores judeus. Para tal enviaram um emissário do jornal para a Polônia a fim de verificar as possibilidades, mas por questões financeiras não foi possível realizar o pretendido.

Entre as ambições e investimentos do jornal estão o apoio a Jacob Nachbin, em uma viagem para Portugal, Espanha e França no intuito de pesquisar e produzir reportagens sobre os judeus no Brasil. Em função dos artigos e dos trabalhos que realizou, Nachbin foi considerado o primeiro historiador da temática judaica no Brasil. Foi enviado novamente, em 1929, agora aos Estados Unidos como correspondente também para pesquisar e publicar artigos sobre os judeus no Brasil.

Depois de pouco tempo, os investidores que tinham ajudado monetariamente no início do jornal, assim como aconteceu com o *Dos Yidishe Vochenblatt*, acabaram por se afastar, em função das altas perdas financeiras. Eduardo Horowitz liderou sozinho por algum tempo o jornal, mas depois também o abandonou. Este ficou sob a direção de Shabetai Karakuschanski, que escrevia os editoriais, matérias sobre temas locais, contos, poesias, além de ter traduzido e publicado, em capítulos, o romance de Stefan Zweig, *Maria Antonieta*. O jornal desempenhou papel importante na vida social judaica. Eram seus colaboradores a maioria dos intelectuais existentes na comunidade. Fechou em decorrência da proibição de periódicos de língua estrangeira em 1940.

Na década de 1920, de maneira geral, os periódicos tinham vida curta. O *Yidishe Presse* [Imprensa Israelita] não só teve vida longa como ressurgiu depois da interdição de publicação de periódicos em línguas estrangeiras. Aron Bergman era colaborador, mas foi afastado do jornal *Dos Yidishe Folkstzeitung*, por divergências políticas, e liderou um grupo de membros do Poalei Tzion, que tudo indica de direita, iniciando a edição do *Yidishe Presse*, que começou a ser publicado e impresso no mesmo local do antigo jornal inimigo político. Teve um início fulminante: criado, em 1929, como hebdomadário, um mês depois saía duas vezes por semana e foi posteriormente transformado num diário, o primeiro jornal diário da coletividade, até 1931, quando fechou por falta de recursos. Nessa ocasião, Bergman optou por mudar de tipografia e com recursos próprios recomeçou a editar o mesmo periódico, como semanário, em 1931, e assim foi até o fechamento em 1940 devido à proibição, pelo governo brasileiro, da publicação de jornais e revistas em língua estrangeira.

Com a morte de Bergman em 1946 (Veltman, 1998) e o retorno do jornal quando o país voltou a permitir tais publicações, o periódico passou a circular reunindo a intelectualidade judaica, jornalistas que aqui estavam, e os que chegaram depois da Segunda Guerra Mundial. Samuel Malamud assumiu a redação do jornal até 1951, quando foi contratado o jornalista David Markus, que veio de São Paulo para o Rio de Janeiro com a finalidade de dirigir o semanário. Foi publicado até 1988, quando finalizou as atividades.

Dos boletins partidários que começaram e logo encerraram as atividades foi encontrado o jornal *Der Onhoib* [O Começo], criado pelo ativista de esquerda Ruben Zinguer entre 1929 e 1930. Ele tinha trabalhado no *Brazilianer Yidishe Presse* antes de se tornar de esquerda. No entanto, discórdias políticas internas e sobre quem seria dono do jornal prejudicaram sua existência e o jornal foi entregue a Motel Gleiser. Segundo Veltman, esse era um jornal sionista.

Depois do fechamento do jornal *Der Onhoib*, um dos seus administradores, Iankel Fuckes, comprou uma tipografia e editou sozinho o *Di Kraft* [A Força] em 1930, no Rio de Janeiro. Embora existisse um grupo de apoio em torno do jornal, ele era o dono. Para redigir o jornal, foi contratado o alfaiate Abraham Waldman, ativista do Poalei Tzion de esquerda. Era um semanário com quatro a seis páginas. Segundo Veltman, esse era um jornal progressista.

Foi encontrado também o *Mir um Zei* [Nós e Eles], de Moises Rabinovich, definido como centro, de 1930. Moises fundou o Partido Judaico Popular Radical e começou a publicar o mensário em ídiche e português. De pretensões ambiciosas, tinha como subtítulo "Publicação mensal, em português e ídiche, órgão independente de propaganda em prol da organização de uma melhor coletividade israelita no Brasil". A parte em ídiche era publicada por Motel Gleiser, que veio para o Brasil trabalhar no *Der Onheib*. Contou com apenas um número.

Além das questões políticas partidárias que estimulavam a criação de jornais para a difusão de suas ideias, outras perspectivas também estimularam o surgimento destes, como jornais literários que divulgavam poesia, literatura de autores locais e clássicos da literatura ídiche; periódicos com finalidades sociais e culturais pertencentes aos movimentos juvenis.

Dos jornais literários, o *Di Neie Velt* [O Novo Mundo], de 1927, foi editado pelo escritor Adolfo Kischinhevsky, que posteriormente publicaria o primeiro livro em ídiche no Brasil, *Neie Heimen* [Novos Lares], em 1932.

Teve vida curta e no final do mesmo ano Kischinhevsky criou outro jornal, o *Unzer Leben* [Nossa Vida], com a mesma finalidade, que também durou pouco (Falbel, 2008).

O Grêmio Juvenil Kadima publicou um periódico em ídiche, o *Di Yugent* [A Juventude], entre 1927 e 1928, para fins sociais e culturais e destinado à juventude.

Foi encontrada também publicação de sociedade judaica de assistência a imigrantes da mesma cidade, país ou região denominada *landsmanshaft* ou no plural *landsmanshaftn*, que prestavam auxílios de várias naturezas: moradia, trabalho, com a língua e também espaço de sociabilidade para os imigrantes. Algumas dessas sociedades devem ter publicado seus periódicos e possivelmente em ídiche, no entanto, tivemos acesso somente à publicação *Der Polisher Id* [O Judeu Polonês] que era uma publicação da União dos Israelitas Poloneses no Brasil. Foram encontrados exemplares dos anos de 1950 a 1959. Publicavam ensaios, artigos sobre o Holocausto, a resistência judaica na Polônia, comemorações do Levante do Guetto de Varsóvia, sobre Israel e os judeus no Brasil.

Em 1952, sai o jornal *Di Brazilianer Yidishe Tzaitung* [O Jornal Israelita Brasileiro], a princípio saía duas vezes por semana e depois semanalmente, seu redator era o jornalista Jacob Parnes. Não tinha vínculo formal, mas a publicação defendia a postura política dos sionistas gerais, que propunham um Estado no modelo liberal capitalista para Israel, sendo oposição dos grupos de esquerda e esquerda sionista. Não foi possível encontrar, até esse momento, o ano de término do periódico.

Imprensa ídiche em São Paulo

Em São Paulo, a cidade das indústrias e do mercado do café, a primeira publicação em língua ídiche foi um boletim comercial, o *Yidisher Gezelschaftlicher un Handels Biuletin* [Boletim Social e Comercial Judaico], que esteve ativo entre os anos de 1928 e 1929 e saía semanalmente.

No mesmo ano de 1928, em setembro, foi criado o *Di Yidishe Velt* [O Mundo Israelita], dirigido e impresso por Marcos Frankenthal. Nascido em Jerusalém em 1892, veio para o Brasil pela Jewish Colonization Association (ICA) para lecionar nas colônias do Rio Grande do Sul. Era fluente em ídiche e hebraico. Se transferiu para São Paulo, na década de 1920, onde entrou para o ramo de serviços tipográficos. Convidou Josef Rinski para ser o redator do jornal. Este tinha sido anteriormente colaborador do jornal ídiche nova-iorquino *Forwerts*. O jornal *Di Yidishe Velt* tinha pretensões distintas do *Yidisher Gezelschaftlicher*, que era social e comercial, pretendia ser literário e social. Entretanto, saíram apenas seis números.

No fim de 1929 e começo de 1930, a *Folha da Manhã* disponibilizou espaço para que fosse incluída dentro do jornal uma folha destinada a outras línguas. Dessa forma, foi lançada uma folha em ídiche, que teve pouco sucesso, sendo publicada poucas vezes.

Em 1931, foi fundado o periódico *San Pauler Yidishe Tzeitung* [Gazeta Israelita de São Paulo] por Marcos Frankenthal, em sociedade com Elias Amstein e José Nadelmane, agora com um número mais expressivo de redatores e sem orientação política específica. Trabalharam ao longo dos seus dez anos de existência redatores, entre outros, como Isaac Rizman, que tinha experiência jornalística em Porto Alegre, Nelson Vainer e o historiador Elias Lipner. Contava também com colaboradores do Leste Europeu e dos Estados Unidos. Publicava textos de autores locais, textos escritos em ídiche de autores internacionais e continha traduções para o ídiche de textos publicados fora do Brasil, em várias línguas, como hebraico e russo.

Esse jornal a princípio era um hebdomadário, dois anos depois saía duas vezes por semana, já no ano seguinte saía três vezes por semana e a partir de 1939 sairia diariamente, até 1941, quando parou de circular em função das proibições de publicações em línguas estrangeiras. Esther Terdiman em sua dissertação de metrado sobre o jornal relata que encontrou três exemplares do jornal publicados no começo de 1959, numa tentativa de reativá-lo que não triunfou.

Foram encontradas publicações em ídiche da direita sionista, com fins políticos e literários, como o *Há-Schachar* [A Aurora], de 1931 até 1932. Editado pela juventude revisionista Berit Trumpeldor,[12] redigido por Michel Zaltzman, continha matérias e folhetins em hebraico. Saíram somente quatro exemplares. Outro periódico do mesmo movimento sionista, o *Unzer Vort* [Nossa Palavra], foi publicado entre 1934 e 1935, saía duas vezes por semana e era editado pela Organização Revisionista. O administrador era Moisés Rapoport e redigido por Michel Zaltzman e Z. Schahor. Publicavam sobre a comunidade local, mas a maioria do conteúdo consistia em divulgação da central do movimento. Estes são dois exemplos que rompem com a

12 Joseph Vladimirovich Trumpeldor (Rússia, 1880 – Galileia, 1920), foi um dos primeiros ativistas sionistas que ajudou a organizar o Zion Mule Corps (Legião Judaica) e a trazer imigrantes judeus para a Palestina. Morreu defendendo o assentamento de Tel Hai, em 1920, posteriormente tendo se tornado um herói nacional reivindicado tanto pela direita como pela esquerda sionista.

perspectiva de que os sionistas eram fervorosos defensores do uso exclusivo do hebraico e que só os progressistas adotavam o ídiche. Podemos perceber que o ídiche era usado por todos em meados da década de 1930, e no Brasil, situado fora do eixo de tensão dessas questões, que eram a Europa Central e Oriental e a Palestina.

O movimento sionista revisionista era a ideologia, dentro das inúmeras linhas sionistas, que fazia oposição aos sionistas socialistas e trabalhistas. O ideólogo dessa corrente foi Vladimir Jabotinsky (Odessa, 1880 – Nova York, 1940), conhecido como Ze'ev Jabotinky. Foi ativista, escritor, tradutor, poeta, jornalista e militar. Fundou, em Odessa, a Organização de Autodefesa Judaica e ajudou a formar a Legião Judaica do exército britânico na Primeira Guerra Mundial.

Acreditavam que o Estado de Israel só surgiria pela força, com bases paramilitares para combater os ingleses estabelecidos na Palestina (depois de 1917) e os árabes palestinos que resistiam à criação do Estado. Se identificavam como direita tradicional, não religiosa e nacionalista judaica. Estavam focados na luta pela criação de Israel sem a ajuda internacional, que era a proposta do sionismo político de Theodor Herzl e Chaim Weismann. Seu principal objetivo político era manter a integridade territorial histórica de Israel e estabelecer um Estado judeu com maioria judaica nos dois lados do Rio Jordão.

O revisionismo sionista surgiu da discórdia dentro da Organização Sionista Mundial, quando estes não concordaram com as diretrizes do movimento e se separaram dos órgãos oficiais do sionismo durante a década de 1920 para formar sua própria organização. Para difundir sua proposta, Jabotinsky e seus aliados criaram as seguintes organizações: o Movimento Juvenil Betar, em 1923; o braço político Organização Revisionista Sionista, em 1925; o grupo paramilitar Irgun (abreviação em hebraico de Organização Militar Nacional), em 1931.

Desvinculado de postura política específica, encontramos o *Velt Schpiguel* [Espelho do Mundo], de 1939, que era uma revista mensal de literatura, arte e problemas sociais. Seu redator era A. Blai e o administrador, I. Kutner. Publicou catorze números e acabou em função do decreto que proibia publicações em língua estrangeira em 1940 (Falbel, 2008).

Em São Paulo, também foi encontrado periódico à esquerda, como o *Di Tzeit* (O Tempo, 1939-1941), que tinha partes em português redigidas por um não judeu, Edgard Barreira de Matos, e a parte em ídiche, que era redigida por Menachem. Era uma publicação mensal e publicava a produção poética e literária dos autores locais. Fechou também por razões governamentais.

N. 595

1937

A Gazeta Israelita de São Pau

Notas e Commentários

PRECISA-SE

Figura 4. *San Pauler Yidishe Tzeitung*, São Paulo, São Paulo, 1937 (AHJB/MJSP).

Retorno das publicações em línguas estrangeiras

Após a retirada da legislação que restringia a publicação de periódicos em língua estrangeira, o *Yidishe Presse*, carioca, voltou a circular e ficou em atividade até 1988, como já foi abordado neste texto. Outros surgiram, como o *Der Neier Moment* [O Novo Momento], em São Paulo, em 1950, bilíngue, de tendência sionista. Fundado por David Markus que atuou no periódico até sua transferência para o Rio de Janeiro, em 1951, para trabalhar no

Yidishe Presse. Konrad Charmatz ficou comandando o jornal em seu lugar, o jornal saiu até 1983.

O semanário *Unzer Stime* [Nossa Voz], bilíngue, produzido pelos judeus progressistas da comunidade de São Paulo, vinculado à Casa do Povo, existiu de 1947 a 1964. Seu perfil editorial era alinhado aos ideais da esquerda progressista e não sionista. Foi fechado pela ditadura militar, obrigando o seu editor-chefe Hersch Schechter e outros colaboradores a se exilarem. Em 2014 foi relançado, mantendo um diálogo com as suas premissas históricas do judaísmo progressista. O título do jornal aparece em português, ídiche, coreano e espanhol, porém, seus textos são majoritariamente em português, com espaços dedicados ao ídiche, coreano e espanhol. Estabelecendo, assim, um diálogo entre passado e presente, e também com as comunidades imigrantes no bairro do Bom Retiro, onde se situa a Casa do Povo.[13]

Considerações finais

Fora das cidades de Porto Alegre, Rio de Janeiro e São Paulo, no Brasil, encontramos referência apenas a uma publicação em ídiche, o *Der Shiller* [O Aluno], de Salvador, em 1928 (Falbel, 1985). O periódico nasceu de forma manuscrita e posteriormente foi publicado em ídiche, mas com os caracteres latinos, forma denominada transliteração. A transliteração é a representação dos caracteres de um sistema de escrita em outro. No português, a transliteração é o processo de uso do alfabeto latino em línguas que usam outros alfabetos, como o ídiche, que usa o alfabeto hebraico na sua forma escrita. Tem como objetivo facilitar a leitura ou pronúncia de palavras em outras línguas.

A presença de judeus constituídos como tal (não estou me referindo aos cristãos-novos) na Bahia se iniciou com a imigração e formação de uma comunidade judaica no século XX. Estes, que imigraram para Salvador, chegaram de maneira numericamente relevante do ponto de vista comunitário na década de 1920, formaram uma comunidade organizada e com intensa vitalidade social e cultural. Em 1924, uma sinagoga foi instalada em uma casa particular e, em 1925, foi fundada a Escola Israelita Jacob Dinenzon de orientação progressista, idichista e ligada ao Poalei Tzion.

---

13 Informações sobre o jornal *Nossa Voz* (*Unzer Stime*) e os jornais a partir de 2014 podem ser encontrados no site: https://jornalnossavoz.wordpress.com/about/.

NOSSA VOZ

אונדזער שטימע

Figura 5. *Unzer Stime,* São Paulo, 1947. (Acervo da Fundação Biblioteca Nacional – Brasil).

Esther Regina Largman, no seu artigo sobre a comunidade da Bahia, relata que no ano de 1928 foram fundadas duas novas instituições na comunidade, muito acima do padrão comunitário nos últimos anos. As instituições eram: Yugend Farein, uma agremiação dos estudantes israelitas, e Lais Par Kasse, uma cooperativa de crédito financeiro. Pelo que parece, foi um ano de intensa organização comunitária. No ano anterior, houve um rompimento drástico entre os grupos sionistas e progressistas, em Salvador, que só seria superado em 1932 (Falbel, 2008, p.743). Sendo assim, o *Der Shiller* estava do lado dos progressistas e poaleitzionistas da comunidade israelita baiana. No entanto, a pesquisa sobre publicações em ídiche, em Salvador e em outras cidades brasileira, necessita de aprofundamento e novas investigações.

Pode-se constatar que muitos dos periódicos em ídiche publicados no Brasil tinham vínculo com instituições judaicas internacionais, comprovando que as circulações de ideias eram intensas. Sendo, dessa forma, fortemente influenciados por movimentos ideológicos surgidos do outro lado do Atlântico. A questão sionista estava na ordem do dia, seja contra ou a favor, mas ninguém era indiferente a esse debate. Interessante constatar que a apropriação das ideologias sionistas nem sempre seguiam as diretrizes dos locais onde foram criadas e tendiam a uma lógica local, muitas vezes carregadas de interesses e afinidades pessoais, como no caso das publicações do Rio de Janeiro antes de 1940.

Foram encontrados periódicos em ídiche de esquerda dos vários matizes no Rio de Janeiro, e somente em São Paulo a direita sionista se mobilizou para produzir seus veículos de informação. Ficaram enfatizadas dessa forma as abundantes redes de contato e de informações, com mediadores vindos da Argentina, Europa, Estados Unidos e até da Palestina, sejam eles editores, jornalistas, voluntários, intelectuais que se dedicaram a essa empreitada.

No entanto, o fato é que no Brasil a imprensa ídiche foi drasticamente reduzida, devido à diminuição de seu uso e do seu conhecimento pelas novas gerações. Os jornais e revistas, por sua vez, não foram até o momento devidamente pesquisados, são fontes importantes para o estudo da história da imprensa, seus mediadores, das redes de circulação de ideias no Brasil e no mundo. Os exemplares físicos dos jornais em língua ídiche das décadas de 1920 e 1930 são raros, pois poucos conseguiram preservá-los. Vários fatores contribuíram para isso, segundo Falbel (2008), podemos mencionar a falta de preparo da comunidade judaica brasileira, relativamente nova e formada, em sua maioria, de imigrantes recém-chegados ao país, preocupados essencialmente com seu sustento e sobrevivência, centrada inicialmente na criação de instituições básicas para a vida comunitária grupal.

Foi realizado um levantamento dos periódicos em língua ídiche no Brasil, verificando as instituições que preservam e disponibilizam aos pesquisadores interessados. Foram encontradas até o momento publicações na Coleção Particular Nachman Falbel (CPNF); em vários acervos da Biblioteca Nacional[14] do Rio de janeiro (BN); na Biblioteca Mário de Andrade

14 Nos diversos catálogos da Fundação Biblioteca Nacional do Brasil foram encontradas informações que precisam de revisão: por exemplo, em periódicos publicados em ídiche e português

em São Paulo (BMA); no acervo original do Arquivo Histórico Judaico Brasileiro,[15] que em 2017 foi incorporado ao Museu Judaico de São Paulo (AHJB/MJSP); no Arquivo Público do Estado de São Paulo (APESP); e no Instituto Cultural Israelita Brasileiro, mais conhecido como Casa do Povo (ICIB/CDP).[16] Essas informações foram organizadas em uma tabela. Segue abaixo a listagem dos periódicos possivelmente levantados até o momento. Foram encontrados 37 periódicos publicados em ídiche no Brasil: quatro em Porto Alegre; dezenove no Rio de Janeiro; um em Salvador; e catorze em São Paulo.

---

consta somente o português. Foi encontrado, inclusive, no catálogo de Publicações Seriadas Raras, o periódico *Asseham: órgão Sirio-Libanez*, como publicado em português e hebraico. Após verificação, constatou-se que era publicado em árabe e português. As informações que necessitam de revisão serão inseridas em nota de rodapé vinculada ao periódico.

15 O Arquivo Histórico Judaico Brasileiro-AHJB (1976-2016) reuniu rico acervo documental referente à imigração e permanência judaica no Brasil. Preservava o acervo de periódicos publicados pela comunidade judaica brasileira em português e ídiche. Na década 1980, o American Jewish Archives patrocinou a microfilmagem de 25 periódicos da comunidade judaica brasileira e cópias desses microfilmes foram doadas ao AHJB. Nos anos de 2004 a 2016, trabalhei no AHJB como coordenadora de pesquisa e projeto. Em 2011, o AHJB teve aprovado apoio da Fapesp no programa Apoio à Infraestrutura de Pesquisa – Centros Depositários de Informações, documentos e/ou coleções biológicas. O projeto foi elaborado pelo então diretor do acervo, Roney Cytrynowicz, pela consultora arquivística do AHJB, Solange Souza, e pela coordenadora de pesquisa e projeto, cargo que eu exercia à época. Com parte dessa verba, os conteúdos dos microfilmes foram digitalizados, uma vez que o AHJB não possuía leitor de microfilmes. É essa a origem dos periódicos digitais em ídiche citados neste capítulo. Quanto aos periódicos físicos preservados no AHJB, havia duas tabelas com os itens catalogados em função da localização de guarda. Em 2008, o AHJB adquiriu o Banco de Dados Alexandria para catalogação de seu acervo e passou a incorporar o conteúdo das tabelas anteriores até o ano de 2016, quando foi extinto, tendo seu acervo transferido para o Museu Judaico de São Paulo, que ainda não tinha sido inaugurado. Foi criado, assim, o Centro de Memória do Museu Judaico de São Paulo. Após minha saída do AHJB, em novembro de 2016, organizei duas tabelas com os dados até então disponíveis e gerei um relatório do acervo de periódicos do Banco de Dados Alexandria por idioma, local e instituição de guarda. As informações contidas na tabela do presente capítulo foram retiradas dessas planilhas. Até o momento, o Museu Judaico de São Paulo não disponibilizou uma planilha atualizada dos periódicos, o Banco de Dados Alexandria foi dispensado e nenhum relatório referente a tais informações foi gerado. Como consequência, as informações referentes aos anos dos periódicos disponíveis apenas em suporte físico (não digitalizados) não puderam ser arroladas para este levantamento.

16 Uma relação disponibilizada à pesquisadora em 2017 serviu de base para o levantamento dos periódicos do ICIB/CDP. Atualmente, a instituição está atualizando o acervo no novo banco de dados e algumas informações podem estar desatualizadas.

Quadro 1. Tabela de periódicos publicados em ídiche no Brasil

Título	Idioma	Anos de publicação	Periodicidade	Instituição vinculada / editor	Local	Acervo
***Di Menscheit* (*A Humanidade*)**	Ídiche	1915	semanal	Sociedade Jornalística Israelita Josef Halevi	Porto Alegre	CPNF
***Di Yidishe Tzukunft* (*O Futuro Israelita*)**	Ídiche	1920	Mensal	Josef Halevi	Porto Alegre	CPNF
***Dos Naie Wort* (*Nova Palavra*) Revista Mensal de Literatura e Problemas Sociais**	Ídiche	1927	Mensal	Partido Poalei Tzion	Porto Alegre	
***Porto-Alegrer Yidishe Presse* (*Imprensa Ídiche Portalegrense*)**	Ídiche	1933-1934	Semanal		Porto Alegre	
***Dos Yidishe Vochenblatt* (*Semanário Israelita*)**	Ídiche	1923-1927	Semanal	Aron Kaufman	Rio de Janeiro	AHJB/MJSP; BN[17]
***Literarische Zeitschrift* (*Jornal Literário*)**	Ídiche	1924	Saiu um único exemplar	Jacob Nachbin	Rio de Janeiro	
***Brazilianer Yidishe Presse* (*Imprensa Israelita Brasileira*)**	Ídiche	1927-1929	2 x por semana	Aron Kaufman Continuação do *Dos Yidishe Vochenblatt*	Rio de Janeiro	AHJB/MJSP
***Yidishe Folkstzeitung* (*Gazeta Israelita*)**	Ídiche	1927-1935 1935-1941	2 x por semana Diário	Eduardo Horowitz	Rio de Janeiro	AHJB/MJSP
***Di Neie Velt* (*O Novo Mundo*)**	Ídiche	1927		Adolfo Kischinhevsky/literário	Rio de Janeiro	
***Unzer Leben* (*Nossa Vida*)**	Ídiche	1927		Adolfo Kischinhevsky/literário	Rio de Janeiro	
***Di Yugend* (*A Juventude*)**	Ídiche	1927-1928		Grêmio Juvenil Kadima	Rio de Janeiro	
***Der Onhoib* (*O Começo*)**	Ídiche	1929-1930		*Poalei Tzion* de Direita Ruben Zinguer Motel Gleiser	Rio de Janeiro	

17 No catálogo da Biblioteca Nacional está catalogada como publicação em português.

Título	Idioma	Anos de publicação	Periodicidade	Instituição vinculada / editor	Local	Acervo
***Di Kraft* (*A Força*)**	Ídiche	1930	Semanal	*Poalei Tzion* de Esquerda Iankel Fuckes Abraham Waldman	Rio de Janeiro	
***Yidishe Presse* (*Imprensa Israelita*)**	Ídiche/ português	1929-1940 1947-1988	1929 semanal 1929 2x semana ?-1931 diário 1931-1941 semanal 1947-1988 semanal	1929-1941 Fundador e diretor A. Bergman 1947-1951 diretor Samuel Malamud 1951 em diante David Markus	Rio de Janeiro	AHJB/ MJSP; BN[18]; BMA
***Mir un Zei* (*Nós e Eles*)**	Ídiche/ português	1930	Mensal 1 exemplar	Partido Judaico Popular Radical Moises Rabinovich Redator Motel Gleiser	Rio de Janeiro	BN[19]
***Der Polisher Id* (*O Judeu Polonês*)**	Ídiche	1950-1968		União dos Israelitas Poloneses no Brasil	Rio de Janeiro	AHJB/ MJSP; ICIB/CDP
***Di Brazilianer Yidishe Tzaitung* (*Jornal Israelita Brasileiro*)**	Ídiche	1952	2 x semana Semanal	Sionistas Gerais Jacob Parnes	Rio de Janeiro	
***Funken* (*Faíscas*)**	Ídiche	1952-1960		Revista Literária	Rio de Janeiro	AHJB/ MJSP; ICIB/CDP
Diário Israelita	Ídiche/ português	1952-1987			Rio de Janeiro	AHJB/ MJSP; BN[20]
***Far Yidishe* (*Para o ídiche*)**	Ídiche	1961			Rio de Janeiro	AHJB/ MJSP

18 No catálogo da Biblioteca Nacional está catalogada como publicação em português.

19 No catálogo da Biblioteca Nacional consta este subtítulo: órgão independente de propaganda em prol da organização de uma melhor coletividade israelita no Brasil : publicação mensal em português-idisch.

20 No catálogo da Biblioteca Nacional está catalogada como publicação em português, registra título e artigos em hebraico, no lugar do ídiche.

Título	Idioma	Anos de publicação	Periodicidade	Instituição vinculada / editor	Local	Acervo
Boletim Vita Kempner	Ídiche/ português	——		Associação Feminina Israelita Brasileira Vita Kempner, 1947	Rio de Janeiro	AHJB/ MJSP
A voz da Magbit	Ídiche/ português	——		Escritório do Keren Hayesod no Brasil (Fundo Comunitário)	Rio de Janeiro	AHJB/ MJSP
Tzionistshe Bleter (Folhas Sionistas)	Ídiche	1954		Órgão da Federação Sionista do Brasil	Rio de Janeiro	ICIB/CDP
Der Shiller (O Aluno)	Ídiche	1928			Salvador	
Yidisher Gezeischaftlicher un Handels Biuletin (Boletim Social e Comercial Judaico)	Ídiche	1928-1929	Semanal	Administrador M. Iarkoni	São Paulo	
Di Yidishe Velt (O Mundo Israelita)	Ídiche	1928–1929	Semanal	Diretor e tipografo Marcos Frankenthal Editores Moisés Costa e Jacob Nebel Redator Josef Rinski	São Paulo	
Suplemento especial no *Jornal Folha da Manhã*	Ídiche	1929-1930		*Folha da Manhã*	São Paulo	
San Pauler Yidishe Tzeitung (Gazeta Israelita de São Paulo)	Ídiche/ português	1931 1933 1934 1939-1941 1959	Semanal 2 x semana 3 x semana Diário	Diretor Marcos Frankenthal	São Paulo	AHJB/ MJSP
Há-Schachar (A Aurora)	Ídiche/ hebraico	1931–1932	Mensal	Juventude revisionista Berit Trumpeldor Redator Michael Zaltzman	São Paulo	

Título	Idioma	Anos de publicação	Periodicidade	Instituição vinculada / editor	Local	Acervo
Unzer Vort[21]	Ídiche	1931-1932		Jornal clandestino Órgão do grupo judaico do PCB Editor Abraão Kovalsky	São Paulo	DEOPS/ APESP
Unzer Vort (Nossa Palavra)	Ídiche/ português	1934–1935	2 x semana	Organização Revisionista Administrador Moisés Rapoport Redatores Michel Zaltzman e Z. Schahor	São Paulo	AHJB/ MJSP
Velt Schpiguel (Espelho do Mundo)	Ídiche/ português	1939-1940	Mensal	Revista de arte/ literatura/ problemas sociais Administrador I. Kutner Redator A. Blai	São Paulo	AHJB/ MJSP
Di Tzait (O Tempo)	Ídiche/ português	1939-1941	Mensal	Clube da Juventude Orientação de esquerda Redator ídiche Menachem Kopelman	São Paulo	AHJB/ MJSP; ICIB/CDP
Der Neier Moment (O Novo Momento)	Ídiche/ português	1950 – 1983	Semanário Diário	Fundador e diretor David Markus até 1951 Diretor Konrad Charmatz (após 1951)	São Paulo	AHJB/ MJSP; BN[22]; BMA

21 Agradeço a Lucca Ninni Indriunas pela referência da fonte (Carneiro, 2003) que deu início à busca por maiores informações. Agradeço à Profa. Dra. Dina Lida Kinoshita e ao Prof. Dr. José Claudio Beghella pela confirmação das informações, e a Lilian Starobinas e Sima Halpern pela ajuda na tradução.

22 No catálogo da Biblioteca Nacional está catalogada como publicação em português.

Título	Idioma	Anos de publicação	Periodicidade	Instituição vinculada / editor	Local	Acervo
***Unzer Stime* (*Nossa Voz*)**	Ídiche/ português	1947-1964 2014 – atual	Semanal Semestral	ICIB / Casa do Povo	São Paulo	AHJB/ MJSP; BN[23]; ICIB/ CDP; BMA
O Espelho do Judaísmo Brasileiro	Ídiche	1958	Quinzenal		São Paulo	AHJB/ MJSP
Anuário Almanaque e Guia Israelita – Paulista da Coletividade Israelita do Brasil	Ídiche/ português	1960	anual		São Paulo	AHJB/ MJSP
***Undzer Idish Lebn* (*A Nossa Vida Ídiche*)**	Ídiche	1989		Sociedade Israelita Brasileira para Cultura Judaica	São Paulo	AHJB/ MJSP

Bibliografia

CAMPOS, Alzira L. de A. Estrangeiros e ordem social (São Paulo, 1926-1945). *Revista Brasileira de História*. São Paulo, v.17, n.33, p.201-37, 1997.

CARNEIRO, Maria Luiza Tucci; KOSSOY, Boris. *A imprensa confiscada pelo DEOPS, 1924-1954*. São Paulo: Ateliê, 2003.

CHERMONT, Lucia. Imprensa em língua iídiche no Brasil. In: *Site* TRANFOPRESS Brasil. Disponível em: http://transfopressbrasil.franca.unesp.br/verbetes/imprensa-em-lingua-iidiche-no-brasil. Acesso em: 21 jul. 2020a [VERBETE]

__________. Menscheit (A Humanidade), a primeira publicação em língua iídiche no Brasil. In: *Site* TRANFOPRESS Brasil. Disponível em: http://transfopressbrasil.franca.unesp.br/verbetes/di-menscheit-a-humanidade-a-primeira-publicacao-em-lingua-iidiche-no-brasil. Acesso em: 21 jul. 2020b [VERBETE].

__________. Di Idiche Tzukunft (O Futuro Israelita), segundo periódico em iídiche no Brasil. In: *Site* TRANFOPRESS Brasil. Disponível em: http://transfopressbrasil.franca.unesp.br/verbetes/di-idiche-tzukunft-o-futuro-israelita-segundo-periodico-em-iidiche-no-brasil. Acesso em: 21 jul. 2020c [VERBETE].

23 No catálogo da Biblioteca Nacional o nome em ídiche tem grafia diferenciada, identifica o hebraico, e não o ídiche, como uma das línguas da 2ª fase do periódico, e vincula aos judeus alemães, que é incorreto.

_________. Josef Halevi, idealizador dos dois primeiros periódicos em iídiche no Brasil. In: *Site* TRANFOPRESS Brasil. Disponível em: http://transfopressbrasil.franca.unesp.br/verbetes/josef-halevi-idealizador-dos-dois-primeiros-periodicos-em-iidiche-no-brasil/?preview=true&preview_id=1714&preview_nonce=18be5717a7. Acesso em: 21 jul. 2020d [VERBETE].

DECOL, Rene. *Imigrações urbanas para o Brasil*: o caso dos judeus. Tese Doutorado (em Demografia) – Instituto de Filosofia e Ciências Humanas, Universidade de Campinas, Campinas, 1999.

DULLES, John W. F. *Anarquistas e comunistas no Brasil*: (1900-1935). Rio de Janeiro: Nova Fronteira, 1977.

FALBEL, Nachman. *Jacob Nachbin*. São Paulo: Nobel, 1985.

_______. *Judeus no Brasil*: estudos e notas. São Paulo: Humanitas; Edusp, 2008.

_______. *Léxico dos ativistas sociais e culturais da comunidade israelita no Brasil*: S. Paulo, 1953 a 1960. São Paulo: Maayanot, 2019.

GRINBERG, Keila (org.). *Os judeus no Brasil*: inquisição, imigração e identidade. Rio de Janeiro: Civilização Brasileira, 2005.

GUINSBURG, Jacó. *Aventuras de uma língua errante*. São Paulo: Perspectiva, 2007.

HALPERN, Josef. *Contribuição para a história da imprensa judaica no Rio Grande do Sul*. Porto Alegre: Instituto Cultural Judaico Marc Chagal; Museu Judaico de Porto Alegre, 1999.

HARSHAY, Benjamin. *O significado do iídiche*. São Paulo: Perspectiva, 2007.

IDISHE Alguemeine Enziklopedie. Paris: Fundo Dubnov, 1939.

KAYSERLING, Meyer. *História dos judeus em Portugal*. Rio de Janeiro: Pioneira, 1971.

KUSHNIR, Beatriz. *Baile de máscaras*: mulheres judias e prostituição, as polacas e suas associações de ajuda mútua. Rio de Janeiro: Imago, 1996.

LARGMAN, Esther R. A comunidade judaica da Bahia. *Revista Morashá*, São Paulo, ed.36, p.49-53, 2002.

LESSER, Jeffrey H. *O Brasil e a questão judaica*. Rio de Janeiro: Imago, 1995.

MARTINS, Jorge. *Breve história dos judeus em Portugal*. Lisboa: Nova Veja, 2009.

SACHAR, M. Howard. *A History of the Jewish in America*. New York: Vintage Books, 1993.

TERDIMAN, Esther Wajskop. *Imprensa ídiche em São Paulo*: vivência e dinamismo (*San Pauler Iídiche Tsaitung*: a gazeta israelita de São Paulo, 1937). Dissertação (Mestrado em Língua Hebraica, Literatura e Cultura Judaica) – Faculdade de Filosofia, Letras e Ciências Humanas, Universidade de São Paulo, São Paulo, 1997.

VELTMAN, Henrique. *A história dos judeus no Rio de Janeiro*. Rio de Janeiro: Expressão e Cultura, 1998.

WOLFF, Egon; WOLFF, Frieda. *Guia histórico da comunidade judaica de São Paulo*. São Paulo: Editora B'nei B'rith, 1988.

YUSSIM, Zvy (Yatom). *Origem e evolução da comunidade judaica de Porto Alegre*. Porto Rio de Janeiro: s/e, 1957.

Seção II

Parte III

Mediações além das fronteiras: o Brasil sob olhares cruzados

A honra dos brasileiros ofendida em um jornal francês de 1828

Isabel Lustosa

Uma polêmica movimentou a imprensa carioca no começo de 1828. Envolveu, de um lado, alguém que, sob as iniciais de M. K***, inseriu, em 23 de janeiro de 1828, no jornal que era publicado em francês, *L'Écho de L'Amérique de Sud*,[1] um artigo. Nele eram descritos o que seriam os (maus) hábitos das famílias brasileiras abastadas antes da intensiva entrada de estrangeiros, especialmente de franceses, no Brasil. Esses comentários foram

---

1 Lançado em 30 de junho de 1827, *L'Écho de l'Amérique du Sud, journal politique, commercial et littéraire*, circulou até março de 1828. Era o segundo de uma série de jornais publicados em francês no Rio de Janeiro que se iniciou com *L'Indépendant: feuille de commerce, politique et littéraire*. Lançado em 21 de abril de 1827, que daria lugar, a partir de 30 de junho de 1827, a *L'Écho de l'Amérique du Sud, journal politique, commercial et littéraire*. Em março de 1828, logo depois da polêmica que é o tema deste artigo, *L'Echo* foi substituído pelo *Le Courrier du Brésil: feuille politique, commerciale et litteraire*, que circularia até 1830, quando passou a ser publicado com o nome de *Moderador* – inicialmente em edições bilíngues, mas logo apenas em português –, usando-se como complemento do título a referência ao antigo jornal: *Novo Correio do Brasil*. Este jornal encerrou suas atividades com a abdicação de d. Pedro I em abril de 1831. Sobre a história dessa imprensa franco-brasileira ver: Lustosa (2017).

considerados ofensivos e mereceram reação de três jornais: *Ástrea, Aurora Fluminense* e *Espelho Diamantino*.[2]

O artigo de M. K*** tinha a intenção de dar resposta a uma correspondência inserida na *Ástrea*, em seu número 231, de 8 de janeiro de 1828. Naquela carta, o autor indagava: "Que lucro tira o Brasil em consentir que os estrangeiros venham aqui estabelecer tabernas, casas de pasto, botequins, sapatarias, etc?". No final, questionava se uma tão ampla franqueza seria útil à prosperidade da indústria, das artes e dos ofícios no Rio de Janeiro. Lembrava ainda que tal facilidade não era concedida aos brasileiros na Europa e que estes, ao contrário dos europeus que vinham aqui buscar meios de subsistência, iam para lá para passear ou se instruir. Em suma, gastar e não ganhar dinheiro.

A resposta de M. K*** foi dada em um artigo bem mais longo e de feitio literário, que foi publicado no *L'Echo* em seu número 58, de 23 de janeiro de 1828. Trata-se de um texto alegórico, uma obra de ficção, pontuado por um refrão repetido com variações: "Ah, les vilains etrangers qui nous ont apporté tout cela!" ["Ah, os malditos estrangeiros que nos trouxeram tudo isto!"]. Ao longo da narrativa, o autor apresenta a família de um deputado, homem culto que decidira trazê-la do interior para a corte do Rio de Janeiro a fim de familiarizá-la com os hábitos e a etiqueta da elite da sociedade brasileira. Passados dois anos desse esforço civilizatório, digamos assim, a família mostrava-se insatisfeita, pois sentia falta "da abundância selvagem, da ociosidade e da soltura da vida da roça".[3]

Dentre os personagens da família, alguns merecem destaque pela forma como foram descritos e pela reação que essa descrição provocou. A mãe da

---

2 A imprensa liberal brasileira, que praticamente tinha desaparecido desde a dissolução da Constituinte em 12 de novembro de 1823, renasceu com a volta das atividades legislativas em maio de 1826. Os dois jornais mais importantes que marcaram esse renascimento e que influíram decisivamente para a queda de d. Pedro I em 1831 foram a *Ástrea* e a *Aurora Fluminense*. *Ástrea* (1826 a 1832) era publicado pelos comerciantes brasileiros Antônio José do Amaral e José Joaquim Vieira Souto; e *Aurora Fluminense* (1827 a 1835), criada por, entre outros, o médico francês José Francisco Xavier Sigaud em 21 de dezembro de 1827, teria Evaristo da Veiga como seu principal redator. *O Espelho Diamantino*, publicado por Plancher, foi uma inovação editorial, pois era "dedicado às Senhoras Brasileiras" e circulou de 27 de setembro de 1827 a 28 de abril de 1828.

3 A *Aurora Fluminense* publicou, na edição extraordinária de 14 de fevereiro de 1828, uma tradução da carta de M. K*** para o português com o objetivo de melhor esclarecer seus leitores não francófonos sobre as razões da polêmica. Os trechos do artigo original que aparecem aqui citados em português se baseiam nessa tradução. Disponível em: http://memoria.bn.br/DocReader/docreader.aspx?bib=706795&pasta=ano%20182&pesq=corset&pagfis=65. Acesso em: 24 jul. 2020.

família, por exemplo, seria excelente dona de casa, mas "a seu modo", pois passava o dia sentada em uma esteira, sem espartilho e de roupa íntima (*sans corset et presque en chemise*). Assim, governava, palmatória à mão, suas mucamas que se amontoavam em torno dela, enquanto maldizia os canapés, as cadeiras e as mesas bem servidas às quais agora tinha de fazer as honras. As filhas, gentis e tímidas, não se chateavam dos belos chapéus e vestidos elegantes da rua do Ouvidor, mas os professores de piano, de francês e de dança as faziam suspirar de desgosto.

Os negros, vendo os estrangeiros disputarem o açúcar e o algodão produzidos pelo patrão e concluindo, por isto, que o trabalho não estava perto de terminar, mandavam ao diabo os estrangeiros "qui pay si cher les denrées di sinhô" ["que pagavam tão caro pelas mercadorias do senhor"]. As negras, não tendo mais o "gostinho de cochichar" quase de igual para igual o dia inteiro com suas patroas, também protestavam contra os *vilains étrangers* que tinham transformado em grandes damas sinhá e sinhazinhas.

O filho mais novo é descrito como um rapaz de uns 12 ou 13 anos, "enfant des forêts" ["filho do mato"], que sentiria falta das crianças escravizadas, companheiras e vítimas (ao mesmo tempo) de seus brinquedos, com os quais pulava todos os dias no meio dos bois, das galinhas e dos porcos. Com lágrimas de desespero, o menino reclamava do suplício dos estudos e achava o professor de francês mais assustador do que uma onça ou uma surucucu. Obrigado a comer "decentemente", sentia saudades do angu, da farofa, dos ragus e quigombós temperados com pimenta que devorava com a mão (este detalhe provocaria forte reação dos críticos de M. K***). O menino maldizia os estrangeiros que tinham inventado as gramáticas, os dicionários, os garfos, as facas etc.

Ouvindo seus queixumes, o pai lhe teria dado como resposta uma lição baseada em "considerações de filosofia transcendental", em que descrevia o que era o Brasil pouco menos de vinte anos antes. Disse-lhe que a própria existência deles dois se devia aos europeus, pois sem os europeus não haveria "nem papai, nem mamãe, nem maninhas" nem você "seria você mesmo!". E, prossegue o narrador, falando em nome do deputado: "descendo na escala das raças humanas", não teríamos nem "nhonhô Tomé, *ton père nourrier*, nem nanhanhanzinha", a irmã de leite do menino que seria filha do "caboclo".

Sem os estrangeiros, continuava, "não teríamos nossos negros que cultivam para nós o açúcar, o café, o algodão". E só haveria no Brasil índios: "os paraus, os catetes, aimarás, os bugios". Diante da perspectiva assustadora de uma terra dominada pelos índios, o filho pergunta: "esses selvagens que vivem nus nos matos como feras, que metem pedaços de paus nas orelhas e nos beiços para ficarem tão feios, que rasgam com as flechas suas próprias mulheres, que comem sapos (*crapauds*), serpentes e mesmo homens, com quem me metiam tanto medo quando era mau?".

Foi essa matéria que, de fato, acendeu o estopim de uma polêmica que se arrastaria por duas semanas com um desfecho dramático. A primeira reação ao artigo de M. K*** apareceu na seção de Variedades/correspondência da *Aurora Fluminense*, número 13, numa sexta feira, 1º de fevereiro de 1828. Em seguida, no dia 4 de fevereiro, uma segunda-feira, *O Espelho Diamantino*, número 9, publicava longa resposta ao que considerava ofensas de M. K***. No dia 6 de fevereiro, M. K*** usaria as páginas do número 61 do *L'Echo*, para responder à *Aurora*. No dia seguinte, 7 de fevereiro, em seu número 243, a *Ástrea*, que fora o pivô da polêmica, contra-atacava com uma carta assinada pelo "Inimigo de francesias". No dia 8 de fevereiro, M. K*** respondeu ao artigo do *Espelho*; no dia 12 de fevereiro publicou pequena nota em que demonstrava arrependimento por ter dado início à tal polêmica. Mas, no dia 14, a *Aurora Fluminense* lançou uma edição extraordinária, para responder a M. K***. Finalmente, entre as noites de 14 e 15 de fevereiro de 1828, o editor responsável pelo *L'Echo*, Emile Sèvene, foi vítima de um atentado promovido possivelmente por alguém que levara ao pé da letra as tantas ameaças feitas aos estrangeiros.

Quem era M. K***

O texto de M. K*** nos leva a estabelecer conexões com as gravuras publicadas por Jean-Baptiste Debret em sua obra *Viagem pitoresca ao Brasil*, especialmente aquelas que retratam o cotidiano das famílias da elite brasileira. Essas imagens reunidas no segundo volume do livro lançado na Europa em 1835 e só mais tarde conhecidas no Brasil provocaram forte reação por parte dos membros do Instituto Histórico e Geográfico Brasileiro (IHGB).[4] A comissão responsável pela análise daquela obra refutou "a tese de Debret, segundo a qual, antes da chegada do rei d. João VI, o Rio de Janeiro havia progredido pouco desde os distantes dias do descobrimento do Brasil". No final, o redator daquele parecer acusa Debret de apresentar uma caricatura da realidade brasileira e julga "que não seria nem oportuno nem político entrar no exame de algumas passagens sobre o caráter dos habitantes do

4 *Voyage pittoresque et historique au Brésil* foi publicado na França, em três volumes, os dois primeiros em 1834 e 1835, e o terceiro em 1839, por Firmin Didot Frères.

Brasil em geral" e conclui que aquela obra era de pouco interesse para o Brasil (RTHG, 1841, p.98; Leenhardt, 2013).

Não foram as imagens dos lares brasileiros com as donas de casa sentadas em suas esteiras, cercadas de mucamas e vestidas de forma displicente que mereceram a censura do IHGB, mas as cenas em que o artista representou o Valongo, "verdadeiro armazém onde os escravos são mantidos ao chegarem da África" e um feitor açoitando um negro imobilizado em uma espécie de pau de arara (Leenhardt, 2013).

Se a imagem da escravidão envergonhou posteriormente os sábios do instituto, foi a cena doméstica descrita por M. K*** que enfureceu os brasileiros médios que escreviam na imprensa. A semelhança dos argumentos usados pelo IHGB para recusar a obra de Debret com as críticas que a publicação de M. K*** recebeu por parte da imprensa carioca não pode se inscrever apenas na categoria de meras coincidências. Estavam inseridas no mesmo contexto e faziam parte da reação, aos brios feridos de uma nacionalidade em processo de elaboração, contra a ousadia de franceses aqui acolhidos por nos representarem tal como de fato nos viram, e não como gostaríamos de ter sido vistos.[5]

Quando aconteceu a polêmica em torno de M. K***, no mesmo jornal outra polêmica seguia seu curso envolvendo Debret. As bem conhecidas agruras por que passaram os membros da chamada Missão Francesa, desde as hostilidades do coronel Maler, cônsul da França, que tanto perseguiu os artistas, se agravaram com a rivalidade declarada entre os franceses e seus colegas portugueses, especialmente Henrique José da Silva, e chegaria àquele ano de 1828. Essa polêmica foi travada, por parte dos franceses liderados por Debret, nas páginas do mesmo jornal *L'Écho de L'Amérique de Sud*.[6] O que nos sugere que M. K*** e Debret, se não eram próximos, certamente se conheciam.

Algumas pistas sobre quem seria esse misterioso M. K*** se revelam em meio à polêmica. O próprio, para demonstrar familiaridade com a culinária brasileira, diz que recorreu muitas vezes àquelas comidas exóticas para saciar seu "voraz apetite", quando estava "cansado de correr os sertões servindo ao Brasil e à sua independência". A partir deste e de outros elementos

5 Valeria Lima diz que Debret, tal como M. K***, teria pretendido mostrar um Brasil que, a partir da chegada da corte portuguesa em 1808, "civilizava-se". Daí seu esforço em apresentar, no terceiro volume, aspectos da vida da realeza, das cerimônias públicas e da atuação das autoridades (Lima, 2007).

6 Sobre o desenrolar dessa disputa em torno da Academia de Belas Artes ver: Trevisan (2007).

apresentados em estudos anteriores, concluímos que sob as iniciais de M. K*** se escondia o francês Henri Plasson.

Henri Plasson veio para o Brasil em 1816, onde permaneceu até 1831. Depois que foram restabelecidas oficialmente as relações diplomáticas entre Portugal e França, tal como muitos outros franceses, Plasson viera tentar a sorte nos negócios naquele Brasil recém-elevado a Reino. Partindo do porto de Havre, na França, em 14 de agosto de 1816, trazendo em sua companhia um jovem que seria seu auxiliar nos primeiros anos, Ferdinand Denis,[7] Plasson desembarcou no Rio de Janeiro em outubro. Permaneceria na corte até 12 de março de 1817, quando embarcou para Salvador, onde esperava ser confirmado como cônsul. Não o foi, possivelmente por obra e graça do coronel Maler, que via bonapartistas em todos os franceses letrados que no Brasil aportavam.

Apesar de ver frustrado seu projeto inicial, Plasson continuou na Bahia tentando fazer fortuna. Seu nome aparece em alguns documentos de 1821 como devedor em uma questão envolvendo a compra de escravos para um projeto que pretendeu desenvolver no vale do Jequitinhonha. Durante a Guerra da Independência, Plasson foi alistado como coronel de milícias ao lado das tropas fiéis a d. Pedro I, daí a alusão de M. K*** aos serviços prestados à Independência. Ele veio para o Rio entre o final de 1822 e o começo de 1823; segundo conta Maria Graham, em agosto daquele ano teria visitado o museu real em sua companhia (Graham, 1956, p.304).

A patente de coronel lhe dava direito a uma pensão do Estado, de forma que ele não precisava de tanto esforço quanto seus compatriotas para sobreviver e podia atuar na recém-liberada imprensa que acolhera alguns redatores franceses (Lustosa, 2017). Seriam de sua autoria alguns artigos publicados em 1823 na *Estrela Brasileira*, em que alguém que assinava com as iniciais H. P. publicara uma série de matérias apresentando projetos de desenvolvimento econômico para a Bahia. Plasson pode ter voltado à Bahia ou ficado no Rio de Janeiro, mas o fato é que só tornei a encontrá-lo novamente sob o pseudônimo de M. K*** em 1828.

Se a indignação manifestada pelos membros do IHGB à obra de Jean-Baptiste Debret se voltou contra duas cenas em que a forma violenta e degradante com que eram tratados os negros escravizados no Brasil ganhavam destaque, as cenas de interior de residências brasileiras desenhadas por

---

7 O pouco que se sabe sobre essa primeira fase da vida de Henri Plasson no Brasil está registrado nas cartas de Ferdinand Denis, para sua família, dando conta das dificuldades que a dupla enfrentou na Bahia (Denis, 1957).

ele também não devem ter agradado. Nenhuma dessas cenas corresponde integralmente à apresentada no texto de M. K***, mas alguns elementos descritos ali podem ser encontrados nas gravuras de Debret que retratam o interior de residências. Maior proximidade se pode estabelecer entre o texto e a cena do interior de uma casa de família abastada nos arredores do Rio de Janeiro, figurada na gravura que o artista denominou "Visita a uma fazenda". Ali estão muitos dos elementos dos que constam no texto publicado no *L'Echo* e no texto com que Debret descreve essa cena, que só foi publicado na França sete anos depois da polêmica de M. K***, rico em detalhes que teriam causado ainda maior indignação se o Instituto Histórico tivesse recomendado a publicação do livro (Debret, 1978, p.206-8).

O texto de M. K*** deixa entrever, nos detalhes, por meio da ironia, o caráter dúbio da escravidão entre nós. Na convivência diária na casa-grande carioca, doçura e crueldade se misturam em um ambiente em que a senhora mantém as mucamas sempre à sua volta, em franca intimidade, a ponto de trocarem confidências, mas trazendo sempre à mão a terrível palmatória com que podia castigar quem lhe parecesse merecer ser castigado. O menino, segundo a descrição de M. K***, tinha saudade das crianças escravizadas com que brincava na fazenda, que eram, ao mesmo tempo, "companheiros e vítimas de seus jogos". Pequeno trecho que diz muito sobre a forma como a escravidão corrompia o espírito das crianças da elite brasileira, especialmente os "enfant des forêts" como o descrito por M. K***.

O BRASILEIRO OFENDIDO

A primeira reação ao artigo de M. K*** apareceu na seção de Variedades/correspondência da *Aurora Fluminense*, número 13, sexta-feira, 1º de fevereiro de 1828. Alguém que se assina "O Brasileiro ofendido" expressa ali sua profunda indignação diante de mais um estrangeiro que pagava "a franca hospitalidade com que fora acolhido" com insultos. Insultos que, aliás, devolve dizendo achar incrível que "qualquer miserável foragido de sua pátria, escapando à fome e à miséria, possa vir para o Brasil, achar em seus habitantes todo o acolhimento, ser preferido mesmo aos nacionais; trocar a penúria em opulência" para, depois, nos "vomitar quantas injúrias e sarcasmos lhe ditam ou os hábitos de uma grosseira educação ou os sentimentos de um ânimo mal agradecido!".

O "Brasileiro ofendido" diz que ninguém nega que somos descendentes dos "antigos conquistadores" e que era claro que as relações comerciais e as comunicações que conquistadores e conquistados estabeleciam entre si poliam e civilizavam. Também reconhecia que muito teríamos ganhado "com o trato dos estrangeiros" que nos fora franqueado pela "abolição do sistema colonial", referindo-se ao decreto de abertura dos portos de 1808. Mas nem por isso achava que deveríamos sacrificar nossas "prosperidades, indústrias e riquezas aos interesses dessas nações estranhas". Acha que tais assuntos poderiam "excitar a cólera daqueles que desejam fazer esquecer antigos ódios e sarar as feridas de indiscretas rivalidades". Finalmente, supõe que fora para mais aviltar os brasileiros que M. K*** tomara como exemplo a família de um deputado, homem de uma classe elevada, e isto tornavam ainda mais odiosos "a ironia e o escárnio da sua carta".

O texto também procura depreciar a imagem do típico imigrante francês que, saindo da França para "montar um armazém de modas à custa alheia", chegava ao Rio de Janeiro "com o seu pequeno pacote sobraçado" e usando "a safada casaquinha, os sapatos acalcanhados, as calças de furtadores, a fazer afetados cumprimentos e mesuras". Para ressaltar o caráter fútil do tipo de comércio que faziam esses franceses, seu ambiente de trabalho é descrito como um "brilhante armazém, onde tudo se sacrifica à aparência, cercado de vidrilhos e louçainhas". O texto termina com esta exortação:

> Como se anima esse M. K*** a apresentar em cena com vitupério e tom de farsa, os usos e hábitos de um povo hospitaleiro, que só pode ser arguido da excessiva facilidade com que abraça tudo quanto querem introduzir no seu país meia dúzia de cavaleiros de indústria que para aqui acodem de todos os lugares do universo! Deixe de agravar tão injustamente quem em nada o ofendeu, [...] ocupe antes o tempo em arranjar alguma loja de espelhos e quinquilharias que sempre dão um lucro sofrível. Pode estabelecer uma cadeira de filosofia transcendental em que se digne explicar-nos o sentido de frases metafísicas e místicas semelhantes àquelas que V. M. pôs na boca do pai de família e deputado brasileiro.

A viagem do poeta Parny ao Rio de Janeiro em 1773

Apesar de não estar politicamente alinhado com a *Ástrea* e a *Aurora Fluminense*, que faziam franca oposição a d. Pedro I, o *Espelho Diamantino*, em sua edição de segunda-feira, 4 de fevereiro de 1828, também publicou uma resposta a M. K***. Com o objetivo de esclarecer qual era a realidade do Rio de Janeiro antes da abertura dos Portos, o autor desenvolve o mesmo argumento do "Brasileiro ofendido". Considerando que as nações "não saem feitas das mãos da Natureza" e que "não se aperfeiçoam sem relações exteriores", seria, a seu ver, ponto inquestionável que fora Portugal que trouxera ao Brasil a linguagem, as artes, os conhecimentos da agricultura, da mineração, do comércio, da navegação etc. As trocas comerciais no Brasil colonial são assim resumidas: os índios negociavam com os nossos "protoparentes" que mandavam para Portugal os produtos naturais da terra em troca das manufaturas produzidas na Europa.

Para dar uma ideia de como eram civilizados e avançados os costumes no Rio de Janeiro colonial, o autor se vale do testemunho de Évariste Parny, poeta francês nascido na ilha de Bourbon (hoje, ilha de La Réunion), que em 1773, voltando de Paris para aquela ilha, passara pelo Rio de Janeiro. Apesar das limitações à livre circulação de estrangeiros (tinham de dormir no navio e as vindas à terra eram controladas pelo governo colonial), visitou e conheceu alguns aspectos da cidade. Segundo o *Espelho Diamantino*, Parny teria descrito o Rio de Janeiro como "uma cidade polida, rica, com um povo hospitaleiro", teria dito que a "grande Feira da Glória" não era inferior às da Europa e que o francês, no Rio de Janeiro, "ouviu tocar, dançou, bailou com as brasileiras".

Quando se lê a carta em que Parny descreve a seu irmão sua curta passagem pelo Rio de Janeiro (Parny, 1808, p.219-34), comprova-se que aquele, de fato, o comparara a um verdadeiro paraíso terrestre. Mas Parny não disse que a feira da Glória "não era inferior" às da Europa, ao contrário, segundo ele, "on ne trouvait à cette foire que des pierreries mal taillées, mal montrées et d'um prix excessif" ["não se encontra nesta feira senão pedras mal talhadas, mal apresentadas e de um preço excessivo"]. O contato de Parny com as brasileiras foi muito limitado e ele revelou em sua carta ter sentido falta da presença feminina tanto nas ruas quanto na intimidade das casas. Alegrou-se quando pôde entrevê-las no caminho para a feira da Glória, quando algumas "soulevaient les jalousies pour nous examiner" ["levantavam as gelosias para nos examinar"], mas precisou, segundo disse, usar da imaginação para supor que deviam ser belas.

Uma surpresa que teve durante a visita à feira da Glória, pelo contraste com o que vira, foi a acolhida que teve de um "charmant epicurien", rico e excêntrico senhor que preferia viver acampado, montando em lugares os mais variados suas ricas e luxuosas tendas repletas de móveis caros, travessas e talheres de ouro e prata, além de oferecer mesa farta e muito bons vinhos.

Parny, apesar de descrever as poucas moças do Rio de Janeiro que conseguiu ver como muito morenas, de grandes olhos negros e voluptuosos, diz que traziam os belos cabelos erguidos negligentemente e usavam uma vestimenta que agradava pela sua simplicidade. Descrição que se aproxima do quadro em que o autor cita, com azedume, M. K***, que teria mostrado as mulheres brasileiras "sem espartilho e sentadas numa esteira, rodeadas de negras e com uma palmatória na mão". Parny conta que foi a apenas um baile, que no Brasil não se conhecia nada além do minueto e que teve o prazer de dançar com uma jovem de 16 anos e meio, de talhe delicado e mais graciosa que bela.

O *Espelho Diamantino* diz que Parny achou aqui no Rio de Janeiro "uma Leonor, delicada, com o talento e o gosto das belas-artes, tão linda que a levou com ele para a França". Ou por não saber ou por querer fortalecer seu argumento, o autor da carta se permitiu uma releitura da paixão de Parny por uma jovem que conhecerá em seguida, na ilha de la Réunion, a qual, em sua obra poética posteriormente publicada na França, aparece com o nome de Éléonore. Parny nem encontrou sua Éléonore no Rio de Janeiro, nem pode levar a moça porque se apaixonou em La Réunion, a caminho da França, e o pai do poeta não consentiu no casamento.

Depois de dizer que no Brasil colonial já se conheciam a harpa, o cravo, o salteio, a flauta, a cítara e a viola brasileira, o *Espelho Diamantino* critica a forma como M. K*** descreve os hábitos alimentares dos brasileiros. Detém-se especialmente na parte em que se conta que o jovem filho da família, agora obrigado a comer "decentemente", sentia falta do angu, da farofa, dos ragus e quigombós, temperados com pimenta. O autor estranha que um "homem polido e culto" ignore que "em cada povo, e mesmo em cada província há certas comidas, e guisados que lhe são peculiares!". E desafia seu antagonista a confessar que essas comidas "não poucas vezes lhe tenham matado a fome e lisonjeado o voraz apetite".

Para demonstrar a variedade da mesa dos cariocas, o *Espelho Diamantino* diz que, antes da entrada dos estrangeiros, "nas mesas aparecia o pão de trigo" ao lado da cassava ou farinha de mandioca, do quiabo e da "suculenta sopa portuguesa". Também merece reparo a insinuação de que os brasileiros comiam com as mãos, o que, na verdade, foi usada apenas com relação ao menino da família descrita por M. K***. Ao contrário, diz o autor da carta publicada no *Espelho Diamantino*, nas casas nobres se usavam garfos e até mesmo faqueiros de ouro e prata. Acrescenta ainda que, se as famílias pobres brasileiras usavam as mãos para comer, também o faziam os pobres da Europa.

Nas casas-grandes das fazendas dos arredores do Rio de Janeiro, diz o autor citando lugares que hoje são bairros da zona oeste da cidade – Taquara,

Bangu, Gericinó e Jacarepaguá –, o luxo das mesas era notável. Diz que, bem antes da vinda dos estrangeiros, era possível "ouvir rico piano, ver soberbos aparadores carregadores de baixela de prata", além de se poder constatar o "asseio, a modéstia e o gosto do traje com que se apresentavam as brasileiras". Invoca como testemunha da elevada cultura da elite brasileira o próprio Humboldt que "muito antes da emigração veio ao Brasil" e que aqui se admirara de ver em algumas casas, apesar da rigorosa censura, "tão escolhidas bibliotecas". Para concluir, o correspondente do *Espelho* lembra que a parte mais importante da civilização do Brasil era devida aos portugueses, e não ao estabelecimento das modas da rua do Ouvidor.

> Quando os estrangeiros começaram a vir com franqueza, trazendo-nos plumas, pomadas, essências de mil diversas flores, espartilhos próprios para matar crianças nas mulheres ocupadas e para darem brevê de ética às meninas, as senhoras apareciam ornadas não com atavios puramente ideais; mas com brilhantes, e até nos sapatos usavam de biqueiras d'oiro lavrado: os veludos, as sedas de Itália andavam de rastos. Dirá o correspondente que isso nem era moda nem gosto; eu responderei, que era riqueza sólida; moda que não voava com o vento, que não expunha uma Senhora a aparecer descomposta nas ruas públicas.

Respostas de M. K*** ao "anão" da *Aurora* e ao *Espelho Diamantino*

A primeira resposta de M. K*** apareceria no *L'Écho*, número 61, de 6 de fevereiro de 1828, e era destinada ao autor da carta publicada na *Aurora* no dia primeiro. Nesse texto, M. K*** usa de outra alegoria para comparar aquela disputa entre jornalistas com um duelo. Quem teria jogado a luva na arena contra os estrangeiros (o gesto que se fazia para desafiar alguém a um duelo) tinha sido a *Ástrea*. M. K*** a teria apanhado ao dar sua resposta no polêmico artigo que provocara reações. No entanto, acrescenta, qual não foi sua surpresa ao encontrar no "rendez-vous" o anão da *Aurora* com sua enorme pança [*grosse bedaine*]. Continuando na alegoria do duelo ele convoca: *Eh, bien! Le nain, en garde!...* [Tudo bem, anão! Em guarda!]. M. K*** diz que vai responder a quem se diz "Brasileiro ofendido" como um estrangeiro ofendido e que poderia ter respondido ao ataque da *Ástrea* contra os estrangeiros de forma direta, declarando simplesmente:

> Vocês devem aos estrangeiros tudo que lhes garante uma existência social de qualidade, dos objetos de primeira necessidade aos de luxo, da instrução séria às artes do entretenimento. Vocês devem aos estrangeiros suas roupas, seus leitos, suas mesas, os utensílios do lar, suas tapeçarias, suas bibliotecas e livros, até a tinta e a pluma que usam para ameaçar a estabilidade de seus estabelecimentos. Vocês lhes devem o pouco de comodidades que hoje goza vossa cidade. Vocês lhes devem os canais, os estabelecimentos de utilidade pública, as belas estradas, e até mesmo vossas vitórias por terra e por mar.[8]

No entanto, M. K*** diz que preferira adotar uma forma mais doce de se dirigir aos habitantes do país que o acolhera, ousando acrescentar: "se bem que eu estou convencido que esse país ganhou mais do que eu com essa hospitalidade" [*bien que j'aie la conviction qu'elle a gagné plus que moi à cette hospitalité*]. Ele diz também que, em seu artigo, apenas comparara o estado primitivo de uma família da elite do país com o que ela havia se tornado a partir da adoção de maneiras de viver ensinadas ou trazidas pelos estrangeiros. E que pintara aqueles costumes "tais como a gente encontra já a dois passos da capital" [*des moeurs telles qu'on les trouve dèjà à deux lieus de la capitale*].

Na edição do *L'Echo* publicado no dia 8 de fevereiro, com que M. K*** responde ao artigo do *Espelho*, ele volta ao mesmo argumento lembrando que teria sido insolente se tivesse gritado: vocês devem tudo aos estrangeiros e que apenas questionara: o que o Brasil deve aos estrangeiros? [*Que doit le Brésil aux étrangers?*] Ele dissera simplesmente que o povo brasileiro devia sua existência e sua civilização a um povo europeu, o povo português. O Brasil adotara desde sua origem os costumes portugueses "com as modificações que o clima, a distância e o gênero de ocupação, os entraves do monopólio político e comercial, o trabalho dos negros, causaram" [*avec les modifications que le climat, la distance, le genre d'occupations, les entraves du monopole politique et comercial, le servisse des noirs, ont dû motiver*]. Durante o período colonial, prossegue, as mudanças operadas nos costumes portugueses pelo contato com outras nações não puderam penetrar no Brasil, senão com dificuldade e apenas junto à "la plus riche classe des proprietaires" [a classe mais rica dos proprietários].

8 "Vous devez aux étrangers tut ce qui tient à l'existence sociale perfectionnée, les objets de première necessité, comme ceux de luxe, l'instruction sérieuse, comme les arts d'agrément...; vos habits, vos lits, vos tables, vos ustensiles de ménage, vos tentures, vos bibliothèques, vos livres: toust est étranger, tout, juqu'à l'encre et à la plume qui vous servent à menacer la stabilité de leur établissement. Vous leur devez le peu de commodités dont jouit votre ville; et si........ vous leur devriez des canaux, des établissement d'utilité publique, des belles routes, et péut-être des victoires sur terre et sur mer."

Dataria de 1816, quando os franceses passaram a chegar em massa ao Brasil, acrescenta M. K***, "a revolução total dos costumes que mudaram o aspecto da capital e se propagaram nas vilas do litoral e do interior" [*la révolution totale de moeurs qui a changé l'aspect de la capitale, et s'est propagée dans les villes de la côte et de l'interieur*], alcançando até as opulentas famílias que viviam em suas imensas propriedades.

> Os livros, as artes, as doutrinas, os objetos de um luxo aperfeiçoado, as comodidades de uma existência elegante, foram apreciadas e adotadas, a língua francesa, mais atraente do que a inglesa, facilitou todos esses melhoramentos.[9]

No texto em que respondera a M. K***, o *Espelho Diamantino* pusera em sua boca (ou, melhor dizendo, em sua pena) palavras que ele não dissera: que os brasileiros comiam sapos, rãs, antes de aqui chegarem os estrangeiros. Na verdade, a menção que consta no texto de M. K*** é que os índios comiam sapos. Mesmo assim, o *Espelho* insistiu em seu argumento dizendo: "se algum ético, se algum asmático faz o seu penoso jantar com esses animalejos, não se segue que seja uma iguaria Nacional!".

Na resposta a essa carta, M. K*** esclarece esse ponto lembrando que dissera que "as tribos indígenas comem serpentes, sapos e mesmo homens" e que este seria "um fato da história natural" [*J'ai dit que les tribus indigènes mangent des serpens, des crapauds, et même des hommes: c'est un fait d'histoire naturelle*]. Diz não acreditar que os brasileiros fossem solidários com os hábitos dos antropófagos e estranha que os "os campeões do Brasil" da *Aurora* e do *Espelho* tenham resolvido defender a causa das comidas de origem africana que passaram da mesa do escravo para a mesa do patrão.

> Eu concordo que essas comidas são apetitosas, e que as como com prazer, ou por influência do clima, ou por depravação do meu paladar, mas perdi eu o direito de rir dessas comidas, de mim mesmo ou da variedade de gostos e bizarrices da espécie humana?[10]

---

9 "Les livres, les arts, les doctrines les objets d'un luxe perfectionné, les commodités d'une existence elegante, ont été appréciés et adoptés; la langue française, plus avenante que l'anglaise, a facilité toutes les améliorantions."

10 "Je conviens que ces mets sont appétissans, et que j'em mange avec délices, ou par l'influence du climat, ou par la dépravation de mon palais; mais aí-je perdu pour cela le droit de rire de ces mets, ou de moi-même et de la variété des gouts et des bizarreries de l'espèce humaine?"

M. K*** desenvolve a partir daí um argumento em defesa do humor como arma potente contra os preconceitos. Numa versão elaborada do provérbio "rindo se castigam os costumes", ele convida os publicistas brasileiros a rirem de seus compatriotas e dos estrangeiros, dizendo que um vasto campo se abria diante deles já que todas as nações tinham no Rio de Janeiro seus representantes e que, com isto, "os ridículos do mundo inteiro parecem ter se dado rendez-vous na vossa cidade" [*les ridicules du monde entier semblent s'être donné rendez-vous dans votre ville*].

Um atentado contra o editor do *L'Echo*

Na quinta-feira, 14 de fevereiro, a *Aurora Fluminense* lança uma edição extraordinária para treplicar a resposta que M. K*** publicara no *L'Echo*. Com o título: "O anão ou os anões da *Aurora* ao sr. campeão dos estrangeiros", o artigo tinha por objetivo "defender do modo que pudermos a honra da nossa pátria". Apesar de se reconhecerem "muito fracos e pequenos" diante do adversário, advertiam que, no entanto, "nem sempre os anões são desprezíveis combatentes nas pelejas literárias", fazendo referência a uma publicação que fizera sucesso na França: "sirva-nos de abono mesmo um patrício de M. K***, o anão amarelo (*Le nain jaune*)".

Pelo que entendera da resposta que lhe dera M. K***, os bens que os brasileiros deviam aos estrangeiros poderiam ser resumidos em uma só palavra: tudo. Acrescenta que M. K*** parece sugerir que era por pura filantropia que os estrangeiros assim nos favoreciam e questionava se por "esses trastes, essas comodidades, esses vestidos, essas camas e utensílios" não receberiam em troca nossos produtos e se não fora para isto que fora instituído o comércio.

> Não podemos nós também dizer que as outras nações necessitam do nosso algodão, do nosso café, do nosso tabaco, do nosso açúcar, etc., assim como nos são precisas suas mercadorias?

O texto é vazado de ironia e seus autores agradecem a delicadeza com que M. K*** quis pagar a hospitalidade que o Brasil lhe concedeu não declarando francamente que "em tudo dependemos e somos discípulos dos estrangeiros" e que tenha se contentado em apresentar a ficção de uma família brasileira distinta para mostrar "a barbaridade em que jazíamos antes que a mão benfeitora dos fabricantes de modas nos tirasse desse atoleiro".

> Verdade é que descreveu a dona da casa quase em camisa, passando o dia na esteira com a palmatória na mão, rodeada das negras acocoradas em torno dela; verdade é que nos apresentou as escravas cochichando com as filhas da senhora de igual a igual entretendo-se com estas em dizer mal das vidas alheias; que ofereceu à nossa ideia um menino grosseiro e malcriado, meninas que abominam o ensino e a cultura da vida social, porém nada disso nos escandalizaria porque são os nossos hábitos e usos pintados em cor favorável e tais quais se acham nas pessoas de merecimento!

Outra crítica que faz é a de que o francês desfiguraria, com a intenção de nos ridicularizar, palavras que eram usadas no Brasil como "farofa" que M. K*** teria sido grafada em dois artigos: *tarofa*. O que de fato acontecera e que, da segunda vez, merecera uma errata dando como justificativa que se tratava de erro de impressão. Ao que a *Aurora* argui: "Seriam também erro tipográfico as sinharinhas, o titi e tonton, que nós por cá nunca conhecemos e que é de crer sejam sinhazinhas, titio e titia". Com o mesmo propósito cita outras expressões usadas por M. K*** como "nhonhô Thomé", para designar o aio do menino e "nhanhã Maria", para sua ama de leite, esclarecendo ao "nosso estimável M. K***":

> saiba nunca foi uso entre nós (e pode ao menos nisto acreditar-nos porque temos a infelicidade de haver nascido nessa terra de opróbio) denominar os nossos escravos nhonhô e nhanhã; pelo contrário são estes os nomes com que os pretos apelidam os seus senhores moços.

Afirma que a *Aurora* estaria bem longe de fazer a apologia "das ideias góticas do comércio privilegiado e exclusivo" e que estaria convencida que é bom para o Brasil que "todas as nações sejam admitidas no seu mercado com condições iguais e que se lhes franqueie todo o gênero de indústria". Isto, diz ainda, "em vez de empobrecer-nos nos enriquece e serve de estímulo ao nosso melhoramento e ao aperfeiçoamento das artes entre nós". Finalmente, fazendo referência ao apelo de M. K*** em defesa dos estrangeiros que viriam ao Brasil trazendo seus fundos, "seja em numerário, seja em mercadorias, indústria ou saber", indaga sobre quais teriam sido os capitais que de fato nos tinham trazido os franceses?

> Que negociantes, que especuladores, que grandes capitalistas têm vindo aqui estabelecer-se? Serão esses que enfeitam a rua do Ouvidor com seus bonitos armazéns de modas et nouveautés? Serão os cabeleireiros, alfaiates,

perfumadores e dentistas todos de Paris? Serão as damas do Palais Royal (*quelques unes au* n.113), que além dos seus safados encantos, passassem também para o Rio de Janeiro, essas riquezas e fundos?

Na mesma noite em que foi publicado esse artigo na *Aurora*, em 14 de fevereiro de 1828, o francês Emile Sèvene, editor de *L'Echo*, foi vítima de um atentado. Ao que parece, alguns exaltados resolveram responder ao que consideravam ofensas do *L'Écho* aos brasileiros, atacando aquele que se sabia ser o dono e responsável direto pela edição do jornal. Sèvene saía do Teatro São Pedro e atravessava o largo de São Francisco de Paula quando foi atingindo por um violento golpe na cabeça. Na nota em que relata o acontecido, Sèvene diz que acredita que aquele foi um ato isolado, que se devia à exaltação estimulada pelos jornais adversários. Referia-se certamente à *Ástrea* e à *Aurora*, que teriam levando mais longe a polêmica com M. K***. Sèvene não acusa os editores, os quais considera gente de bem, mas chama a atenção para o quanto é imprudente excitar paixões e agitar as massas [*remuer les masses*]. Acrescenta ainda que ele, editor, era completamente estranho a tal polêmica e aproveita para reafirmar sua posição ao lado dos liberais e contrário a qualquer possibilidade de submissão do Brasil a Portugal.[11]

Como dissera M. K***: "ao que o excesso de amor-próprio mal dirigido não nos pode conduzir?". Mais de uma vez, ele alertara para o risco de que aquela polêmica poderia despertar nos ânimos de espíritos menos elaborados contra os estrangeiros. Na resposta que dera à *Aurora*, M. K*** dizia que costumava protestar apenas quando eram atacados os princípios de igualdade entre estrangeiros e nacionais, o direito de exercerem sua indústria ou quando se tentava negar que seus trabalhos e empresas eram favoráveis à prosperidade do país. Ele acreditava que essas "inculpações e interrogações ameaçadoras muito repetidas" pareciam esconder um plano de intenções funestas para tornar os estrangeiros malquistos e via nesses ataques "o crescimento do ódio e da proscrição". Achava ainda que esses sentimentos poderiam levar à emissão de algum decreto "cuja execução será perniciosa ao estabelecimento de todos os estrangeiros".

11 Referência à tensão que predominava no ambiente político. Depois que superou o impasse sobre conservar ou não as duas coroas, d. Pedro abdicou em nome da filha mais velha, d. Maria da Glória. No entanto, seu irmão mais novo, d. Miguel, rompeu o acordo pelo qual se casaria com a sobrinha e se contentaria com o posto de rei consorte. Desde então, até 1831, d. Pedro, tanto por meios diplomáticos quanto por estímulos aos liberais que, em Portugal, reagiram a d. Miguel, esteve intensamente envolvido com a questão portuguesa, o que prejudicava os negócios do Brasil.

Em outro artigo, voltaria a insistir no tema, lembrando que era "impolido, indelicado, injusto, desumano maltratar pessoas a que apelaram de todas as quatro partes do mundo lhes prometendo asilo, proteção, socorro, segurança e o exercício de todos os direitos sociais, dentre os quais o de exprimir seu pensamento, verbalmente ou por escrito".[12]

Em texto mais curto publicado em 12 de fevereiro, M. K*** demonstrara certo arrependimento de ter dado início a essa polêmica. Ele diz que, se pudesse imaginar que uma resposta indireta (à carta publicada na *Ástrea*) ou, principalmente, um quadro de costumes pleno de cuidados e de bom humor como o que ele pintara desse início a uma polêmica tão furiosa, teria respondido em uma folha nacional, para evitar o efeito que pode produzir na Europa ("onde o *L'Écho* é lido") sobre os indivíduos que pensam no Brasil como lugar para emigrar, artigos que parecem indicar que eles não encontrariam na nova pátria que eles querem adotar uma acolhida muito favorável.

Analisando os elementos dessa polêmica com os olhos de hoje, tendemos a dar toda a razão a M. K***. Na essência não havia de fato divergências profundas, pois todos concordam que o comércio entre as nações é fator de trocas culturais, que o processo de conquista de territórios tanto na história da própria Europa quanto de sua presença no novo mundo implicou quase sempre a imposição da cultura do povo conquistador sobre o povo conquistado. No fundo, a agressividade dos ataques dos brasileiros parece refletir um sentimento xenofóbico que começava a se instalar e que talvez tivesse por fundo a proximidade dos franceses com o imperador.

Em determinado momento da polêmica, M. K***, incrédulo, indaga por que os jornalistas consideraram sua bem-intencionada carta uma sátira atroz dirigida propositalmente contra a nação brasileira. Certamente porque, além da caricatura dos costumes coloniais que seria representada no traço de seu compatriota e amigo Jean-Baptiste Debret, como ousava um dos imigrantes estrangeiros aqui estabelecidos lembrar aos orgulhosos brasileiros que deviam tudo a eles, justamente no momento em que procuravam despachar um imperador nascido em Portugal a que acusavam de pretender unir novamente as duas coroas?

Por isto, a polêmica de M. K*** também se inscreve no processo de afirmação de uma identidade nacional brasileira que vinha sendo forjada desde a elevação do Brasil a Reino, em 1815, quando jornalistas portugueses,

12 "qu'il est impoli, indelicat, injuste, inhumain de maltraiter des gens que l'on a appelés à grands cris des quatre parties du monde, en leur promettant asyle, protextion, secours, sécurité, et l'exercice de tous les droits sociaux, entre lesquels celui d'exprimer sa pensée, verbalement ou par écrit".

indignados com a perspectiva de ver o Rio de Janeiro confirmado como sede do Reino de Portugal, começaram a publicar panfletos e artigos de caráter contra o Brasil e sua população, tendo por base justamente aspectos da natureza tropical e das fortes presenças africanas e indígenas na população. A reação dos brasileiros a essas humilhações fora justamente assumir como valores positivos aquelas características que eram usadas de forma negativa. Sim, éramos negros, mulatos e botocudos, vivíamos em uma natureza tropical e esses elementos conformavam uma maneira de ser e de estar no mundo que ia se definindo como brasileira. Ela era conformada pela adoção de hábitos alimentares que incluíram comidas que, como disse M. K***, "passaram da mesa do escravo para a mesa do patrão" e para a forma de falar o português que, incorporando expressões e falares africanos e indígenas, era coisa só nossa, coisa brasileira.

Bibliografia

DEBRET, Jean-Baptiste. *Viagem pitoresca e histórica ao Brasil*. Trad. e notas de Sérgio Milliet, t.I, v.1-2. São Paulo: Edusp; Belo Horizonte: Itatiaia, 1978.

GRAHAM, Maria. *Diário de uma viagem ao Brasil*: e de uma estada nesse país durante parte dos anos de 1821, 1822 e 1823. Trad. e notas de Américo Jacobina Lacombe. São Paulo: Companhia Editora Nacional, 1956. Disponível em: http://www.revistas.usp.br/plural/article/view/75459. Acesso em: 24 jul. 2020.

LEENHARDT, Jacques. Jean-Baptiste Debret: um olhar francês sobre os primórdios do império brasileiro. *Sociologia & Antropologia*, Rio de Janeiro, v.3, n.6, p.509-23, nov. 2013.

LIMA, Valéria Alves Esteves. *J. B. Debret, historiador e pintor*: 1816-1839. Campinas: Editora da Unicamp, 2007.

LUSTOSA, Isabel. O papel dos franceses na imprensa do Primeiro Reinado. In: LUCA, Tania Regina de; GUIMARÃES, Valéria (org.). *Imprensa estrangeira publicada no Brasil*: primeiras incursões. São Paulo: Rafael Coppeti Editor, 2017. p.22-51.

TREVISAN, A. Debret e a Missão Artística Francesa de 1816: aspectos da constituição da arte acadêmica no Brasil. *Plural*, n.14, p.9-32, 2007.

Fontes

DENIS, F. *Lettres familières et fragment du Journal intime de Ferdinand Denis à Bahia, 1816-1819*. Coimbra: Coimbra Editora Ltda., 1957.

PARNY, E. Voyage de Parny: lettre à mon frère à Rio de Raneiro, le 4 septembre 1774. In: *Voyages en France et autres pauyx*. Paris: Chez JH. Chaum Erot, 1808.

Revista Trimensal de Historia e Geographia (RTHG), 1841.

Émile Deleau
em busca de uma trajetória de vida

Tania Regina de Luca

Refazer o percurso de indivíduos relativamente comuns, mas que não chegaram a ser anônimos, pois conheceram alguma notoriedade ao longo da vida, é um desafio frequentemente enfrentado pelos historiadores. A disponibilização de grandes quantidades de material digitalizado em sítios de arquivos, bibliotecas e outras instituições de guarda abriu novas possibilidades, uma vez que se pode percorrer milhares de páginas em poucos segundos e localizar informações a partir de palavras-chave. Por mais que os resultados sejam parciais e que sempre restem dúvidas em relação ao montante que escapou ao reconhecimento do programa que converte imagem em texto, o horizonte que se abriu para os pesquisadores é muito diverso do vigente antes da digitalização.[1]

1 "When discovery of primary and secondary sources relied on someone's indexing, people and places in secondary roles could be tracked only if you knew beforehand where to look. Bit players who never got star billing were invisible, no matter how many plays they were in. That threshold meant that not just specific examples, but whole categories of connection were unrecoverable via analog sleuthing. Here again, that which the speed, range, and granularity of digital search make possible resonates precisely with what transnational history announces as its particular contribution". Putman, Lara. The transnational and the text-searchable: digitized sources and the

No caso dos trabalhos cuja fonte/objeto é a imprensa, as ferramentas de recuperação de dados colaboram para a proposição não apenas de objetivos antes irrealizáveis, mesmo por amplas equipes, mas também para a formulação de novos questionamentos. Consultas como as oferecidas no sítio da Hemeroteca Digital da Biblioteca Nacional (HDBN), que percorrem todos os números de um mesmo periódico ou, em termos mais amplos, a totalidade dos exemplares do conjunto de títulos disponibilizados, convidam a trabalhar com múltiplas temporalidades e estabelecer comparações diacrônicas e sincrônicas.

O que antes se apresentava sob o signo da opacidade, cuja dissipação dependia de significativo investimento, não apenas em termos intelectuais, mas também de deslocamentos e visitas a diferentes acervos, ganha, graças aos cruzamentos realizados nas infovias, significados diversos em função de sua inserção em contextos mais amplos, o que sugere outras leituras e compreensões. O acesso simultâneo a amplas coleções de jornais e revistas contribui para que se restabeleça a dinâmica vigente num determinado momento, uma vez que impressos periódicos não existem isoladamente, mas participam de campo dinâmico, cuja marca distintiva é a interação. Os instrumentos disponíveis, se facilitaram o acesso à informação, impõem como desafios analíticos o estabelecimento de aproximações e distanciamentos em relação a antecessores, contemporâneos e sucessores, interconexão de títulos e indivíduos, reconstrução de redes de sociabilidade, identificação de laços de amizade e de solidariedades e motivações para disputas e inimizades. Tais indagações, que certamente não são inéditas, beneficiaram-se de elementos antes indisponíveis.

O presente texto apresenta o que, até o momento, foi possível reunir a respeito da trajetória de Émile Deleau, personagem relativamente incógnito que deixou a França e, por alguns anos, viveu no Rio de Janeiro. Trajetória parcial, lacunar, mas que pode colaborar para a compreensão de como se dava a inserção de imigrantes franceses na sociedade brasileira da época,

---

shadows they cast. *The American Historical Review*, v.121, n.2, p.385, 2016. [Quando a descoberta de fontes primárias e secundárias apoiava-se na na indexação feita por alguém, pessoas e lugares em papel secundário poderiam ser localizados somente se, de antemão, se soubesse onde procurar. Pequenos jogadores que nunca tiveram sucesso eram invisíveis, pouco importa o número de suas participações. Esse limite significava que não apenas exemplos específicos, mas categorias inteiras de conexão eram irrecuperáveis por meio de investigação analógica. Aqui, novamente, o que a velocidade, o alcance e a granularidade da pesquisa digital tornam possível ressoa precisamente com o que a história transnacional anuncia como sua contribuição particular]. Todas as traduções livres foram feitas pela autora.

as estratégias que mobilizavam e as relações que mantiveram com os países de origem e de destino. Tentativa que não poderia ser levada a cabo sem as ferramentas disponibilizadas pela Hemeroteca Digital.

Um francês no Rio de Janeiro

Percursos biográficos geralmente iniciam-se com a data e local de nascimento, considerações sobre a família e o meio social. Talvez para a decepção do leitor, é bom logo informar que não se conta com esses dados. O que se pode assegurar, com bom grau de certeza, é que em 1872 Émile Deleau estava no Rio de Janeiro, uma vez que o *Jornal do Commercio* (RJ, 1827-2016), de 14 de maio, informou a entrada no porto da barca austríaca Unione, proveniente de Marselha, que trazia encomendas variadas, algumas a ele destinadas: duas barricas de conservas, cinco quintos de vinho branco (400 litros, pois cada quinto equivale a 80 litros) e três barris (600 litros, uma vez que o barril comporta 200 litros) de vinho tinto. Produtos para venda ou para consumo próprio? Não há como responder categoricamente, mas as quantidades eram modestas se contrapostas às recebidas por outro destinatário, José Romaguerra: 344 barris (quase 28 mil litros) e 630 de décimos (décimo equivale a 40 litros, portanto, pouco mais de 25 mil litros) de vinho branco. Em relação às conservas, não é possível estimar, pois nesse carregamento constavam apenas as barricas encomendadas por Deleau que, de todo modo, eram apenas duas. A Unione também desembarcou tijolos, azeite, ladrilhos, fósforos e telhas, em apreciáveis quantidades (*JC*, RJ, 14.5.1872).[2]

Apesar de se tratar de uma nota isolada e pouco esclarecedora, ela permite afirmar que Deleau estava instalado na capital do Império e com recursos (ganhos no Brasil ou trazidos da França?) para importar mercadorias não essenciais à sobrevivência (vinhos e conservas). Em dezembro de 1872, foi a vez de o vapor francês Martin, proveniente do Havre, trazer para Meira & Deleau uma caixa de instrumentos cirúrgicos e, por fim, em novembro do ano seguinte, há registro de três volumes de drogas destinados a Urner

2 Importação. Barca austríaca proveniente de Unione de Marselha. Disponível em: http://memoria.bn.br/DocReader/DocReader.aspx?bib=364568_06&pesq=Émile%20Deleau&pasta=ano%20187. Acesso em: fev. 2020. O endereço eletrônico é mencionado apenas na primeira citação da fonte. Todos os acessos às fontes digitalizadas foram realizados ao longo do mês de fevereiro de 2020.

e Deleau (*JC*, RJ, 8.11.1874, p.5).[3] Se Deleau continuou (ou não) a adquirir produtos do exterior não há como saber, pois a busca na Hemeroteca não apontou outros carregamentos a ele destinados – o que não significa, necessariamente, que eles não tenham existido, pois o programa pode não ter sido capaz de identificar outras menções. Contudo, deve-se notar que ele era o único destinatário da primeira carga, enquanto as subsequentes foram recebidas em parceria com outros indivíduos, sinal de que o nosso personagem já estabelecera laços com a sociedade local.

Outros indícios permitem colocar Deleau participando de atividades comerciais na capital do Império. Em livro acerca da presença francesa entre nós, publicado em 1920, Etienne Brasil fornece, ainda que sem indicação de data e de fontes, uma "liste nécrologique des maisons et des professions d'autrefois à Rio de Janeiro", na qual figura o nome de Deleau:

> Instrumentos: Conteville fundou a primeira fábrica de balanças, Isnard, cujos filhos detém ainda a sucessão do negócio; os irmãos Rodde organizaram o primeiro comércio relacionado à eletricidade (*Au Grand Magicien*), Émile Deleau vendia lunetas (*Au Grand Thermomètre*). (Brasil, 1920, p.150)[4]

No que respeita às lunetas, nada foi encontrado, mas a menção ao Grand Thermomètre revelou-se uma pista interessante. A pesquisa na Hemeroteca confirmou a existência de drogaria com esse nome, localizada no Largo de São Francisco de Paula, com numeração instável – ora indicava-se o número 2, ora o número 24 – e cujo primeira citação encontrada em periódicos data de julho de 1873. O negócio não durou muito, a despeito dos insistentes anúncios de remédios milagrosos, capazes de curar as mais diversas doenças. Em novembro de 1877, seus proprietários, identificados como Cracel e Araújo, foram autorizados a vender a massa falida da empresa – armação, vidraças, móveis, utensílios e mais objetos existentes na drogaria (*JC*, RJ, 21.7.1873, p.6; e 21.11.1877, p.5, respectivamente). Entretanto, algumas peças publicitárias, estampadas entre março e agosto de 1874, citavam Urner & Deleau que, como se viu, receberam pelo menos uma encomenda da França, conforme se observa nas figuras 1 e 2.

---

3 Importação. Vapor francês Martin proveniente do Havre. *Jornal do Comércio*, RJ, ano 52, n.352, p.1, 21.12.1873; Importação. Vapor francês do Havre. Idem, RJ, ano 53, n.310, p.5, 8.11.1874.

4 "Instruments : Conteville fonda la première fabrique de balances, Isnard, dont les fils tiennent encore la succession ; les frères Rodde montèrent la première maison d'électricité (Au Grand Magicien), Émile Deleau vendait des lunettes (Au Grand Thermomètre)".

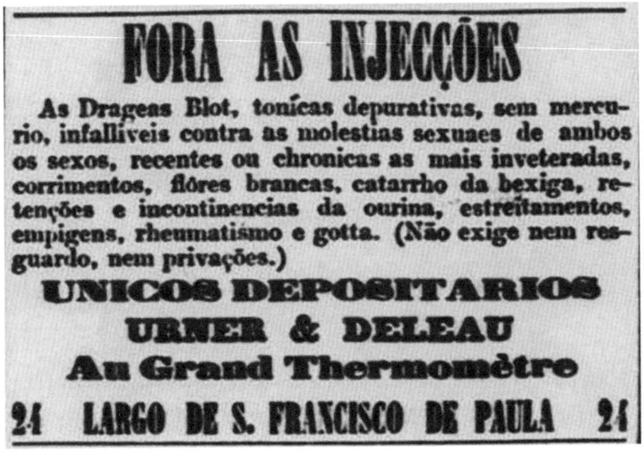
FORA AS INJECÇÕES

As Drageas Blot, tonicas depurativas, sem mercurio, infalliveis contra as molestias sexuaes de ambos os sexos, recentes ou chronicas as mais inveteradas, corrimentos, flôres brancas, catarrho da bexiga, retenções e incontinencias da ourina, estreitamentos, empigens, rheumatismo e gotta. (Não exige nem resguardo, nem privações.)

UNICOS DEPOSITARIOS

URNER & DELEAU

Au Grand Thermomètre

24 LARGO DE S. FRANCISCO DE PAULA 24

Figura 1. Exemplo de anúncio das Drágeas Blot com menção a Urner & Deleau.
Fonte: *Jornal do Commercio*, RJ, ano 52, n.130, p.6, 12.5.1874.

As Drágeas Blot não eram uma novidade no balcão do Au Grand Thermomètre. De fato, entre 1873 e 1874, elas foram insistentemente divulgadas, nos mesmos termos do anúncio anteriormente reproduzido, mas sem qualquer referência à Urner & Deleau:

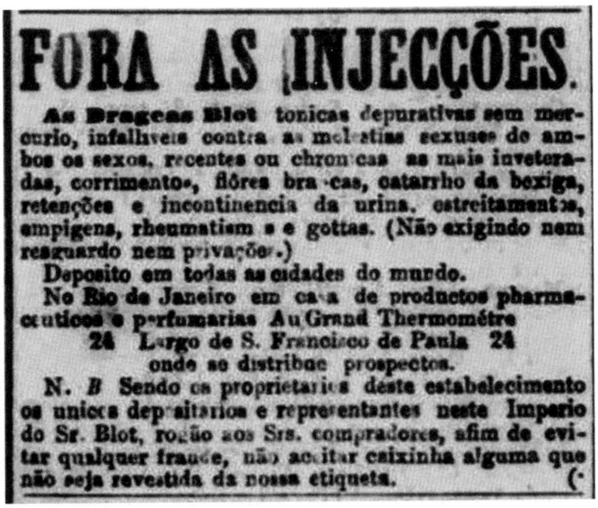
FORA AS INJECÇÕES

As Drageas Blot tonicas depurativas sem mercurio, infalliveis contra as molestias sexuaes de ambos os sexos, recentes ou chronicas as mais inveteradas, corrimentos, flôres brancas, catarrho da bexiga, retenções e incontinencia da urina, estreitamentos, empigens, rheumatismos e gottas. (Não exigindo nem resguardo nem privações.)

Deposito em todas as cidades do mundo.

No Rio de Janeiro em casa de productos pharmaceuticos e perfumarias Au Grand Thermomètre

24 Largo de S. Francisco de Paula 24

onde se distribue prospectos.

N. B. Sendo os proprietarios deste estabelecimento os unicos depositarios e representantes neste Imperio do Sr. Blot, rogão aos Srs. compradores, afim de evitar qualquer fraude, não aceitar caixinha alguma que não seja revestida da nossa etiqueta.

Figura 2. Primeiro anúncio localizado do Au Grand Thermomètre.
Fonte: *Jornal do Commercio*, RJ, ano 52, n.211, p.6, 31.7.1873.

A julgar pelos anúncios encontrados, pode-se afirmar que, entre 1873 e 1875, as Drágeas Blot constituíram-se no principal produto do Au Grand Thermomètre e que, de alguma forma, Urner & Deleau envolveram-se com a venda do produto. Mas seriam eles os donos do estabelecimento? Para esclarecer esse ponto, uma possibilidade é recorrer ao *Almanaque Laemmert*, publicado no Rio de Janeiro desde 1844 e que chegou a conter mais de mil páginas. Fazendo jus a sua denominação, mesclava os conteúdos tradicionalmente associados a esse impresso (passatempo, curiosidades, dados sobre fases da Lua e estações do ano, por exemplo) e tentava dar conta dos mais diversos aspectos da vida na capital do Império, fornecendo dados práticos sobre tarifas e os meios de transporte, rol de hotéis, restaurantes, jornais, escolas, hospitais, sociedades científicas, culturais, artísticas e de beneficência, instituições públicas e privadas, entidades religiosas, industriais e estabelecimentos das mais variadas naturezas, listagem de profissionais liberais e seus endereços. Recheada de anúncios, a publicação constitui-se numa fonte essencial para o estudo da vida urbana da capital do Império.

Era de se esperar que Au Grand Thermomètre figurasse nos almanaques, mas a pesquisa revelou-se infrutífera: entre 1873 e 1877, o estabelecimento não foi mencionado. Entretanto, para o ano de 1874, nas seções consagradas às "Lojas de perfumaria e objetos fantasia" e aos "Armazéns e lojas de drogas, medicamentos e produtos químicos, farmacêuticos e etc." figuraram João Urner e Émile Deleau, com endereço no Largo São Francisco de Paula, número 24, ou seja, o mesmo do Au Grand Thermomètre, o que evidencia que eles efetivamente se envolveram com a comercialização das versáteis Drágeas Blot, mas não permite concluir se, em algum momento, foram os proprietários (*AL*, RJ, 1874 p.679-761). É digno de nota que o santo remédio continuasse a ser apregoado nas propagandas do Au Grande Thermomètre até abril de 1875 para ceder lugar, daí em diante, a xaropes para o fígado e tosse, água santa para os olhos, aparelhos para quebraduras, gotas para surdez e pomadas para a calvície, que passaram a compor o rol de produtos encontráveis no estabelecimento.

No que respeita à parceria Urner & Deleau, ela durou, pelo menos, até o final de 1875. A despeito de a dupla somente ser citada no *Almanaque Laemmert* para o ano de 1874,[5] o *Jornal do Commercio* trouxe, entre fevereiro desse ano e o final de 1875, insistentes anúncios (figura 3) que alertavam incautos contra falsificações de pílulas (entre as quais a de Blot não é citada)

5 Já João Urner, qualificado como negociante de drogas, figura no *Almanaque Laemmert* para os anos de 1875 e 1876, sempre com endereço no Largo São Francisco de Paula, número 2. A seu respeito não foram encontrados outros dados.

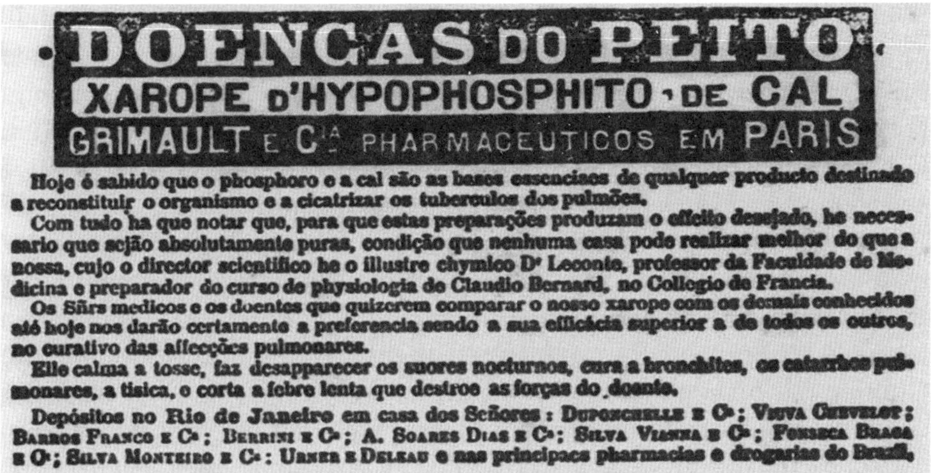

Figura 3. Exemplo de anúncio que cita Urner & Deleau como representantes autorizados.

Fonte: *Jornal do Commercio*, RJ, ano 52, n.152, p.6, 3.6.1874.

e xaropes, recomendando representantes credenciados, entre os quais estava "a nossa dupla".[6]

A junção desses fragmentos permite concluir que Deleau atuava no mercado de venda de remédios em parceria com João Urner (Brasileiro? Um imigrante como ele?) e que não se tratava de um incógnito, seu nome estava nos jornais, associado a um comércio que, possivelmente, lhe garantia a sobrevivência. É pouco provável que não mantivesse contatos com outros franceses radicados no Rio de Janeiro, mas seu nome não figurava entre diretores das duas entidades beneficentes francesas então existentes na cidade e tampouco entre os organizadores da tradicional comemoração do 14 de Julho, nas quais, bem provavelmente, ele deveria tomar parte.

Talvez o trato com os remédios tenha despertado em Deleau a vontade de passar do balcão de vendas a sua prescrição, atividade certamente mais lucrativa e que desfrutava de significativo prestígio social. De qualquer forma, sua decisão já estava tomada em 1874, o que é possível afirmar graças ao *Jornal do Commercio* que, desde 1841, publicava atos do executivo e debates da Câmara dos Deputados e do Senado. Na sessão da Câmara de 5 de junho de 1874, decidiu-se encaminhar à Comissão de Instrução

6 Note-se que a maioria dos revendedores autorizados traziam no nome a indicação de se tratar de uma empresa, o que não ocorria com Urner & Deleau, sempre citados nessa ordem. O fato parece sugerir que a dimensão do negócio por eles gerido era modesta.

requerimento de matrícula na Faculdade de Medicina da Corte e pedido de autorização para realização dos exames do primeiro e segundo anos do curso. O requerente era Alphonse Clément Émile Deleau (e pela primeira vez se conhece o seu nome completo!), que se apresentava como bacharel em Ciências pela Universidade de Toulouse.[7] Tinha início uma longa labuta, que deve ter ensinado a Deleau os meandros da nossa burocracia.

Sob o argumento de já possuir um diploma universitário, Deleau esperava não apenas escapar dos exames preparatórios, mas também fazer provas que o colocariam no terceiro ano do curso. Diante do silêncio da Câmara, ele entrou com novo requerimento, reiterando pedido do ano anterior, que foi analisado na sessão de 27 de abril de 1875. Mais modesto, contentava-se em prestar apenas os exames vagos das matérias do primeiro ano da Faculdade de Medicina.[8] Dessa vez, a resposta foi rápida e, em 13 de maio, a Câmara deferiu o pedido.[9] Entretanto, essa não era a palavra final: a decisão ainda teria que ser aprovada pelo Senado,[10] que a recebeu sob o número 162 em julho de 1875. O tema foi pautado no mês seguinte e, dessa feita, a sorte não esteve ao lado de Deleau. Vale acompanhar os argumentos apresentados contra a sua solicitação:

> [...] requer dispensa dos exames preparatórios por ter um título de Bacharel em Letras, mas não exibiu esse título; pretende além disso dispensa de frequência do 1º ano médico, em razão de haver já estudado as matérias do dito ano, apresentando atestado de frequência de um professor da universidade de Paris. A comissão de instrução pública entende que atestados graciosos não podem substituir a frequência e matrícula que exigem os estatutos; e, portanto, é de parecer que a proposição n.162 de 24 de Julho deste ano, enviada ao Senado pela Câmara dos Srs. deputados, entre na ordem dos trabalhos e não seja adotada. (*AS*, 3.8.1875, l.5, p.29)

7 Sessão da Câmara dos Deputados de 5.6.1874. *Jornal do Comércio*, RJ, ano 52, n.160, p.1, 11.6.1874.

8 Sessão da Câmara dos Deputados de 27.4.1875. *Jornal do Comércio*, RJ, ano 54, n.117, p.2, 28.4.1875.

9 Sessão da Câmara dos Deputados de 13.5.1875. *Jornal do Comércio*, RJ, ano 54, n.113, p.2, 14.5.1875.

10 Em função das idas e vindas entre Câmara e Senado e a fim de se estabelecer uma cronologia precisa, optou-se por utilizar, além do *Jornal do Commercio*, os *Anais da Câmara*, disponíveis em: http://bd.camara.gov.br/bd/handle/bdcamara/2; e os Anais do Senado, disponíveis em: https://www.senado.leg.br/publicacoes/anais/asp/IP_AnaisImperio.asp.

Note-se que, talvez por um engano de registro, Deleau tornou-se bacharel em Letras, título que ele nunca reivindicou. A Comissão de Instrução do Senado colocou em xeque a validade do atestado e assegurou que o principal deles, o diploma de bacharel, não fora entregue. É difícil saber se a comissão pautou-se por rigor excessivo ou se Deleau tentou burlar o sistema. De toda maneira, ele agiu bem rápido e em 6 de agosto entrou com novo requerimento, no qual novamente argumentou em favor do seu pedido.[11] Não se sabe quais ponderações apresentou, mas o Senado mostrou-se implacável e a demanda foi, ainda uma vez, negada no dia 11 em duas votações sucessivas.[12]

Deleau, contudo, parecia decidido e, em 23 de agosto, entrou na ordem do dia da Câmara dos Deputados um novo pedido que, dessa feita, reivindicava tratamento semelhante ao recebido por brasileiros na França. Solicitava que o seu título de Bacharel em Ciências (e não em Letras) pela Universidade de Toulouse fosse considerado válido para a matrícula no primeiro ano de Medicina, "a exemplo do que atualmente se pratica em França para com os bacharéis do Colégio D. Pedro II desta corte" (*AC*, 23.8.1875, T. IV, p.144). Na sessão de 1º de setembro, o assunto voltou à baila, com parecer exarado em 26 de agosto, portanto apenas dois dias depois da solicitação de Deleau, que contrariava a decisão do Senado e reafirmava a da Câmara. Vale acompanhar a íntegra do texto:

> O cidadão francês Alphonse Clément Émile Deleau, tendo provado à esta augusta Câmara possuir o grau de Bacharel em Ciências pela Universidade de Toulouse, obteve autorização para poder matricular-se no 1º ano do curso médico da Faculdade do Rio de Janeiro. Não mereceu, porém, o projeto aprovação do Senado, por não lhe parecer, segundo ponderou a comissão de instrução pública, satisfatória a prova exibida pelo peticionário, a qual consiste em um atestado, embora digno de fé. Nessa circunstância dirige-se de novo Deleau a esta Câmara, agora juntando a pública forma do diploma que lhe foi conferido em 24 de fevereiro de 1865, e requer que se o admitia à referida matrícula e a exames vagos das matérias que constituem o curso do 1º ano médico, alegando

11 O tema foi apresentado da seguinte forma: "Requerimentos. Do bacharel Alphonse Clément Émile Deleau pedindo favorável deferimento à proposição da Câmara dos Srs. Deputados que lhe diz respeito, à vista dos motivos que expõe no mesmo requerimento. – À comissão de instrução pública". Sessão do Senado de 9.8.1875, Idem, livro 5, p.74.

12 A decisão foi sumária: "Entraram sucessivamente em 2ª discussão, e foram rejeitadas, as proposições da mesma Câmara n.162, 163, 164 e 165, concedendo dispensa nos estatutos das faculdades em benefício dos estudantes Alphonse Clément Émile Deleau [...]". Sessão do Senado de 11.8.1875. Idem, livro 5, p.165.

havê-las estudado na escola de medicina de Toulouse e provando-o com um atestado do diretor da mesma escola. Os documentos estão devidamente legalizados. Não podendo entrar em dúvida a comissão sobre a justiça da pretensão já uma vez deferida por esta augusta Câmara, tanto mais que o peticionário prova irrecusavelmente possuir o grau de bacharel, não vê inconveniente em que lhe conceda, com a autorização para a matrícula, a de submeter-se a exame vago de matérias que mostra conhecer, quando esta prova é rigorosa e supre a presunção de aproveitamento que vem da frequência. (*AC*, 1º e 9.9.1875, T. V, p.3 e p.79, respectivamente)

Em conclusão, sugeria-se que fosse dado deferimento ao pedido, o que ocorreu na sessão de 10 de setembro. O parecer contém informação relevante – e que se pode imaginar correta, uma vez que os deputados tinham em mãos a documentação apresentada pelo interessado – que permite afirmar que Deleau necessariamente chegou ao Brasil depois de 1865, pois nesse ano ele teria completado sua formação em Toulouse. Entretanto, nada se sabe acerca das eventuais motivações que o levaram a deixar a França e estabelecer-se no Rio de Janeiro.

As idas e vindas pareciam não ter fim: quase dois anos depois, em 5 de fevereiro de 1877, o tema voltou à agenda do Senado, que deveria se pronunciar sob a proposta da Câmara, agora sob número 316, favorável à demanda de Deleau. E, ainda uma vez, o Senado negou provimento ao pedido no dia 6 (*AS*, 5 e 6.2.1877, T. 1, p.14-5 respectivamente),[13] decisão comunicada à Câmara em 9 de fevereiro de 1877 (*AC*, 9.2.1877, T. II, p.64). A questão não mais figurou em documentos do poder legislativo.

Professor e jornalista

Durante esse longo trâmite, as atividades de Deleau diversificaram-se. Até fins de 1875 ele seguia, como se viu, envolvido com a comercialização de medicamentos. Mas em maio de 1876, um anúncio na *Gazeta de Notícias* (RJ, 1875-1977) informava que o "Professor Deleau" ministrava cursos no seu externado, localizado na prestigiosa rua do Ouvidor, número 46 (figura 4). O *Almanaque Laemmert* para 1876 cita Deleau no índice, associando-o à

13 A negativa, como das outras vezes, foi sumária: "Seguiu-se em 2ª discussão, e foi rejeitada, a proposição da mesma Câmara n.316, autorizando o governo para mandar admitir a exame vago no 1º ano do curso médico o cidadão francês Alphonse Clément Émile Deleau".

seção "Colégios diversos de meninos", mas, por um infeliz esquecimento ou erro tipográfico, seu externado foi citado apenas no índice (*AL*, 1876, p.44).[14] Já nos dois anos seguintes, sempre no mesmo endereço, ele figurou no *Almanaque* como professor de Matemática e Ciências (*AL*, 1877, p.44 e p.719; e 1878, p.45 e p.655). Como interpretar a passagem do comércio ao ensino? Seria uma tentativa de resposta aos senadores que insistiam em não reconhecer o seu diploma? Ou o domínio da língua portuguesa já era suficiente para que pudesse se valer dos seus conhecimentos científicos?

Figura 4. Anúncio do externato de Émile Deleau.
Fonte: *Gazeta de Notícias*, RJ, ano 2, n.142, p.4, 23.5.1876.

O fato é que a conversão ganhou novos contornos em agosto desse mesmo ano de 1876, quando vários jornais da imprensa do Rio de Janeiro estamparam propagandas do lançamento e/ou agradecimentos pelo envio à redação do livro de autoria do bacharel em Ciências Físicas e Matemáticas, Émile Deleau, que estava de acordo com o novo programa da Instrução Pública (figura 5). Os exemplares estavam à venda nas principais livrarias da cidade e no seu externato e haviam sido impressos em Paris, pela editora Gauthier-Villars, cuja origem remontava a 1790 e que se distinguia pela publicação de revistas e obras de cunho científico.[15] Até pelo menos 1879 os jornais continuaram a trazer anúncios do volume.

14 Deleau figura na página 44 do índice, com remissão para a seção "Colégios diversos de meninos", presente nas páginas 630 e 631, que, contudo, não o citam.

15 A Biblioteca Nacional possui dois exemplares da obra.

RESUMO DE ALGEBRA
DIVIDIDO EM PONTOS
Redigido conforme ao novo programma, contendo um grande numero de exercicios practicos, problemas e questões de exame,
POR
EMILE DELEAU
BACHAREL EM SCIENCIAS PHYSICAS E MATHEMATICAS
1 volume encadernado de 112 paginas, acompanhado do livro das soluções................ 3$000
VENDE-SE
em casa dos Srs. Baillon & Ketele, rua do Ouvidor n. 76 (casa modêlo), nas principaes livrarias e no Externato E. Deleau, rua do Ouvidor n. 46.
SAHIRA' A' LUZ BREVEMENTE
o livro das soluções de todos os exercicios propostos n'este resumo, e será remettido a todos que apresentarem o vale que vai com cada volume.

Figura 5. Anúncio do livro de Émile Deleau na época do seu lançamento
Fonte: *Gazeta de Notícias*, RJ, ano 2, n.234, p.4, 25.8.1876.

Em outubro de 1877, quando a possibilidade de cursar Medicina deveria parecer um sonho irrealizável, Émile Deleau lançou-se a uma nova empreitada: editar um jornal em francês. O semanário *Le Gil-Blas. Journal politique, satirique et artistique* circulou no Rio de Janeiro entre outubro de 1877 e setembro de 1878 e contabilizou 47 exemplares.[16] Como se sabe, a prática de imprimir periódicos em língua estrangeira, entre elas a francesa, estava longe de ser uma novidade (Guimarães; Luca, 2017). Porém, naquele momento, não havia nenhuma folha desse gênero em circulação. Deleau não assumiu publicamente a empreitada, antes preferiu esconder-se sob o pseudônimo de Fantasio, que continuaria a usar pela vida afora. Tratava-se de um jornal satírico e profundamente envolvido com a situação francesa, nesse

16 *Le Gil-Blas* está disponível na Hemeroteca Digital Brasileira: http://bndigital.bn.br/acervo-digital/gil-blas/748773.

momento marcada pela instabilidade política e por não poucas dúvidas quanto ao futuro da ainda recente República. Não cabe aqui retomar a análise detida da publicação, tarefa já cumprida (Luca, 2017, p.182-226), mas destacar que o periódico evidencia, sem qualquer margem para dúvidas, as convicções republicanas e anticlericais de Deleau, assim como seu fino senso de humor.

A despeito do uso de pseudônimo, sua identidade era, para os contemporâneos, bem conhecida, como revela, aliás, a consulta à Hemeroteca. Assim, na edição de 15 de junho de 1878 da *Revista Ilustrada* (RJ, 1876-1898), o seu proprietário, Angelo Agostini (1843-1910), ofereceu-lhe uma bela alegoria alusiva a Voltaire nos seguintes termos: "Offert à Me. E. Deleau rédacteur du *Gil Blas* et auteur de l'impromptu pour le Centenaire de Voltaire intitulé Cent ans après" (figura 6) (*RI*, RJ, 15.6.1878, p.8). A *Gazeta de Notícias*, por sua vez, ao noticiar o novo número da Ilustrada, fez questão de destacar a homenagem e reproduzir os seus termos.[17] Assim, dois dos periódicos mais lidos do Rio de Janeiro alardeavam a identidade do diretor do *Le Gil-Blas*. Aliás, cabe ressaltar que a folha semanal e satírica de Deleau era impressa na oficina tipográfica da *Gazeta de Notícias*, uma das melhores aparelhadas para a impressão de periódicos na cidade do Rio de Janeiro.

Os rumos editoriais da publicação, muito provavelmente, não agradavam aos elementos conservadores da colônia francesa e tampouco grande parte da elite política brasileira, tendo em vista a explícita aproximação de Deleau com os nossos republicanos e as críticas, ainda que cuidadosas e por vezes veladas, feitas ao regime de d. Pedro II. As escaramuças com o jornal católico *O Apóstolo* (RJ, 1866-1893) foram constantes e não faltaram estocadas ao brasileiros Frederico José de Santa-Anna Nery (1848-1901), o correspondente em Paris do *Jornal do Commercio*. O mais importante, porém, é que graças ao *Le Gil-Blas* Émile Deleau tornou-se uma figura pública. E cabe ressaltar que as negativas em relação ao curso de Medicina aconteceram antes do lançamento do semanário satírico.[18]

---

17 "Distribuiu-se ontem o n.116 da *Revista Ilustrada* [...]. Na última página traz uma bonita alegoria ao centenário de Voltaire, dedicada ao Sr. E. Deleau, redator do *Gil-Blas* e autor do impromptu intitulado *Cent ans après*" (*GN*, RJ, 16.6.1878, p.2).

18 Em 1878, o tema foi abordado em duas oportunidades na *Gazeta*, em cujas oficinas o jornal de Deleau era impresso. Consultar: *Revista Política. Gazeta de Notícias*, RJ, ano 4, n.137, p.1, 20.5.1878; e *Gazeta de Notícias*, Ano IV, n.144, p.1, 27.5.1878, o que indica que ele não havia abandonado por completo a ideia. O comentário do jornal deu-lhe oportunidade para tratar do assunto no *Le Gil-Blas*, mas sem mencionar o nome do interessado, aliás, como ocorreu na *Gazeta*, que se referiu às injustiças contra "um moço francês". Deleau disparou contra a burocracia brasileira: "On se demande avec stupéfaction, comment dans un pays qui possède une législation si rigoureuse,

Figura 6. Homenagem a Deleau publicada na *Revista Ilustrada* por ocasião do Centenário de Voltaire.
Fonte: *Revista Ilustrada*, RJ, ano 3, n.116, p.8, 15.6.1878.

Le Gil-Blas, que como se destacou era o único em francês em circulação naquele momento, ofereceu-lhe a oportunidade de colocar-se à frente das comemorações do centenário de morte de Voltaire e sair em defesa dos ideais do filósofos, atacando seus críticos, fossem brasileiros ou franceses. De modo geral, pode-se dizer que, no semanário, dominava a preocupação com a situação em curso na França, razão pela qual o presidente Mac-Mahon (1808-1893), Albert de Broglie (1821-1901) e Oscar Bardi de Fourtou

qu'il faut mettre en mouvement tous les grands rouages de l'État pour la simple inscription d'un étudiant en médicine, il soit encore possible de commettre les abus que la presse ne cesse de désigner à l'indignation du public". [Pergunta-se, com estupefação, como num país que possui uma legislação tão rigorosa, no qual é necessário colocar em movimento todas as engrenagens do Estado para uma simples inscrição de estudante em Medicina, ainda seja possível cometer os abusos que a imprensa não cessa de assinalar com indignação.]. URSUS. Petite causerie fluminense. *Le Gil-Blas*, 2me Année, n.33, p.2, 26.5.1878. No *Le Messager du Brésil*, ano 2, n.62, p.2, 15.12.1878, ele informou que foi aluno livre da Faculdade de Medicina do Rio de Janeiro.

(1836-1897) eram contrapostos ao recém-falecido Adolpho Thiers (1797-1877) e ao tribuno Léon Gambetta (1838-1882), então personagem-chave do jogo político. Noutros termos, os interesses franceses no Brasil, tanto quanto a situação da colônia, não estavam entre as prioridades do jornal. Tratava-se, antes de tudo, de defender a jovem república e combater os discursos, frequentes na imprensa local, que insistiam na insegurança e instabilidade que o regime republicano trouxera ao Hexágono.

Um cidadão bem-comportado

A condição de professor, ao que parece, ficara para trás em prol da atividade junto à imprensa. Ele preparou cuidadosamente os seus leitores para a passagem do *Le Gil-Blas* ao *Le Messager du Brésil, journal français* (RJ, 1878-1884),[19] que teve duração muito mais alargada e projeto editorial bastante diverso: os tempos da sátira e do humor deram lugar a questões ditas sérias, relativas à economia e ao comércio. Ainda que seu nome não figurasse no cabeçalho da publicação como responsável, não restam dúvidas de que ele estava à testa da empreitada. Até pelo menos meados de 1880, a nova publicação continuou a ser impressa nas oficinas da *Gazeta de Notícias*, o que significa que os proprietários do matutino estavam muito bem informados dos meandros do *Messager*. Assim, é significativo que, ao anunciarem uma nova edição, tenham feito questão de frisar que o semanário estava "sob redação principal do Dr. Émile Deleau",[20] isso bem antes de ele figurar enquanto tal no *Almanaque Laemmert*, o que ocorreu entre os anos de 1882 e 1885 (*AL*, RJ, 1882, 1883, 1884 e 1885, respectivamente p.399-663-728-684).

19 A coleção disponível na Hemeroteca Digital é bastante falha. Não há exemplar relativo aos anos de 1879 e 1881, enquanto para os anos de 1880 e 1882 conta-se, respectivamente, com apenas três e um exemplar. No que respeita à periodicidade, tendo em vista que a numeração sempre foi contínua, pode-se afirmar que a publicação passou a sair duas vezes por semana a partir de janeiro de 1883. Disponível em: http://hemerotecadigital.bn.br/acervo-digital/le-messager-du-bresil/223263. A Biblioteca Nacional da França (BNF) possui os seguintes exemplares do *Messager*: um relativo à comemoração do 14 de Julho de 1881, bastante mutilado; os três últimos de 1882, que não existem na HDBN; a coleção quase completa relativa a 1883, sendo que sete exemplares de fevereiro, dois de junho e um de dezembro não estão disponíveis na HDBN; e, por fim, apenas sete exemplares relativos a 1884.

20 Em função das falhas na coleção, pode-se afirmar que, até 20 de junho de 1880, *Le Messager du Brésil* continuava a ser impresso na tipografia da *Gazeta*. A próxima edição preservada é de junho de 1882 e indica o mesmo endereço para a redação e a impressão, a saber: rua Sete de Setembro, 131 (*GN*, RJ, 25.5.1879, p.1).

A nota da *Gazeta* é interessante também pelo uso da qualificação, o ex-comerciante das Drágeas Blot agora recebia o título de "doutor". E, no *Almanaque*, ele migrou da seção dedicada aos professores para a dos literatos e jornalistas, sempre vinculado ao *Messager* (*AL*, RJ, 1883, 1884 e 1885, respectivamente p.663-728-693). As informações sobre o expediente da publicação, ainda que lacunares pela inexistência da coleção completa, indicam que, até o final de 1878, o endereço da redação e da administração era o mesmo do antigo *Le Gil-Blas*, rua nova do Ouvidor, número 37. Já nos números disponíveis para 1880, o mesmo alterou-se para a rua Gonçalves Dias, número 47, ainda mencionado no *Almanaque Laemmert* para o ano de 1882. O interessante é que Deleau também morava na rua que leva o nome do poeta, informação proveniente de nota policial publicada no *Jornal do Commercio* em abril de 1881:

> *Enroupou-se.* Émile Deleau, morador do 2º andar da casa 47 da rua Gonçalves Dias, tendo inadvertidamente deixado aberta a porta quando saiu ontem pela manhã, ao regressar verificou que lhe haviam furtado um terno de roupa de pano preto e um paletó de alpaca. Foi dar a sua queixa na polícia, declarando não desconfiar de ninguém. (*JC*, RJ, 16.4.1881, p.1)

Assim, a redação foi instalada, pelo menos durante algum tempo, na sua própria residência. Nova mudança ocorreu em 1883, quando esta passou para a rua Sete de Setembro, número 131, devidamente registrada nas páginas do periódico e também no *Almanaque Laemmert* para 1883. Digno de nota é o fato de o edifício também abrigar a tipografia do *Messager* que, conforme se informava ao final de cada edição, valia-se de impressoras francesas, fabricadas por Hippolyte Auguste Marinoni (1823-1904). Sem dúvida, ter sua própria oficina era um progresso significativo e que exigiu inversão considerável de capitais para aquisição de máquinas, contratação de tipógrafos compositores e impressores, compra de matérias-primas, além de espaço adequado. Em 1885, o nome Deleau figurou em múltiplas entradas do *Almanaque*: na seção "Jornais" como responsável pelo *Messager*, no setor consagrado aos "Literatos e jornalistas" e, ainda, no rol das "Tipografias", oportunidade em que se citava, ainda uma vez, o jornal francês e seu endereço (*AL*, RJ, 1885, respectivamente p.684-693-902).

O fato é que durante a publicação do *Messager*, jornal que ainda demanda estudos mais detidos para que se possa avaliar seu significado no cenário da época, multiplicaram-se as atividades de Deleau junto à comunidade francesa do Rio de Janeiro. A partir de 1881, seu nome está associado à preparação das comemorações do 14 de Julho, festejos que estavam longe de dizer respeito apenas aos franceses. Veja-se, a título de exemplo, a nota da *Gazeta de Notícias* sobre os festejos daquele ano, que contou com a

> [...] distribuição de uma revista especial sob o título Rio de Janeiro, 14 Juillet, colaborada pelos senhores Saldanha Marinho, Joaquim Nabuco, Luiz de Castro, Albert Thébaut, Machado de Assis, Quintino Bocaiuva, Luiz Guimarães Junior, Luiz Gama, Joaquim Serra, José do Patrocínio, Dantas Junior e Émile Deleau [...] Com a mesma revista foi distribuído uma rica estampa litográfica, representando a tomada da Bastilha e a Deusa da liberdade. O trabalho faz honras ao seu autor, o Sr. Angelo Agostini. Agradecemos o exemplar com que fomos agraciados. (*GN*, RJ, 15.7.1881, p.2)

Cabe destacar que Deleau estava em excelente companhia: políticos e escritores dos mais representativos à época participaram da empreitada, sendo de se lamentar que não haja exemplar em acervos da referida publicação. De toda forma, o fato aponta para o amplo círculo de relações que ele

SOCIÉTÉ FRANÇAISE

DE

BIENFAISANCE

MM. les sociétaires sont priés d'assister à l'assemblée générale annuelle, qui aura lieu le premier juin prochain, à 7 1/2 heures du soir, rue Gonçalves Dias n. 47, 2me étage.

ORDRE DU JOUR

Lecture du rapport du comité sur l'exercice 1880—1881.

Rapport de la commission de révision des comptes du dit exercice.

Election du nouveau comité pour l'exercice 1881—1882.

Election de la commission de révision des comptes pour le dit exercice.

Pour le comité, le secrétaire, *E. Mullers.*

N. B.—Le local du bureau de la société étant trop restreint pour l'assemblée générale, M. Deleau nous a offert gracieusement son salon.

Figura 7. Convocatória da Sociedade Francesa de Beneficência.
Fonte: *Gazeta de Notícias*, RJ, ano 7, n.143, p.3, 29.5.1881.

estabeleceu a partir da imprensa. Sua presença era certa quando se tratava de mobilizar os franceses, fosse na condição de responsável por recolher subscrições para a construção de uma estátua em homenagem a Alexandre Dumas (1823-1870), aberta na França, ou enquanto membro da comissão encarregada de prestar socorros às vítimas do cólera na França e na Itália (*Alexandre Dumas*, OI, Corumbá, 24.3.1881, p.2; *O cólera na Europa*. *GN*, RJ, 31.10.1884, p.1). Nas convocatórias de reuniões da Sociedade Francesa de Beneficência ele também figurava, inclusive cedendo a sua casa, como se observa na figura 7. Não é de admirar que ele estivesse entre os conselheiros da entidade, como registra o *Almanaque Laemmert* para os anos de 1882 e 1883 (*AL*, RJ, 1882 e 1883, respectivamente p.561 e 1.214).

A última edição disponível do *Messager* na Hemeroteca Digital trouxe a data de 21 de dezembro de 1884 e, pela leitura do conteúdo, nada indicava que a publicação estivesse em vias de encerrar suas atividades, pelo contrário, a nota dirigida aos assinantes fazia referência às inovações introduzidas e reafirmava o firme propósito de continuar a servir aos interesses franceses no país e divulgar o Brasil na Europa.[21] Se houve publicação de mais alguns exemplares é difícil precisar, mas há indícios de que não devem ter sido muitos. Dois jornais, *O Mequetrefe* (RJ, 1875-1892) e *A Província de Minas Gerais* (Ouro Preto, 1880-1889), informaram, em fevereiro de 1875, que o *Messager* deixara de circular, dando lugar ao *Le Courrier du Brésil*, a respeito do qual não foi possível encontrar informações ou exemplar em acervos ainda com Deleau à frente.[22] A nota do jornal mineiro fornecia detalhes sobre o novo periódico (figura 8).

---

21 Não cabe aqui detalhar a trajetória do *Messager*, basta assinalar que a imprensa da capital noticiou, em meados de 1884, que a publicação entraria em nova fase, passando a pertencer a uma associação, formada por nomes de grande destaque: além de Deleau, o francês e professor da Escola Politécnica, Louis Couty (1854-1884), brasileiros de nomeada: Ferreira de Araújo (1843-1900), dono da *Gazeta de Notícias*, os intelectuais e políticos Rodolfo Dantas (1854-1901), Antonio Prado (1840-1929) e Alfredo Taunay (1843-1899), além do negociante português Joaquim da Costa Ramalho Ortigão (1842-1899), irmão do famoso escritor. Nada indicava, portanto, questões de natureza financeira. A morte de Couty em 22 novembro de 1884 parece ter jogado papel decisivo no desaparecimento da publicação, ao que se somam possíveis problemas de saúde de Deleau, como se verá adiante. Sobre o tema, ver: Luca (2022).

22 Consultar, respectivamente: Recebemos. *O Mequetrefe*, RJ, ano 11, n.365, p.2, 10.2.1885. Disponível em: http://bndigital.bn.br/acervo-digital/mequetrefe/709670; e "Le Courrier du Brésil". *A Província de Minas Gerais*, Ouro Preto, ano V, n.246, p.2, 5.2.1885. Disponível em: http://memoria.bn.br/DOCREADER/docreader.aspx?BIB=222747.

« Le Courrier du Brésil ». — Tendo cessado a publicação do *Messagér du Brésil*, para substituil-o, começou no 1.º do corrente a do *Courrier du Brésil*, hebdomadario em grande formato, boa edicção e cheio de escriptos interessantes. E' orgão da colonia franceza do Rio de Janeiro, sendo seu redactor chefe o Sr. Emilio Deleau, jornalista provecto e illustrado.

Ao *Courrier du Brésil* desejamos todas as prosperidade, e agradecemos a honrosa visita, que retribuiremos.

Figura 8. Anúncio do sucessor do *Le Messager du Brésil.*
Fonte: *A Província de Minas Gerais*, Ouro Preto, ano 5, n.246, p.2, 5.2.1885.

Parece não haver dúvidas de que pelo menos um exemplar do *Courrier* foi impresso e enviado às redações de jornais do Rio e de Minas, que agradeceram o recebimento. Entretanto, o título deve ter sido interrompido logo no seu início, uma vez que, pouco depois, Deleau deixou o país.

Antuérpia e Paris

E aqui novamente é preciso trabalhar com hipóteses. O certo é que, em maio, Deleau encontrava-se na cidade de Antuérpia, na Bélgica, a serviço da legação que representou o Brasil na Exposição Universal, realizada naquela cidade entre 2 de maio e 2 de novembro de 1885. A imprensa da época abriu amplo espaço para o evento, como era hábito quando da realização dessas grandes exposições internacionais. Um relatório parcial, publicado em *O Auxiliador da Indústria Nacional*, datado de novembro de 1885, informou que Émile Deleau fora enviado pelo Centro da Lavoura e Comércio,[23] o que sugere que a entidade teria arcado com as despesas de sua viagem. E, de fato, uma nota publicada em 26 de abril de 1885 no *Jornal do Commercio* dava conta de sua partida para Marselha, sua esposa e de seus dois filhos (*JC*, RJ, 26.4.1885,

23 Suas atividades foram referidas por: Guimarães, Sebastião B. P. Relatório da Exposição Universal de Antuérpia. *O Auxiliador da Indústria Nacional*, RJ, v.52, p.269. Disponível em: http://memoria.bn.br/DOCREADER/docreader.aspx?BIB=302295.

p.5). Cerca de um ano depois, a versão da *Gazeta de Notícias* era ligeiramente diversa, pois afirmava que a saúde frágil obrigara Deleau a retornar à França e que o Centro da Lavoura o havia convocado para participar das atividades da Exposição (*GN*, RJ, 19.6.1886, p.1). De qualquer forma, importa destacar que ele foi responsável por publicar a folha semanal intitulada *Le Brésil à l'Exposition d'Anvers* (figura 9), tarefa para a qual estava, sem dúvida, qualificado. De lá enviou artigo para a *Gazeta de Notícias* e cabe destacar a maneira como Deleau foi apresentado aos leitores do jornal: "Fantasio é o pseudônimo conhecido de um escritor francês muito estimado nesta corte. Durante muitos anos Émile Deleau o tornou apreciável, nas crônicas cintilantes de verve, que publicou no *Messager du Brésil*." (Em Antuérpia. *GN*, RJ, 27.12.1885, p.2).

Figura 9. Propaganda do jornal publicado por Deleau na Exposição Universal de 1885.
Fonte: *Gazeta de Notícias*, RJ, ano 11, n.239, p.4, 28.8.1885.

Informações publicadas em jornais deram conta de que Deleau retornou ao Brasil em fevereiro de 1886, mas pouco permaneceu no país, retornando à Europa em abril do mesmo ano. É possível que durante sua breve estada tenha sido convidado a assumir o posto de correspondente em Paris da *Gazeta de Notícias*. Ele era próximo de Ferreira de Araújo, que chegou a participar do *Messager*, e mantinha relações de amizade com o também francês Victor Milhas (1842-1892), administrador das oficinas e auxiliar de Elísio Mendes (18??-1909), o outro proprietário da folha.[24] Além disso, *Le Gil-Blas* sempre foi impresso nas oficinas da *Gazeta*, assim como o *Messager*, até o momento

24 A respeito de Milhas, ver as informações fornecidas por ocasião de sua morte: (*GN*, RJ, 25.7.1892 p.1).

em que o jornal passou a contar com tipografa própria. Mariano Pina (1860-1899), que exercia tal função, estava em rota de colisão com Mendes e Deleau surgia como solução ideal para o posto, por ser francês e também conhecer muito bem o Brasil.[25] As datas reforçam essa hipótese, pois Pina recebeu carta de Elísio Mendes, datada de 23 de março de 1886, dispensando-o de suas funções a partir do final do mês, ou seja, quando o acordo com Deleau já deveria estar fechado.[26]

A *Gazeta*, possivelmente por razões econômicas, mas também por considerar que seria importante ter nomes destacados do cenário literário português entre seus colaboradores, optava por ter como correspondentes indivíduos que residiam na Europa, caso de Eça de Queirós (1845-1900), que remetia material da Inglaterra; Ramalho Ortigão (1836-1915), representante da folha em Portugal; e agora Deleau, da França. Os antecessores imediatos de Deleau, Mariano Pina e Guilherme de Azevedo (1839-1882), este o primeiro a ocupar o posto, também eram portugueses que foram enviados de Lisboa para Paris. É importante notar que Pina e Azevedo, durante o tempo que representaram o jornal, ou seja, 1880-1882 e 1882-1886, respectivamente, não conheciam o Brasil. De certa forma, eram duplamente estrangeiros: portugueses que deveriam relatar a situação francesa para leitores brasileiros. Deleau rompeu esse círculo, pois era um francês, que acumulava vários anos de residência no Brasil.

Pode-se dizer que a nova função era uma espécie de coroamento de sua carreira de jornalista. A *Gazeta* apresentou o novo colaborador nos seguinte termos: "O Sr. Émile Deleau conhece o Brasil e é um amigo deste país: francês, é um amigo natural de sua pátria: parece-nos que não poderíamos encontrar melhor intermediário para representar as simpatias que à França prendem o Brasil. Publicaremos amanhã a primeira carta do nosso novo correspondente".[27] E o reconhecimento pelos bons serviços prestados ao país veio pelas mãos do imperador, que em novembro de 1886 condecorou Deleau e outros integrantes da legação brasileira na Exposição de 1885, com o oficialato da Ordem da Rosa, homenagem largamente divulgada na imprensa e que "muito honrou a colônia francesa do Rio de Janeiro".[28]

---

25 Sobre as responsabilidades que cercavam o cargo de correspondente e as relações de Mariano Pina com Elísio Mendes e a *Gazeta*, ver Luca (2018).

26 Carta de Elísio Mendes a Mariano Pina (Lisboa, 23.3.1886). Biblioteca Nacional de Portugal, Espólio N17/165.

27 *Gazeta de Notícias*, RJ, ano 12, n.161, p.1, 10.6.1886. Ver também a saudação a Deleau como membro da redação da folha em: *GN*, RJ, ano 12, n.170, p.1, 19.6.1886.

28 Segundo *Gazeta de Notícias*, RJ, ano 12, n.327, p.1, 23.11.1886.

Não é de admirar que Deleau e esposa estivessem entre os que prestavam homenagens ao imperador e família quando da passagem por Paris em 1887[29] e que participassem dos festejos da Abolição da Escravatura realizados na mesma cidade, sempre na condição de representante da *Gazeta*, ao lado do colega do *Jornal do Commercio*, Sant'Ana Nery, com quem teve oportunidade de trabalhar durante a Exposição na Bélgica e que fora vítima de suas ironias e ataques no *Le Gil-Blas*.[30] Os tempos, por certo, eram outros.

Conclusão

Deleau não teve muito tempo para desfrutar do prestigioso posto de representante da *Gazeta de Notícias* em Paris, ele faleceu a 27 de setembro de 1888, notícia que foi registrada com pesar pela imprensa. O *The Rio News* (RJ, 1879-1901) destacou o fato de ele ter sido "editor do então popular órgão da colônia francesa nessa cidade, o *Messager du Brésil*"[31] e de haver se tornado "um ardente defensor da imigração para o Brasil",[32] sem esquecer de destacar que "ele era um escritor de excepcional habilidade e julgamento"[33] (Local News. *TNR*, RJ, 5.10.1888, p.4).

Sant'Ana Nery referiu-se a um Deleau alquebrado e abatido pela moléstia no peito, que havia muito lhe diminuía as forças físicas, mas que não o impediu de participar do banquete franco-abolicionista de 10 de julho de 1888. Esclareceu que ele fixara residência em Blagnac, perto de Toulouse, por conta da saúde debilitada.[34] A *Gazeta*, jornal para o qual enviava regularmente material de Paris desde 1886, estendeu-se nos lamentos. Ele foi lembrado não como bacharel em Ciências, mas como tendo feito parte do curso médico em Toulouse. Do *Le Gil-Blas*, impresso nas oficinas do matutino, nem uma palavra, enquanto o *Messager* era referido como tendo sido fundado logo após a chegada de Deleau ao Rio, o que não parece ter sido o caso.

---

29 Consultar: Gazetilha. *Jornal do Commercio*, RJ, ano 65, n.328, p.1, 24.11.1887.

30 A festa da Abolição em Paris. *Jornal do Commercio*, RJ, ano 66, n.221, p.1, 9.8.1888. A festa consistiu num banquete, realizado a 10 de julho, detalhadamente descrito no jornal, e contou com a presença do príncipe d. Pedro.

31 "editor of the once popular organ of French colony in this city, the Messager du Brésil".

32 "an ardent advocate of emigration to Brazil".

33 "he was a writer of exceptional ability and good judgement".

34 Émile Deleau. Nota transcrita do *Jornal do Commercio* em: *Gazeta de Notícias*, RJ, ano 14, n.307, p.1, 3.11.1888. Sua certidão de óbito, depositada nos Arquivos do Departamento de Haute-Garrone, informa que deixou viúva Elise Pradel, sem menção a filhos.

A confiar no relato, a publicação foi mantida "à custa dos maiores sacrifícios de sua saúde e de dinheiro de seu e de alguns amigos dedicados", enquanto as mudanças que conheceu em 1884 e o seu posterior encerramento foram associados a Louis Couty. Mencionou-se, ainda, a escolha de seu nome pelo Centro da Lavoura para colaborar com o pavilhão brasileiro na Exposição de Antuérpia e o jornal que então produziu, a colaboração com a *Gazeta* e um dado de ordem pessoal que o abalara: a perda de seu "único filhinho".[35]

Em larga medida, os dados estão em sintonia com as observações do representante do governo armênio no Brasil, Etienne Brasil, segundo o qual ele fundou em 1877 (certamente um engano de menor monta) *Le Messager du Brésil*, "que muitos dos mais velhos entre nós ainda chegaram a conhecer". O autor, que provavelmente não o conheceu, sentenciou: "Deleau era pobre, mas ele foi ajudado, primeiro por Victor Milhas e, mais tarde, por um grupo de intelectuais, a exemplo do Dr. Louis Couty, Escragnolle Taunay, Antonio Prado, Ferreira de Araujo etc." (Brasil, 1920, p.229).[36] O quadro, em grandes linhas, é correto, afinal, Deleau relacionou-se, desde os idos do *Le Gil-Blas*, com Victor Milhas, administrador das oficinas da *Gazeta*, e Araújo, seu proprietário. Couty, professor da Escola Politécnica e reconhecido intelectual do período, foi um amigo próximo, e Antonio Prado pode ter jogado papel importante na sua indicação para Antuérpia. Todos os citados envolveram-se com as reformas propostas para o *Messager* a partir de 1884.

É digno de nota o silêncio em torno do *Le Gil-Blas*, sobretudo da parte da *Gazeta*. Extirpava-se do rol de serviços do dr. Deleau as diabruras dos primeiros anos, em prol do *Messager*, do *Le Brésil à l'Expostion d'Anvers* e das correspondências remetidas da França. O percurso realizado, a despeito de esclarecer alguns detalhes da trajetória de Deleau, muito pouco informa sobre sua trajetória intelectual, as ideias e opiniões que defendeu. É evidente o papel fundamental que as atividades desenvolvidas no campo da imprensa desempenharam para sua entrada no mundo intelectual e político do seu tempo. O vendedor das Drágeas Blot, que nunca conseguiu cursar Medicina no Rio de Janeiro, mudou de rumo ao fundar um pequeno jornal, que observava as lutas políticas na França a partir do Rio de Janeiro, com

35 Note-se a menção a um filho, sendo que, quando de sua partida para a Europa, foram mencionados dois. É possível que a nota dissesse respeito à morte de seu único filho homem (Émile Deleau, *GN*, RJ, 28.9.1888, p.1).

36 "que beaucoup de nos anciens sont encore parvenus à connaître [...] Deleau était pauvre, mais il fut aidé, d'abord par Victor Milhas et, plus tard, par un groupe d'intellectuels, tels que le Dr. Louis Couty, Escragnolle Taunay, Antonio Prado, Ferreira de Araujo etc."

evidente engajamento político. O deslocamento subsequente levou-o à condição de defensor dos interesses da colônia e dos negócios franceses no país, além de ser reconhecido, pela elite local, como paladino do Brasil no exterior, cumprindo funções típicas de mediação. Chegou a um dos postos mais cobiçados: o de correspondente em Paris da influente *Gazeta de Notícias*, figurando ao lado de Eça de Queiros e Ramalho Ortigão.

A trajetória de Deleau revela, portanto, que sua inserção na sociedade brasileira tornou-se, a cada passo, mais complexa. A fundação do *Le Gil-Blas*, então o único jornal em francês publicado no Rio de Janeiro, foi o seu passaporte para participar do debate político. De saída, o seu objetivo era fazer da publicação um posto avançado da república francesa no Rio de Janeiro e ele assumiu o posto de soldado do regime no outro lado do Atlântico, valendo-se para tanto da sátira como arma política. A transformação do *Le Gil-Blas* em *Le Messager du Brésil* foi profunda e, pouco a pouco, o jornal passou de porta voz dos franceses residentes no Império a aliado de uma parte da elite econômica e política brasileira. A participação de Deleau nas disputas locais distanciou – ele e o seu *Messager* – da comunidade francesa, isso a despeito de a França sempre permanecer como um exemplo a ser seguido. A aliança que estabeleceu com figuras importantes do cenário local abriu-lhe outras oportunidades de atuação. Se sua entrada no mundo da imprensa periódica começou com um jornal escrito em francês e cujo objetivo era defender o regime republicano e a laicidade num país monarquista e católico, no final da vida ele tornou-se representante de um jornal do Império em Paris. É certo que se trata de um exemplo particular, mas se as escolhas são sempre individuais, elas também são feitas no interior de quadros sociais e a análise de uma vida pode ajudar a compreender as possibilidades disponíveis num dado momento histórico. É preciso não esquecer que esse tipo de investigação era, até bem recentemente, se não impossível, ao menos bem difícil de ser levada a cabo com ferramentas analógicas.

Deleau não foi um escritor profícuo, seu nome pouco figurou além das páginas dos jornais que fundou e somente no final da vida tornou-se colaborador regular da *Gazeta*, ou seja, militou predominantemente na imprensa em língua francesa. Resta investigar, para além dos acontecimentos comezinhos de sua vida privada, revelados por fragmentos dispersos em páginas amareladas, os ideais pelos quais se bateu, tarefa que exige a análise dos seus textos e que ainda precisa ser enfrentada.

Bibliografia

BRASIL, Etienne. *La France au Brésil*. Rio de Janeiro: Besnard Frères, 1920.

GUIMARÃES, Valéria; LUCA, Tania Regina de (org.). *Imprensa em língua estrangeira publicada no Brasil*: primeiras incursões. São Paulo: Rafael Copetti, 2017.

LUCA, Tania Regina de. *A Ilustração (1884-1892)*: a circulação de textos e imagens entre Paris, Lisboa e Rio de Janeiro. São Paulo: Editora da Unesp/ Fapesp, 2018.

_______. *Le Gil-Blas* (1877-1878): humor e política em prol do ideal republicano. In: GUIMARÃES, Valéria; LUCA, Tania Regina de (org.). *Imprensa em língua estrangeira publicada no Brasil*: primeiras incursões. São Paulo: Rafael Copetti, 2017.

_______. *Le Messager du Brésil* em três movimentos. *Anais do Museu Paulista,* São Paulo, Nova Série, v.30, 2022, p.1-48.

PUTMAN, Lara. The transnational and the text-searchable: digitized sources and the shadows they cast. *The American Historical Review*, v.121, n.2, p.385, 2016.

Fontes

Le Gil Blas, Rio de Janeiro, 1877-1878 – *LGB.*

Jornal do Commercio, Rio de Janeiro, 1870-1880 – *JC.*

Revista Ilustrada, RJ, ano 3, p.8, 15.6.1878 – *RI.*

Gazeta de Notícias, RJ, 1878-1884 – *GN.*

Almanaque Laemmert. Rio de Janeiro: Eduardo & Henrique Laemmert, 1874-1885 – *AL.*

O Iniciador. Jornal comercial, noticioso e literário. Corumbá, ano 5, n.24, p.2, 24.3.1881 – *OI.*

O Mequetrefe, RJ, 1875-1892 – *OM.*

A Província de Minas Gerais, Ouro Preto, 1880-1889 – *PMG.*

The Rio News, RJ, 1888 – *TRN.*

Anais da Câmara, disponíveis em: http://bd.camara.gov.br/bd/handle/bdcamara/2 – *AC.*

Anais do Senado, disponíveis em: https://www.senado.leg.br/publicacoes/anais/asp/IP_AnaisImperio.asp. – *AS.*

O jornal semanal *La Patria Italo-Brasiliana* e seus almanaques: a construção de uma identidade coletiva entre os imigrantes italianos do Rio Grande do Sul (1916-1931)

Antonio de Ruggiero
Tamara Zambiasi

O objetivo deste capítulo é refletir sobre as dinâmicas de sociabilidade étnica, cultural e política das coletividades de imigrantes italianos no Rio Grande do Sul através da análise do jornal semanal, em língua italiana, *La Patria Italo-Brasiliana* e seus relativos almanaques ilustrados. O periódico, publicado em Porto Alegre, circulou no estado mais meridional do Brasil de 1915 a 1931, ainda que tenhamos, hoje, apenas 26 exemplares dos anos de 1916 a 1918, que estão conservados na Biblioteca de História Moderna e Contemporânea de Roma. Os almanaques começaram a ser publicados em 1917 e treze, das quinze edições, foram encontradas em arquivos no Brasil. A recuperação e a valorização dessas fontes são úteis para compreender o papel que a imprensa em língua italiana teve na construção de identidades coletivas ideais entre as articuladas e conflituosas comunidades de imigrantes.

O contexto

Os estudos de Angelo Trento demonstraram que o Brasil se distinguiu, já na metade do século XIX, por uma abundante circulação de periódicos impressos em língua italiana, que nos anos sucessivos perderá apenas para aquela presente nos Estados Unidos. Esse fenômeno assume dimensões consideráveis no período de maior intensidade dos fluxos migratórios da Itália, da última década do século até a Primeira Guerra Mundial (Trento, 2011, 2013). Se a maior parte dessas publicações se concentrou no estado de São Paulo, não podemos ignorar o peso dessa dinâmica também no Rio Grande do Sul, o estado mais meridional do Brasil que, desde 1875, foi caracterizado pela chegada de milhares de italianos que se dirigiram ou para as colônias agrícolas de povoamento, ou para os principais centros urbanos em expansão (Franzina, 2014; Constantino, 2000, 2015; Borges, 1993; De Ruggiero, 2015). Com poucas exceções, no que se refere aos mais importantes periódicos da região colonial analisados, seja como objeto de pesquisa, seja como fonte historiográfica, para a reconstrução das dinâmicas migratórias rurais (Dreher; Rambo; Tramontini, 2004; Pozenato; Giron, 2004, 2005), são quase inexistentes até hoje pesquisas mais específicas sobre a imprensa em língua italiana nas realidades urbanas rio-grandenses, as quais acolheram, contudo, um número significativo de compatriotas.[1]

O almanaque do "Cinquantenario della colonizzazione italiana nel Rio Grande del Sud", publicado em Porto Alegre em 1925, dedicou um amplo capítulo descritivo sobre o fenômeno histórico do "jornalismo colonial" no estado. O autor do ensaio, Benvenuto Crocetta, lembrava que a partir da última década do século XIX empreenderam-se diversas tentativas de criação de periódicos "étnicos" representativos das mais diferentes orientações ideológicas, que na maior parte dos casos, porém, tiveram um escasso sucesso ou uma vida breve (Crocetta, 2000). Cruzando os dados do Almanaque com os detalhados relatos jornalísticos que Adelchi Colnaghi – diretor do *Stella d'Italia*, o principal jornal italiano publicado em Porto Alegre na era *giolittiana* – elaborou em algumas colunas de 1906, esse dinamismo editorial aparece ainda mais nítido. De fato, verifica-se a existência de cerca de trinta periódicos burgueses em língua italiana apenas na capital do Rio

1 Desde 2018, o autor do ensaio, Antonio de Ruggiero, coordena junto ao prof. Alberto Barausse (Università degli Studi del Molise) um projeto de pesquisa sobre a história da imprensa em língua italiana publicada no Brasil, com o intuito de recuperar material documental, infelizmente frequentemente fragmentado e raro, em particular no estado do Rio Grande do Sul. O projeto é vinculado à rede internacional Transfopress – Transnational network for the study of foreign language press (18th-20th century), coordenado por Diana Cooper-Richet do "Centre d'Histoire Culturelle des Sociétés Contemporaines – Université de Versailles Saint-Quentin-en-Yvelines (CHCSC-UVSQ)". Maiores informações podem ser encontradas no site: http://transfopress-brasil.franca.unesp.br.

Grande do Sul entre 1890 e o advento do fascismo (Barausse; Bastos, 2019). No período do ingresso do país na Primeira Guerra Mundial, eram cinco os periódicos existentes, quando o contexto favoreceu a proliferação de novas publicações, as quais se juntavam àquelas já existentes (Trento, 2013; Franzina, 2004, 2017). O conflito, com efeito, estimulou um grande aumento de iniciativas editoriais, jornais e revistas de caráter patriótico, em muitos casos controlados pelas autoridades consulares, que exaltavam o espírito de italianidade e fomentavam a adesão à guerra por parte dos reservistas no exterior. Entre essas publicações, se distingue pela sua longevidade, certamente não usual, o jornal semanal *La Patria Italo-Brasiliana*, que se torna expressão da coletividade italiana de Porto Alegre e do estado do Rio Grande do Sul entre 1915 e 1931.

O JORNAL

O jornal *La Patria Italo-Brasiliana*, foi fundado em 24 de outubro de 1915, poucos meses após a entrada da Itália na Guerra, pelo professor de língua estrangeira Vicente Blancato, emigrado para Porto Alegre em 1911 após uma primeira experiência nos Estados Unidos, e seu sobrinho, Gaetano Blancato. O primeiro, em particular, foi o grande idealizador do empreendimento, distinguindo-se também pela sua atividade pública e cultural bastante eclética, mas concentrada sobretudo no campo econômico na capital rio-grandense. Assim que chegou ao Rio Grande do Sul, Vicente Blancato inaugurou um curso de línguas seguindo a metodologia da escola internacional Berlitz, onde se ensinavam italiano, inglês e francês (Brum, 2005). Foi também professor de alemão na Escola de Comércio, de Porto Alegre. Em 1913, aparece entre os fundadores e como diretor da revista econômica rio-grandense *O Progresso*, voltada a empreendedores e industriais locais.[2] Consoante com os ideais progressistas que precisamente se conciliavam com as propostas do Partido Republicano Rio-grandense, então no governo, Blancato sustentava que a civilização estava estreitamente ligada ao progresso econômico nas mãos da burguesia industrial. Sandra Pesavento classifica a sua obra como

2 O jornal de Porto Alegre *A Federação*, órgão do Partido Republicano Rio-grandense, reproduziu parte do texto de apresentação da revista. Blancato justificava a iniciativa editorial a partir da necessidade de fornecer indicações práticas a respeito de questões sobre agricultura, indústria e comércio, em um país ainda jovem, mas em fase de desenvolvimento e crescimento econômico (*A Federação*, 1913).

"de inspiração positivista e spenciariana, evolucionista e progressista, afirmadora da importância da ciência" (Pesavento, 1986, p.14) e insere o nome do diretor entre os intelectuais de referência da nova burguesia intelectual gaúcha. Em 1914, foi eleito representante do Conselho Científico do Instituto de Estudos Econômicos fundado no mesmo ano em Porto Alegre (*A Federação*, 7.4.1914). Organizou, ainda, o *Almanaque do Comércio do Rio Grande do Sul* em 1920 (Blancato, 1920). Em 1923, em comemoração aos cem anos da Independência do Brasil (1822), publicou um outro almanaque comercial, *As forças econômicas do Estado do Rio Grande do Sul*, dedicado às "beneméritas classes conservadoras" do estado (Blancato, 1922).

Em suma, Blancato parece interpretar um papel de mediação cultural. Em poucos anos, consegue ocupar com sucesso circuitos sociais locais que lhe garantem uma afirmação ativa na vida econômica de uma cidade em pleno crescimento e modernização. Ao mesmo tempo, mantém uma ligação sólida com a coletividade italiana da qual se faz porta-voz por meio do novo jornal étnico que, além de representar um "*fortino di italianità*" (forte de italianidade),[3] procura tornar-se um canal de diálogo possível com as elites dirigentes locais. Também é indicativa a escolha do título que remete à ideia de uma pátria, justamente, ítalo-brasileira.

As edições que possuímos somam nove do ano de 1916; treze de 1917; e quatro de 1918. Não obstante a quantidade relativamente exígua, a análise desses exemplares revela-se de extraordinário interesse, justamente pelo papel que o jornal assume como divulgador de uma propaganda nacionalista específica que – fato peculiar – se contrapunha com uma certa veemência e com muitas denúncias à atividade do Consulado italiano de Porto Alegre, representado, por sua vez, por um outro jornal "de guerra", o *Italia*, órgão oficial financiado pelo Comitê Pró-Pátria da capital rio-grandense. O material é parcial, mas nos permite refletir sobre algumas questões ligadas à comunidade ítalo-gaúcha da capital e dos diversos centros coloniais, em um período conturbado como foi aquele da Primeira Guerra Mundial.

Não temos dados exatos referente à tiragem, mas a longevidade do jornal e outras verificações em várias fontes nos leva a pensar em uma circulação significativa, atrás apenas daquela do *Stella d'Italia*, o jornal trissemanal em língua italiana publicado em Porto Alegre a partir de 1902 (Barausse; Bastos; De Ruggiero, 2017).

Com exceção da edição comemorativa de 23 de outubro de 1916, ampliada devido a ocasião, *La Patria Italia-Brasiliana* se apresentava com

3 Retomando a expressão utilizada por Pantaleone Sergi (2010, p.15).

quatro páginas: a primeira traz as principais notícias e comentários quase sempre relativos ao conflito europeu, não raro acompanhadas de análises geralmente socioeconômicas sobre as questões mais importantes da comunidade italiana no estado rio-grandense; a segunda era dedicada aos telegramas provenientes do exterior e dos principais cenários de guerra, através de um importante serviço telegráfico especial do jornal; a terceira, destinada à crônica e às correspondências locais, ligadas à comunidade italiana de Porto Alegre e de toda a região colonial agrícola, sem esquecer das atividades das principais associações "étnicas" de diversas entidades, espalhadas nas mais variadas localidades de todo o estado; a quarta página, por fim, é ocupada pelos anúncios de atividades comerciais, quase exclusivamente italianos, de Porto Alegre e dos principais centros de imigração no Rio Grande do Sul.

Fontes desse tipo revelam-se muito úteis para compreender melhor o papel instrumental que a imprensa étnica, nesse caso burguesa, teve na construção de identidades coletivas ideais entre as articuladas e conflituosas comunidades de imigrantes. Ao mesmo tempo, são preciosas como espelho dos processos de sociabilidade étnica, organizações profissionais, cultural e política dos imigrantes nos contextos urbanos, até hoje pouco contempladas pela historiografia sobre o tema migratório. A maior parte das pesquisas no Rio Grande do Sul, de fato, se concentrou tradicionalmente na experiência da colonização agrícola, mais relevante sob o perfil quantitativo e de sucesso, até porque foi estrategicamente direcionada desde 1875 por propósitos governamentais (Constantino, 2002).

A importância desse processo de povoamento rural criou, frequentemente, uma assimilação quase automática e difusa do imigrante urbano ao colono do campo. Tal representação é amiúde acompanhada por reconstruções históricas idealizadas e conciliatórias, quase heroicas no que concerne à coragem e aos presumidos dotes morais e profissionais dos camponeses italianos no Sul do Brasil (Franzina, 2014). Ficaram em segundo plano as repercussões dos processos migratórios paralelos nas cidades, que, ao final do século XIX, ampliaram-se e foram tomadas por profundas transformações na sua estrutura social e até mesmo mental. Porto Alegre, em particular, em 1920 registrava cerca de 30 mil italianos, compreendendo também os descendentes, em uma população total de 200 mil habitantes. Impressionava a presença de oito associações étnicas pouco solidárias entre elas, que não renunciavam ao fato de liberarem-se das diferenças ideológicas e regionais de uma coletividade ainda não completamente assimilada e fortemente heterogênea (De Ruggiero, 2016).

Já em 1908, em uma análise sobre as dinâmicas associativas, o cônsul italiano no Rio Grande do Sul, Francesco De Velutiis, notava que o aumento exponencial de compatriotas nos principais centros urbanos desde os últimos anos do século XIX era acompanhado por importantes progressos morais e econômicos, além da ascensão de uma nova burguesia certamente ambiciosa, mas despreparada para guiar sob uma única bandeira os interesses da comunidade italiana (Lo Stato, 1908). Os periódicos étnicos burgueses e seus diretores não se diferenciavam muito desse modelo. Proliferavam-se numerosamente, frequentemente com uma vida precária e efêmera, sustentada por assinaturas voluntárias e pela publicidade, mais que pela venda, se tornando uma representação tangível de um pluralismo não pouco conflituoso (Sergi, 2010).

No período analisado, evidentemente é a guerra e suas repercussões sobre o grupo local o argumento mais investigado e onipresente nas suas colunas. Aparecem em grande número, porém, também os artigos que afrontam os temas econômicos, refletindo o interesse profissional do próprio diretor, Vicente Blancato, que, como se viu, ocupava-se ativamente dessas questões. Não obstante a conotação "urbana", o jornal valorizava de forma extenuante o potencial da produção colonial italiana nos principais núcleos da Serra Gaúcha, em um momento propício para o desenvolvimento de toda a região.

Já nos primeiros artigos assistimos, por exemplo, a uma autêntica campanha de sustento às empresas alimentares nascentes, relacionadas à atividade agrícola dos colonos. Pede-se, em particular, maior proteção fiscal para livrar da "ganância do fisco" a incipiente indústria "italiana" dos salames e dos embutidos em geral produzidos em toda a região de imigração rural (*LPIB*, 5.8.1916). O jornal mantém, porém, uma posição bastante prudente no confronto com o governo local, no sentido de que as reivindicações são conduzidas em tons conciliatórios, procurando explicar às autoridades estatais que essa indústria, assim como aquela do vinho, deveria ser fortalecida e defendida pelo interesse geral da nação.

Por ocasião da Terceira Exposição Agropecuária do Rio Grande do Sul, o que levou a Porto Alegre um grande número de visitantes para ver os progressos da atividade que tradicionalmente conduziu a economia do estado, o jornal aproveitava a oportunidade para reiterar com retórica, na primeira página, a importância da contribuição da emigração rural italiana:

> Nesta nobre arena destacaram-se, afirmaram-se solenemente os pródigos das fortes e nobres iniciativas dos italianos que onde quer que se encontrem,

> com inteligência e providente atividade, sabem ser importantes fatores de melhoramento e de progresso dos países que lhes recebem.[4] (*LPIB*, 30.9.1916)

Em um editorial na primeira página do dia 18 de novembro de 1916, o jornal apresenta uma análise que tem origem já nos primeiros números, em relação ao progresso no campo agrícola, conseguido graças à incansável atividade dos camponeses italianos que se tornaram pequenos proprietários de terra nas principais colônias de povoamento, como Caxias do Sul, Bento Gonçalves, Garibaldi, Antônio Prado e Alfredo Chaves. Como demonstrado em diversos editorais sucessivos, o interesse do grupo editorial, na verdade, é aquele de acompanhar a transição que já vinha acontecendo para a diversificação das atividades econômicas e o processo inicial de industrialização nessa região, com um forte sentimento identitário "italiano". Foi justamente nos anos da Grande Guerra que surgiu uma perspectiva concreta de desenvolvimento e modernização, realizada por meio de novos projetos de infraestrutura, com pontes, estradas e, principalmente, ferrovias que começavam a ligar a capital aos centros menores, mas muito produtivos, do interior. A redação ressaltava a importância do apoio expresso do governo local aos numerosos projetos que se traduziam na criação de novas vias de transporte (*LPIB*, 2.12.1916; 16.12.1916; 6.1.1917), enquanto se acentuava o peso econômico que o Rio Grande do Sul estava alcançando no mercado interno nacional (Fausto, 2009):

> As colônias italianas sentem a emoção de uma nova época que se aproxima, que as elevará ao ponto de serem consideradas como uma parte importantíssima do Estado do Rio Grande do Sul. (*LPIB*, 16.12.1916)

Percebe-se o esforço de manter-se em uma posição de equilíbrio no contexto de recebimento, dialogando continuamente com os fatos relativos à inteira comunidade gaúcha, com uma retórica disposta a apoiar as orientações institucionais ligadas à ideia de "progresso" como um lema positivista e bandeira do consolidado Partido Republicano no governo. Em particular, é explícito o apoio à ação política do presidente do Rio Grande do Sul, Borges de Medeiros, considerado um benemérito apoiador do incipiente

---

4 "In questa nobile arena hanno grandeggiato, si sono solennemente affermati i prodigi delle forti e nobili iniziative degli italiani che ovunque si trovino, con intelletto e previggente attività, sanno essere importanti fattori di miglioramenti e di progresso dei paesi che li ospitano" (Tradução nossa).

desenvolvimento comercial e industrial em um estado tradicionalmente predisposto à produção agrícola, além de simpatizante explícito da causa italiana, para a qual contribuiu financeiramente durante o conflito mundial em curso (*LPIB*, 23.3.1918). Um grande espaço, ainda, foi dedicado aquelas personalidades ilustres que por meio da sua ação política empenhavam-se pelo desenvolvimento econômico das colônias, por exemplo, Antonio Casagrande, continuamente evocado nas seções de economia do jornal. Casagrande, filho de camponeses italianos emigrados para a colônia de Caxias, teve a sorte que apenas alguns descendentes de segunda geração podiam permitir-se, de estudar e empreender uma brilhante carreira jurídica na região. Desde jovem, torna-se uma espécie de líder comunitário, um intermediário ítalo-brasileiro que defendia, diante das autoridades políticas, seja a indústria vitivinícola que havia alguns anos progredia graças a novos investimentos e experimentações, seja a necessidade de novas estradas e ferrovias, com projetos e relações a favor da causa italiana (*LPIB*, 2.12.1916; 18.11.1916; 9.12.1916).

Parece-nos, assim, que o jornal sustenta com convicção a ideia de um diálogo sempre mais indispensável com a classe dirigente rio-grandense, em um momento político favorável a estabelecer pontes mais sólidas com as colônias, que até poucos anos atrás estavam isoladas na sua própria autossuficiência. Para a redação, o encontro se tornava ainda mais necessário em um período no qual a representação consular italiana, de acordo com o jornal, se apresentava absolutamente deficitária:

> É bom sempre recordar que o estado do Rio Grande do Sul é um dos mais produtivos, dos mais ricos do Brasil [...], que riquíssimo mercado seria às indústrias e ao comércio italiano se tivéssemos um cônsul inteligente, ativo e patriota. É doloroso, e mesmo vergonhoso, como em dez anos de residência neste estado o cônsul Beverini não tenha feito nada para ativar o comércio e as indústrias italianas.[5] (*LPIB*, 17.3.1917)

Nesse sentido, mostra-se significativa a celebração abundantemente contemplada nas páginas do jornal da festa cívica mais importante entre os italianos, aquela do 20 de setembro. A data assumia uma característica

5 "È bene ricordarsi sempre che lo Stato di Rio Grande è uno dei più produttivi, dei più ricchi del Brasile [...], che ricchissimo mercato sarebbe alle industrie e al commercio italiano se avessimo un console intelligente, attivo e patriotta. È doloroso e perfino vergognoso, come in dieci anni di residenza in questo Stato il console Beverini nulla ha fatto per attivare il commercio e le industrie italiane" (Tradução nossa).

peculiar no Rio Grande do Sul, uma vez que no mesmo dia os gaúchos comemoravam o aniversário da sua revolução independentista, a Farroupilha, iniciada em 1835, contra as tropas imperiais brasileiras, contando entre os seus heróis principais propriamente a figura "compartilhada" de Giuseppe Garibaldi. O jornal não perde a ocasião para sublinhar a ligação ideal que era comum às duas pátrias:

> Parece que o destino tenha querido fazer coincidir as duas datas históricas, que tanto honram a Itália e o Rio Grande do Sul, de modo que seja simbolizado no dia 20 de setembro o grito de libertação de povos generosos, intolerante à opressão, e que preferem o sacrifício à escravidão, a morte à privação da liberdade.[6] (*LPIB*, 20.9.1916)

É evidente, ao mesmo tempo, a vontade de alimentar uma espécie de orgulho nacional-patriótico, funcional também em um contexto de guerra, a partir de uma ideia de progresso e civilidade estreitamente ligada, no estado, à atividade laboriosa dos inúmeros imigrantes italianos.

La Patria Italo-Brasiliana e a Grande Guerra

Em um artigo que comemorava o primeiro aniversário da fundação do jornal, lembravam-se os objetivos programáticos que marcaram a iniciativa em 1915:

> Assumindo a responsabilidade moral e material de dar vida a um novo periódico italiano, outra finalidade não temos que dar a nossa modestíssima contribuição da caneta à grande causa da gloriosa pátria Mãe, empenhada em uma enorme guerra pela redenção das terras sujeitas ao odiado inimigo. [...] Chegamos à arena do jornalismo colonial sem promessas vãs, menos ainda com palavreado pomposo. A bondade e a sinceridade do nosso programa foram sintetizadas no doce nome: Pátria.[7] (*LPIB*, 23.10.1916)

---

6 "Sembra che il fato abbia voluto far coincidere le due date storiche, che tanto onorano l'Italia ed il Rio Grande del Sud, affinchè sia simboleggiato nel giorno 20 settembre il grido di riscossa di popoli generosi, insofferente di giogo e che preferiscono il sacrifizio alla schiavitù, la morte alla privazione della libertà."

7 "Assumendo la responsabilità morale e materiale di dar vita ad un nuovo periodico italiano altro fine non avemmo che dare il nostro modestissimo contributo della penna alla grande causa della

Assume desde o início uma linha de jornalismo fortemente nacionalista e patriótico, mas ao menos essa era a intenção, independente, "não afeito a fofocas" e "não arregimentado a nenhum partido político". O objetivo, enfatizado na retórica altissonante dos seus editoriais, era de interpretar "o coração da Itália em armas", mantendo "vivíssimo o sentimento patriótico". O dogma que guiava o empreendimento era "Vis Unita Fortior", na convicção que "as nossas colônias italianas serão mais fortes quanto mais unidas forem" (*LPIB*, 23.10.1916). De fato, o propósito de conciliação harmoniosa ao interno da numerosa coletividade ítalo-gaúcha se traduzia na defesa dos interesses específicos ligados aos círculos da própria direção do periódico que, por exemplo, declarava desde os primeiros números uma verdadeira guerra ao Consulado italiano de Porto Alegre.

Nos principais centros de imigração, as autoridades diplomáticas, frequentemente apoiadas por grandes magnatas e por dirigentes do mundo associativista da comunidade italiana, se mobilizaram para promover o difícil esforço bélico através de cooperações econômicas solidárias, como subscrições ou empréstimos de guerra; mas também para a formação de comitês pró-pátria em apoio aos familiares dos reservistas ítalo-brasileiros que partiam para alistar-se no exército. Nesse contexto, a imprensa étnica, inclusive os jornais que tiveram vida breve, ou que nasceram propositalmente com a finalidade de propaganda bélica, recuperavam a orientação nacional ligada ao "Risorgimento" e ao conceito de uma quarta guerra de independência, necessária para redimir os territórios italianos ainda sob o domínio austríaco. A ideia seguida pela elite imigrada e pelas associações mutualistas hegemonizadas pela burguesia comercial e empreendedora italiana nos centros urbanos se conciliava muito bem com a visão do *La Patria Italo-Brasiliana*.

Depois da sua execução, por exemplo, a figura do mártir Cesare Battisti é continuamente evocada com ímpeto retórico, como emblema da causa irredentista e como modelo de uma corajosa participação na defesa da honra nacional.[8] Também o 20 de setembro de 1916, com uma página inteira dedicada

---

gloriosa madre patria, impegnata in un'immane guerra per la redenzione delle terre soggette all'odiato nemico. [...] Venimmo all'agone del giornalismo coloniale senza vane promesse, meno con paroloni roboanti. La bontà e la sincerità del nostro programma erano sintetizzate nel dolce nome: Patria."

8 Cesare Battisti foi um político nascido no Trentino em 1875, quando essa região de fronteira ainda pertencia ao império austro-húngaro. É considerado um herói nacional italiano, pois combateu no Parlamento de Viena a favor da anexação do Trentino à Itália. Quando estourou a Primeira Guerra Mundial, alistou-se como voluntário no exército italiano. Capturado pelos soldados austríacos, foi processado e enforcado por alta traição.

à festa cívica italiana, se tornava uma oportunidade para apresentar a guerra em curso como a necessária continuação do processo de unificação nacional:

> Nas guerras pela nossa independência brilharam todas as nossas virtudes, foi aplicada toda a energia da nossa gente, e na atual guerra, ainda mais sangrenta que as outras, se repetem os heroísmos, se seguem os esplendores gloriosos das armas italianas, que ao grito de "Itália avante! Avante Savoia!", sem resistência despedaçam, afugentam, oprimem em fuga o inimigo, levando o nosso estandarte sempre erguido, sempre em frente, em direção a objetivo brilhante.[9] (*LPIB*, 20.9.1916)

Em inúmeras ocasiões se dedicavam colunas inteiras à exaltação de vivendas heroicas de soldados sacrificados pela pátria. Eram publicadas, também, as correspondências dos militares ítalo-gaúchos chamados ao fronte que, do centro da guerra, expediam aos parentes mensagens tranquilizadoras e propagandísticas de exaltação patriótica:

> A nossa vida aqui é certamente muito desfavorecida, mas todos suportamos de bom grado com a finalidade de alcançar o brilhante objetivo que o povo italiano se colocou. [...] Estamos muito satisfeitos e louvamos nossas vitórias no Trentino [...]. Que Deus confunda e extermine os nossos odiados inimigos assegurando o triunfo da civilidade e do progresso.[10] (*LPIB*, 9.12.1916)

Estas eram palavras do soldado Matteo Giuseppe Delfino, que das margens do Isonzo confortava os familiares residentes em Monte Vêneto, uma localidade colonizada por italianos no Rio Grande do Sul. Outros artigos narravam, por outro lado, as ações corajosas, o entusiasmo e a coragem de voluntários italianos residentes no estado, que se distinguiam nas operações

9 "Nelle guerre per la nostra indipendenza rifulsero tutte le virtù nostre, furono messe in opera tutte le energie di nostra gente, e nell'attual guerra, ancor più sanguinosa delle altre, si ripetono gli eroismo, si susseguono i fasti gloriosi delle armi italiane, che al grido di *Italia avanti! avanti Savoia!* Irresistibili spezzano, respingono, travolgono in fuga il nemico, portando il nostro vessillo sempre in alto, sempre avanti, verso la meta luminosa" (Tradução nossa).

10 "La nostra vita qui è certamente molto disagiata, ma tutto sopportiamo volentieri pur di raggiungere la luminosa meta che il popolo italiano si prefisse. [...] Noi siamo lietissimi ed inneggiamo alle nostre vittorie nel Trentino [...]. Che Dio confonda e faccia sterminare i nostri odiati nemici assicurando il trionfo della civiltà e del progresso" (Tradução nossa).

militares no fronte de guerra.[11] Publicavam-se esporadicamente também as listas dos voluntários que partiam de diversas localidades da colônia (*LPIB*, 28.7.1917).

O jornal apresenta, porém, algumas peculiaridades que julgamos interessantes. Torna-se, de fato, uma voz que certamente não discorda sobre o valor e a importância da guerra narrada, sustentada e apoiada com força nas suas análises, mas sim sobre a sua liderança corrompida em algumas dinâmicas organizativas relativas, por exemplo, ao sistema local de solidariedade e de recolhimento de doações entre os compatriotas para as famílias dos soldados. Além disso, se posiciona como observador polêmico e crítico do comportamento do cônsul italiano no Rio Grande do Sul até junho de 1917, Giovanni Battista Beverini, acusado frequentemente de ser um "mercador da pátria" vendido aos alemães e de mostrar um geral desinteresse pelas questões da comunidade representada (*LPIB*, 6.8.1916). Existe um conflito latente com a direção do jornal até o fim do seu mandato, quando será enviado a São Paulo, talvez também devido a alguns escândalos relacionados à guerra, que o *La Patria Italo-Brasiliana*, seguido por uma parte da coletividade italiana, imputava propriamente às autoridades diplomáticas.

A campanha contra o cônsul se torna uma constante nas páginas do periódico, utilizado como instrumento pessoal de defesa de Vicente Blancato, que se proclama vítima, por sua vez, de uma violenta perseguição difamatória proveniente do próprio diplomata italiano e dos seus órgãos de imprensa oficiais e oficiosos.

A origem desse litígio estava relacionada à imputação principal que Vicente Blancato apontou abertamente à autoridade diplomática, ou seja, de corrupção nos processos de visitas médicas – que faziam parte das atribuições do Consulado – para habilitar e alistar os reservistas a serem mandados para o fronte. Foi acusado de reformar imigrados italianos simpáticos à Alemanha, e de proteger muitos compatriotas médicos em particular, que exerciam a profissão em Porto Alegre e em outros centros do estado. O "escândalo do serviço militar" (*LPIB*, 23.10.1916) sustentado pelo jornal de Blancato confirmou-se com a denúncia de um jovem médico italiano, o doutor Giulio Motti, emigrado em 1914 e reformado em ocasião da visita médica consular, não obstante desejasse defender o seu país na

11 Vide, por exemplo, a descrição da trajetória do jovem de Bento Gonçalves, Artemio Turcato (*LPIB*, 28.7.1917). Também é interessante a história, elogiada no jornal como um ato de heroísmo generoso, de José Frias Reis, um imigrado português de São Paulo que se alistou voluntariamente no Exército Real sob o nome falso de um jovem italiano da mesma idade (*LPIB*, 23.10.1916).

guerra. O médico mostrava o exemplo de outros vários colegas que foram facilmente dispensados, não obstante o seu ótimo estado de saúde, e acusava o cônsul de "indulgência avassaladora".[12]

As colunas do *La Patria Italo-Brasiliana* se enchiam de acusações ainda mais graves, uma verdadeira máquina de difamação com tons elevados e, por vezes, tom vulgar, principalmente mirada ao cônsul Beverini:

> Não fomos nós que fornecemos passaportes italianos a espiões alemães, não fomos nós que vendemos o serviço de recrutamento, que transformamos em mercado a pátria em guerra. Se de trezentos mil italianos, neste estado nem mesmo um a cada mil partiu para a guerra; e apenas os fracos e os voluntários partiram, enquanto os fortes, os valentes, foram reformados, o culpado, o responsável, é o senhor, sr. Cônsul Beverini.[13] (*LPIB*, 10.3.1917)

Assim como acontecia no caso de São Paulo, onde o jornal principal da coletividade italiana, *Fanfulla*, também denunciou escândalos e abusos nas práticas de alistamento, o jornal semanal de Porto Alegre tomava uma posição a favor da "pobre gente" entre os italianos:

> Viram-se doentes e inválidos obrigados a partir, enquanto aqueles que tinham saúde perfeita, mas abastados ou parente de ricos, ou protegidos do alto escalão, ficaram a posar de heróis nos cafés.[14] (*LPIB*, 26.1.1918)

O clima ficou ainda mais exacerbado quando, a partir dos primeiros meses de 1917, o jornal revelou novos escândalos, dessa vez relativos ao episódio de corrupção nos comitês locais para recolhimento de fundos de apoio aos esforços de guerra.

---

12 O cônsul Beverini recebeu um chamado do Ministério das Relações Exteriores italiano e foi obrigado a se defender das acusações, fossem as do dr. Motti, fossem as de Blancato. Vide: Archivio Storico Diplomatico del Ministero degli Affari Esteri, Serie II, Posizione 12, Parte nuova.

13 "Non siamo stati noi a fornire passaporti italiani a spie tedesche, non siamo stati noi a vendere il servizio di leva, a fare mercato della patria in guerra. Se di trecentomila italiani in questo stato nemmeno l'un per mille partì per la guerra; e solo i deboli ed i volontari partirono, mentre i forti, i valenti furono riformati, il colpevole, il responsabile siete voi, sr. Console Beverini unicamente voi" (Tradução nossa).

14 "Si videro malaticci ed invalidi costretti a partire, mentre coloro che stavano in perfetta salute, ma facoltosi o parenti di ricchi, o beniamini di papaveri alti, rimasero a fare gli eroi nei caffè" (Tradução nossa).

La Patria Italo-Brasiliana sustenta a doação para a Cruz Vermelha Italiana e se empenha desde os primeiros meses em arrecadar fundos a serem enviados – através da intermediação da própria direção do jornal –, porém, diretamente à sede central de Roma. Publicava, ainda, como era de praxe, as listas com os nomes dos contribuintes italianos que haviam aderido ao projeto (*LPIB*, 2.12.1916). A direção era muito desconfiada em relação aos comitês locais e encontrou no "escândalo Giusti" um novo pretexto para atacar alguns líderes da coletividade italiana que eram mais próximos da máxima representação institucional italiana. Guido Giusti, uma "criatura do cônsul" (*LPIB*, 17.2.1917), afirmava o *La Patria Italo-Brasiliana*, era o tesoureiro e secretário do Comitê Pró-Pátria criado em Porto Alegre imediatamente após a entrada da Itália no conflito, com a finalidade de abrir subscrições para auxiliar as famílias dos soldados italianos mortos ou feridos. A ação filantrópica do Pró-Pátria – a principal de várias outras associações autônomas que arrecadavam fundos em todo o Rio Grande do Sul – era patrocinada pelo cônsul Beverini, presidente honorário, e dirigida pelo médico italiano Arrigo Cini. A esse tipo de ação organizada e sustentada pelas elites italianas responderam milhares de indivíduos de todas as classes e extratos sociais, que participaram generosamente com ofertas para diversas finalidades solidárias. Quando, no início de 1917, o tesoureiro do Pró-Pátria desaparece com o dinheiro de muitos compatriotas contribuintes, o jornal assume uma posição muito rígida contra o próprio Comitê, assim como contra o jornal étnico *Italia*, que era o seu órgão midiático oficial, controlado diretamente pelo consulado:

> Todos têm a convicção de que há algo podre, que há na nossa colônia um elemento deletério que se infiltra com fins desonestos, para explorar com dinheiro o patriotismo. Este jornal que há tempos recebia cartas das colônias do interior afirmando ter enviado dinheiro ao secretário Giusti, e de não ter recebido nem um recibo, nem a publicação nas listas no órgão "Itália", este jornal já havia mencionado a questão na *piccola posta* e também em *Cronaca*. Mas todas as vezes como resposta recebemos agressões, injúrias por parte do mesmo jornaleco "Italia".[15] (*LPIB*, 17.2.1917)

15 "Resta in tutti la convinzione che c'è del marcio, che c'è nella nostra colonia dell'elemento deleterio che si infiltra per fini disonesti, per sfruttare in danaro il patriottismo. Questo giornale che da tempo riceveva lettere dalle colonie dell'interno reclamando di avere inviato denaro al segretario Giusti e di non avere avuto né ricevuta, né la pubblicazione delle liste sull'organo 'Italia', questo giornale ne aveva a riprese accennato nella *piccola posta* ed anche in cronaca. Ma tutte le volte

Nesse ponto, o jornal semanal reforçava a polêmica contra Beverini, declarando-se defensor de uma comunidade composta também por gente fraca e desprovida, que não encontrava mais no Consulado, definitivamente completamente "desmoralizado", nenhuma forma de tutela (*LPIB*, 24.3.1917). Ganhava potência, assim, a campanha a favor das subscrições de "guerra" que fossem enviadas diretamente a Roma, evitando a passagem pelas mãos dos comitês locais. Ao mesmo tempo, procurava coagular em torno a si o descontentamento expresso pelos outros jornais italianos representativos, como o *Stella d'Italia* e o católico *Corriere d'Italia*, desiludidos pelas ações do cônsul e dos seus órgãos corrompidos, depois de tantos leitores haverem doado dinheiro que nunca chegou à pátria. Exatamente desse último jornal, publicado na colônia italiana de Bento Gonçalves pelos padres scalabrianianos, *La Patria Italo-Brasiliana* recuperava algumas afirmações que atendiam à sua linha editorial:

> E que se lembrem de uma vez por todas os senhores da Itália que esses não têm o monopólio do patriotismo, pelo contrário, dessa mercadoria preciosíssima a tem menos aqueles que gritam ter mais. E se esses se aproveitaram do dinheiro alheio, é devido em grande parte à obra daqueles padres os quais parecem mostrar bastante desprezo. E se estes padres de agora em diante boicotassem a senhora "Italietta" e não mandassem mais nada, enviando diretamente para a Itália todo o dinheiro que arrecadam, que papel fariam e com que cara ficariam os magnatas, os grandes patriotas do "Italia"?[16] (*LPIB*, 10.3.1917)

Os almanaques

A recente identificação de uma parte consistente da série completa dos almanaques do *La Patria Italo-Brasiliana*, em um arquivo específico da Biblioteca universitária da Pontifícia Universidade Católica do Rio Grande

---

per risposta avevamo delle aggressioni, delle ingiurie da parte dello stesso giornalucolo 'Italia'" (Tradução nossa).

16 "E si ricordino una volta per sempre i signori dell''Italia' che essi non hanno la privativa del patriottismo, anzi di questa merce preziosissima ne hanno meno quei che gridano di averne di più. E se essi si sono fatti belli col denaro altrui, lo devono in gran parte all'opera di quei *preti* di cui pare mostrino abbastanza disprezzo. E se questi preti d'ora in avanti boicottassero la signora 'Italietta' e non le mandassero più nulla, inviando direttamente in Italia tutto il denaro che raccolgono, che figura farebbero e con che naso resterebbero i magnati, i patriottoni dell''Italia'?" (Tradução nossa).

do Sul, nos permitiu ter acesso a um rico material documental raro e inédito. Os volumes se incorporam aos demais disponíveis na Biblioteca Pública do Estado do Rio Grande do Sul, formando um *corpus* documental que cobre o período de 1917 a 1931.[17] A análise de tais documentos, não obstante a natureza diversa daquela do jornal, pode ajudar, contudo, a melhor compreender a ideia geral de toda a iniciativa editorial.

O primeiro número do almanaque foi lançado em janeiro de 1917 e distribuído gratuitamente aos assinantes do jornal. Nas páginas iniciais, publicavam-se as cartas da redação aos amigos e aos associados, exaltando a grande popularidade e difusão que desde o início o jornal havia conquistado entre os italianos de todo o Rio Grande do Sul. A razão para tamanho sucesso era atribuída ao nobre programa que compunha o empreendimento, à absoluta independência, e ao fato de que era voltado a todos os italianos, sem distinção de classe:

> Do que deriva o grande prestígio conquistado pelo "La Patria"? Acreditamos que se deva ao seu nobre programa, à sua independência real e absoluta, e principalmente ao fato que o jornal "La Patria" é dedicado exclusivamente a todos os italianos, e não apenas aos das classes altas, não se vende a fofocas, não defende interesses inconfessáveis.[18] (*ALPIB*, 1917, p.5)

Com uma retórica que se volta, portanto, aos "irmãos da Itália", aos compatriotas trabalhadores que honram a pátria-mãe e contribuem, contemporaneamente, ao progresso da pátria de adoção. Apresenta-se como um periódico cívico e educador (*ALPIB*, 1917) e esclarece que "não é mais que um ramo do *La Patria*, e segue a mesma orientação a qual encontrou a simpatia e aprovação geral" (*ALPIB*, 1919, p.3), justo porque é "um jornal sem interesses, popular e independente" (*ALPIB*, 1921, p.3). Na edição de 1922, a redação explica melhor a intenção de informar com sobriedade e clareza, dentro de um programa eclético e com o objetivo declarado de elaborar uma espécie de enciclopédia popular, sempre mais completa, útil e variada (*ALPIB*, 1922).

---

17 Há apenas duas lacunas na coleção do almanaque, a de 1923 e a de 1929.

18 "Da che deriva il grande prestigio conquistato dal 'La Patria'? Crediamo che esso si debba al suo nobile programma, alla sua indipendenza reale, assoluta, e principalmente al fatto che il giornale 'La Patria' é dedicato esclusivamente agli italiani tutti, e non solo asservito ad altolocati, non venduto a cricche, non affittato da interessi inconfessabili." (Tradução nossa)

Durante toda a sua existência, difunde uma forte ideologia patriótica, com um espírito voltado à exaltação da italianidade para gerar uma espécie de orgulho coletivo entre os imigrantes em busca de autoestima. Difunde-se uma ideia geral de grandeza moral da pátria, projetando os seus interesses no campo internacional e apoiando uma visão irredentista no pós-guerra. Ao mesmo tempo, em grande medida, percebe-se a vontade de tornar-se porta-voz e defensor da colônia ítalo-riograndense, para intermediar as reivindicações perante as autoridades locais e ao governo de Roma.

Por meio das publicações de cartões e mensagens de agradecimento nas primeiras páginas, recebidas de inúmeras personalidades e autoridades italianas às quais eram enviados exemplares, os redatores legitimavam o sucesso do próprio projeto editorial. De 1922 a 1928, há uma seção específica intitulada "Com'è stato accolto l'almanacco de La Patria", na qual divulgar os reconhecimentos obtidos da "Sua Alteza Real", ou do filho de Garibaldi, além dos principais ministros e senadores do Reino, significava afirmar-se de forma positiva perante os leitores assinantes (*ALPIB*, 1922 a 1929). Também as relações entre os diretores do periódico e as autoridades diplomáticas italianas no Rio Grande do Sul parecem se restabelecer de forma pacífica depois da tempestade ocorrida no seio da coletividade local no período da Grande Guerra. Em 1926, publica-se um agradecimento ao cônsul de Porto Alegre, Arduini, apoiador do empenho que *La Patria Italo-Brasiliana* havia mostrado pela ocasião do aniversário do "Cinquentenário da colonização italiana no Rio Grande do Sul":

> [...] alegro-me convosco pela bela obra feita, a qual a importância do ponto de vista da propaganda patriótica, especialmente neste ano que em que acontece o Cinquentenário da nossa Colonização no Rio Grande do Sul, é tal que não posso menos que assinalar o seu trabalho ao Régio Ministério.[19] (*ALPIB*, 1926, p.20)

O primeiro número apresenta pouco mais de 150 páginas e 53 ilustrações, que aumentam gradualmente, até a edição de 1922, com aproximadamente 700 páginas e 500 ilustrações. Nas sucessivas edições, mantém-se uma média de 500 páginas.

---

19 "[...] mi rallegro con Lei per la bella opera compiuta, la cui importanza dal punto di vista della propaganda patriottica, specialmente in quest'anno in cui ricorre il Cinquantenario della nostra Colonizzazione nel Rio Grande del Sud, é tale che non posso a meno di segnalare il suo lavoro al R.º Ministero" (Tradução nossa).

A primeira seção, com o título "L'Anno", apresentava uma cronologia com os dias festivos e as celebrações cívicas italianas e brasileiras,[20] a passagem das estações climáticas, além de curiosidades astronômicas com pequenos textos sobre o universo, o sistema solar, as estrelas etc.

Logo depois vinha a seção "Articoli, Biografie, Poesie, Novelle", a segunda maior em número de páginas. Os artigos tratavam de temas variados, com uma predominância de análises socioeconômicas relativas à Itália. Não faltavam textos sobre a moralidade, os costumes e a mentalidade dos compatriotas, junto a reflexões sobre o novo potencial das indústrias e da tecnologia, que incidiam sobre as mudanças culturais da época. Na maior parte dos casos, os artigos não eram assinados, com exceção de algumas intervenções de políticos ou jornalistas muito conhecidos, tiradas diretamente de periódicos italianos. Um espaço menor, mas sempre presente, era dedicado à obra de imigrantes italianos que despontavam na comunidade rio-grandense por haver contribuído ao desenvolvimento geral do país sul-americano. Havia, ainda, breves biografias de italianos ilustres, como Nicolau Maquiavel, Leonardo da Vinci, Dante Alighieri etc. (*ALPIB*, 1922, p.75). As poesias e os romances que completavam o quadro da segunda seção eram principalmente de grandes autores, como Gabriele D'Annunzio, Mario Rapisardi e Ada Negri.[21]

Não obstante a variedade dos temas tratados, existe um fio condutor relacionado à defesa orgulhosa da etnia italiana, valorizada tanto no contexto local como naquele internacional. Em particular, na edição de 1919, um artigo intitulado "La Società delle Nazioni" delineia claramente a postura nacionalista que o periódico assumia no conturbado pós-guerra italiano. O autor exaltava os valores idealísticos e universais de solidariedade expressos nas intenções da nova instituição internacional. Ao mesmo tempo, porém, reivindica para a Itália um papel muito mais ambicioso: "Mas quanto mais desponta esse ideal, a realidade nos diz que desapareceria no mundo dos sonhos e das desilusões se a força e a nossa voz se enfraquecessem"[22] (*ALPIB*," 1919, p.78).

Cultivando constantemente um discurso da defesa étnica, o almanaque constrói uma retórica nacionalista e moralista com a finalidade de manter

20 Entre as celebrações brasileiras, publicavam-se, por exemplo, o dia da promulgação da Constituição Federal, a execução do herói nacional Tiradentes, a Abolição da escravidão etc.

21 Em particular, o nome de Gabriele D'Annunzio era o mais recorrente.

22 "Ma quanto più ci apparisce questo ideale, la realtà ci dice che svanirebbe nel mondo dei sogni e delle delusioni, se la forza e la voce nostra si affievolissero" (Tradução nossa).

vivo na coletividade italiana o sentimento de pertencimento à pátria de origem. Os temas mais desenvolvidos são justamente aqueles ligados à participação vitoriosa da Itália no conflito mundial; à ocupação da Líbia; sem esquecer os resultados significativos conseguidos no campo econômico pelos colonos que levaram o progresso e a modernidade ao Rio Grande do Sul. Alinhado às ideias irredentistas de Gabriele D'Annunzio e de Enrico Corradini, defendia de maneira explícita, ao menos até 1926, uma necessária política de expansão para o jovem Estado italiano. A questão estava associada à ideia de uma Itália destinada a prestar o papel de país civilizador. Em 1919, o artigo "L'Italia è pronta" perguntava aos seus leitores se concordavam com a ideia de que, finalmente, o país estava preparado para receber a merecida glória depois da contribuição dolorosa na última guerra, o início do "nosso verdadeiro *Risorgimento*":

> Trento e Trieste são nossas: o adriático é nosso. Novas terras se incorporam ao solo pátrio, novas vias se abrem às atividades dos italianos. [...] Desta vez, feita a Itália, encontramos feitos também os italianos. E, portanto, o nosso verdadeiro *Risorgimento* começa agora. Sim, os italianos foram feitos, ou seja, todos sentem que acima da sua vida individual flutua uma vida superior, uma vida sacra para a qual se sacrifica tudo, a vida da Itália. E basta este sentimento único para encorajar um povo, para induzi-lo a todos os esforços, para torná-lo grande.[23] (*ALPIB*, 1919, p.22)

À exaltação da pátria, juntava-se aquela externada aos compatriotas emigrados, que no Brasil meridional tinham encontrado uma nova oportunidade de redenção. O discurso era válido, fosse para a região agrícola, onde tinham se tornado pequenos proprietários de terras graças à aquisição de lotes em terras de propriedade do Estado; fosse nos centros urbanos, onde se distinguiam pela atividade comercial e artesanal, frequentemente ligada à valorização de recursos étnicos. As colunas dos almanaques promoviam uma ideia do italiano perspicaz e trabalhador, operador de uma "obra gigantesca de civilidade", que começava a dar resultados concretos depois

23 "Trento e Trieste sono nostre: l'adriatico è nostro. Nuove terre s'aggiungono al suolo patrio, nuove vie si aprono alle attività degli italiani. [...] Questa volta, fatta l'Italia, troviamo fatti anche gli italiani. E quindi il nostro vero Risorgimento cominicia ora. Sì, gli italiani sono fatti, ossia ognuno sente che al disopra della sua vita individuale aleggia una vita superiore, una vita sacra a cui tutto va sacrificato, la vita dell'Italia. E basta questo sentimento unico per spronare un popolo, per indurlo a tutti gli sforzi, per renderlo grande" (Tradução nossa).

de uma experiência de "quarenta anos de trabalho ciclópico de milhares de obscuros titãs", em um mundo até agora selvagem (*ALPIB*, 1917):

> O surgimento, como por encanto, de campos onde se produz tudo, a luta contra tigres, contra *a selva selvagem e dura e forte*, a criação de comércio ativo, o despertar de indústrias em tão pequeno espaço de tempo são obras admiráveis, são prodígios que revelam a potência da raça itálica. [...] O desenvolvimento rápido das colônias italianas reproduziu, em apenas quarenta anos, todas as formas evolutivas de civilização: do homem primitivo em meio à natureza selvagem, até o Estado presente. Em outros termos, aquilo que a humanidade atingiu em milênios, as colônias italianas realizaram em quase meio século.[24] (*ALPIB*, 1917, p.63)

A linha de fervoroso nacionalismo continua inalterada também após a ascensão do fascismo. Não se observa, porém, nos anos abrangidos pelos volumes, uma forte defesa do governo de Mussolini. Os almanaques não se tornam veículos doutrinários oficiais para a divulgação do regime, como de modo geral acontecia com as novas iniciativas editoriais de jornais burgueses diretamente financiados por Roma entre as duas guerras (Trento, 2013). No número de 1924, dos onze artigos publicados, três se referem a questões relacionadas ao fascismo. Um é de autoria de Giuseppe Bastianini, secretário para os Fasci no exterior, outro é extraído do *Popolo d'Italia*; e o terceiro publicado pela redação, que se intitula "Fascismo espiritual". Este último não ambiciona uma análise política sobre o regime, mas insiste sobre aspectos psicológicos coletivos que o fenômeno poderia gerar: "É aquele despertar espiritual que se extrai diretamente de um nacionalismo entendido como sentimento patriótico, mais que como prática programática de um partido". Para o autor, a devoção à pátria e a consciência nacional são conceitos que estão acima das categorias de partido ou de governo.

Em relação ao fascismo, portanto, o almanaque mantém uma posição mais informativa que ideológica, também pela sua própria natureza, que se diferencia muito daquela do jornal semanal. A partir da edição de 1926,

24 "il sorgere, come per incanto, di campi dove si produce tutto, la lotta contro le tigri, contro *la selva selvaggia ed aspra e forte*, il creare commerci attivi, l'elevare industrie in cosí corto spazio di tempo sono opere ammirevoli, sono prodigi che bene rivelano la possanza della razza italica.[...] Lo sviluppo rapido delle colonie italiane ha riprodotto, in appena quarant'anni, tutte le forme evolutive della civiltá; dall'uomo primitivo in mezzo alla natura selvaggia, sino allo Stato presente. In altri termini, ciò che l'umanità ha potuto raggiungere in millenni, le colonie italiane lo hanno realizzato in quasi mezzo secolo" (Tradução nossa).

chega a parecer que o tom laudatório voltado à grandeza da nação e ao seu objetivo expansionista redimensiona-se para deixar um espaço maior a outras questões socioeconômicas italianas. Nas últimas seis publicações, até a de 1931, observa-se mesmo um maior interesse voltado aos aspectos do diálogo e da mediação com a cultura local, com uma ênfase maior nas mudanças que aconteciam na sociedade brasileira em um momento de transição e substituição de velhos paradigmas políticos. Aumentam, assim, as publicações de romances de autores brasileiros como Álvaro de Azevedo e Casemiro de Abreu (*ALPIB*, 1930, p.140).

A Grande Guerra, com efeito – como evidenciou Olivier Compagnon –, repercutiu também na longínqua América Latina, onde se despertaram renovadas ideias "nacionais" (Compagnon, 2014). Nos anos 1920, assistiu-se no Brasil à lenta agonia do sistema oligárquico predominante desde a proclamação da República em 1889; em 1922, um novo sentimento nacional é expresso através das manifestações culturais da Semana de Arte Moderna, em que se buscava uma identidade brasileira autêntica. O movimento se encerra com a Revolução de 1930, que se traduzia na proposta de um novo Brasil, mais moderno e industrializado, não mais exclusivamente agroexportador.

O almanaque acompanhava as dinâmicas do período e estabelecia pontes que permitiam um diálogo mais profícuo entre as duas culturas. De fato, os italianos residentes no Rio Grande do Sul já pertenciam à segunda, senão à terceira geração de descendentes, e se identificavam sempre mais com a sociedade brasileira, na qual se sentiam integrados.

A última seção, por fim, intitulada "Indicazioni utili, ricettario, varietà", é seguramente a mais rica no quesito de número de páginas e temas escolhidos, que vão da economia à moda, até informações práticas para orientar os leitores sobre horários e endereços das repartições públicas de Porto Alegre, tarifas atualizadas de serviço postal e telegráfico, tabelas de câmbio, preços das passagens ferroviárias e das companhias de navegação. Não faltavam também as "notas de agricultura", com sugestões para plantar frutas e cereais; conselhos de higiene e receituários domésticos que ocupavam numerosas páginas e que eram estratégicas para favorecer uma circulação do volume no ambiente doméstico durante o ano inteiro. Havia, também, indicações para evitar dores de estômago, anemia, febre, reumatismo; junto a tantos estratagemas que poderiam resolver os problemas de mofo ou de insetos; o modo correto para limpar ouro e metais, tirar manchas ou produzir seu próprio sabão em casa. Nos números de 1922 a 1927, subseções dedicadas às senhoras e à moda traziam as novidades sobre beleza e comportamento, com regras de etiqueta, sociabilidade e bons costumes. Indicava-se qual sapato era mais adequado para os encontros noturnos, mas também como comportar-se nas viagens de trem, ou como uma mulher deveria mostrar sua inteligência: "Inteligente sim, sabichona não" era o título de um artigo que dava conselhos sobre o tema (*ALPIB*, 1926, p.331).

Entre outras, parece interessante evidenciar a importância da subseção de gastronomia, que, mesmo bastante sintética, propunha receitas exclusivamente italianas que estabeleciam as normas do sabor e orientavam os leitores. A culinária ocupava um papel importante na construção de uma identidade coletiva étnica. Nas correspondências dos imigrantes, são frequentes as referências à nostalgia dos sabores de casa e à ligação indissolúvel com as tradições alimentares que lembravam seus locais de origem (De Ruggiero, 2016). Receitas de pratos tradicionais publicados nos almanaques, como os *saltimbocca di vitello alla fiorentina*, os *involtini de melanzana* ou o *zabaione*, serviam assim para estabelecer uma ligação ideal com a pátria e para "estancar a hemorragia de identidade subjetiva e social" à qual os imigrantes eram submetidos.[25] Os autores não se preocupavam em adaptar as receitas à realidade local. Muitas vezes, ingredientes como amêndoas, aspargos e alcachofras eram muito difíceis de ser encontrados, mesmo nas cidades principais, onde já começaram a proliferar revendas de gêneros alimentícios "étnicos", importados diretamente da Itália, desde o final do século XIX. Iniciativas editoriais desse tipo tornam-se canais estratégicos para sustentar esse tipo de comércio. A propaganda de muitos estabelecimentos alimentares encontrava espaço abundante nas páginas do almanaque: o "Armazém Simoni", por exemplo, anunciava sua "especialidade em gêneros coloniais e importados" (*ALPIB*, 1925, p.312), a fábrica de massas de Natale Grimaldi, especializada em produtos feitos com farinha de sêmola, figurava entre os principais estabelecimentos de Porto Alegre e sublinhava no seu espaço publicitário os inúmeros prêmios recebidos em exposições e feiras (*ALPIB*, 1922).

Os anúncios publicitários ocupavam geralmente uma seção final, com dimensões que variavam. Na edição de 1924, por exemplo, aparecem mais de trezentos pelas quinhentas páginas totais do volume. Se referiam principalmente a bancos e seguradoras; serviços de representação; e sobretudo de produtos italianos como o Vermouth Cinzano e a Fernet-Branca. São frequentes também as propagandas das agências que vendiam terras ainda a serem colonizadas (no Rio Grande do Sul e em outros estados meridionais),

25 Retomando a expressão utilizada por Fabio Caffarena (2006).

hotel, alfaiatarias, lojas de roupas, consultórios médicos, tipografias e uma miríade de atividades comerciais de diversas estaturas, principalmente de Porto Alegre, e não sempre exclusivamente italiana. Aparecem, por exemplo, muitas atividades industriais de alemães e descendentes, o grupo étnico economicamente mais influente na capital.

Os almanaques, em suma, não obstante sua publicação anual e sua conotação étnica, não diferem muito da organização geral das revistas da época, por seu caráter permanente e pela grande abundância de textos e imagens (Luca, 2015). A estratégia era de agradar o maior número de leitores possível, oferecendo uma variada gama de argumentos, de modo a preservar o laço identitário com a pátria de origem e, ao mesmo tempo, favorecer os processos de integração cotidiana na realidade de acolhimento.

Conclusão

Em conclusão, podemos afirmar que pela sua longevidade o periódico *La Patria Italo-Brasiliana* representa um exemplo de sucesso editorial étnico incomum no contexto da imigração italiana no Brasil. Não obstante sejam ainda poucos os exemplares disponíveis do jornal – diferentemente da coleção quase completa dos almanaques –, nos parece oportuno sublinhar a relevância que tais iniciativas tiveram em um contexto como aquele do Rio Grande do Sul, onde residia uma grande coletividade italiana.

Em particular, o jornal semanal nos permitiu compreender melhor algumas dinâmicas de sociabilidade interna em um período extremamente conturbado como foi aquele da Primeira Guerra Mundial, quando os compatriotas e seus descendentes foram chamados a refletir sobre os próprios sentimentos de pertencimento, divididos como eram entre as duas pátrias. A experiência bélica influenciou diretamente a representação simbólica e o sentimento patriótico nas numerosas comunidades italianas presentes no exterior. Jornais étnicos e almanaques burgueses, mesmo em anos como aqueles imediatamente sucessivos ao conflito, tornaram-se um forte de preservação de uma "italianidade" estereotipada e bem definida, que deveria ser defendida como pretexto de um discurso nacionalista. A tendência foi aquela de elaborar, a partir do controle das autoridades diplomáticas, uma imagem coletiva homogênea e compacta, a respeito de presumidos valores compartilhados entre todos os expoentes da comunidade.

Nesse sentido, o semanal *La Patria Italo-Brasiliana,* não obstante a sua adesão convicta à causa nacionalista, nos mostra um mundo bastante conflituoso, onde também nos ambientes burgueses prevaleciam discrepâncias internas, corrupção e defesa de personalismos na gestão dos "esforços de guerra". Uma voz interessante, em suma, que apresenta a complexidade e as variantes ideológicas existentes ao interno de um corpo social ainda muito pouco coeso.

Ao mesmo tempo, sejam os almanaques, seja o jornal, refletem a orientação do fundador principal do periódico, o italiano Vicente Blancato, sobre cuja trajetória ainda pouco conhecemos. A imagem parcial que resulta é aquela de um intelectual hábil em utilizar os recursos "étnicos" que possuía para ganhar rapidamente espaço nos circuitos da burguesia local e em colocar-se no papel de mediador cultural sustentado pelo peso e pela importância atribuída à coletividade italiana nos processos de modernização e industrialização em curso no estado.

Bibliografia

BARAUSSE, Alberto; BASTOS, Maria Helena Camara. Informing and educating for Italianess on the pages of "Stella d'Italia" (Porto Alegre/RS, 1902-1908). *History of education & children's literature*, v.XIV, n.2, p.361-2, 2019.

______; ______; RUGGIERO, Antonio de. O jornal *Stella d'Italia* (1902-1925): Transfopress Brasil, 2017. Disponível em: http://transfopressbrasil.franca.unesp.br/verbetes/o-jornal-stella-ditalia-1902-1925/

BORGES, Stella Maris Araujo. *Italianos*: Porto Alegre e trabalho. Porto Alegre: EST, 1993.

BRUM, Rosemary Fitsch. *Caderno de pesquisa*: notícias de imigrantes italianos em Porto Alegre, entre 1911 e 1937. São Luís: EDUFMA, 2005.

CAFFARENA, Fabio. "Il viaggio dei sapori. Il cibo nelle lettere degli emigranti in America." 2006. Disponível em: www.pellegrinoartusi.it/wp-content/uploads/2011/02/intervento-Caffarena.doc

COMPAGNON, O. *O adeus à Europa*: a América Latina e a Grande Guerra. Rio de Janeiro: Rocco, 2014.

CONSTANTINO, Núncia Santoro de. *L'italiano di Porto Alegre:* immigrati meridionali nella capitale del Rio Grande do Sul. Cosenza: Pellegrini, 2015.

______. Italiani a Porto Alegre: l'invenzione di un'identità. *Altreitalie*, n.25, n.2, p.76-90, 2002.

______. *Italiano na cidade*: a imigração itálica nas cidades brasileiras. Passo Fundo: Editora da UPF, 2000.

DE RUGGIERO, Antonio de. Il Made in Italy enogastronomico degli immigrati italiani nel Brasile della Grande Emigrazione. In: CAPPELLI, Vittorio; SERGI, Pantaleone. *Traiettorie culturali tra il Mediterraneo e l'America latina*. Cosenza: Pellegrini, 2016.

______. L'emigrazione italiana nei contesti urbani del Rio Grande do Sul: prospettive di ricerca. In: RADÜNZ, Roberto; HERÉDIA, Vania Beatriz Merlotti (org.). *Imigração e sociedade*: fontes e acervos da imigração italiana no Brasil. Caxias do Sul: Educs, 2015. p.388-405.

_______. Tra passato e presente: immigrazione e identità italiana a Porto Alegre. In: LICATA, Delfina (org.). *Rapporto italiani nel mondo 2016.* Todi (PG): Editrice Tau, 2016.

DREHER , Martin Norberto; RAMBO, Arthur Blásio; TRAMONTINI, Marcos Justo (org.). *Imigração & Imprensa.* Porto Alegre: EST, 2004.

FAUSTO, Boris. *História concisa do Brasil.* São Paulo: Edusp, 2009.

FRANZINA, Emilio. *Al caleidoscopio della gran guerra*: vetrini di donne, di canti e di emigranti (1914-1918). Isernia: Cosmo Iannone Editore, 2017.

_______. Italiani del Brasile ed italobrasiliani durante il Primo Conflitto Mondiale. *História: Debates e Tendências,* v.5, n.1, p.231-26, 2004.

_______. *La terra ritrovata*: storiografia e memoria della prima immigrazione italiana in Brasile. Genova: Stefano Termanini, 2014.

LUCA, Tania Regina de. História dos, nos e por meio de periódicos. In: PINSKY, Carla Bassanezi (org.). *Fontes históricas.* São Paulo: Contexto, 2015. p.111-54.

PESAVENTO, Sandra Jatahi. Rio Grande do Sul, 1890-1930: a ideia da indústria (com a palavra o empresário e o Governo). *Análise Econômica,* Porto Alegre, ano 4, n.7, p.3-20, 1986.

POZENATO, Kenia Maria Menegotto; GIRON, Loraine Slomp. *100 anos de imprensa regional 1897-1997.* Caxias do Sul: Educs, 2004.

_______. I Giornali italiani nel Rio Grande do Sul. *Altreitalie,* Torino, n.31, p.122-35, 2005.

SERGI, Pantaleone. *Stampa migrante*: giornali della diaspora italiana e dell'immigrazione in Italia. Soveria Mannelli: Rubbettino, 2010.

TRENTO, Angelo. *Imprensa italiana no Brasil*: séculos XIX e XX. São Carlos: Edufscar, 2013.

_______. *La costruzione di un'identità collettiva*: storia del giornalismo in lingua italiana in Brasile. Viterbo: Sette Città, 2011.

Fontes

A Federação. Porto Alegre, 1913-1914.

Agli Abbonati e amici del giornale "La Patria". Almanacco Italiano Illustrato del giornale "La Patria Italo-Brasiliana", Porto Alegre, ano III, 1919.

Agli Abbonati e amici del giornale "La Patria". Almanacco Italiano Illustrato del giornale "La Patria Italo-Brasiliana", Porto Alegre, ano I, 1917.

Almanacco Italiano Illustrato del giornale "La Patria Italo-Brasiliana", Porto Alegre, 1917-1931 (Lac. 1923,1929) (ALPIB).

Almanacco Italiano Illustrato del giornale "La Patria italo-brasiliana", Porto Alegre, ano VI, 1922.

Almanacco Italiano Illustrato del giornale "La Patria italo-brasiliana", Porto Alegre, ano XIX, 1925.

Alvaro Azevedo. Almanacco Italiano Illustrato del giornale "La Patria italo-brasiliana", Porto Alegre, ano XIV, 1930, p.140.

Amici e Lettori de La Patria. Almanacco Italiano Illustrato del giornale "La Patria italo-brasiliana", Porto Alegre, ano V, 1921.

Amici e Lettori de La Patria. Almanacco Italiano Illustrato del giornale "La Patria italo-brasiliana", Porto Alegre, ano VI, 1922.

Anniversario. La Patria Italo-Brasiliana, Porto Alegre, 23 out. 1916.
Blancato, Vicente. *Almanaque do Comércio do Rio Grande do Sul – 1920*. Porto Alegre: Globo, 1920.
_______. *As forças econômicas do estado do Rio Grande do Sul no 1° Centenário da Independência do Brasil 1822-1922*. Porto Alegre: Globo, 1922.
_______. Legittima difesa. *La Patria Italo-Brasiliana*, Porto Alegre, 17 fev. 1917.
_______. Lettera semi-chiusa all' Ill.mo Sr. G. B. Beverini Cav. Uffi. e membro di tutte le società alemanne. *La Patria Italo-Brasiliana*, Porto Alegre, 5 ago. 1916.
Casagrande, A. A ponte sobre o Rio das Antas na Estrada Buarque de Macedo. *La Patria Italo-Brasiliana*, Porto Alegre, 9 dez. 1916.
Colnaghi, Adelchi. Il giornalismo italiano nel Rio Grande del Sud. *Stella d'Italia*, Porto Alegre, 11 febbraio 1906.
Com'è stato accolto l'almanacco de La Patria. Almanacco Italiano Illustrato del giornale "La Patria italo-brasiliana", Porto Alegre, ano VII, 1922, p.6-8.
Com'è stato accolto l'almanacco de La Patria. Almanacco Italiano Illustrato del giornale "La Patria italo-brasiliana", Porto Alegre, ano VIII, 1924, p.6-38.
Com'è stato accolto l'XI volume dell'almanacco. Almanacco Italiano Illustrato del giornale "La Patria italo-brasiliana", Porto Alegre, ano X, 1928, p.6-28.
Commercio italo-brasiliano. *La Patria Italo-Brasiliana*, Porto Alegre, 17 mar. 1917.
Come fu accolto l'IX volume dell'almanacco. Almanacco Italiano Illustrato del giornale "La Patria italo-brasiliana", Porto Alegre, ano X, 1926, p.6-30.
Come fu accolto l'VIII volume dell'almanacco. Almanacco Italiano Illustrato del giornale "La Patria italo-brasiliana", Porto Alegre, ano IX, 1925, p.6-34.
Come fu accolto l'X volume dell'almanacco. Almanacco Italiano Illustrato del giornale "La Patria italo-brasiliana", Porto Alegre, ano XI, 1927, p.6-30.
Contro lo scandalo delle riforme. *La Patria Italo-Brasiliana*, Porto Alegre, 26 jan. 1918.
Corrispondenze dalle colonie. Bento Gonçalves, *La Patria Italo-Brasiliana*, Porto Alegre, 28 jul. 1917.
Corrispondenze dalle colonie. Cruz Alta. *La Patria Italo-Brasiliana*, Porto Alegre, 11 ago. 1917.
Crocetta, B. Il giornalismo coloniale. In: *Cinquantenario della colonizzazione italiana nel Rio Grande del Sud 1875-1925*, v.1. Porto Alegre: Posenato Arte & Cultura, 2000 (1925). p.444-7.
Dante Alighieri. Almanacco Italiano Illustrato del giornale "La Patria italo-brasiliana", Porto Alegre anno VII, 1922, p.75.
Dottore Antonio Casagrande. *La Patria Italo-Brasiliana*, Porto Alegre, 2 dez. 1916.
Fascismo Spirituale. Almanacco Italiano Illustrato del giornale "La Patria italo-brasiliana", Porto Alegre, ano XIII, 1924, p.114-25.
Guerra d'Indipendenza e Guerra di Redenzione, *La Patria Italo-Brasiliana*, Porto Alegre, 20 set. 1916.
Il Progresso delle colonie italiane. Loro importanza economica. *La Patria Italo-Brasiliana*, Porto Alegre, 18 nov. 1916.
Il Rio Grande del Sud ed il 20 settembre 1835. *La Patria Italo-Brasiliana*, Porto Alegre, 20 set. 1916.
In Difesa delle colonie italiane. Per l'abolizione dell'imposto sul vino – L'industria dei salami minacciata dal fisco. *La Patria Italo-Brasiliana*, Porto Alegre, 5 ago. 1916.

In Onore del Dr. Casagrande. *La Patria Italo-Brasiliana*, Porto Alegre, 18 nov. 1916.

Intelligenti, sì, saputelle, no. Almanacco Italiano Illustrato del giornale "La Patria italo-brasiliana", Porto Alegre, ano XX, 1926, p.331-3.

Italia e Brasile. Il prestito italiano sottoscritto dal Presidente dell'Unione, e dai presidenti degli Stati di S. Paulo e Rio Grande do Sul. *La Patria Italo-Brasiliana*, Porto Alegre, 23 mar. 1918.

La Patria Italo-Brasiliana. Porto Alegre, 1916-1918 (LPIB).

La Società delle Nazioni. Almanacco Italiano Illustrato del giornale "La Patria italo--brasiliana", Porto Alegre, ano III, 1919, p.44-7.

Le Colonie italiane nel Rio Grande del Sud. Almanacco Italiano Illustrato del giornale "La Patria italo-brasiliana", Porto Alegre, ano I, 1917, p.67-79.

Le Colonie italiane nella 3ª Esposizione Agro-Pecuaria. *La Patria Italo-Brasiliana*, Porto Alegre, 30 set. 1916.

Lettera di un soldato, *La Patria Italo-Brasiliana*, Porto Alegre, 9 dez. 1916.

Lo Scandalo Giusti. *La Patria Italo-Brasiliana*, Porto Alegre, 17 fev. 1917.

Lo Stato di Rio Grande del Sud e la crisi economica durante l'ultimo quinquennio. (Da un rapporto del cav. Francesco De Velutiis, R. Console in Porto Alegre) (Febbraio 1908). In: Ministero degli Affari esteri – Commissariato dell'Emigrazione, Emigrazione e Colonie. Raccolta di rapporti dei RR. Agenti diplomatici e consolari. Vol. III – America, Parte I – Brasile. Roma: Manuzio, 1908, p.344-7.

Per la Croce Rossa Italiana. *La Patria Italo-Brasiliana*, Porto Alegre, 20 set. 1916.

Per la Verità. Ai zucconi anonimi. *La Patria Italo-Brasiliana*, Porto Alegre, 10 mar. 1917.

Per lo Scandalo del servizio militare. *La Patria Italo-Brasiliana*, Porto Alegre, 23 out. 1916.

Pro Croce Rossa Italiana. *La Patria Italo-Brasiliana*, Porto Alegre, 2 dez. 1916.

Sezione libera. *La Patria Italo-Brasiliana*, Porto Alegre, 10 mar. 1917.

Sezione libera. *La Patria Italo-Brasiliana*, Porto Alegre, 24 mar. 1917.

Sviluppo economico delle colonie italiane. Associazioni commerciali. *La Patria Italo-Brasiliana*, Porto Alegre, 6 jan. 1917.

Sviluppo economico delle colonie italiane. Nuova fase, II. *La Patria Italo-Brasiliana*, Porto Alegre, 2 dez. 1916.

Sviluppo economico delle colonie italiane. Nuova fase, III. *La Patria Italo-Brasiliana*, Porto Alegre, 16 dez. 1916.

Tedeschi, M.S. L'Italia è pronta. Almanacco Italiano Illustrato del giornale "La Patria italo--brasiliana", Porto Alegre, ano III, 1919, p.22-8.

Un Valoroso portoghese nelle file italiane, *La Patria Italo-Brasiliana*, Porto Alegre, 23 out. 1916.

Várias. *A Federação*, Porto Alegre, n.87, 7 abr. 1914.

Intelectuais nipo-brasileiros nos jornais em língua japonesa do pós-guerra (1946-1970)[1]

Monica Okamoto

A volta das publicações de jornais e revistas em língua japonesa no Brasil, em meados da década de 1940, ocorre em um momento social de extrema violência dentro da comunidade *nikkei* que, sob influência da associação Shindô-Renmei [Liga do Caminho dos Súditos],[2] se polarizou em "vitoristas" (aqueles que acreditavam na vitória japonesa na guerra do Pacífico) e "derrotistas" (aqueles que acreditavam na notícia da rendição incondicional dos japoneses). A despeito do clima tenso do pós-guerra ocasionado pela facção

1 Este trabalho contou com a colaboração da doutoranda em sociologia pela Universidade Sofia, Tóquio, Yukako Nagamura.

2 A Shindô-Renmei foi um movimento terrorista criado no interior do estado de São Paulo por membros do *tokkotai* (esquadrão suicida) em meados da década de 1940. Os súditos fanáticos, como foram conhecidos, eram imigrantes japoneses que passaram a cometer atentados violentos contra seus patrícios que acreditavam na derrota japonesa na Guerra do Pacífico. Conhecidos como *kachigumi* (vitoristas), os membros da Shindô-Renmei pregavam e divulgavam a vitória japonesa na guerra. Já os *makegumi* (derrotistas, os quais também foram chamados de "corações sujos") eram aqueles que estavam contra essa versão e, portanto, acreditavam na derrota do Japão na guerra. Ver: (Morais, 2010).

da Shindô-Renmei, imprensas "derrotistas" são fundadas na cidade de São Paulo para levar informação oficial e esclarecimento à população *nikkei*.

Os fundadores e colaboradores dos jornais "derrotistas" eram, em sua maioria, jornalistas da extinta *Nippak Shimbun* (1916-1939). Mais entrosados à sociedade brasileira, essa nova geração de *nikkeis* (*nisseis* e *jun'isseis*)[3] que se embrenhou no jornalismo pós-guerra possuía formação superior em uma instituição brasileira de renome e fluência em ambos os idiomas, japonês e português.

O objetivo deste trabalho, portanto, é dimensionar a ação de alguns jornalistas-intelectuais *nikkeis* que atuaram na imprensa nipo-brasileira dos primeiros tempos do pós-guerra e, concomitantemente, se inseriram em outros campos sociais (acadêmico, econômico e político) como porta-vozes de um grupo ainda numericamente restrito na época: a elite intelectual *nikkei* da cidade de São Paulo. Hideo Onaga, José Yamashiro e Hiroshi Saito são apenas alguns dos nomes expressivos que despontaram nesse período e que exerceram um papel central na formação da mentalidade da comunidade *nikkei*. Assim, acreditamos que os impressos *São Paulo Shimbun* (*Jornal São Paulo*, 1946-2018) e *Paulista Shimbun* (*Jornal Paulista*, 1947-1998), idealizados por esses jornalistas-intelectuais *nikkeis*, se destacaram nessa incursão.

Reforçamos, ainda, que a ideia é compor um amplo quadro das discussões mais relevantes dessa elite étnica[4] da cidade de São Paulo desde meados de 1930 e seus desdobramentos nas décadas subsequentes. Explorar como a inserção desses jornalistas-intelectuais em outros espaços sociais como o acadêmico, o político e o econômico refletiu na identidade dos impressos nipo-brasileiros do pós-guerra e, consequentemente, na opinião e na visão da comunidade *nikkei* do pós-guerra.

---

3 *Nissei* se refere aos filhos de imigrantes japoneses que nasceram no Brasil e que são chamados também de segunda geração; e os *jun'isseis* são os filhos de imigrantes japoneses que nasceram no Japão, mas foram criados no Brasil.

4 Referência à elite *nikkey* paulistana que começou a se formar em meados da década de 1920-1930 composta por imigrantes japoneses e descendentes que tinham um alto grau de formação educacional e certo prestígio social dentro da comunidade. O historiador norte-americano Jeffrey Lesser (2008) chama de elite nissei a segunda geração de imigrantes japoneses que alcançaram mobilidade econômica no pós-guerra, em geral, com nível superior.

Os jornais nipo-brasileiros do pós-guerra e a polarização da comunidade

O primeiro jornal nipo-brasileiro a circular no Brasil pós-guerra foi o *São Paulo Shimbun* (*Jornal de São Paulo*). Fundado por Mituto Mizumoto e pelos ex-integrantes do *Seishû Shimpô* (*Semanário de São Paulo*), o *São Paulo Shimbun* pendia para uma mídia mais conservadora e de centro-direita. Um exemplo nesse sentido foi a postura "ambígua" adotada por esse impresso durante a polarização que ocorreu com os incidentes (disseminação de notícias falsas e assassinatos de japoneses derrotistas) provocados pela Shindô-Renmei. Para o jornalista e pesquisador Fukasawa (2010), o *São Paulo Shimbun* se posicionou ao lado dos vitoristas, não por convicção, mas por estar preocupado com a queda das vendas do impresso, caso se declarasse abertamente a favor dos derrotistas.

De fato, na primeira edição do *São Paulo Shimbun* – lançada no dia 12 de outubro de 1946 sob a supervisão do diretor proprietário Kossuke Kohatsu e do diretor responsável Jorge Zananiri – percebemos um discurso ameno e sem manifestações diretas acerca do posicionamento do jornal nos incidentes da Shindô. No editorial intitulado "Apresentação", os proprietários e redatores do *São Paulo Shimbun* declaram que o objetivo do jornal é "[...] informar em idioma japonês, com a respectiva tradução, sobre todos os assuntos que digam respeito com as necessidades da colônia [...] mantendo absoluta neutralidade no que se refere às questões de natureza política". A ideia de transmitir aos seus leitores uma imagem de imparcialidade do impresso também pode ser observada em outro trecho do editorial, referindo-se ao cenário de polarização da comunidade provocado pela Shindô:

> O caso do aparecimento de organizações que absolutamente não condizem com a índole ordeira e pacífica dos membros da coletividade nipônica do Brasil é um atestado vivo da extensão dos males a que conduz o isolamento de um povo, principalmente se ainda não tiver assimilado convenientemente a língua do País que o hospeda. [...] Porém, não há tempo para demorarmo-nos na contemplação do passado, já que ele deve servir como lição e incentivo ao restabelecimento do ritmo normal de trabalho, de paz, de ordem e de tranquilidade a que sempre se devotaram os súditos do Micado, desde os primórdios de sua entrada no País.

Apesar de em nenhum momento mencionar o nome da Liga Shindô-Renmei no editorial e nas matérias de sua edição inaugural, o *São Paulo Shimbun* critica indiretamente as ações dessa facção, mas, logo em seguida, ameniza sua opinião justificando que essa postura não faz parte da "índole ordeira e pacífica" dos japoneses e que o grande responsável pelo surgimento dessas organizações foi o "isolamento" da comunidade em tempos de guerra, sem informações oficiais. Em outras palavras, nota-se uma mensagem ambígua na qual até os próprios membros da Shindô ("súditos do Micado", como todos os outros imigrantes japoneses) poderiam ser incluídos como vítimas da situação de confinamento em tempos de guerra e da consequente falta de informação.

Já os proprietários do *Paulista Shimbun* (*Jornal Paulista*), que fundaram o jornal com o objetivo de se posicionarem contra as ideias "vitoristas" e esclarecerem a população sobre os acontecimentos da guerra, mostraram-se mais incisivos em suas colocações. O editorial da primeira edição do *Paulista Shimbun*, publicado em 1º de janeiro de 1947 e intitulado "Começando...", deixa clara a sua posição e a nova dinâmica que conduziriam a imprensa nipo-brasileira. Para os editores do *Paulista* o objetivo imediato deles era "informar corretamente" sobre os acontecimentos da guerra e, posteriormente, integrar "o elemento japonês e seus descendentes, de maneira completa na coletividade brasileira". Eles defendem ainda que o *Paulista* era um jornal oficial e que estava de acordo com os "preceitos constitucionais [...] procurando preencher uma lacuna que existe e de certa forma persiste no seio da colônia aqui radicada: a inexistência de um órgão informador para os japoneses". Como podemos observar, os editores deixam claro que, ao contrário dos jornais clandestinos da Shindô-Renmei que circulavam na época, o *Paulista* era um órgão sério, responsável, regulamentado e comprometido com a verdade. Esclarece também que a ideia é que o jornal *Paulista* servisse aos interesses da colônia japonesa para que, posteriormente, pudesse "integrar-se na grande família da imprensa brasileira".

Assim, os editores e os colaboradores do *Paulista* que compuseram o grupo dos derrotistas foram: Hideo Onaga, José Yamashiro, Massuji Kiyotani, Hiroshi Saito, Shuichi Takeuchi, Tokuya Hiruta, Chizaburo Nomura, Yoshiomi Kimura, Yoshio Mizobe, entre outros. Elementos do empresariado *nikkei* como Kiyoshi Yamamoto (empresário do Grupo Tozan), Chibata Miyakoshi (ex-diretor da Kaiko), Kenkiti Simomoto (fundador e diretor da Cooperativa Agrícola de Cotia) também deram suporte ao *Paulista* em seu objetivo de levar esclarecimento sobre a guerra (Yamashiro, 2001).

A criação do terceiro maior impresso *nikkei* desse período, o *Nippaku Mainichi Shimbun* (*Jornal Diário Nipo-brasileiro*), ocorre em consequência de desentendimentos entre os jornalistas do *Paulista Shimbun* em 1948. A dissensão da equipe do *Paulista* levou os jornalistas Shuichi Takeuchi e Toshihiko Nakabayashi a fundarem o *Nippaku Mainichi Shimbun* em 1949.

Para contrapor os impressos derrotistas, jornais vitoristas como *Shôwa Shimbun* (*Jornal da Era Shôwa*, 1949-1954), *Burajiru Chûgai Shimbun* (*Jornal Brasil* de notícias nacionais e internacionais, 1949-1957) e *Kagayakigô* (*Boletim Luz*) começam a despontar e a disseminar valores e ideias das antigas lideranças dos núcleos coloniais do pré-guerra.[5]

Segundo Fukasawa (2010), o fundador do *Shôwa Shimbun*, Saburo Kawabata, por exemplo, argumenta que os vitoristas não tiveram espaço na mídia para se defenderem e foram, simplesmente, julgados como loucos e fanáticos durante a campanha de reconhecimento da derrota do Japão (*Ninshiki Undô*) promovida pelos jornalistas derrotistas.

Ao contrário dos jornalistas dos impressos derrotistas, os integrantes do *Shôwa Shimbun* não se distinguiam pelo profissionalismo. Mesmo assim, o *Shôwa*, que começou como jornal semanal, posteriormente, passou a ser publicado três vezes por semana, chegando a atingir uma tiragem de 6 mil exemplares por edição. Um fato inusitado foi a participação de colaboradores brasileiros não descendentes de japoneses no *Shôwa* que defenderam a postura ideológica dos vitoristas (Fukasawa, 2010).

Outro impresso vitorista, *Burajiru Chûgai Shimbun*.[6] fundado no município de Promissão, no interior do estado de São Paulo, teve como editor o *nissei* Hakuo Yassunaga, então vereador da referida cidade.

Por fim, o *Burajiru Jihô* (*Notícias do Brasil*), único jornal *nikkei* fundado no período anterior à Segunda Guerra Mundial, que volta a ser reeditado nessa época, também se mostrou do lado dos vitoristas. A reabertura do *Jihô* ocorreu em dezembro de 1946 e contou com o apoio dos vitoristas (Handa, 1987). Kuroishi, ex-editor do *Jihô*, em decorrência de sua idade avançada, cede o cargo ao jornalista Isomitsu Okimoto. Com base nas memórias de Rokuro Koyama (fundador do *Seishu Shimpô*), Kuroishi admite apoiar os vitoristas apenas por questões comerciais, pois temia a queda das vendas do impresso caso se declarasse a favor do movimento em prol dos derrotistas (Fukasawa, 2010).

---

5 Todos esses impressos "vitoristas" (com exceção de uma edição do *Kagayakigô*) não se encontram mais disponíveis nos arquivos do Museu Histórico da Imigração Japonesa em São Paulo. As informações a respeito desses jornais foram coletadas de forma indireta por meio dos trabalhos publicados anteriormente. Ver: (Fukasawa, 2010; Handa, 1987).

6 Não encontramos dados acerca da fundação e do fechamento desse impresso.

As rivalidades e diferenças de opinião das linhas editoriais dos principais jornais nipo-brasileiros do pós-guerra, no entanto, tiveram ocorrências mais graves. O jornalista Chizaburo Nomura, ex-editor-chefe do *Nippak Shimbun*, foi assassinado por membros da Shindô-Renmei. Já Sukenari Onaga e seu filho Hideo Onaga (editor do *Paulista Shimbun*) foram ameaçados de morte. Ao que se pode notar, não havia qualquer garantia de segurança aos jornalistas *nikkeis* que se posicionavam de forma contrária aos vitoristas. Mesmo atuando em um contexto de alto risco, muitos desses jornalistas mantiveram-se firmes em seus propósitos de levar esclarecimento à comunidade sobre a derrota do Japão.

As explicações para o surgimento da Shindô-Renmei no Brasil estão fortemente ligadas à vinda dos "novos imigrantes" entre 1927 e 1932. Segundo Tomoo Handa (1987, p.446), esses imigrantes, influenciados pela ideologia nacionalista do Japão, confrontaram-se com a política de nacionalização do governo Vargas, fato que "[...] só serviu para reforçar ainda mais o sentimento de exaltação da nação japonesa". A proibição do ensino da língua japonesa foi "[...] a base para o aparecimento do movimento da Shindô-Renmei", na visão de Handa. Imigrantes vitoristas acreditavam na implantação de uma área de "co-prosperidade da grande Ásia", alguns chegaram a fundar outro grupo nacionalista, o Sakuragumi Teishintai (Grupo de Voluntários Sakura).

Muitos imigrantes japoneses, que se sentiam um "povo abandonado" (nas palavras de Tomoo Handa), tinham como consolo a ideia de retornarem ao Japão após o fim da guerra. Ainda segundo Handa (1987), além da discriminação, do boicote e da humilhação dos quais eram vítimas, os imigrantes japoneses eram também atacados nos impressos brasileiros que publicavam notícias falaciosas acerca de conflitos causados supostamente pelos nipônicos, degradando ainda mais a imagem dos japoneses. Entre a eclosão da guerra até o seu término, a pressão psicológica dos japoneses[7] no Brasil aumentou.

De maneira geral, os jornais vitoristas compartilhavam do mesmo sentimento da maioria dos imigrantes japoneses (povo abandonado) e reproduziam em seus impressos a grandeza da nação japonesa como uma forma de reconfortá-los (Fukasawa, 2010).

---

7 Tomoo Handa (1987, p.643-4) explica que a "pressão psicológica" que os imigrantes japoneses sentiram a partir de 1939 até o final da guerra foi por conta de inúmeras medidas tomadas pelo governo brasileiro, dentre elas: fechamentos dos jornais nipo-brasileiros e das associações e escolas japonesas.

Concluímos, dessa forma, que foram diversos os fatores que culminaram no surgimento da Shindô-Renmei:[8] notícias falsas de jornais brasileiros; instabilidade psicológica dos imigrantes japoneses; fortalecimento da educação ultranacionalista japonesa com a vinda dos "novos imigrantes" no final da década de 1920; fechamento dos jornais nipo-brasileiros durante a guerra e a circulação de jornais clandestinos "vitoristas".

Em meio a esse contexto histórico tão específico, não seria possível classificar as imprensas *nikkeis* dessa época simplesmente em "vitoristas" e "derrotistas" sem compreender as dinâmicas de relações que ocorreram dentro da colônia japonesa. Os jornalistas-intelectuais derrotistas, ao lançarem os impressos no pós-guerra, tinham como objetivos: esclarecer a comunidade *nikkei* acerca da rendição do Japão na guerra, controlar a onda ultranacionalista que se propagava, sobretudo nas associações nipo-brasileiras, e, por fim, iniciar o processo de integração do elemento nipônico à sociedade brasileira. Isso não significava, necessariamente, que eles haviam cortado seus laços afetivos transnacionais com o país de origem, pois essa problemática é muito mais complexa e cheia de contradições. Mais à frente, procuramos demonstrar que mesmo os jornalistas-intelectuais derrotistas, que defendiam a integração dos imigrantes à sociedade brasileira, não conseguiram romper totalmente com a cultura e a educação de seus antepassados.

Já os impressos "vitoristas" (excetuando os jornais produzidos pelos membros diretos da Shindô-Renmei) eram dirigidos por pessoas que simplesmente honravam o código de conduta moral japonesa (*shûshin*) e acreditavam na invencibilidade do Japão (crenças pregadas por anos nas escolas japonesas privadas da colônia no período pré-guerra).

Na visão do jornalista e pesquisador Fukasawa (2010), naquela época, ser parte do grupo dos "vitoristas" implicava questões e sentimentos mais complexos do que simplesmente admitir a derrota do Japão na guerra; acarretava na dissolução dos sonhos e das esperanças de milhares de imigrantes japoneses que esperavam retornar ao Japão com o fim do conflito. Era, ainda, ter de enfrentar o fato de que seus planos de vida haviam mudado e que o Japão não era uma potência da qual mantinham orgulho.

Outro tema recorrente nas manchetes desses jornais, em especial no *Paulista Shimbun*, foi o conflito de gerações entre *isseis* (primeira geração) e *nisseis* (segunda geração) que, num primeiro momento, parecem problemas

8 A Shindô-Renmei (Liga do Caminho dos Súditos) se formou, oficialmente, no dia 23 de setembro de 1945, no bairro do Jabaquara, na cidade de São Paulo, e tinha como princípio honrar o código de conduta que todos os súditos deveriam tomar em relação ao imperador (Handa, 1987, p.657).

distintos, sem qualquer relação com os ataques da Shindô-Renmei, mas que, na realidade, estavam ligados à base do pensamento dos imigrantes japoneses. Em outras palavras, a convivência entre grupos de várias gerações levou à criação de um conflito no âmbito social. As desigualdades estavam centradas nas diferenças geracionais e culturais, ou seja, nas trajetórias sociais das gerações anteriores que emigraram para o Brasil no começo do século XX, em contraste com dois tipos de gerações posteriores: a dos filhos dos primeiros imigrantes (os *nisseis*) e a dos "novos imigrantes" (os *isseis*) que, apesar de serem jovens da mesma faixa etária dos *nisseis*, possuíam valores e formações diferentes. Dessa forma, tivemos na época três grupos distintos que apresentavam valores culturais e pensamentos conflitantes entre eles: os imigrantes pioneiros que vieram ao Brasil no começo do século XX, chamados de "macacos velhos" (Handa, 1987), os *nisseis* e os *jun'isseis* (filhos desses primeiros imigrantes nascidos e/ou criados no Brasil) e os "novos imigrantes" (jovens japoneses que vieram para o Brasil nas décadas de 1920 e 1930).

Em meio a esse emaranhado geracional, as discussões acerca da educação dos *nisseis* ganharam centralidade nos debates da comunidade e da imprensa pré e pós-guerra. A educação e a moral japonesas, tão defendidas pela imprensa *nikkei* e pelos *isseis* no período pré-guerra, começaram a ser questionadas pelos *nisseis* já em meados da década de 1930. Com o final da guerra, os *nisseis* (urbanos e intelectualizados), que estavam tentando se afastar da educação japonesa ultranacionalista e da conduta moral de seus pais e dos "novos imigrantes", recuperam essas discussões questionando o papel social e a identidade deles dentro da sociedade brasileira. Eles refutam a velha mentalidade dos *isseis* e propõem o início da integração e da inclusão social dos *nikkeis*.

Resumidamente, podemos afirmar que esse foi um dos eixos temáticos que norteou os impressos denominados de "derrotistas", ao menos, nos primeiros anos do pós-guerra, como podemos observar nas matérias do *Paulista Shimbun* intituladas: "Antinipônico", do dia 21 de janeiro de 1947, de autoria de Hideo Onaga, e "Da mentalidade japonesa", do dia 5 de fevereiro de 1947, de José Yamashiro. Em ambos os artigos, os jornalistas do *Paulista* criticam a permanência dos modelos de pensamento dos *isseis*, que insistiam em se manterem presos aos valores tradicionais do Japão sem perceber que, mesmo em seu país de origem, esses valores já se encontravam falidos e desacreditados com o final do conflito. Onaga e Yamashiro questionam esses valores morais trazidos pelos imigrantes japoneses e o que deles persistia na época. Onaga mostra-se indignado em ser chamado de "antinipônico" por sua opinião e refuta argumentando:

> Não tenho sido japonês, isso é verdade. Não sinto como sentem os japoneses. Mas como ser japonês? Se nasci no Brasil, se vivi até agora no Brasil, se do Japão somente conheço aquilo que me permitem os olhos e os ouvidos? Ademais, pergunto: o que é ser japonês? Antes de qualquer nacionalidade o que importa nos indivíduos é aquilo que eles possuem de humano.

Yamashiro também critica a mentalidade dos *nikkeis* que se encontram presos às suas "verdades", sem nunca as questionar, ou seja, na visão desse jornalista essas verdades, muitas vezes,

> não passam de preconceitos acumulados durante séculos [...] e talvez a mentalidade conservadora seja necessária para a tranquilidade social [...] entretanto, o intelectual ou aquele que se preza em sê-lo, em qualquer grau, deverá estar sempre com o espírito aberto a novas ideias e novos rumos da cultura [...]. Nota-se uma exagerada preocupação em conservar o que há de "japonês" nos brasileiros descendentes dos nipões.

Apesar das divergências de opiniões entre os impressos, havia alguns eventos como o Ano-Novo e o *Tenchôsetsu* (termo antigo que se refere à comemoração do aniversário do imperador) que se mostraram significativos tanto para os derrotistas quanto para os vitoristas. Em ambas as datas, todos os impressos *nikkeis* da época publicavam uma edição especial com a verba de anúncios de boas-festas ou de felicitações pelo aniversário do imperador. O *São Paulo Shimbun*, em sua edição do dia 29 de abril de 1951, tenta atrair os leitores vitoristas estampando, em quase toda primeira página, fotos do casal imperial em comemoração ao aniversário do imperador. Em contrapartida, o *Paulista Shimbun*, na mesma data, evita o uso do termo *Tenchôsetsu* para não instigar os sentimentos nacionalistas dos vitoristas, mas dá destaque ao evento em sua edição. Notamos ainda que quanto maior o anúncio, maior era o apoio que cada jornal recebia da comunidade. O *São Paulo Shimbun* lançou nesse evento uma edição especial dividida em dois dias e com um total de 58 páginas. O *Paulista* lança também uma edição especial, porém com 34 páginas; já a edição especial do *Nippaku Mainichi* tinha 32 páginas; a do *Shôwa* 34 páginas e a do *Burajiru Jihô* 24 páginas (Nagamura, 2015).

Esse fato expressa o poder do *São Paulo Shimbun* em relação aos outros impressos e, consequentemente, dentro da comunidade japonesa. Na verdade, os jornais vitoristas acabam sendo extintos em meados da década de 1950 com o final das ocorrências da Shindô-Renmei, dando maior espaço a três impressos: *São Paulo Shimbun, Paulista Shimbun* e *Nippaku Mainichi*

Shimbun. Todos esses jornais, com o tempo, perdem suas características derrotistas ou vitoristas e passam a diversificar suas atividades e assuntos (Nagamura, 2015).

Segundo Fukasawa (2010), a década de 1960, conhecida como "Milagre Econômico Brasileiro"[9] (1968-1973), torna-se muito próspera para os jornais nipo-brasileiros, devido à entrada maciça de empresas japonesas no Brasil. Com os investimentos japoneses em alta, o *São Paulo Shimbun* abre uma filial em Tóquio em 1971, promovendo eventos bilaterais entre Brasil e Japão. A organização, por parte do *São Paulo Shimbun*, da Grande Exposição do Brasil em 1973, com a presença do casal imperial em uma loja de Departamento de Tóquio, lança esse impresso a um novo patamar de influências e poder. Em outra ocasião, o *São Paulo Shimbun*, na cerimônia de aniversário dos trinta anos de sua fundação realizada no Hotel Imperial de Tóquio, recebe a presença do primeiro-ministro japonês, além de outras autoridades da área política e financeira (Nagamura, 2015).

Com isso, podemos concluir que, dentre os três jornais em língua japonesa no Brasil pós-guerra, o *São Paulo Shimbun* figurava como o de maior visibilidade e influência junto à comunidade. A tiragem do *São Paulo Shimbun*, em meados das décadas de 1960 e 1970, chega a quase 50 mil exemplares, ao passo que o *Paulista* atingia algo em torno de 20 mil (Fukasawa, 2010). Apesar disso, os jornalistas do *Paulista*, sobretudo Hideo Onaga, José Yamashiro e Hiroshi Saito, causaram grande impacto na comunidade, tanto no período inicial do impresso, como posteriormente quando atuaram em outros espaços sociais (acadêmico, econômico e político).

Nos anos de 1980, contudo, o *São Paulo Shimbun*, que possuía um público mais conservador (leitores da velha geração e com proficiência somente em japonês), passou a sofrer uma redução de assinantes, à medida que as gerações dos "macacos velhos" e "novos imigrantes" foram desaparecendo. O mesmo ocorre com o *Paulista* e o *Nippak* que resolvem realizar uma fusão em 1998. Já o *São Paulo Shimbun* encerra as suas publicações impressas em 2018, após 72 anos de funcionamento.

Em suma, como pudemos notar, as trajetórias dos impressos *nikkeis* pós-guerra foram repletas de episódios de tensões intercalados com outros de glórias. Para compreendermos melhor cada fase desses jornais, a atuação dos jornalistas e as suas influências na mentalidade da comunidade japonesa

9 Caracterizou-se pela elevação das taxas de crescimento econômico no Brasil e o surgimento de uma nova elite dirigente voltada para questões técnicas do desenvolvimento que ficou conhecida no meio acadêmico como "tecnocrata". Ver: Abreu (2006).

no Brasil, acreditamos que seja necessário retroceder na história e explorar o surgimento, nos anos de 1930, da elite intelectual *nikkei* na cidade de São Paulo que produziu as bases do pensamento dos jornalistas-intelectuais nipo-brasileiros do pós-guerra.

SURGIMENTO DA ELITE INTELECTUAL *NIKKEI* NA CIDADE DE SÃO PAULO

Na literatura imigrantista é amplamente mencionada a intenção de integração dos imigrantes japoneses e seus descendentes à sociedade brasileira (Handa, 1987; Saito, 1973) desde a década de 1930. Entretanto, esse esforço de inserção social da nova geração de *nikkeis* sofreu inúmeras pressões. Por um lado, a comunidade nipo-brasileira, que reprovava e criticava o fenômeno de "abrasileiramento" dos *nisseis*, acusando-os de "antinipônicos" (problemática frequentemente discutida nos principais jornais nipo-brasileiros do pré-guerra, como *Burajiru Jihô* e *Nippak Shimbun*); por outro, a sociedade brasileira que mantinha ainda os resquícios dos debates raciais contra os asiáticos das décadas anteriores.

É oportuno mencionar o papel da família e das escolas nipônicas na educação do(a) jovem *nissei*. A função central era criar nos *nisseis* um sentimento de patriotismo e pertencimento ao Japão, além de uma consciência de superioridade racial e cultural (Cardoso, 1973). Cabe ainda comentar que houve uma preocupação dos imigrantes em preservarem a cultura e a moral japonesa por meio dos livros didáticos importados do Japão que tinham não apenas a função didática de ensinar o vernáculo, mas também a ideologia ultranacionalista do governo nipônico da época. Entretanto, boa parte do conteúdo desses livros era incompreensível aos filhos de imigrantes japoneses que viviam em um contexto sociopolítico completamente diferente no Brasil (Okamoto, 2018).

Esses *nisseis* do pré-guerra tiveram que enfrentar, paralelamente, os preconceitos raciais por parte da sociedade brasileira que apontava, dentre os inúmeros inconvenientes da imigração asiática, o enquistamento étnico que prejudicaria a formação do nosso caráter nacional (Takeuchi, 2008).

Foi dentro desse contexto histórico que surgiu efetivamente um grupo de jovens *nikkeis* disposto a repensar a representatividade social e a identidade dos nipo-brasileiros. Esses intelectuais *nisseis* e *jun'isseis*, contudo, precisaram enfrentar a mentalidade dos imigrantes conhecidos como "macacos velhos" (pioneiros que vieram ao Brasil no começo do século XX) e, concomitantemente, a mentalidade nacionalista japonesa dos chamados "novos imigrantes" (japoneses que emigraram para o Brasil no final da década de 1920 e meados da década de 1930).

É importante levar em consideração também o papel de dois impressos dentro desse contexto: o *Nippak Shimbun* (1916-1939) e o *Burajiru Jihô* (1917-1941) que despontaram no pré-guerra e monopolizaram a opinião da comunidade japonesa por mais de vinte anos. Apesar da rivalidade existente entre os editores do *Jihô* e do *Nippak*, ambos concordavam com a necessidade de se pensar na educação dos filhos dos imigrantes japoneses e de impor-lhes a moral japonesa (*shûshin*), com o intuito de evitarem o "acaboclamento" da segunda geração. Essa moral japonesa, concebida pelo governo japonês no período Meiji (1868-1912),[10] foi trazida tanto pelos imigrantes pioneiros, quanto pelos "novos imigrantes," e acabou sendo defendida pela grande maioria dos impressos e revistas nipo-brasileiros desse período.

Cabe lembrar que o Japão nessa época já mostrava uma orientação fascista na área educacional que, evidentemente, refletiu nas comunidades nipônicas do Brasil. O governo japonês chega a auxiliar na fundação de escolas japonesas em terras brasileiras e a enviar orientadores do Japão com a intenção não só de reforçar o aprendizado da língua japonesa, mas também os princípios da moral nipônica aos filhos dos imigrantes. Com essa intervenção direta do Japão, as escolas japonesas, sobretudo dos estados de São Paulo e do Paraná, passaram a ser unificadas sob a direção da Associação dos Pais e Irmãos Mais Velhos (Fukyû-kai).

A Fukyû-kai foi uma organização difusora da educação e cultura japonesa nos estados de São Paulo e Paraná. Ela foi implantada pelos dirigentes das colônias e pelo Consulado japonês com o propósito de unificar a linha ideológica de todas as escolas japonesas do Brasil e alinhá-las com a doutrina ultranacionalista japonesa. As disciplinas e o material didático adotado pelas escolas japonesas (com orientação paramilitar) eram monitorados pela Fukyû-kai. Esse monitoramento possibilitava o governo japonês de realizar o recenseamento das escolas e dos professores dando-lhe, assim, o controle de suas atuações (Castro, 1994).

Essa unificação foi a pedra de toque para o surgimento da Shindô-Renmei, uma vez que muitos dos ex-professores e ex-dirigentes das escolas

10 Essa educação ultranacionalista de "doutrinação irracional" foi introduzida em todas as escolas de Ensino Fundamental e Médio no Japão no final do século XIX e teve como objetivo central criar um "país rico e industrializado" por meio de uma educação militarizada que pregava a lealdade ao imperador e a superioridade da "raça japonesa".

japonesas, espalhadas em vários núcleos de colonização sob orientação da Fukyû-kai, atuaram na organização e na direção da Shindô-Renmei. É oportuno informar também que a Fukyû-kai foi um órgão tanto de incentivo educacional quanto de repressão, ora gratificando professores das escolas japonesas, ora repreendendo-os por algum desvio na matriz educacional imposta. A Fukyû-kai também incentivou a construção de pensionatos escolares exclusivos aos *nikkeis* (*kishuku-sha*), como outro canal de controle do governo japonês (Castro, 1994).

Não é de se estranhar que, no período pós-guerra, o jornalista do *Paulista Shimbun*, José Yamashiro, escreve um artigo intitulado: "Os *nisseis* e os *kishuku-sha*", publicado em duas partes nos dias 22 de fevereiro de 1947 e 1º de março de1947, no qual ele critica a existência desses pensionatos exclusivos para os jovens *nisseis*. Para Yamashiro:

> Já é tempo, entretanto, de os japoneses despertarem e compreenderem qual o tipo de educação japonesa que serve aos seus filhos no Brasil. [...] se querem educação brasileira, não haverá necessidade de estabelecimentos de ensino ou órgãos auxiliares de caráter japonês. [...] tudo quanto for antibrasileiro e tudo que tender para a inibição do desenvolvimento do espírito brasileiro nos nisseis deve ser abolido, desde o início. A solução ideal seria não haver nenhuma interferência de elementos japoneses na educação de nisseis.

O jornalista, ao que parece, conhecia todo sistema de dominação ideológica da Fukyû-kai e o seu alinhamento, mesmo que indireto, com os ideais da Shindô-Renmei, com isso, ele defendia a extinção dos pensionatos (*kishuku-sha*) e a eliminação de qualquer controle educacional/interferência por parte dos antigos dirigentes das colônias. Yamashiro, portanto, estava ciente de que a Fukyû-kai atuou como líder ou orientadora (*shidô-sha*) das colônias japonesas no Brasil e cravou nelas um profundo sentimento de devoção à pátria de origem e à figura divina do imperador.

Com efeito, a lealdade ao imperador japonês, por parte da comunidade *nikkei*, podia ser observada nitidamente nas escolas japonesas do pré-guerra que tinham como evento mais importante a comemoração do aniversário do imperador (*Tenchôsetsu*). Nessa ocasião, todos cantavam o hino japonês, reverenciavam a foto do imperador, faziam a leitura do édito imperial sobre a educação e, por fim, gritavam "viva (*banzai*) o imperador" (Handa, 1987).

Essas práticas sociais acalentadas pelos imigrantes pioneiros, contudo, começam a sofrer mudanças, especialmente com a vinda dos chamados "novos imigrantes japoneses" no final da década de 1920 e o surgimento, nessa mesma época, dos primeiros *nisseis* com formação universitária em instituições brasileiras. Sobre os "novos imigrantes", Tomoo Handa conta como foi o impacto da chegada deles nos núcleos de colonização, onde se encontrava um grande número de velhos imigrantes:

> [...] Mulheres de cútis alva, bonita pronúncia do japonês, canções populares recentes, moços que se empenhavam na prática dos esportes, diplomados por escolas de formação de professores que de colonos se tornam professores de escola primária, homens formados em curso superior – nos núcleos onde surgiam esses novos imigrantes uma nova atmosfera cultural tomava conta e os velhos imigrantes, até então respeitados como veteranos, passavam a ser taxados de "mentalidades ultrapassadas". E assim chegaria um tempo em que os velhos imigrantes, eles próprios, passavam a sentir-se inibidos diante da "imigração cultural". (1987, p.296)

Era impossível não notar o contraste entre esses jovens imigrantes recém-chegados e os jovens *jun'isseis* e *nisseis* que viviam nos núcleos de colonização no interior dos estados de São Paulo e do Paraná. Segundo Tomoo Handa (1987, p.521), os *nisseis* que viviam nas zonas rurais dessa época eram indivíduos submetidos a um cotidiano monótono e culturalmente pobre. Os *isseis* costumavam criticar a apatia e a personalidade lenta e sem sensibilidade dos *jun'isseis* e dos *nisseis*. Para Handa, era natural que os *jun'isseis* e *nisseis* fossem mais pacatos e sem foco, uma vez que viviam em zonas rurais distantes, sem contato social que os instigassem a ter espírito de competição e dinamismo. Os poucos momentos de sociabilidade desses *nisseis* eram restritos aos bailes que passaram a ocorrer nos núcleos de colonização a partir de 1935. Nesses bailes, era comum que os *nisseis* se socializassem com os brasileiros da região, fato que causou enorme irritação dos imigrantes mais velhos que diziam:

> [...] mas, desse jeito, onde é que está o dever moral dos filhos com os pais? Em primeiro lugar, o que falta é o espírito japonês, veja o Japão! Os jovens estão lutando na Manchúria, no meio da neve! E, no entanto, veja os meus filhos, a única coisa em que eles pensam é o que fazer para nos enganar, para dançar abraçadinhos a uma ketô.[11] É uma alma podre! Precisamos consertar isso custe o que custar. Devemos ensinar-lhes o caminho da lealdade e do dever filial! (Handa, 1987, p.493)

---

11 *Ketô* era uma palavra utilizada pelos *nikkeis* que significava "estrangeiro", porém com sentido depreciativo.

Já os *jun'isseis* e *nisseis* urbanos com formação universitária em instituições brasileiras na década de 1930 também sofreram críticas dos *isseis* (seus pais e comunidade mais velha). Inicialmente, é preciso informar que todo imigrante japonês que preferia o trabalho urbano ao rural era taxado de "preguiçoso" ou "vagabundo" pela colônia. Eram pessoas, na visão da comunidade da época, que não estavam dispostas a "puxar a enxada" e enfrentar um trabalho pesado. Esses *nikkeis*, que travavam amizade com os brasileiros, estudavam a língua portuguesa nas escolas e estavam se "abrasileirando" culturamente, eram os alvos das preocupações da geração mais velha.

Esses jovens *nikkeis* da cidade de São Paulo constituíam uma minoria na década de 1930, mas estavam dispostos a questionar a identidade deles no meio social brasileiro. Eles sentiam também que já era o momento de se integrarem à sociedade brasileira, redefinindo o seu papel como legítimos "cidadãos brasileiros". Em busca de aceitação social tanto por parte dos brasileiros quanto por parte da comunidade (e dos próprios pais), esses *nikkeis* intelectuais e urbanos deram espaço e ênfase ao tema dos conflitos de gerações nos editoriais dos jornais nipo-brasileiros do pós-guerra. Os confrontos de gerações entre *isseis* e *nisseis* renderam editoriais e debates acadêmicos como os observados nos artigos do *Paulista Shimbun* dos dias 19 de novembro de 1947 ("Os nisseis não prestam") e 20 de janeiro de 1948 ("O que os nisseis esperam dos isseis? Estão preparados para a permanência?"). Em repúdio às críticas dos *isseis*, que costumavam afirmar que "os nisseis não prestam", assim argumenta o *Paulista*:

> O nissei sofre como qualquer outro ser vivente o reflexo do mundo que se transforma e ao mesmo tempo, em virtude de suas condições particulares, sofre a transição de uma cultura para outra. Ele sofre a incerteza de quem deixou a terra e não atingiu o céu. Enquanto os pais o consideram "um brasileiro", a comunidade em que ele vive (é preciso dizer que rarissimamente por maldade) o trata em muitos casos como "japonês".

O trecho acima mostra o dilema vivido pelos *nisseis* e a reivindicação deles por inserção social. Essa problemática, no entanto, já se arrastava havia mais de dez anos, quando em 1934 um grupo de estudantes *nikkeis* dos cursos de Direito e de Medicina, da Universidade de São Paulo, cria a Liga Estudantina Nipo-Brasileira (1934-1941). A liderança passou por diversas figuras de destaque no meio *nikkei*, inclusive Hideo Onaga e José Yamashiro. Os membros da Liga, que eram aproximadamente sessenta pessoas, se congregavam na realização de diversas atividades, como sessões de oratórias, literomusicais, piqueniques, excursões e bailes. Uma das atividades de destaque foi a produção, toda em português, do jornal *Gakusei* (*Estudante*) em outubro de 1935. Em 1939, o *Gakusei* passa a se chamar *Transição* e teve Hideo Onaga como o último presidente em 1941 (Yokota, 2008).

É preciso pontuar que esses jornalistas-intelectuais não surgiram sem uma base de apoio da geração anterior composta por jornalistas, médicos, advogados e engenheiros *isseis*. Essa elite *nikkei* dos anos de 1930 da cidade de São Paulo, em sua maioria, tinha formação universitária no Japão e eram bem-sucedidos economicamente. Alguns exemplos são: Tsuneo Ohta, formado em Letras pelo Departamento de Língua Portuguesa da Universidade Estrangeira de Tóquio (foi um dos redatores do *Paulista*), e Sukenari Onaga (proprietário do *Nippon Shimbun*), formado em engenharia naval no Japão.

Vale ressaltar também duas personalidades da elite *nikkei*: Sukenari Onaga e Senichi Hachiya, que possuíam grande influência e respeitabilidade no meio intelectual da comunidade nas décadas de 1920 e 1930 e atuaram como "mentores" da geração seguinte.

Sukenari Onaga (pai de Hideo Onaga), apesar de sua formação em engenharia, sempre atuou na imprensa. Sua carreira como jornalista teve início em Tóquio, posteriormente, ao emigrar para o Brasil, atuou por quatro anos na edição do *Burajiru Jihô* (*Notícias do Brasil*) e, em seguida, se transferiu para o *Nippak Shimbun* (*Jornal Nipo-Brasileiro*). Em 1932, Sukenari compra o jornal *Nambei Shimpô* (*Semanário da América do Sul*) que passa a se chamar *Nippon Shimbun* (*Jornal do Japão*, 1932-1941). Sua residência era local de encontro de figuras ilustres da comunidade *nikkei*, como Sack Miura (proprietário do *Nippak*), Tomoo Handa (artista plástico e fundador do Grupo Seibi), José Yamashiro (jornalista que na época trabalhava no escritório de Sukenari Onaga), Chizaburo Nomura (proprietário do *Nippak* assassinado pelos membros da Shindô-Renmei), Sentaro Takaoka (médico, colunista do *Jihô* e um dos diretores do Dojinkai), Katsuo Uchiyama (no pós-guerra se torna redator-chefe do *São Paulo Shimbun*), entre outros (Yamashiro, 2001).

Já Senichi Hachiya, importador bem-sucedido de produtos orientais, devido a sua condição econômica privilegiada, alcança respeitabilidade junto à colônia, sobretudo após auxiliar na fundação da Câmara de Comércio e Indústria Japonesa em São Paulo. Foi grande amigo e mentor de Hiroshi Saito, que fez questão de publicar a biografia de Hachiya em 1983. Além desses feitos, Hachiya "[...] teve papel importante como aglutinador de jovens interessados em se reunirem para a discussão de temas de interesse geral" (Castro, 1994, p.85).

Foi dessa maneira, por meio de figuras respeitadas dentro da comunidade *nikkei* que congregavam jovens com perfil intelectual nas associações, que Hiroshi Saito, José Yamashiro, Katsuo Uchiyama e Hideo Onaga acabaram se conhecendo e realizando atividades em diversas esferas sociais.

No tocante às associações (*kai*), é oportuno ressaltar que elas tiveram um papel muito importante ao servirem como focos de tradição e canais de comunicação entre a comunidade e a sociedade brasileira; contudo, a partir da década de 1930, essas agremiações começam a tomar um novo rumo com a participação dessa nova geração de intelectuais *nikkeis* (Castro, 1994).

Com efeito, em 1948, esses *nikkeis* intelectualizados formam a Sociedade de Estudos Nipo-Brasileiros de São Paulo com o propósito de discutirem os rumos da comunidade *nikkei* pós-guerra. Também conhecida como *Doyô-kai* (Grupo de sábados) por se reunirem aos sábados, esse grupo congregava os colaboradores do *Paulista Shimbun* como o sociólogo e professor Hiroshi Saito (1919-1983); o jornalista Hideo Onaga (1922-2007) e o jornalista e historiador José Yamashiro (1913-2005).

Essa nova elite intelectual *nikkei* que nascia no pós-guerra começa a vislumbrar uma possibilidade real de ascensão social, fora da comunidade japonesa, antes inacessível ao grupo (Taniguchi, 2015). A eleição, em 1947, dos primeiros políticos de ascendência nipônica na cidade de São Paulo é um exemplo nesse sentido.

A propósito, sobre esse assunto, Hideo Onaga faz um alerta em seu artigo "Inconvenientes da Candidatura Nissei" publicado no *Paulista* no dia 7 de janeiro de 1947. Para esse jornalista, ainda faltava consciência política por parte da comunidade *nikkei* e isso, consequentemente, ocasionava um voto induzido apenas pela "afinidade fisionômica", sem a formulação de qualquer tipo de juízo acerca do candidato *nissei*. Para Onaga, o "desejo de todos os descendentes de estrangeiros deve ser a integração, e não a diferenciação na comunidade brasileira". Mais uma vez, Onaga mostra-se contrário à mentalidade da maioria da comunidade japonesa que costumava julgar o comportamento dos nipo-brasileiros condicionado apenas a sua etnia.

É importante sublinhar que a inserção de filhos de imigrantes japoneses na esfera pública a partir dos anos 1940, sem dúvida, acalentou esperanças e vislumbrou um novo futuro aos descendentes de origem japonesa. Segundo Taniguchi, o período democrático brasileiro (1945-1964) refletiu na transformação da elite política paulista e, consequentemente, atingiu também os estrangeiros residentes nessa cidade. Para esse pesquisador:

> O lugar de uma população não branca de origem asiática passava a ser definido no contexto de um novo regime político no Brasil, sob a crença no mito da democracia racial. Aguardando, novamente, o reconhecimento do seu grupo de origem na sociedade local, agentes situados no plano intelectual, político e empresarial lideraram a criação dos repertórios simbólicos voltados à realização dessa empreitada. (Taniguchi, 2015, p.5)

De fato, veremos mais à frente como essa elite *nikkei* paulistana argumentou sobre a possibilidade de integração social por via econômica, desconsiderando, assim, a existência de qualquer tipo de problema racial. Em outras palavras, para a elite *nikkei* a questão biológica-racial não era mais um impeditivo aos filhos de imigrantes para alcançarem a mobilidade social, pois a via de acesso para isso havia sido aberta: a da inserção por meio da oportunidade econômico-educacional.

Enfim, tomando as circunstâncias históricas que levaram o surgimento da elite *nikkei* paulistana, podemos analisar, na sequência, a atuação dela na imprensa e em outras esferas sociais.

Atuação dos jornalistas-intelectuais *nikkeis* na imprensa e em outros espaços sociais

Não há ainda uma definição sobre essa categoria tão específica que é a dos intelectuais que se embrenham na mídia ou de jornalistas que transitam em outros espaços sociais (Pereira, 2008). O jornalista Antonio Gramsci (1979, p.7) parte do pressuposto de que todos os homens são intelectuais, mas nem todos desenvolvem ou exercem essa função dentro da sociedade. O intelectual, ainda à luz da concepção gramsciana, não é necessariamente definido pela produção de um "saber superior", mas por seu posicionamento no âmbito social. Gramsci, ainda, faz distinção entre dois tipos de intelectual: o tradicional, representado por professores e administradores que permanecem por gerações a transmitirem o mesmo conteúdo; e os intelectuais orgânicos que eram aqueles com atuação mais contundente dentro da sociedade, que lutavam para mudar a mentalidade e que se mantinham ligados a sua classe social de origem.

Seguindo essa linha teórica, podemos afirmar que Hiroshi Saito, Hideo Onaga, Katsuo Uchiyama e José Yamashiro se enquadrariam no perfil dos "intelectuais orgânicos" por serem considerados, sobretudo dentro da comunidade *nikkei*, figuras emblemáticas no campo dos estudos sobre a imigração japonesa, por terem transitado em vários espaços sociais fora da imprensa (político, econômico e acadêmico) e, por fim, por terem sido fortes referências na formação da mentalidade da colônia japonesa do pós-guerra.

Importante esclarecer que Hideo Onaga e José Yamashiro, apesar de terem atuado em alguns momentos em outras esferas sociais (militante, político, econômico e acadêmico), seguiram preponderantemente a área jornalística tanto da imprensa brasileira quanto *nikkei*. Por outro lado, Hiroshi Saito foi colaborador de impressos nipo-brasileiros ao longo de sua carreira, mas tinha a mídia com uma atividade profissional secundária. Outra distinção importante a ser feita é que Hideo Onaga e José Yamashiro eram de ascendência okinawana e nascidos em terras brasileiras, ao passo que Hiroshi Saito era *issei* que viera ao Brasil na adolescência. Já sobre Katsuo Uchiyama (1910-2004), infelizmente, há poucas informações acerca de sua vida, porém, como redator-chefe do *São Paulo Shimbun*, impresso nipo-brasileiro mais lido pela comunidade do pós-guerra, seu trabalho dentro e fora do jornal teve grande peso opinativo. Uchiyama foi autor das obras: *Burajiru Rapusodi* (*Rapsódia brasileira*, 1993) e *Sôbô no 92 Nen: Burajiru Imin no Kiroku* (*92 anos do Sôbô. Memórias dos Imigrantes para o Brasil*, 2001). Vale comentar também que Uchiyama e José Yamashiro publicaram, como coautores, um artigo intitulado "Emigração como Política de Estado" no livro *Uma epopeia moderna: 80 anos da Imigração Japonesa no Brasil* (1992). Esses detalhes revelaram-se significativos na análise da ligação deles com a comunidade *nikkei*, bem como na investigação sobre a construção identitária desses intelectuais, como veremos a seguir.

Hiroshi Saito (1919-1983) e o dilema identitário

Hiroshi Saito veio ao Brasil na adolescência (aos 14 anos), não podendo, portanto, ser considerado um *jun'issei*, pois tivera parte de sua formação educacional no Japão. Por outro lado, Saito não se considerava *issei*, ao menos não em sua acepção comum, uma vez que viveu a maior parte da vida no Brasil. Esse dilema identitário era comum entre os filhos dos imigrantes japoneses que ao tentarem abraçar uma nacionalidade entravam em profundo conflito.

A carreira escolhida por Hiroshi Saito foi um indício desse embate, visto que ao ingressar no curso de Ciências Sociais da Escola Livre de Sociologia e Política (ELSP), em 1947, parece buscar embasamento teórico para o seu próprio dilema. Nesse mesmo ano, Saito ajuda na fundação do jornal "derrotista" *Paulista Shimbun* com a intenção de levar esclarecimento à comunidade *nikkei* acerca da derrota do Japão na guerra e de iniciar o processo de integração dos japoneses na sociedade brasileira.

A formação acadêmica de Saito na ELSP e o contato que trava nessa instituição com pesquisadores estrangeiros como Emílio Willems (1905-1997), Donald Pierson (1900-1995) e Herbert Baldus (1899-1970) foram significativos na defesa de sua tese a favor da integração. Relevante mencionar que tanto Pierson (da Universidade de Chicago), quanto o professor alemão Willems deram peso teórico e metodológico à vida intelectual de Saito que se manteve fiel, em toda a sua carreira, às correntes de pensamento desses teóricos que tratavam dos conceitos de "assimilação" e "aculturação".

O pesquisador Gustavo Taniguchi (2018), que examina os estudos sobre imigrantes no Brasil produzidos na área de Ciências Sociais entre as décadas de 1940 e 1960, afirma que o modelo cultural-assimilacionista, proposto pelo antropólogo e sociólogo alemão Emílio Willems, estava em proeminência nesse período. De fato, os intelectuais nipo-brasileiros dessa época, alinhados com a teoria do antropólogo alemão, também privilegiaram a proposta do assimilacionismo em suas explanações na academia e na imprensa escrita, como comprova a matéria do *Paulista Shimbun* do dia 29 de abril de 1947, na qual Willems concede uma entrevista ao jornal abordando os "problemas apresentados pelos filhos de japoneses em face à assimilação". Na visão crítica do professor alemão, a organização familiar japonesa, que tende a insistir na manutenção da tradição cultural do Japão, dificulta a assimilação e, consequentemente, a vida dos *nisseis* que lutam "[...] a vida inteira contra a sua própria timidez e subserviência", além de "[...] recalcar o desejo de desposar um cônjuge não japonês". O racismo de muitos pais japoneses, ainda segundo Willems, atrasa o processo de integração do grupo.

O discurso de Willems pressupõe um racismo unilateral (apenas por parte dos imigrantes japoneses), tirando, dessa maneira, o foco da existência de desigualdade racial no Brasil e transpondo-o à questão da mobilidade socioeconômica. Em outras palavras, a assimilação de padrões culturais brasileiros, por parte dos filhos de imigrantes japoneses, permitiria a ascensão social e a integração deles junto à sociedade brasileira. Para Taniguchi, a ascensão de boa parte dos imigrantes e seus descendentes "[...] contribuiu para que se afirmasse, sob o léxico da democracia racial, um discurso sobre a capacidade inclusiva e não discriminatória da nação brasileira" (2018, p.145).

Com efeito, podemos encontrar, no pensamento dos intelectuais nipo-brasileiros da época, essa crença de que no Brasil o elemento estrangeiro não sofria racismo e discriminação racial, como atesta o artigo intitulado

"Democracia racial", do dia 4 de janeiro de 1947 publicado no *Paulista Shimbun*. Os editores desse impresso elogiam a iniciativa do jornal *Diários Associados* que incentivava a integração do estrangeiro ao meio social brasileiro. Nas palavras dos jornalistas do *Paulista*, essa era também a:

> [...] tese que sustentamos sempre: a ausência do preconceito racial e a boa vontade para com os estrangeiros, que caracterizam o Brasil. [...] a tendência geral do Brasil é receber de braços abertos todos os estrangeiros e viver em harmonia com eles e seus descendentes, sem perguntar da sua ascendência. Nesse ponto, ele poderá se orgulhar de ser um dos povos mais democráticos, senão o mais democrático do mundo.

Essa abordagem, apesar das críticas posteriores de sociólogos da Universidade de São Paulo, orientou e dominou os trabalhos de Saito e de boa parte dos seus colegas intelectuais *nikkeis*. Eles se detiveram a essa visão cultural anacrônica, afastando-se do viés racial (Taniguchi, 2018).

Dando prosseguimento ao ponto de vista de Saito, o artigo "Tabús Destronados" foi o seu texto inaugural no jornal *Paulista*. Publicado no dia 15 de fevereiro de 1947, a matéria apresenta conceitos de sociologia como "mores" (costumes considerados sagrados) para convencer a comunidade *nikkei* sobre os perigos de se viver preso a tradições e ideias ultrapassadas. Saito argumenta que a atitude violenta dos membros da Shindô-Renmei estava ligada às alterações do "mores", provocando, assim, um "forte desequilíbrio" nesses indivíduos.

Apesar de Saito, como acadêmico, sempre ter defendido a tese da assimilação e integração dos imigrantes e seus descendentes, em seus pensamentos mais íntimos e em suas atitudes dentro da esfera privada, esse sociólogo vivia em um dilema identitário. No final de sua vida, após muitos anos dedicados à administração de entidades como o Bunkyô (Sociedade Brasileira de Cultura Japonesa e de Assistência Social), a Aliança Cultural Brasil-Japão, o Centro de Estudos Japoneses e o Museu da Imigração Japonesa, Saito se afasta das atividades da comunidade *nikkei*. Não se sabe exatamente os motivos que o levaram a esse afastamento do círculo nipo-brasileiro. Parecia se sentir incompreendido pela comunidade *nikkei*, ao mesmo tempo, se sentia também "tenso no meio dos brasileiros" (Castro, 1994, p.170).

Em uma visão abrangente da trajetória profissional desse intelectual *nikkei*, notamos que as maiores referências acadêmicas e sociais de Saito haviam vindo de fora do Brasil. Seiichi Izumi, professor do Instituto de Pesquisa de Cultura Oriental da Universidade de Tóquio, foi uma dessas referências acadêmicas em comunhão com os professores norte-americanos da Escola de Chicago. Outro estrangeiro influente na carreira de Saito foi o jornalista japonês Yoshiomi Tamai, que o incentivou a produzir o ensaio intitulado *Gaikokujin ni Natta nihonjin* [Um japonês que se tornou um estrangeiro] em 1978. Esse trabalho rende a Saito o prêmio de melhor ensaísta no Japão. O reconhecimento acadêmico japonês fez com que Saito finalmente se sentisse confiante em relação a sua proficiência na língua japonesa, tirando, dessa forma, um peso que pairava sob sua consciência como *issei* (Castro, 1994).

Como podemos observar, Saito não se limitou ao jornalismo, visto que atuou também como docente da ELSP e da ECA (USP), além de ter se dedicado às atividades das entidades *nikkeis*. O jornalismo foi apenas uma de suas atividades intelectuais, mas, sem dúvida, um espaço relevante para seu discurso opinativo e acadêmico.

José Yamashiro e Hideo Onaga, os primeiros nipo-brasileiros na imprensa brasileira

Falar da trajetória pessoal e profissional de José Yamashiro e de Hideo Onaga, separadamente, é uma tarefa impossível. Esses dois jornalistas-intelectuais *nisseis*, de ascendência okinawana e com laços de amizade e parentesco,[12] formaram parceria nas esferas pública e privada. Essa ligação já existia na amizade entre seus pais Sukenari Onaga e Riukiti Yamashiro desde o período pré-guerra.

José Yamashiro e Hideo Onaga iniciaram a carreira jornalística dentro da comunidade *nikkei* participando das revistas *Gakusei* (*Estudante*) e *Transição* da Liga Estudantina Nipo-Brasileira na década de 1930. Posteriormente, eles ajudaram na fundação do *Paulista Shimbun* no pós-guerra. Pouco tempo depois, ambos se lançam para a imprensa brasileira, mas sempre com alguma conexão com os assuntos do Japão e os interesses da comunidade *nikkei*.

No livro autobiográfico de Yamashiro (2001), o autor conta que no início da década de 1950 trabalhou na redação de vários jornais brasileiros até se empregar por catorze anos na revista brasileira *Visão*, na qual, dentre várias matérias, realiza uma reportagem especial acerca do desenvolvimento econômico do Japão patrocinada pelo consulado japonês. Paralelamente, Yamashiro trabalhou também na redação mensal de uma revista agrícola da comunidade nipo-brasileira, a *Coopercotia*, da Cooperativa Agrícola de

12 Yamashiro casou-se com Aya, irmã de Hideo Onaga.

Cotia (CAC). Na década de 1960, Yamashiro e Onaga recebem a proposta da diretoria da CAC para lançarem a revista *Mundo Econômico* (1967-1969), especializada nessa linha de desenvolvimento rural. Yamashiro também, nesse meio-tempo, publica vários livros de história do Japão e do Brasil e faz traduções literárias japonesas.

Hideo Onaga, por sua vez, trabalhou por muitos anos na assessoria especial de políticos *nikkeis* como Fábio Yassuda, que foi vice-presidente da CAC, secretário do Abastecimento da cidade de São Paulo e ministro da indústria e Comércio no final da década de 1960, e Shigeaki Ueki, ministro das Minas e Energias e presidente da Petrobras na década de 1970. Esses dois amigos e cunhados foram considerados os primeiros nipo-brasileiros a atuarem efetivamente na imprensa brasileira, porém, direta ou indiretamente, sempre estiveram ligados aos interesses da colônia japonesa.

Considerações finais

Pensar no processo de construção de identidade desses jornalistas-intelectuais *nikkeis*, suas práticas sociodiscursivas e seus reflexos na comunidade é algo complexo. Atuantes em praticamente todos os campos, eles opinaram em variadas áreas, justamente por serem ainda um número reduzido que serviam de mediadores entre a sociedade brasileira e a comunidade *nikkei*. Eles transitaram entre a imprensa, o meio acadêmico, o econômico e o político, construindo uma identidade de duplo, às vezes, triplo pertencimento. A atribuição de um estatuto social não era possível pelo fato de esses jornalistas-intelectuais nipo-brasileiros serem exigidos, pelas circunstâncias históricas, a atuarem em campos que iam além das atribuições associadas às práticas do jornalismo.

Embora esses jornalistas-intelectuais tenham explorado novos horizontes, fora do circuito da comunidade, defendido a tese de integração por meio da assimilação cultural e argumentado a favor da crença da democracia racial no Brasil; a trajetória de vida desses *nikkeis* se revelou, por vezes, contraditória ao discurso pregado por eles.

Durante a atuação de Yamashiro, Onaga e Saito no *Paulista Shimbun*, o eixo que os norteava era o da extinção da velha mentalidade japonesa calcada no preconceito racial e na discriminação. Inúmeras críticas foram lançadas por esses jornalistas sobre esse assunto. A contrariedade dos pais *isseis* nos casamentos interétnicos era uma dessas críticas feitas dentro do *Paulista*, contudo, o jornalista José Yamashiro, em sua autobiografia, confessa que se sentiu aliviado em ter tomado a decisão de se casar com uma moça *nissei*, uma vez que seus pais e sua irmã haviam se mostrado contrários ao seu namoro com uma descendente europeia. Yamashiro se diz feliz pela decisão que tomara, pois eles não seriam felizes nessas condições de contrariedade. Já Hiroshi Saito, a despeito de toda a sua teoria assimilacionista, mostrou-se contra a possibilidade de casamento interétnico de seus filhos (Castro, 1994).

Desse modo, a identidade e o posicionamento desses jornalistas-intelectuais mostraram-se em constante conflito, ora clamando a integração, ora limitando o entrosamento deles com outras etnias. Ao analisar a participação desses personagens no espaço jornalístico *nikkei* e em outros campos sociais, concluímos que, após a fase de esclarecimento sobre a guerra, os jornalistas tanto da parte vitorista, quanto derrotista foram perdendo esse perfil que os distinguia e mostrando-se muito alinhados com a mentalidade da colônia. Ao que parece, até o final da década de 1970, o *São Paulo Shimbun* continuou a sua linha conservadora, atendendo os leitores (muitos ex-vitoristas) que se mantinham em consonância com os valores tradicionais do período pré-guerra. Por ser a detentora de um maior número de assinaturas, podemos deduzir que o *São Paulo Shimbun* foi um jornal participativo atuando, principalmente, no campo opinativo.

A imprensa *nikkei* teve, sem dúvida, grande influência em termos de formação da mentalidade da colônia japonesa, seja ela ex-derrotista ou ex-vitorista; entretanto, os jornalistas-intelectuais derrotistas, que representavam um grupo restrito numericamente no pós-guerra e que frequentavam o círculo da elite *nikkei* urbana e intelectualizada, foram os que mais se sobressaíram e permaneceram no imaginário da comunidade, justamente por terem atuado em outros espaços sociais. Hiroshi Saito participou por vários anos da administração de entidades nipo-brasileiras, publicou inúmeras obras sobre a imigração japonesa e hoje é uma das referências em estudos imigratórios; José Yamashiro, por sua vez, mesmo na imprensa brasileira realizou matérias ligadas aos assuntos bilaterais Brasil-Japão e aos interesses da colônia, ele recebeu também o reconhecimento da comunidade por seus trabalhos na área de história do Japão e de tradução literária japonesa; por fim, Hideo Onaga é, muitas vezes, lembrado por seu trabalho como assessor de imprensa de políticos *nikkeis*.

O processo de transformação dos perfis sociais e profissionais das novas lideranças dentro da coletividade *nikkei*, a partir dos anos de 1930, não significou necessariamente o surgimento de uma nova mentalidade democrática. Essa elite nipo-brasileira, seguidora da teoria assimilacionista, transfere a problemática racial do elemento estrangeiro ao plano econômico. Ou seja, ao analisar as práticas discursivas de orientação centro-direita dessa elite *nikkei*, notamos que esses jornalistas-intelectuais acreditavam e propagavam a ideia de que o filho do imigrante japonês não representava mais uma ameaça nacional, pois por meio de sua árdua tarefa de ascensão econômica e educacional transporiam as diferenças culturais e raciais de outrora. A trajetória profissional de sucesso de alguns expoentes da coletividade de origem japonesa nas décadas de 1960 a 1980 serviu de modelo e comprovação das teorias propagadas pelos impressos *nikkeis*.

Apesar das divergências pontuais que existiram entre os impressos *nikkeis* do pós-guerra *Paulista Shimbun* e *São Paulo Shimbun*, ambos reproduziram os discursos dessa elite intelectual *nikkei* que, com o passar dos anos, mostrou-se alinhada aos planos do governo federal (democrático ou não), do Consulado Japonês da cidade de São Paulo e das lideranças empresariais *nikkeis*.

Bibliografia

ABREU, Alzira Alves de (Org.). *A democratização no Brasil*: atores e contextos. Rio de Janeiro: Editora FGV/Faperj, 2006.

CARDOSO, Ruth C. L. Papel das Associações Juvenis. In: SAITO, Hiroshi; MAEYAMA, Takashi. *Assimilação e Integração dos Japoneses no Brasil*. Petrópolis: Vozes; São Paulo: Edusp, 1973. p.317-45.

CASTRO, Marco Luiz de. *Entre o Japão e o Brasil*: a construção da nacionalidade na trajetória de vida de Hiroshi Saito. 1994. Dissertação (Mestrado em Antropologia) – Instituto de Filosofia e Ciências Humanas, Universidade Estadual de Campinas, Campinas, 1994.

FUKASAWA, Masayuki. Nikkei mídia no rekishi. In: Associação do Centenário da Imigração Japonesa no Brasil (org.). *Burajiru nihonimin hyakunenshi. Seikatsuto bunkahen*. v.3. Tóquio: Fûkyôsha, 2010. p.80-250.

GRAMSCI, Antonio. *Os intelectuais e a organização da cultura*. Rio de Janeiro: Civilização brasileira, 1979.

HANDA, Tomoo. *O imigrante japonês*: história de sua vida no Brasil. São Paulo: T.A. Queiroz/ Centro de Estudos Nipo-Brasileiros, 1987.

MORAIS, Fernando. *Corações sujos*. 2.ed. São Paulo: Companhia das Letras, 2000.

NAGAMURA, Yukako. *A cobertura dos jornais japoneses na campanha eleitoral dos políticos nipo-brasileiros*: Nikkei Shimbun e São Paulo Shimbun (1998-2014). 2015. Dissertação (Mestrado em Sociologia) – Setor de Ciências Humanas Letras e Artes, Universidade Federal do Paraná, Curitiba, 2015.

OKAMOTO, Monica Setuyo. A Educação Ultranacionalista Japonesa no Pensamento dos Nipo-Brasileiros. *História da Educação*, v.22, p.225-43, 2018.

PEREIRA, Fábio Henrique. *Jornalistas-intelectuais no Brasil*: identidades, práticas e transformações no mundo social. 2008. Tese (Doutorado em Comunicação) – Universidade de Brasília, 2008.

SAITO, Hiroshi; MAEYAMA, Takashi. *Assimilação e Integração dos Japoneses no Brasil*. Petrópolis: Vozes; São Paulo: Edusp, 1973.

Sociedade Brasileira de Cultura Japonesa. *Uma epopeia moderna*: 80 anos da imigração japonesa no Brasil/ Comissão de elaboração da história dos 80 anos da imigração japonesa no Brasil. São Paulo: Hucitec, 1992.

TAKEUCHI, Márcia Yumi. *O perigo amarelo*: imagens do mito, realidade do preconceito (1920-1945). São Paulo: Humanitas, 2008.

TANIGUCHI, Gustavo Takeshy. *Cotia*: política e cultura. 2015. Tese (Doutorado em Sociologia) – Faculdade de Filosofia, Letras e Ciências Humanas, Universidade de São Paulo, São Paulo, 2015.

_______. O imigrante segundo as Ciências Sociais brasileiras, 1940-1960. *Sociologias*, Porto Alegre, ano 20, n.49, p.142-96, set.-dez. 2018.

YAMASHIRO, José. *Trajetória de duas vidas*: uma história de imigração e integração. São Paulo: Cultura, 2001.

YOKOTA, Paulo. *O olhar dos nisseis paulistanos*: integração na sociedade brasileira. São Paulo: Editora JBC, 2008.

Parte IV

Mediações, processos identitários e educação

O JORNAL *FANFULLA* E SEUS MEDIADORES CULTURAIS: FORMAR, INFORMAR E CONFORMAR UMA IDENTIDADE ITALIANA (1893-1910)

Claudia Panizzolo

A intenção neste artigo é empreender um estudo sobre a imprensa periódica publicada em língua italiana na cidade de São Paulo entre fins do século XIX e início do século XX, especificamente sobre o jornal *Fanfulla*.

Ancorado nos referenciais da História Cultural da imprensa, o corpus documental é composto pelos exemplares do jornal *Fanfulla* e pelas obras *Il Brasile e gli italiani*, publicação da mesma equipe editorial do jornal, e *Giornalismo italiano in Brasile* de Natale Belli, entrecruzados com fotografias e relatórios consulares.

O conjunto documental do jornal *Fanfulla* foi localizado em dois acervos diferentes. O primeiro no Centro de Apoio à Pesquisa Histórica Sérgio Buarque de Holanda da Universidade de São Paulo. O segundo no Centro de Documentação e Memória da Universidade Estadual de São Paulo-Cedem Unesp. Os dois acervos encontram-se digitalizados, sendo os anos de 1893, 1894 e 1895 bastante incompletos; de 1896 em diante, embora o número de exemplares aumente significativamente, não é completo.

Para a compreensão do significado do *Fanfulla* junto aos imigrantes e seus descendentes, busca-se abordá-lo com ênfase no papel de alguns sujeitos mediadores, tais como proprietários, redatores, tipógrafos e viajantes-cobradores na constituição de redes transnacionais de informação e cultura, para assim compreender o jornal no circuito mais complexo da produção, circulação e recepção dos artefatos impressos, bem como investigar sua atuação ante as escolas italianas estabelecidas na cidade de São Paulo. O recorte temporal obedece a marcos definidos pela análise do *corpus* documental, o que permite afirmar que em 1893 foi publicado o primeiro exemplar do *Fanfulla* e que em 1910 tinha se tornado a única folha diária em circulação, além de que o período até 1910 foi o mais fértil para abertura de escolas italianas na cidade de São Paulo.

Ao apresentar as funções da imprensa de imigração, Trento afirma que, além de defender os interesses da Itália e dos italianos, de tornar as relações mais cordiais, de fornecer informações práticas sobre as diversas localidades do país, de difundir normas elementares de Zootecnia, Agronomia e higiene, a grande imprensa possuía um papel pedagógico, ou seja, além de "melhorar a educação e as faculdades intelectuais de dois terços da nossa colônia", ocupava-se de formar mais do que informar, "de modelar consciências, de fazer os italianos" (2013, p.31), enfim, de reforçar uma identidade étnica.

Além da imprensa periódica que procurava "suscitar nos conterrâneos o orgulho de ser italiano, e de ter feito progredir, com sua presença e seu trabalho, a economia e a sociedade brasileiras" (Trento, 2016, p.12), as escolas italianas também contribuíram para difundir o sentimento de pertencimento e de identidade italiana. Nesse sentido, é bastante oportuno compreender a posição adotada e difundida pelo *Fanfulla* com relação a essas escolas.

O trabalho com periódicos exige cuidados específicos. Tratar a imprensa como fonte histórica requer entendê-la como "instrumento de manipulação de interesses e intervenção social" (Capelato; Prado, 1980, p.XIX) e, com essa compreensão, nega-se ser a imprensa um transmissor imparcial e neutro dos acontecimentos, um veículo de informação isolado da realidade política. Da mesma forma, nega-se a artificialidade do conceito de nação como monolítico e homogêneo, o que implica considerar as fronteiras permeáveis entre nações e buscar desvelar as conexões, trocas e mediações transnacionais ocorridas na imprensa (Guimarães, 2017, p.89).

Desse modo, toma-se o jornal *Fanfulla* como portador de um determinado projeto que, embora específico, é apresentado em suas páginas como sendo universal, ou melhor, para toda a coletividade italiana. A categoria abstrata imprensa perde o sentido quando vêm à tona as figuras de seus produtores, sujeitos dotados de consciência determinada na prática social, as técnicas de produção e de circulação que conduzem à uniformidade, à universalização e à padronização de valores. Finalmente emerge seu destinatário, presente durante todo o tempo, "ora fornecendo os parâmetros do discurso através da idealização que o emissor faz dele, ora como tipo padrão de leitor que o emissor quer formar" (Capelato, Prado, 1980, p.54).

Na abordagem dos sujeitos que produziram e fizeram circular o jornal, buscou-se em Sirinelli (1996) uma melhor compreensão acerca do termo *intelectual*. Em artigo intitulado "Os intelectuais", o autor apresenta tanto o caráter polissêmico da definição quanto o aspecto polimorfo do meio intelectual, que acaba por gerar imprecisão no estabelecimento de critérios definidores da palavra, além, é claro, da evolução gerada pelas próprias mutações societárias. Assim, defende "uma definição de geometria-variável, mas baseada em invariantes" (Sirinelli, 1996, p.242), apresentando para tal duas acepções do termo intelectual.

A primeira, de caráter mais amplo e sociocultural, abrange os criadores, ou seja, todos os que "participam na criação artística e literária, ou no progresso do saber" e também os mediadores culturais, categoria composta pelos "que contribuem para difundir e vulgarizar os conhecimentos dessa criação e desse saber" (Sirinelli, 1998, p.261). A segunda acepção, de caráter mais restrito, refere-se à noção de engajamento na vida da cidade como autor, através da intervenção do intelectual em questões que o legitime ou privilegie, tomando-as a serviço das causas que defende.

Embora bastante operacional, é preciso, no entanto, evitar o estabelecimento de fronteiras rígidas entre os criadores e mediadores culturais. Como nos alertam Gomes e Hansen, a distinção não reside entre os sujeitos criadores e mediadores, que podem inclusive desempenhar simultaneamente as duas funções, mas sim o que interessa distinguir que são "as práticas culturais e os projetos políticos com os quais um intelectual (individualmente ou em grupo) atua em determinado contexto, constantemente de forma múltipla" (2016, p.27).

Importante também é pensar as transferências promovidas pelos mediadores culturais. Tomou-se de empréstimo as contribuições de Gomes e Hansen para romper com as dicotomias e hierarquias entre os polos da transferência, ou seja, entre os polos que estão sendo aproximados, ainda que caracterizados como distintas nações, línguas e costumes culturais. Segundo as autoras:

> [...] as operações de transferência ou mediação cultural, ao fazerem comunicar entre si esses polos, estão "misturando ou mestiçando" seus elementos e sentidos e, de tal maneira, criando novos sentidos integrantes de um terceiro produto/código cultural, que não é mais nenhum daqueles outros dois. (2016, p.32)

Pensando especificamente o *Fanfulla* e seus sujeitos mediadores, trata-se menos de uma importação de práticas e condutas do lado de lá do oceano, mas sim, de transferência, passagem ou mediação cultural como criação de algo novo, intercultural, um compósito de marcas e traços culturais que produziram um terceiro elemento, o jornal destinado aos imigrantes do lado de cá do Atlântico.

Dessa forma, pergunta-se: quem eram os sujeitos mediadores que produziram e fizeram circular o *Fanfulla*? Considerando o coletivo de sujeitos envolvidos com a produção do jornal, como se posicionaram diante da questão da educação para a constituição da identidade étnica dos imigrantes e descendentes italianos?

O texto[1] está organizado em três seções: na primeira são apresentados os sujeitos mediadores culturais que criaram, produziram e fizeram circular o *Fanfulla*; na segunda seção, são descritas as condições materiais de sua produção, a estruturação, a publicidade e o perfil de seu destinatário; a terceira seção problematiza como a educação e, sobretudo, as escolas italianas foram apresentadas nos anúncios e seções.

O *Fanfulla* e seus mediadores culturais: uma primeira aproximação

Desde o período denominado a "grande imigração", a imprensa constituiu uma das manifestações culturais dos imigrantes italianos e seus descendentes. Merece destaque a presença dos italianos na imprensa periódica publicada em italiano de circulação cotidiana, semanal, quinzenal, mensal ou, ainda, de número único. A imprensa em língua italiana publicada no Brasil abrangia um conjunto amplo de tendências ideológicas que, além da socialista e da anarquista, "incluía liberais, católicos, monarquistas, republicanos e, no período entre as duas guerras, também fascistas e antifascistas" (Trento, 2000, p.106).

Ainda que fértil quanto à quantidade,[2] muitos jornais tiveram tiragem limitada, periodicidade descontinuada e vida curta devido à falta de

1 Os textos em italiano foram por mim traduzidos e os originais inseridos em nota de rodapé.

2 De acordo com Belli (1923), ainda que sem precisar o ano de criação, em São Paulo, antes de 1890 circularam vários jornais escritos em italiano e cuja periodicidade era semanal, dentre eles, *L'Emigrante, Gli italiani in Brasile, Lega Italiana,* os três publicados por Alessandro Maglia; *Il Garibaldi* de Ferdinando Turchi, e depois cedido a Beniamini Lacorte; *Il Tevere* e *Il Fulmine,* de

máquinas impressoras, às adversidades financeiras, à falta de preparo profissional de seus jornalistas, "dificuldades para obter notícias procedentes de outras localidades da Europa, pois, no início, não existiam serviços de agências telegráficas" (Cenni, 2003, p.342), além do desafio de garantir um público leitor, que em sua maioria era "desprovido de tempo livre para dedicar à leitura [...] e, sobretudo, em grande parte analfabeto ou menos alfabetizado do que o que imigrou para a Argentina" (Trento, 2013, p.21). Dentre as exceções encontra-se o *Fanfulla,* o jornal em língua italiana mais longevo do Brasil.

A criação do jornal *Fanfulla* é mostrada pela bibliografia como uma ideia quase jocosa de Rotellini apresentada, em maio de 1893, a seu grupo de amigos – assíduos frequentadores da cantina de Palmiro Franchi – na Rua Boa Vista, onde Vitaliano, entre boas garrafas de vinho, teve a ideia de fundar um jornal, convidando os companheiros que ali se reuniam. Belli (1923), em seu livro *Giornalismo italiano in Brasile,* nos informa que, na sequência, Rotellini convidou o grupo para um almoço em sua casa, situada na Rua 25 de Março, próxima da Ladeira Porto Geral, para convencer os colegas em empenharem-se na empreitada jornalística e distribuir as responsabilidades:

> A você Mario Cattaruzza a honra do editorial; Sfrappini escreverá poemas, ele será nosso poeta de alta inspiração; a Nasonelli confio a coluna satírica, a Colônia oferece um bom material para isso; o advogado Sacchi, já que nunca vai ao teatro, será um excelente crítico teatral. A parte mais importante dou a Porto Alegre, será o nosso caricaturista. Eu já pensei no título do jornal. Se chamará Fanfulla. Eu serei o diretor-proprietário; Enrico Bordoni, administrador de expedições, cobrador.[3] (Belli, 1923, p.11)

Ugo Rizzi; *L'Italiano,* de Natale Belli; *Il Progresso Italo-Brasiliano,* de Umberto Falcineli, e o *Amico delle Famiglie,* de Alessandro Sfrappini. Foram ainda localizadas menções de existência de outros tantos jornais publicados em São Paulo até 1890, sem, no entanto, informações precisas acerca da periodicidade das publicações. Dentre eles: *Il Movimento* (1872); *Gazzetta Italiana* (1875); *Centro Industriale e Commerciale Italiano* (1876); *L'Italia Unita* (1878); *La Giustizia* (1879); *L'Eco d'Italia* (1879 ou 1882); *Il Corriere d'Italia* (1880); *L'Italia* (1880); *La Voce del Popolo* (1881); *Roma* (1882); *La Lotta* (1885); *La Bestia Umana* (1885); *Boccaccio* (1885); *Il Movimento* (1885); *Nuova Roma* (1885); *O Allioth* (1886); *Garibaldi* (1886); *Asso di Coppe* (1889). Em 1890, foi publicado o primeiro jornal cotidiano em São Paulo, *Il Pensiero Italiano,* fundado por Giuseppe Zampolli e tendo por redatores Cav. Antonio Grandis e Natale Belli (Trento, 2013; Cenni, 2003; Souza, 2010).

3 "A te Mario Cattaruzza l'onore dell'articolo di fondo; Sfrappini scriverà dele poesie, sarà il nostro vate; a Nasonelli affido la rubrica satirica, la Colonia offre della buona materia per questo; l'avvocato Sacchi, visto che non vai mai a teatro, sarà un ottimo critico teatrale. La parte più importante la dò a Porto Alegre, sarà il nostro caricatutista. Ho pensato già al titolo del giornale.

Dessa forma, nasce o jornal *Fanfulla*, escrito em língua italiana e publicado na cidade de São Paulo, tendo Vitaliano Rotellini como fundador, proprietário e editor. Ainda são poucas e fragmentadas as informações localizadas sobre Rotellini. Belli o descreveu como "Sempre vestido de preto, gravata preta, cabelo preto, relógio preto oxidado, barba preta prepotente. Rotellini assumia de vez em quando seu ar corajoso excessivo, de dominador"[4] (1923, p.13). Consolmagno destaca-o como "um homem dinâmico, inteligente, criativo e apreciador do estilo boêmio de vida" (1993, p.7). Cenni acrescenta mais alguns elementos à descrição:

> Figura característica e personalidade transbordante, alto e atlético, trajando sempre preto, fizesse frio ou calor, com uma pequena barba a enquadrar uma cabeça de imperador romano, olhos fulgurantes e voz profunda, Rotellini era uma fonte perene de ideias, que nasciam entre generosos copos de Frascati nas cantinas ou nas confeitarias da moda e se transformavam em outras tantas iniciativas. (2003, p.345)

Para além da descrição pitoresca, Biondi informa que Vitaliano Rotellini nasceu em Roma no ano de 1865. Trabalhava como tipógrafo em Roma, o que implica afirmar que "pertencia a uma das precoces categorias organizadas como sindicato (e não somente em sociedades mutualistas) na Itália ao longo dos anos de 1880" (Biondi, 2011, p.127); e no ano de 1884 transferiu-se para Milão. A esse respeito esclarece Biondi que "os tipógrafos milaneses, junto com os romanos, eram considerados uma vanguarda de sua classe, em uma cidade que contava na época com 60 tipografias, 1.600 tipógrafos e onde eram impressos 11 jornais diários" (2011, p.127).

A militância político-sindical de Rotellini havia se iniciado em 1883, quando fez parte do Conselho Diretivo da Associação Gioventù Democratica, um grupo composto por republicanos e socialistas. Em Milão, participou dos núcleos operários e políticos, tendo sido "assinalado como um dos que publicaram manifestos subversivos durante as greves de tipógrafos em 1884". Transferiu-se depois para Turim, onde participou da redação do jornal *Proximus Imes*, ocasião em que provavelmente "passou pelas fileiras do

Si chiamerà Fanfulla. Io sarò il direttore-proprietario; Enrico Bordoni, l'amministratore spedizioniere, riscuotitore" (Belli, 1923, p.11).

4 "Sempre vestito di nero, cravatta nera, capello nero, orologio ossidato nero, barbetta prepotente nera. Rotellini assumeva di quando in quando la sua brava aria spavalda, da dominatore" (Belli, 1923, p.13).

anarquismo" (Biondi, 2011, p.127). Trabalhou em Gênova e Livorno, antes de retornar para Roma em 1889, quando passou a ser "vigiado pela polícia por causa de suas relações com os principais anarquistas da capital e de outras cidades" (Biondi, 2011, p.127).

Trento, ao se referir a Rotellini, o apresentou como sendo, além de anarquista, "anticlerical, republicano, próximo ao radicalismo burguês e com claras simpatias pelo movimento operário"[5] (s/d, p.2). Um pouco divergente é a compreensão do jornalista Luigi Vincenzo Giovannetti acerca da adesão de Rotellini ao anarquismo:

> Rotellini era um tipógrafo romano, de extraordinária habilidade e também de boa cultura. Ele era um anarquista militante. Um anarquismo de bravata exaltado pelo bom vinho da região dos Castelli, do qual Rotellini era acima de tudo um amigo. Como anarquista, mais de palavras do que ações, Vitaliano se viu lutando com a polícia que na época não brincava. Processos, condenações, ameaças de prisão domiciliar e, no final, conselho de sair do caminho emigrando, para evitar o pior. Assim Rotellini veio ao Brasil. (Giovannetti apud Trento, 1988, p.11)[6]

Acerca dos motivos que o levaram a imigrar, Biondi (2011) conclui não poder afirmar se Vitaliano Rotellini esteve incluído no grupo genericamente denominado pela polícia de "anarquistas" e, assim, "convidado" a sair da Itália, ou se os motivos estariam relacionados à busca por trabalho. De toda forma, é possível acompanhar a hipótese de Biondi (2011) de que, por meio de sua rede de relações, talvez tenha sido indicado a Alcibiade Bertolotti e Domenico Rangoni para trabalhar no jornal *Il Messaggero*.

A leitura do jornal *Fanfulla*, bem como dos autores que sobre Rotellini escreveram, tais como Belli (1923), Cenni (2003), Trento (s/d; 1988; 2013), Consolmagno (1993) e Biondi (2011), nos permite afirmar que com sua vinda para o Brasil e seu envolvimento com a imprensa em língua italiana do lado de cá do oceano, quer seja como redator, quer seja como proprietário,

---

5 "Anticlericale e repubblicano, vicino al radicalismo borghese e con chiare simpatie per il movimento operaio" (Trento, s/d, p.2).

6 "Rotellini era um tipografo romano, di straordinaria abilità e anche di buona cultura. Egli era anarchico militante. Una anarchia parolaia esaltata dal buon vino dei Castelli, di cui Rotellini era soprattutto amico. Come anarchico, più di parole che di fatti, Vitaliano si trovava alle prese com la polizia che a quei tempi non scherzava. Processi, condanne, minacce di domicilio coatto e, alla fine, consiglio di togliersi dai piedi emigrando, per evitare quai peggiori. Cosi Rotellini venne in Brasile" (Giovannetti apud Trento, 1988, p.11).

ele se converteu em um empresário que, no entanto, manteve ao longo dos anos certos vínculos com os companheiros socialistas e sindicalistas.

Antes da criação do *Fanfulla*, Rotellini havia trabalhado, no ano de 1891, como citado anteriormente, na redação do jornal *Il Messaggero*, fundado em São Paulo nesse mesmo ano por Alcibiade Bertolotti e Domenico Rangoni. A respeito desses dois, se faz necessária uma breve explicação.

Alcibiade Bertolotti nasceu no ano de 1862, em Vigato, na província de Parma, "mas residia em San Secondo Parmense, um centro populoso próximo de Borgo San Donnino (atualmente, Fidenza), a maior cidade da província depois da capital, Parma, na região da Emília Romanha" (Biondi, 2011, p.120). Desde a juventude, participou ativamente de grupos socialistas na região onde morava; tendo frequentado "a companhia de outros militantes socialistas [...] encontrava-se quase sempre nos meios operários e camponeses" (2011, p.122), e havia aderido ao Partido Socialista Rivoluzionario.[7] Sob observação da polícia, foi condenado nos anos de 1884 e 1885 por difamação e rebelião e, em 1890, o Tribunal de Parma expediu um mandado de prisão contra ele, pela condenação sofrida, mas "também por causa de sua participação, como principal organizador, em grupos socialistas e greves camponesas" (Biondi, 2011, p.122). A emigração para São Paulo teria sido a alternativa para escapar das condenações e motivada por ligações com os amigos Alessandro Maglia e Andrea Costa, que para o Brasil já haviam emigrado.

Em São Paulo, Alcibiade Bertolotti se inseriu na vida associativa com seus coetâneos. Integrou a Società Italiana di Beneficenza di São Paulo (SIB).[8] Biondi destaca que, apesar de ter sido criada com a finalidade de beneficência, ao longo de seu ciclo de vida a Società foi dirigida não por operários, como era de se esperar. Assim, por exemplo, no ano de 1907 foi administrada por empresários, advogados e médicos, todos italianos, dentre eles Francesco Matarazzo, Antonio De Camillis, Minervino Napolitano, Edoardo Barra, Enrico Misani, Giuseppe Bosisio, Enrico Tagliavia, Egidio Pinotti-Gamba, Leonardo Puglisi-Carbnone, Emidio Falchi, Alfonso Splendore, e por Alcibiade Bertolotti, que também não era operário, mas, bastante dissonante dos demais, era socialista. De acordo com Biondi (2011, p.67) Bertolotti teria ainda integrado o Circulo Socialista Internacional e ocupado cargo na direção da Sociedade de Mútuo Socorro Civiltà e Progresso.

---

7 A este respeito, consultar Biondi, Luigi. *Classe e nação*: trabalhadores e socialistas italianos em São Paulo, 1890-1920. Campinas: Editora da Unicamp, 2011. p.105-54.

8 A este respeito, ver: (Biondi, 2011, p.51-103)

Alguns meses antes de Bertolotti, havia emigrado para o Brasil Domenico Rangoni. Também por problemas com a polícia, especificamente com a de Milão, preferiu deixar a Itália e residir em São Paulo a tornar-se espião e delator de militantes socialistas milaneses. Acerca dessa prática, bastante usual à época, esclarece Biondi:

> A prática da polícia italiana de utilizar os integrantes dos grupos socialistas, republicanos e, sobretudo, anarquistas para infiltrá-los nos grupos e obter informações era muito comum. Ao mesmo tempo, a recusa de colaborar com a polícia levou os *prefetti* a utilizar frequentemente a estratégia de "escolha" induzida: ao militante eram propostas as opções deixar a Itália para as Américas ou ser preso e condenado às longas penas dadas comumente aos subversivos mais atuantes, nas décadas de 1880 e 1890. É comprovada uma das primeiras utilizações dessa prática com um numeroso grupo de anarquistas romanos que chegaram a São Paulo em 1893. (2011, p.126)

Após a criação do jornal *Il Messaggero*, seus fundadores tomariam rumos bastante distintos. Enquanto Alcibiade destacou-se na criação do jornal socialista *Avanti!* e na difusão de tais ideais, Domenico Rangoni posicionava-se contrário ao socialismo e defendia a união dos trabalhadores italianos, por meio da conciliação e concórdia. Como redator do jornal, Rotellini acionou sua rede de contatos e convidou Mario Cattaruzza, então diretor do jornal republicano *La Strada* em Milano, que aceitou o trabalho como correspondente. Pouco tempo depois, Cattaruzza mudou-se para São Paulo e assumiu a redação no lugar de Rotellini, que foi trabalhar como correspondente no Rio de Janeiro (Belli, 1923; Cenni, 2003; Consolmagno, 1993).

Concomitante à função de redator, enquanto ainda morava em São Paulo, Rotellini tentou organizar a Federazione d'Arti e Mestieri, que teve seu estatuto aprovado, mas segundo relata Consolmagno (1993) nunca chegou a funcionar.

Il Messaggero era publicado pela Compagnia Editrice Italo-Paulista[9] situada na Rua Florêncio de Abreu, número 23, também administrada por Domenico Rangoni, que, além do jornal, publicava obras em italiano e português, livros para as escolas italianas, dicionários, manuais e guias para imigrantes (Cenni, 2003, p.344). Ambas as iniciativas tiveram vida efêmera, deixando de existir a partir de 1894 devido às dificuldades financeiras.

9 A esse respeito consultar: http://www.fau.usp.br/tipografiapaulistana/empresa/138.

Vitaliano Rotellini já havia deixado *Il Messaggero* mesmo antes de seu fechamento no ano de 1892, quando fundou no Rio de Janeiro o *L'Aquila Latina*. O jornal, cuja circulação era semanal, foi publicado até o ano seguinte, quando seu proprietário, tendo retornado a São Paulo, foi editor de um boletim comercial denominado *L'Avvisatore*, cuja distribuição era gratuita.

Em 1893, Vitaliano Rotellini criou o *Fanfulla*. Teve como homem de confiança Angelo Poci, um imigrante que chegou ao Brasil aos 14 anos de idade e que angariou experiência em redação de jornal nos tempos em que trabalhou no *Comércio de S. Paulo* e depois como proprietário do *Tribuna Italiana*. A princípio, ocupou a função de diretor, durante as muitas viagens que Rotellini fez à Itália, até que em 1910 estabeleceu-se definitivamente em Roma. Poci assumiu a sociedade com 50% das ações, bem como a responsabilidade pela administração do jornal.

Ao se referir aos dois sócios, Belli compara Rotellini à cigarra, e Poci à formiga, fazendo menção à fabula ao mesmo tempo que reconhece que ambos usufruem do muito trabalho realizado: "Mérito e grande foi o de Rotellini, o fundador, que foi de superar sérios obstáculos mantendo vivo o jornal; mérito de Poci de consolidar as fundações do próprio jornal" (1923, p.79).[10] Belli insiste nesse argumento ao descrever a ótima condição econômica de Angelo Poci, morador da Avenida Paulista, que usufruía de algo à época permitido somente para os muito prósperos, como ter carro com motorista. E também apresenta as condições bastante favoráveis de Vitaliano Rotellini: "hoje em dia, o capitalista Vitaliano Rotellini, de ambos os lados do oceano, goza de um crédito tão grande e merecido que pode fazer, se desejar, três roupas por semana. Mas ele não quer abusar dessa confiança. E faz muito bem" (Belli, 1923, p.44).[11]

É importante reiterar que o *Fanfulla* foi criado como fruto de muito trabalho de um grupo de homens que assumiu as várias funções requeridas para que um jornal pudesse ser publicado, vendido, mantido por seus assinantes e anúncios. Dentre esses homens, esteve Mario Cattaruzza, que assim que chegou ao Brasil, como citado anteriormente, foi trabalhar no jornal *Il Messaggero*, e concomitantemente como correspondente dos diários

10 "merito e grande fu quello di Rotellini il fondatore, cioè di superare gravi ostacoli tenendo in vita il giornale; merito di Poci quello di consolidare render granitiche le basi del giornale stesso" (Belli, 1923, p.79).

11 "oggidi' Vitaliano Rotellini capitalista di qua e di là dell'oceano, godê di cosi'grande e meritato credito, da potersi fare, volendo, ter abiti per settimana. Ma non vuol abusare di tanta fidúcia. E fa molto bene" (Belli, 1923, p.44).

italianos *Secolo* e *Critica Sociale*. Após alguns meses, mudou-se para o interior para trabalhar como contador na Fazenda Santa Cruz das Palmeiras. Ao voltar para São Paulo, trabalhou como comentarista de política internacional no jornal *O Estado de S. Paulo*. Retornou para a Itália e novamente regressou ao Brasil, desembarcando no Pará, ocasião em que trabalhou na *Folha do Norte*, além de tentar instituir ali uma colônia italiana,[12] no entanto, sem êxito (Cenni, 2003).

De Belém, Mario Cattaruzza seguiu para Manaus, onde foi nomeado secretário da Imperial Companhia Japonesa de Navegação Kudura, o que propiciou que conhecesse vários países da América Latina. Mais um deslocamento. Dessa feita, retornou ao Rio de Janeiro e trabalhou como comentarista de assuntos políticos do renomado jornal *Correio da Manhã*; como responsável pelo serviço telegráfico para o jornal vespertino *A Notícia*; como comentarista para o jornal *O Estado de S. Paulo* e *Folha do Norte*, e escrevia um artigo diário para o *Fanfulla* (Cenni, 2003).

Alessandro Sfrappini trabalhou no jornal *Voce del Popolo*, no Rio de Janeiro, e depois, residente em São Paulo, viu nascer o *Fanfulla*. Segundo relata Belli (1923), muito provavelmente movido por motivos financeiros, diversificou sua atuação profissional, tendo trabalhado como costureiro, como proprietário de restaurante, além de sua profissão de engenheiro, exercida no Sul do país, no Paraná e, no outro extremo, no Acre, ocasião em que a convite do ministro Lauro Muller compôs a Missão Técnica para a delimitação da fronteira entre Brasil e Bolívia.

Cabe destacar que Sfrappini, mesmo distante e exercendo outras profissões, segundo relata Belli (1923), continuou a colaborar com artigos sobre literatura e arte para o *Fanfulla*. Ao que parece, o próprio Vitaliano Rotellini havia recomendado aos jornalistas que mantivessem outras profissões e realizassem outros trabalhos, mas que, sempre que possível, colaborassem gratuitamente ao *Fanfulla*. A esse tipo de vínculo denominava de "redatores de base" (Belli, 1923, p.50).

Natale Belli, apelidado como Nasonelli antes da criação do *Fanfulla*, já carregava boa experiência junto à imprensa. Foi proprietário do jornal

12 De acordo com Cenni (2003), a principal tentativa de colonização no Pará foi iniciada em 1890 pelos jornalistas Mario Cattaruzza e por Salvatore Nicosia, com o apoio do governo local, na região de Castanhal. Foram duas colônias, uma denominada Anita Garibaldi, que recebeu agricultores da Lombardia e do Vêneto, e a outra chamada Yanetama, cuja maioria era de emigrantes saídos da Sicília e destinava-se à criação de gado. Segundo o autor, as colônias não prosperaram porque, com o desenvolvimento do cultivo da borracha e o incremento do comércio, foram abandonadas.

L'Italiano (ano não localizado) e trabalhou em 1890 como redator juntamente com Antonio Grandis, no primeiro jornal cotidiano escrito em italiano em São Paulo, fundado por Giuseppe Zampolli, *Il Pensiero Italiano*. Ainda em 1890, foi diretor do jornal *Il Cittadino Italiano*, cuja administração esteve sob responsabilidade de F. A. Schettini, e foi correspondente de jornais em Milão, Gênova, Veneza e Roma (Belli, 1923).

Com o passar do tempo, novos redatores passaram a trabalhar no *Fanfulla*. Dentre eles, há notícias de que até 1910 trabalharam Cleto Emilio Giunti, que foi proprietário do jornal *La Cronaca Italiana*, provavelmente em 1897; e em 1906 como redator do jornal *Il Teatro*; Giorgio Camilli, que criou em 1898 o jornal semanário humorístico *L'Asino*, e o semanário *L'Italia al Brasile*, que perdurou provavelmente até dezembro de 1898, e que em 1899 foi redator do *Corriere del Mattino*, cujo proprietário era Epaminondas Lugatti.

Merece destaque a presença como redator de Alceste De Ambris, liderança sindicalista revolucionária internacional, oriunda do Partido Socialista e que desempenhou importante papel na formação das ligas operárias em São Paulo. De acordo com Toledo, De Ambris é considerado uma "figura de interesse central para a história do sindicalismo revolucionário na Itália e em São Paulo [...] sua vida acompanha a história do início do socialismo italiano no fim do século XIX até a luta antifascista nos anos 20 e 30 do século XX" (2004, p.163). Nasceu em Licciana, província de Massa e Carrara em 15 de setembro de 1874, criado em meio a muitas dificuldades econômicas, desde a juventude tornou-se um ativo propagandista do Partido Socialista. A autora afirma ainda que desde os 18 anos De Ambris participava "da constituição de numerosos círculos socialistas na sua região, sendo sócio dos círculos Aulla e La Spezia e trabalhando na redação de um jornal socialista, que não por acaso foi chamado *La Terra*, publicado em Pontremoli" (Toledo, 2004, p.166).

Alceste De Ambris veio ao Brasil pela primeira vez em 1898, fugindo de uma condenação por deserção, após ter se recusado a "atender a convocação do exército italiano para reprimir os famosos motins daquele ano na Itália, onde muitos trabalhadores morreram" (Toledo, 2004, p.172). No Brasil, criou em parceria com Fausto Cardoso a *Rivista Italo-Brasileira*, uma publicação quinzenal bilíngue; em 20 de outubro de 1900, participou da fundação e tornou-se redator do jornal socialista *Avanti!*; e em 1909 criou o jornal socialista semanal *La Scure* (Belli, 1923; Trento, 2013; Toledo, 2004; Biondi, 2011).

Retornando ao *Fanfulla*, alguns dedicaram-se à administração, como Domenico Rangoni. Como mencionado anteriormente, foi o criador, no ano de 1891, do jornal *Il Messaggero*[13] e da Compagnia Editrice Italo-Paulista. Em 1893, foi diretor proprietário do jornal *Il Lavoro,* publicação do Centro d'immigrazione e lavoro degli Stati Uniti del Brasile. Em 1909, publicou a revista mensal dedicada ao trabalho rural *Italia e Brasile.* Integrava um grupo pequeno de imigrantes da Península que se destacava intelectual e economicamente e, por vezes, era convidado pelo cônsul-geral da Itália em São Paulo para compor comissões e propor alternativas para as muitas questões que afligiam a coletividade no que dizia respeito às escolas italianas, tais como critérios para a distribuição de subsídio, definição de programas, definição de mapas de frequência, entre outros. Em 1904, juntamente com Francesco Pedatella, Sebastiano Navasques, Edoardo Loschi, Alessandro Allegretti e Luigi Vincenzo Giovannetti, compôs a Comissão de Educação do Congresso delle Società e Altre Istituzioni realizada em São Paulo, no ano de 1904 (Cenni, 2003; Belli, 1923; Trento, 2013).

Sobre alguns desses homens, ainda pouco se sabe, como, por exemplo, sobre Enrico Bordoni, que em 1901 acumulou as funções de diretor e gerente; sobre o advogado Torquato Sacchi, que trabalhou no *Fanfulla* como crítico de teatro; sobre Porto Alegre, que se dedicou à caricatura; e sobre os tipógrafos, tão fundamentais para a realização material do *Fanfulla,* como Carlo Quartieroni.

Luigi Schirone apresentou uma trajetória que, à época, talvez fosse bastante comum, de ocupar distintos papéis. Assim, além de ser tipógrafo no *Fanfulla,* em 1879 criou o jornal *La Giustizia,* foi proprietário juntamente com Cleto Emilio Giunti do jornal *La Cronaca Italiana* e, em 1899, novamente com Giunti foram proprietários do jornal semanal satírico *Zazá,* onde Salvatore Montanino também trabalhou. Em 1903, criou o semanário de assuntos diversos *Frou Frou* e, em 1907, criou o jornal literário e artístico *Il Gazzettino* (Cenni, 2003; Belli, 1923; Trento, 2013).

Os viajantes-cobradores também desempenhavam importante função no *Fanfulla* ao percorrer o interior de São Paulo, mas também outros estados, em busca de receber os valores relativos à assinatura do jornal. Merecem destaque no livro de Belli (1923) nomes como Ugo Bassini, que, embora desempenhasse bem o seu trabalho, deixou o *Fanfulla* por incompatibilidade com o proprietário Rotellini; Salvatore Montanino, que, se envolvia com "mulatas" comprometidas e, por isso, quase foi morto; Giovanni Bersacola, Nunzio di Giorgio, Ettore Orsi e Emilio Giunti, que

13 Segundo Trento (2013), o jornal *Il Messaggero* foi inicialmente publicado no Rio de Janeiro, e a partir do número 9, de 5 de maio de 1896, passou a ser publicado em São Paulo.

também se dedicava à redação, como sendo o mais íntegro e competente que trabalhou no jornal.

Com relação a Nunzio di Giorgio, importante destacar que, além de viajante-cobrador do *Fanfulla*, atuou como redator no jornal *L'Italia* (1895), no *Cronache* (1901) juntamente com Cleto Emilio Giunti, no *Frou Frou* (1903) e no jornal *A Semana* (1903).

Pensando nessa rede de relações, foi criada a figura 1, com a finalidade de visualizar a presença desses mediadores culturais e a circulação entre eles em diferentes jornais. No centro, encontra-se o jornal *Fanfulla* e todos os sujeitos mediadores que dele faziam parte, as intersecções indicam sujeitos que desempenhavam funções no *Fanfulla*, mas também atuavam em outros jornais e revistas, ou para o *Fanfulla* vieram com a experiência acumulada em outros jornais.

Alguns sujeitos vieram de outros jornais, carregando consigo experiência e passaram a dedicar-se exclusivamente ao *Fanfulla*, como é o caso de Vitaliano Rotellini e Angelo Poci. Outros mantiveram vínculos mais esporádicos com o *Fanfulla* e foram dedicar-se a tantas outras empreitadas, como parece ter acontecido com Mario Cattaruzza e Alessandro Sfrappini. Carece de investigação mais aprofundada se alguns se dedicaram ao *Fanfulla*

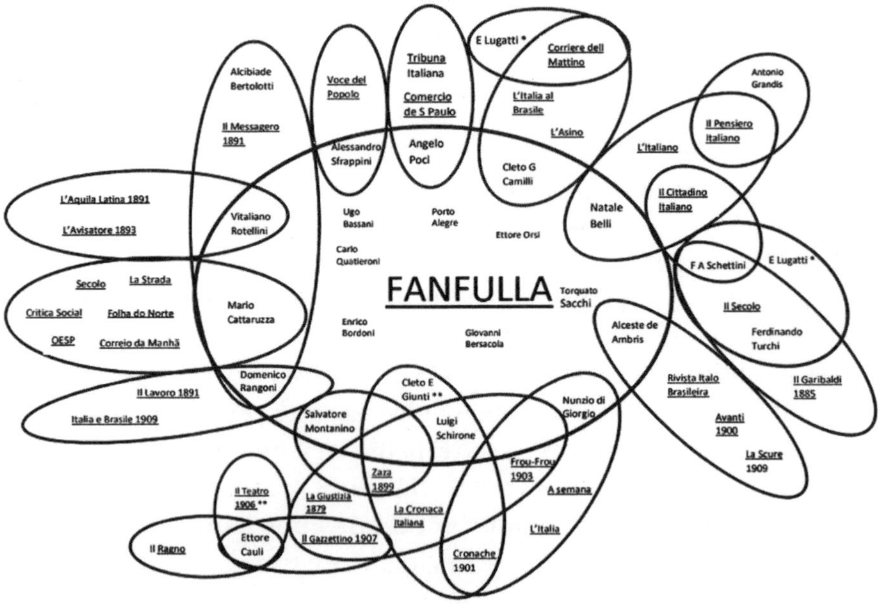

Figura 1. A rede de sociabilidade em torno do *Fanfulla* (1893-1910).
Fonte: Criação da autora a partir dos dados colhidos em: (Cenni, 2003; Belli, 1923; Trento, 2013).

e, concomitantemente, à criação ou redação de outros jornais, como Cleto Emilio Giunti e Giorgio Camilli. De outra parte, tomando por base as fontes localizadas, alguns parecem ter se dedicado exclusivamente ao *Fanfulla*, como os exemplos de Ugo Bassani, Enrico Bordoni, Torquato Sacchi, dentre outros. Enfim, a figura 1, ao mesmo tempo que evidencia capilaridade entre o *Fanfulla* e outros jornais da época, nos instiga a ampliar o escopo da presente investigação, ampliando para desdobramentos que se debrucem sobre essa rede de sociabilidade em torno do *Fanfulla* e a inserção desses sujeitos nesses diferentes jornais.

Fanfulla: il giornale della colonia italiana

Segundo o seu criador, Vitaliano Rotellini, a direção política a ser assumida pelo jornal seria a da opção pelo "variado e simpático". O que prontamente de modo chistoso foi complementado por Cattaruzza, ao afirmar que seria adotada uma política editorial com um tom "monárquico-republicano--socialista-anárquico-clerical", ao que Rotellini teria concordado e acrescido, "uma cozinha para todos os gostos. E até que eu viva deve continuar assim" (Belli, 1923, p.12).

Com relação ao prédio, a redação do *Fanfulla* mudou de endereço entre a sua criação e os anos de 1900 por várias vezes. Foram localizados os seguintes endereços: Rua 25 de Março, número 211 (1893); Rua 25 de Março, número 27 (1895); Rua da Caixa D'água, número 16 (1896-1897); Rua Florêncio de Abreu, número 25 (1896); Rua Boa Vista, número 23 (1897); Rua Boa Vista, número 25 (1897); Rua São Bento, número 3 (1899); Rua São Bento, número 9 (1900); Rua São Bento, número 48 (1900).[14] Observe a figura 2, provavelmente da localização na Rua São Bento.

Cenni (2003) também faz menção à primeira sede do *Fanfulla* como localizada à Rua 25 de Março. Belli, no entanto, apresenta outra informação, o primeiro endereço teria sido o da Rua Boa Vista, número 36, descrevendo inclusive os comércios adjacentes: "estava instalado ao lado do restaurante Cappella, e de frente o restaurante Sarti"(1923, p.24);[15] e, depois, uma

14 Essas informações foram localizadas na página http://www.fau.usp.br/tipografiapaulistana/empresa/154 referente a uma pesquisa sobre tipografias em São Paulo, da Faculdade de Arquitetura e Urbanismo da Universidade de São Paulo, financiada pela Fapesp e CNPq.

15 "s'era istallato a fianco del restaurant Cappella aveva di fronte il restaurant Sarti" (Belli, 1923, p.24).

Figura 2. Sede do Jornal *Fanfulla*.
Fonte: Acervo Fondazione Paolo Cresci – Itália.

mudança para a Rua São Bento, número 3, próximo ao Largo do Ouvidor, em um espaço que abrigava a redação, tipografia e a administração: "Escritórios de administração e redação no andar superior, em salas espaçosas e bem mobiliadas, administração e tipografia no térreo, com magnifica localização" (1923, p.28).

Com relação ao maquinário, desde a criação até 1896, funcionava com a pequena máquina de impressão francesa fabricada no final do século XIX denominada Alauzet, quando foi substituída pela máquina rotativa Marinoni, com a capacidade de imprimir até 10 mil exemplares por hora (Cenni, 2003). Em 1905, Vitaliano Rotellini teria adquirido, em uma de suas muitas idas à Itália, as primeiras máquinas linotipos de São Paulo, como descrito pelo autor:

> Quando Rotellini chegou de volta da Itália, em 1905, com as primeiras linotipos que apareceram em São Paulo, foi um verdadeiro triunfo. Os proprietários dos outros jornais realizavam visitas contínuas ao Fanfulla para admirar e estudar a maravilha. Somente os velhos tipógrafos, acostumados a pegar um por um os tipos nas caixas, com extrema rapidez, não se conformavam com a novidade. Sem conhecer perfeitamente o teclado das linotipos, atrapalhavam-se com a temperatura da fundição (que naquele tempo era feita a chama de gás) e com as manobras mecânicas destinadas a devolver as matrizes. Além do mais, as máquinas pareciam ter manhas tão esquisitas... Ninguém conseguia, no início, compor mais do que sessenta ou setenta linhas numa noite (hoje um bom linotipista, em seis horas, faz 1.600 linhas), e quando tinham pressa de acabar o serviço viravam as costas à maravilha, deitando-se outra vez sobre as caixas para pegar os tipos um por um. (Cenni, 2003, p.347)

Ao destacar a existência de um estabelecimento tipográfico completo, dentro das dependências do *Fanfulla*, Belli afirma que Rotellini teria importado as linotipos da América do Norte (1923, p.28). Embora não se saiba ao certo de onde foram compradas as máquinas, não há dúvida de que foram elas que permitiram a impressão e grande circulação do *Fanfulla*.

Criado em 17 de junho de 1893, nasceu como semanário de domingo, tornou-se bissemanal em setembro, em seguida, trissemanal, para tornar-se diário em 1894, alcançando nas décadas seguintes projeção nacional. Após diversas modificações em sua periodicidade, número de páginas e orientação política, atingiu em 1910 uma tiragem diária de 15 mil exemplares, o que o "posicionava como segundo maior jornal da capital paulista, depois de *O Estado de S. Paulo*" (Trento, 2000, p.106).

O nome *Fanfulla* seria uma homenagem ao frade-soldado da região de Lodi, provavelmente chamado *Giovanni Bartolomeo Fanfulla*, "amante dos torneios e das batalhas, das armas reluzentes e do vinho generoso, aquele *Fanfulla* que se tinha tornado famoso não apenas pelas suas empresas temerárias, mas também pelos seus ditos chistosos" (Cenni, 2003, p.345-6).

Nos primeiros exemplares do jornal, o título vinha escrito entre as ilustrações em preto e branco. De um lado, o frade-soldado cercado por barris de vinho segurando em uma mão uma taça de vinho e, na outra mão, uma vassoura; no centro do jornal, o mar e o sol e, do outro lado, no canto direito, monumentos e igrejas italianas. A seguir, na figura 3, algumas imagens de frontispícios.

De acordo com Consolmagno, aos poucos o jornal foi abandonando o perfil satírico-humorístico e adotando "um estilo mais sério e patriótico"

Figura 3. Frontispício do jornal *Fanfulla*.
Fonte: Capas do jornal *Fanfulla* de 17.7.1893; 20.5.1891 e 9.3.1897.

(1993, p.14), o que provavelmente esteve relacionado ao aumento das vendas, à ampliação do público leitor e suas consequentes exigências. A partir dessas mudanças, foram retiradas as ilustrações da página inicial e ganhou um subtítulo: *Giornale Politico, Quotidiano, Popolare*. Em 1897, outra mudança, passando a se apresentar como "giornale quotidiano".

O *Fanfulla* apresentou-se ao longo de seus editoriais como um jornal destinado a toda coletividade italiana ou *collettività*: "não temos outro objetivo, senão tornar nosso trabalho agradável a todos, amigos antigos e novos, próximos e distantes: dos principais passos da escada social, dos mais humildes" (*Fanfulla*, 22.2.1899).

No prefácio da obra *Il Brasile e gli italiani*,[16] publicada pelo *Fanfulla* em 1906, Vitaliano Rotellini definia os objetivos da imprensa destinada aos imigrantes italianos, da qual o jornal *Fanfulla* foi um importante exemplar:

---

16 A publicação da obra *Il Brasile e gli italiani* nasceu de uma sugestão dada por Emilio Giunti a Vitaliano Rotellini de divulgação do *Fanfulla* na Exposição Internacional de Milão. A partir dessa ideia, Rotellini foi para Buenos Aires visitar a redação do jornal *Patria degli Italiani* e lá conheceu um livro sobre a coletividade italiana exposto em uma exposição precedente. Assim nasceu a ideia de apresentar o livro *Il Brasile e gli italiani* na exposição. Rotelini mandou Nunzio di Giorgio ao norte do país, Angelo Semenza para Minas Gerais e para o sul, Alessandro Sfrappini ao Rio de Janeiro. Mario Cattaruzza, Natalle Belli, L. V. Giovanetti, Emilio Giunti, Alceste De Ambris

> A imprensa colonial não tem apenas a tarefa de manter viva nos compatriotas [...] a língua, as memórias e os pensamentos da pátria; de ser o órgão de defesa da comunidade, a voz que expressa suas necessidades: também tem, de igual importância, de fazer entender a terra-mãe o ambiente em que a energia italiana ocorre em obras civis; para mostrar como essas obras são importantes, lindas e apreciadas; para manter desta – simpaticamente desta – a atenção dos italianos da península sobre os italianos do Brasil. Deve ser, em suma, o instrumento de uma incessante troca de informações e ideias, o fio que liga cada dia, através do oceano, os corações e as mentes. (*Fanfulla*, 1906, p.17)

Para atingir tal intento o *Fanfulla* buscava a todo o tempo suscitar nos italianos o respeito por si mesmos, por um lado, por meio do enaltecimento de "cada acontecimento que mantivesse em alta conta o decoro da mãe-pátria, zelando por sua sacralidade e conservando sua memória" (Trento, 2013, p.32) e, por outro lado, por meio da divulgação de uma imagem sempre positiva dos próprios italianos imigrados.

No que se refere à estruturação do *Fanfulla*, ao longo do período estudado houve certa permanência no modo de organizar e distribuir as matérias. Geralmente nas duas primeiras páginas eram estampadas as notícias da Itália, os acontecimentos internacionais, as notícias da América Latina, principalmente, a Argentina, e as notícias do Brasil. Geralmente na primeira página eram publicados os folhetins (mas algumas vezes na segunda ou na terceira), ainda que muitas vezes interrompidos, sem aviso prévio, e retornando inúmeras edições depois. Nas páginas centrais, um espaço para as questões imigratórias, atividades das associações, avisos de nascimentos, casamentos, falecimentos, notícias das cidades do interior do estado de São Paulo, além de questões estaduais e municipais quanto à política e à economia.

Nas últimas páginas havia os anúncios publicitários. De acordo com Trento, "o tipo dos anúncios era indicativo da circulação de cada órgão de imprensa e do público a que se dirigia" (2013, p.23). Partindo dessa premissa, é preciso problematizar acerca do público leitor do *Fanfulla*. Nos primeiros anos, os anúncios indicam preocupações bastante cotidianas de pessoas humildes e provavelmente com a saúde frágil. Assim, são muitas e incisivas

---

ficaram responsáveis por escrever artigos e biografias, compilar estatísticas e inserir fotografias. O livro foi impresso em Milão, no próprio recinto da exposição. O enorme e pesado livro tinha por objetivo demonstrar a potencialidade econômica, moral e intelectual da coletividade italiana, sobretudo, dos residentes em São Paulo (Belli, 1923, p.63-4).

as propagandas de vermífugos, de dentistas, de casas de gêneros alimentícios (com destaque para salames e mortadelas), livrarias, farmácias, produtos químicos (ácidos e bicarbonato), bem como os anúncios de oferta de categorias profissionais mais modestas, como costureiras, barbeiros, carpinteiros e alfaiates. Com o decorrer dos anos, sobretudo, com a chegada do século XX, além de mais espaço para a publicidade, esta se torna mais atrativa para o leitor. O periódico semanal passa a divulgar predominantemente restaurantes, hotéis, advogados, clínicas de tratamento, teatros, casas à venda, bancos, produtos importados, aulas de instrumentos musicais etc.

Essa mudança de serviços e bens anunciados indica uma mudança no perfil dos leitores? Os imigrantes italianos ao longo dos anos teriam melhorado as condições de vida, assim a preocupação primeira deixou de ser a sobrevivência, os vermífugos para as crianças doentes, o dentista para extrair dentes já sem condição de tratamento? Ou o próprio *Fanfulla* teria feito uma opção diferente da anunciada anteriormente, em vez de almejar atingir toda a coletividade italiana, teria eleito como público-alvo os imigrantes com mais poder aquisitivo, em condições de adquirir os produtos anunciados ao longo de suas páginas?

Ainda que não se tenha clareza do que ocorreu, pode-se seguramente afirmar que havia um público leitor imigrante na cidade de São Paulo, que poderia escolher, caso desejasse, um dos quatro jornais de publicação diária em língua italiana em 1905: *Fanfulla, Avanti!, Secolo* e *La Tribuna Italiana.*

Pode-se ainda, a partir dos anúncios, reconhecer que devido à presença constante, em quase todas as edições do jornal diário, dos anúncios das Companhias de Navegação que a imigração continuava intensa, e o retorno à Península também. Com relação ao imigrante leitor do *Fanfulla,* Petrone (1987) auxilia na compreensão da composição da população italiana que veio para São Paulo. Segundo o autor, para cá emigraram, além dos muitos camponeses, trabalhadores urbanos, inclusive com alguma especialização profissional, como serralheiros, ferreiros, marceneiros, carpinteiros, seleiros, sapateiros, fabricantes de massas alimentícias, alfaiates, padeiros etc. Mas também alguns homens oriundos da pequena burguesia italiana, e alguns, excepcionalmente, inclusive das camadas mais favorecidas. Alerta ainda que, embora a maioria fosse analfabeta, havia sim uma parcela minoritária, porém significativa, de italianos alfabetizados.

Consolmagno (1993), ao citar o Relatório da Secretaria de Agricultura do Estado de São Paulo para o período de 1908 a 1927, indica que o percentual de imigrantes italianos que entraram no Brasil era de 28,72% de analfabetos, o que sugere "um significativo contingente de potenciais leitores", que, ao que parece, embora tivessem ao menos certo domínio da língua, talvez não usufruíssem dos muitos jornais escritos em italiano, por motivos relacionados às adversas condições de vida e de trabalho, muitas vezes nas "fazendas, vivendo em regiões afastadas dos centros urbanos"(Consolmagno, 1993, p.31).

Os emigrantes saídos da Península Itálica que adentraram e ocuparam diferentes lugares e espaços em terras paulistas e paulistanas foram muito lentamente se constituindo como italianos. Os que foram trabalhar nas fazendas de café, nas colônias ou que viveram nas áreas urbanas, na capital de São Paulo, no confronto cotidiano com os brasileiros, com os imigrantes de outras nacionalidades, não eram vistos e reconhecidos como campânios, lucanos, calabreses, piemonteses, toscanos, vênetos etc., mas sim, como italianos.

O jornal *Fanfulla* contribuiu para a construção de um sentimento de pertencimento ao mesmo país, de uma identidade comum. Ensinou a língua italiana para muitos emigrantes que saíram da Península conhecendo muitas vezes apenas um dialeto falado e talvez rudimentos da língua italiana escrita. Ao que parece o jornal *Fanfulla* buscou atender ao desafio proposto por Massimo D'Azeglio na célebre frase: "fizemos a Itália, se trata agora de fazer os italianos". Dessa forma, investiu um expressivo esforço para ensinar aos adultos a língua, e construir a ideia de pátria, ou seja, um lugar comum, em que os cidadãos pudessem partilhar costumes, a história, a memória, e o nascimento de um estado criado pela vontade coletiva.

Ao seu público leitor, o *Fanfulla* buscava diariamente realizar a operação denominada por Trento de "passagem do conceito de pátria-terra ao de pátria-nação" (2013, p.34). Assim, por um lado, apresentava notícias e informações necessárias para o recém-chegado imigrante às terras brasileiras e, por outro lado, ressaltava as tradições nacionais, as raízes comuns, os valores compartilhados. Mas, além de educar o seu público leitor adulto, estimulava e incentivava que as crianças e os adultos ainda não alfabetizados frequentassem os bancos das escolas italianas, para que ali aprendessem os saberes elementares do ler, escrever e contar, além dos grandes nomes, os grandes vultos, os grandes monumentos da Itália, e assim aprendessem a ser italianos.

As escolas italianas nas páginas do *Fanfulla*: uma presença vívida

A primeira escola italiana na cidade de São Paulo foi fundada pelo professor Francesco Pedatella em 1887. Interessante destacar que, além de dedicar-se a abrir várias outras escolas, nos anos subsequentes, Pedatella também atuou junto à imprensa em língua italiana. Em 1897, foi diretor--proprietário do jornal *La Penna*, que em 1901 mudou de nome, passando-se a chamar *Il Secolo XX* (Trento, 2013, p.176).

Até 1893, ano da criação do jornal *Fanfulla*, existiam doze escolas somente na capital; até 1900, o número aumentou para 39 (Panizzolo, 2019). De acordo com *Anuário das escolas coloniais para o ano financeiro e escolar de 1908*,[17] na cidade de São Paulo em 1908 funcionavam 80 escolas italianas, o que representa um significativo aumento. O número de escolas italianas continuou a crescer. De acordo com o *Anuário do Ensino do Estado de São Paulo* (1909), existiam em funcionamento 85 escolas italianas na capital no ano de 1909, chegando em 1910 a 91 de escolas (São Paulo, 1910). Pepe (1916), baseado nos dados do Ministério do Exterior para o ano escolar de 1913-1914, afirma que havia na capital do estado de São Paulo 42 escolas italianas. No entanto, ao consultar o *Anuário das escolas coloniais para o ano financeiro e escolar de 1913-1914*,[18] constam 121 escolas, portanto, um número bem maior do que o indicado por Gaetano Pepe.

Muitas dessas escolas estiveram presentes no capítulo "Le scuole italiane", da obra *Il Brasile e gli italiani* publicada pelo *Fanfulla* (1906). De algumas escolas, poucas informações e algumas fotografias e, de outras, importantes informações sobre ano de fundação, nome do diretor, cursos oferecidos, programa de ensino etc. Dentre elas, o Istituto-Convitto Manzione, o Istituto-Convitto Giusseppe Garibaldi, o Collegio Italo-Brasiliano Dio e Patria, Istituto Elena Cairoli, Vittoria Colonna, Scuola Regina Margherita, Istituto Manzione, Istituto e Giardino D'Infanzia Sistema Froebeliano, Istituto Dante Alighieri, Collegio Convitto Sempre Avanti Savoia!, Scuola Modello Italiana Principe di Piemonte, Scuola Regina Elena, Scuola Giovanni Bovio, Scuola Italo-Francese, Scuola Italiana Vittorino da Feltre, Scuola Italiana Vittorio Emanuele II.

Nas edições diárias do jornal *Fanfulla*, algumas dessas escolas também se fizeram presentes, por meio de anúncios que se repetiam inalterados ao longo dos anos, destacando os cursos oferecidos, tais como jardim de infância, curso elementar, curso ginasial, curso técnico-comercial; os programas a serem seguidos; os custos, os nomes dos proprietários etc. O anúncio sobre o Istituto Convitto Manzione divulga o funcionamento desse estabelecimento em regime de internato, a oferta de cursos elementares, ginasial e técnico--comercial e, ainda, informa que seria possível contratar professor particular

17 Annuario delle scuole coloniali per l'anno finanziario e scolastico – 1908.

18 Annuario delle scuole coloniali per l'anno finanziario e scolastico – 1913-1914.

agenti per lo Stato di S. Paolo
TH. VELASCO & COMP.
RUA DE S. BENTO N. 33 B

Franzoi

Molh dos

one diretta

Dogana di Santos

AO BARATEIRO DE MOCOCA
DI
Antonio Goncalves de Souza

Rua della Stazione N. 5-A.

ISTITUTO-CONVITTO MANZIONE
S. PAULO
Num. 52 - Rua Paredão, - Num. 52
Corso elementare, tecnico-commerciale e ginnasiale.
Particolare insegnamento di lingua inglese, francese, portoghese ed italiana, nonchè di teoria pratica applicata al piano.

BIONDI

Rua Boa Vista, 18 C

Figura 4. Anúncio do Istituto Convitto Manzione.
Fonte: *Fanfulla*, São Paulo, 30.4.1897, p.4.

para aulas de inglês, francês, português, italiano e de teoria prática aplicada ao piano conforme figura 4.

Há também anúncios de livrarias, tais como Libreria Bertollotti, Libreria del Fanfulla, Libreria Italiana, Grande Libreria e Tipografia, dentre outras, oferecendo livros variados, inclusive os escolares, denominados genericamente de 1º, 2º, 3º Sillabario, Storia sacra, Grammatiche portughese e italiane ed altri libri per le scuole!; e ainda Libro di lettura per la 1ª classe elementare, Libro di lettura per la 2ª classe elementare, Libro di lettura per la 3ª classe elementare, Storia Nazionale italiana per la 3ª classe elementare, Storia Nazionale italiana per la 4ª classe elementare, Storia Nazionale italiana per la 5ª classe elementare (*Fanfulla*, 1.4.1897; *Fanfulla*, 7.5.1897; *Fanfulla*, 14.12.1901; *Fanfulla*, 4.2.1902).

Em 1893, no ano de sua criação, o jornal anunciava a criação pelo vice-cônsul de uma comissão que realizaria visitas nos estabelecimentos educacionais nos primeiros dez dias de outubro daquele ano. A Comissão era composta pelos doutores Notari e Gofredo Pignataro, pelo senhor Emidio Falchi, pelos engenheiros Luigi Puccci e Paolo Alfredo Polto, e pelo conde

Rambaldo Collato. Para receber a visita da Comissão e, assim, poder concorrer ao recebimento do subsídio, era necessário que o diretor da escola realizasse inscrição e solicitação prévia (*Fanfulla*, set.-out. 1893).[19]

Ao longo da década de 1990 do século XIX, o jornal continuou a publicar algumas matérias em defesa da escola italiana, como a que apresentava a importância da escola para a coletividade: "Desde o Hon. Cairoli entendeu a grande importância que a escola pode exercer entre as populações entre as quais é fundada e 'viu como poderia, longe da pátria', tornar-se o centro do movimento intelectual e moral dos nossos compatriotas" (*Fanfulla*, 25.8.1898).[20]

Em defesa das escolas italianas, o *Fanfulla* parece mudar o tom. Não mais esperançoso pelo subsídio, como em 1893, passou então a problematizar as questões envolvidas. Apontou a falta de recursos suficientes para a manutenção das escolas:

> O governo subsidia algumas poucas com dinheiro ou com o envio de livros e material escolar, subsídio de pouco uso, em comparação com os gastos totais, mas solicitado e bem-vindo por nossos compatriotas, não só porque trazem algum alívio econômico, mas porque é o sinal material do gosto da pátria (*Fanfulla*, 25.8.1898).[21]

Esta questão se estendeu em várias edições, e em 1906 foi abordada no livro *Il Brasile e gli italiani*. No texto, se reiterou que as escolas italianas em São Paulo, criadas pela iniciativa privada, foram ao longo de sua existência mantidas por parcos subsídios do governo italiano e a condição para recebê-los era preciso aceitar a supervisão do régio cônsul-geral, a fim de receber para seus alunos os livros enviados ao Consulado ou adquiridos em São Paulo, materiais, no entanto, de qualidade questionável:

> O Ministério das Relações Exteriores tem o hábito de enviar, a título de subsídio, às escolas italianas no exterior um material escolar sem condições

---

19 O jornal está ilegível, por isto não foi possível identificar a data precisa.

20 "Dacchè l'on. Cairoli comprese l'alta importanza che la scuola può esercitare fra le popolazioni fra le quali viene fondata e s'avvide come essa poteva, lontano dalla patria, divenire il centro del movimento intellettuale e morale dei nostri connazionali" (*Fanfulla*, 25.8.1898).

21 "Il governo ne sussidio alcune con denaro o coll' envio di libri e materiale scolastico; sussidi di poca utilità,paragonati alla spesa totale, ma sollecitati e graditi dai nostri compatrioti, non solo perché qualche sollievo economico, ma perché sono il segno materiale del gradimento della patria" (*Fanfulla*, 25.8.1898).

> de uso, selecionado sem critério didático, um verdadeiro restolho de publicações que por proteção à funesta política incumbida de realizar a administração pública se encontra sempre à disposição do Ministério da Instrução Pública. O material sempre obtido com grande e muitas vezes humilhante dificuldade fez mais de uma vez rir os cidadãos brasileiros, assim ansiosos pelo progresso de sua escola primária, e fez acreditar que a nossa escola seja inferior às de outras nações da Europa. (1906, p.799)[22]

Além da falta de recursos, o jornal questionou a ausência de normas na distribuição deles. Descreveu a existência de três categorias distintas de escolas que na Itália seriam escolas rurais, mas, no Brasil, estavam na capital de São Paulo, para as quais deveriam ser criados critérios que atrelassem a distribuição dos subsídios de acordo com o número de alunos e de professores, além das condições de ensino ofertadas:

> Sabemos que há escolas que contam muitos anos de vida, algumas mais florescentes e, portanto, melhor estabelecidas, outras menos, que recentemente foram fundadas, mas frequentadas por um bom número de alunos e que dão provas de seriedade e experiência dos professores; e que, finalmente, há muitas outras que não oferecem nenhuma garantia de durabilidade e que deixam muito a desejar, mesmo com relação à didática. (*Fanfulla*, 31.12.1901)[23]

Com o decorrer do tempo, e com a ineficácia dos subsídios, o jornal pareceu vislumbrar outra alternativa para formar a alma, o caráter e a fé das crianças e adolescentes, além de manter e aprimorar as características étnicas italianas, conservando estreitos os laços com a mãe-pátria, por meio do ensino da língua italiana e do estudo da história, da geografia da Itália e de

22 "Il Ministero degli Affari Esteri ha l'abitudine di inviare, a titolo di sussidio, alle scuole italiane all'estero un materiale scolastico senza condizioni d'uso, selezionato senza criteri didattici, una vera e propria stoppia di pubblicazioni che, a tutela, della terribile politica incaricata di svolgere l'amministrazione è sempre disponibile per il Ministero della Pubblica Istruzione. Il materiale sempre ottenuto con grande e spesso umiliante difficoltà faceva ridere più di una volta i cittadini brasiliani, quindi ansiosi per il progresso della loro scuola elementare, e ci ha fatto credere che la nostra scuola è inferiore a quella di altre nazioni in Europa." (1906, p.799)

23 "Sappiamo che vi sono scuole che contano molti anni di vita, alcune più fiorenti, e quindi meglio affermate, altre meno, che ve ne sono state fondati da recente, peró frequentate da buon numero di allievi e che danno prova di serietè e di perizia nell' insegnamente; e che, finalmente ve ne sono molti altri che non offrono nessuna garanzia di durata e che lasciano tanto a desiderare, anche lo fato di didattica" (*Fanfulla*, 31.12.1901).

seus grandes vultos e feitos. Apresentou a proposta feita pela Unione Democratica Galileo Galilei,[24] destacando que o próprio *Fanfulla* já a defendia havia muito tempo. A proposta consistia na formação de uma comissão para estudar e elaborar um projeto de constituição em São Paulo de um Centro Italiano de Educazione (*Fanfulla*, 31.12.1901).

Ainda não foram localizadas informações sobre tal criação e se, criada efetivamente, zelou pelos critérios de distribuição dos subsídios, pela formulação de um programa didático único para as escolas italianas. Sua criação teria implicado a diminuição do número de escolas primárias italianas? O controle do programa, do modo de processá-lo, implicaria uma hierarquização das escolas?

Retornando ao jornal, merece destaque a presença em suas edições da divulgação da escola pública brasileira, especificamente, a paulista. Matérias destacando a grandiosidade das festas escolares, a inauguração de escolas, a apresentação das escolas modelo e as estatísticas escolares se fizeram presentes no período estudado. Nesse sentido, um exemplo sobre a festa de fim de ano nas Escolas Modelo Prudente de Moraes e Maria José: "Os alunos e as alunas apresentaram um belíssimo ensaio dos estudos realizados durante o ano, sob o ensinamento dos habilíssimos professores e professoras, para os convidados presentes que expressaram palavras sinceras de elogio" (*Fanfulla*, 4.12.1901).[25]

O jornal *Fanfulla*, em suas matérias, evidenciava que as escolas italianas em São Paulo, criadas pela iniciativa privada, foram ao longo de sua existência mantidas por parcos subsídios do governo italiano. Mas outras fontes documentais apontam que, sob algumas condições, as escolas receberam também recursos do governo brasileiro e doações da Sociedade Dante Alighieri. São muitas as cartas enviadas pelos professores ao cônsul solicitando esse auxílio, como se lê nos exemplos a seguir:

24 Segundo Biondi a Società Democratica Galileo Galilei figurou juntamente com a Lega Lombarda entre as mais importantes sociedades mútuas de São Paulo. A Società Democratica Galileo Galilei nasceu como sociedade de toscanos, que "constituíam, entre os artesãos e os operários especializados de São Paulo, um núcleo já muito consistente na última década do século XIX" (2011, p.75). Em 1898, alterou o nome para Società Democratica e, em 1903, "apresentava, entre seus diretores, o meridional Gaetano Pepe" (2011, p.76).

25 "Gli studenti hanno presentato una bella prova degli studi effettuati durante l'anno, sotto l'insegnamento degli insegnanti più qualificati, agli ospiti presenti che hanno espresso sincere parole di elogio" (*Fanfulla*, 4.12.1901).

> Para não ter a grande dor de talvez ter de fechar a escola, nos voltamos suplicando à Vossa Excelência para que venha em ajuda, concedendo de modo extraordinário um subsídio à Scuola Vittorio Alfieri (Franceschini, 1.11.1899).[26]

> Estas escolas, portanto, sem qualquer apoio, uma base econômica segura, qualquer ajuda que garanta a sua existência, estão em perpétuo movimento como as tendas dos pastores da Ásia (Dispaccio, 1904).[27]

> Fazendo assim os sacrifícios feitos e que a cada dia são agravados pela competição implacável das escolas estrangeiras bem curadas e acolhidas pelo seu governo; sob o esquecimento absoluto das autoridades pátrias e a absoluta falta de subvenções ou subsídios que também poderiam ser aceitos, encorajando a missão do professor, que é difícil de todo, mas por muitas razões, aqui muito mais espinhosas e perigosas, os signatários não podem deixar de submeter à benignidade do Governo italiano a sua convicção de que, além de serem insatisfatórios e de muito precária, não lhes é assegurada a velhice que os aguarda..." (Dall'acqua, 28.4.1901).[28]

Conforme noticiado pelo *Fanfulla*, a condição para receber o subsídio do governo italiano era aceitar a supervisão do régio cônsul-geral e, assim, receber um auxílio em dinheiro ou em livros e materiais enviados ao Consulado ou adquiridos em São Paulo com os fundos colocados à disposição pelo Ministério das Relações Exteriores. Ainda assim, o subsídio enviado pelo Ministério das Relações Exteriores muitas vezes demorava a chegar, como se lê no ofício enviado pelo cônsul: "Mas já estamos agora em meados de

26 "Per non averi il grande dolore divedersi forse a dover chiudere la scuola, rivolgono la piu calda preghiera all'Ecc Vostra perchè voglia venir loro in aiuto, concedendo in via straordinaria, un sissidio ala detta scuola Vittorio Alfieri" (Cesare e Anna Franceschini, 1.11.1899).

27 "Queste scuole adunque, mancando di un appogio qualsiasi, di una base econômica sicura, di un sussidio qualsiasi che ne assicure l'esistenza, son in perpetuo movimento come le tende dei pastori dell'Asia" (Dispaccio, 1904).

28 "Facendo dunque dei sacrifici compiuti e che tuttogiorno si aggravano per la concorrenza spietata dele scuole straniere bem curate e sorvenute dai loro governo; facendo dell'assoluto oblio dele patrie autorità e dela mancanza assoluta di sovvenzione o sussidi che potessero nonche acculare, incoraggiare la missione del maestro, da per tutto difficile, ma aqui per molteplici cause assai più spinosa e pericolosa, i sottoscritti non possono non sottoporre ala benignità del Governo italiano la loro convizione che oltre a essere asprisfima, e affatto precaria non essendone assicurati la vecchiaia che si prepara loro assai..." (Dall'acqua, 28.4.1901).

março de 1904 e ainda nada se sabe sobre o material e não recebi ainda uma resposta ao meu relatório de 14 de dezembro de 1903!" (Dispaccio, 1904).[29]

Havia também a possibilidade de receber um subsídio do governo brasileiro. No governo Rodrigues Alves, ficou estabelecido que o governo enviaria livros e materiais escolares às escolas privadas que o solicitassem, desde que acatassem as exigências de registrar a escola na Diretoria Geral da Instrução Pública, por meio de preenchimento de declaração específica; apresentação de relação nominal dos alunos inscritos, especificando os que cursavam gratuitamente; apresentação de relação dos materiais que já foram fornecidos e as respectivas datas de fornecimento; informações do diretor sobre a condição do edifício e sobre seu funcionamento; informações do inspetor sobre o ensinamento preponderante da língua portuguesa, da geografia e história do Brasil (Pepe, 1916).

Havia ainda subsídios advindos da Sociedade Dante Alighieri sob a forma de materiais distribuídos às escolas italianas. Pepe (1916) relata a distribuição de cadernos, mapas, atlas, e mais de 4 mil liras em mobiliário, conforme aponta o jornal *O Estado de S. Paulo*:

> Depois de tomar conhecimento de várias práticas internas, o conselho deliberou mandar distribuir, gratuitamente, pelos alunos das escolas italianas desta capital, um número suficiente de cadernos em branco, trazendo na capa o retrato de Dante e alguns dados sobre os fins que a sociedade propugna [...]
>
> O Conselho estabeleceu também a criação de uma comissão escolar de doze membros, os quais serão nomeados, em número igual de quatro, pela federação das escolas italianas e pela União Magistral, as quais serão convidadas para indicar os seus respectivos representantes.
>
> A comissão deverá auxiliar e coordenar a ação da Dante para o melhoramento das escolas italianas.
>
> Em seguida o conselho deliberou continuar o seu apoio a favor das escolas noturnas, já existentes ou que serão constituídas, e patrocinar a realização de conferências públicas por ocasião de aniversários patrióticos ou datas memoráveis. (*O Estado de S. Paulo*, 31.7.1909, p.4)

29 "Ma ormai siamo ala metà di marzo 1904 e non si sa ancor nulla di detto materiale ne ho ancora ricevuta risposta al mio rapporto del 14 dicembre 1903!"

Sendo os subsídios insuficientes, as escolas recorriam às famílias,[30] que, em meio a tantas lutas e adversidades cotidianas, dificilmente dispunham de recursos suficientes ou necessários para tal empreendimento. A falta de recursos financeiros impactava diretamente as condições físicas das escolas, a oferta de mobiliário adequado e de recursos pedagógicos, comprometendo inclusive as condições de higiene, iluminação e ventilação (Panizzolo, 2018).

Considerações Finais

A análise do jornal *Fanfulla*, aqui apresentada, procura colocar em evidência o papel dos sujeitos que criaram, escreveram, colaboraram, viajaram cobrando os assinantes, enfim, daqueles mediadores culturais que deram vida ao jornal. Agiram pautados nas trocas materiais e culturais dos dois lados do oceano Atlântico, nas muitas idas e vindas trazendo e levando ideias, matérias e maquinários. Mas também trocas aqui na América, por meio das viagens, como a de Vitaliano Rotellini para Buenos Aires, que o inspirou para o lançamento de *Il Brasile e gli italiani* na Exposição Internacional de Milano, obra de tamanho expressivo e conteúdo importante para mostrar para o mundo o que era o Brasil e, de modo particular, São Paulo.

As trocas também se deram dentro das fronteiras do Brasil. O *Fanfulla* mostrou-se um polo irradiador de permutas culturais por onde circulavam muitos homens que, concomitantemente, trabalhavam para outros tantos pequenos jornais, muitos deles semanários, de vida relativamente efêmera. Ao que parece, esses vínculos com diversos jornais iam além do usual à época, e eram bastante aceitos, inclusive estimulados, pelo proprietário-diretor Vitaliano Rotellini, que incentivava as idas e vindas de seus mediadores culturais para outros estados, cidades, e a participação deles em outros jornais.

O *Fanfulla*, ao longo de seus exemplares, se constituiu como um prestador de serviços, informando aos recém-chegados ao Brasil as características da sociedade brasileira, as condições políticas e econômicas, as questões sanitárias e as informações burocráticas. Inseria o imigrante, sem, contudo, deixar de dar notícias da Península Itálica. Ao contrário, procurava criar entres os que para cá vieram um sentimento de italianidade. Estimulava e valorizava o consumo dos produtos que remetiam aos lugares de onde tinham partido, que lhes eram conhecidos. Além de produtos, difundiu as

30 Segundo Pepe (1916), em algumas escolas a taxa mensal era reduzida a 1$500 réis, ou seja, um pouco mais de 2 liras, e ainda assim muitos pais não pagavam.

fábricas e os serviços dos conterrâneos, homens e mulheres que em terra brasileira eram nomeados como "os italianos".

O *Fanfulla* ao longo de suas matérias, imagens e publicidade assumiu a responsabilidade de salvaguardar a língua italiana, o culto da Itália como pátria dos imigrantes e de seus filhos, de criar um sentimento de pertença, de compartilhamento de costumes e cultura. Ao seu público leitor o *Fanfulla* diuturnamente buscava realizar a operação da construção da pátria-nação, a partir de uma Itália desconhecida para a maior parte dos imigrantes. Era assim necessário ensinar a língua italiana, valores e princípios comuns, além compartilhar os mesmos heróis e monumentos, enfim, era indispensável educar os adultos, e essa função foi incansavelmente desempenhada pelo *Fanfulla*.

Além da imprensa periódica que procurava "suscitar nos conterrâneos o orgulho de ser italiano, e de ter feito progredir, com sua presença e seu trabalho, a economia e a sociedade brasileiras" (Trento, 2016, p.12), as escolas italianas também contribuíram para difundir o sentimento de pertencimento e de identidade italiana. O que de modo algum passou ao largo para o *Fanfulla*. Ensinar a língua, a História e a Geografia da Itália se fazia necessário para construir o apreço à pátria-nação entre os imigrantes e seus descendentes, fossem eles crianças ou adultos frequentadores dos cursos noturnos, e para tal a presença das escolas era fundamental.

A presença das escolas italianas em São Paulo mereceu atenção nas páginas do *Fanfulla*. A partir das fontes encontradas, pode-se afirmar que o jornal se envolveu e apoiou a necessidade de envio de subsídios do governo italiano para as escolas; noticiou abertura e programas de escolas, materiais didáticos, aulas particulares, livrarias etc. O jornal e o livro publicado na Tipografia do *Fanfulla* noticiaram que as muitas escolas italianas criadas na capital sobreviviam às custas do esforço de seus mestres e foram custeadas arduamente pelas famílias, posto ter sido o subsídio da parte do governo italiano, no mais das vezes, inconstante e insuficiente. Ao mesmo tempo que na obra *Il Brasile e gli italiani* estampava e dava notícias sobre prédios apropriados, aulas seriadas, práticas esportivas, consideradas inovadoras, escolas específicas voltadas à infância, como jardim de infância e um corpo de professores preparado e formado.

Ao longo do recorte temporal deste capítulo, ou seja, entre 1893 e 1910, as escolas italianas em São Paulo cresceram e se multiplicaram. No entanto, em meio às críticas vindas, muitas vezes, dos próprios italianos, à falta de recursos financeiros, o aumento de vagas nas escolas paulistas e, alguns anos depois, as políticas nacionalistas, as escolas étnicas italianas foram paulatinamente caminhando para seu fim.

Retornando ao *Fanfulla*, é possível afirmar que em seus exemplares diários almejou, mais do que informar, formar, modelar, criar uma identidade italiana, uma *italianitá*, e para isso buscou na valorização das escolas italianas, por mais simples que fossem, o apoio para tal empreitada.

Para finalizar, tomo de empréstimo as palavras de Trento (s/d) ao referir-se à análise da imprensa em língua italiana como "uma tarefa quase desesperada pela escassez de material conservado". (s/d., p.1). Buscar o *Fanfulla* também se mostrou uma tarefa quase desesperada. Para localizar o jornal, foi preciso superar a impossibilidade de acesso a determinados acervos. Assim, ao mesmo tempo que se encontra descaso no que se refere à preservação por parte de alguns acervos, de outra parte, o acesso ao material muitas vezes é dificultado por medidas de superproteção, o que torna a formação do *corpus* documental um verdadeiro trabalho de garimpagem.

Bibliografia

BIONDI, Luigi. *Classe e nação*: trabalhadores e socialistas italianos em São Paulo, 1890-1920. Campinas: Editora da Unicamp, 2011.

CAPELATO, Maria Helena Rolim; PRADO, Maria Lígia. *O bravo matutino*: imprensa e ideologia no jornal *O Estado de S. Paulo*. São Paulo: Alfa-Ômega, 1980.

CENNI, Franco. *Italianos no Brasil*: "Andiano in Merica". 3.ed. São Paulo: Edusp, 2003.

CONSOLMAGNO, M. *Fanfulla*: perfil de um jornal de colônia. Dissertação (Mestrado em História Social) – Universidade de São Paulo, São Paulo, 1993.

GOMES, Angela de Castro; HANSEN, Patrícia Santos. Apresentação, intelectuais, mediação cultural e projetos políticos: uma introdução para a delimitação do objeto de estudo. In: GOMES, Angela de Castro; HANSEN, Patrícia Santos (org.). *Intelectuais mediadores*: práticas culturais e ação política. Rio de Janeiro: Civilização, 2016. p.7-40.

GUIMARÃES, Valéria. Imprensa franco-brasileira e mediação: Rio de Janeiro e São Paulo, séculos XIX-XX. In: LUCA, Tania Regina de; GUIMARÃES, Valéria (org.). *Imprensa estrangeira publicada no Brasil*: primeiras incursões. São Paulo: Rafael Copetti Editor, 2017. p.87-144.

PANIZZOLO, Claudia. O processo escolar entre italianos e seus descendentes: a escola italiana em São Paulo, no século XIX e início do século XX. In: LUCHESE, Terciane Ângela (org.). *Escolarização, culturas e instituições*: escolas étnicas italianas em terras brasileiras. Caxias do Sul: Educs, 2018. p.139-72.

_______. *O processo escolar entre italianos e seus descendentes*: a escola italiana em São Paulo (fins do século XIX e início do século XX). Relatório Científico de Estágio de Pós-Doutoramento. São Paulo: Unifesp (mimeo), 2019.

PETRONE, Pasquale. A influência da imigração italiana nas origens da industrialização brasileira. In: DE BONI, Luís A. (org.). *Presença italiana no Brasil*. Porto Alegre: EST, 1987. p.489-507.

SIRINELLI, Jean-François. Os intelectuais. In: RÉMOND, René (org.). *Por uma história política*. Trad.: Dora Rocha. Rio de Janeiro: UFRJ/FGV, 1996. p.231-70.

_______. As elites culturais. In: RIOUX, Jean-Pierre; SIRINELLI, Jean-François (org.). *Para uma história cultural*. Trad.: Ana Moura. Lisboa: Estampa, 1998. p.259-79.

SOUZA, Marcelo Cintra de. *A imprensa imigrante*: trajetória da imprensa das comunidades imigrantes em São Paulo. São Paulo: Imprensa Oficial, 2010.

TOLEDO, Edilene. *Travessias revolucionárias*. Ideias e militantes sindicalistas em São Paulo e na Itália (1890-1945). Campinas: Editora da Unicamp, 2004.

TRENTO, Angelo. *Do outro lado do Atlântico*: um século de imigração italiana no Brasil. São Paulo: Nobel, 1988.

_______. *Os italianos no Brasil*. São Paulo: Prêmio Editorial, 2000.

_______. *Imprensa italiana no Brasil*: séculos XIX e XX. São Carlos: Edufscar, 2013.

_______. Il Fanfulla di São Paulo e la stampa in Brasile dal nazionalismo al fascismo. *Revista Ponte Entre Culturas*, Belo Horizonte, [s.d], p.1-35.

_______. Prefácio. In: TRUZZI, Oswaldo. *Italianidade no interior paulista*: percursos e descaminhos de uma identidade étnica (1880-1950). São Paulo: Editora da Unesp, 2016. p.9-14.

Fontes

Anuário do Ensino do Estado de São Paulo: publicação organizada pela Inspectoria Geral do Ensino por ordem do Governo do Estado de São Paulo: Typ. Siqueira, 1910.

Belli, N. *Giornalismo italiano in Brasile*. São Paulo: [s.n], 1923.

Dall'acqua. Ofício, 28.4.1901. In: Archivio Storico Diplomatico del Ministero degli Affari Esteri, Archivio Scuole, 1889-1910, b.341.

Dispaccio del Regio Console Gherardo Pio Di Savoia del 1 marzo 1904. In: Archivio Storico Diplomatico del Ministero degli Affari Esteri, Archivio Scuole, 1889-1910, b.341.

Francheschini. Oficio, 01/11/1899. In: Archivio Storico Diplomatico del Ministero degli Affari Esteri, Archivio Scuole, 1889-1910, b.341.

Il Brasile e gli italiani. Firenze: Bemporad & Figlio Editori, 1906.

Ministero Degli Affari Esteri. *Annuario delle scuole colonial per l'anno finanziario e scolastico 1913-1914*. Roma: Tipografia di Gabinetto del Ministero degli Affari Esteri, 1914.

Pepe, Gaetano. *La scuola italiana in San Paolo del Brasile*. São Paulo: Pocai, 1916.

Jornais

Fanfulla. São Paulo, 1893-1910.

O Estado de S. Paulo. São Paulo, 1909.

Nas páginas do jornal católico *La Libertà*, Caxias-RS (1909-1910): produção e rastros de mediação cultural

Terciane Ângela Luchese

La stampa é per le anime come il cibo per i corpi[1]

A primeira edição do jornal *La Libertà* circulou em Caxias em um sábado, dia 13 de fevereiro de 1909. O periódico católico, impresso e publicado em italiano, vinha a lume após alguns meses de tratativas e, como consta na epígrafe de abertura do presente capítulo, entendia o jornal como essencial para alimentar a alma dos fiéis. Impresso na capa e sob a denominação *La Stampa* [A Imprensa], o texto assinado por C. Marini resumia o que havia sido publicado no jornal *La Vera Roma* em 20 de outubro de 1908 e em alguns outros periódicos católicos sobre o tema. O sentido e o valor da imprensa naquele momento são registrados a partir da apropriação do que fora dito por outros jornais católicos italianos, evidência da circulação transnacional dos escritos. A ideia de que o "jornal é para as almas o que o alimento é para os corpos" vinha acompanhado da explicação de que bons alimentos fomentavam vida, enquanto os maus levavam à morte. Assim, afirmavam que os jornais também representavam a vida ou a

1 "O jornal é para as almas o que o alimento é para os corpos". Jornal *La Libertà, giornale settimanale del popolo*. Caxias do Sul, 13 de fevereiro de 1909. Ano 1, nº 1, capa.

morte. Atacando a imprensa anticatólica, afirmando a posição do papa Pio X e exultando que os bons fiéis lessem apenas o que representava o "bom alimento" para a alma, exprimia o tom que se desejava difundir com o novo jornal. O projeto de criação e manutenção de um hebdomadário que servisse de apoio e divulgação das notícias e informações consideradas importantes pela Igreja havia tempos estava em processo. É sobre essa materialidade e seu conteúdo, entendendo o jornal como um bem cultural transnacional, pois que segue as diretrizes da Santa Sé, que o tomo como objeto e fonte. O *corpus* empírico[2] principal analisa esse impresso católico publicado em italiano entre os anos de 1909 e 1910, num total de 53 edições.

Na Encosta Superior do Nordeste gaúcho, a partir de 1875, as primeiras colônias instituídas pelo governo imperial, Conde d'Eu, Dona Isabel e Caxias, passaram a receber levas sucessivas e numerosas de imigrantes, em sua maioria provenientes da Península Itálica. A ocupação de pequenas propriedades foi constituindo centros fornecedores de produtos agrícolas e da pecuária, em que os excedentes eram trocados por outros gêneros com os comerciantes locais. A emergência de iniciativas de manufatura e pequenas indústrias, em poucos anos, se solidificou. Como marcador cultural, o catolicismo foi uma das práticas mais significativas entre imigrantes provenientes da Itália e estabelecidos nas colônias, atualmente conhecida como Região Colonial Italiana (RCI) do Rio Grande do Sul. De certo modo, a Igreja Católica atuou como catalisadora dos processos e práticas culturais da RCI. Com o advento da República e o crescimento das colônias, foram sendo criados os municípios, como apresentado no quadro 1:

Quadro 1. As primeiras colônias da RCI e seus municípios

Colônia	Ano de criação	Município	Ano de emancipação
Dona Isabel[3]	1870	Bento Gonçalves	1890
		Monte Belo do Sul	1992
		Santa Teresa	1992
		Pinto Bandeira	1996

2 Os exemplares que constituem o *corpus* empírico da pesquisa integram o acervo do Arquivo Histórico Municipal João Spadari Adami de Caxias do Sul. Os exemplares foram acessados em: http://liquid.camaracaxias.rs.gov.br/

3 Dona Isabel e Conde d'Eu foram elevadas à condição de municípios no mesmo ano de 1890, em 11 de outubro, pelo Ato 474, com a denominação de Bento Gonçalves, permanecendo a administração na antiga sede de Dona Isabel. A condição de distrito em que permaneceu Conde d'Eu fez

Colônia	Ano de criação	Município	Ano de emancipação
Conde D'Eu	1870	Garibaldi	1900[4]
		Carlos Barbosa	1959
		Coronel Pilar	1996
		Boa Vista do Sul	1995
Caxias (Fundos de Nova Palmira)[5]	1875	Caxias do Sul[6]	1890
		Farroupilha	1934[7]
		São Marcos	1963

Fonte: organização da autora.

Nesses primeiros municípios – Caxias, Garibaldi e Bento Gonçalves – foram produzidos os quatro primeiros jornais católicos publicados em italiano no período de 1898 a 1927.[8] É certo que sua circulação atingiu muitos outros municípios vizinhos. Apesar de serem jornais católicos impressos em italiano, cada um deles tinha especificidades em sua produção, circulação e conteúdo. Há pontos de contato e semelhança, mas também dissensos. Cruzando contribuições da História Cultural da imprensa e da História

com que houvesse movimentos políticos, no sentido de buscarem a emancipação, que veio em 1900 pelo Decreto 327, de 31 de outubro, assinado por Antônio Augusto Borges de Medeiros. O novo município recebeu a denominação de Garibaldi.

4 As colônias Dona Isabel e Conde d'Eu foram elevadas a município em 1890 com o nome Bento Gonçalves. Em 1900, Garibaldi (Conde d'Eu) se emancipou.

5 Após a Proclamação da República, considerando as pressões e insatisfações de comerciantes e industrialistas da Região Colonial Italiana, o general Cândido José da Costa, presidente da Província, elevou pelo Ato 257, de 20 de junho de 1890, a freguesia de Santa Tereza de Caxias a município, com a denominação de Caxias. A notícia foi muito bem recebida pelos seus habitantes, que festejaram o acontecimento durante três dias. No decorrer das festividades, foram batizados os sinos da matriz e inaugurada a terceira exposição agroindustrial de Caxias, contando com presença do governador do Estado, general Cândido José da Costa (Machado, 2001, p.84).

6 Em 1890, foi elevada à condição de município com o nome Caxias. Outra alteração no nome foi em 1944, quando passou a denominar-se Caxias do Sul (Decreto nº 720 de 29 de dezembro de 1944).

7 A constituição territorial contou com parte de Bento Gonçalves e parte de Montenegro também.

8 O primeiro impresso católico publicado na RCI foi o boletim mensal *Il Colono Italiano*, em Caxias, que circulou a partir de 1 de janeiro de 1898 até 21 de agosto de 1898, num total de sete edições. Na sequência, entre 1909 e 1910, foi publicado o *La Libertà*. Entre 1910 e 1917 o *Il Colono Italiano* foi publicado em Garibaldi. Após, passou a ser denominado *Staffetta Riograndense* (até 1941). Entre 1913 e 1927, foi publicado em Bento Gonçalves o *Il Corriere D'Italia*, depois vendido ao *Staffetta*, que se tornou o único jornal católico da RCI por muitos anos. Para ver mais, consultar: (Luchese, 2017a; 2017b; 2019).

das Migrações, o *corpus* empírico é formado pela coleção de exemplares do *La Libertà*, entrecruzados com correspondências e relatórios de agentes consulares. Procedeu-se à análise documental histórica, atentando para a produção do jornal e os mediadores culturais do *La Libertà* entre os anos de 1909 e 1910.

A categoria de análise principal, *intelectuais como mediadores culturais*, permite pensar que os padres que assumiram a editoria do referido jornal eram os intelectuais naquele contexto e época. Como afirmam Gomes e Hansen, "o intelectual que atua como mediador cultural produz, ele mesmo, novos significados, ao se apropriar de texto, ideias, saberes e conhecimentos, que são reconhecidos como preexistentes" e nessa mediação cria-se, produz--se um "outro produto: um bem cultural singular" (Gomes; Hansen, 2016, p.18). Desse modo, busco compreender as trocas culturais entre Itália e Brasil por meio da produção do *La Libertà*, entre a Santa Sé e os padres (inclusive das congregações), impressa nas páginas e nas notícias que circularam na RCI e para além dela. Intento perscrutar os modos como a catolicidade foi pensada e difundida, enquanto prática educativa e cultural pelos intelectuais. Pensar o modo como traduziram notícias, temas e debates, mediando e colocando em evidência o que desejavam legitimar e propagandear por meio do *La Libertà*.

O capítulo está organizado em dois momentos: no primeiro, circunscrevo algumas evidências da produção do periódico e sua circulação pela RCI. No segundo, atento para os mediadores culturais que participaram da feitura do jornal, em especial padres, mas também professores e correspondentes que compuseram as notícias e outros textos publicados no *La Libertà*.

O JORNAL *LA LIBERTÀ*

Ubi autem Spiritus Domini, ibi libertas (2º Cor., III, 17)
Instaurare omnia in Christo (Programa de V. S. Pio X)[9]

As duas epígrafes foram escolhidas pelo padre Carmine Fasulo e constavam no cabeçalho da primeira até a última edição do *La Libertà*. De certo modo, indicavam o rótulo que desejavam disseminar com a publicação: um

9 Respectivamente: "E onde está o Espírito do Senhor, aí há liberdade" (2º Cor., 3, 17); "Estabelecer todos em Cristo" (Programa de V. Santidade Pio X).

impresso católico que veicularia notícias, textos, prescrições e leituras recomendadas aos "bons católicos". O nome *La Libertà* sinalizava para o sentido de que a verdadeira liberdade estava na fé, na palavra de Deus e no testemunho de uma vida que seguia os preceitos do catolicismo.

Quando se trata da imprensa em Caxias e na RCI, o trecho do relatório do professor e agente consular, Umberto Ancarani, datado do ano de 1905, informava sobre a instabilidade e as dificuldades em manter a longo prazo a publicação de jornais:

> Caxias é um dos poucos municípios coloniais que possuem uma tipografia e um jornal local. Diversas vezes se iniciou a publicação de periódicos italianos ou brasileiros, mas tiveram breve duração, pela falta de um número suficiente de assinantes. Assim, em 1897 foi publicado um pequeno jornal semanal, *O Caxiense*, e em 1898 um jornal clerical bimensal, escrito em italiano e intitulado *Il Colono Italiano*. Em 1902 veio à luz um jornal brasileiro, *14 de Julho*, órgão do partido republicano local; mas teve apenas dois anos de vida. Em seguida, mudou de cor política, sem, no entanto, mudar de proprietário-diretor e assume o título de *O Cosmopolita*. Esse ainda continua suas publicações – sai uma vez por semana, aos sábados – e é escrito, em parte, em língua italiana. Entre os periódicos e jornais que chegam neste município, lembro *La Tribuna* e *La Patria di Roma*, *Il Secolo XX*, *La Tribuna Illustrata*, *Il Corriere della Domenica*, *La Tribuna Italiana* e *Il Fanfulla* de São Paulo.[10] (Ancarani, 1905, p.28-9)

A circulação de jornais provenientes da capital gaúcha, de São Paulo e mesmo da Itália coloca em evidência o interesse de muitas famílias em acompanhar e acessar notícias da Itália e mesmo do que acontecia no Brasil. Apesar da inconstância nos títulos e no tempo de duração dos jornais, as iniciativas se multiplicaram.

---

10 "Caxias é uno dei pochi municipi coloniali che hanno una tipografia ed un giornale locale. Più volte si iniziò la pubblicazione di periodici italiani o brasiliani, ma ebbero tutti breve durata, per manzanza di un numero sufficiente di abbonati. Così avvene nel 1897 di un piccolo giornale settimanale, *O Caxiense* e nel 1898 di un giornale clericale bimensile, scritto in italiano e intitolato *Il Colono Italiano*. Nel 1902 vide la luce un giornale brasiliano, *14 de Julho*, organo del partito repubblicano locale; ma ebbe due soli anni di vita. In seguito mutò di colore politico, pur non mutando di proprietario-direttore e assunse il titolo di *O Cosmopolita*. Esso continua ancora le sue pubblicazioni – esce una volta la settimana, il sabato – ed è scrito in parte in lingua italiana. Tra i periodici e giornali italiani che arrivano in questo municipio ricorderò *La Tribuna* e *La Patria* di Roma, *Il Secolo XX*, *La Tribuna Illustrata*, *Il Corriere della Domenica*, *La Tribuna Italiana* ed *Il Fanfulla* di San Paolo".

Em 21 de novembro de 1908, o *Gazeta Colonial* noticiava que Caxias era o município gaúcho que, afora a capital, contava com maior número de jornais e noticiava que um novo periódico passaria a ser publicado: o *La Libertà*. Os preparativos que antecederam a publicação do *La Libertà* foram anunciados em outros periódicos publicados em Caxias. Em janeiro de 1909, o *Gazeta Colonial* retratava a chegada do maquinário da tipografia do novo jornal. Na íntegra, a nota informava:

> Caxias progride. Podemos garantir aos nossos leitores que acaba de chegar a esta vila o material completo de uma nova tipografia, em que será impresso mais um jornal de formato regular que se denominará *La Libertà* e que, sendo de propriedade, segundo consta, do Rev. D. Carmine Fasulo, digno vigário desta freguesia, será redatado pelo Sr. Leonel Vargas, já bem conhecido nesta região pelos seus artigos de colaboração inteligente na *Gazeta Colonial*. Ficará, portanto, Caxias com cinco periódicos que são as seguintes: *Gazeta Colonial*, *Correio do Município*, *Cosmopolita*, *Tagarela* e *La Libertà*; e se é verdade que se pode aquilatar do progresso de uma localidade pelo número de jornais que ela alimenta, Caxias incontestavelmente progride. E, no entanto, o presidente do Estado transferiu para Bento Gonçalves, onde não existe um único jornal, a sede da comarca! Mas o progresso de uma localidade é como as tempestades; ninguém pode deter. Já agora, façam o que quiserem, Caxias não recuará.[11]

A circulação de diferentes periódicos em Caxias é compreendida como fator de desenvolvimento e progresso. E os anos de 1909 e 1910 foram de conquistas importantes para Caxias. Desde 1895 havia telefone, e em 1906 chegou o telégrafo. A população total de Caxias em 1910 perfazia o total de 23.965 habitantes, dos quais 3.742 viviam na área urbana. Portanto, um total de 15,6%. Um dos maiores propulsores do desenvolvimento local foi a chegada do trem, e, como afirmam Giron e Bergamaschi, "a sede Dante até 1910 é apenas uma vila, sendo então elevada à condição de cidade. Nesse mesmo ano é inaugurada a estrada de ferro, ligando-a à capital do Estado" (2004, p.198). O trem ajudou a superar distâncias, pondo fim ao isolamento da serra com relação à capital gaúcha, potencializando as trocas comerciais e ampliando a circulação de pessoas. Quando, em 1910, Caxias passa à condição de cidade, contava, segundo informações da Intendência, com 9 mil prédios. Destes, 7.500 eram construções em madeira, e outras 1.500, em tijolos ou pedra. Na área urbana, perfaziam um total de 632 edificações, 468

11 *Jornal Gazeta Colonial*, ano IV, n.162, Caxias, 23.1.1909, p.2.

eram térreos, 110 assobradados e 40 sobrados. Destas, 445 de madeira, e 155, de tijolos e pedras. Em setembro de 1910, foi inaugurada uma filial do Banco da Província do Rio Grande do Sul. Circulavam diferentes jornais em 1910, entre eles *La Libertà*, *O Brazil*, *Cidade de Caxias* e *O Tagarella*. Os moradores podiam desfrutar de dois cinemas, o Juvenil e o América, de diversos cafés, casas de pasto, confeitarias, hotéis e livrarias. Eram cinco sociedades beneficentes. Um bom número de estabelecimentos comerciais, manufatureiros e industriais movimentavam a economia e promoviam o crescimento urbano. Pelos dados da Intendência, em 1910 eram cerca de 186 estabelecimentos comerciais com a venda de tecidos, miudezas, ferragens e louças, alimentos e um total de 235 indústrias (Machado, 2001). A iluminação pública permanecia sendo realizada por lampiões a querosene instalados em postes de ferro, em um total de 65 em 1910.[12] Para pensar um pouco do contexto local em que foi produzido e em que circulava o jornal *La Libertà*, observe-se a imagem a seguir com uma vista da praça Dante Alighieri, tendo ao fundo, no centro, a Catedral, ladeada pelo campanário e à esquerda, pela canônica – sede administrativa do referido impresso. A praça passava por reformas, e na imagem é possível vislumbrar os integrantes do Tiro de Guerra de Porto Alegre em visita a Caxias em 1908.

Figura 1. Vista parcial da praça Dante Alighieri, Caxias, 1908.
Fonte: fotografia de Domingos Mancuso. Acervo Renan C. Mancuso. Disponível em: https://caxiaspormancuso.blogspot.com/2013/08/caxias-1904-1910-fotos-historicas-de.html

12 A substituição dos lampiões por lâmpadas de filamento metálico ocorreu em 1913 (Machado, 2001).

Em 18 de fevereiro de 1909, o *Correio do Município* anuncia a publicação do *La Libertà* e lhe deseja sucesso. O *Gazeta Colonial* também noticia, afirmando:

> *LA LIBERTÀ*. No sábado, 13 do corrente, conforme era esperado, apareceu nesta vila o *La Libertà*, jornal de formato regular, bem escrito, bem cuidado e bem impresso. Jornal católico e escrito em língua italiana, tem, todavia, uma bela seção em português, pelo que torna acessível a todos que conhecem qualquer das duas línguas. Nós o saudamos com abundância de coração, desejando-lhe prosperidades e longa vida.[13]

A publicação do *La Libertà* persistiu até março de 1910. Apesar do pouco tempo, por meio de suas páginas é possível vislumbrar as dificuldades, as mudanças e os tensionamentos que enfrentou. Foram 44 edições publicadas em Caxias; depois de um lapso de tempo sem publicar, finalmente, as últimas edições 45 a 52 vieram a lume em Garibaldi.

Sob o comando do padre Carmine Fasulo, o jornal *La Libertà, Giornale Settimanale del Popolo* passa a circular. Em seu primeiro número afirmava que contava com agentes e correspondentes nos menores centros do estado. Com quatro páginas, o hebdomadário circulava aos sábados. A impressão do jornal era em tipografia própria, com uma máquina Marinoni[14] e Phoenix, da G. Schelter & Giesecke, Leipzig, movidos por um motor Otto, como noticiado. Ainda prestavam serviços de impressão para a comunidade: cartões de visita, faturas, etiquetas, memorandos, livros escolares ou de poesias e outros serviços de tipografia, anunciados ao longo de várias edições. A Figura 2, a seguir, apresenta um dos anúncios.

Os serviços de tipografia atendiam a região e junto com os números do jornal eram enviados também impressos como cartões para a tombola, cartazes e convites como registrado em algumas das edições. Na figura 3, outro

---

13 *Gazeta Colonial*, ano IV, n.166, 20.2.1909, p.2.

14 Em depoimento de Orestes Zoppas, afirma-se que o jornal demorava uma média de três dias para ficar pronto. "A máquina era demorada para imprimir mil e pouco por hora. [...] A máquina Marinoni, manual, pequena, foi até 8.000. Depois, não dava mais [...]. A Marinoni era italiana. Compraram em Porto Alegre". Depoimento de Orestes Zoppas em: (Henrichs, 1988, p.59-60). A Marinoni era francesa. Hipólito Auguste Marinoni (1823-1904), francês, foi chefe de imprensa, fabricante de máquinas de impressão e um dos responsáveis pelo aperfeiçoamento da impressora rotativa. Há divergências com o americano Richard March Hoe que inventou, aperfeiçoou e patenteou a impressão de tambor rotativo. Adaptado da nota biográfica disponível em: https://data.bnf.fr/fr/10739042/hippolyte_auguste_marinoni/. Acesso em: 1 mar. 2020.

Figura 2. Anúncio dos serviços de tipografia do *La Libertà*: "Grande tipografia católica da 'Libertà'. Nesta nossa oficina se executam qualquer trabalho concernente à arte tipográfica. Com preços acima de tudo moderados".
Fonte: *La Libertà*, 11.12.1909, p.4.

Grande tipografia
católica da
LIBERTÀ
CAXIAS

Esta nossa tipografia prepara qualquer trabalho relacionado à arte tipográfica com perfeição e solicitude, possui material tipográfico abundante, novo e moderno. Possui uma máquina Marinoni de grau formato, uma moderníssima máquina Phoenix, da célebre fábrica G. Schelter & Giesecke, Leipzig, e outras máquinas ainda. Se executam trabalhos artísticos em cores, grande variedade de cartões de visita e tudo que se solicite da arte tipográfica. Papéis de carta finos, envelopes etc.
Tudo a preços módicos.

PREÇOS DOS ANÚNCIOS NO JORNAL

Uma linha de coluna
Para a 1ª vez R$ 200
Para a 2ª vez R$ 100
Para a 3ª vez R$ 50
Permanente R$ 50
(ao menos por doze vezes)
Para os anúncios publicados ao menos por 3 meses, com o desconto de 20%. Por um ano, desconto de 40% e por 3 anos o desconto de 50% sobre o preço de 100 réis por linha de coluna.

As ditas máquinas tipográficas são movidas a vapor, pelo motor Otto.

Impressões de livros
Escolares, de poesias e para todos os outros fins.

Figura 3. Anúncio dos vários serviços tipográficos prestados no *La Libertà*.
Fonte: *La Libertà*, 11.12.1909, p.3.

anúncio, com informações mais completas dos serviços tipográficos prestados e as condições em que se realizava.

Na figura anterior, é possível perceber os custos dos anúncios e, ao longo das edições analisadas, fica claro que são poucos se comparados com outros jornais. A maioria era publicada na última página, mas também um que outro na terceira. Anúncios de empresas como a Oficina Mecânico-Agrícola, de Alessandro de Antoni, e uma das que permanece em praticamente todas as edições, com destaque são os Motores Otto (Bromberg e Cia.) de Porto Alegre e que tinha Caetano Finco como representante em Caxias. Interessante destacar que o jornal informa que na oficina tipográfica do jornal trabalhava um motor Otto com quatro cavalos de força. As turbinas hidráulicas de Bromberg e Cia.,[15] de Porto Alegre, mantêm o anúncio em quase todas as edições. Publica testemunhos de adquirentes como Davide Andreazza, Sante Meneghettti, que exaltam os produtos adquiridos. A prestação de serviços médicos com o consultório médico e cirúrgico de Enrico Fracasso, a clínica cirúrgica e dentista de A. Fontoura Trindade. A oferta de ensino de escrituração mercantil com o professor Agostino Dal Cortivo. Também a Farmácia Ítalo-Brasileira de D'Arrigo e Cia. Outro comércio anunciado foi a padaria e fábrica de massas Zanella. Francesco Meneguzzi, escultor e decorador. A produção e comercialização de bebidas, como a indústria de vinho Tuico Vittore; a fábrica de Licores de Julio Altmann; e a Fernet-Branca, propaganda de um tônico aperitivo de Azevedo, Hermínio e Cia. Localizei ainda anúncios de venda de terras e lotes rurais e, com maior recorrência, a nota da Empresa Colonizadora Castro e Cia. que tinha sede em Porto Alegre, mas em Caxias era representada por Giovanni Morganti.

Com relação ao primeiro número, na capa, apresentava seu programa,[16] afirmando que vinha a lume com autorização da autoridade eclesiástica e

15 A Bromberg & Cia. tinha parceria com a Abramo Eberle no comércio de máquinas, conforme Machado (2019).

16 Transcrevo uma parte do texto em que se informava: "La Libertà, auspice della suprema autorità ecclesiastica diocesana, scende oggi per la prima volta nell'arena giornalistica. Attenendosi alle norme seguite da coloro che ci han preceduto, adempiamo al grato dovere di manifestare fin da questo primo numero quale sia il programma che ci proponiamo di svolgere, e lo diciamo subito in poche parole. Il nostro giornale sarà settimanale e d'indole prettamente ed essenzialmente cattolico, apostolico, romano: sarà papale nel più stretto senso della parola. Noi non sappiamo concepire un giornale cattolico, senza che sia papale. Per un vero cattolico, dopo Dio, il Papa è tutto. Ci si spezzi la penna fra le ditta..., se un giorno dovessimo allontanarci di una linea da questo nobile e santo ideale. Perciò La Libertà farà suoi non solo i comandi, ma gli stessi desiderii del Romano Pontefice, ed in ciò che potrà intuire, si farà un dovere di prevenirli. Noi non

reiterava seu vínculo com o catolicismo. *La Libertà,* no entanto, além de tratar de assuntos religiosos, propunha abordar temas que poderiam interessar aos leitores em seus aspectos materiais e exemplificava: agricultura, indústria, higiene e medicina prática. Notícias mundiais, da Itália e do Rio Grande do Sul, fariam parte da publicação. E finalizava o programa afirmando "com amor à Religião, pretendemos consolidar o amor à pátria de origem e de adoção no coração de nossos leitores, pois estamos convencidos de que um bom católico será sempre um cidadão muito bom".[17] Em sua primeira edição, aparecem agradecimentos aos três jornais que haviam anunciado, antecipadamente, a criação do *La Libertà*: *Gazeta Colonial, Correio do Município* e *O Brazil.* Chama atenção também o apelo para que os leitores propalassem o novo jornal com a assertiva, reiteradamente publicada: "Difundam *La Libertà,* único jornal italiano francamente católico em todo o estado do Rio Grande do Sul".[18]

As seções, apesar do pouco tempo de duração do periódico, não são fixas. Percebi algumas mudanças, mas elenco no quadro a seguir o que foi possível identificar como uma certa regularidade na distribuição de temas em cada uma das páginas.

Considerando a análise dos números do periódico, fica evidente a ênfase de notícias e textos de cunho religioso, mas também a circulação de notícias da Itália, do Rio Grande do Sul, textos sobre agricultura, instrução e educação, medicina e festas religiosas. Na terceira página, uma seção escrita em português. Textos relacionados à economia doméstica, à conservação e

---

intendiamo, né vogliamo illudere nessuno. La Libertà nasce cattolica e viverà cattolica; e se un giorno dovesse morire, l'ultimo suo anelito sarà consacrato all'augustoVegliardo del Vaticano, luogo tenente di Gesù Cristo in terra. La Libertà potrà morire, ma Iddio non muore. Con ciò non si deve credere che il nostro giornale tratterà esclusivamente di assunti religiosi. Noi somministraremo ai nostri egregi lettori tutte quelle nozioni che potranno interessarli anche dal lato materiale. Quindi tratteremo di agicoltura, industria, igiene, ed anche un pò di medicina pratica, cose tutte che consideriamo non solo utili, ma anche necessarie allo svolgimento della vita sociale. La Libertà sarà anche ricca di notizie mondiali, e più specialmente d'Italia e di questo Stato di Rio Grande del Sud. Coll'amore alla Religione, intendiamo consolidare nel cuore dei nostri lettori l'amore alla patria d'origine ed a quella d'adozione, convinti come siamo che un buon cattolico sarà sempre un'ottimo cittadino. Non ci ha forse insegnato lo stesso Gesù Cristo di dare a Cesare quel che è di Cesare, ed a Dio quel che è di Dio?" (*La Libertà,* ano I, n.1, 13.2.1909, p.1).

17 "Coll'amore alla Religione, intendiamo consolidare nel cuore dei nostri lettori l'amore alla patria d'origine ed a questa di adozione, conviti come siamo che un buon cattolico sará sempre un'óttimo cittadino" (*La Libertà,* 13.2.1909. n.1, capa).

18 "Difondette *La Libertà* unico giornale italiano francamente cattolico in tutto lo stato di Rio Grande del Sud" (*La Libertà,* 3.4.1909, p.2).

limpeza dos alimentos, agricultura, cultivo de uvas, combate ao alcoolismo e o tabaco. Em diversos jornais, a presença de poesias publicadas. Ao final da terceira página, textos literários e mesmo algumas sínteses históricas.

Quadro 2. Estrutura do jornal e suas seções

Página	Seções / conteúdo
Página 1	A capa contém um texto inicial, que cumpre a função de um editorial. Na sequência, diversos textos que tratam de temas religiosos, além de noticiar acontecimentos relacionados ao catolicismo, ao papa e outros eventos religiosos. Em alguns números, publica cartas de bispos ou transcreve pregações. Ao centro, em destaque, uma poesia e/ou poema.
Página 2	Inicia com um trecho do Evangelho e uma reflexão sobre ele na sequência. A diagramação dessa parte do texto é em caracteres menores. Uma seção intitulada Calendário Religioso. Notícias religiosas – de festas, comemorações, canonizações, sobre o papa. Seção do colono. Correspondências.
Página 3	A maioria das edições conta com uma seção em português. Na sequência, notícias da Itália e depois *Per il mondo* [Pelo mundo], com sínteses de alguns acontecimentos do mundo. Também o *Posta economica* [Correio econômico]. Na parte final da página, crônicas e seleções de textos literários – exemplo: *Dalle spine, la rosa* [Dos espinhos, a rosa].
Página 4	Seção comercial com lista de preços de produtos. Câmbio – com a lira italiana. Necrológio. Anúncios. Seção telégrafo sem fios.

Fonte: organização da autora.

No intuito de apresentar um pouco melhor as mudanças e instabilidades enfrentadas, as figuras a seguir apresentam o cabeçalho de cinco momentos distintos ao longo do período em que o *La Libertà* foi publicado. Na figura 4, consta o cabeçalho do primeiro número do jornal. Além do nome, as duas epígrafes já mencionadas e a informação de que a sede administrativa estava na Praça Dante, número 28, ou seja, na Casa Canônica. A sede da tipografia, por sua vez, na Rua Visconde de Pelotas, número 12. Apresenta ainda um pequeno texto denominado "Avvertenze", ou seja, "Advertência". É possível perceber a permanência do conteúdo do primeiro ao último número da "Advertência", mesmo que em localizações diferentes no cabeçalho. Nela se afirmava que não se aceitavam escritos contrários ao espírito do jornal ou polêmicas pessoais, que os manuscritos, mesmo aqueles que não fossem publicados, não seriam restituídos. Também afirmava que as cartas não seladas seriam rejeitadas e os dados anônimos não seriam considerados.

Outro ponto interessante a ser considerado são os custos – mantidos iguais em todo o período em que o jornal *La Libertá* foi publicado: 6$000 réis anuais e 4$000 semestrais para os assinantes. A modo de exemplificação, o *Gazeta Colonial*, que também circulava em Caxias em 1909, tinha o custo da assinatura de 10$000 réis anuais ou 6$000 réis por semestre. O custo do número avulso era de 300 réis. Outro jornal produzido em Caxias e ali distribuído era *O Brazil*, que tinha custo anual de 8$000 para assinantes ou 5$000 semestrais. Portanto, o *La Libertà* tinha um preço menor comparado aos demais mantendo o mesmo número de páginas.

LA LIBERTÀ
GIORNALE SETTIMANALE DEL POPOLO
...ubi autem Spiritus Domini, ibi libertas (2ª Cor. III. 17).
Instaurare omnia in Christo (Programma di S. S. Pio X).
Anno I
Rio Grande del Sud — Brasile
Caxias, Sabbato, 13 Febbraio 1909.
Num. 1

Figura 4. Cabeçalho do *La Libertà* – 13.2.1909.
Fonte: *La Libertà*, 13.2.1909, p.1.

LA LIBERTÀ
GIORNALE SETTIMANALE DEL POPOLO
...ubi autem Spiritus Domini, ibi libertas (2ª Cor. III. 17).
Instaurare omnia in Christo (Programma di S. S. Pio X).
Anno I
Rio Grande del Sud — Brasile
Caxias, Sabbato, 8 Maggio 1909.
Num. 13

Figura 5. Cabeçalho do *La Libertà* – 8.5.1909.
Fonte: *La Libertà*, 8.5.1909, p.1.

ANNO I — NUM. 42
Abbonamento
Anno 6$000 — Semestre 4$000
Inserzioni ed annunzi prezzi da convenirsi
Redazione, Amministrazione e Tipografia: Rua Visconde de Pelotas N. 12
Impresso in macchina »Marinoni«
LA LIBERTÀ
GIORNALE SETTIMANALE DEL POPOLO
Caxias, 27 Novembre 1909
Rio Grande del Sud — Brasile
Avvertenze
Impresso in macchina »Marinoni«
PROPRIETARI: -- Fratelli Baldassarre

Figura 6. Cabeçalho do *La Libertà* – 27.11.1909.
Fonte: *La Libertà*, 27.11.1909, p.1.

ANNO I — NUM. 43
Abbonamento
Anno 6$000 — Semestre 4$000
Redazione, Amministrazione e Tipografia: Rua Visconde de Pelotas N. 12
Impresso in macchina »Marinoni«
LA LIBERTÀ
GIORNALE SETTIMANALE DEL POPOLO
Caxias, 4 Dicembre 1909
Rio Grande del Sud — Brasile
Avvertenze
Impresso in macchina »Marinoni«
PROPRIETARIO: -- D. Carmine Fasulo

Figura 7. Cabeçalho do *La Libertà* – 4.12.1909.
Fonte: *La Libertà*, 4.12.1909, p.1.

Anno 1° — Numero 45. Rio Grande del Sud — Brasile 15 gennaio 1910

LA LIBERTÀ

Impresso in macchina «Marinoni» — GIORNALE SETTIMANALE DEL POPOLO — Impresso in macchina «Marinoni»

...ubi autem Spiritus Domini, ibi libertas (2ª Cor. III. 17). DIRETTORE -- D. GIOVANNI FRONCHETTI Instaurare omnia in Christo (Programma di S. S. Pio X)

Figura 8. Cabeçalho do *La Libertà* – 15.1.1910.
Fonte: *La Libertà*, 15.1.1910, p.1.

Os cinco momentos apresentados pelas figuras anteriores representam as mudanças identificadas na administração do periódico. A figura 4, da primeira edição, caracteriza o momento em que o padre Carmine Fasulo estava na direção do periódico. Após a edição de 22 de maio de 1909, o padre deixa de ter gerência sobre o jornal[19] e o novo pároco, padre Francesco Baldassare, assume a redação e a administração. No editorial, Cristianismo e Pátria, Baldassare reafirma os princípios do jornal, enfatizando o valor da família, da Pátria e de Deus. A saída de Fasulo foi noticiada no *Gazeta Colonial* nos seguintes termos:

> PERMUTA. No domingo, após a missa conventual, um amigo trouxe-nos a surpreendente notícia de que o Sr. Vigário, D. Carmine Fasulo, se despedira de seus paroquianos, dizendo estar transferido para o Caravágio, sendo substituído pelo vigário daquela freguesia. Vários comentários ouvimos depois fazer a respeito de tão inesperada permuta. Vindo, porém, trazer-nos as suas despedidas, o Rev.mo D. Carmine declarou-nos que solicitara sua retirada desta freguesia, há um mês, mais ou menos, em absoluto silêncio, para evitar a intervenção de amigos em sentido contrário. Esse procedimento de S. Rev.ma parece-nos, entretanto, envolver um mistério que não podemos desvendar. A 13 de fevereiro apareceu o 1º número do "La Libertà", órgão católico de sua propriedade e redação; e se há um mês mais ou menos, o Sr. D. Carmine pediu sua transferência, segue-se que com pouco mais de um mês de existência desse periódico, o Sr. D. Carmine se resolvera a deixar a redação retirando-se da localidade. É isto o que nos parece estranho, tanto mais quanto não deixam de ser avultados os capitais empregados na aquisição do material tipográfico. Seja, porém, como for, só nos cumpre, agradecendo a fineza das despedidas que nos trouxe, desejar a S. Rev.ma boa viagem e todas possíveis felicidades. Honrou-nos com sua

19 Os motivos para esse afastamento do padre Carmine Fasulo não são claros. Há referências de dificuldades financeiras, mas também de novos embates com a maçonaria local, o que teria gerado o afastamento de Fasulo.

visita o Sr. Vigário Francisco Baldassare que veio substituir o reverendo Padre D. Carmine Fasulo nas funções de pároco desta freguesia. Nós agradecemos a exímia delicadeza, dirigimos a S. Rev.ma cordiais saudações.[20]

A saída de Fasulo é nebulosa, não ficando evidentes os motivos. Baldassare assume o jornal, mas a situação não se resolve tranquilamente. Chamo atenção para a figura 6, pois está em destaque, no cabeçalho, que os responsáveis pelo jornal eram os Irmãos Baldassare. Entre fins de outubro e primeiros dias de novembro de 1909, se acentuam as dificuldades e uma nota de protesto é publicada em nome de Carmine Fasulo no jornal *O Brazil*.

Protesto. Tendo chegado ao meu conhecimento que o Padre Francisco Baldassarre, atualmente dirigindo o jornal *La Libertà* pretende vender a tipografia onde é impresso o mesmo jornal, venho, com o presente, protestar por qualquer transação que o mesmo senhor faça, relativamente à tipografia ou qualquer material pertencente à mesma, visto depender da decisão, no próximo pleito a iniciar-se, a si a ele ou a quem de direito cabe a propriedade da referida tipografia e seus acessórios. E para que ninguém possa alegar ignorância, torno público pelo presente protesto. Caxias, 4 de novembro de 1909. Carmine Fasulo, P. P. Miguel Muratore.[21]

Em fins de novembro, depois de novos tensionamentos, o padre Carmine Fasulo reassume o jornal (conforme figura 7), imprime dois volumes e suspende a publicação por um pouco mais de um mês. No último número de 1909, publicado em 11 de dezembro, consta:

Declaração – tendo o Sr. Carmine Fasulo novamente adquirido a Tipografia e Jornal *La Libertà*, livre e desembaraçado, pela presente declaro que a cargo do Sr. Francisco Baldassare, fica qualquer compromisso existente, relativo ao jornal e à tipografia e referentes a sua gestão, decorrida de 5 de maio a 30 de novembro, hoje, findo e bem assim, que cabendo ao Sr. Baldassare, o produto dos serviços extra jornal, efetuada até esta data, com o mesmo deverão entenderem-se os respectivos devedores. Caxias, 30 de novembro de 1909. P. P. de Carmine Fasulo. Miguel Muratori. De acordo com a declaração acima. Francisco Baldassare. Advertência importante – aos egrégios associados da *Libertà*. De hoje em diante este periódico será dirigido pelas pessoas que o fundaram

20 *Gazeta Colonial*, ano IV, n.175, Caxias, 8.5.1909, p.2.

21 *O Brazil*, n.48, Caxias, 6.11.1909, p.2.

e o dirigiram nos primeiros dois meses. Cartas, assinaturas e colaborações são dirigidas a D. Giosué Bardin em Caxias.[22]

Na prática, a impressão do jornal é suspensa, provavelmente por ordem do bispo. Em 15 de janeiro de 1910, a tipografia foi transferida para Garibaldi, bem como a redação e a administração, que ficou sob os cuidados do padre Giovanni Fronchetti, pároco de Garibaldi. A aquisição contou com o apoio financeiro de dois outros sócios: Adolfo Moreau e João Carlotto.

A edição de número 45, de 15 de janeiro de 1910, foi publicada em Garibaldi, conforme figura 8. Na primeira página, a aprovação episcopal é emitida pelo bispo Claudio José. Reafirmando o caráter católico, a redação escrita em italiano e com uma seção em português. A função missionária do jornal é destacada, bem como o agradecimento por parte da nova direção aos votos recebidos, conforme se pode auferir na figura 9:

Approvazione Vescovile

Approvamos a fundação do jornal, escripto em lingua italiana com secção portugueza, francamente e puramente catholico.

Recommendamos aos Reverendos sacerdotes das colonias de lhe darem todo seu apoio, sendo este um dos meios mais efficazes de propaganda da nossa santa Religião, e ao mesmo tempo muito proprio para conservar a fé entre os fieis, e para afervorar ainda os mais fervorosos.

Queira Deus abençoar esta santa empreza e fazer do novo jornal um verdadeiro missionario manso e invencivel na conquista das almas, conforto e consolação dos fieis discipulos de Jesus Christo.

Porto Alegre, 26 de Outubro de 1908.

(loco sigilli) † Claudio José.

Bispo do Rio Grande

L'Ecc.mo Monsignor Vescovo dopo averci autorizzati verbalmente ad assumere la direzione della »Libertà«, in data dei 27 Dicembre u. s. si degnava ancora di mandarci il seguente rescritto:

Reverendo Padre Fronchetti.

Muito esperamos da nova direcção do „Libertà" e por esta razão consideramos a licença dada ao Reverendo Padre Carmine com todo seu valor junto a nova directoria do jornal e perante os fieis.

Porto Alegre, 27 de Dezembro de 1909.

† Claudio José.

Bispo do Rio Grande do Sul.

Vivamente ringraziamo l'Ecc.mo Monsignor Vescovo della nuova raccomandazione rivolta ai Reverendi Sacerdoti e fedeli.

La Direzione.

Aprovação do Bispo

Aprovamos a fundação do jornal, escrito em língua italiana com seção portuguesa, franca e puramente católico.
Recomendamos aos Reverendos sacerdotes das colônias lhe darem todo seu apoio, sendo este um dos meios mais eficazes de propaganda da nossa religião e, ao mesmo tempo, muito próprio para conservar a fé entre os fiéis e para afervorar ainda os mais fervorosos.
Queira Deus abençoar esta santa empresa e fazer do novo jornal um verdadeiro missionário manso e invencível na conquista das almas, conforto e consolação dos fiéis discípulos de Jesus Cristo.
Porto Alegre, 26 de outubro de 1908[1909].

(loco sigili) Claudio Jose
Bispo do Rio Grande

O Exmo. Monsenhor Bispo, depois de haver autorizado verbalmente para assumir a direção do *La Libertà* em data de 27 de dezembro, se dignou ainda a enviar o seguinte escrito:

Reverendo Padre Fronchetti

Muito esperamos da nova direção do *La Libertà* e por esta razão consideramos a licença dada ao Reverendo Padre Carmine com todo o seu valor junto a nova diretoria do jornal e perante os fiéis.
Porto Alegre, 27 de dezembro de 1909.

Claudio Jose
Bispo do Rio Grande do Sul

Vivamente agradeço ao Exmo. Monsenhor bispo pela nova recomendação referida aos reverendos sacerdotes e aos fiéis.

A direção.

Figura 9. Aprovação do bispo para a transferência do *La Libertà* para Garibaldi.
Fonte: *La Libertà*, 5.3.1910, p.1.

22 *La Libertà*, ano I, n.44, 11.12.1909, p.1.

E na capa também estavam "Duas palavras aos nossos leitores corteses". Reafirmava o compromisso com o viés católico, propondo ser o amigo, o conselheiro e o defensor dos colonos. Divulgar leituras úteis. Comprometia-se a publicar notícias do Rio Grande do Sul, do Vêneto, da Lombardia e do Tirol. Proclamava sua neutralidade com relação à política partidária. Finalizava desejando um bom ano. O último número do *La Libertà* foi publicado em 5 de março de 1910. Na edição seguinte, passou a circular com o nome de *Il Colono Italiano.*

Identifiquei que o envio de jornais era feito para vários municípios do Rio Grande do Sul, era permutado e alguns números enviados para a Itália. A remessa acontecia via correio. Na figura 10, é possível identificar que os jornais eram emitidos para o destinatário por meio dos agentes que recebiam o pacote de jornais e os redistribuíam. Também é possível perceber que o trajeto demorou dez dias entre a impressão em Caxias e a entrada do jornal em Guaporé. O jornal é de 23 de outubro, mas o carimbo de chegada em Guaporé é de 3 de novembro. Chama atenção que a anotação feita pelo agente é datada de 8 de novembro de 1909. Depois de cinco dias, em 8 de novembro, é expedido para a redação, sendo recebido no dia 16 de novembro de 1909 em Caxias. Por meio da recusa do destinatário em ficar com o impresso, das anotações à margem que foram feitas e dos carimbos, temos esse interessante registro que possibilita pensar os modos e os tempos de circulação e distribuição do periódico.

Devolve-se a Red. "La Libertà" Caxias.
O destinatário recusa receber.
Agente
Th. H. Ventura
Guaporé, 8 – 11 – 1909.

Figura 10. Recorte do jornal *La Libertà.*
Fonte: *La Libertà*, 23.10.1909, p.1.

Ao percorrer as edições que vieram a lume do *La Libertà*, fica evidente a manutenção da publicação de textos religiosos, bem como outros informativos de acontecimentos diversos em vários municípios e localidades do Rio Grande do Sul, assim como da própria Itália. A rede de sociabilidade e o apoio de inúmeros padres na produção de notícias, bem como na garantia de circulação e de distribuição também, podem ser auferidos na medida em que folheio as páginas das diferentes edições. Mas o ponto comum do catolicismo que os une não evita que transpareçam as disputas, as negociações e as muitas tensões que marcaram a produção do *La Libertà* e que resultaram na transferência de Caxias para Garibaldi de toda a tipografia e de um novo rumo, com a impressão do *Il Colono Italiano*.

Os mediadores culturais do *La Libertà*

> *Ma che ocorre per essere um bravo giornalista? Ocorre una buona preparazione di coltura, un gran amore alla verità, uma straordinária facilità di assimilazione e di apprensione e uma curiosità tutta speciale.*[23]
>
> (*La Libertà*, n.44, 11.12.1909, capa)

Com a epígrafe acima ilumino um pouco da narrativa sobre os mediadores culturais que compuseram os textos que estamparam as páginas do jornal *La Libertà*. Escrito pelo padre Carmine Fasulo, outras características do bom jornalistas são elencadas na sequência da matéria: o bom jornalista é um leitor voraz de outros jornais e textos, precisa de uma curiosidade universal, de intuição para ver de primeira, pensar e considerar o que interessa aos leitores, estar atento ao que acontece, saber um pouco de tudo, assim como escrever bem para que possa ser compreendido pelos leitores. Com tais características enunciadas para o bom jornalista por Carmine Fasulo, me coloco a pensar a ação de mediação posta em jogo para a feitura do *La Libertà*.

Antes mesmo de começar a ser publicado, o *La Libertà* foi notícia por meio de correspondências e gerou mobilização por parte de uma rede de sacerdotes de diversos municípios para que apoiassem a proposta e ajudassem tanto na difusão do impresso junto aos fiéis como no envio de correspondências com notícias e textos. Carmine Fasulo estava ciente da importância de um impresso católico e a preocupação dele com a imprensa foi localizada, em seu primeiro registro, nas páginas do primeiro número do *Il Colono Italiano*,

23 "Mas o que é necessário para ser um bom jornalista? É preciso uma boa preparação de cultura, um grande amor pela verdade, uma extraordinária facilidade para a assimilação e apreensão e uma curiosidade toda especial" (*La Libertà*, n.44, 11.12.1909, capa).

Bollettino Cattolico mensile, datado de 1 de janeiro de 1898. Na descrição do encontro da Federação Católica Caxiense, um dos discursos proferidos foi de Carmine Fasulo, que teria destacado a importância da imprensa católica, tendo sido aclamado pelos presentes. O periódico *Il Colono Italiano* estampou em suas páginas muitas das desavenças e rivalidades presentes na Península Itálica, foi combativo com os anticlericais e buscou organizar – pela Federação Católica Caxiense e seus comitês – respostas para manter e difundir o catolicismo, defendendo o papa. E outro periódico católico voltaria a ser publicado em Caxias dez anos depois, o *La Libertà*, por iniciativa de Fasulo.

Está claro que em múltiplas dimensões da sociabilidade cotidiana se encontram marcas da cultura religiosa de imigrantes e descendentes e o sacerdote foi catalisador desses processos. Para Beneduzi:

> O sacerdote, como representante de Deus, era distinguido por um discurso de "mais poder", a partir de um forte ritual, centrado nos sacramentos, que perpassava a vida de cada membro da comunidade. Ele era o instrumento divino para a transubstanciação do vinho e do pão, para o perdão dos pecados, para o batismo e para a unção dos enfermos. (Beneduzi, 2008, p.105)

Reconheço que o "catolicismo foi [...] a força que cimentou a unidade das comunidades italianas no Rio Grande do Sul" (Possamai, 1999, p.81). Constituiu-se num "clima de cristandade, onde a participação maciça dos fiéis nas cerimônias da vida religiosa, a frequência dos sacramentos e a internalização de um código de ética católica" (De Boni, 1980, p.242) regiam o cotidiano e conformavam os modos de ser e viver. A Santa Sé[24] demorou algumas décadas para compreender a importância de empreender o acompanhamento pastoral dos imigrantes, no entanto, na RCI diversas congregações religiosas se estabeleceram no final do Oitocentos, além de inúmeros sacerdotes seculares.[25] E, entre as iniciativas desses religiosos, estava a imprensa, pois que representava uma estratégia importante de disseminação e manutenção da fé, do catolicismo. Em relatório para o bispo Scalabrini, que visitava Garibaldi em outubro de 1904, o frei Bruno Gillonnay afirmou que:

> Trabalhamos para estabelecer, com simplicidade, no centro da colônia italiana, uma pequena impressora que levará, periodicamente, no seio das famílias,

24 Consultar Sani (2017) e Sanfilippo (2009), por exemplo.

25 Entre os anos de 1875 e 1930 chegaram ao Rio Grande do Sul 132 padres do clero secular, conforme De Boni (1980, p.240).

em sua língua materna, uma página do Santo Evangelho, explicada e comentada, uma história edificante, alguns conselhos de agricultura, a indicação de algumas brochuras adaptadas às necessidades dos colonos... (Gillonnay, 1976, p.247)

Em 1904, quando o bispo Scalabrini visitou Caxias, o pároco local era o padre Carmine Fasulo, fundador do *La Libertá*, e em seus contatos a troca de ideias e de impressões pode ter fortalecido o ideal de promoção de escolas confessionais e da imprensa. Não é demais lembrar que Carmine contribuiu para a fundação do Colégio São José em Antônio Prado e o Colégio do Carmo pelos Lassalistas em Caxias. Mais do que pregações por meio de missas, a celebração de missões populares, as festas religiosas, as rezas de terço, as celebrações dos sacramentos e a prática da confissão, o jornal representava um importante meio para "alimentar as almas", como já mencionado. Seguramente,

> A piedade popular ou as práticas religiosas e devocionais contribuíram muito para a manutenção de uma cosmovisão trazida da vivência na mãe-pátria. Com a manutenção das orações comuns, o terço, as ladainhas, da vivência ao redor à capela, da mistificação do sagrado, perpetuavam-se as formas de controle da Igreja sobre a comunidade. (Beneduzi, 2008, p.113)

Conforme o autor, "a imprensa pode ser percebida como um forte instrumento de divulgação do catolicismo, de suas ideias e normatizações no meio imigrante" (Beneduzi, 2008, p.114). E o catolicismo educou e imprimiu modos de ser e viver também por meio dos jornais na RCI. Por exemplo, nos primeiros números, o *La Libertà* destinou o texto da capa para discutir a "Educazione". Foram cinco números em continuidade sobre o tema. Constatava que muito se falava de educação, mas que os resultados eram poucos, escassos e com muitas dificuldades. E argumentava que muito se fazia pela instrução, mas pouco pela educação. Apenas instruir era como trabalhar sobre a areia, não ganhava forma, de nada adiantava. Incitava a reconhecerem que, com tanto progresso, estava ausente a formação do homem moral. A educação na moral cristã poderia regenerar os povos. Reconhecia que todas as classes sociais deveriam ter acesso à instrução. Mas sem uma educação cristã, atenta à formação das almas, de nada adiantaria. Tais argumentos foram recorrentes nas páginas do periódico, também em outros números exemplificavam por meio de contos e de reflexões o entendimento sobre o sagrado, as normatizações morais, a condenação de bailes, da sexualidade, de certas vestimentas, de excessos como a embriaguez, de algumas práticas como as benzeduras. Condenavam comportamentos como xingamentos, blasfêmias – "bestemmie", imprecações do cotidiano, modos de viver que não estivessem de acordo com o esperado para um bom católico.

Na primeira edição, localizamos um escrito em italiano e na seção em português com o mesmo teor em que se conclama:

> Aos correspondentes e agentes. A direção de *La Libertà* faz aos seus agentes e correspondentes o seguinte pedido: que os correspondentes queiram informar-nos do que ocorrer de notável nas localidades de suas respectivas residências, e mandar artigos que possam interessar aos leitores: que os agentes comuniquem com brevidade o número exato dos assinantes, pois dos três primeiros números serão remetidos os exemplares que se calculou poderem ser difundidos por cada um.[26]

E nesse primeiro número do jornal, do mesmo modo, foram conclamados os leitores para que apoiassem a difusão do jornal, pois significaria espalhar o bem, mobilizando as palavras do sumo pontífice Pio IX e reafirmando que ele nascia para fazer o bem e que era o melhor de todos os amigos:

> Aos nossos leitores recomendamos que recebam generosamente os nossos agentes e apoiem para conseguirmos a mais larga difusão do *Libertà*, único jornal italiano sincera e francamente católico em todas as dioceses do Rio Grande do Sul.
>
> Aos bons dizemos: se os tristes se esforçam por difundir uma imprensa perversa com o fim de corromper a sociedade, vocês bons cristãos devem esforçar-se para difundir a boa imprensa, na certeza de que farão um grande bem aos vossos irmãos – e vocês terão mérito perante Deus.
>
> Fazendo o seu melhor para a maior difusão do nosso jornal, vocês participam de todo o bem que esse fará em meio ao povo.
>
> Vocês nunca consideraram, nunca pensaram quais e quantos benefícios se obtêm numa sociedade com um jornal inspirado em sentimentos cristãos?
>
> Se não tiveres nunca considerado, se não tiveres nunca sabido, escutem da boca do grande Pontífice Pio IX: "Um bom jornal católico vale mais que uma pregação". [...] *La Libertà* não nasce se não para fazer o bem a todos.
>
> Não se move no espírito de interesse, e muito menos de ambição, conhecemos bem a nossa pequenez, no entanto esperamos que qualquer benefício poderemos trazer. [...] Leiam, leiam o nosso jornal, ele é o melhor dos vossos amigos.[27]

---

26 *La Libertà*, n.1, 13.9.1909, p.1 [italiano] e p.3.

27 *La Libertà*, n.1, 13.2.1909, p.2.

A primeira edição alcançou distintos municípios do Rio Grande do Sul, mas a difusão foi além, pois como se pode observar na edição de 17 de abril de 1909 (e em outras edições também), na capa, foram publicadas diversas correspondências felicitando a publicação do novo jornal, estimando seu conteúdo e enaltecendo seus propósitos. Uma das correspondências é do missionário de São Carlos, Massimo Rinaldi, que foi um dos colaboradores. Mas chama atenção as correspondências recebidas (e publicadas) de outros jornais, entre os quais cito: *L'Hebdomadario Catholico* do Rio de Janeiro denominado pelo *La Libertà* como o "príncipe dos jornais católicos" e que era dirigido por d. Felício dos Santos; jornal *Estrela Polar* de Diamantina, Minas Gerais; *La Squilla*, jornal católico dos carlistas em São Paulo; *A Federação*, de Itu, em São Paulo; *Il Bolletino Eclesiástico Revista Sacerdotal*, de Porto Alegre; *La Beaux Imprensa*, de São Paulo, jornal católico. O trânsito entre os jornais não se finda com aqueles publicados no Brasil. Os rastros no impresso permitem perceber o recebimento de jornais provenientes da Itália, em especial dos católicos o *Osservatore Romano* e o *Civiltà Catholica*, que embasaram muitas das mediações produzidas pelos editores. Fica evidente a permuta entre os jornais, mas também o recebimento de notícias por telegrama.

Em julho de 1909, a capa do *La Libertà* apresenta um pequeno balanço em que afirma "atualmente o nosso jornal é distribuído a 1.300 leitores não apenas do Brasil, mas também da Itália, e 1.200 são assinantes efetivos, 100 números são enviados para autoridades eclesiásticas e do alto poder magistral do Estado" e que "o maior número é para a direção de vários jornais e revistas que permutam com o nosso".[28] Com relação aos jornais em que as permutas aconteciam, na continuidade, informa:

> Os jornais que permutam com o nosso são: *Stella d'Italia*, *A Federação* de Porto Alegre, jornal oficial do Estado, *A Tribuna* de Santa Maria da Boca do Monte, *O Apostolo* do Estado do Piauí, *Correio Católico* do Estado de Minas Gerais, *Federação* de São Paulo, *A Fé Cristã* de Alagoas, *Hebdomadário Católico* do Rio de Janeiro, *La Squilla* de São Paulo, *A Verdade* de São Paulo, a *Cruz* de São Paulo, *A Tribuna Religiosa* de Sergipe, *Estrela Polar* de Minas, *O Sol* do Ceará, *L'Amico* de Santa Catarina, *Luz d'Aparecida* de São Paulo, *O Dia* de Santa Catarina, *O Cruzeiro* do Rio de Janeiro, *O lidados* de Goiás, *O Mundo Novo* de Taquara N. E., *A Verdade* de Minas, *O Comércio* de Cachoeira N. E., *A Vida Mineira* de Minas, os *Boletins Vozes* de Petrópolis, *Ave Maria* de São Paulo, *Revista Sacerdotal*, *Pão de Santo Antônio* e outros, ainda temos os dois jornais

28 *La Libertà*, n.22, 10.7.1909, p.1.

> locais e da Itália *La Croce* de Nápoles que permutam e muitos outros jornais os quais somos assinantes dispendendo uma certa soma e de onde inferimos todas as notícias mais importantes e que possam ser de interesse aos nossos leitores.[29]

O *La Libertà* imprimia a informação, em todos os números, que contava com agentes e correspondentes nos menores centros do estado. O intuito era demonstrar e diferenciar o impresso, afirmando sua qualidade, capacidade de articulação de notícias e sua bem colocada posição. Também evocava a relação com a Itália, publicando correspondências e textos lá produzidos e aqui difundidos. Por exemplo, as cartas de Bispos como Mons. Giacintho Longhin de Treviso, publicada em outro jornal católico e transcrito para o *La Libertà*. Do mesmo modo, no jornal se reconheciam as contribuições de um número considerável de pessoas e elencavam nominalmente alguns deles.

> Não podemos omitir ou deixar de acenar a atividade verdadeiramente admirável de nossos reverendos párocos e de outras pessoas zelosas. Especiais elogios se devem ao Rev. Carlo Porrini, Rev. Giovanni Costanzo, Rev. Massimo Rinaldi, Rev. Eugenio Medicheschi, Rev. Michele Evangelisti, Rev. Guglielmo Miller, Rev. Giovanni Fronchetti, Rev. Carlos Rech, Rev. Nicolao Knob, os incansáveis padres jesuítas que ajudam no cuidado das almas dos nossos italianos Rev. Marcellino Antonio, Rev. Luigi Segale, Rev. Francesco Schuster, Rev. Federico Schwerin, Rev. Francisco Burmann, Rev. Giovanni Barbisan, Rev. Stefano Gazzarra, Rev. Enrico Poggi, Rev. Domenico Nostro, Rev. Giovanni Meneguzzi, Rev. Giuseppe Ben, Rev. Raffaeli Giovanni, Rev. Stanislao Golomboschi, Rev. Angelo Bartelli, Rev. Cordeiro Joçao, Rev. Stefano Noce, Rev. Zamboni Giuseppe, Rev. Antonio Cuber, os capuchinhos muito zelosos Rev. Antonio Rymar, Rev. Giuseppe Junges. Não somente os sacerdotes que se dedicam para a difusão do jornal, mas um grande número de pessoas laicas faz eco à nossa obra. Entre esses, os mais zelosos são Luigi Michelin, Colombo Dionísio, Luigi Casanova, Dr. Adolfo Moreau, Luigi Mandelli, Isidoro Bortolo, Amadore Pergentino Rossi, Isaia Fiorini, Innocenzio Tissot, Felice Laner, Struzzer Giuseppe, Francesco Lazzari, Giacinto Ceratto, Da Pieve Aniceto, Proti Giovanni, Cesare Piccinini. São esses os principais que dão o mais válido apoio ao jornal e a nós e um estímulo eficaz e estimulante a continuar a triunfal marcha.[30]

Os correspondentes eram responsáveis por enviarem notícias e/ou textos. Os agentes pelo recebimento dos pacotes de jornais e sua distribuição

29 *La Libertà*, n.22, 10.7.1909, p.1.

30 *La Libertà*, n.22, 10.7.1909, p.1-2.

nas localidades. Mas alguns agentes eram mais ativos e enviavam também notícias e correspondências que foram publicadas em diferentes edições. Por tal perspectiva se pode pensar nos múltiplos circuitos percorridos pelo impresso e como as notícias advindas de correspondências e de outros jornais que foram adaptadas pela pena do editor. É "escavando os meandros dos textos, contra as intenções de quem os produziu, que podemos fazer emergir vozes incontroladas" (Ginzburg, 2007, p.11) e que estamparam as páginas do *La Libertà*.

Visto que os padres que dirigiram o *La Libertà* definiram quais textos, com que conteúdo e em que localização na página, ou seja, pensaram a produção do jornal e adaptaram a sua mensagem ao público a que se dirigiam (Ginzburg, 1989) é que os considero como mediadores culturais. Eles se tornam efetivamente os mediadores culturais por meio de uma série de clivagens de tipo cultural que numa dada sociedade fazem sentido e tais clivagens sugerem conjuntos de relações de poder. É importante reconhecer que os padres ocuparam lugar social de prestígio na sociedade local. Possuíam condições de deslocamento, alguns tiveram mobilidade espacial, retornando para a Itália, circulando pela região e pela capital, bem como mantendo contatos e enviando cartas. Participavam de redes de sociabilidade transnacionais. E ao produzirem o *La Libertá*, enquanto mediadores culturais, exerceram papel ativo, adaptando, simplificando, produzindo criativamente os textos do impresso (Ginzburg, 1989).

No quadro a seguir, a partir do mapeamento realizado nas 53 edições do *La Libertà*, apresento os nomes que tiveram recorrência nas páginas do periódico, buscando com isso sinalizar os principais mediadores culturais:

Quadro 3. Levantamento de alguns mediadores do *La Libertà*.

Nome	Pseudônimos ou abreviações	Ocupação	Localidade[31]	Observação
Carmine Fasulo[32]	Niripo	Padre	Paróquia Santa Teresa de Caxias, depois Paróquia de Caravaggio (ainda em Caxias)	Editor entre fevereiro e maio de 1909. Retorna a ser editor em fins de novembro e dezembro de 1909.

31 Foram preservadas as denominações das localidades conforme os pertencimentos em 1909/1910.

32 Como nota biográfica, Carmine Fasulo nasceu em 11 de fevereiro de 1865 em Monte Falcione, província de Avelino. Foi ordenado em Roma aos 22 de maio de 1890. Foi palotino e depois secular. No Brasil, foi coadjutor em Caxias, em Caravaggio. Depois, foi primeiro pároco em Antônio

Nome	Pseudônimos ou abreviações	Ocupação	Localidade	Observação
				Escreve editoriais, alguns textos religiosos e pequenos contos. Publica poesias por meio do pseudônimo Niripo.
Francesco Baldassare[33]	–	Padre	Paróquia Santa Teresa, Caxias	Editor entre maio e novembro de 1909. Publica textos religiosos e dirige a composição geral dos textos a serem inseridos no jornal.
Antonio Marcellino[34]	A.M.	Padre	Curato de São Marcos, Caxias	Publica diversos textos religiosos e de cunho moral com regularidade.

Prado. Apoiou a abertura do Colégio São José em Antônio Prado. Ali enfrentou dificuldades e tensionamentos fortes com a maçonaria local, resultando em sua saída. Foi pároco em Caxias e convidou os lassalistas para que instalassem um colégio, que perdura até a atualidade. Mais tarde, atuou ainda em Caravaggio, Farroupilha, Bento Gonçalves, Triunfo e Gramado. Voltou para a Itália em 1920. Faleceu em Terni, em 23 de janeiro de 1935, com 69 anos, conforme dom J. Baréa (Baréa, 1995, p.99-100). Segundo Rubert, "após 30 anos de trabalhos e canseiras, com lutas memoráveis, o Pe. Carmine Fasulo, em setembro de 1920 volta para a Itália" (1977, p.89).

33 Como nota biográfica, Francisco Baldassare era natural da Província de Avelino, Itália, nascido em 29 de janeiro de 1872. Trabalhou em diversos municípios e faleceu em Nova Prata/RS em 15 de outubro de 1920 (Baréa, 1995, p.103).

34 O padre Antonio Marcellino foi responsável por vários editoriais e textos do *La Libertà*. Escrevia textos religiosos e entre os anos de 1909 e 1910 era pároco em São Marcos de Caxias. Também publicou textos em outros jornais e mesmo uma poesia no periódico *O Brazil* (17.1.1911, capa). Em agosto de 1910, no *Il Colono Italiano*, publica uma carta de despedida de São Marcos agradecendo pelo tempo que lá estivera (*Il Colono Italiano*, n.25, 27.8.1910, p.2). Transferido para Bento Gonçalves, pouco tempo depois foi preso. A última notícia que localizamos foi: "Padre Marcellino. Ainda a propósito do padre Antonio Marcellino, transcrevemos do *Correio do Povo* a notícia abaixo: Prisão de um padre – Devidamente escoltado, seguiu, ontem, para Bento Gonçalves o padre Antonio Marcellino, processado naquele foro como autor do defloramento de uma menor. O juiz distrital de Bento Gonçalves já decretou a prisão preventiva do acusado. Na ocasião do embarque do preso, a gare da estrada de ferro, no Caminho Novo, encheu-se de curiosos. O padre Antonio Marcellino fora para Bento Gonçalves substituir o padre Carmine Fasulo, há

Nome	Pseudônimos ou abreviações	Ocupação	Localidade	Observação
Giovanni Battista Fronchetti[35]	–	Padre	Garibaldi	Anúncios consulares da Áustria, notícias e correspondências. Responsável pela produção dos últimos números do *La Libertà* no ano de 1910.
Francesco Barcarollo	–	–	Marquês do Herval	Correspondências e notícias locais.
Massimo Rinaldi	–	Padre carlista	Encantado	Cartas e notícias de festividades.
Michele Evangelisti[36]	–	Padre camaldulense	Ana Rech, Caxias	Correspondências, avisos e notícias locais.

dias suspenso pelo Sr. Arcebispo d. Cláudio, e também acusado, como noticiamos de atentados ao pudor" (*Jornal Cidade De Caxias*, n.10, 19.8.1911, p.2).

35 O padre Giovanni Battista Fronchetti "nasceu em Torra, decanato de Taio, Val di Non, diocese de Trento, a 15 de setembro de 1863. Graças aos auxílios pecuniários deixados por um tio-avô de mesmo nome, que foi Decano da Catedral de Trento, pode fazer os estudos eclesiásticos no seminário diocesano, sendo ordenado sacerdote a 26 de dezembro de 1887. Ocupou, na diocese, por provisão de 20 de julho de 1888, o cargo de vigário cooperador de Volano. Mas desejoso de prestar auxílio espiritual aos emigrados pediu e obteve autorização de seu prelado, partindo para o Rio Grande do Sul em 1889". Tornou-se coadjutor em Garibaldi e foi nomeado em 2.1.1890 Vigário Capitular de São Lourenço de Vilas Boas, "colônia composta de umas 70 famílias de emigrados das Províncias de Trento, Cremona, Vicenza, Milão e Bérgamo". Em setembro de 1896, foi transferido para Garibaldi, onde permaneceu por trinta anos. Faleceu em 22 de fevereiro de 1927 (Rubert, 1977, p.80). Foi agente consular da Áustria.

36 Italiano, veio ao Brasil em fins de 1899, aos 26 anos, em companhia de outros dois padres a convite de d. Cláudio de Ponce Leão, bispo do Rio Grande do Sul. Entre 1901 e 1902, recebem concessão de constituição de casa canônica e a autorização de receber adolescentes para a educação. Em 18 de julho de 1902, recebem a benção do papa Pio X para os religiosos e a nova fundação. Em 1903 Evangelisti assume como ecônomo. Em 1906 foi nomeado Prior da Nova Camáldoli (nome dado à nova sede no interior de Caxias). Dall'Alba (1999, p.54) registra que "Dom Michele Evangelisti conquistava medalhas de ouro e prata em diversas exposições agrícolas pelos excelentes produtos apresentados: vinhos, cereais, frutas, resultado da inteligente e dedicada direção da granja dos monges". Viveu no Brasil até abril de 1926 quando se retirou, com os últimos padres da congregação para a Itália. Evangelisti faleceu em 17.5.1965 no Ermitério de Fonte Avellana, Itália.

Nome	Pseudônimos ou abreviações	Ocupação	Localidade	Observação
Dr. Domenico Tattoli	–	Teólogo	–	Textos religiosos.
Antônio Ruzzarin[37]	–	Professor	Caxias	Textos religiosos, contos com lições de moral (inveja, ciúmes...).
Enrico Domenico Poggi	–	Padre	Sananduva de Lagoa Vermelha	Notícias religiosas e acontecimentos locais.
Francesco Saverio Acierno	–	Padre	Bento Gonçalves	Notícias religiosas e acontecimentos locais.
Giosuè Bardin[38]	–	Padre coadjutor	Paróquia Santa Teresa, Caxias	Não assina textos. Apoia e ajuda na seleção e organização da produção do jornal.
Luigi Segale[39]	Demofilo	Padre	Nova Pompeia [Pinto Bandeira], Bento Gonçalves	Notícias religiosas e acontecimentos locais. Escreve e publica poesias por meio do pseudônimo Demofilo.

37 Nota biográfica: faleceu em 26 de setembro de 1909, aos 60 anos conforme necrológio publicado no *La Libertà*.

38 Nota biográfica: "Pe. Giosuè Bardin nasceu em Santa Justina (Feltre-BL), em 1-8-1859; coadjutor de Caxias, 1886; Santa Teresa de Bento Gonçalves, 1888-1891; Antônio Prado e Alfredo Chaves, 1892; Capoeiras, 1893-1895; Castro Alves, 1896; Santa Teresa, 1898-1902; São Luís das Missões e Guarani, 1903; Santa Teresa, 1904-1905; Pedras Brancas e Mariana Pimentel, 1906; Caxias, 1907-1910; São Marcos de Cima da Serra, 1911; São Feliciano, 1913; Caxias, 1914; Santa Teresa, 1921; São Domingos de Guaporé, 1925" (Baréa, 1995, p.85). O padre Bardin era filho de Lorenzo Bardin e Paola Cassol, nasceu em 1º de agosto de 1859 em Santa Giustina, Província de Feltre, Itália, onde iniciou os estudos no seminário. Emigrou para o Brasil com os familiares e continuou os estudos no colégio São Leopoldo e no Seminário Episcopal. Foi ordenado por d. Sebastião em 28 de novembro de 1885. Foi missionário e vigário de diversas paróquias no Rio Grande do Sul e tornou-se conhecido como "Apóstolo dos Poloneses" pelo trabalho junto às comunidades polonesas em diferentes municípios. Faleceu em 3 de agosto de 1944 aos 86 anos de idade (Rubert, 1977).

39 Nota biográfica: O padre Luigi Segale "nasceu a 8 de setembro de 1859 em Monteghirfo, hoje diocese de Chiavari, Província de Gênova. Fez os estudos eclesiásticos no Seminário de Gênova,

Nome	Pseudônimos ou abreviações	Ocupação	Localidade	Observação
Giuseppe Vigolo	–	–	Monte Bérico, Linha Jansen, Bento Gonçalves	Envio de correspondências, notícias locais.
Leonel Vargas	Teofilo Alentino Theophilo Alenthino Teofico Teofilo Nascitúrus	Advogado e professor	Caxias	Responsável pela Seção Portuguesa entre fevereiro e março de 1909. Publica poesias por meio do pseudônimo Nascitúrus.
Luigi Casanova	–	Professor	Santa Teresa, Bento Gonçalves	Correspondências com notícias locais.
Lodovico Maestri	–	Professor	Barracão, Linha Palmeiro, Bento Gonçalves	Correspondências com notícias locais.
Luigi Michelini	–	–	Antônio Prado	Notícias locais.

Fonte: organização da autora.

Um número muito maior de colaboradores foi mencionado nas páginas das várias edições. O quadro anterior sinaliza alguns deles, os mais frequentes. Mas nomes como o de Felice Laner (Caxias), Pergentino Rossi, Antonello (Nova Vicenza), Virgilio Biondi, Pietro Breda (Nova Veneto) como agentes também são frequentes. Entre os agentes constatei que diversos foram comerciantes locais com certo prestígio. Também registro o envio de correspondências de Giuseppe Ben (Canguçu), Alberto Lazzari (São Luiz das Missões), além dos padres Carlo Porrini, Enrico Pretti, Roberto Meyer e o teólogo Gazzera, que foram alguns outros padres que colaboraram com a distribuição de jornais e com algumas notícias.

Com relação à presença feminina no *La Libertà* localizei duas publicações que têm como autoras poetisas. Em 8 de maio de 1909, na capa, foi publicado

sendo ordenado presbítero por D. Salvatore Magnabosco em 1883. [...]. Seu desejo, porém, era vir ao Brasil e exercer o ministério entre os imigrantes. Obtida a licença, embarcou em 1897, chegando no mês de outubro" (Rubert, 1977, p.93). Foi cura de Nova Pompeia (Pinto Bandeira-RS) entre os anos de 1897 e 1915. Permaneceu um período em Farroupilha e depois em Muçum, local em que faleceu em 14 de fevereiro de 1936.

o poema de autoria da poetisa italiana Ada Negri,[40] intitulado "Sinite Parvulos" [Deixe as crianças]. Outro poema, "La Vergine", assinado por Erichetta Usuelli Ruzza, também na primeira página, foi veiculado em 11 de dezembro de 1909. Outra publicação de autoria feminina é "La Vestale" (escrito em 1865) de Antonietta Klitsche La Grange, escritora e primeira jornalista a trabalhar no jornal *Osservatore Romano* do Vaticano. Nascida em 17 de junho de 1832 em Roma, seus escritos – romances, artigos, contos – tinham cunho histórico e religioso. Faleceu em 23 de janeiro de 1912. No *La Libertà*, a publicação aparece na terceira página, em fins de novembro de 1909. Nessa mesma função, outra publicação que perdurou muitas edições foi *Una vocazione tradita, memorie storiche*[41] [Uma vocação traída, memórias históricas] de autoria do salesiano Carlo M. Viglietti. Viglietti foi secretário de Dom Bosco e seu cronista, assim como escreveu outras obras.

Percebi um número significativo de pseudônimos utilizados e localizados ao longo das edições: Geppe, Brusadure, Nani Dell'Osto, Masera, Sabinus, O. Micros, Zitta, Arcitrap, Um Caschese ou Caschese. Poesias de G. Prati, G. Capparozzo, A. Fusinato, Italo (São Luiz de Guaporé). As poesias em geral ocupam a primeira página, logo após o cabeçalho, centralizada. Italo, por exemplo, publica a poesia "Tempesta in Estate" [Tempestade de verão]. Na mesma edição, na página dois, "Versi Sciolti" [Versos soltos] do imigrante Andrea Pozzobon. Um dos poetas mais recorrentes é Niripo. Dentre as poesias publicadas no *La Libertà* de autoria de Niripo estão: "Pro Calabria" [A favor da Calábria], "Venerdi Santo" [Sexta-feira Santa], "Il Povero Cieco" [O pobre cego], "Alla B. Giovanna d'Arco" [Para Giovanna D'Arco], "Alla Virgine Maria" [Para a Virgem Maria], "Sulla Alma di um eroe" (sobre Mons. Giovanni Battista Scalabrini). As poesias são adornadas e contam com um espaço privilegiado e significativo nas capas do *La Libertà*. Para exemplificar, a figura 11 apresenta uma das poesias assinadas por Niripo:

40 Ada Negri nasceu a Lodi em 3 de fevereiro de 1870 em uma família humilde. Órfã de pai muito cedo, os esforços da mãe garantiram oportunidade de Ada diplomar-se como professora. Jovem, se dedicou à escrita de poesias. Publicou a compilação Fatalità em 1892 e venceu o prêmio Giannina Milli de poesia em 1894. Em 1896 casou com o empresário Giovanni Garlanda com quem teve uma filha, Bianca. Em 1931 recebeu o Prêmio Mussolini e em 1940 foi a primeira mulher a integrar a Academia Italiana. Faleceu em Milão, em 11 de janeiro de 1945 (Di Tolla, s/d).

41 No Brasil a obra foi publicada em 1961 como livro: Viglietti, Carlo Maria. *Uma vocação traída*. São Paulo: Paulinas, 1961.

Il divin Trionfatore

Perchè fulmineo
in man rinserra
ferro ognor avido
l'empio di guerra?
pensi che è fragile...
che una vendetta
certo l'aspetta
del cielo empir.
Tempri l'ardir.

Da le sacrileghe
tue conquiste
se schiere angeliche
furono viste
al volo alzandosi
l'ali a far velo
inverso al cielo
ratte fugir.
Tempra l'ardir.

Cristo i tuoi vincoli
dal braccio scosse;
le terre tremano
nel sen commosse...
il mondo destasi,
saluta Cristo,
minaccia il tristo
che il fè soffrir.
Tempra l'ardir.

In lutto e lacrime
la bella Sposa
del Re de' Secoli
sta dolorosa...
già pur del gemito
spenta ha la nota
ma guarda immota
all'avvenir.
Tempri l'ardir.

Quello di triboli
serto commisto
splende già fulgido
sul capo a Cristo:
scettro è la debole
canna che strinse...
il vinto vinse
che il fè morir.
Tempra l'ardir.

Già tetra e mutola
freme natura
e attender sembrami
l'età ventura...
in quiete simile
á quella mesta
che la tempesta
suol prevenir.
Tempri l'ardir.

L'infame tunica
del vitupero
troppo sull'omero
Cristo Dio vero
soffrì... al risorgere
scoccata è l'ora
e il giorno ancora
che hai da ferir.
Tempra l'ardir.

Ecco quell'umile
Dio che a scherno
già fu, e all'ingiurie
segno d'inferno...
su tutti i popoli
Già regna e impera...
Empio!... è la sera
del tuo gioir.
Tempra l'ardir.

NIRIPO.

Figura 11. Poesia "Il divin Trionfatore" [O divino triunfo] de Niripo.
Fonte: *La Libertà*, 10.4.1909, p.1.

Pelo que foi possível identificar, Niripo era o pseudônimo utilizado pelo padre Carmine Fasulo. Com o pseudônimo, publica também histórias como *Il Prete e Il terremoto* ou *Cara Libertà*. Nessa última, narra uma situação que teria sido vivida pelo personagem narrador. Após a missa, ele vai tomar um vinho e se encontra com um antigo conhecido. No diálogo, esse conhecido, que teria enriquecido muito, questiona a confissão, afirmando ser ela uma invenção dos padres. O outro discorda e questiona: "toda descoberta tem um autor, então diga-me – qual padre? Quando? Em que local?". Conclui afirmando "que vá contar seus contos de fadas no mundo da lua". Encontrei contos e historietas que narram situações do cotidiano e finalizam com alguma conclusão com fim moralizante.

As poesias publicadas em português e assinadas por Nascíturus eram de autoria do professor e advogado Leonel Vargas. As primeiras seções portuguesas, igualmente, de sua autoria. Adami afirma que Leonel de Vargas foi "notável professor e escritor, natural de Gravataí. Colaborou nos jornais locais *Correio do Município, Gazeta Colonial* e *Orientador*" (Adami, 1962, p.217). Conforme o mesmo autor, Leonel de Vargas assinava com uso de pseudônimos como "Teófilo Aletino e Cristiano Leonel, e em verso, 'Nasciturus'. Ele é autor de livros como *Catolicismo*, de 1906, *Dogmas Cristãos*, de 1906, e *Terra de Promissão*, de 1907" (Adami, 1962, p.253). Leonel Vargas era advogado e escrevia para o *Gazeta Colonial* também. No entanto, sua permanência no *La Libertà* foi exígua, não soube qual o motivo que o afastou, mas localizei uma nota em que se afirma que "Da redação e da gerência do *La Libertà* retirou-se o sr. Leonel de Vargas que ali escrevia a Seção Portuguesa, segundo nos informaram"[42] em fins de março de 1909.

Assim como os motivos para o afastamento de Leonel Vargas não foi possível precisar em detalhes, o mesmo acontece com a situação do padre Carmine Fasulo – idealizador e iniciador do periódico. Sua saída da direção do jornal e mudança de paróquia suscitam dúvidas sobre as motivações. Ele já havia enfrentado oposição forte de carbonários quando estivera em Antônio Prado (Pazuch, 2015) tendo sido causa para a mitológica "Maldição do Padre". Em Caxias demonstrou-se muito dinâmico, mas perdurou poucos anos também. Sua saída repentina e um breve retorno ao final de 1909, para apenas duas edições, e, após a transferência da tipografia, com a venda do maquinário e jornal para Garibaldi, são fatos ainda pouco elucidados. Oposição da maçonaria, dificuldades com a direção e membros do Clube Juvenil, tensionamentos com as Irmãs de São José? A questão é que Carmine Fasulo tem uma biografia que demonstra muitas iniciativas e igualmente alguns problemas[43] que foram recorrentes. Ele permanece no

---

42 *Gazeta Colonial*, n.169, 20.3.1909, capa.

43 Em correspondência datada de 27 de junho de 1909 (original em francês), o frei capuchinho Bruno Gillonay trata de um tensionamento que padre Carmine teria criado em Caxias. A correspondência foi enviada ao superior. Não há um detalhamento dos motivos ou quais as decorrências, mas a correspondência dá visibilidade a problemas existentes entre as Irmãs de São José que tinham uma escola em Caxias e o pároco: "[...] II. Vós me falais de cartas alarmantes por vós lidas em Moutiers a respeito de manobras dos párocos contra as irmãs. [...] 3º Pe. Carmine, com sua impetuosidade, se lançou a alguns meses contra as Irmãs, tratando de arrastar os outros párocos com ele. Por quê? Em resumo, uma vendeta de napolitano. Párocos que ele tentou influenciar me disseram confidencialmente que ele não tinha nenhuma razão para agir de tal modo. 4º Contentei-me em ser espectador de todas essas mesquinharias. 5º Pe. Carmine

Brasil até os anos 1920, quando retorna para a Itália dando continuidade ao seu ministério até 1935, quando faleceu.

Palavras finais

> *Quale è la missione del giornale? Oggi intende che il giornale si stampa per erudire le menti, istruire, tessere la storia contemporanea degna d'essere tramandata ai posteri.*[44]
>
> (*La Libertà*, n.12, 1.5.1909, capa).

O texto escrito pelo padre Francisco Baldassare argumenta sobre as importantes contribuições do jornal como sinalizado na epígrafe anterior. Menciona o valor do hebdomadário para defender os direitos do cidadão e

encontrou diante dele muita gente que não era tão tímida como as Irmãs de São José e se retirou de Caxias. 6º Desde então acho que tudo vai bem para as Irmãs de São José. 7º Sei com boas razões que autoridades civis de Caxias reprovaram os procedimentos grosseiros de Pe. Carmine [...]" (Gillonay, 2007, p.434-5). Outra situação que parece ter sido posterior ao período em Caxias foi publicada em vários periódicos, inclusive no *Il Colono Italiano* e tratava da suspensão de Carmine Fasulo. Na íntegra, a nota emitida pelo bispo afirmava "Do Exmo. e Revmo. Sr. Dom Claudio José Gonçalves, digníssimo Arcebispo desta diocese, recebemos o Decreto que publicamos juntamente com o seguinte acompanhamento: Incluso remeto a V. Rma. uma Portaria, que deve absolutamente ser publicada no *Colono Italiano*, como na Atualidade: Portaria. Depois de empregados inutilmente diversos meios suasórios, com toda paciência e caridade, somos obrigados a recorrer às censuras eclesiásticas; pelo que pela presente Portaria declaramos suspenso de todas as ordens, *ex informata conscientia*, o Padre Carmine Fasulo, e lançamos o interdito sobre as Capelas de São Marcos, e de São João Batista da linha Jansen, ambas da freguesia de Caravágio, incorrendo na mesma pena de interdito todas as demais capelas, em que o mesmo Padre Carmine Fasulo exercer qualquer ato do culto Católico. Porto Alegre, 2 de agosto de 1911. Claudio José. Arcebispo de Porto Alegre" (*Il Colono Italiano*, n.22, 5.8.1911, p.2). A mesma portaria foi publicada no jornal *A Opinião Pública*, órgão dos interesses gerais (ano XVI, nº 183. Pelotas, 12.8.1911, capa). Também foi publicado no jornal *Cidade de Caxias*, órgão republicano (ano I, n.9, Caxias, p.2). Em outro jornal, localizei a notícia que explica a suspensão: "Padre sedutor. O Arcebispo D. Claudio suspendeu de suas funções eclesiásticas o Padre Carmine Fasulo, como autor de rapto e defloramento de três freiras do convento que existia em Garibaldi. Esse convento foi agora extinto. Carmine vive com duas freiras, tendo abandonado a terceira" (*A Opinião Pública*, n.182. 11.8.1911, p.2).

44 "Qual é a missão do jornal? Hoje se compreende que o jornal é impresso para erudir as mentes, instruir, tecer a história contemporânea digna de ser transmitida à posteridade" (*La Libertà*, n.12, 1.5.1909, capa).

fazer conhecer os deveres com a religião e a pátria. Preocupa-se com a tranquilidade e a felicidade dos povos, estimulando as boas leituras. Mas nem toda a imprensa, nas palavras de Baldassare, cumpriam com sua missão e muitas fomentavam a discórdia, os insultos, as lutas e os interesses pessoais. Tais assertivas encontram ressonância nos tensionamentos que se desenhavam entre o jornal *Stella d'Italia*, de Porto Alegre, e o *La Libertà*, em 1909.

Nas páginas do *La Libertà* entre fins de abril e início de maio de 1909 lemos sucessivas acusações que são trocadas entre os dois jornais italianos.[45] No *Stella d'Italia* teriam sido publicadas acusações contra Carmine Fasulo, a quem o correspondente do *Stella d'Italia* sai na defensiva, enviando carta que foi publicada no *La Libertà* reafirmando sua condição de católico apostólico romano, amigo do padre Fasulo e a quem reconhecia como dedicado, exemplar e fiel ao seu sacro-ministério. Cristoforo Luzzato, que era correspondente da localidade de Caravaggio para o *Stella d'Italia*, acusa o editor Colnaghi de agir de má-fé e promover acusações sem sentido. Ambos eram jornais publicados em italiano, mas com linhas editoriais e defesas de interesses bem diferentes.

Acredito que ao fechar este capítulo emergem diversas "zonas opacas [que] são alguns dos rastros que um texto (qualquer texto) deixa atrás de si" (Ginzburg, 2007, p.12). As disputas e tensionamentos internos para a produção do *La Libertà*, as divergências com o *Stella d'Italia*, um olhar mais apurado e detalhado para os vários temas abordados nas edições do *La Libertà*, os autores e seus pseudônimos correlacionados com seus escritos. Ainda, aprofundar as análises acerca da relação com o bispado de Porto Alegre e a transição da tipografia e do próprio jornal para Garibaldi. São essas algumas das possibilidades investigativas que permanecem.

Os padres na função de editores e produtores de conteúdo para a imprensa buscaram organizar a vida prática, intervir no modo de existir, instruir e educar, direcionando os fiéis por mais esse meio. A imprensa pensada como estratégia, como veículo de propagação de ideias foi central, pois no caso do *La Libertà* estava alinhada às diretrizes oficiais do papa e da doutrina social da Igreja. Como lembra Pantaleone:

> os jornais coloniais no Brasil fizeram parte daquele complexo conjunto de instituições comunitárias (escolas, sociedades de mútuo socorro, sindicatos e congregações religiosas) que operavam no território, de uma parte, para

45 As disputas em torno de ideias e propostas veiculadas nos dois jornais italianos e as oposições criadas merecem uma análise específica que não será possível na extensão destas páginas.

construírem uma identidade ao grupo italiano, ao qual faltava uma língua comum e uma bem definida consciência nacional por causa da recente unificação do País (tornaram-se eco e porta-voz da coletividade), mas em medida maior para favorecer a inserção dos migrantes italianos na sociedade local, no mundo do trabalho e nas instituições. (Pantaleone, 2010, p.11)[46]

O desejo de constituir uma comunidade coesa, que dividisse valores nacionais, se percebesse e sentisse italiana, valorando e exaltando sentimentos pela "Pátria-Mãe", de um lado, e de outro pretendia produzir um imaginário coletivo identitário católico. A manutenção da língua e da percepção de pertencimento comum foi considerada importante para a manutenção do catolicismo. A narrativa permitiu perceber as conexões entre os jornais católicos de outros estados brasileiros e as permutas com o *La Libertà*, a circulação de correspondências e telegramas, o trânsito de jornais católicos provenientes da Itália, as contribuições de uma extensa rede de padres, mas também professores e alguns comerciantes, seja como correspondentes ou agentes. As diversas trocas culturais, a composição da produção e algumas de suas condições. Rastros das iniciativas para alargar o mercado de compradores e estimular os católicos a circunscreverem suas leituras ao que os padres recomendavam.

Entre conflitos, consensos e negociações, a ação dos mediadores culturais mobilizados pelo impresso em seu curto período de duração permite perceber as nuances de produção e circulação do *La Libertá*, as interdições fixadas em suas páginas, o diálogo transnacional com outros periódicos católicos e os fluxos de sua distribuição.

Por fim, como afirma Ginzburg, "os historiadores [...] têm como ofício alguma coisa que é parte da vida de todos: destrinchar o entrelaçamento de verdadeiro, falso e fictício que é a trama do nosso estar no mundo" (Ginzburg, 2007, p.14). As páginas do *La Libertà* tramam a vida dos que dele participaram como intelectuais mediadores produzindo textos e notícias, mas ganham sentido quando pensamos em seus leitores e nos críticos. Destrinchar essa história foi parte do ofício que aqui se apresentou.

46 "i giornali coloniali in Brasile fecero parte di quel complesso di istituzioni comunitarie (banche, scuole, società di mutuo soccorso, sindacati e congregazioni religiose) che operavano sul territorio, dauna parte per costruire una identità al gruppo italiano, al quale mancava una lingua unificante e una ben definita coscienza nazionale a causa della recente unificazione del Paese (divennero eco e portavoce della collettività), ma in misura maggiore per favorire l'inserimento dei migranti italiani nella società locale, nel mondo del lavoro e nelle istituzioni".

Bibliografia

ADAMI, João Spadari. *História de Caxias do Sul*. Caxias do Sul: Ed. São Miguel, 1962.

ANCARANI, U. La colonia italiana di Caxias in Rio Grande del Sul, Brasile. Bollettino dell'Emigrazione. Ministero degli Affari Esteri, Comissariato dell' Emigrazione, 1905. In: HERÉDIA, Vânia B. M.; ROMANATO, Giampaolo (ed.). *Fontes diplomáticas*: documentos da imigração italiana. Caxias do Sul: Educs, 2016. t. IV.

BARÉA, Dom José. *A vida espiritual nas colônias italianas do Estado do Rio Grande do Sul*. Porto Alegre: EST, 1995.

BENEDUZI, Luis Fernando. *Imigração italiana e catolicismo*: entrecruzando olhares, discutindo mitos. Porto Alegre: Edipucrs, 2008.

BRANDALISE, Ernesto A. *Das escolas paroquiais à universidade:* a Igreja em Caxias do Sul. Porto Alegre: Posenato Arte & Cultura, 1988.

DALL'ALBA, H. *A saga dos camaldulenses no Rio Grande do Sul*. Porto Alegre: Edipucrs, 1999.

DE BONI, Luís Antônio. O catolicismo da imigração: do triunfo à crise. In: DACANAL, José H. (org.). *RS*: Imigração e Colonização. Porto Alegre: Mercado Aberto, 1980. p.234-55.

DI TOLLA, Francesco. *Ada Negri*: nota biográfica. Disponível em: https://www.liberliber.it/online/autori/autori-n/ada-negri/. Acesso em: 25 maio 2020.

Gazeta Colonial. Caxias, 1909-1910. Diretor e proprietário: Herculano Montenegro.

GILLONAY, Bruno de. *A Igreja e os Capuchinhos do Rio Grande do Sul:* correspondência de Frei Bruno de Gillonay (1895-1909). Trad. Vanildo L. Zugno. Porto Alegre: EST Edições, 2007.

_______. Relatório de Frei Bruno a Dom Scalabrini, Bispo de Piacenza. In: D'APREMONT, Bernadin; GUILLONNAY, Bruno de. *Comunidades indígenas, brasileiras, polonesas e italianas no Rio Grande do Sul*. Porto Alegre: EST; Caxias do Sul: UCS, 1976.

GINZBURG, Carlo. *A micro-história e outros ensaios*. Lisboa: Difel, 1989.

_______. *O fio e os rastros*: verdadeiro, falso, fictício. São Paulo: Companhia das Letras, 2007.

GIRON, Loraine S.; BERGAMASCHI, Heloísa E. *Terra e homens*: colônias e colonos no Brasil. Caxias do Sul: Educs, 2004.

GOMES, Angela de C.; HANSEN, Patrícia S. Apresentação. In: GOMES, Angela de C.; HANSEN, Patrícia S. (org.). *Intelectuais mediadores*: práticas culturais e ação política. Rio de Janeiro: Civilização Brasileira, 2016.

HENRICHS, Liliana A. *Histórias da imprensa em Caxias do Sul*. Caxias do Sul: Pioneiro, 1988.

Il Colono Italiano. Garibaldi, 1910-1917.

Jornal Cidade de Caxias. Órgão do Partido Republicano. Caxias, 1911.

La Libertà. Caxias, 1909-1910 [53 edições].

LUCHESE, Terciane Ângela. Catolicidade e Italianidade no Jornal *Il Corriere d'Italia*, RS, Brasil (1913-1927). In: RUGGIERO, Antonio de; HERÉDIA, Vania Beatriz Merlotti; BARAUSSE, Alberto (org.). *História e narrativas transculturais entre a Europa Mediterrânea e a América Latina*. Porto Alegre; Caxias do Sul: Edipucrs; Educs, 2017a. v.1, p.277-300.

_______. Educar para a catolicidade e a italianidade: o jornal *Il Corriere d'Italia*, RS, Brasil (1913-1927). In: LUCA, Tania Regina de; GUIMARÃES, Valéria dos Santos (org.).

Imprensa estrangeira publicada no Brasil: primeiras incursões. São Paulo: Rafael Copetti Editor, 2017b. v.1, p.283-329.

_______. Ethnical catholic press in the RS Italian colonial regional: clashes and consensus on behalf of education (1898-1927). *History of Education & Children's Literature (online)*, v.XIV, p.389-424, 2019.

MACHADO, Janete da Rocha. *Empreendedorismo Teuto-Rio-Grandense:* o caso das empresas Bromberg & Cia (1860-1932). 256 fl. Tese (Doutorado em História) – Pontifícia Universidade Católica do Rio Grande do Sul, Rio Grande do Sul, 2019.

MACHADO, Maria Abel. *Construindo uma cidade*: história de Caxias do Sul, 1875-1950. Caxias do Sul: Maneco, 2001.

O Brazil, órgão do Partido Republicano. Caxias, 1909. Diretor: Jacintho Godoy.

PANTALEONE, Serge. Funzioni pedagogiche, etniche e politichedella stampa italiana in Brasile. In: CAPELLI, Vittorio; HECKER, Alexandre. *Italiani in Brasile*: rotte migratorie e percorsi culturali. Itália: Rubbettino Editore, 2010. p.9-30.

PAZUCH, Giovane. *Imigração italiana na colônia de Antônio Prado-RS:* catolicismo e sociabilidades (1885-1945). 2015. Dissertação (Mestrado em História) – Pontifícia Universidade Católica de São Paulo, São Paulo, 2015.

POSSAMAI, Paulo César. *Igreja e Italianidade*: Rio Grande do Sul (1875-1945). *Revista de História*, v.141, 1999, p.75-90.

POZENATO, Kênia M.; GIRON, Loraine S. *100 anos de imprensa regional (1897-1997)*. Caxias do Sul: Educs, 2004.

RUBERT, Arlindo. *Clero secular italiano no Rio Grande do Sul (1815-1930)*: padres dos imigrantes. Santa Maria: Pallotti, 1977.

SANFILIPPO, M. Chiesa, ordini religiosi ed emigrazione. In: BEVILACQUA, Piero; DE CLEMENTI, Andreina; FRANZINA, Emilio. (ed.). *Storia dell'emigrazione italiana*, I, Partenze. Roma: Donzelli, 2009. p.127-42.

SANI, Roberto. Tra esigenze pastorali e impegno per la preservazione dell'identità nazionale: la Santa Sede e l'emigrazione italiana all'estero tra otto e novecento. *Revista de História da Educação*, Porto Alegre: ASPHE, v.21, n.51, p.143-85, jan./abr. 2017.

A IMPRENSA ALEMÃ NO SUL DO BRASIL E A MEDIAÇÃO CULTURAL: A PRÁTICA JORNALÍSTICA E EDITORIAL DE WILHELM ROTERMUND

Isabel Cristina Arendt
Marluza Marques Harres

A edição de jornais em língua alemã no estado do Rio Grande do Sul foi significativa e cumpriu importante papel. Nas duas últimas décadas do século XIX, constituiu-se na principal forma de comunicação e informação para uma população de fala alemã no Sul do país. Em meio a tantos outros jornais em língua estrangeira produzidos e impressos no Sul do Brasil, apresentamos, em estudo anterior, um dos jornais mais significativos na configuração e participação de imigrantes alemães e descendentes nessa região. Naquele estudo, resultado da primeira fase do Projeto Transfopress Brasil, abordamos o jornal *Deutsches Volksblatt*, também editado no Rio Grande do Sul, com sede na região metropolitana. Buscamos delinear o papel dessa imprensa como mediadora cultural, entendendo-a especificamente "como parte e elemento de compreensão do mundo brasileiro, traduzindo e construindo representações sobre o ser brasileiro e estar aqui, que circulava nos meios frequentados pelos imigrantes e seus descendentes" (Arendt; Harres, 2017, p.448-9).[1]

1 Agradecemos ao professor e pesquisador René E. Gertz pelo diálogo na elaboração deste texto.

Como salientamos naquele artigo, as edições de tais jornais marcaram o jornalismo praticado no estado do Rio Grande do Sul. No presente texto, apresentamos um segundo jornal, também significativo, considerando-se sua periodicidade, alcance de leitores e relativa longevidade: o jornal *Deutsche Post*, editado em São Leopoldo de 1880 a 1928. O foco, porém, está no fundador e editor, Wilhelm Rotermund, entendido como um articulador e mediador cultural junto à população imigrante ou de descendência alemã no Sul do Brasil. Como fundador e redator responsável, W. Rotermund permaneceu à frente da edição por vários anos, até passar essa responsabilidade a um de seus filhos, Ernst Rotermund.

Wilhelm Rotermund era pastor luterano e exerceu diversas atividades, dentre elas a de editor de jornal, escritor e professor. Foi enviado ao Sul do Brasil em 1874 pelo Comitê para os Alemães Protestantes no Sul do Brasil, o qual estava então vinculado à Sociedade Evangélica de Barmen para os Alemães Protestantes na América, com a incumbência de atender à população de alemães evangélico-luteranos no Rio Grande do Sul. Segundo Martin Dreher, com a finalidade de "edificar, fortalecer e defender os cristãos evangélicos no Brasil, especialmente no Rio Grande do Sul" (1984, p.90). Sucedeu ao pastor Hermann Borchard, que atendia à região em torno de São Leopoldo.

Rotermund contava com 31 anos quando chegou à Província do Rio Grande do Sul com a incumbência de tornar-se pastor da Comunidade de São Leopoldo. Foi pastor dessa comunidade de 1874 a 1918. Quais as condições da localidade que o recebe em 1874? Desde 1864, ela já havia sido elevada ao *status* de cidade. Entre 1788 e 1824, fora sede da Feitoria do Linho Cânhamo; passara à Colônia de São Leopoldo em 1824, permanecendo como tal até 1846, quando é instituída a Vila de mesmo nome.[2] No momento da chegada de Rotermund, a cidade vivia ainda sob o impacto do movimento Mucker e seus desdobramentos com o massacre dos participantes e simpatizantes da seita messiânica desenvolvida sob a liderança de Jacobina Maurer e de seu marido João Jorge Maurer. A promoção de cultos e a orientação de cuidados com a saúde por meio de ervas medicinais deve ter sido

2 Sobre a história de São Leopoldo. Ver, entre outros: Tramontini, Marcos J. *A organização social dos imigrantes*. São Leopoldo: Ed. Unisinos, 2000. Moure, Telmo. A inserção da economia imigrante na economia gaúcha. In: *RS*: Imigração e Colonização. 2.ed. Porto Alegre: Mercado Aberto, 1992. p.91-114. Moehlecke, Germano Oscar. *O vale do Sinos era assim*. São Leopoldo: Ed. Rotermund, 1978. Petry, Leopoldo. *O Município de São Leopoldo no 1º Centenário de Independência do Brasil*. São Leopoldo: Ed. Rotermund, 1923.

um forte atrativo e fez com que a trilha da moradia do casal no morro Ferrabraz, em Sapiranga, ficasse conhecida dos colonos alemães das redondezas. A leitura e a interpretação da Bíblia tinham sido liberadas e estimuladas no meio protestante, contudo tal atividade praticada por Jacobina Maurer causou reações no meio religioso e entre as autoridades da colônia. Não cabe aqui analisar as facetas desse tema, sobre o qual existe ampla bibliografia,[3] importa situar as circunstâncias com que se depara o pastor da Comunidade Evangélica de São Leopoldo ao se instalar na cidade e iniciar suas atividades.

Sua vinda ao Brasil foi também uma intenção do próprio Rotermund, pois estava doente e o clima tropical, ou mesmo o subtropical, poderia ser um aliado. Decidiu, portanto, vir para cá, quando não conseguiu seguir trabalhando nem continuar sua formação acadêmica na Universidade de Göttingen, após ter obtido sua formação em Teologia na universidade de Erlangen. Sobre sua formação, Dreher informa que a "Universidade de Erlangen é a universidade dos antigos territórios da Francônia, região incorporada por Napoleão Bonaparte ao Reino da Baviera" (2014, p.12). Especificamente a Faculdade de Teologia desta Universidade,

> foi instalada no espírito da Ilustração Alemã. Sua base, no entanto, não foi a crítica histórica da religião, mas a dogmática. Ao tomar por base de seu ensino os escritos confessionais luteranos reunidos no Livro de Concórdia, optou pela ortodoxia luterana contra o pietismo. Em Erlangen lutava-se por "ortodoxia racional". A superação da Ilustração deu-se com o concurso do Idealismo

3 Segundo Daniel Gevehr, "o conflito Mucker (1868-1874) marcou de forma definitiva a história do atual município de Sapiranga (RS), no qual ocorreu o conflito e que no século XIX correspondia à parte da antiga colônia alemã de São Leopoldo, fundada em 1824 por D. Pedro I. O conflito, de caráter messiânico, ocorreu em um ambiente de muitas transformações econômicas e sociais associadas ao processo de imigração alemã que ocorria no século XIX no sul do Brasil" (2011, p.758). Cabe esclarecer, ainda, que há outros estudos referentes ao tema, como bem sintetiza Gevehr, outro pesquisador a ser destacado: "Inicialmente, a difusão de determinadas representações sobre os Mucker e sobre sua líder Jacobina, se deu através da publicação da obra *Os Mucker* (1906), por Ambrósio Schupp, um jesuíta alemão que chegou no Brasil em 1874, mesmo ano do desfecho do conflito. Deve-se principalmente ao conteúdo de sua obra a construção de um imaginário essencialmente negativo em relação ao grupo liderado por Jacobina e que acabou se difundindo entre a população". Gevehr salienta que, apesar de estudos que seguiram àquele, dentre os quais Janaína Amado (1978), João Biehl (1991) e Maria Amélia Dickie (1996; 2018), os quais "procuraram dar outras versões sobre o conflito, os Mucker continuaram sendo conhecidos pela comunidade sapiranguense como um grupo de fanáticos religiosos até o início do século XXI" (Gevehr, 2011, p.758-9). Mais recentemente, Haike K. da Silva (2015) também fez uma análise da construção da narrativa Mucker.

> alemão, [...] e do Romantismo, com especial atenção para seu conceito de História. (Dreher, 2014, p.13)

No intervalo entre sua formação em Teologia e sua atuação no Sul do Brasil, havia atuado como professor, o que de certa forma seguiu fazendo no Brasil, especialmente na esfera do apoio às escolas e seus professores. Criou escola complementar em São Leopoldo:

> A partir de iniciativas de pastores e comunidades ligados ao Sínodo Rio-grandense, foram criadas ou assumidas escolas complementares, ainda no século XIX. É o caso do Colégio Independência de São Leopoldo, da Escola Sinodal de Santa Cruz do Sul, da Evangelisches Stift [Fundação Evangélica] de Hamburgo Velho. Rotermund havia criado, em 1880, a escola Neue Schule [Escola Nova], com ensino complementar. Objetivava suprir a necessidade de formar novas lideranças e professores para as escolas comunitárias de São Leopoldo e arredores e oferecer aos jovens da comunidade evangélica uma educação alemã. (Arendt, 2008, p.25)

Antes, porém, de se ocupar das escolas comunitárias ou elementares, sua principal atuação, e razão de ter sido enviado ao Brasil, era a institucionalização do vínculo das comunidades religiosas luteranas aqui organizadas apenas de forma precária. Nesse sentido, após doze anos, em 1886 fundou o Sínodo Rio-grandense, cujo objetivo principal era servir "como elemento de união entre as comunidades da Província do Rio Grande do Sul, para zelar pela boa ordem nas comunidades evangélicas e representar seus interesses relacionados à igreja e à escola" (Der Protestantismus in Süd-Brasilien, 1886 apud Arendt, 2008, p.26). Rotermund foi presidente desse Sínodo em dois períodos (de 1886 a 1894 e outro de 1909 a 1919), e um aspecto enfatizado por ele era a relação da pregação do Evangelho com o espírito germânico. A relação estreita entre Igreja e germanidade é assinalada por Rotermund em relatórios sobre as atividades do Sínodo Rio-grandense. Uma longa passagem de Dreher no livro *Igreja e germanidade* nos auxilia na compreensão desse estreito vínculo:

> Mesmo pretendendo com todas as suas atividades, em primeira linha, edificar, fortalecer e defender os cristãos evangélicos no Brasil, especialmente no Rio Grande do Sul, não podemos jamais esquecer um segundo aspecto que para ele era essencial: o fortalecimento e a preservação da germanidade. Esses dois aspectos estão inseparavelmente ligados em seu pensamento e atividade.

> Por isso não foi por acaso que, durante a Primeira Guerra Mundial, viesse a formular aquela sentença que sempre voltaria a ser citada nas publicações do Sínodo Rio-grandense na década de 1930: *Kirche und Deutschtum sind auf Leben und Tod miteinander verbunden* (Igreja e germanidade estão ligados entre si para o quer der e vier, literalmente: para a vida e para a morte). Quando, através de seus contos, cujos motivos eram tomados diretamente da vida dos colonos e de seu ambiente no Rio Grande do Sul, o escritor Rotermund procurava conquistar seus leitores para a vida cristã nas famílias e na sociedade, propalando a educação cristã da juventude, jamais deixava de, concomitantemente, apelar a seus leitores para que zelassem por seu caráter germânico e sua língua, preservando-os. O mesmo objetivo Rotermund procurava alcançar com o seu *Deutsche Post*, que via como porta-voz do caráter germânico, da força alemã e da raça alemã. Mas também o editor e homem de escola Rotermund, editor de uma gramática portuguesa e de livros didáticos, jamais esqueceu de acentuar que para os imigrantes era muito importante estarem sempre de novo cientes de suas origens. (Dreher, 2003, p.84-5)

Esta seria, ainda na interpretação de Dreher, uma concepção de germanidade relacionada ao Evangelho ou ao Protestantismo, demonstrando que Rotermund era "herdeiro do Romantismo, cujas teorias se cristalizaram, a Igreja Evangélica da Alemanha, após a Guerra Franco-Prussiana de 1870/71, no Protestantismo Nacionalista" (Dreher, 2003, p.86). E essa concepção estaria fundamentada na formação acadêmica específica de W. Rotermund, que estudou Teologia em Erlangen e Göttingen. Dreher verifica, no entanto, que entre os fundadores do Sínodo a questão da "germanidade" não era ponto pacífico, uma vez que comunidades de língua portuguesa também poderiam associar-se a este Sínodo. O aprendizado da língua portuguesa se difundia, sendo obrigatório nas Escolas Comunitárias já em 1900, após a implantação de um currículo unificado. É preciso considerar que, além da escola, os descendentes de imigrantes tinham também outros elementos formadores, de modo que ter nascido no Brasil e reivindicar direitos como brasileiros já constituía uma agenda no final do século XIX. René Gertz, explica a complexidade dessa situação e suas possibilidades:

> Na tradição brasileira, a cidadania é pensada basicamente como uma questão ligada ao território, o que no jargão jurídico é denominado *jus soli*, isto é, brasileiro é todo aquele que nasce em solo brasileiro. Inversamente, na tradição alemã domina o *jus sanguinis*, o que significa que se considera "alemão" todo aquele que possui "sangue alemão", independente do solo em que tenha

> nascido. Nesse caso admite-se que a pessoa pode, juridicamente, ser cidadão de um outro Estado que não a Alemanha, mas continuar pertencendo à abstração "povo alemão". (Gertz, 1994, p.30)

Alguns elementos eram considerados absolutamente fundamentais para que o espírito alemão se mantivesse vivo, em uma população que cada vez mais fincava raízes em solo brasileiro, entre elas, sem dúvida, a língua alemã, que tanto mobilizou a dedicação de Rotermund nas tarefas da editoria. Como veremos ao destacar as publicações da editora, o próprio aprendizado do português foi coordenado a partir desse trabalho de editoria. Outro elemento destacado por Gertz como algo potencialmente perigoso para a preservação da germanidade era o envolvimento com a política. As limitações na participação política dos naturalizados e dos acatólicos foram superadas com a reforma eleitoral promovida pela lei Saraiva de 1881 (Decreto n.3.029, de 9 de janeiro de 1881), constituindo-se em um avanço no estabelecimento dos direitos da cidadania entre os teuto-brasileiros. As eleições de representantes de origem alemã e a disputa pelo voto dos teuto-brasileiros passou também a integrar a vida nas áreas de colonização.[4] Pensando em como essa dinâmica efetiva de integração política aparece, de certa forma, em contraposição a essa afirmação de germanidade, defendida por Rotermund como eixo da Igreja Evangélica Alemã do Rio Grande do Sul, convém ainda lembrar e ponderar com Giralda Seyferth sobre o conceito de germanidade e sua aplicação no contexto estudado:

> O conceito de germanidade – qualquer que seja o termo usado para defini-la, *Deutschtum* ou *Volkstum* – não discute a posição dos teuto-brasileiros como cidadãos do Brasil. Ele implica a afirmação constante do pertencimento da população brasileira à etnia/nação alemã e ao modo como isso deve ser expressado através da utilização da língua, dos costumes, da cultura e das instituições comunitárias de origem. Nesse sentido, nem os jornais e almanaques, nem a maioria dos autores citados colocam em questão a cidadania brasileira dos descendentes de imigrantes, ainda que a palavra *Deutschtum*, num sentido

4 Ver a respeito: Oliveira, Ryan de Souza. Colonização alemã e cidadania: a participação política dos teuto-brasileiros no Rio Grande do Sul (século XIX). *Textos de História*. Revista do Programa de Pós-Graduação em História da UnB, v.16, n.2, p.79-100, 2008. Rambo, Arthur Blasio. A trajetória da integração do imigrante alemão. In: Fischer, Luis Augusto; Gertz, René E. *Nós, os teuto-gaúchos*. 2.ed. Porto Alegre: Editora da Universidade, 1998. p.196-204.

bem geral, traduza a nacionalidade alemã fundamentada no direito de sangue. (Seyferth, 1988, p.20)

Não vamos aprofundar as controvérsias que ocorriam no interior do Sínodo Rio-grandense, mas nos interessa a compreensão de Wilhelm Rotermund sobre "germanidade", para a finalidade do presente texto, para verificarmos qual será o peso ou a importância dada à preservação ou não de uma identidade alemã em sua atuação como editor de jornal e proprietário de livraria e editora. Nas palavras de Dagmar Meyer, "o pressuposto de que a Igreja Evangélica e germanidade são indissociáveis encontraria, nesse complexo editorial, um de seus mais fortes pilares de sustentação...". Reforça, em seguida, uma ideia crucial, quando pensamos no papel de mediador cultural representado por Rotermund e as pessoas que com ele colaboravam, pois estariam eles "[...] envolvidos com a definição do que contava como cultura, escolarização e como docência nas regiões de colonização alemã evangélica [...]" (2000, p.30).

Wilhelm Rotermund editor e redator

A Editora Rotermund foi o grande palco de atuação desse pastor luterano, além da sua atividade como religioso e presidente do Sínodo Rio-grandense. Pode ser considerada como o principal meio de difusão e propagação dos princípios de preservação da germanidade e do protestantismo em meio à população de origem germânica no Rio Grande do Sul. E uma de suas principais publicações foi o jornal *Deutsche Post* [Correio Alemão], editado em São Leopoldo, entre 1880 e 1928. Essa editora, que iniciou como livraria, permaneceu como responsável pela edição do jornal até seu empastelamento em 1928. Encontrava-se, então, já em mãos de familiares do fundador, que havia falecido em abril de 1925.

Wilhelm Rotermund, o primeiro redator responsável, afirma que o jornal *Deutsche Post* será o quarto integrante do quarteto de vozes, referindo-se aos jornais *Deutsches Volksblatt* [Folha Popular Alemã], *Deutsche Zeitung* [Jornal Alemão] e *Der Bote* [O Mensageiro]. Na sua opinião, faltava essa voz, pois muitos teuto-brasileiros não se achavam representados naqueles três jornais já existentes. Salienta que o *Deutsche Post* não pretendia ser um jornal político, nem comercial, mas apenas tentaria tratar de assuntos de interesse do povo teuto-brasileiro. Usaria o jornal para dizer o que achava correto e com propósito. Assumir posições teuto-evangélicas era fundamental, pois o embate de ideias com o próprio jornalismo alemão concorrente na região aparece como uma das motivações de Rotermund. Havia concorrência entre os jornais editados em língua alemã, os quais disputavam leitores que obviamente tivessem acesso a essa língua.

Na visão de Wilhelm Rotermund, a vida nas colônias alemãs apresentava certas dificuldades que poderiam ser, de alguma forma, atenuadas se cultivado o costume da leitura. As crianças precisavam aperfeiçoar a sua compreensão da língua alemã, e os pais não tinham tempo nem condições de auxiliá-las. Nesse sentido, o jornal *Deutsche Post* poderia ser útil, despertando o interesse pela leitura e a formação do espírito e do coração. Seguem trechos do editorial da primeira edição, no qual apresenta os objetivos:

> – Da nossa parte iremos manter os costumes e valores alemães por meio das palavras. Acreditamos em um futuro especial para a província do Rio Grande do Sul, e a população alemã e seus descendentes terão um papel importante; por isso, não devem ter vergonha de serem alemães;
>
> – Trazer a todas as classes da população interessantes opções de leitura, com o objetivo de despertar o prazer da leitura e vivificar o interesse na formação do espírito e do coração;
>
> – Manter o modo de ser e os costumes alemães, através da língua e dos conteúdos veiculados pelo periódico;
>
> – Manter a ligação com a Alemanha, tanto comercial quanto culturalmente e modificar a opinião pública na Alemanha sobre a emigração alemã para o Brasil. (*DP*, 1880, v.1, n.1)[5]

O *Deutsche Post* é um jornal impresso em alemão gótico e seu conteúdo está distribuído nas seguintes seções, conforme estrutura básica das edições de 1900:

- *Weltumschau* (Giro no mundo);
- *Rio Grande do Sul; Allerlei Notizen* (Notícias variadas do RS);
- *Lokales* (Notícias locais);
- *Kabelnachrichten* (Notícias via cabo);
- *Europäische Nachrichten (Originalbericht unseres europäischen Berichterstatters)* (Notícias da Europa – notícias originais enviadas por nossos agentes europeus);
- *Feuilleton* (folhetim);
- *Vom Büchertisch* (Da mesa de livros);

5 Tradução livre a partir do original.

- *Eingesandt* (Enviados);
- *Aus Kirche und Schule* (Sobre igreja e escola);
- *Auf Verlangen* (a pedidos);
- *Anzeigen* (anúncios).

Nesse sentido, o teor dos temas das notícias nele publicadas pode ser resumido em: participação política do imigrante alemão no Brasil, além de política em âmbito nacional e internacional; produção artesanal e industrial; técnicas agrícolas; educação; religião; sociabilidade; esporte; humor; literatura de expressão alemã no Brasil e textos literários de autores estrangeiros (especialmente nos folhetins ou em alguns suplementos); necrológios; além de propagandas e publicidade de casas comerciais, profissionais liberais e prestação de serviços.

O jornal *Deutsche Post* é analisado em contexto de uma imprensa como instância fundamental utilizada para divulgar e estimular aspectos considerados importantes para a manutenção da germanidade. Nesse sentido, seu primeiro editor, W. Rotermund, é apresentado como um dos principais teóricos da vertente evangélico-luterana do germanismo, seguido por Hermann Dohms (Dreher, 2001). Nesse sentido, encontramos referência à relação entre Evangelho e germanidade, como apontado anteriormente, no número 1.461 (2.1.1895), no qual afirma-se, em texto intitulado "Aos leitores" (*An die Leser!*): "Deus queira, acompanhar por longo tempo o *Deutsche Post* e abençoar seu caminho, para que sua bandeira com a inscrição: Evangelho e germanidade possa ser conduzida ainda por longo tempo, com mãos firmes, por todos aqueles que prezam por estes bens".[6] O mesmo texto é repetido no exemplar de número 2.000 (16.12.1899).

A noção de mediação cultural parece pertinente para analisar e refletir sobre o papel representado por esse editor e pela sustentação tão longeva de meios jornalísticos em contextos, de alguma forma, áridos, pois não estava focando apenas o espaço urbano e a população citadina, mirava igualmente a população rural. O foco na perspectiva do mediador tem sido metodologicamente exercitado na contraface da centralidade que por muito tempo se deu aos meios de comunicação, em especial na reflexão sobre os meios de divulgação de massa e seu caráter manipulativo. A importância de pensar a comunicação em toda a sua complexidade atingiu diversas áreas do

6 "Möge es Gott gefallen, auch den ferneren Weg der DP mit seinem Segen zu begleiten, damit sie ihre Fahne mit der Inschrift: 'Evangelium und Deutschtum' noch lange mit starker Hand allen denen vorantragen könne, welchen diese Güter auch den Preis ihres Lebens nicht feil sind!".

conhecimento, impactadas todas pelas revoluções, ainda em curso, que a internet e os meios digitais vêm proporcionando no mundo atual. O crescimento vertiginoso do consumo dos meios de comunicação torna imperativo aprofundarmos a reflexão sobre as práticas de comunicação, abordando a historicidade desses processos e sua integração em termos culturais. A preocupação com a mediação tem inspiração nas Ciências da Comunicação, com destaque especial para a obra *Dos meios às mediações*, de Jesus Martin-Barbero, espanhol naturalizado colombiano que no dizer de Pedro Gilberto Gomes (2018) já na década de 1980 carregava em seus artigos "uma visão alimentada pelos postulados da Teologia da Libertação e da Educação Libertadora, de Gustavo Gutierrez e Paulo Freire, respectivamente". Para uma compreensão aproximada da proposta de Martin-Barbero buscamos apoio no comentário do sociólogo Renato Ortiz realizado no momento da edição do livro em português.

> A rigor, a noção de "mediação" se aplica a universos diversos: indivíduos, movimentos sociais, grupos populares, produtores da indústria cultural etc. O que Martin-Barbero denomina "mediação" se aproxima em muito ao que denominamos muitas vezes relações sociais e culturais. O processo de produção e difusão de bens culturais industrializados só pode ser entendido quando contraposto às diversas instâncias que compõem a sociedade moderna. Não se trata, portanto, apenas de recepção. Por isso é possível dizer que "o popular que nos interpela a partir do massivo" é mediatizado por um conjunto de interações sociais que a ele se agregam no decorrer da história. Um exemplo. O melodrama não é um gênero narrativo estático, possui um desenvolvimento que vai dos romances folhetinescos franceses às histórias narradas nas radionovelas. Entre seu passado europeu e sua realização latino-americana, a história teve um conjunto de "mediações" que o redefinem. Neste sentido, a busca das mediações leva Martin-Barbero a retomar os fios de uma "cultura de massa" num contexto específico: a América Latina. Realidade que se expressa de forma peculiar, diversa de outros contextos, europeu ou norte-americano. (Ortiz, 1998, p.1)

A partir dessas pequenas pistas, e adotando uma metodologia extremamente seletiva, procuramos revelar, a partir do exame da atividade jornalística e de editoria do pastor Wilhelm Rotermund, essa atividade mediadora produzida por ele, homem de múltiplas facetas que estava a serviço de uma poderosa instituição religiosa, buscando conhecer e ao mesmo tempo influenciar a sociedade de imigrantes e teuto-brasileiros instalada no vale do rio dos Sinos e região.

Em março de 1884, é publicado um encarte de quatro páginas sob o título *Deutscher Kolonie-Anzeiger* [Anúncios da Colônia Alemã], o qual é aberto com um texto curto, uma espécie de editorial, intitulado *An unsere Leser* [Aos nossos leitores]:

> Esta folha é para atender a uma tarefa alemã-nacional, e certamente serve a dois lados. Apresentará aos leitores, por meio de anúncios, as indústrias alemãs e industriais alemães, e, em segundo lugar, deverá oferecer aos leitores no exterior mensalmente uma noção da vida, aspirações e os principais eventos na Alemanha, Áustria e Suíça. Deve ser um fio que conecta os alemães na Europa com os alemães além-mar, para promover os interesses morais e materiais entre ambos.[7] (*DP*, 3.1884, p.1)

Apesar de sua primeira intenção, a de apresentar os produtos da indústria alemã no além-mar, o segundo objetivo expresso neste breve editorial poderá ser considerado um movimento no sentido de uma mediação cultural, porém, muito mais de fora para dentro do Brasil, menos no sentido contrário. Contudo, revela a preocupação para estabelecer laços e contatos entre a terra-mãe e a terra que os acolhia e onde viviam.

Outro exemplo poderá ser considerado uma efetiva mediação cultural, mais especificamente uma tradução cultural: em março de 1890, após a implantação da República, a *Deutsche Post* traduz em suas páginas a organização da gestão interna do Rio Grande do Sul, sob o título "Organisation der innern Verwaltung des Staates RS", texto por meio do qual o jornal explica e traduz essas novas regras/leis em capítulos. O jornal cumpre sua função de mediador cultural, pois apresenta a seus leitores de língua alemã informações úteis para seu cotidiano enquanto cidadãos de um novo país ou mesmo enquanto imigrantes que ainda desconhecem a língua portuguesa, ou não têm acesso a jornais nesta língua (*DP*, 29.3.1890, p.1).

A seção de folhetim, também publicada no jornal *Deutsche Post*, constitui outro exemplo de mediação cultural. Lisiane Schumann realizou o

7 "Dieses Blatt soll eine deutsch-nationale Aufgabe erfüllen, und zwar nach zwei Seiten hin. Es soll einmal in Form von Inseraten deutsche Industrie und deutsche Industrielle bei den Lesern einführen, und zweitens soll es eine monatliche Übersicht des Lebens, Strebens und der Hauptereignisse in Deutschland, Österreich und der Schweiz dem überseeischen Leser bieten. Es soll ein Band sein, welches die Deutschen in Europa mit den Deustchen über See verbindet zur Förderung der geistigen und materiellen Interessen beider".

levantamento detalhado dos textos publicados nesta seção, que, segundo sua análise:

> não seguem fielmente o modelo francês, já que este também intencionava somente o entretenimento, mas alguns de seus traços são facilmente reconhecidos, principalmente a sua característica novelesca, em que havia o corte da narrativa num momento de suspense, despertando a curiosidade do leitor [...]. Na primeira década de circulação do jornal (1880-1890), o espaço destinado ao folhetim fora sempre o rodapé da primeira página, intitulado de *Feuilleton*, copiando o modelo de folhetim francês. Mas a partir da segunda década, o folhetim passa a ser publicado em páginas alternadas ou até mesmo no encarte do próprio jornal (*Beilage zur Deutschen Post*), perdendo assim uma das principais características do folhetim original [...]. (Schumann, 2003, p.39)

Como seu objetivo foi verificar a literatura efetivamente publicada nesses folhetins, examinou cada autor trazido nesta seção e conclui que os autores eram, na sua maioria, "já consagrados na Europa e nos Estados Unidos" (2003, p.39). Naquilo que se refere à produção literária brasileira, publicou um texto de José de Alencar, versado para o alemão. Entendemos que aí está um aspecto da mediação cultural, pois este era um dos poucos autores já consagrados no Brasil.

Os encartes e suplementos são em número significativo, e um exemplo é o *Jornal Geral do Professor* para o Rio Grande do Sul; Boletim Informativo da Associação dos Professores Evangélicos Alemães no Rio Grande do Sul, cujo original é em língua alemã: *Allgemeine Lehrerzeitung für Rio Grande do Sul, Vereinsblatt des Deutschen Evangelischen Lehrervereins in Rio Grande do Sul.* Foi editado também mensalmente de 1902 a 1938, e os exemplares localizados estão digitalizados e disponibilizados por Isabel Arendt e Lúcio Kreutz.[8] Em seus primeiros anos de publicação, esse periódico, com periodicidade mensal, também foi impresso pela Editora Rotermund e vinha encartado no jornal *Deutsche Post*:

8 Ver: Arendt, Isabel C.; Kreutz, Lúcio. *Jornal Geral do Professor* para o Rio Grande do Sul; Boletim Informativo da Associação dos Professores Evangélicos Alemães no Rio Grande do Sul (1902-1938). São Leopoldo – RS: Acervo Documental e de Pesquisa – Biblioteca – Unisinos, 2007c. (Meio digital).

> Os primeiros números do Allgemeine Lehrerzeitung referentes aos anos de circulação – 1902 a 1908 – vinham encartados no jornal *Deutsche Post*, publicado pela editora de Wilhelm Rotermund, em São Leopoldo. Isto é um indício de que, nesses primeiros anos, de fato, a Associação de Professores – responsável pela sua edição – estava afinada com o projeto de escola pensado também pelos pastores ligados ao Sínodo Riograndense, uma vez que o pastor Pechmann participou de sua fundação e W. Rotermund, também pastor, passa a publicar o ALZ. (Arendt, 2008, p.73)

Duas páginas do jornal eram destinadas aos anúncios publicitários, necrológios e editais da Intendência de São Leopoldo. Quando esses assuntos ultrapassavam as duas páginas previstas, era veiculado, a partir de 1884, a *Beilage zur Deutschen Post* (Encarte para a *Deutsche Post*). Como verificou Schumann (2003, p.34), nesse espaço eram "editadas obras literárias, piadas ou palavras cruzadas para o divertimento da família" (2003, p.34). Além deste que era um título mais genérico, outros encartes seguiram sendo publicados, como o *Gemeinnütziger Ratgeber* [Conselheiro de utilidade pública]. Este foi um encarte publicado entre 1902 e 1914, "destinado ao homem do campo sobre melhor época de plantio de determinado produto, bem como instruções para o cultivo da terra" (Schumann, 2003, p.34). A este seguiu o *Bauern-Freund* [Amigo dos colonos], publicado nos anos de 1915 e 1916, e apresentava as mesmas opções de leitura do "Conselheiro de utilidade pública". Havia uma preocupação em orientar e dar a conhecer práticas adequadas ao cultivo das plantas, considerando o clima e as especificidades da região. Uma análise detalhada desse material poderá ser reveladora da adaptação das práticas e costumes alemães em termos locais.

As produções literárias ganharam espaço específico em outro suplemento intitulado *Unterm südlichen Kreuz* [Sob o Cruzeiro do Sul], de 1898 a 1914. Esse foi um espaço destinado a produções literárias dos imigrantes alemães estabelecidos no Rio Grande do Sul, assim como em outras regiões de colonização alemã no Brasil. Trata-se de uma produção que é considerada, atualmente, literatura de expressão alemã no Brasil, conforme estudos de Imgart Grützmann (2007) e Gerson Neumann (2008).[9]

9 Para mais informações, sugerimos: Neumann, Gerson Roberto. *Wilhelm Rotermund (1843-1925)*: vida e obra. São Paulo: Instituto Martius-Staden, 2008. Disponível em http://www.martiusstaden.org.br/conteudo/detalhe/88/wilhelm-rotermund-1843-1925. Acesso em: maio 2020. Encontra-se, neste link, informações sobre a escrita de W. Rotermund de textos literários em língua alemã. Esses textos foram reunidos e, conforme Neumann (2008), "A obra completa

Encontramos no suplemento citado diferentes gêneros literários: contos, poemas e novelas.

No período em que Wilhelm Rotermund já não era mais o editor responsável, há dois encartes a serem citados: *Für Herz und Haus* [Para o coração e para casa], publicado de 1921 até 1928, quando o jornal encerrou sua publicação. O encarte apresentava informações "sobre moda, corte e costura, artigos que ressaltam o papel da mulher na família e na sociedade", além de um espaço destinado às historinhas infantis, intitulado *Kinderleseecke* (Schumann, 2003, p.35). Por fim, citamos o suplemento *Stimmen aus Kirche und Schule* [Vozes da Igreja e da Escola], de 1922 a 1928, que apresentava, ainda segundo levantamento de Schumann, "notícias sobre as diversas comunidades evangélico-luteranas do Rio Grande do Sul, inclusive sobre as organizações comunitárias escolares" (2003, p.35).

Dado importante a ser averiguado é, ainda, a periodicidade e o alcance das assinaturas do jornal *Deutsche Post*. Verificamos que W. Rotermund atingiu o objetivo de ser a quarta voz, que começou a circular em dezembro de 1880 com uma edição de 300 exemplares. Em 1884, passou de uma edição apenas semanal (*Wochen-Ausgabe*) para bissemanal (quartas-feiras e sábados). Alcançou 600 exemplares em 1890. Editado três vezes por semana a partir de 1898, atingiu os 1.000 exemplares em 1899; 1.600 exemplares em 1906; e 2.845 em 1910. Passa a ser editado diariamente em 1914 (a chamada *Tages-Ausgabe*). Naquilo que se refere ao valor das assinaturas, a tabela a seguir é bem elucidativa:

Tabela 1. Preços do jornal *Deutsche Post*

Ano	Ass. Mensal	Ass. Semestral	Ass. Anual	Anúncio (linha)
1880	–	5.000 réis	9.000 réis	80 réis
1892	–	5.000 réis	Xxx	80 réis
1914	–	6$000	12$000	100 réis
1921	2$000	12$000	22$000	600 réis
1921	1$300	7$500	15$000	600 réis
1927	2$500	15$000	30$000	700 réis
1927	1$600	9$000	18$000	700 réis

de Wilhelm Rotermund encontra-se publicada em *Südamerikanische Literatur*. São Leopoldo, Rotermund Verlag, 1918, v.15, p.5-51". Também sugerimos: Grützmann, Imgart. Literatura de expressão alemã no Brasil: temas de contos e novelas. In: Ely, Nilza Huyer (org.). *Arroio do Sal*: marcas do tempo. Porto Alegre: EST, 2007. p.253-68.

Ano	Ass. Mensal	Ass. Semestral	Ass. Anual	Anúncio (linha)
1928	2$500	15$000	30$000	700 réis
1928	1$600	9$000	18$000	700 réis

Edição semanal (*Wochen-Ausgabe*) Diário (*Tages-Ausgabe*).
Fonte: Tabela publicada em: (Dreher, 2014, p.101).

Sobre o alcance desse jornal, que, nos mesmos moldes do jornal *Deutsches Volksblatt*, dependia de agentes ou correspondentes responsáveis pelas assinaturas e distribuição do jornal, verificamos que estes eram de localidades no interior assim como cidades no centro do país, como visto a seguir:

Tabela 2. Locais em que havia agentes de distribuição do jornal *Deutsche Post*

Data	Agentes-Locais
2.1.1884	RS: Porto Alegre, Taquara do M. N.; Leonerhof; Campo Bom; Hamburger Berg; Baumschneiss; Bom Jardim; Neuschneiss; Feliz; Forromecco; S. Sebastião do Cahy; Maratá; Sta. Maria do M. N.; Brochier; S. João do Montenegro; Teutônia; Estrela; Rio Pardo, Germânia e Sta. Cruz; Rio Grande; Colônia São Lourenço. Outros estados: Rio de Janeiro; Petrópolis; S. João do Rio Claro (SP). Alemanha: Stettin
18.9.1899	RS: Hamburger-Berg; Baumschneiss; Campo Bom; Leonerhof; Taquara do M. N.; Sta. Maria do Mundo Novo; Sto. Antonio da Patrulha; Três Forquilhas; Linha Nova; Bom Jardim; S. João do Monte Negro; S. Sebastião do Cahy; Forromeco; Feliz; Neu-Frankreich; Nova Petrópolis; Lageado; Teutônia; Estrela; Corvo; Venâncio Aires; Arroio do Meio; Barão do Triunfo; Conventos; Sta. Cruz; Ijuhy; Villa Germânia; Ex-Colônia Sto. Angelo; Rincão de S. Pedro; Morro Azul; S. Maria da Bocca do Monte; Pelotas; Kol. São Lourenço; S. Gabriel; Jaguary (Umbu). Outros estados: Campinho (Esp. Santo); Espírito Santo (Jequitiba), Minas Geraes (Mucury).
19.12.1910	Porto Alegre; Lomba Grande; Novo Hamburgo; Hamburger-Berg; Schwabenschneiss; Picada Verão; Bom Jardim; Estância Velha; Picada 48; Picada Café; Campo Bom; Sapiranga; Padre Eterno; Teewald; Ratzenberg; Jakobstal; Nova Palmeira; Hartzpikade; Serra Grande; Campo Vicente; Parobé; Soletaria; Sta. Maria do Mundo Novo; Taquara do Mundo Novo; Fortaleza; Rochedo; Sta. Christina do Pinhal; Morro Pelado; Passo do Mundo Novo; S. Francisco de Paula; Rio da Ilha; Padilha; Rolante; Três Forquilhas; Torres; Conceição do Arroio;

Data	Agentes-Locais
19.12.1910	Portão; S. Sebastião do Cai; Vigia; Matiel; S. José do Hortêncio; Linha Nova; Nova Petrópolis; Araripe; Nova Palmira do Cai; Linha Christina; Kronental; Feliz; Forromeco; Harmonia; Pareci Novo; Montenegro; Costa da Serra; Campo do Meio; Porto Pereira; Faxinal de São João; Cafundó; Esperança; Maratá; Campestre; Poço das Antas; Linha Brochier; Morro Azul; Morro Bonito; Bom Retiro; Posses; Estrella; Picada Jacob; Teutônia; Picada Geraldo; Costão; Corvo; Arroio da Secca; Barra da Secca; Azevedo Castro; Roca Sales; Lageado; Picada Moinho; S. Gabriel da Estrela; Pic. Boa Esperança; Sampaio; Conventos; Forquetinha; Bastos; Forqueta; Travessão; Arroio do Meio; Palmas; Venâncio Aires; Sta. Cruz; Sinimbu; Cachoeira; Col. S. Miguel; Agudo; Paraíso; Candelária; Botucarahy; Rio Picade; Dona Francisca; Formigueira; Sta. Maria da Boca do Monte; Rincão S. Pedro; Serro Branco; Villa Clara; S. José do Louro; Sertão; Kol. Jaguary; Ijuí; Não Me Toque; Sta. Barbara; Cruz Alta; Passo Fundo; Col. Erechim; Dna. Ernestina; Rincão dos Valles; Alto da União; Neu-Würtemberg; General Osorio; Cateado; Pelotas; S. João da Reserva; Serro Alegre; Nova Sta. Cruz; Toropy; Col. Xavier.

O quadro apresenta os locais anunciados pelo próprio jornal, em que havia agentes e/ou distribuidores, que abrangia diversas cidades ou localidades do estado do Rio Grande do Sul de então, assim como de outros estados (ES, MG, RJ e SP), bem como uma cidade da Alemanha. Verifica-se a ampliação dos locais de abrangência em um espaço de quinze anos de distribuição. Poderá ter havido, dentre os agentes ou distribuidores, alguns que também exercessem a função de correspondentes. Nesses primeiros anos, há referências a correspondente ou redator que enviava notícias diretamente da Europa: anunciam, por exemplo em 1884, as "notícias europeias" provinham de relatos originais do correspondente europeu[10] (*DP*, 13.2.1884, p.1).

A abordagem até aqui realizada refere-se ao período em que o jornal *Deutsche Post* esteve sob a responsabilidade de Wilhelm Rotermund. A seguir, apresentamos aspectos referentes ao período em que alguns de seus filhos assumiram funções na Livraria e Editora, assim como junto à edição do jornal, o que entendemos ser uma segunda fase.

10 Cf. original: "*Originalbericht unseres europäischen Berichterstatters*".

Uma segunda fase: o jornal e a editora nas mãos dos filhos

Três dos sete filhos de Wilhelm Rotermund estiveram diretamente envolvidos com a rotina da Livraria e Editora (*Druck und Verlag Rotermund & Co.*), o que garantiu sua continuidade nas mãos de seus descendentes, inclusive até os dias atuais ainda no formato de uma empresa familiar. Em 1919, por exemplo, o filho Ernst Rotermund, formado em Direito, assume a responsabilidade pela redação do jornal *Deutsche Post*. Detemo-nos, porém, nas suas publicações periódicas mais significativas nas décadas de 1920 e 1930. Ainda com sede em São Leopoldo, mas com filial em Cruz Alta, eles seguem publicando o *Kalender für die Deutschen in Brasilien* [Almanaque para os Alemães no Brasil], entre 1920 e 1941, o qual já fora publicado por Wilhelm Rotermund entre 1881 e 1918.

Houve destaque também no segmento de publicações relacionadas à Igreja Luterana, caso do *Kalender für die deutschen evangelischen Gemeinden in Brasilien* [Almanaque para as Comunidades Evangélicas Alemãs no Brasil], entre 1922 e 1941. Cabe lembrar que, já em 1881, paralelamente à edição do jornal, Wilhelm Rotermund editava um importante almanaque, intitulado *Kalender für die Deutschen in Brasilien* [Almanaque para os Alemães no Brasil], com regularidade entre 1881 e 1918. Nesse período final, já era um dos filhos o editor responsável e continua publicando-o de 1920 a 1941. Continuarão editando o jornal *Dominical do Sínodo Riograndense* (*Sonntagsblatt der Riograndenser Synode*, depois *Sonntagsblatt für die evangelischen Gemeinden in Brasilien*), o qual já vinha sendo publicado desde 1886.[11]

Outro segmento a citar está relacionado com a educação. Naquilo que se refere a edições periódicas, apresentamos dois títulos. O primeiro, *Lehrer-Kalender; Merk und Taschenbuch für Lehrer an deutschen Schulen in Brasilien* [Almanaque do Professor; livro de bolso e agenda para professores em escolas alemãs no Brasil], foi publicado em São Leopoldo entre 1923 e 1938. O objetivo era "colocar nas mãos de professores e diretores de escolas alemãs no Brasil, em formato de bolso, 'um verdadeiro almanaque especializado, útil

11 Cabe informar que este encarte acabou sendo editado por longos anos – até 2002, ainda em língua alemã, e, conforme Schumann, "encarte de características religiosas para o credo evangélico-luterano, posteriormente passou a ser editado pelo Sínodo Riograndense e, hoje, pela Igreja Evangélica de Confissão Luterana no Brasil, sob a designação de *Jornal Evangélico-Luterano*. Temos aqui o mais antigo órgão de imprensa teuto-brasileira ainda em atividade, mesmo que desde 2002 não mais publique matérias em língua alemã" (2003, p.35).

e prático' que auxiliasse no desempenho da profissão" (Grützmann, 2004b, p.250). Conforme descrição da estrutura do almanaque, o *Lehrer-Kalender* compunha-se de artigos referentes a novas práticas didático-pedagógicas; informações sobre as principais associações de professores de origem alemã, dos sínodos evangélicos e luteranos, de instituições e ligas católicas no Brasil; notícias sobre as atividades de associações e organizações.[12] Parte do almanaque era composta por espaço para anotações do professor. Conforme verifica Imgart Grützmann, o almanaque ainda tinha o objetivo de "fomentar a união dos professores atuantes nas escolas alemãs por meio de sua filiação às associações voltadas para essa categoria profissional" (2004b, p.251).

O segundo título, *Das Schulbuch; Organ zum Ausbau der Schulbuchliteratur in Brasilien* [Revista para o fomento à literatura de livros escolares no Brasil], foi publicado entre 1917 e 1938. São 52 números publicados. Como uma espécie de boletim informativo, tinha o objetivo de servir como veículo para o fomento e a elaboração do livro didático, por meio de discussões didático-pedagógicas, e era enviado gratuitamente a todos os professores e interessados, independentemente de sua confissão religiosa (Kreutz, 1994, p.69-70).[13] Encontra-se digitalizado em resultado e projeto de parceria entre Arendt e Kreutz (2007b).

É importante considerar que esse segmento não se resume aos periódicos, pois houve também continuidade na edição de livros didáticos para as escolas comunitárias e/ou paroquiais, as quais ultrapassaram ou não se delimitaram à confissão religiosa evangélico-luterana. O pesquisador Lúcio Kreutz (2002) realizou levantamento minucioso dos títulos dessa editora, além de um projeto conjunto que reuniu e digitalizou todos os livros didáticos (Kreutz; Arendt, 2007d), dentre os quais estão aqueles editados pela Livraria e Editora Rotermund.

Dentre outros periódicos, uma lista considerável de títulos de livros didáticos pode ser arrolada, a começar pela primeira cartilha (*Fibel*), em língua alemã, para as "escolas alemãs" no Brasil, de autoria do próprio W. Rotermund, cuja primeira edição aconteceu em 1878, inicialmente impressa na Alemanha, com diversas reedições. Além disso, conforme levantamento de Kreutz:

---

12 Conforme descrição elaborada por Grützmann (2004b, p.249-52; e também 2010, p.209-32).

13 Ver também: Kreutz, Lúcio. Periódicos na literatura educacional dos imigrantes alemães no RS (1900-1939). Disponível em: http://www.anped.org.br/sites/default/files/gt02-3019-int.pdf. Acesso em: mar. 2020.

> Preocupado com a pronúncia do português nas escolas da imigração, publicou em 1879, também de sua autoria, *A orthoepia da Língua Portugueza* em exercícios para as escolas alemãs no Brasil. Continuou a dedicar-se a este objetivo. Rotermund é autor de 16 livros didáticos para as escolas de imigração, dos quais cinco foram escritos em português. Além dos manuais de sua autoria, com sucessivas reedições, também editou significativo número de manuais escolares de outros autores. Até o momento identificamos 38 desses manuais, boa parte reeditada sucessivas vezes. Na década de 1930, a Editora Rotermund já havia editado e reeditado acima de 50 títulos de manuais escolares, vários com mais de 10 reedições. Em alguns casos ocorreram profundas reformulações no decorrer das 15 ou mais reedições. (s.d., p.9)

Mais recentemente, Dreher (2014) editou um *fac-símile* da quinta edição (1925) da cartilha (*Fibel*), quando esta obra já era impressa pela Editora Rotermund. Nessa edição, a mediação cultural, de alguma forma, está presente, como nos exemplos da inserção de elementos da fauna e flora brasileiras (bambu, colibri, papagaio – nas páginas 56, 58 e 63, respectivamente), além da cultura alimentar local (comer frutas da região, página 55), no caso, com um exemplo bem local e sulino (tomar chimarrão, página 50). Ainda que estejam também presentes elementos como a neve, referente ao clima europeu, entendemos a inserção desse vocabulário referente à cultura do novo, em uma cartilha em língua alemã editada no Brasil, como ação de mediação cultural. Evidentemente, esta análise poderá ser aprofundada.

Cabe afirmar que os livros didáticos em língua alemã no Brasil foram editados predominantemente pela Editora Rotermund (ver: Kreutz; Arendt, 2007d). No período de 1914 a 1917, sob a alegação de que o material didático produzido na Alemanha seria inviável para crianças nascidas no Brasil, publicam livros para as disciplinas de Matemática, História do Brasil, Língua Alemã, Gramática da Língua Portuguesa, Geografia, Ciências Naturais, bem como cartilhas de alfabetização em Língua Alemã (Arendt, 2008; Dreher, 2014, p.85-92).

O EMPASTELAMENTO DO JORNAL *DEUTSCHE POST* E A COLEÇÃO EXISTENTE PARA CONSULTA

Um episódio que marcou a Editora foi a abrupta interrupção da edição do jornal *Deutsche Post*, episódio ocorrido em 29 de setembro de 1928, e caracterizado como empastelamento. As instalações da editora foram destruídas por manifestantes descontentes com a posição do jornal com relação à manifestação de estudantes em São Paulo contra o jornal *Il Piccolo*, o que é descrito em detalhes por René Gertz (2002, p.236-48).

Segundo Dreher, aquela invasão – e consequente destruição da livraria, do maquinário e da linotipia – teria sido obra da "liderança da juventude do Partido Republicano" (2014, p.108). Após o ocorrido, o último exemplar efetivamente publicado foi do dia 13 de outubro de 1928.

A coleção existente no Rio Grande do Sul é de propriedade da família Rotermund e está cedida em comodato ao Museu Histórico Visconde de São Leopoldo. Compondo uma coleção quase completa foi microfilmada em projeto coordenado pelo pesquisador prof. dr. Martin N. Dreher. Como resultado desse projeto, encontram-se duas coleções de microfilme disponíveis para pesquisa respectivamente no Acervo do próprio Museu e no acervo do Memorial Jesuíta (Biblioteca/Unisinos). Recentemente, o Museu realizou projeto de digitalização da coleção deste jornal, cujo resultado está disponível em seu site (https://museuhistoricosl.com.br/acervo/).

Deutsche Post

Die „Deutsche Post" wird in einer Tages- und einer Wochenausgabe herausgegeben. Die Tagesausgabe erscheint täglich mit Ausnahme der Sonn- und Feiertage, die Wochenausgabe gelangt Mittwochs. Sonnabend zum Versand. — Bezugspreis für das Inland: Tagesausgabe jährlich 24$000, halbjährlich 12$000 monatlich 2$000. Wochenausgabe jährlich 15$000, halbjährlich 7$500, monatlich 1$300. Ausland jährlich 32$000 bezw. 16$000. — Abbestellungen werden nur für den Schluß eines Halbjahres angenommen. — Alle Zuschriften richte man an Rotermund & Co., São Leopoldo.

Wochen-Ausgabe

Anzeigen finden in der „Deutschen Post" die weiteste Verbreitung und werden mit 500 rs. der Zentimeter einer Spalte für das Inland berechnet. Bei Wiederholungen Rabatt. Amtliche Veröffentlichungen haben besondere Taxe. Abonnements und Anzeigenaufträge erbitten wir nur durch unsere Agenten.
Ständige Korrespondenten im Innern des Staates, Rio de Janeiro, Buenos Aires, Berlin und anderen Orten.
Verantwortl. Schriftleiter: Dr. jur. Ernst Rotermund
Schriftleiter: C. F. Niedorhut u. a.

Mit den wöchentlichen Beilagen „Für Herz und Haus" und „Aus Kirche und Schule"

Nr. 209 | Sonnabend, den 21. Juli 1923 | 41. Jahrg.

Jahrhundertfeier deutscher Kolonisation

Knapp ein Jahr trennt uns von dem Tage, an dem wir die Jahrhundertfeier deutscher Kolonisation im Staate Rio Grande do Sul begehen können. An dieser Stelle sind bereits verschiedene Anregungen geäußert worden, in welcher Weise dies Fest gefeiert werden soll. Pflicht und Aufgabe der Presse — in diesem Falle der „Deutschen Post" als Lokalblatt von S. Leopoldo, als dem Ort und Munizip, von dem die Kolonisation ihren Ausgang genommen hat — ist es, nunmehr die tatkräftige Initiative zu ergreifen, zumal derartige Festlichkeiten von langer Hand vorbereitet werden müssen, sollen sie eindrucksvoll und würdig verlaufen. São Leopoldo muß sich zuerst schlüssig werden und sein Programm aufstellen, damit andere Feiern, wie sie sowohl innerhalb als auch außerhalb des Munizips, so u. a. auch in Porto Alegre, geplant werden, sich organisch dem Ganzen einpassen und festgelegt werden können.

Am 25. Juli 1824 betraten die ersten deutschen Einwanderer — 43 Seelen stark — den Boden des jetzigen S. Leopoldo. Sie waren auf Veranlassung des Kaisers Dom Pedro I. von Deutschland gekommen Hundertjahrestage in der Geschichte São Leopoldos haben: die Gründung der Kolonie São Leopoldo. Ein äußerer Anlaß wäre also wieder vorhanden. Dagegen wird aber wieder ins Feld geführt, daß diese Zeit zu stark mit dem Weihnachtsfest in Konflikt gerät und demzufolge einerseits die Vorbereitungen zu sehr kollidieren und anderseits der Besuch wesentlich beeinträchtigt wird, sind doch außerdem zu diesem Zeitpunkt die Schulen bereits geschlossen und die Mitwirkung dieses großen und nicht unerheblichen Kontingents von Teilnehmern zum großen Teil ausgeschlossen.

Aus diesem Grunde schlagen wir die Woche vom 15. November (Sonnabend) bis 23. November vor, zumal hierbei uns der Vorteil zweier aufeinander folgenden Feiertage, (Sonnabend und Sonntag) zustatten kommt.

Wie gesagt — wir wollen nur Anregungen geben. Definitives wollen und können wir nicht bestimmen; das festzusetzen, ist Sache der zuständigen Kommission oder sonstiger Organisation, die sich zu diesem Zwecke konstituieren muß. Auch die folgenden Gedanken über die Art der Tag ein Denkmal setzen. Soll es nun ein Denkmal aus Stein oder Marmor oder Erz, soll es eins sein, das sich zur Aufgabe stellt, der Menschheit ein nützliches Glied für die Dauer zu sein, wie z. B. Errichtung einer Schule, eines Krankenhauses (das uns so not täte) oder einer ähnlichen Einrichtung? Letzteres wäre vorzuziehen — ersteres wäre leichter zu bewerkstelligen.

Ein Gedenkstein — die Ausführung desselben hängt von den zur Verfügung stehenden Geldmitteln ab. Die Idee müßte jedenfalls würdig, einfach, dabei eindrucksvoll sein. Der Platz der Aufstellung wäre wohl gegeben. Wir sprachen oben schon von der sog. „Praça do Centenario", deren Anlage in dem Raum zwischen dem Brückenzugang, der Rua da Igreja, der Verlängerung der Rua da Independencia und dem Fluß geplant ist.

Es wäre ein Denkmal, das die Stadtverwaltung sich setzte, wenn sie bis zur Jahrhundertfeier die Niederung zwischen Brücke und Hauptstraße ausfüllen ließe. Es würde dadurch viel erreicht: in hygienischer, praktischer und ästhetischer Beziehung. Die Abwässer der beteiligten Straßen würden dadurch sofort in den Strom geleitet und bildeten nicht den Morast, der fast ständig ist. Das Flußbett würde beschränkt und dadurch die Versandung durch den erzeugten Strom gemindert, wie auch anderseits durch die Benutzung des rade um zu zeigen, was deutsches Blut, das mit der deutschen Einwanderung erst in den Staat kam, geschaffen hat. Aber dieser Gedanke wird sich schwerlich durchführen lassen, schon der Kosten wegen.

Also beschränken wir uns auf eine Ausstellung der munizipalen Produkte, da eine Beschränkung des Raumes und der Mittel wegen eintreten muß. So wird sie doch eine Ausstellung deutschbrasilischer Produkte bleiben, da das Gros unseres Munizips eben deutschbürtig ist.

Die Raumfrage zu einer solchen Ausstellung wäre dadurch gelöst, daß die Munizipalverwaltung das Intendenzgebäude für diesen Zweck zur Verfügung stellte. An sich ist der große Festsaal das ganze Jahr über unbenutzt und es würde wohl keine allzugroße Schwierigkeiten darstellen, wenn die Beamten für die Dauer der Ausstellung sich auf einen Mindestraum beschränkten bezw. ihr Büro verlegten, zumal die Arbeiten während dieser Zeit doch ein Mindestmaß darstellen würden.

Sollte also die Intendenz zur Verfügung stehen, wäre der nötige Raum geschaffen. Die Mittel zur Ausstellung müßten zum großen Teil von den Ausstellern selbst (durch Vermietung der Plätze) und durch die Besucher (Erhebung eines wenn auch geringen Eintrittsgeldes) aufgebracht werden.

* * *

Das wären also im großen ganzen die

Figura 1. *Deutsche Post*, 1923.
Fonte: Acervo do Museu Histórico Visconde de São Leopoldo.

Conclusão

Wilhelm Rotermund morou e trabalhou no Rio Grande do Sul a maior parte de sua vida. No total, foram 51 anos de convívio e orientações aos cristãos evangélico-luteranos teuto-brasileiros radicados na região, e suas atividades comportaram a construção de uma estrutura de apoio a partir de São Leopoldo, permanecendo como pastor dessa cidade até 1918. Seus vínculos e laços, contudo, foram estabelecidos antes de aqui aportar, veio com uma incumbência traçada a partir da sua formação e experiência profissional na Alemanha, na qual permaneceu até 1874, carregando em sua partida um doutorado em Teologia e as orientações da Igreja Luterana de Hannover.

Exerceu inegável liderança, e o conjunto de atividades que promoveu, especialmente utilizando os meios de comunicação da época, foi de grande projeção e de caráter exemplar naquilo que se refere às atribuições eclesiásticas de seu tempo. Nesse momento, o luteranismo era pensado e praticado como uma religiosidade associada à defesa e ao culto da etnia alemã. A preservação da germanidade nas comunidades evangélicas era função da Igreja, o que acabou com o tempo gerando conflitos dentro do próprio campo religioso.

Aquilo que interessou colocar em foco neste texto foi justamente a possibilidade de visualizar, como complemento da atuação pastoral, o trabalho desenvolvido por Rotermund como escritor, jornalista e editor. Rotermund realizou sua formação na Alemanha, mas no Brasil escreveu e publicou conforme necessidades de uma população imigrante específica – na língua deles – no caso, a alemã.

A criação do jornal *Deutsche Post* e sua longa manutenção a partir de 1880, sempre com crescente circulação, abriu um canal de comunicação com a população de origem alemã, embora tivesse um direcionamento e alvo preferencial na comunidade evangélica. Como vimos, além das notícias, variados foram os encartes editados e que acompanhavam o jornal, complementando e oferecendo suporte informativo e de conhecimento, o que era indispensável aos imigrantes e seus descendentes, que precisavam enfrentar e se situar nas circunstâncias novas que aqui se colocavam. O que devem ter significado essas informações e o aporte de conhecimento proporcionado pela veiculação do jornal e seus suplementos pode ser avaliado quando temos presente a dificuldade de comunicação e de compreensão para a apreensão de uma realidade inteiramente nova. A *Deutsche Post* alcançou uma grande circulação, contando em certo momento com cerca de 5 mil assinantes, o que efetivamente não é pouco para aquele contexto.

Vimos que especialmente as questões ligadas à escolarização eram de alguma forma privilegiadas no campo editorial, voltado à orientação dos professores e à edição de livros didáticos em alemão, em apoio e coordenação ao ensino nas escolas comunitárias. O que revela a preocupação com os problemas e as questões enfrentadas pelos teuto-brasileiros, auxiliando no encaminhamento de muitas delas, em especial, no campo educacional, atingindo as crianças e os jovens. Nos livros didáticos, por exemplo, apresenta a geografia, a história e aspectos relacionados à realidade local, ou seja, havia um trabalho de tradução e decodificação da realidade brasileira expressa em língua alemã e permeada pelos valores do trabalho, da família e da religião. Nesse sentido, é possível pensar em termos de um processo de mediação cultural sendo realizado em ritmo lento, mas permanente. Grande é a probabilidade de que as questões da Europa e da Alemanha iam se distanciando, substituídas por novos interesses e engajamentos solidários enraizados na dinâmica local, regional e nacional. Nos dois mundos, rural ou urbano, esse distanciamento, sem dúvida, foi sentido e vivenciado. Talvez o aprofundamento das pesquisas e dos estudos desse vasto acervo deixado por Wilhelm Rotermund, cujo potencial este texto revela, possa esclarecer como se coadunaram essas demandas e pressões, de um lado a necessária integração na realidade gaúcha, do outro os apelos à preservação da germanidade, na prática jornalística e editorial por tão longo tempo desenvolvida e comandada por Wilhelm Rotermund.

Bibliografia

AMADO, Janaína. *Conflito social no Brasil*: a revolta dos Mucker. São Paulo: Símbolo, 1978.

ARENDT, Isabel C.; HARRES, Marluza M. *Deutsches Volksblatt* entre os jornais de língua alemã publicados no Rio Grande do Sul (1870-1940). In: LUCA, Tania Regina de; GUIMARÃES, Valéria (org.). *Imprensa estrangeira publicada no Brasil*: primeiras incursões. São Paulo: Rafael Copetti Editor, 2017. p.424-50.

_______. *Educação, religião e identidade étnica*: o *Allgemeine Lehrerzeitung* e a escola evangélica alemã no Rio Grande do Sul. São Leopoldo: Unisinos/Oikos, 2008.

_______; KREUTZ, Lúcio. Boletim Informativo da Associação de Professores e Educadores Católicos da Imigração alemã no Rio Grande do Sul (1900-1940). São Leopoldo: Unisinos – Acervo Documental e de Pesquisa – Biblioteca, 2007a. (Meio digital)

_______; _______. Das Schulbuch: Revista para o fomento à literatura de livros escolares no Brasil (1917-1938). São Leopoldo: Acervo Documental e de Pesquisa – Biblioteca – Unisinos, 2007b. (Meio digital)

_______; _______. Jornal Geral do Professor para o Rio Grande do Sul; Boletim Informativo da Associação dos Professores Evangélicos Alemães no Rio Grande do Sul

(1902-1938). São Leopoldo: Acervo Documental e de Pesquisa – Biblioteca – Unisinos, 2007c. (Meio digital)

_______; _______. (Org.). *Livros Escolares das escolas da imigração alemã no Brasil (1832-1940)*. São Leopoldo: Acervo Documental e de Pesquisa - Biblioteca - UNISINOS, 2007d.

ARNDT, Karl J. R.; OLSON, May E. *The German language Press of the Americas*. 1732-1968. History and bibliography. Die deutschsprachige presse der Amerikas 1732-1968. Geschichte und Bibliographie. Pullach/München: Verlag Dokumentation, 1973.

BIEHL, João Guilherme. *Jammerthal, o vale da lamentação*: crítica à construção do messianismo Mucker. Dissertação (Mestrado em Filosofia) – Curso de Pós-Graduação em Filosofia, Universidade Federal de Santa Maria – UFSM, Santa Maria, 1991.

DICKIE, Maria Amélia Schmidt. *Afetos e circunstâncias*: um estudo sobre os Mucker e seu tempo. Tese (Doutorado em Antropologia Social) – Programa de Pós-graduação em Antropologia Social, Faculdade de Filosofia, Letras e Ciências Humanas, Universidade de São Paulo – USP, São Paulo, 1996 [Mais recentemente publicado em livro: *Afetos e circunstâncias*: Os Mucker e seu tempo. São Leopoldo: Oikos, 2018 (Coleção Ehila, v.37)].

DREHER, Martin N. *Igreja e germanidade*: estudo crítico da história da Igreja Evangélica de Confissão Luterana no Brasil. São Leopoldo: Ed. Sinodal; Caxias: Educs; Porto Alegre: Escola Superior de Teologia São Lourenço de Brindes, 1984.

_______. *Wilhelm Rotermund*: seu tempo – suas obras. São Leopoldo: Oikos, 2014.

_______; TRAMONTINI, Marcos J. (org.). *Imigração & Imprensa*. Porto Alegre: EST, 2004.

_______. *Igreja e Germanidade*: estudo crítico da história da Igreja Evangélica de Confissão Luterana no Brasil. 2.ed. São Leopoldo: Editora Sinodal, 2003.

_______. *Hermann Gottlieb Dohms*: textos escolhidos. Porto Alegre: Edipucrs, 2001.

GEHSE, Hans. Die deutsche Presse in Brasilien von 1852 bis zur Gegenwart. Ein Beitrag zur Geschichte und zum Aufgabekreis auslanddeutschen Zeitungswesen. Münster: Aschendorffsche Verlag, 1931.

GERTZ, René E. A construção de uma nova cidadania. In: MAUCH, Cláudia; VASCONCELOS, Naira (org.). *Os alemães no Sul do Brasil*. Canoas: Editora da Ulbra, 1994. p.29-40.

_______. Imigração alemã e imprensa. In: DREHER, Martin N.; TRAMONTINI, Marcos J. (org.). *Imigração & Imprensa*. Porto Alegre: EST, 2004. p.100-22.

_______. *O aviador e o carroceiro*: política, etnia e religião no Rio Grande do Sul dos anos 1920. Porto Alegre: Edipucrs, 2002.

GEVEHR, Daniel Luciano. *Pelos Caminhos de Jacobina*: memórias e sentimentos (res)significados. Tese (Doutorado em História) – Programa de Pós-graduação em História, Centro de Ciências Humanas, Universidade do Vale do Rio dos Sinos – Unisinos, São Leopoldo, 2007.

_______. Os lugares de memória dos mucker e a construção da imagem de sua líder Jacobina Mentz Maurer. III Encontro Nacional de Estudos da Imagem, 3 a 6 de maio de 2011 – Londrina-PR. *Anais*... Disponível em: http://www.uel.br/eventos/eneimagem/anais2011/trabalhos/pdf/Daniel%20Luciano%20Gevehr.pdf. Acesso em: jun. 2020.

GOMES, Pedro Gilberto. Dos meios às mediações: Jesús Martín-Barbero na teoria da comunicação da Unisinos. *MATRIZes*, São Paulo, v.12, n.1, p.189-202, jan./abr. 2018. DOI: http://dx.doi.org/10.11606/issn.1982-8160.v12i1p189-202

GRÜTZMANN, Imgart. Lehrer-Kalender: história de produção e publicidade de material didático. In: ELY, Nilza Huyer (org.). *Dom Pedro de Alcântara*. Porto Alegre: EST, 2010. p.209-32.

_______. Literatura de expressão alemã no Brasil: temas de contos e novelas. In: ELY, Nilza Huyer (org.). *Arroio do Sal*: marcas do tempo. Porto Alegre: EST, 2007. p.253-68.

_______. Leituras sob o céu do Cruzeiro do Sul: almanaques em língua alemã no Rio Grande do Sul (1855-1941). In: SIDEKUM, Antônio. *Às sombras do carvalho*. São Leopoldo: Nova Harmonia, 2004b. p.177-254.

_______. O almanaque (Kalender) na imigração alemã na Argentina, no Brasil e no Chile. In: DREHER, Martin N.; TRAMONTINI, Marcos J. (org.). *Imigração & Imprensa*. Porto Alegre: EST 2004a. p.48-90.

KREUTZ, Lúcio. *Material didático e currículo na escola teuto-brasileira do Rio Grande do Sul*. São Leopoldo: Ed. Unisinos, 1994 (Estudos Teuto-Brasileiros, 2).

_______. Periódicos na literatura educacional dos imigrantes alemães no RS (1900-1939). Disponível em: http://www.anped.org.br/sites/default/files/gt02-3019-int.pdf. Acesso em: mar. 2020.

_______. Um pastor elaborando e imprimindo material didático: desvio de função? In: BASTOS, Maria Helena Câmara; TAMBARA, Elomar; KREUTZ, Lúcio (org.). *Histórias e memórias da educação do Rio Grande do Sul*. Pelotas: Seiva, 2002. p.65-101.

MEYER, Dagmar Elisabeth Estermann. *Identidades traduzidas*: cultura e docência teuto-brasileiro-evangélica no Rio Grande do Sul. Santa Cruz do Sul: Edunisc; São Leopoldo: Sinodal, 2000.

OLIVEIRA, Ryan de Souza. Colonização alemã e cidadania: a participação política dos teuto-brasileiros no Rio Grande do Sul (século XIX). *Textos de História*. Revista do Programa de Pós-Graduação em História da UnB, v.16, n.2, 2008, p.79-100.

ORTIZ, Renato. A caminho da mediação. *Jornal de Resenhas*, n.39, Acervo JR. junho de 1998. Disponível em: http://jornalderesenhas.com.br/resenha/o-caminho-da-mediacao/ Acesso em: jun. 2020.

RAMBO, Arthur Blasio. A trajetória da integração do imigrante alemão. In: FISCHER, Luis Augusto; GERTZ, René E. *Nós, os teuto-gaúchos*. 2.ed. Porto Alegre: Editora da Universidade, 1998. p.196-204.

SCHUMANN, Lisiane. *O leitor ao pé da página*: o folhetim no *Deutsche Post*. Trabalho de Conclusão de Curso (Letras: Português-Alemão), Unisinos, 2003.

SEYFERTH, Giralda. Imigração e colonização alemã no Brasil: uma revisão da bibliografia. *BIB*, Rio de Janeiro, n.25, 1988.

SILVA, Haike R. Kleber da. Ímpeto discursivo na construção da narrativa Mucker. *Espaço Plural*, ano XVI, n.33, p.126-46, 2.sem. 2015.

O JORNAL *STELLA D'ITALIA*: "*ITALIANITÀ*" E EDUCAÇÃO (1902-1908)

Alberto Barausse
Maria Helena Camara Bastos

O fenômeno da imprensa em língua italiana no Rio Grande do Sul foi rico e se enquadra no movimento mais geral da diáspora italiana no mundo (Gabaccia, 2003). O estudo dessa imprensa fora da Itália reflete a dinâmica que tem caracterizado a sociedade globalizada, como a mobilidade humana, foco de atenção da historiografia e das redes de pesquisas transnacionais.[1] Os estudos mais recentes colocam em evidência a multiplicidade do papel que a imprensa alófona tem exercido no contexto da emigração e imigração. Em particular, os estudos têm salientado a relação entre o contexto de

1 A pesquisa sobre o periódico *Stella d'Italia* (1902-1925) integra o projeto "A imprensa étnica italiana em Porto Alegre: da grande emigração ao fascismo (1875-1943)", iniciado em colaboração com a Pontifícia Universidade Católica do Rio Grande do Sul/PUC-RS e o Centro di documentazione e ricerca sulla Storia dele Istituzioni Scolastiche, del Libro Scolastico e della Letteratura per la Infanzia/CeSIS dell'Università del Molise, na Itália. Integra o grupo de pesquisa TRANSFOPRESS Brasil – Imprensa em língua estrangeira entre identidade e alteridade (CNPq – TRANSFOPRESS Brasil – Grupo de Estudos da Imprensa em língua estrangeira no Brasil, rede de pesquisadores sediada na Unesp – Universidade Estadual Paulista Júlio de Mesquita Filho. Ver: http://transfopressbrasil.franca.unesp.br/.

destino e o de origem, em que o primeiro tende a marginalizar ou segregar o imigrante, e o segundo, a esquecer o emigrado, determinando uma condição de "dupla falta" a respeito da própria pátria e a de destino (Sergi, 2010; Deschamps, 2002; Rosoli, 1982; Trento, 2000, 2017; Malatian, 2017).

Mas a imprensa alófona representa uma fértil área de investigação dos processos transculturais que caracterizam as diferentes sociedades nacionais, entre o final do século XIX e as primeiras décadas do século XX. O conceito de transnacionalidade parece oferecer uma abertura de perspectivas heurísticas bem interessantes. Para as coletividades italianas de imigrantes, os jornais produzidos no período representam, de um lado, um espaço de mediação cultural, social e política com a sociedade nacional e local de chegada. Por outro lado, permitem manter relacionamentos com as sociedades nacionais de origem. Nessa perspectiva, os periódicos foram um veículo identitário e "fortaleza da italianidade, pequenas Itálias da informação, com o objetivo de favorecer uma integração lenta e não traumática" (Sergi, 2010, p.15). A imprensa em língua italiana no Rio Grande do Sul também assumiu esse papel. Por isso, a dimensão da transnacionalidade, de circulação e difusão de orientações relacionadas aos processos de escolarização e de modelos educacionais, associados à defesa da identidade étnica, abre perspectivas heurísticas úteis também na área da História da Educação como foi recentemente ressaltado (Ascenzi; Barausse; Sani; Luchese, 2019).

Poucos são os ensaios sobre o fenômeno histórico do "giornalismo coloniale" (imprensa em língua italiana publicada no Rio Grande do Sul), no estado mais meridional do Brasil. O primeiro que focou o assunto ressaltando a série de tentativas de jornais "étnicos", a partir da última década do século XIX, junto com as diversas orientações ideológicas, foi Adelchi Colnaghi através de um opúsculo que foi apresentado para a "Esposizione Internazionale di Milano", no ano de 1906. A narração, provavelmente, inspirou Benvenuto Crocetta na redação da contribuição para o livro comemorativo do "Cinquantenario della colonizzazione italiana nel Rio Grande del Sud" (Crocetta, 2000).[2] Posteriormente, outros interesses memorialísticos, como o do Centenário Farroupilha (*A Imprensa*, 1935), e jornalísticos, como os de Fernando Ronna (1975) e de Arquimedes Fortini (1966; 1973), expressaram uma rara atenção ao fenômeno.

2 O nome de Benvenuto Crocetta como redator do capítulo do Centenário se deduz pelo "Sommario della Monografia" guardado no Arquivio Storico Diplomatico del Ministero degli Affari Esteri di Roma – Itália [ASMAE], F[ondo]. Affari Commerciali 1924-1926, b[usta]. 25-54, f[ascicolo]. *Cinquantenario della colonizzazione italiana a Porto Alegre.*

Essas intervenções foram usadas apenas parcialmente por aqueles que tentaram oferecer uma sistematização científica ao tema do jornalismo étnico, como a de Abel Moretto que dedicou uma voz específica para o *Dicionário Rio-Grandense* (*A Imprensa*, 1956). Excluindo-se algumas lacunas e exceções relativas aos principais periódicos publicados na região de colonização (Pozenato; Menegotto, 2004; Crocetta, 2000), são quase inexistentes os estudos sobre a imprensa em língua italiana nas realidades urbanas rio-grandenses, que também acolheram um número significativo de imigrantes italianos. Ainda mais rara é a atenção dada ao relacionamento entre a imprensa alófona e as questões escolares e educativas (Luchese, 2017; Rech; Tambara, 2015).

A riqueza da imprensa em língua italiana no Rio Grande do Sul é sintetizada nos numerosos títulos dos jornais que circularam no contexto urbano do estado e repertoriado na tabela abaixo: foram 44 os jornais publicados em Porto Alegre-RS, Rio Grande-RS e Pelotas-RS, entre o ano de 1884 e 1937. A escolha dessa periodização se justifica com a fase final do Império, de um lado, e o início do Estado Novo, de outro, pelo qual o governo Vargas dedicou-se à elaboração de um projeto educacional e de uma política imigratória em prol do abrasileiramento da República. Um projeto acompanhado da introdução de medidas contra a circulação de jornais em língua estrangeira e o uso do idioma estrangeiro nas escolas (Pandolfi, 1999, p.231). Poucos jornais tinham uma duração significativa, entre eles um lugar, sem dúvida, fundamental foi ocupado pelo *Stella d'Italia*.

Quadro 1. Listagem dos jornais publicados no contexto urbano do RS (1884-1937)

Título	Cidade	Ano
La Liguria	Porto Alegre	(1884-?)
Le Colonie italiane	Porto Alegre	(1885-?)
L'Italiano	Porto Alegre	(1891-1893)
Il Commercio italiano	Porto Alegre	(1892-1893)
L'Avvenire	Porto Alegre	(1892-1892)
L'Eco delle Colonie	Porto Alegre	(1892-1893)
Il Corriere Cattolico	Porto Alegre	(1891- 1895)
L'Italia	Porto Alegre	(1895-?)
La Scintilla	Porto Alegre	(1896-?)
Il Progresso	Porto Alegre	(1897-1900)

Título	Cidade	Ano
La Patria italiana	Porto Alegre	(1897-1898)
La Voce Della Veritá	Porto Alegre	(1898-?)
L'Operaio italiano	Porto Alegre	(1899-?)
Il Corriere italiano	Porto Alegre	(1902-1904)
La Veritá	Porto Alegre	(1902-?)
La Cometa	Porto Alegre	(1902-?)
La Patria	Rio Grande	(1904-?)
XX Settembre	Porto Alegre	(1904-?)
Il Tempo	Porto Alegre (Santa Maria)	(1906-?)
La Frusta	Porto Alegre	(1906-?)
Favilla	Porto Alegre	(1906-?)
Gazzetta delle Signore	Porto Alegre	(1910-?)
La Patria Italo-Brasiliana	Porto Alegre	(1915-1931)
L'Araldo Coloniale	Porto Alegre	(1913)
Il Trentino	Porto Alegre	(1915-?)
Italia	Porto Alegre	(1915 – ?)
D'Artagnan Coloniale	Porto Alegre	(1915-?)
Almanacco della Patria	Porto Alegre	(1917-?)
Gazzetta Coloniale	Porto Alegre	(1917-?)
Rivista Italo brasiliana	Pelotas	(1922-?)
La Nuova Italia	Porto Alegre	(1924-?)
Patria Nuova	Porto Alegre	(1924-?)
La Tribuna d'Italia	Porto Alegre	(1925-?)
Il Giornale d'Italia	Porto Alegre	(1925-?)
Lo Pascoalino	Porto Alegre	(1925-?)
D'Artagnan	Porto Alegre	(1926-1926)
Il Tribuno	Porto Alegre	(1927-?)
Voce d'Italia	Porto Alegre	(1927-?)
Vita Coloniale	Porto Alegre	(1927-?)
Lo Pasoalino	Porto Alegre	(1927-?)
La Nuova Italia	Porto Alegre	(1933-1936)
La Voce d'Italia	Porto Alegre	(1935
La Patria Fascista	Porto Alegre	?-?
La Verità	Porto Alegre	1933-?

Fonte: Colnaghi, 1906a-1906z; Crocetta, 2000; Ronna, 1975; Moretto, 1956; *A Imprensa*, 1935; Fortini, 1973.

Tal dinamismo foi também reconhecido na "Esposizione Internazionale di Milano", de 1906. Durante o evento, o diretor do periódico *Stella d'Italia* recebeu um prêmio pelo estudo que apresentava o percurso histórico do jornalismo italiano no estado, no último decênio do século XIX (Colnaghi, 1907, p.3; 1914).

A partir dessa premissa, o presente estudo tem como objetivo analisar mais atentamente a imprensa em língua italiana de Porto Alegre-RS, especialmente a contribuição do jornal mais longevo, o bissemanal – depois trissemanal – *Stella d'Italia*, editado de 1902 a 1925, sendo o porta-voz mais creditado da numerosa coletividade italiana do estado (Barausse; Bastos; De Ruggiero, 2017). Dirigido pelo milanês Adelchi Colnaghi, o jornal se proclamava independente, partidário dos interesses e das instituições italianas, principalmente das escolas, e promotor do associativismo italiano. Trento, ao se referir ao *Stella d'Italia*, o considera de orientação maçônica (2013, p.229). O foco deste estudo limita-se à análise do periódico quanto à temática da educação escolar italiana do período de 1902 a 1908.

O *corpus* documental das fontes foi localizado em diversas instituições de conservação. Em 2017, Alberto Barausse encontrou na Biblioteca Municipal Sormani, de Milão, na Itália, uma coleção que abarca do ano de 1902 a 1913, totalizando 1.223 números do periódico. O acesso a parte dessa coleção microfilmada permite pensar que decorre do fato de o editor proprietário Colnaghi retornar à Itália, estabelecendo-se em Milão em 1914. Mais recentemente, outros exemplares do ano 1914 foram localizados no Arquivo do Centro di ricerca e documentazione dell'Università del Molise (CeSIS). Exemplares que pertencem aos anos de 1916 e de 1917 encontram-se na Biblioteca de História Moderna e Contemporânea em Roma, totalizando 1.470 números. O exemplar de 23 de outubro de 1921, número 1.980 e 1.981, foi encontrado no Arquivo Histórico Diplomático do Ministério de Negócios Exteriores da Itália.[3] O estudo de Rech e Tambara (2015) teve acesso a alguns exemplares dos anos de 1902 a 1904 de uma coleção particular não acessível. Trento (2013) acessou nove números, de 1908 a 1909, no Instituto Histórico e Geográfico de São Paulo (IHGSP) e três números de 1911 na Biblioteca Nacional do Rio de Janeiro (FBN). O Museu da Comunicação Social Hipólito José da Costa, de Porto Alegre-RS, tem

3 O exemplar está guardado na Itália no Archivio Storico Diplomatico del Ministero degli Affari Esteri (ASMAE), Archivio Scuole (AS Scuole) 1911-1922, Cat. III, busta (b.) 445, fascicolo (f.) Porto Alegre.

em seu acervo somente dois exemplares – um número de 25 de setembro de 1913 e outro de 1º de abril de 1920.

A recente localização dos números impressos e microfilmados de exemplares do periódico (1902-1914) – fato extremamente raro na realidade brasileira – nos permite começar uma investigação mais sistemática, seja pelo que se refere aos aspectos editoriais da iniciativa, seja ao que diz respeito às orientações assumidas durante o seu longo período de existência. Entre os periódicos em língua italiana publicados no Rio Grande do Sul, parece ser o mais longevo e com um *corpus* documental expressivo, seja pelo número de exemplares disponíveis, seja qualitativamente como expressão significativa da imprensa alófona em italiano nas primeiras décadas do século XX.

Pallares-Burke afirma que a imprensa foi um poderoso instrumento do projeto iluminista de mudar ideias e maneiras das pessoas comuns. Essa função da imprensa é geralmente justificada pela ausência de outros agentes educativos, como leis e um sistema de educação pública (Pallares-Burke, 1998). A imprensa em geral, e a imprensa alófona em especial, são observatórios privilegiados do que circula em determinado espaço e tempo histórico de um grupo social e cultural. "A escolha de um jornal como objeto de estudo justifica-se por entender-se a imprensa fundamentalmente como instrumento de manipulação de interesses e de intervenção na vida social" (Luca, 2009, p.118).

A escrita da história da imigração italiana no Brasil por "meio da imprensa", a partir de procedimentos críticos, sempre será lacunar, pois não permite abarcar a complexidade das "fontes de informação do periódico, tiragem, área de difusão, relações com instituições políticas, grupos econômicos e financeiros", atores envolvidos (Luca, 2009, p.111).

Stella d'Italia e os mediadores para uma cultura de integração: Adelchi Colnaghi e Benvenuto Crocetta

A figura acima permite verificar os idealizadores e responsáveis pela publicação do jornal: diretor: Adelchi Colnaghi; administrador e depois editor-gerente: Benevuto Crocetta. Em uma série de artigos escritos para a Exposição Universal de Milão (1906), o diretor Colnaghi lembrava a origem da iniciativa editorial de *Stella d'Italia* e o que chamou a atenção do grupo promotor: a ausência de imprensa italiana no início do novo século em

Giovedì 1 Maggio 1902

Stella d'Italia

Gazzetta indipendente

(Esce al giovedì e alla domenica)

Sotto gli auspici delle Società Italiane sedenti in Rio Grande del Sud: Vittorio Emanuele II. — Principessa Elena di Montenegro — Palestra Umberto I. — Ausonia — Circolo Filarmonico Italiano: PORTO ALEGRE — Giuseppe Mazzini: TRISTEZA — Principe di Napoli: CAXIAS — Stella d'Italia: GARIBALDI

Abbonamenti posticipati
Anno.......10$000 — Semestre.....6$000
Trimestre... 3$000 — Mensile......1$000
Un numero separato 200 reis

Direttore: ADELCHI COLNAGHI
Amministratore: Benvenuto Crocetta

Porto Alegre — Anno I. — N. 10
I manoscritti, anche non pubblicati, non si restituiscono. — Non si accettano scritti di polemica personale.

Figura 1. Cabeçalho do exemplar do número 1, de 30 de março de 1902.
Fonte: *Stella d'Italia.*

Porto Alegre, comparado com a experiência dos imigrantes alemães que, no mesmo período, tinham três jornais (Colnaghi, 1906a).[4]

Adelchi Colnaghi chegou ao Brasil, provavelmente, na última década do século XIX, instalando-se em Porto Alegre. Permaneceu no país até 1914, quando retorna para Milão, falecendo em maio de 1917 (*O Brazil*, 1917, p.2). Entre 1893 e março de 1900, Colnaghi participou da administração e edição de vários jornais dos sete publicados em Porto Alegre. Desde sua chegada, logo se envolveu na atividade jornalística. Inicialmente, no periódico *L'Italiano* (1891), cujos proprietários eram os irmãos Marsicano e o diretor Cesare Pelli (Colnaghi, 1906a, p.1). Com a Revolução Federalista (1893-1895), o jornal deixa de ser publicado em 1893. Posteriormente, passa a dirigir o periódico *Il Commercio italiano,* iniciativa do imigrante milanês Agostino Ferrario, que iniciou sua publicação em 10 novembro de 1892. A experiência durou muito pouco, até janeiro de 1893 (Colnaghi, 1906b; 1906c, p.1).

Colnaghi também colabora com o periódico *Il Corriere Cattolico* (1891-1895), de orientação católica, diferente de suas outras experiências jornalísticas. Esse jornal nasceu por iniciativa de uma importante associação política portalegrense, "Centro", sob direção de Alfredo Clemente Pinto, homem culto e católico, mas, segundo Colnaghi, "de princípios moderados e conservadores",[5] membro do Partido Católico, integrado por imigrantes

4 Colnaghi, A. Il giornalismo italiano nel Rio Grande del Sud. *Stella d'Italia,* 11 febbraio 1906, n.405. Mas também os números 406, 407, 409, 410-11, 413, 418, 419, 421,425, 427, 430, 432, 436, 438, 442, 447, 451, 460, 469, 473.

5 "di principi moderato e conservatore".

e descendentes de alemães. Colnaghi integrou a redação em 1893, substituindo Guido Carlo Pasini, com o objetivo de "mudar seu programa em uma direção italiana e liberal",[6] tarefa difícil diante da forte presença e ingerência de Clemente Pinto, que representava os estudantes do seminário, ultraconservador, germanófilo e "não estavam dispostos a mudar a ordem".[7] A participação de Colnaghi permitiu tornar o periódico "menos agressivo, tirando dele toda aquela cor de anti-italianidade mantida até então"[8] e assegurar o apoio dos cônsules Pio di Savoia e Angelo Legrenzi (este último assegurou recursos financeiros). Essa colaboração, todavia, findou em outubro de 1895, diante do insucesso de impedir a influência fortemente confessional, concomitante à comemoração do 20 de setembro de 1895 (Colnaghi, 1906b, p.1).

Durante esse período, ele frequentemente entrava em conflito com os outros três periódicos italianos – *L'Avvenire* (1892), dirigido por Leone Colombo; *Eco delle Colonie* (1892-1893), dirigido por Carlo dell'Apa; *L'Italia* (1895), dirigido por Cesare Pelli – que surgiram na última década do século XIX (Colnaghi, 1906d). Posteriormente, iniciou uma nova colaboração como redator e diretor provisório, entre janeiro 1898 e 30 de março de 1900, do jornal *Il Progresso*, o periódico semanal que surgiu no ano 1897 por iniciativa do italiano Mario De Candia e teve apoio do cônsul Ciapelli e do embaixador Antonelli (Colnaghi, 1906e; 1906f; e 1906g). O aporte de Colnaghi foi orientar o jornal para um endereço nacional "uma inclinação distintamente italiana"[9] e menos radical e anticlerical para ganhar o apoio mais amplo da comunidade italiana vinculada ao catolicismo (Colnaghi, 1906f). Portanto, dos sete jornais publicados em Porto Alegre, na última década do século XIX, atuou em quatro.

É ilustrativo assinalar a participação de Colnaghi, com uma série de artigos, no livro ilustrado da Exposição Universal – *L'Esposizione Internazionale de Sempione*,[10] ocorrida em Milão, de 28 de abril a 31 de outubro de 1906, na qual esteve presente e em qual o jornal foi premiado com a Menção Honrosa. Além disso, é importante assinalar a participação do Rio Grande do Sul e de suas comunidades italianas na exposição, como único representante brasileiro, em uma sala exclusiva (Balbinot; Tedesco, 2016).[11]

---

6 "modificare il suo programma in senso italiano e liberale".

7 "poco disponibili a modifiche degli orientamenti".

8 "meno aggressivo, togliendogli affatto quel colore di anti-italianitá conservato fino allora".

9 "uno spiccato indirizzo di italianità".

10 No período de 1908 a 1910, 43 vezes.

11 Balbinot e Tedesco informam que "do espaço ocupado pelo Pavilhão da América Latina, 136 metros foram dedicados à exposição do Rio Grande do Sul". O objetivo era apresentar a ótima

De acordo com as pesquisas conduzidas por Stella Borges e Paulo Possamai, Colnaghi era filiado na loja maçônica Ausônia como membro em grau terceiro, aberta em Porto Alegre em 1895 e fechada em 1903, que também patrocinava a publicação do periódico (Borges, 1993; Possamai, 2005). Além das atividades jornalísticas, foi inspetor das escolas italianas de Porto Alegre; secretário do Circolo La Giovine Italia (1890-1902), uma sociedade de instrução e diversão.

Depois da morte de Colnaghi, Benvenuto Crocetta assume a direção do periódico como editor, diretor e administrador até 1925, quando o jornal deixa de ser editado. No Editorial de 3 de julho 1902, Colnaghi informa que a colaboração de Crocetta era gratuita, sem receber nenhum valor pecuniário, e destaca as suas atividades cotidianas:

> Administrador, compositor, remetente, revisor, paginador e correspondente. Dia e noite, durante três longos meses, ele trabalhou com vigor inaceitável, contentando-se em viver no escuro, enquanto para nós abandonou toda a glória – se houver glória – e o orgulho da popularidade (*Il Primo*, 1902, p.1.).[12]

Crocetta também atuou em outros periódicos italianos de Porto Alegre, depois que *Stella d'Italia* deixou de ser publicado – *Giornale d'Italia* (fundado em 1925), *Voce d'Italia* (criado em 1928). Mas sua experiência civil e profissional se distingue por uma intensa e constante participação na vida associativa escolar e de vários eventos da sociedade portalegrense. Foi também secretário e inspetor das escolas da Società Italiana di Beneficenza e Instruzione Principessa Elena di Montenegro e um grande incentivador das escolas italianas.[13]

Por ocasião da comemoração do cinquentenário da colonização italiana em 1925, Crocetta assume a função de secretário da comissão organizadora e responsável por redigir a monografia – *Un cinquantennio de vita coloniale:*

---

situação dos italianos estabelecidos no estado, que somavam mais de 300 mil ítalo-brasileiros, diante do Decreto Prinetti (1901), que suspendia a licença de quatro companhias de navegação, responsáveis por realizar o transporte marítimo gratuito de imigrantes italianos para o Brasil (Balbinot; Tedesco, 2016, p.257).

12 "Amministratore, compositore, spedizioniere, correttore di bozze, impaginatore e corrispondente. Giorno e notte, durante tre lunghi mesi, egli ha lavorato con vigoria ineccepibile, contentandosi di vivere al l'oscuro, mentre a noi abbandonava tutta la gloria – se pur vi è gloria – ed il vanto della popolarità."

13 A sua assinatura como secretário da sociedade aparece nas cartas das escolas guardadas no ASMAE, AS 1888-1920, b.445, f. Porto Alegre.

gli esponenti individuali e collettivi della colonia italiana nel Rio Grande do Sul, no *Album do Cinquantenário della Colonizzazione Italiana nel Rio Grande del Sud,* em que chama a atenção sobre as "características psicológicas da imigração, a unidade e a formação coletivas, as associações, as escolas, a vida comunitária, os produtores de ouro e sangue, os expoentes individuais e os fundadores das colônias e das cidades, os pioneiros da ciência, das artes, das indústrias e do comércio e as obras das mulheres" (Heredia; Radunz, 2011, p.250). Ao longo da década de 1930, integra o órgão dirigente da *Associazione Dante Alighieri,* fundada em Porto Alegre em 1914 (Società Nazionale Dante Alighieri, 1937). Frequentemente, a sua presença e a de Colnaghi foi registrada em vários periódicos, como o jornal *Federação* (1884-1937), em eventos políticos e sociais da cidade (como oradores, participação em banquete em homenagem a Borges de Medeiros, presença em inauguração de prédios e monumentos públicos, participação de nascimento e falecimentos de familiares), o que evidencia a ampla rede de sociabilidades que os responsáveis pelo *Stella d'Italia* mantinham na cidade e fora dela, o que dava maior visibilidade ao periódico, pois eram sempre apresentados como diretores (A Inauguração..., 1927; e As Homenagens..., 1928). Quando Crocetta morreu em Porto Alegre, no dia 16 de junho de 1946 aos 76 anos, a imprensa da época esqueceu o papel do jornalista e do diretor. O jornal *Correio do Povo* limitou-se a publicar o óbito lembrando o desempenho dele pela comunidade italiana (*CP*, 1946, p.6).

Uma "Gazeta independente". Estrutura e programa do *Stella d'Italia* pela defesa e a promoção da coletividade italiana

O projeto do periódico foi construído com alguns integrantes da classe média italiana de Porto Alegre, que aumentava seu papel social e econômico, no contexto da capital do estado, desde o final do século XIX (Constantino Santoro, 2015). Uma circular de 1º de dezembro de 1900 apresenta o projeto de publicação, assinado pela Comissão Promotora, constituída por vários profissionais: o engenheiro Pietro Rusca, o fotógrafo Virgilio Calegari, o comerciante Felice Dodero, os médicos Gennaro Lanzara, Gaspare Vincenti, Biaggio Rocco, Giovanni Battista De Paoli, o farmacêutico Stefano Rocco e o jornalista Adelchi Colnaghi.

Caro compatriota!

O aumento cada vez maior que está tomando o elemento italiano neste Estado Glorioso e a necessidade sentida de proteger seus múltiplos interesses nos sugeriram a ideia de promover a fundação de um jornal que, inspirado por sentimentos altamente patrióticos e independentes, através de uma colaboração sábia e previdente, ele é capaz de disciplinar os esforços individuais, apoiá-los, animá-los e fundi-los em uma comunidade única e poderosa. Elaborado em italiano e com um serviço telegráfico particular, sob a imediata concordância de homens que são totalmente leais à grandeza de nossa Colônia e o nosso Belo País, será a bandeira sob a qual nos encontraremos, a fim de defender e proteger nossa pátria, adoção da qual uma grande parte de nós depende. Em uma palavra, mantenha a fé itálica em nossos seios, enquanto mantemos nossa devoção a essa grande gente fraternal, viva e incondicional.

Uma coletividade sem jornais é um exército sem bandeira; somente nosso triunfo depende de nossos esforços. E para alcançar este nobre propósito e porque o periódico futuro realmente é o representante oficial de nossa Colônia, para compensar os meios de sua criação, nós concebemos para fundar uma Sociedade para ações afim de que o mais humilde de nós tenha a faculdade de contribuir para isto sem sacrifícios sérios. (Circular..., 1902a)[14]

O projeto anunciado em 1900, passou por várias etapas, quando em 1901 foi retomado diretamente pelo diretor Colnaghi, o qual aceitou as solicitações de outros compatriotas para iniciar "um jornal que, longe das pressões políticas partidárias, concretizasse as aspirações e ideais das comunidades

---

14 "Egregio connazionale! L'incremento sempre maggiore che va prendendo l'elemento italiano in questo Glorioso Stato e la sentita necessità di tutelarne i molteplici interessi, ci ha suggerito l'idea di promuovere la fondazione di un giornale che, inspirato a sentimenti altamente patriottici ed indipendenti, per mezzo d'una saggia e previdente collaborazione, riesca a disciplinare gli sforzi individuali, sorreggerli, animarli e fonderli in una unica e poderosa collettività. Redatto in lingua italiana e con servizio telegrafico particolare, sotto l'immediato concorso di uomini totalmente ligi alla grandezza della nostra Colonia e del nostro Bel Paese, esso sarà il vessillo sotto il quale ci troveremo riuniti, onde difendere e tutelare le questioni di diritto e di giustizia che hanno attinenza con noi specialmente, e con questa nostra patria d'adozione, dal cui benessere ed ingrandimento dipende tanta parte di noi stessi. Tener desta, in una parola, la fede italica nei nostri petti, pur mantenendo viva e incondizionata la nostra devozione a questo grand Popolo fratello. Una collettività senza giornali è un esercito senza bandiera; dai nostri sforzi dipende quindi unicamente il nostro trionfo. E per raggiungere questo nobile proposito e perché il futuro periodico, sia realmente il rappresentante ufficiale della nostra Colonia, onde supplire ai mezzi di sua creazione, abbiamo ideato di fondare una Società per azioni affinchè il più umile di noi abbia la facoltà di contribuirvi per questo senza gravi sacrifici."

italianas e da Pátria, lutando sempre para afirmar o nosso nome e o nosso direito". Em 1902, convida novamente os compatriotas a "Lutar, lutar sempre até o sacrifício; colocar muito alto o nosso nome, para ser respeitado e amado: esses são os princípios e os ideais da *Stella d'Italia* e de seus colaboradores" (Circular,1902b, p.1).

No primeiro número, o diretor também apresentava o programa e estabelecia uma relação com os leitores. Colnaghi ainda explicita que os objetivos do periódico eram "construir uma coletividade com uma identidade homogênea com Mãe Pátria, para contrastar a dispersão e isolamento em que vivia a comunidade italiana de Porto Alegre e do Estado".[15] Mais que um programa, expressa que a publicação seria mais que um "bate-papo, de amigo para amigo, de compatriota para cidadãos".[16] O objetivo era "criar uma relação de afeto, simpatia e estima mútua"[17] (Colnaghi, 1902a, p.1). O diretor apresentava o jornal como uma voz independente, que não pertencia a nenhuma religião ou partido, que não pretendia dividir, mas unir no ideal da pátria. Afirmava que o próprio título já compreendia um extenso programa, que pretendia formar o espírito cívico solidário, que, para ele, faltava à comunidade italiana. Criticava o patriotismo individual e isolado, que contrastava com a ideia de homogeneidade. Considerava que o imigrante italiano no exterior não devia ter nenhum partido que não fosse aquele da pátria. O projeto era de homogeneizar e disciplinar o patriotismo dos imigrantes, "para que as massas possam ser invencíveis":

> Nos longos anos de convivência com os italianos no exterior, especialmente nesta colônia, pudemos argumentar que o que nos falta é o espírito de solidariedade e harmonia, sem o qual todo progresso e vigorosa afirmação tornam-se irrisórios. É o espírito cívico que nos faz falta. Nosso patriotismo individual, como é isolado, nunca pode triunfar sobre os obstáculos que nos impedem a homogeneidade e não tentamos fundi-lo, combiná-lo, disciplina-lo e empurrá-lo assim para aqueles ideais que o fazem emanar invencível. Cem mil compatriotas e uma ideia, uma só aspiração. (Colnaghi, 1902a, p.1)[18]

---

15 "costruire una collettività con una identità omogenea con la Madre Patria, per contrastare la dispersione e l-isolamento nel quale viveva la comunità italiana di Porto Alegre e dello Stato".

16 "chiacccherata, da amico ad amico, da compatriota a concittadini".

17 "creare una relazione di affetto, di simpatia di stima reciproca".

18 "Nei lunghi anni di convivenza fra gl'italiani all'estero, specialmente in questa Colonia, abbiamo potuto arguire che ciò che manca a noi è lo spirito di solidarietà e di concordia, senza delle quali ogni progresso ed affermazione vigorosa si tornano irrisorii. È lo spirito civico che ci fa difetto. Il nostro patriottismo individuale, comeché isolato, non potrà mai trionfare degli ostacoli che si

Buscava promover uma identidade italiana entre as novas gerações nascidas no Brasil, que estavam mais afeitas à assimilação da cultura identitária brasileira. Com esse fim, o jornal pretendia apresentar-se não como um órgão das comunidades italianas, mas expressão da perspectiva unitária das associações que aderiram ao ideal do periódico, reflexo da forma de sociabilidade dos imigrantes italianos (Colnaghi, 1902b, p.1).

No primeiro número de 1902, os créditos informam que o periódico é editado sob os auspícios das mais relevantes sociedades italianas de Porto Alegre: Vittorio Emanuele I (1877), Principessa Elena di Montenegro (1893-1937), Società di Beneficienza ed Istruzione Umberto I (1900), Loja Maçônica Ausonia (1895-1903), Circolo Filarmonico Italiano, Giuseppe Mazzini, em Tristeza, em Porto Alegre (1885); mas também da Sociedade Operária de Mútuo Socorro Príncipe de Nápoles de Caxias do Sul (1887). Posteriormente, o Conselho de Administração seria nomeado pela Assembleia Geral (Progetto,1902, p.1). Para garantir a sustentabilidade financeira do jornal, o grupo dos fundadores constituiu uma sociedade de quatrocentas ações, cada uma com o valor de 25$000.[19]

Ao longo do tempo, se ampliaram as parcerias com as redes de sociabilidade espalhadas nas áreas predominantes de comunidades italianas: havia também a Sociedade *Stella d'Italia* (1884), na Colônia Conde D'Eu (hoje Garibaldi), que mantinha escolas – masculina e feminina; ou, ainda, a sociedade Luigi Amadeo de Savoia, de Arroio Grande.

O cabeçalho traz dados da administração do jornal, que ficava junto à Tipografia do Centro, sita na Rua Santa Catharina, em Porto Alegre, para onde deveria dirigir-se a correspondência. Posteriormente, passou a ser

frappongono alla nostra omogeneità e non tentiamo di fonderlo, di compaginarlo, di disciplinarlo e spingerlo così verso quegli ideali che rendono invincibili le masse. Centomila connazionali e una sola idea, una sola aspirazione."

19 Na primeira página do número publicado em 30 de março de 1902, consta a chamada do editor: "Alla Commissione Promotrice per la fondazione d'un giornale italiano. Porto Alegre, Il sottoscrito condividendo pienamente le idee espresse nella circolare del 1 dicembre 1900 ed accettando in massima il progetto finanziario, aggiunto alla medesima, si obbliga sottoscrivere...azioni, del valore de Rs 25$000 cadauna, mettendo fin d'ora l'ammontare delle medesime a disposizione del futuro Consiglio d'Amministrazione". [À Comissão Promotora da Fundação de um Jornal Italiano. Porto Alegre, Os abaixo assinados concordam plenamente com as ideias expressas na circular de 1 de dezembro de 1900 aceitando em princípio o plano financeiro, anexo ao mesmo, compromete-se a subscrever...ações, ao valor de Rs 25.000 cada, colocando a quantia à disposição do futuro Conselho de Administração] (Rua Bento Martins n.28 – Canto della rua dos Andradas –, Porto Alegre – *Progetto finanziario*).

editado pela Typografia Italo-Riograndense, de Luigi Petrocchi,[20] que também era representante da Grande Libreria Italiana, dos Fratelli Bertolotti,[21] fundada em 1892, em São Paulo, com filial em Porto Alegre, na Rua dos Andrades, número 136, com um grande sortimento de jornais e revistas italianas. A partir dessa mudança, a Direção, Administração e Tipografia passam para a Rua General Câmara, número 10 (antiga Rua da Ladeira). Além da impressão do periódico, a empresa mantinha uma livraria – Libreria della *Stella d'Italia*, desde julho de 1909, cujos livros anunciados provavelmente eram vendidos na sede do jornal.

O periódico tinha o sistema assinatura por um mês, por três meses, seis meses ou anual, sendo o "pagamento antecipado sem exceção alguma". Na primeira página, no canto esquerdo, a seção "Ai Lettori", normalmente fazia um chamamento para manter a assinatura e pagamento em dia, assinado pelo administrador Benvenuto Crocetta. Por um ano, o preço era de 10$000 réis; por seis meses, de 6$000; por três meses, de 3$000; por um mês, 1$000. Os números avulsos custavam 200$00. Também era vendido avulso, como informam os editores: pelo Sr. Luigi Pedrazzi (na Rua da Ladeira, na antiga Livraria Americana); e Sr. Matteo Carreta, na Rua Bragança da capital.

O jornal de 1902 a 1908 é editado em quatro colunas, com quatro páginas (A4 dobrado no meio), sendo as duas últimas páginas dedicadas aos romances em forma de folhetim e às propagandas (restaurantes, moda feminina e masculina, produtos italianos, produtos farmacêuticos, hotéis, alfaiataria, marcenaria, lanifícios, aulas de italiano, escolas, ateliê fotográfico, fábrica de guarda-chuva e bengalas, açougues, móveis, tecidos, clubes, casas de bilhar, armazéns e fiambrerias, padarias, lotéricas, livros escolares, livros técnicos, romances, revistas etc.). Os interessados em publicar anúncios deveriam dirigir-se ao encarregado Sr. Francisco Truda e o pagamento deveria ser antecipado. O espaço destinado aos anúncios garantia a manutenção

20 Luigi Petrocchi foi professor e agente consular enviado da Itália para Caxias do Sul, Bento Gonçalves, Bagé, Alfredo Chaves e Porto Alegre. Professores com formação também assumiam funções consulares. Era natural de Pistóia, na Itália. Emigrou para o Brasil por volta de 1900, enviado pelo governo italiano. Exerceu o papel de professor-agente, com o objetivo de fazer a ligação entre os imigrantes e as autoridades consulares. Atuou como agente consular em Bento Gonçalves, provavelmente entre 1901 e 1909, foi professor e dirigiu a escola Petrocchi, por ele criada, no mesmo município, por seis anos, difundindo a italianidade. Consta que, após sua saída de Bento Gonçalves, Petrocchi assumiu o cargo de vice-cônsul em Vitória-ES e Florianópolis-SC (Luchese, 2008, p.72-89; Luchese; Kreutz, 2011, p.323-4; Rech, 2015).

21 Os Irmãos Bertolotti eram politicamente socialistas, lideranças do grupo socialista de São Paulo, colaboradores e redatores do jornal *Avanti!*. Ver: (Biondi, 2011).

econômica e, também, divulgava serviços e produtos de interesse para o leitor (Ai Lettori, 1902a, p.1).

Os anúncios geralmente ocupavam as duas páginas finais do jornal e alguns espaços no alto das páginas e/ou em vazios que eram preenchidos com as propagandas. A publicidade permite observar que a maioria se referia a empresas e serviços localizados em Porto Alegre. No entanto, há propagandas de estabelecimentos de outras localidades do Rio Grande do Sul (Santa Maria, Rio Grande, Livramento, Caxias do Sul, Encantado, Garibaldi, Pelotas, Alegrete, Novo Hamburgo e outros), o que permite perceber que a circulação do jornal não se restringia à capital, mas a outras cidades do interior, como confirma a ampla rede de correspondentes (Agli Abbonati, 1906).[22]

Em 20 de setembro de 1908 (ano VII, n.673), passou a contar com seis colunas, com tamanho maior (A3), com quatro páginas. Também alterou o cabeçalho, que apresentava elementos simbólicos que lembram a influência da maçonaria: a estrela de cinco pontas, acima da cabeça feminina, emoldurada por folhagens. A mulher, que também simbolizava a monarquia italiana. O jornal passava a fazer subscrição para implantar uma tipografia própria, "para o [seu] engrandecimento" (Colnaghi, 1908).

Nos primeiros números, é possível perceber a vontade dos editores em perseguir um projeto ético, civil e pedagógico antes que político, através dos editoriais do diretor – que adota títulos variados conforme a intenção do autor e, às vezes, entre parêntese "Ai Lettori" – atribuindo à nascente classe média urbana italiana de Porto Alegre a tarefa de construir uma perspectiva identitária nacional, compartilhada e fundada na concordância. Mas contrastava com a tendência da coletividade italiana de manifesta

22 A circulação do periódico pode ser confirmada pela presença numerosa de "agenti-corrispondenti del giornale": Caxias (Francesco Mainieri, Dr. G. Lazara, I. Bersani), Pelotas (Cesare Cesario), Garibaldi (Abramo Camini), Bento Gonçalves (Luigi Allegretti), Tristeza (Pergentino Piva), Rio Grande (Ambrogio Revello), Cachoeira do Sul (P.Battisti), Nova Trento, Itaqui (Fratelli de Grazia), Arroio Grande, São Marco, Montebello, Passo Fundo, São Leopoldo, Jaguari, Colônia Ijuí, Bagé, Garibaldi, Silveira Martins, Encruzilhada, Antonio Prado, São Vicente (Angelo Previtali), Nova Vicenza, Convento Vermelho (Olimpio Cavagna), Guaporé (Giuseppe Fontana, Antonio Cappelari), Alfredo Chaves-Capoeiras, Alfredo Chaves (Emilio Toschi), São João de Montenegro (Antonio Paganelli), Encantado (Luigi Zuliani), Nova Pádua (Vittorio Mantovani), Esperança, Cruz Alta, Bujará – São José do Norte, Santa Maria, Barão do Triunfo, Taquara do M. Novo, Santa Vitória do Palmar, General Osório, Estação Colônia e São Marcos (Masimiliano Danelli). Essa rede de agentes alimentava a crônica da semana na seção "Echi dalle Colonie", com notícias e acontecimentos das diferentes localidades do Estado – por exemplo, Olimpio Cavagna (Roca Salles); Griso (Alfredo Chaves); Gloacchino Mascarello (Nova Trento).

divisão partidária e de definir-se monárquica, republicana, socialista. "Fora da pátria", escrevia Colnaghi, "os italianos não podem e não devem ter nenhum partido que não seja o de sua própria bandeira"[23] (Colnaghi, 1902c), junto com a exigência e a obrigação no exterior, de "amar, proteger, defender nosso compatriota... elevar seu moral"[24] (Colnaghi, 1902d; 1902e), e de analisar os males que impediaram desenvolver a "homogeneidade e concordância da colônia italiana"[25] (Colnaghi, 1902f, p.1). Por isso, o diretor, para contrastar com a apatia do associativismo local (Colnaghi, 1902g; 1902h), retomou a ideia já perseguida sem sucesso, no ano de 1892, pelo professor de ensino elementar Dionisio Ronchi[26] (Barausse, 2017, p.53), de uma confederação de diversas associações de mútuo socorro (Colnaghi, 1902i; 1902l; 1903a; 1903b; 1903c; Barausse, 2017). O processo adquire credibilidade e força com o aumento do número de assinantes (Il Primo, 1902, p.1), com a proposta de elaboração de um estatuto, mas que não conseguiu sucesso, sendo que, repetidas vezes, o assunto era retomado no curso de vários anos. O projeto foi retomado entre o final de 1906 e o início de 1907, em conjunto com a chegada do novo cônsul-geral da Itália em Porto Alegre – De Velutiis (Nel Mondo, 1907a). Mas somente em setembro de 1911 as associações conseguiram promover o estabelecimento de uma federação de sociedades italianas, mesmo que a existência da nova associação tivesse sido de curta duração (La Commemorazione, 1911a).

Para concretizar o sentimento de que pertencia à "mãe-pátria", o jornal publicava constantemente notícias da vida política da Itália, através da seção "In giro per l'Italia", que publicava variadas e pequenas notícias da Itália, de diferentes periódicos italianos e/ou enviadas por telegrama e correspondência. Concomitantemente, havia também a seção "Attraverso L'Italia". Nessas sessões, o jornal expressava a orientação próxima à nova política liberal, inaugurada pelos governos liderados pelo estatista Giovanni Giolitti (Aquarone, 1987),[27] e identificava-se com o ideal de uma laicidade moderada e um

23 "Fuori della Patria [...] l'taliano non può ne deve aver altro partito che non sia quello della propria bandiera".

24 "amare, proteggere, difendere il nostro connazionale... elevarne il morale".

25 "omogeneità e concordia della colonia italiana".

26 Foi Dionisio Ronchi, professor da escola direta pela sociedade Vittorio Emanuele II (Barausse, 2017, p.53), que, ao início da década de noventa tentou promover a federação "Consolato Operaio" (Colnaghi, 1902i, p.1; 1902l, p.1; 1903a, p.1; 1903b, p.1; 1903c, p.1).

27 O período de governo de Giovanni Giolitti (1901-1914) foi caracterizado pela tentativa de ampliar a integração no Estado italiano das forças partidárias e dos movimentos sociais marginalizados na época passada, como o socialista e o católico. Depois das eleições de 1900, a nova

nacionalismo mais acentuado, a partir do final da primeira década do século XX. Por exemplo, o periódico manteve um endereço telegráfico próprio, que alimentava a seção "Notizie telegrafiche", que alternava a denominação em alguns números para "Boletim Telegráfico", que trazia notícias da Guerra Tripolina (1911-1912), como forma de propaganda para esclarecer o leitor contra as informações da oposição ao conflito. Essa seção alterou o nome em vários números para "Il giro pel mondo". A ideologia nacionalista acompanhou a vida do jornal, também, no período da Primeira Guerra Mundial. Através de outra seção, intitulada "Varietà", cujos temas eram muito distintos, que aprofundava debates gerais, como a notícia da revista *Revue Universelle*, sobre divórcio (Varietà, 1902).

Na perspectiva de defender e promover a identidade de origem, a estrutura e os conteúdos do jornal foram focados para sustentar o projeto ético-civil e pedagógico de massa. Pelos primeiros editoriais, a linha política do jornal se voltava para contrastar com o processo de naturalização que envolvia os descendentes de italianos nascidos no Brasil.[28]

Colnaghi (1902m) reconhece que as duas posições têm seus argumentos válidos. Afirma que todo imigrante que abandona sua pátria e fixa residência no Brasil deve se naturalizar, mas perde a proteção de seu país de origem. Na segunda parte do editorial, conclui que pelo lado moral a naturalização não tem nenhum benefício, pois perde a proteção do país de origem e não adquire nenhuma da sua pátria de adoção. Exemplifica com a questão do voto, que não é respeitado e que a urna não é sagrada, o que não dá segurança aos seus cidadãos, naturalizados ou não. Informa que a Lei de Naturalização brasileira decretada em fins de 1890 foi uma imposição e, portanto, perde seu valor (Colnaghi, 1902n). Nessa perspectiva, o periódico ressalta as comemorações das festas nacionais italianas, como veículo para construir um imaginário identitário coletivo fundado nas tradições. Na primeira página do número 62, é publicada a circular com título *Onoranze Funebri a Vittorio*

---

política liberal adotada pelo estadista Giolitti foi de promover uma parceria de governo para ampliar as reformas sociais e introduzir uma nova lei eleitoral mais inclusiva (Aquarone, 1987). Nesse período, foi intensa a política de reformas para educação, sobretudo na área do ensino fundamental e dos professores básicos: instituição da nova escola popular, novos programas para escola fundamental, novo estado jurídico e nova reforma de aposentadoria para os professores básico e do ensino médio, estadualização do ensino fundamental, até aquele momento gerenciado pelas municipalidades (Pazzaglia, 2001, p.171-211).

28 Outros periódicos italianos publicados no Brasil – como *Fanfulla* e *La Tribuna*, os dois maiores jornais de São Paulo, promoveram um debate quanto à oportunidade ou não de uma adesão ao processo de assimilação (Colnaghi, 1902m).

Emanuelle II – 25º anniversario, de Stefano Rocco, seguida de apreciações do editor, informando sobre o Pantheon (Onoranze, 1902).[29]

Outras seções também ressaltavam a defensa identitária. A partir do número 5, aparece a seção "La Vita al Brasile", que foca fatos ligados à comunidade italiana de diversos estados brasileiros (La Vita, 1902, p.2). É assinada com as iniciais de Benvevuto Crocetta. Adelchi Colnaghi, em alguns números, redige uma espécie de necrológico de personagens importantes da comunidade italiana de Porto Alegre ou de outras cidades.

Na perspectiva da promoção cultural étnica, o jornal *Stella d'Italia* publicava romances em forma de folhetim, normalmente nas últimas páginas, na seção intitulada "Appendice della Stella d'Italia". Por exemplo, durante 272 números, o periódico publicou o romance *La Figlia maledetta*, de Emílie Richebourg, caracterizando-o como "romanzo originalíssimo, commovente e sopratutto morale" (Richebourg, 1908), o conto de Attilio Vetere (Villa Glori, 1906) ou a novela "L'irrimediabile Novella", sem autor (L'Irrimediabile, 1907).

Outros textos literários são veiculados – poemas, poesias, peças de teatro. Entre outros, a peça de teatro de Edmondo de Amicis, intitulada *Fiore del Passato. Bozzetto drammatico in un atto* (Fiore, 1906). Do mesmo autor trasnacional (Romani, 2012) e popular (Edmondo...., 1908), é publicado o romance *Ricordi d'un viaggio in America*, em treze capítulos (De Amicis, 1908). Posteriormente, com a morte de Amicis, é publicada uma notícia assinalando a efeméride (La Morte, 1908).

Junto ao objetivo de promover e defender o caráter identitário étnico, o jornal pretendia colocar-se como defensor dos interesses da coletividade italiana rio-grandense e na capital Porto Alegre. *Stella d'Italia*, já nos primeiros números, destacou o papel dos imigrantes italianos no desenvolvimento econômico do estado e reivindicou às autoridades brasileiras medidas estruturais relevantes para a segurança das comunidades italianas, garantindo melhores condições para a sustentação das atividades econômicas promovidas pelos imigrantes. Também solicitava medidas quanto ao melhoramento da mobilidade dos imigrantes, em estradas e ferrovias, demandando a implantação do projeto já anunciado da ferrovia caxiense (Colnaghi, 1902o, p.2;1902p; 1902q). Emblemática é a carta de Colnaghi para o governador do Estado, Borges de Medeiros, em nome da comunidade italiana, sobre o estado lamentável da estrada que liga a região de São Sebastião do Caí a São João de Montenegro (Lettera, 1902). O diretor solicitava medidas urgentes

29 *Onoranze Funebri a Vittorio Emanuelle II – 25º anniversario* Stella d'Italia, giovedi 30 ottobre 1902.

para afastar os intendentes ou os bandos de criminosos de Guaporé, Caxias do Sul, Alfredo Chaves, que ameaçavam e agrediam os imigrantes e os agentes consulares (Ieri ed Oggi, 1902a, p.2; 1902b p.2-3; Echi, 1902; Brigantaggio..., 1902; I Martiri, 1902, p.1). Notícias sobre os diversos núcleos de imigração italiana foram mantidas também pela seção "Ieri ed Oggi", posteriormente, passou a se chamar "Echi dalle Colonie".

Na perspectiva de manter constante relacionamento com os leitores, o periódico publicava telegramas e cartas recebidas, assim como as respostas dos editores. Mas complementava com informações de utilidade pública para a comunidade italiana na seção intitulada "Indicazioni", com a qual fornecia os endereços do Consulado da Itália em Porto Alegre; das sociedades Vittorio Emanuelle II, Principessa Elena di Montenegro, Palestra Umberto I, Circolo Filarmonico Italiano, Loja maçônica Ausonia, Sociedade Giuseppe Mazini. Também tinha a "Sezione Commerciale", com a cotação do câmbio e o preço de variados produtos, e o "Movimento Marittimo".

É importante assinalar que das quatro páginas do periódico, de 1902 a 1908, a primeira página era que mais colaborava para o escopo doutrinário. O editorial, que ocupava de duas a três colunas, dominava a página de quatro colunas, que se destinavam a avisos, subscrições populares, relatos de viagem, notícias mais importantes. Nas outras páginas, estavam as demais seções; e na quarta página a propaganda. Ao folhearmos o periódico, constata-se que somente Colnaghi e Crocetta assinam suas participações, mas na maioria não é possível assinalar quem eram os colaboradores. O desejo da direção do periódico de ampliar a sua circulação para o estado se traduziu no pedido aos leitores de cooperação (Ai Lettori, 1902b).

Stella d'Italia e a questão da língua e das escolas étnicas italianas (1902-1908)

No contexto geral, orientado a reforçar os processos de defesa identitária, o periódico manifestou uma atenção particular à questão da língua e das escolas étnicas. Na realidade, a questão chamou a atenção dos cônsules desde o início da colonização (Barausse, 2017). O cônsul Ciapelli, que residia em Porto Alegre no início do Novecentos, também reclamou sobre a importância da escola ao Ministério na Itália, pois "além da difusão dos conhecimentos elementares, tinha o sentido de difusão da *italianità*, de cunho nacionalista" (Luchese; Kreutz, 2011, p.233). No relatório, datado de 1901, sobre "as condições intelectuais e morais dos colonos italianos", afirmava:

> [...] a instrução é escassa e descuidada. Existem, é verdade, muitas escolas, mas todas com condições didáticas e financeiras pouco satisfatórias. [...] Muitos deixaram a cidadania de origem para abraçarem aquela do novo país em que vivem; mas no fundo se mantêm bons italianos, se bem somos sinceramente afeitos a sua segunda pátria. Nas colônias quase todos tomam parte da vida pública, parte ocupando empregos nas administrações das comunas, na polícia, nos municípios e todos se distinguem pelo bom senso, pela lealdade e pela justa forma como atêm-se ao exercício de suas funções. (Ciapelli, 1901, p.58-9)[30]

A manutenção da língua e do culto da Itália, como a pátria dos filhos dos imigrantes, era a preocupação das autoridades. Para Kreutz,

> A dimensão étnico-cultural é construída e reconstruída constantemente num processo relacional em que os grupos e indivíduos buscam, selecionam, ou relutam em função do significado que fenômenos e processos têm para eles. Por isto, a educação e a escola são um campo propício para se perceber a afirmação dos processos identitários e os estranhamentos e as tensões decorrentes da relação entre culturas. (Kreutz, 2001, p.123)

Essa preocupação também está presente no *Stella d'Italia* de diversas formas, mas especialmente nos editoriais. O periódico tem um expressivo espaço para divulgação de informações sobre a educação escolar, de professores, de livros, de revistas e jornais, tanto para as famílias como dirigidas ao universo escolar, publicadas na Itália e que circularam no estado.

Como o periódico era patrocinado por sociedades que mantinham escolas,[31] estas se faziam presente cotidianamente, em pequenas inserções, ao longo das páginas e na seção "Indicazioni", que trazia os endereços dessas instituições. Tais avisos não interessavam somente às escolas das sociedades Umberto I ou da Società Principessa Elena di Montenegro da capital, mas também para as escolas das comunidades italianas (Società Operaia, 1902;

---

30 "L'istruzione è scarsa e poco curata. Esistono, in verità, molte scuole, ma tutte con condizioni didattiche e finanziarie poco soddisfacenti [...] Molti lasciarono la cittadinanza di origine per abbracciare quella del nuovo paese in cui vivono, ma nel fondo si mantengono buoni italiani, sebbene siamo sinceramente affezionati alla sua seconda patria. Nelle colonie quasi tutti prendono parte alla vita pubblica, in parte occupando impieghi nelle amministrazioni dei comuni, nella polizia, nei municipi e tutti si distinguono per il buon senso, per la lealtà e per la giusta forma come ci si attende all'esercizio delle sue funzioni."

31 Também são publicadas as convocações para Assembleias das sociedades italianas e, posteriormente, uma síntese do que foi tratado.

Ieri ed Oggi, 1902c). Notícias das escolas se encontram nas atas oficiais das associações, mas também em relatórios, por exemplo, no *Bilancio morale-finaziario della Società Principessa Elena di Montenegro* (Bilancio, 1903). Mas a atenção se expressa sobretudo sobre as atividades e eventos escolares que qualificavam as instituições como organismos funcionais para a defesa e a promoção identitária no sentido etnonacional. Notícias dos exames finais nas escolas ocupam um espaço expressivo. Por exemplo, as duas colunas destinadas a informar sobre *Gli esami Finali della Scuola Umberto 1* e da *Scuola Principessa Elena di Montenegro* (Gli Esami, 1903; La Chiusura, 1904a; 1904b; 1904c). Além das escolas de Porto Alegre, o jornal divulgava notícias das provas finais das escolas das comunidades italianas, como o de Encantado e de Caxias do Sul (Echi, 1902b).

O empenho do *Stella d'Italia* em ressaltar a dimensão identitária levou o jornal a destinar espaço significativo para a divulgação da participação das escolas nos eventos comemorativos italianos (Barausse; Luchese, 2018), como o 20 de Setembro ou a festa do Estatuto Albertino, a primeira constituição liberal italiana (De Ruggiero, 2014; Ridolfi, 2003).

A capa do número 51, de 20 de setembro de 1902, uma *Edizione speciale*, traz o título *W Roma W Italia. Salve XX Settembre* (1902). No número seguinte, datado de 25 de setembro, na página 4, traz a programação do *32º Anniversario del XX Settembre 1870* (1902), com cortejo e sessão cívica. O jornal participava também da comissão organizadora, juntamente com os representantes das escolas italianas de Porto Alegre, com a intenção de "interpretando os sentimentos patrióticos da Colônia, desejando afirmar perante o glorioso povo rio grandense os sentimentos de devoção a sua pátria adotada e de eterno afeto à Grande Mãe Itália, determinaram-se a celebrar a data fatídica com a adoção"[32] (32 Aniversario, 1902, p.4).

O interesse do periódico pelo tema da instrução pode ser aquilatado também pelo espaço publicitário destinado à propaganda das escolas e de professores. A inserção publicitária representou um instrumento de promoção e oferta de trabalho para vários professores. A própria diretora da Escola Princesa Elena de Montenegro, de Porto Alegre, utilizou o periódico para oferecer aulas particulares nas casas de família, tanto de língua italiana como de português: "A diretora da Escola da Princesa Elena de Montenegro, Sra. Camilla Roncoroni, dá lições especiais nas casas das famílias, ambas de

32 "interpretando i sentimenti patriottici della Colonia, desiderando affermare innanzi al glorioso popolo rio-grandensei sentimenti di devozione alla Patria d'adozione, e di imperituro affetto alla Grande Madre Italia, hanno determinato di festeggiare la fatídica data coll'adozione".

italiano e português, em horários e preços a serem acordados. Endereço: Rua Ferdinandes Vieira, n.41"[33] (Aviso, 1903). Outro exemplo é do professor Salvatore Biancucci, "pronto para mudar-se de São Paulo para Porto Alegre se ele tivesse uma turma de 40 alunos à sua disposição"[34] (Professor, 1908, p.4), ou de uma professora recentemente chegada a Porto Alegre e que se apresentava como "reivindicações honestas"[35] (Professor, 1908, p.4).

Para fomentar e valorizar a função das escolas étnicas e o papel dos professores, o periódico, muitas vezes, destacou o reconhecimento dos docentes como beneméritos da instrução pública. Já nos primeiros números publicados, aparecem artigos que exaltam atividades dos professores, como: Giacinto Targa de uma escola italiana de Nova Trento, Luigi Zuliani da escola italiana e presidente da Sociedade de Mútuo Socorro de Encantado e, depois, de Porto Alegre, ou a já citada Roncoroni (Um Maestro, 1902; Colnaghi, 1903d). Outro exemplo são os anúncios sobre o Istituto Italo-brasileiro em Santa Maria-RS (1908 a 1918), criado por Umberto Ancarani e sua esposa Iró Ancarani. Ancarani foi um professor-agente, enviado da Itália e destinado para Caxias, onde atuou na Escola Principe di Napoli, juntamente com sua esposa (Luchese; Kreutz, 2011, p.321-3).[36] Outra publicidade é a do Collegio S. Giuseppe nella Villa Garibaldi diretto dalle Sorelle di S. Giuseppe, que informa a localização, que adota sistema de internato, ministra uma educação religiosa e civil e elenca as matérias ensinadas (Collegio, 1902).

Em suas viagens ao interior das comunidades italianas, Colnaghi divulgou algumas experiências que lhe chamaram a atenção. No relatório de sua viagem a Bento Gonçalves, relata a visita à escola mista dirigida por Luigi Petrocchi, traçando um detalhado retrato: "uma sala grande e espaçosa, bem iluminada, suas paredes cobertas de mapas e murais, fotos das batalhas da independência italiana e dos nossos principais heróis, eu vi sentados em boa ordem, em mesas bem cuidadas e muito confortáveis, mais de noventa

33 "La Direttrice dela Scuola Principessa Elena di Montenegro, signora Camilla Roncoroni, dà lezioni particolari in case di famiglie, tanto di lingua italiana come di lingua portoghese, in ore e prezzi da convenirsi. Dirigersi alla via Ferdinandes Vieira, n.41".

34 "pronto a trasferirsi da San Paolo a Porto Alegre qual ora avesse avuto a disposizione una classe di 40 alunni".

35 "pretese onestissime".

36 Depois de sua chegada a Porto Alegre, foi enviado inicialmente para Pelotas, onde, sempre com a participação da esposa, dirigiu a escola italiana e tentou consolidar a instrução primária no importante centro meridional do Rio Grande do Sul (Castro; Barausse, 2020). A estada em Pelotas foi breve, pois já em 1906 foi encarregado de inspecionar as escolas italianas de Caxias do Sul. Escreveu alguns importantes relatórios sobre o contexto caxiense (I Benemeriti, 1908).

crianças de oito a 12 anos de idade, com a intenção de realizar os diferentes exercícios que lhes foram conferidos".[37] Informava, ainda, que o professor realizava com os alunos alguns cálculos, ministrava aula de cosmografia e realizava exercícios físicos com os alunos (Colnaghi, 1903e, p.1).

Ao longo da década, também se observa o empenho da administração do periódico em contribuir com a vida cultural de Porto Alegre. Em vários números, há um chamado para levantamento de recursos para instalar uma "Biblioteca del popolo" na cidade (Nemo, 1908, p.1). E, simultaneamente, a oferta de livros ao preço de 400 réis, "grande coleção de obras populares e econômicas, de ciência, literatura, artes e ofícios"[38] (Biblioteca, 1908, p.3).

Além disso, o diretor Colnaghi procurava promover um debate entre os leitores sobre a importância da defesa da língua italiana e os processos de escolarização para os filhos dos imigrantes. No editorial *Parliamo Italiano*, fazia a resenha do artigo de Giuseppe Gaia publicado no *Jornal d'Italia*, do Rio de Janeiro, em que expressava que o idioma é o elo forte que unia a pátria, o verdadeiro elemento identitário. E destacava: "Nós contribuímos para manter as escolas que possuímos, fortalecê-las; nós obrigamos os nossos filhos a frequentá-las constantemente, a falar a nossa língua, a respeitar os professores, a venerar a pátria de seus pais"[39] (Colnaghi, 1902r, p.1).

Em outro editorial, Colnaghi denunciava o abandono e descaso geral da instrução escolar e do ensino de italiano nas colônias italianas, alertava que as futuras gerações se tornarão "bárbaros, ignorantes, selvagens".[40] Afirmava que a escola pública brasileira deixava muito a desejar. E perguntava: "O que será de nossa italianidade quando os velhos, um após o outro, tiverem deixado de viver? [...] Escola e Sociedade são para ela sinônimo de sacrifício e de aborrecimento".[41] E concluía que, continuando esse "estado de descaso das famílias e sociedade, as novas gerações daqui cinquenta anos serão 'krumira'.

37 "una larga e spaziosa sala, ben illuminata, dalle pareti coperte da mappe, carte geografiche e murali, quadri di battaglie dell'indipendenza italiana e dei nostri principal eroi, vidi seduti in bell'ordine, in banchi ben tenuti e comodissimi, oltre novanta bambini dagli otto ai 12 anni, intentissimi ai differenti esercizi impartiti loro".

38 "grande raccolta di opere popolari ed economiche, di scienza, literatura, arti e mestieri".

39 "Contribuiamo a mantenere le scuole che possediamo, rafforziamole; obblighiamo i nostri figli a frequentarle constantemente, a parlare il nostro idioma, a rispettare i loro insegnanti, a venerare la patria dei loro genitori".

40 "barbari, ignoranti, selvaggi".

41 "Che sará delle nostra italianità quando i vecchi avranno l'un dopo l'altro cessato di vivere? [...] Scuola e Società sono per essa sinonimo di sacrificio e di noia".

De quem é a culpa?"[42] (Colnaghi, 1902s, p.1).[43] Diante dessa perspectiva, o editor destacava as experiências dos docentes Camilla Roncoroni e Pietro Riva, professores respectivamente das escolas da Società Principessa Elena di Montenegro e da Società Umberto I, apresentados como "dois modestos professores",[44] que se esforçavam a "manter aceso" nos alunos "o fogo sagrado do amor à pátria"[45] (Colnaghi, 1902t, p.1).

A ressonância do que o periódico publicava sobre o debate da educação escolar era veiculada a partir das correspondências dirigidas ao jornal. Luigi Zuliani, agente consular de Encantado e professor, reclamava os limites da escolarização determinados pelas difíceis condições econômicas dos colonos (Istruzione, 1902a), mas também das péssimas escolhas políticas ("impotenza di spendere"[46]) e a falta de bons professores. Para enfrentar essa situação, recomendava uma melhor organização das escolas étnicas, com a criação maior de escolas nas áreas rurais do que nos centros urbanos, que dispunham de uma rede de escolas públicas brasileiras, e uma seleção rígida dos professores, que tinham o hábito "bebedores de cachaça insaciáveis"[47] (Istruzione, 1902b, p.2).

As escolas italianas, no início do século XX, foram um dos motivos de maior tensão com as autoridades consulares. O jornal denuncia a escassa participação do cônsul Ciapelli, no editorial *Scuole Italiane* (1902). Colnaghi analisa o artigo anônimo, publicado no periódico *Corriere Italiano* (n.28), sobre a estatística publicada por Angelo Scalabrini, inspetor-geral das escolas italianas no exterior, a respeito do relatório do cônsul italiano Ciapelli, que maquia os resultados. O editor mostrava como era árida a proteção do Consulado em termos de educação, apesar de reconhecer que havia distribuição de material escolar enviado da Itália, mas que esse não era suficiente. O diretor aproveitou a ausência do cônsul, nos exames finais das duas escolas de Porto Alegre, para marcar a distância da autoridade consular, como representante do governo italiano, que deveria sustentar as iniciativas consideradas fundamentais para preservar a identidade das futuras gerações no estado (Gli Esami, 1903, p.1).

42 "stato di abbandono delle famiglie e della società, le nuove generazioni da qui a cinquant'anni saranno Krumire. Di chi la colpa?".

43 "Krumiro" é um jargão usado entre os tipógrafos italianos para designar trabalhadores que furavam o estado de greve, traindo a luta de seus companheiros; "pelego".

44 "due modesti docenti".

45 "tener desto [...] il fuoco sacro dell'amore patrio".

46 "impotenza di spendere".

47 "tracannatori insaziabili di cachaça".

Com isso, cresceu a tensão com o cônsul e o jornal manteve uma atitude de apoio às associações, que continuaram a manter a vida das escolas, consideradas "templo santo da sociedade moderna".[48] No entanto, mesmo diante dos cortes de subsídios financeiros e de material escolar, as associações continuaram mantendo e ampliando o número de alunos em suas escolas, para fomentar a identidade nacional italiana: "Educamos nossos filhos a amar o país, a adorar sua língua; educamos nos sagrados princípios da união e da concórdia e, aconteça o que acontecer, cumprimos nossa missão em italiano como homens e como cidadãos" (Colnaghi, 1903f, p.1).[49]

O material didático apresentava limites na sua irregular distribuição, decorrente de mudanças frequentes de títulos e avaliado como pouco adequado às condições das escolas italianas no Brasil, que necessitavam de uma aprendizagem mais lenta que a italiana. A ausência de inspetores escolares "adequados e capazes"[50] deixava sem orientação e suporte os professores, os quais acabavam "dando a seus alunos um endereço muito pessoal"[51] (Colnaghi, 1903g, p.1). A ausência de homogeneidade das escolas italianas foi um dos motivos de o jornal questioná-las frequentemente, na perspectiva de que a italianidade fosse o eixo cultural específico em torno do qual deveria ser construído o currículo escolar. Nesse sentido, a participação nos exames finais das escolas das associações de Porto Alegre permitiu que o diretor do *Stella d'Italia* declarasse a diversidade, se não a divergência, dos métodos e dos resultados das duas escolas (Colnaghi, 1903g, p.1).

Mas as péssimas condições das escolas italianas do estado eram acentuadas, de acordo com Colnaghi, pela falta de ingerência consular sobre o subsídio financeiro estabelecido pelo Ministério das Relações Exteriores, que não eram suficientes para a manutenção delas. Nesse sentido, o editor chamava a atenção da orientação diferente do cônsul italiano em Santa Catarina, Gherardo Pio di Savoia, que dez anos antes ocupou a mesma posição em Porto Alegre, que para as catorze escolas espalhadas no estado de Santa Catarina obteve uma contribuição homogênea do ministério e outra das administrações locais (Colnaghi, 1903h, p.1; 1903i, p.1). Dessa forma, *Stella d'Italia* promoveu uma campanha para sustentar as críticas contra as autoridades consulares e

---

48 "tempio santo della moderna società".

49 "Educhiamo i nostri figli all'amor della patria,al culto del suo idioma; educhiamo noi stessi nei santi principii dell'unione e della concordia e checchè Avvenga, compiamo italianamente la nostra missione come uomini e come cittadini" (Colnaghi, 1903f, p.1).

50 "idonei e capaci".

51 "col dare alle loro scolaresche un indirizzo tutto personale".

ministeriais, que teve o apoio dos leitores, seja do contexto urbano ou rural (Una Lettrice, 1903; Echi, 1903), exaltando, por outro lado, a ação solidária do associativismo por manter as duas escolas (Colnaghi, 1903l; 1903m) e contrastar os ataques do cônsul (Colnaghi, 1903n; 1903o; 1903p; 1903q; 1903r).

As escolas continuaram a apoiar um dos principais pontos de batalha do jornal. A chegada do novo cônsul De Velutiis a Porto Alegre, em 1906, determinou a flexibilização das tensões com parte da comunidade italiana e com o editor, que favoreceu o relançamento do projeto para aproximar o mundo associativo urbano em torno da ideia de um corpo federativo (Nel Mondo, 1906). A tradicional manifestação de premiação de final do ano letivo, agendada para o início de janeiro de 1907, foi promovida pela primeira vez de forma unificada em todas escolas da capital (Nel Mondo, 1907a). O evento deveria ter sido um sinal explícito do desejo de agregar as associações de forma federativa e contribuir para a elaboração de um direcionamento mais homogêneo das escolas, a partir de seu currículo, para que pudessem corresponder melhor às necessidades de promoção da identidade nacional (Nel Mondo, 1907b). No ano seguinte, em outro importante evento, a comemoração do Estatuto de junho foi dedicada a ressaltar a função das escolas italianas no exterior e no Brasil, no específico. Ercole Donadio, professor da escola italiana Umberto I, dedicou o seu discurso ao relacionamento entre a pátria e as escolas, como "termos inseparáveis, que se harmonizam, se entrelaçam e se complementam"[52] (Patria e Scuola, 1908), ressaltando o papel fundamental das instituições escolares na construção da identidade italiana.

Conclusões

A leitura dos primeiros anos do *Stella d'Italia* permite perceber que o periódico pretendia expressar as demandas da nascente classe média burguesa urbana italiana de Porto Alegre, configurando-se como o defensor e promotor da italianidade no estado do Rio Grande do Sul. Ao mesmo tempo, buscou contemplar os diversos grupos sociais italianos presentes na sociedade – a burguesa e a operária, reunidos em torno do associacionismo de mútuo socorro ao qual pretendia dar voz. Além de perseguir o objetivo de tutelar os interesses dos grupos de migrantes italianos, assumiu a educação, a escola e a promoção da língua italiana como tarefas imprescindíveis para garantir a permanência do sentimento pátrio.

52 "termini indissolubili, che si armonizzano, si intrecciano e si completano".

Bibliografia

ASCENZI, Anna; BARAUSSE, Alberto; SANI, Roberto; LUCHESE, Terciane Ângela. History of education and migrations: crossed (or connected or entangled) histories between local and transnational perspective: a research "agenda". *History of Education & Children's Literature*, Eum, Macerata, ano XIV, n.2, p.227-62, 2019.

AQUARONE, Alberto. *Tre capitoli sull'Italia giolittiana*. Bologna: Il Mulino 1987.

BALBINOT, Giovani; TEDESCO, João Carlos. Colonos em Milão. A participação do Rio Grande do Sul na L'Esposizione Internazionale del Sempione (1906) e suas correlações com a imigração italiana. *Revista Brasileira de História & Ciências Sociais/RBHCS*. v.8, n.16, p.252-69, jul.-dez. 2016.

BARAUSSE, Alberto; BASTOS, Maria Helena Câmara; DE RUGGIERO, Antonio (org.) O jornal *Stella d'Italia* (1902-1925). Disponível em: http://transfopressbrasil.franca.unesp.br/verbetes/o-jornal-stella-ditalia-1902-1925/ Acesso em: 9 abr. 2019.

BARAUSSE, Alberto; BASTOS, Maria Helena Câmara; DE RUGGIERO, Antonio. Verbete *Stella d'Italia*. Transforpress. São Paulo, 2017. http://transfopressbrasil.franca.unesp.br/verbetes/o-jornal-stella-ditalia-1902-1925/

_______. Le scuole italiane nel Rio Grande do Sul attraverso le carte consolari tra la fine dell'Impero e l'inizio della Repubblica (1875-1893). In: DE RUGGIERO, Antonio; HERÉDIA, Vania Beatriz Merlotti; BAURASSE, Alberto. *História e narrativas transculturais entre a Europa Mediterrânea e a América Latina*. Porto Alegre: Edipucrs, 2017. v.1, p.195-248.

_______. Chamas da educação nacional e do sentimento pátrio: as escolas italianas no Rio Grande do Sul da colonização ao final do século 19 (1875-1898). *História da Educação*, Porto Alegre, v.21, p.41-85, 2017.

BARAUSSE, Alberto; LUCHESE, Terciane Ângela. Education, ethnic identity and memory in the Italian ethnic school of South Rio Grande (1875;1902). *Paedagogica Historica*, v.54, p.1-16, 2018.

BASTOS, Maria Helena. Câmara. An Italian book for Brazilian children. Heart, by Edmondo De Amicis. *History of Education & Children's Literature*, Eum: Macerata, v.XII, p.477-505, 2017.

_______; BARAUSSE, Alberto. Le vicende della patria: os manuais de formação moral e cívica às escolas elementares italianas no exterior (Rio Grande do Sul-RS – Décadas de 1920-1930). In: DE RUGGIERO, Antonio; HERÉDIA, Vania Beatriz Merlotti; BARAUSSE, Alberto. *História e narrativas transculturais entre a Europa Mediterrânea e a América Latina*. Porto Alegre: Edipucrs, 2017. v.1, p.249-76.

BIONDI, Luigi. *Classe e Nação. Trabalhadores e socialistas em São Paulo (1890-1920)*. Campinas: Ed. Unicamp, 2011.

BORGES, Stella Maris Araujo. Os italianos. *Porto Alegre e trabalho*. Porto Alegre: EST Edições, 1993.

CASTRO, Renata B. de; BARAUSSE, Alberto. Una società senza scuola è un corpo senz'anima: as escolas italianas de Pelotas-RS mantidas pelas sociedades de Mútuo Socorro no século XIX. *Revista História da Educação* (On line), v.24, e92488, p.1-32, 2020.

CONSTANTINO, Nuncia Maria Santoro de. *L'italiano di Porto Alegre*: immigranti meridionale nella capitale del Rio Grande do Sul. Porto Alegre: Edipucrs, 2015.

DE RUGGIERO, Antonio; HÉRIDA, Vania Beatriz Merlotti; BARAUSSE, Alberto. *História e narrativas transculturais entre a Europa Mediterrânea e a América Latina*. Porto Alegre: Edipucrs, 2017.

_______. Le celebrazioni del "XX Settembre" tra gli immigrati italiani nel Rio Grande do Sul. In: RAMOS, Eloísa Helena Capovilla da Luz; ARENDT, Isabel Cristina; WITT, Marcos Antônio (org.). *Festas, comemorações e rememorações na imigração*. São Leopoldo: Oikos Editora, 2014.

DESCHAMPS, Bénédicte. Echi d'Italia. La stampa dell'emigrazione. In: *Storia dell'emigrazione italiana. Arrivi*, a cura di BEVILACQUA, Piero; DE CLEMENTI, Andreina; FRANZINA, Emilio. Roma: Donzelli, 2002. v.I, p.313-34.

FORTINI, Archymedes. Jornais de idioma italiano. Revivendo o Passado. *Correio do Povo*, Porto Alegre, n.5, jun. 1966 e 31 maio 1973.

GABACCIA, Donna R. *Emigranti*: le diaspore degli italiani dal Medioevo a oggi. Torino: Einaudi, 2003.

HERÉDIA, Vania Beatriz Merlotti. Historiografia da imigração italiana no Brasil. In: HERÉDIA, Vania Beatriz Merlotti; RADUNZ, Roberto. (org.). *História e imigração*. Caxias de Sul: Educs, 2011, p.250.

KREUTZ, Lúcio. Imigrantes e projeto de escola pública no Brasil: diferenças e tensões culturais. In: Sociedade Brasileira de História da Educação (org.). *Educação no Brasil*: história e historiografia. Campinas: Autores Associados, 2001. p.123.

LUCA, Tania Regina de. História dos, nos e por meio dos periódicos. In: PINSKY, Carla. Bassanezi (org.). *Fontes históricas*. São Paulo: Contexto, 2009. p.11-153.

_______; GUIMARÃES, Valéria. (org.), *Imprensa estrangeira publicada no Brasil*: primeiras incursões. São Paulo: Rafael Copetti Editor, 2017.

LUCHESE, Terciane Ângela (org.). *Escolarização, culturas e instituições*: escolas étnicas italianas em terras brasileiras. Caxias do Sul: Educs, 2018.

_______. Catolicidade e a italianidade no Jornal *Il Corriere d'Italia*, RS, Brasil (1913-1927). In: DE RUGGIERO, Antonio; BARAUSSE, Alberto; HERÉDIA, Vania Beatriz Merlotti. (org.). *História e narrativas transculturais entre a Europa Mediterrânea e a América Latina*. Porto Alegre: Edipucrs, 2017. p.277-300.

_______. (org.). *História da escola dos imigrantes italianos em terras brasileiras*. Caxias do Sul: Educs, 2014.

_______. *O processo escolar entre imigrantes no Rio Grande do Sul*. Caxias do Sul: Educs, 2015.

_______. Singularidades na história da educação brasileira: As escolas comunitárias étnicas entre imigrantes italianos no Rio Grande do Sul (final do século XIX e início do XX). *Cuadernos Interculturales*, año 6, n.11, p.72-89, 2.semestre 2008.

_______; KREUTZ, Lúcio. (org.). *Imigração e educação no Brasil*: histórias, práticas e processos escolares. Santa Maria: Editora UFSM, 2011.

MAGALDI, Ana Maria Bandeira de Mello; XAVIER, Libânia Nacif (org.). *Impressos e história da educação*: usos e destinos. Rio de Janeiro: 7letras, 2008.

MALATIAN, T. Até que o vendaval passe, "acreditar, obedecer, combater": o *Fanfulla* e o *Duce* (1922-1941). In: LUCA, Tania Regina de; GUIMARÃES, Valéria (org.). *Imprensa estrangeira publicada no Brasil*: primeiras incursões. São Paulo: Rafael Copetti Editor, 2017. p.330-61.

MEYER, Marlyse. *Folhetim*: uma história. São Paulo: Companhia das Letras, 1996.

PALLARES-BURKE, Maria Lúcia G. A imprensa periódica como uma empresa educativa no século XIX. *Cadernos de Pesquisa*, FCG, São Paulo, n.104, p.144-61, jul. 1998.

PANDOLFI, Dulce (org.). *Repensando o Estado Novo*. Rio de Janeiro: Ed. Fundação Getulio Vargas, 1999.

PAZZAGLIA, Luciano. La scuola fra stato e società negli anni dell'età giolittiana. In: PAZZAGLIA, Luciano; SANI, Roberto (a cura di). *Scuola e Società nell'Italia unita. Dalla legge Casati al centro sinistra*. Brescia: La Scuola, 2001. p.171-211.

PETROCCHI, Luigi. Os italianos do distrito consular de Bento Gonçalves. In: COSTA, Rovílio et al. *As colônias italianas Dona Isabel e Conde D' Eu*. Porto Alegre: EST, 1992.

POSSAMAI, Paulo César. *"Dall Italia siamo partiti"*: a questão da identidade entre os imigrantes italianos e seus descendentes no Rio Grande do Sul (1874-1945). Passo Fundo: EDUPF, 2005.

POZENATO, Kenia Maria Menegotto; GIRON, Loraine Slomp. *100 anos de imprensa regional 1987-1997*. Caxias do Sul: Educs, 2004.

RECH, Gelson Leonardo; LUCHESE, Terciane Ângela. *Escolas italianas no Rio Grande do Sul*: pesquisa e documentos. Caxias do Sul: Educs, 2018.

_______. *Escolas étnicas italianas em Porto Alegre-RS (1877-1938)*: a formação de uma rede escolar e o fascismo. 2015. 451 f. Tese (Doutorado em Educação) – Faculdade de Educação, Universidade Federal de Pelotas, Pelotas, 2015.

_______; TAMBARA, Elomar Antonio Callegaro. O Jornal *Stella D'Italia* e a defesa da escola étnica italiana (1902-1904). *História da Educação*/ASPHE, v.19, n.45, p.159-82, jan.-abr. 2015.

RIDOLFI, Maurizio. *Le feste nazionali*. Bologna: Il Mulino, 2003.

ROMANI, Gabriella. Edmondo De Amicis na América do Sul: pátria e identidade italiana fora dos limites nacionais. *Estudos Ibero-americanos*, PUCRS, v.38, supl., p.S63-S75, nov. 2012.

RONNA, F., A imprensa italiana no Rio Grande do Sul. *Pioneiro*, ano 28, v.XXVIII, n.3, 1 nov. 1975, p.12; n.5, 19 nov. 1975, p.2.

ROSOLI, Gianfausto. La stampa d'emigrazione. Alcuni appunti storici, Dossier *Europa Emigrazione*, 12, 1982.

SAYAD, Abdelmalek. *La doppia assenza*: dalle illusioni dell'emigrato alle sofferenze dell'immigrato. Milano: Raffaele Cortina, 2002.

SERGI, Pantaleone. *Stampa migrante. Giornali della diaspora italiana e dell'emigrazione in Italia*. Soveria Mannelli: Rubbettino, 2010.

TRENTO, Angelo. *Imprensa italiana no Brasil séculos XIX e XX*. São Carlos: Edufscar, 2013.

_______. L'identità dell'emigrato italiano in Brasile attraverso la stampa etnica: il caso del Fanfulla, 1893-1940. In: TOSI, Luciano (ed.). *Europe, Its Borders and the others*. Napoli: ESI, 2000.

_______. La stampa italiana in Brasile 1946-1960. *Studi emigrazione*, v.XLVI, n.175, luglio-settembre 2009.

_______. A imprensa antifascista no Brasil, 1922-1936. In: LUCA, Tania Regina de; GUIMARÃES, Valéria (org.). *Imprensa estrangeira publicada no Brasil*: primeiras incursões. São Paulo: Rafael Copetti Editor, 2017. p.362-96.

Fontes

32º ANNIVERSARIO del XX Settembre 1870, *Stella d'Italia*, Porto Alegre, ano 1, n.52, 25 set. 1902, p.4.

A Homenagens que foram prestadas hoje ao dr. Borges de Medeiros. *A Federação*, ano 45, n.20, 23 jan. 1928, p.3.

A Imprensa e o livro no pavilhão cultural. Exposição do centenário Farroupilha (1835-1935). Catálogo por Walter Spalding. Tip.Do Centro. Porto Alegre, 1935.

A Inauguração do hospital "Dr. Bartolomeo Tacchini", em Bento Gonçalves. A Federação, ano 44, n.63, 17 mar. 1927, p.2.

Agli Abbonati. *Stella d'Italia*, Porto Alegre, ano 4, n.442, 21 jun. 1906, p.3.

Ai Lettori. *Stella d'Italia*, Porto Alegre, 2 abr. 1902a, p.1.

Ai Lettori. *Stella d'Italia*, Porto Alegre, v.1, n.40, 4 settembre 1902b, p.1.

Aviso. *Stella d'Italia*, Porto Alegre, ano 2, n.89, 1 fev. 1903.

Biblioteca del popolo. *Stella d'Italia*, Porto Alegre, ano 7, n.640, 16 maio 1908, p.3.

Bilancio morale-finanziario della Società Principessa Elena di Montenegro. Primo semestre 1903. *Stella d'Italia*, Porto Alegre, ano 2, n.152-153, 13 set. 1903, p.1.

Brigantaggio in azione. *Stella d'Italia*, Porto Alegre, 6 maio 1902, p.2.

Ciapelli, E. Lo Stato di Rio Grande del Sud (Brasile) e l'immigrazione italiana. Da un rapporto del R. Console a Porto Alegre, cav. E. Ciapelli, ago. 1901, Bollettino dell'Emigrazione, n.4, 1903, p.58-9 agora in Romanato, G., Herédia, V. B. M. L'emigrazione italiana nel Rio Grande do Sul Brasiliano (1875-1914). Fonti diplomatiche, Consiglio Regionale del Veneto, Ravenna, Longo Editore, p.306-7.

Circular 1 de dezembro de 1900. *Stella d'Italia*, Porto Alegre, ano 1, n.1, 30 mar. 1902a.

Circular 7 de fevereiro de 1902. *Stella d'Italia*, Porto Alegre, ano 1, n.1, 30 mar. 1902b.

Collegio S. Giuseppe nella Villa Garibaldi diretto dalle Sorelle di S. Giuseppe. *Stella d'Italia*, Porto Alegre, ano 1, n.38, 7 ago. 1902, p.3.

Colnaghi, A. L'ideale della Stella d'Italia. *Stella d'Italia*, Porto Alegre, ano 1, n.1, 30 mar. 1902a, p.1.

______. Trepidazioni. *Stella d'Italia*, Porto Alegre, 3 abr. 1902b, p.1.

______. Mali e rimedii. Presunzione-Insociabilità. *Stella d'Italia*, Porto Alegre, 17 abr. 1902c, p.1.

______. Mali e rimedii. Presunzione e insociabilità II. *Stella d'Italia*, Porto Alegre, 20 abr. 1902d, p.1.

______. Mali e rimedii. Presunzione e insociabilità II. *Stella d'Italia*, Porto Alegre, 24 abr. 1902e, p.1.

______. I nostri articoli. *Stella d'Italia*. Porto Alegre, 27 abr. 1902f, p.1.

______. Mali e rimedii. Apatia II. *Stella d'Italia*. Porto Alegre,13 abr. 1902g, p.1.

______. Mali e rimedii. Apatia. *Stella d'Italia*. Porto Alegre, 10 abr. 1902h, p.1.

______. Confederiamoci, *Stella d'Italia*. Porto Alegre, 6 abr. 1902i, p.1.

______. Benefici della concordia. *Stella d'Italia*. Porto Alegre, 11 e 18 maio 1902l, p.1.

______. Naturalizzazione? Pro e Contro I. *Stella d'Italia*. Porto Alegre, ano 1, n.33, 20 jul. 1902m, p.1.

______. Naturalizzazione? Pro e Contro II. *Stella d'Italia*. Porto Alegre, ano 1, n.35, 27 jul. 1902n, p.1.

_______. Il problema del giorno. *Stella d'Italia*. Porto Alegre, ano 1, n.8, 24 abr. 1902o, p.2.
_______. E la ferrovia di Caxias?. *Stella d'Italia*. Porto Alegre, ano 1, n.10, 1 maio 1902p, p.1.
_______. E la ferrovia di Caxias?. *Stella d'Italia*. Porto Alegre, ano 1, n.11, 4 maio 1902q, p.1-2.
_______. Parliamo italiano. *Stella d'Italia*. Porto Alegre, ano 1, n.42, 24 ago. 1902r, p.1.
_______. Le Nostre Scuole. Fra cinquant'anni tutti Krumiri. *Stella d'Italia*. Porto Alegre, ano 1, n.44, 28 ago. 1902s, p.1.
_______. Scuole italiane. *Stella d'Italia*, Porto Alegre, ano 1, n.73, 7 dez. 1902t, p.1.
_______. La confederazione degli Enti e della Colonia. *Stella d'Italia*, Porto Alegre, 6 ago. 1903b, p.1.
_______. Scuole italiane in Porto Alegre. *Stella d'Italia*, Porto Alegre, ano 3, 16 abr. 1903d, p.1.
_______. Appunti di viaggio. *Stella d'Italia*, Porto Alegre, ano 2, n.160, 8 out 1903e, p.1.
_______. Scuole! L'opera degli oscuri. *Stella d'Italia*, Porto Alegre, ano 2, n.177, 6 dez. 1903f, p.1.
_______. Il grave problema delle Scuole italiane. *Stella d'Italia*, Porto Alegre, ano 2, n.82-83, 11 jan. 1903g, p.1.
_______. Scuole italiane in Porto Alegre. *Stella d'Italia*, Porto Alegre, ano 3, 16 abr. 1903h, p.1.
_______. Pro scuole. La Giovanni Emmanuel e l'Umberto I. *Stella d'Italia*, Porto Alegre, ano 2, n.117, 10 maio 1903l, p.1.
_______. Il terzo anniversario della Umberto I. *Stella d'Italia*, Porto Alegre, ano 2, n.118, 14 maio 1903m, p.1.
_______. Indecorosa campagna. La vendetta del Cav. Ciapelli. *Stella d'Italia*, Porto Alegre, ano 2, n.135, 12 jul. 1903n, p.1.
_______. Indecorosa campagna. La vendetta del Cav. Ciapelli. *Stella d'Italia*, Porto Alegre, ano 2, n.136, 16 jul. 1903o, p.1.
_______. Indecorosa campagna. La vendetta del Cav. Ciapelli. *Stella d'Italia*, Porto Alegre, ano 2, n.137, 19 jul. 1903p, p.1.
_______. Indecorosa campagna. La vendetta del Cav. Ciapelli. *Stella d'Italia*, Porto Alegre, ano 2, n.139, 26 jul. 1903q, p.1.
_______. Due pesi e due misure. *Stella d'Italia*, Porto Alegre, ano 2, n.143, 9 ago. 1903r, p.1.
_______. Il giornalismo italiano nel Rio Grande del Sud, *Stella d'Italia*, Porto Alegre, ano 5, n.405, 11 fev. 1906a, p.1.
_______. Il giornalismo italiano nel Rio Grande del Sud, *Stella d'Italia*, Porto Alegre, ano 5, n.406, 15 fev. 1906b, p.1.
_______. Il giornalismo italiano nel Rio Grande del Sud, *Stella d'Italia*, Porto Alegre, ano 5, n.407, 18 fev. 1906c, p.1.
_______. Il giornalismo italiano nel Rio Grande del Sud, *Stella d'Italia*, Porto Alegre, ano 5, n.409, 25 fev. 1906d, p.2.
_______. Il giornalismo italiano nel Rio Grande del Sud, *Stella d'Italia*, Porto Alegre, ano 5, n.410-411, 1 mar. 1906e, p.1.
_______. Il giornalismo italiano nel Rio Grande del Sud, *Stella d'Italia*, Porto Alegre, ano 5, n.413, 11 mar. 1906f, p.1.

_______. Il giornalismo italiano nel Rio Grande del Sud, *Stella d'Italia*, Porto Alegre, ano 5, n.418, 29 mar. 1906g, p.1.
_______. Il giornalismo italiano nel Rio Grande del Sud, *Stella d'Italia*, Porto Alegre, ano 5, n.419, 1 abr. 1906h, p.1.
_______. Il giornalismo italiano nel Rio Grande del Sud, *Stella d'Italia*, Porto Alegre, ano 5, n.421, 8 abr. 1906i, p.1.
_______. Il giornalismo italiano nel Rio Grande del Sud, *Stella d'Italia*, Porto Alegre, ano 5, n.425, 22 abr. 1906l, p.1-2.
_______. Il giornalismo italiano nel Rio Grande del Sud, *Stella d'Italia*, Porto Alegre, ano 5, n.427, 29 abr. 1906m, p.1-2.
_______. Il giornalismo italiano nel Rio Grande del Sud, *Stella d'Italia*, Porto Alegre, ano 5, n.430, 10 maio 1906n, p.1-2.
_______. Il giornalismo italiano nel Rio Grande del Sud, *Stella d'Italia*, Porto Alegre, ano 5, n.432, 17 maio 1906o, p.1-2.
_______. Il giornalismo italiano nel Rio Grande del Sud, *Stella d'Italia*, Porto Alegre, ano 5, n.436, 31 maio 1906p, p.1.
_______. Il giornalismo italiano nel Rio Grande del Sud, *Stella d'Italia*, Porto Alegre, ano 5, n.438, 7 jun. 1906q, p.1.
_______. Il giornalismo italiano nel Rio Grande del Sud, *Stella d'Italia*, Porto Alegre, ano 5, n.442, 21 jun. 1906r, p.1-2.
_______. Il giornalismo italiano nel Rio Grande del Sud, *Stella d'Italia*, Porto Alegre, ano 5, n.447, 8 jul. 1906s, p.1-2.
_______. Il giornalismo italiano nel Rio Grande del Sud, *Stella d'Italia*, Porto Alegre, ano 5, n.451, 22 jul. 1906t, p.1-2.
_______. Il giornalismo italiano nel Rio Grande del Sud, *Stella d'Italia*, Porto Alegre, ano 5, n.460, 23 ago. 1906u, p.1.
_______. Il giornalismo italiano nel Rio Grande del Sud, *Stella d'Italia*, Porto Alegre, ano 5, n.469, 23 set. 1906v, p.1-2.
_______. Il giornalismo italiano nel Rio Grande del Sud, *Stella d'Italia*, Porto Alegre, ano 5, n.473, 7 out. 1906z, p.1.
_______. Diploma di benemerenza. *Stella d'Italia*, Porto Alegre, ano 5, n.505, 27 jan. 1907, p.3.
_______. Labor omnia vincit! XX settembre. La "Stella d'Italia" ingrandita. *Stella d'Italia*, Porto Alegre, ano 7, n.673, 20 set. 1908, p.1.
_______. Diploma di benemerenza "per collaborazione" alla Stella d'Italia. *Stella d'Italia*, Porto Alegre, ano XII, n.1229, 18 jan. 1914.
Complimenti e convenevoli. Studio di E. De Amicis. *Stella d'Italia*, Porto Alegre, ano 5, n.490, 6 dez. 1906, p.1.
[Crocetta, B.]. *Il giornalismo coloniale*, in Cinquantenario della colonizzazione italiana nel Rio Grande del Sud, Porto Alegre, Posenato Arte e Cultura, 2000 (I ed. 1925), v.I, p.444-7.
De Amicis, E. Ricordi d'un viaggio in America. *Stella d'Italia*, Porto Alegre, ano 7, n.630, 9 abr. 1908, p.4 a n.643.
Echi delle colonie, *Stella d'Italia*, Porto Alegre, ano 3, 26 abr. 1903, p.3.
Echi delle colonie. *Stella d'Italia*, Porto Alegre, 20 abr. 1902a, p.2.
Echi delle colonie. *Stella d'Italia*, Porto Alegre, ano 1, 28 dez. 1902b, p.2.

Edmondo de Amicis. Lo scrittore popolare. *Stella d'Italia*, Porto Alegre, ano 7, n.624, 19 mar. 1908.

Fiore del Passato. Bozzetto drammatico in un atto. *Stella d'Italia*, Porto Alegre, ano 5, n.413, 11 mar. 1906 a n.428, 3 maio 1906.

Gli Esami finali della Scuola Principessa Elena di Mont[enegro]. *Stella d'Italia*, Porto Alegre, ano 2, n.1, 1 jan. 1903, p.1.

Gli Esami Finali della Scuola Umberto I. *Stella d'Italia*, Porto Alegre, ano 2, n.183-184, 27-31 dez. 1903, p.1.

I Benemeriti dell'istruzione pubblica. *Stella d'Italia*, Porto Alegre, ano 10, n.976-977, 17-20 ago. 1911, p.1.

I Martiri della gleba. Guaporè ed i coloni. *Stella d'Italia*, Porto Alegre, ano 1, n.43, 31 ago. 1902, p.1.

Ieri ed Oggi. Società di Mutua cooperazione di Rio Grande. *Stella d'Italia*, Porto Alegre, ano 1, 21 dez. 1902c, p.3.

Ieri ed Oggi. *Stella d'Italia*, Porto Alegre, 1 maio 1902b, p.2-3.

Ieri ed Oggi. *Stella d'Italia*, Porto Alegre, 3 abr. 1902a, p.2.

Il Primo trimestre della Stella d'Italia. Agli Abbonati. *Stella d'Italia*, Porto Alegre, ano 1, n.28, 3 jul. 1902, p.1.

Istruzione. *Stella d'Italia*, Porto Alegre, ano 1, n.55, 5 out. 1902a, p.2.

Istruzione. *Stella d'Italia*, Porto Alegre, ano 1, n.56, 9 out. 1902b, p.2.

La Chiusura delle scuole e gli esami Finali. Commenti. *Stella d'Italia*, Porto Alegre, ano 3, n.187, 10 jan. 1904c, p.1.

La Chiusura delle scuole e gli esami Finali. Scuola "P.Elena di Montenegro". *Stella d'Italia*, Porto Alegre, ano 3, n.185, 4 jan. 1904a, p.1.

La Chiusura delle scuole e gli esami Finali. Scuola "Umberto I". *Stella d'Italia*, Porto Alegre, ano 3, n.186, 7 jan. 1904b, p.1.

La Commemorazione del 20 Settembre in Porto Alegre. La costituzione della Federazione delle Società Italiane. *Stella d'Italia*, Porto Alegre, ano 10, n.987, 24 set. 1911, p.1.

La Morte di Edmondo De Amicis. *Stella d'Italia*, Porto Alegre, ano 7, n.626-627, 26-29 mar. 1908.

La Vita al Brasile. *Stella d'Italia*, Porto Alegre, ano 1 n.5, 13 abr. 1902, p.2.

Lettera aperta a Sua Ecc. il Presidente dello Stato, dott. Borges de Medeiros. *Stella d'Italia*, Porto Alegre, ano 1, n.79, 28 dez. 1902, p.1.

L'irrimediabile novella. *Stella d'Italia*, Porto Alegre, ano 6, de n.525, 7 abr. 1907, a n.543, 9 de jun. 1907.

Moretto, A. Imprensa em língua italiana (1890-1914). In *Enciclopedia Rio-Grandense*, v.II, p.285-9. Canoas, 1956.

Necrologia, *Correio do Povo*, Porto Alegre, ano 51, n.217, 18 jun. 1946, p.6.

Necrologia. *O Brazil*. Caxias, ano 9, n.312, 26 maio 1917, p.2.

Nel Mondo scolastico. La premiazione. *Stella d'Italia*, Porto Alegre, ano 6, n.498-499, 3-6 jan. 1907a, p.1.

Nel Mondo scolastico. La riapertura delle scuole. *Stella d'Italia*, Porto Alegre, ano 5, n.506-507, 31 jan.-3 fev. 1907b, p.1.

Nel Mondo scolastico. *Stella d'Italia*, Porto Alegre, ano 5, n.492, 13 dez. 1906, p.1.

Nemo, Istruzione ed educazione. *Stella d'Italia*, Porto Alegre, ano 7, n.610, 30 jan. 1908, p.1.

Onoranze Funebri a Vittorio Emanuelle II – 25º anniversario. *Stella d'Italia*, Porto Alegre, n.62, 30 out. 1902.
Patria e scuola. *Stella d'Italia*, Porto Alegre, ano 7, n.649, 14 jun. 1908, p.1.
Professor disponível. *Stella d'Italia*, Porto Alegre, n.682, 22 out. 1908, p.4.
Professor. *Stella d'Italia*, Porto Alegre, n.673, 20 set. 1908, p.4.
Progetto finanziario. *Stella d'Italia*, Porto Alegre, ano 1, n.1, 30 mar. 1902, p.1.
Richebourg, E. La Figlia maledetta. *Stella d'Italia*, Porto Alegre, ano 6, 19 jan. 1908.
Società Nazionale Dante Alighieri, Comitato di Porto Alegre, Relazione morale-fiannziaria della gestione sociale dal 1° aprile 1936 al 31 marzo 1937, p.16 in ASMAE, AS 1936-45, b. 63, f. *Porto Alegre*.
Società operaria *Stella d'Italia* di Garibaldi e Società Giuseppe Mazzini di Tristeza. *Stella d'Italia*, Porto Alegre, ano 1, n.7, 20 abr. 1902, p.2.
Stella d'Italia. Porto Alegre, 1902-1917.
Un Maestro che si fa onore. *Stella d'Italia*, Porto Alegre, ano 1, n.77, dez. 1902, p.2.
Una Lettrice. Scuole italiane in Porto Alegre. *Stella d'Italia*, Porto Alegre, ano 3, 26 abr. 1903, p.1-2.
Varietà – Per ottenere il divorzio. *Stella d'Italia*, Porto Alegre, ano 1, n.4, 10 abr. 1902.
Vetere, A. Villa Glori (Il racconto di un superstite). *Stella d'Italia*, Porto Alegre, ano 5, n.480, 2 dez. 1906 até n.492, 13 dez. 1906.
W Roma! W l'Italia! Salve XX Settembre. *Stella d'Italia*, Porto Alegre, ano 1, n.51, Edizione speciale, 20 set. 1902, p.1.

Índice remissivo

Sobre os autores

Alberto Barausse

Professor de História da Educação na Università degli Studi del Molise (Itália), professor visitante da PUC do Rio Grande do Sul e pesquisador no Programa de Pós-graduação em Educação da UFRGS. Publicou diversas obras, destacando, em português, os seguintes trabalhos: Uma história da educação dos (i)migrantes italianos entre o local e o transnacional: entrecruzando documentos e olhares investigativos. In: Karsburg, A.; Vendrame, M. *Variações da micro-história no Brasil*: temas, abordagens, desafios. São Leopoldo: Oikos, 2019; *História e narrativas transculturais entre a Europa Mediterrânea e a América Latina.* Porto Alegre: Edipucrs, 2017; Livros didáticos e italianidade no Brasil nos anos 1920-1930. In: Luchese, T. Â. (org.). *Escolarização, culturas e instituições.* Caxias do Sul: Educs, 2018.
ORCID: https://orcid.org/0000-0002-8326-046X

Angelo Trento

Professor aposentado de História da América Latina da Universidade de Nápoles "L'Orientale", é conhecido historiador da imigração italiana, tendo realizado um inventário pioneiro da imprensa nesse idioma publicada no Brasil. É autor de inúmeras obras sobre o tema, entre as quais destacam-se *Do outro lado do Atlântico*: um século de imigração italiana no Brasil. São Paulo: Nobel, 1989; *Os italianos no Brasil/Gli italiani in Brasile.* São Paulo: Prêmio, 2000; *Imprensa italiana no Brasil, séculos XIX e XX.* São Carlos: Edufscar, 2013, entre outras.
ORCID: https://orcid.org/0000-0002-6745-3202

Antonio de Ruggiero

Professor de História na PUCRS, onde também realizou seu pós-doutorado. Entre as publicações, destaca-se *"Settù voi vienire ora è il tempo"*: l'emigrazione toscana in Brasile (1875-1914). Pisa: Pacini, 2020. Organizou e publicou capítulos nos livros *A voz do imigrante*: memória e oralidade nos estudos históricos das migrações. Porto Alegre: Fi, 2018; *História e narrativas transculturais entre a Europa Mediterrânea e a América Latina*, v.1. Porto Alegre/Caxias do Sul: Edipucrs/Educs, 2017; *Vivências da Primeira Guerra Mundial*: entre a Europa e o Brasil. São Leopoldo: Oikos, 2015; *Imigrantes empreendedores na história do Brasil*. Estudos de casos. Porto Alegre: Edipucrs, 2014.
ORCID: https://orcid.org/0000-0002-5724-5709

Claudia Panizzolo

Professora da Unifesp no curso de Pedagogia e no Programa de Pós-Graduação em Educação. Fez pós-doutorado na Università degli Studi del Molise – Unimol/Itália e na Universidade de Caxias do Sul (2019). Doutorado em Educação pela PUC-SP (2006). Coordenadora do Grupo de Estudos e Pesquisa Infância, Cultura, História – GEPICH. Entre suas principais publicações estão Livros escolares para a escola elementar italiana nos dois lados do Atlântico: o estudo do *Libro d'appunti* de Giovanni Soli (entre o final do século XIX e início do século XX). *Cadernos de História da Educação* (online), v.21, 2022; Bem servir e bem informar: a revista *Atualidades Pedagógicas* e a ofensiva cultural da Companhia Editora Nacional. *History of Education & Children's Literature* (online), v.XVI/2, p.335-62, 2021; e A escola étnica na cidade de São Paulo e os primeiros tons de uma identidade italiana (1887-1912). *História da Educação*, v.24, p.1-31, 2020.
ORCID: https://orcid.org/0000-0003-3693-0165

Edilene Toledo

Professora de História do Brasil na Universidade Federal de São Paulo (Unifesp). Fez graduação, mestrado e doutorado em História Social na Universidade Estadual de Campinas (Unicamp). Realizou pós-doutorado na Università degli Studi Roma 3, na Itália. Entre suas principais publicações estão: *Travessias revolucionárias:* ideias e militantes sindicalistas em São Paulo e na Itália (1890-1945). Campinas: Editora da Unicamp, 2004; "Constructing Syndicalism and Anarchism Globally: the transnational making of the syndicalist movement in São Paulo, Brazil 1895-1935". In: Hirsch, Steven; Walt, Lucien Van der (org.). *Anarchism and Syndicalism in the Colonial and Postcolonial World, 1870-1940*:

The praxis of national liberation, internationalism and social revolution. 2.ed. Boston; Leiden: Brill, 2014; e *Uma revolta urbana*: a greve geral de 1917 em São Paulo. 1.ed. São Paulo: Editora Fundação Perseu Abramo, 2018.
ORCID: https://orcid.org/0000-0001-7882-0963

Isabel Cristina Arendt

Professora na Unisinos e no Instituto Superior de Educação Ivoti e é integrante do Grupo Transfopress Brasil. Publicou, entre outros trabalhos, em parceria com Eloisa H. Capovilla da Luz Ramos, "Por entre jornais, documentos e fotos: a tessitura da história de São Leopoldo". *Revista História*: Debates e Tendências, v.2, p.255-69, 2019, e o livro *Educação, religião e identidade étnica*: o Allgemeine Lehrerzeitung e a escola evangélica alemã no Rio Grande do Sul. São Leopoldo: Unisinos/Oikos, 2008.
ORCID: https://orcid.org/0000-0002-4609-5602

Isabel Lustosa

Pesquisadora titular da Fundação Casa de Rui Barbosa. Especialista em história da imprensa, é autora de inúmeros livros e artigos, entre eles *O jornalista que imaginou o Brasil*: tempo, vida e pensamento de Hipólito da Costa (1774-1823). Campinas: Editora da Unicamp, 2019; *D. Pedro I*: um herói sem nenhum caráter. São Paulo: Companhia das Letras, 2006; e *Mendes Fradique, História do Brasil pelo método confuso*. São Paulo: Cia. das Letras, 2004 [1993]. (Col. Retratos do Brasil)
ORCID: https://orcid.org/0000-0003-2456-6925

Lucia Chermont

Doutoranda de História Social pela Universidade Estadual de São Paulo, campus Franca, e integrante do Grupo Transfopress Brasil. Publicou, entre outros: *Memória e experiência de judeus de Higienópolis e arredores:* São Paulo (1960-1970). 1.ed. São Paulo: Annablume / Educ, 2018. 187p.
ORCID: https://orcid.org/0000-0003-3374-2230

Luigi Biondi

Formado em Letras pela Universidade de Roma "La Sapienza", é doutor em História pela Unicamp, e realizou o pós-doutorado na Universidade de Roma "Tor Vergata", onde é membro colaborador do programa de Doutorado em História. É professor de História Contemporânea no Curso de História da Unifesp, onde

integra também o programa de Pós-graduação em História. Os seus principais temas de pesquisa são a história do movimento operário, do nacionalismo e da migração italiana, sobre os quais escreveu, entre diversos tipos de publicações: *Classe e nação*: trabalhadores e socialistas italianos em São Paulo, 1890-1920. Campinas: Editora da Unicamp, 2011; e *Uma revolta urbana*: a greve geral de 1917 em São Paulo. São Paulo: Editora Fundação Perseu Abramo, 2018.
ORCID: https://orcid.org/0000-0002-9723-6727

Maria Helena Camara Bastos

Professora titular em História da Educação da UFRGS; tem pós-doutorado e é Maître de Conference no Service d'histoire de l'éducation/INRP (França); professora visitante na Universidade de Macerata e na Universidade de Molise (Itália); pesquisadora do CNPq; editora associada da *Revista Brasileira de Educação*/Anped (2020). É autora de diversas obras de história da educação e da imprensa pedagógica, tais como *Pro Patria Laboremus*: Joaquim José de Menezes Vieira (1848-1897), 2002; *A Revista do Ensino do Rio Grande do Sul (1939-1942)*: o novo e o nacional em revista, 2005; *O curso de Lourenço Filho na Escola Normal do Ceará (1922-1923)*: as normalistas e a pedagogia da Escola Nova, 2009; *Do Deutscher Hilfsverein ao Colégio Farroupilha:* entre histórias e memórias (1858-2008), 2013- 2015.
ORCID: https://orcid.org/0000-0003-0246-9286

Marluza Marques Harres

Professora titular na Unisinos, publicou, entre outros: *Ferroviários: disciplinarização e trabalho*: Viação Férrea do Rio Grande do Sul: 1920-1942. São Leopoldo: Oikos, 2018; e *Estratégias trabalhistas para o mundo rural*: governo Leonel Brizola no Rio Grande do Sul. São Leopoldo: Unisinos / Oikos, 2014.
ORCID: https://orcid.org/0000-0002-9952-3658

Monica Setuyo Okamoto

Professora do Departamento de Letras Estrangeiras Modernas (Delem), da Universidade Federal do Paraná. Publicou, entre outros trabalhos: "A educação ultranacionalista japonesa no pensamento dos nipo-brasileiros". *História da Educação, v.22, p.225-43, 2018*; e *A influência francesa no discurso brasileiro sobre o Japão*. Moldova: Novas Edições Acadêmicas, 2018.
ORCID: https://orcid.org/0000-0003-3014-6783

Monica Pimenta Velloso

Pesquisadora titular da Fundação Casa de Rui Barbosa e tem pós-doutorado (EHESS/Paris). Publicou, entre outros: *Modernismo no Rio de Janeiro*. 2.ed. Rio de Janeiro: Ed. FGV, 2015; e *História e modernismo*. Belo Horizonte: Autêntica, 2010. Organizou *Histoire culturelle du Brésil (XIX-XXI siècles)*. Paris: IHEAL, 2019. Também *Magazines and modernity in Brazil*: transnational networks and crosscultural exchanges. Londres: Anthem Press, 2020.
CV LATTES: http://lattes.cnpq.br/1452997010786832

Tamara Zambiasi

Bacharel em História pela Pontifícia Universidade Católica do Rio Grande do Sul. Em 2019, recebeu o prêmio de melhor trabalho na área de Ciências Humanas da PUCRS pela pesquisa *Imprensa étnica e construção de identidades coletivas*: jornal *La Patria Italo-brasiliana*. Possui Master of Philosophy (Latin American Studies) pela Universidade de Cambridge, no Reino Unido, e atualmente cursa Ph.D. em Geography pela mesma universidade, com financiamento do Economic and Social Research Council (ESRC-UKRI). Integra o projeto Transfopress Brasil – Grupo de Estudos da Imprensa em língua estrangeira no Brasil.
ORCID: https://orcid.org/0000-0002-5397-9094

Tania Regina de Luca

Professora de História na Universidade Estadual Paulista Júlio de Mesquita Filho (Unesp), pesquisadora produtividade 1A do CNPq. Integrou equipe do projeto temático "A circulação transatlântica dos impressos. A globalização da cultura no século XIX" (Fapesp), é vice-líder dos grupos de pesquisa Transfopress e Imprensa e Circulação de Ideias. Coordenadora do projeto "É preciso falar das ausentes", com financiamento Universal/CNPq. Autora de artigos em revistas especialistas, capítulos em coletâneas e, no que concerne a livros, destacam-se: *Leituras, projetos e (re)vista(s) do Brasil*, 2.ed. aumentada. São Paulo: Ed. Unesp/Fapesp, 2017; *A Ilustração (1884-1892)*. Circulação de textos e imagens entre Paris, Lisboa e Rio de Janeiro. São Paulo: Ed. Unesp/Fapesp, 2018; *Práticas de pesquisa em História*. São Paulo: Contexto, 2020. Organizou com Laurent Vidal *Les Français au Brésil (XIXe-XXe siècles)*. 2.ed. augmentée. Paris: Indes Savantes, 2016; com Valéria Guimarães, *Imprensa estrangeira publicada no Brasil*. Primeiras incursões. São Paulo: Rafael Copetti Editor, 2017; com Lúcia Granja, *Suportes e mediadores*. A globalização da cultura no século XIX. São Paulo: Ed. Unicamp/Fapesp.
ORCID: https://orcid.org/0000-0002-8942-5237

Terciane Ângela Luchese

Professora da Universidade de Caxias do Sul, fez pós-doutorado pela Università degli Studi del Molise e pela Università di Macerata, Itália. É bolsista produtividade em pesquisa do CNPq e pesquisadora gaúcha Fapergs. Publicou recentemente: Ethnical catholic press in the RS Italian colonialregional: clashes and consensus on behalf of education (1898-1927). *History of Education & Children's Literature* (online), v.XIV, p.389-424, 2019. Em coautoria com Alberto Barausse, Roberto Sani e Anna Ascenzi, fez a organização da obra *Migrações e História da Educação*: saberes, práticas e instituições, um olhar transnacional (EDUCS, 2021).
ORCID: https://orcid.org/0000-0002-6608-9728

Valéria dos Santos Guimarães

Professora de História na Universidade Estadual Paulista Júlio de Mesquita Filho (Unesp), foi professora visitante na Université Laval (2019/2020, Capes Print). Foi bolsista Jovem Pesquisador-Fapesp e é coordenadora do grupo Transfopress Brasil. É autora de *Notícias Diversas*. Campinas: Mercado de Letras, 2013; *Imprensa estrangeira publicada no Brasil:* primeiras incursões (coorganização). São Paulo: Rafael Copetti Editor, 2017; e *Magazines and modernity in Brazil*: transnational networks and crosscultural exchanges (coorganização). Londres: Anthem Press, 2020.
ORCID: https://orcid.org/0000-0003-0614-8922

Vera Maria Chalmers

Livre-docente em Teoria Literária pela Unicamp-DTL-IEL e autora de inúmeras obras de crítica literária, história da literatura e da imprensa, entre as quais: *Três linhas e quatro verdades.* São Paulo: Duas Cidades, 1976; *Telefonema,* edição dos textos de jornal de Oswald de Andrade para o *Correio da Manhã.* São Paulo: Globo, 2001; e *Escritas libertárias.* São Carlos: Edufscar, 2017.
ORCID: https://orcid.org/0000-0002-9979-2946

Yuri Cerqueira dos Anjos

Professor de Estudos Franceses na Victoria University of Wellington (Nova Zelândia). Suas pesquisas giram em torno da literatura nos séculos XIX e XX em seus diversos suportes: livros, manuscritos e imprensa periódica. É autor, dentre outros, do livro *Marcel Proust et la presse de la Belle Époque.* Paris: Honoré Champion, 2018. Também do artigo "Literatura ambivalente:

desafios conceituais no estudo da literatura em três jornais francófonos brasileiros (1857-1906)". *História,* Assis/Franca, v.38, 2019. É colaborador externo da Equipe Proust do ITEM/CNRS (França) e do Projeto Transfopress Brasil.
ORCID: https://orcid.org/0000-0002-5307-9395

Todos os autores são vinculados ao
Grupo Transfopress Brasil
Grupo de Estudos da Imprensa em língua estrangeira no Brasil
https://transfopressbrasil.franca.unesp.br

SOBRE O LIVRO

Formato: 16 x 23 cm
Mancha: 28,8 x 45 paicas
Tipologia: Brioso Pro 12/14
Papel: Off-white 80 g/m² (miolo)
Cartão Supremo 250 g/m² (capa)

1ª edição Editora Unesp: 2022

EQUIPE DE REALIZAÇÃO

Edição de texto
Edilson Dias de Moura (Copidesque)
Carmen T. S. Costa (Revisão)

Capa
Negrito Editorial

Imagem de capa
Samson Flexor, *Abstrato*, 1957. © Museum of Fine Arts, Houston / The Adolpho Leirner Collection of Brazilian Constructive Art, museum purchase funded by the Caroline Wiess Law Foundation / Bridgeman Images.

Editoração eletrônica
Sergio Gzeschnik

Assistência editorial
Alberto Bononi
Gabriel Joppert

MUNDIALGRÁFICA
www.mundialgrafica.com.br